刘持平◎著

指纹与人类认知

群众出版社

·北京·

图书在版编目（CIP）数据

指纹与人类认知 / 刘持平著 . -- 北京：群众出版社，2020.5
ISBN 978-7-5014-6101-1

Ⅰ . ①指··· Ⅱ . ①刘··· Ⅲ . ①指纹 – 文化 – 研究 – 中国 Ⅳ . ①D909.2

中国版本图书馆 CIP 数据核字（2020）第 050115 号

指纹与人类认知

刘持平　著

出版发行：群众出版社
地　　址：北京市丰台区方庄芳星园三区 15 号楼
邮政编码：100078
经　　销：新华书店
印　　刷：天津盛辉印刷有限公司

版　　次：2021 年 5 月第 1 版
印　　次：2021 年 5 月第 1 次
印　　张：31
开　　本：787 毫米 × 1092 毫米　1/16
字　　数：620 千字

书　　号：ISBN 978-7-5014-6101-1
定　　价：198.00 元

网　　址：www.qzcbs.com
电子邮箱：qzcbs@sohu.com

营销中心电话：010-83903254
读者服务部电话（门市）：010-83903257
警官读者俱乐部电话（网购、邮购）：010-83903253
综合分社电话：010-83901870

序

在认知科学快速发展的引领下，认知指纹学的产生是水到渠成的结果。认知科学最新的重大成果之一，是将思维意识活动与它相对应的神经生理活动紧密地关联在一起，指出神经生理结构系统及其活动是思维、意识得以产生的物质本原。

认知是一个多维度、多因素、多变量参与的复杂过程。无论认知的情节、过程怎样复杂，自然进化生成的认知模式却可简化为：刺激的检测→刺激的存储与转发→加工与反馈的产生。

在此模式下，将指纹皮肤组织这一触觉的主要载体，放在认知系统中研究，就有了坚实的生理学基础。指纹皮肤组织作为人类认知系统的前端信息感受器官之一，几乎每时每刻都在主动地向认知系统提供着各种对外部环境的初级感知信息，影响着知觉、记忆、意识、决策等个体思维功能，同时时刻忠实地执行着大脑反馈的动作指令。

自然进化的这种认知模式必然给人体带来生理性的变化。就指纹皮肤组织而言，满足适应各种触觉需要的指纹基因更为繁多敏感，它使得各种信息感受器更为丰富，手足末梢神经网络更为复杂，这应该是人类乳突纹感觉更敏感、手指更灵活的原因之一。同时，在数百万年劳动行为的不断刺激下，导致大量脑神经系统用来加工从手上感知到的信息，进而建立起一套新的灵活的适应机制和连接方式，并扩展了大脑躯体运动皮质特异化的神经回路集合。认知神经科学认为，这种特异化的神经回路集合是具有学习功能的思维模块。

学习功能模块是人类和其他非人灵长类动物都拥有的，但认知神经科学和指纹学认为，在人类大脑与指纹皮肤功能组织之间，通过进化扩展了这种增强版、超强版的学习功能模块，导致人类拥有了更多的特殊认知能力。

虽然目前试图精确确定人类与其他灵长类动物大脑组织之间的相似性和各自的独特性仍然很困难，但在理解人类和其他非人灵长类动物的智力差别时，我们不能不考虑两者之间手指皮肤组织与大脑特定皮质组织之间连接的差异。一个基本的事实是，没有一个灵长类动物会拿笔画画、写字，而人类却具有能创造性劳动的手。这种系统功能级的差别，反映的不仅仅是脑容量多少的差别，还有指纹纹型、纹线粗细之间的差别。大量的数据显示，人类大脑独特的认知能力对特殊神经回路连接的依赖，远远大于对细胞数量的依赖。比较神经解剖学家查尔斯·贾德森·赫里克（Charles Judson Herrick）指出："同源结构的神经连接哪怕一点细微的增加，都能导致大脑加工能力指数级的提高。"人类手指触觉功能的任何进化，都会导致新的神经扩展独立发生。

从人类大脑新皮质大量增加的事实可以推测：人类手的触觉所提供给大脑的信息量和复杂程度，相比其直接祖先类人猿而言，将是几何级的增多。在这一认识的前提下，认知指纹学主要选择了在人类群体中，将指纹基因的群体共性和个体特殊性，与大脑神经组织、认知能力之间的群体共性和个体特殊性关系作为研究对象，试图揭示三者间特殊的、先天的关联关系，并兼顾人类与其他灵长类之间这方面的比较研究。

刘持平同志从事指纹技术工作四十余年，曾发表过许多指纹学方面的论文，出版过一些专著，深受读者的喜爱。他对指纹学的研究情有独钟，热心地关注与指纹学有关的现代科学发展进程，善于跟踪前沿科学研究成果，紧密地结合实际开展创新性研究。《指纹与人类认知》提出了一个新的研究角度，也是一个新的研究成果，其所提示的认知指纹学将会成为一个新的学科，祝愿它能成为认知学科百花园中一朵绽放的奇葩。

赵向欣

2018年6月1日

目　录

上篇　人类指纹的探析

下篇　指纹认知的应用

上篇

人类指纹的探析

第一章 人类前世路漫长

第一节 地球生命的摇篮

一、始有生命的地球

在宇宙中，有生命的地球是旷世奇迹。在自然界的生物中，人类诞生是千古奇迹。地质学与古生物学告诉我们：地球与太阳系形成于46.5亿年前，地球表面在大约40亿至38亿年前逐步形成不稳定、不连续的硬壳，与此同时，构成生命基本原素的氢、氧、氮、磷、硫、铁、镁等物质的化学进化过程也开始了。这种前生命起源的化学进化，是宇宙、太阳系与地球起源、演化的重要组成部分，也是最为奇特与灿烂的部分。在此基础上，最终形成了以湿地生态系统、森林生态系统和海洋生态系统为主的生物圈，这种在大气层保护下的特殊结构的生物圈，在太阳系八大行星中唯地球所独有，在宇宙中目前尚未发现第二例。

在地球的特殊环境条件下，化学进化出现了以核酸物质为主的具有遗传功能体系的和以蛋白质为主的具有新陈代谢功能体系的原始细胞。它标志着真正的生命体诞生了。生命所具有的蓬勃活力从此一发不可收，在遗传、变异和自然选择机制的驱动下，开始了灿烂的生命进化征程。我们至今虽不十分明确第一粒（批）原始细胞是如何产生的，但通过分子生物学可以知道，历史上曾经有过但已灭绝的，以及目前现存的数以亿万计的各种千奇百怪的生物，都源自这第一粒（批）神奇的原始细胞。

这样的认识根据来自于自然界的生物之组成成分相同，其遗传物质都统一为核酸化合物，生物的所有蛋白质都是由20种氨基酸组成，而且使用同一套遗传密码编码，以及所有生物从细胞核内的DNA遗传密码，到外在的遗传性状都具有许多的相似性。例如，两种生物的血缘关系越近，则遗传上的差距越小，作为主要遗传单位的DNA分子的结构也就越相似，其性状特征就越相近，这都证明了所有生物群具有共同的起源。

董光璧先生曾指出："在地质历史上生存过的生物多达10亿种，而今地球上现有生存的生物只有约160万种，其中动物110多万种，植物有40多万种，微生物10多万种。在地球漫长的演化过程中，绝大部分物种都已经灭绝了。"①

能生存下来的，都是经过物竞天择洗礼后的佼佼者。

---

① 董光璧：《自然系统研究的兴起》，载《科学》2014年第66卷第4期。

二、生物分类的标准

由于亿万年遗传与变异的结果，自然界的生物形态已千变万化，呈现出无限的多样性。人们为了正确地认识它们，提出了生物分类的基本原则。其中最为著名的是瑞典生物学者林奈（Karl von Linne，1707—1778）于1735年在出版的《自然系统》一书中，提出的以界、门、纲、目、科、属、种为体系的等级分类标准。其中“种”是分类的最基本单位，其定义为：由形态相似的个体组成的，同种个体可以自由交配，并能产生可育后代，因此同种个体永远保持同一类型。

林奈的生物分类基本原则是基于同种可育后代与种间的形态差异，为认识与区分不同的物种提供了鉴别的方法，但实际上间接地提供了生物进化树的线索。生物学家拉马克、达尔文等人在承认物种的同时，客观地指出，物种的变化是相对的，自然界并不存在非此即彼的不变物种，而只有彼此相似的过渡类型、现实的类型。物种仅仅是在历史的长河中现时、现环境下的一种存在。恰如恩斯特·迈尔（Ernst Mayr）在1982年指出的那样：“物种是由许多群体组成的生殖单元（与其他单元生殖上隔离），它在自然界中占有一定的生存环境位置。”①

自然界中一定的生存环境位置实际上即生命进化树上的时空位置，自下而上，是始祖至下代之间纵向的顺序关系；左邻右舍，反映的是横向间近远亲疏关系。生命进化树上的每一个分支，都表明新物种的产生、祖先种的变异与绝灭。亨尼（W.Hennig，1966年）将这种自然现象称为“分支事件”，认为“物种是谱系关系中的基本元素，是系统树的连接点。”当祖先种由变异一分为二时，代表发生了两次分支进化事件，即两个新的种的形成。两个节点之间的最短距离，代表着相应的两个物种之间最小的差异程度。生物进化的一个规律是：从水生到陆生、从低等到高等、从简单到复杂。生物进化树原理是我们认知生命世界的有效理论。

三、真兽亚纲食虫目

生命进化树提供给人们寻找人类起源的一个大致路径与方向。1871年，英国生物学家C.R.达尔文出版《人类的起源与性的选择》一书，列举出许多证据，创立了“人类是由已经灭绝的古猿演化而来”的学说，将现代人与灵长目类动物构成了直接亲缘关系。以后的研究，又有学者将灵长目类动物的直接祖先定位于食虫目。

食虫目是真兽亚纲中最早出现和最原始的一目，在中生代的白垩纪地层中就已经出现。

白垩纪是地质年代中生代的最后一个纪，开始于1.45亿年前，结束于6600万年前，历经

① 彭奕欣、黄诗笺：《进化生物学》，武汉大学出版社1997年版。

7900万年，是显生宙最长的一个阶段。

白垩纪时期，古大陆被海洋分开，地球变得温暖。巨大的海生爬行动物在浅海称霸，并有菊石、厚壳蛤等相伴；广阔的陆地上，则被包括最大的恐龙在内的许多新的恐龙种类统治着。

温暖的气候，充沛的雨量，使得地球大部分地区气候湿润。良好的自然气候导致植物进化史中的重要事件发生了——被子植物出现。白垩纪早期，陆地上的裸子植物和蕨类植物仍占统治地位。但在白垩纪早期，被子植物开始萌生，中期大量增加。到白垩纪晚期，陆生被子植物占据统治地位，代替了裸子植物的优势地位，形成延续至今的被子植物群，诸如木兰、柳、枫、白杨、桦、棕榈等遍布地表，接近新生代植物群的面貌。

被子植物的出现和发展，不仅是植物界的一次大变革，同时也给动物界以极大的影响。被子植物为原始的蛾类和蜜蜂等昆虫、鸟类、哺乳类等动物提供了丰富的食料，促使它们得以大量繁育。鸟类是脊椎动物中，依靠被子植物向空中发展取得最大成功的类群之一，预示着新的生物演化阶段新生代的来临。

在白垩纪，哺乳类动物中的食虫目(学名 Insectivora)是真兽亚纲中最早出现(6600万年前)和最原始的一目，现在几乎广泛分布在全世界(除大洋洲和南极洲外)。

食虫目是地栖跖行性一类小型有胎盘类动物。生活方式主要有地上生活、地下穴居、半水栖等，也有少数树栖者。其外形特征：体型较小、形似小鼠；周身被以柔毛或硬刺，吻部多细尖，能灵活活动；门齿大而犬齿小(或无)、臼齿多尖，齿尖多呈W形，适于食虫。四肢短小，通常为5趾，爪是其显著特征，方便其掘地挖洞寻找昆虫及蠕虫为食。

食虫目寿命一般不长，鼩鼱只能活6周，如果几小时不进食就会因无法维持体温而死亡，寿命最长的刺猬能活10年左右。

食虫目全世界现存400余种，已知的分为9科：

1. 猬科(Erinaceidae)，10属，14种。

2. 鼹科(Talpidae)，15属，22种。

3. 鼩鼱科(Soricidae)，24属，312种。

4. 沟齿猬科(Solenodontidae)，2属，2种。

5. 马达加斯加猬科(Tenrecidae)，9属，20种。

6. 獭鼩科(Potamogalidae)，2属，3种。

7. 金鼹科(Chrysochloridae)，5属，11种。

8. 象鼩科(Macroscelididae)，5属，28种。

9. 树鼩科(Tupaiidae)，5属，15种。

其中中国有4科，即树鼩科、猬科、鼹科和鼩鼱科。

被子植物的出现,同样也引起了食虫目动物的多样性发展。其中的一支分化出来转向被子植物寻找食源,其行为逐渐从地栖性转向空中的树栖性生活。这种生活方式的改变,无疑是应对客观环境的变化与智能选择综合的结果。食虫目能对握的5趾爪,提供了实现树栖跳跃游荡生活方式转型的遗传可能性。

就是在这样的自然选择下,原始灵长类进化产生了,时间约为距今6000万年前。专家们认为食虫目动物是灵长目动物直接祖先的古老证据是:灵长目中最早出现的是近猴类,其化石发现于古新世的地层。近猴类四肢攀爬,栖息于树林,与活动于地面的兽类不同,不具有单蹄或偶蹄,而是能对称抓握的5趾,上有强壮的爪子而不具有指甲,可以牢牢地抓住树干,方便安全地在林间随意腾挪攀爬。牙齿为三楔式低冠齿,比较一般化,但门齿增大,似平放的凿子。

但古生物考古学家在研究真兽纲动物镶嵌进化过程中又发现了一个惊人的特例,从而为食虫目进化到灵长目提供了确凿的现存活样本。它就是被认为与所有现存灵长类动物的最晚近共同祖先最为相似的动物,已生存了5500万年之久,堪称始新世初期时代的活化石,至今还活跃在亚洲的树鼩。

树鼩属于哺乳纲,树鼩目,树鼩科,树鼩属。在分类地位上,介于原始食虫类与原始灵长类之间,现有2科5属20种,体形似松鼠。主要分布在东南亚各国,生活于热带和亚热带森林、灌丛、村落附近。在中国大陆,活动于广西、海南、贵州、云南、四川、西藏等地。

树鼩的形体较为奇特,身体结构上既有食虫类的特点(前后足均具有五趾,每趾都有发达而尖锐的爪,而不是指甲;拇指和其余四指稍能对持,臼齿也很原始),又有灵长类的特点(吻部尖长,耳较短,头骨的眶后突发达,形成一骨质眼球,脑室较大、嗅区较小,有完整的围眼骨环),因此在分类上迄今尚有不同意见。大部分学者基于核DNA序列的研究,支持树鼩是灵长类动物的近缘旁系群,把它归入灵长目;而一部分学者基于线粒体DNA序列的研究,却显示树鼩与兔形目动物的亲缘关系更为密切,建议将它归入食虫目。

中科院昆明动物研究所动物模型与人类疾病机理重点实验室、深圳华大基因研究院等单位合作,利用二代测序技术,于2013年高质量地完成了树鼩全基因组测序及比较基因组分析,重构了树鼩与其他物种的系统发育关系,总覆盖度高达79%,并鉴定出树鼩与灵长类共有的28个功能性基因。(之前的研究认为,这些基因为灵长类所特有)。从而证实了树鼩与灵长类亲缘关系最为接近(约93.4%),在组织解剖学、生理学、生物化学、神经系统(脑功能)、代谢系统和免疫系统等方面都与人类近似。

图1–1　树鼩(来源于“百度图片”)

这一研究结果从基因组水平上，解决了树鼩分类学方面的争论，为其在很多方面代替非人灵长类动物，作为实验动物模型提供了重要依据。现在树鼩已广泛应用于生物医药研究领域，尤其是在丙型肝炎、乙型肝炎、手足口、代谢性综合征、抑郁症和“应急”等人类疾病的动物模型建立及机理研究方面，成为国内外学者的研究热点。

树鼩现已被列入《国家保护的有益的或者有重要经济、科学研究价值的陆生野生动物名录》。

四、最高类群灵长目

从始新世初期脱胎于食虫目而走来的灵长目类动物是空前幸运的。经历5000万余年的风雨历程，现在处于生物进化树的最高端，属于动物界/门/脊索动物门/亚门/脊椎动物亚门/纲/哺乳纲/亚纲/真兽亚纲，为现存动物界最高等的类群。

(一)灵长目动物特征

灵长目动物的大脑发达，脑相对于自身体重显得大而且重，并且很复杂。灵长目动物的眼睛在脸的前面，眼眶朝向前方，眶间距窄，有眉骨保护眼窝，视觉敏锐。鼻子与其他的哺乳动物相比较短，嗅觉退化。灵长目动物通常都有5指(趾)，手和足的5指(趾)均分开，大拇指灵活，多数能与其他指(趾)对握，因此四肢都有抓握功能。多数灵长目种类在胸部或腋下有1对乳头，雄性的阴茎呈悬垂形，除人类和蜘蛛猴外多数具有阴茎骨，雌体具双角子宫或单子宫。每年繁殖1~2次，每胎1仔，少数可有3仔，幼体生长比较缓慢。性成熟的雌性有月经，雄性能在任何时间交配(低等猴类除外)。

灵长目类动物大多为杂食性，选择食物和取食方法各异。

灵长目类动物的幼体在出生后较长时期随母亲生活，依偎在母亲的怀里，生活基本由母亲来照顾。许多灵长目类雄性对幼崽起到父亲的责任，一起参与照料和保护幼崽。

（二）最原始灵长类型

在灵长目中最早出现的近猴类是平猴半目的一个的亚目，由近猴超科和平猴超科组成。其最原始类型化石，最先发现于北美和欧洲中古新世至中始新世地层，至今已有30余属近猴超科化石被确定。平猴类化石主要发现于北美晚白垩世至中始新世地层，欧洲晚古新世至中始新世地层亦有发现，在中国山东昌乐县五图组也屡有发现。

近猴类指（趾）端具有爪而无指甲，尾长，适应于树栖攀援生活。早期各类个体小，因未发现头后骨骼，仅知头长约3~4厘米。后期各类近猴体重已达4~5千克。头骨面颅前伸、吻长；脑颅较小，眼眶后缘略收缩，臼齿低冠，三楔式，下中门齿增大，平伸凿状。在进化程度上，仅与有袋目的负鼠相当，与真灵长半目的关系较远。

随着进化的扩展，目前已知灵长目类现存共有两个亚目：原猴亚目和猿猴亚目，计13科54属209种，主要分布于世界上的温暖地区。灵长目类动物中体型最大的是大猩猩，体重可达275千克，最小的是倭狨，体重只有70克。

人类属于灵长目类动物中最年轻的一个种属，现代人是单一物种，而各地猿人却属于不同物种。

（三）低等的原猴亚目

原猴亚目属于低等的灵长目，脑量相对较小，额骨和下颌骨未愈合。早在距今6500多万年以前的白垩纪末期就出现了，早期原猴亚目成员曾经分布非常广泛，延续至今，仍有3个次目的原猴亚目动物生活在地球上，它们是分布区仅局限于马达加斯加岛的狐猴次目、生活在非洲和南亚森林地区的瘦猴次目和分布在东南亚部分岛屿上的眼镜猴次目。

原猴亚目中夜行性成员较多，常有较大的眼睛，共同的特征是：颜面似狐，无颊囊和臀胼胝；前肢短于后肢，拇指与大趾发达，能与其他指（趾）相对；尾不能卷曲或缺如。但个别种类嗅觉比较发达，耳能转向，趾端有爪，五趾只能同时伸屈，不能单独活动，反映了此种类的原始性。

原猴亚目现存7科，15属，60余种，分别是：

鼠狐猴科（Cheirogaleidae），5属，21种；

狐 猴 科（Lemuridae），5属，20种；

嬉 猴 科（Lepilemuridae），又名鼬狐猴科，1属，7种；

大狐猴科（Indriidae），1属，7种；

指 猴 科（Daubentoniidae），1属，1种；

懒 猴 科（Lorisidae），1属，3种；

婴 猴 科（Galagidae），1属。

图1-2 原猴亚目眼镜猴

（四）高等的猿猴亚目

猿猴亚目又称作类人猿亚目，是高等的灵长类，包括各种猴、猿和人类。猿猴亚目与原猴亚目大约于5300万年前演化分开，走上了新的发展道路，最终成就了人类这一伟业。它们的现生类群包括生活在中、南美洲地区的阔鼻猴次目（故又称新大陆猴类）和分布在欧亚和非洲地区的狭鼻猴次目（又称旧大陆猴类）。新大陆猴是于4000万年前，猿则从2500万年前，于非洲大陆分裂形成裂谷后与旧大陆猴分开的。

猿猴亚目智力发达，指尖具指甲，除眼镜猴及夜猴外，大部分物种都在白天活动，且有三色型视觉。共同的特征是：颜面似人，大都具颊囊和臀胼胝；前肢大都长于后肢，大趾有的退化；尾长，有的能卷曲，有的无尾。

猿猴亚目现存有11科，约51属，180种，主要分布于亚洲、非洲和美洲温暖地带，大多栖息在林区。其科、属、种如下。

阔鼻猴小目，包括：

仅蛛猴科（Atelidae）和卷尾猴科（Cebidae）2科，共16属，70余种。

蛛猴科，包括：

蛛猴（Ateles）；绒毛蛛猴（Brachyteles）；绒毛猴（Lagothrix）；吼猴（Alouatta）；僧面猴（萨基猴，Pithecia）；红背僧面猴（Chiropotes）；秃猴（Cacajao）；夜猴（Aotus）；伶猴（Callicebus）9属。

卷尾猴科，包括：

卷尾猴（悬猴，Cebus）；松鼠猴（Saimiri）；狨（绢毛猴，Callithrix）；倭狨（Cebuella）；狮面猴（Leontopithecus）；柽柳猴（Leontocebus或Saguinus）；节尾猴（Callimico）共7属。

狭鼻猴小目，包括：

蛛猴科（Atelidae）和卷尾猴科（Cebidae）两科，共16属，70余种。

人 科（Hominidae）。

在分支分类学中，祖先类是包含了其后裔的，故人类及已灭绝的双足类人类（包括南方古猿类、肯尼亚平脸人等），都分类在人族之中。人族与指节行走的猿，综合称为人科，因为它们都拥有分支中相同的特征。

现在主流的学术观点认为：人类大约是在距今400万年前开始，敲打着石块与古猿相揖别，走上创新发展之路的。

五、现代人类的位置

我们人类在自然界生物进化树上的位置，是处在生物六界系统，即病毒界、原核生物界、原生生物界、植物界、真菌界和动物界中的最后一界——动物界之中。具体属于：动物界，多细胞亚界，脊索动物门，哺乳纲，灵长目，人猿亚目，人科，人属，智人种，现代人。

此进化树时空位置确定的依据是：人类身体由千万个细胞组织构成，故属多细胞亚界；在人的背部有中枢神经系统贯穿咽喉和颐下肉缝等特征，统属脊索动物门；每个人具有33节脊椎，属脊椎动物亚门；人类胎生，有横膈、毛发、热血等，用乳腺哺育幼儿，故为哺乳纲；幼儿在胎中，由胎盘提供养分，出生后，胎盘随之排出，故属真兽亚纲；人有灵巧的双手，负重的下肢，发达的锁骨，直立行走，有语言、思维能力，故归入灵长类、灵长目，人猿亚目，人科之中。①

根据人类在进化树中的位置，我们不难明白，被称为“万物之灵”的人类，是一群十分年轻的生物群，灵长目中绝大多数动物是其爷爷辈。灵长目动物最早大约出现于地质年代为新生代的第三纪渐新世，距今5500万至3500万年，现存约有14科，66属，200余种灵长类动物。

对于人类出现的时间，《文汇报》在纪念达尔文《物种起源》出版150周年座谈会的报道中这样论述：“如果我们用1天24小时来比喻自地球起源直至今日的进程，那么，地球形成是在零点（约45亿~48亿年前），最古老的原核生物出现在凌晨4点（约38亿年前），中间有一段很长的时间，地球上一直十分平静，直至寒武纪生命大爆发，是在晚上9点15分（5.4亿年前），出现了大量动物门及亚门生物，各种各样高级动物造型及骨骼和器官开始出现。哺乳动物出现在23点40分，而人类登场是在最后的1分多钟。”

在距离我们最近的一分钟前，人类开始从类人猿进化，经历了漫长的猿人类、原始人类、

① 张实：《体质人类学》，云南大学出版社2009年版。

智人类、现代人类四个阶段，一步一步发展而来。

墨西哥尤卡坦半岛有一个大得惊人的陨石坑，它埋在数百米的沉积岩下面，直径大约有180公里，深900米！它就是闻名于世的“奇科苏卢布”陨石坑，以墨西哥的小镇“奇科苏卢布”命名，它形成于6500万年前。当年一颗直径大约10公里的陨石从天而降，飞快地撞击地球，引起了巨大的海啸和全球大火，大地被淹没，森林被烧毁，烟尘遮天蔽日、终年不散。植物因无法进行光合作用而枯死，动物则因得不到食物而大量死亡。在那段时间前后，地球上超过75%的物种灭绝了，恐龙也被认为是在这场灾难中永远地告别了地球。

“奇科苏卢布陨石”的到来，是生物演化史上的一次重大事件，被称为白垩纪末生物大灭绝事件，宣告了中生代结束，新生代开始。新生代从6400万年前开始一直持续到今天。新生代一般被分为三个纪：古近纪、新近纪（两者常合并为第三纪）和有争议的第四纪。

在新生代中，盘古大陆彻底分裂，地球上的各个大陆逐渐移动到今天的位置上，生物群的地理分割从此更为显著。这颗大陨石的到来，它正负两方面的极端作用，剧烈地改变了地球的生态环境，改变了生物的种类与布局。它不仅使恐龙成为了历史，同时又死而后生，导致了被子植物、鸟类、真骨鱼类与哺乳动物多样性爆发式的出现，在极短的时间里分化出了众多的物种，形成了新的生物种群类型和群落结构。哺乳动物从微小简单的原始哺乳动物发展到占据各个生态圈的巨大的动物群，新生代成为了哺乳动物称雄的时代。

人类出现则是在新生代的第三纪上新世，距今仅仅500万年，与最早的原始哺乳动物中间相隔了数千万年的古新世、始新世、渐新世和中新世。晚新生代大冰期严酷的冰川气候，最后导致大型食肉哺乳动物遭到了灭顶之灾，而让哺乳动物中的灵长类动物的后继者——智人，主宰了新世界。

第二节 寻找人类的步伐

为了追溯人类起源,人类学家和考古学家从哺乳纲灵长目化石入手寻找现代人的线索。按照进化树原理,它们是人类进化最直接的上代。

一、中华曙猿的发现

灵长目是哺乳纲中的1个目,是目前动物界进化程度最高等的类群。其大脑发达,眼眶朝向前方,手指和脚趾分开,大拇指灵活,多数能与其他趾(指)对握。灵长目包括原猴亚目和猿猴亚目,主要分布于世界上的温暖地区。灵长类中体型最大的是大猩猩,体重可达275千克,最小的是倭狨,体重只有70克。

专家们认为,灵长目的祖先为哺乳纲的食虫目动物。直接的证据是,灵长目中最早出现的,是发现于古新世地层的近猴类化石。近猴类用四肢攀爬,栖息于树林,与活动于地面的兽类不同,不具有单蹄或偶蹄,却有爪而不具有指甲。牙齿为三楔式低冠齿,比较一般化,但门齿增大,似平放的凿子。

从始新世开始,通常被称为原猴类或低等灵长类的近猴、狐猴、眼镜猴类,已开始在现今的欧、亚、北美等地到处游荡了。延续至今,仍有3个次目的原猴亚目动物生活在地球上,它们是:分布区仅局限于马达加斯加岛的狐猴次目、生活在非洲和南亚森林地区的瘦猴次目和分布在东南亚部分岛屿上的眼镜猴次目。

后来从低等灵长类动物原猴类中分化出了高等灵长类动物——猿猴亚目,分类学上称之为类人猿亚目。类人猿亚目包括目前生活在美洲地区的阔鼻猴次目(又称新大陆猴类)和分布在欧亚和非洲地区的狭鼻猴次目(又称旧大陆猴类)。其中,狭鼻猴次目中包括两个超科——猕猴超科和人猿超科。人猿超科中又包括猿科和人科。各种猴、猿和人类都属于类人猿亚目,其共同的特征是智力发达,指尖具有指甲,多白天活动,颜面多少像人。

长期困扰古生物学家和人类学家的两个问题是:哪一种低等灵长类发展成了高等灵长类,成为人猿共祖?又是哪一种高等灵长类,再分化出了人科,成为了人类的直接祖先?在第一个问题的答案中,低等灵长类动物之中的眼镜猴类与高等灵长类,无论是形态结构还是DNA序列都具有最大的相似性,说明高等灵长类与眼镜猴类的亲缘关系最近。据此,并结合一些化石上的证据,许多学者推测眼镜猴类和高等灵长类,都起源于一种被称为始镜猴类的古老低等灵长类。但化石还表明,始镜猴类与其他低等灵长类的祖先,在进化的道路上早已分道扬镖。在高等灵长类起源问题上,始镜猴起源论和狐猴起源论两大学派各持己见,现生物种提供的生物学证据与化石记录提供的古生物学证据之间存在着直接的矛盾。

1994年4月，具有国际权威的英国《自然》杂志，首次向世界报道了中华曙猿是人类共同祖先的爆炸性信息，将学术界研究人猿共祖的目光引向了中国江苏省溧阳市上黄镇。

上黄镇南的函山是一小而突兀的山丘，实为丘陵，海拔仅数十米，长宽数十米，高不过三四十米，因其形状如磨盘，故名“水磨山”，又名“水母山”。山虽不大，均为纯石灰岩。形成这种特殊的岩石结构的原因，是在约6500万年前，这里曾发生一次地下岩浆上涌活动，但岩浆没有涌出地面，却将地表3亿年前形成的石灰岩拱裂了，形成许多裂缝和一些洞隙。于是许多古哺乳动物的骨骼因水流等自然力的作用，伴随着泥沙堆积在洞中，形成了后来被称为“上黄动物化石群”的堆积物。

20世纪80年代，当地农民在经济利益驱使下在此建石灰厂，开山炸石。他们在放炮采石时，无意中发现了不少动物化石。当地一位教师有心收集了一批可做药用，被当地人称为“龙骨”的化石，经南京博物院转交到了中国科学院古脊椎动物与人类研究所。研究员齐陶一眼就辨认出，其中有古鼷鹿化石，这是一种生活在4200多万年前的古老动物。凭着职业直觉，他感到如果到上黄深入采掘，或许会有重大发现。

1987年，齐陶独自来到溧阳水母山挖了6年，6年中共向北京的研究所运送了100多吨水母山掌子面缝隙中的泥沙，再经过浸泡、淘洗、过筛，初选出具有检验价值的化石沙样一吨多。在这一吨多的沙样里，最后经显微镜条件下仔细检验，共发现了距今大约4500万年，形态如细长的缝衣针、火柴棍，块状似芝麻粒、豌豆籽的哺乳动物细微化石上万块，包括1500多颗牙齿。

经清理，这些化石属于12科，38属，63种哺乳动物，其中包括3个种的低等灵长类动物和1个新种高等灵长类动物。这些数据支持了“溧阳水母山裂隙堆积物是迄今在亚洲发现的第一个始新世时期的地层，所发现的灵长类动物，比在亚洲所有其他地区发现的同种类都要多，几近亚洲地区所发现的总和”的结论。

其中不仅有我国尚属首次发现的袋类动物，有鳄鱼、青蛙等爬行类、两栖类等非哺乳类生物化石，还有属于低等灵长类的世界最古老的狐猿。而最主要、最轰动的发现，是一枚带有3颗牙齿的下颌骨化石，它属于中国特有、世界罕见的“上黄眼睛猿”，后被命名为“中华曙猿”，此名称的字面意义是“类人猿亚目黎明时的曙光”。

该曙猿的特征非常原始，同时拥有猴类和猿类的特征，对其到底是属于最原始的高等灵长类还是属于跗猴类，尚有一定的争议。根据中华曙猿化石，经过中、美科学家的共同推测，中华曙猿的体重在100克至150克之间，体形这样小的动物通常心跳很快，与今天的一只小老鼠的大小相仿。习性以吃虫子以及一些植物果实为主。因其原始，所以齐陶非常肯定地认为：中华曙猿是世界上第一个类人猿动物，它是现代生存在地球上的所有高级灵长类动物——人及其近亲猿、猴的共同始祖。它比20世纪60年代初，西方科学家在北非埃及首都开罗西南约100公里的法尤姆地区发现的一批3500万年的高等灵长类化石的生长时代，整整早了800万到1000万年，从而动摇了人猿起源于非洲的经典假说。

图1-3 中华曙猿复原图

对此，我国著名古人类学家贾兰坡院士评价道："中华曙猿的发现，是20世纪古生物学上又一次极为重要的发现，其意义可以与周口店北京猿人的发现相媲美。"

二、人猿共祖类人猿

在"中华曙猿"被命名后不久，1995年，另一个中美古生物学联合科考队悄然在黄河岸边的山西垣曲古城镇寨里村的山谷里，发现了一块曙猿的完整下颌骨化石，这是世界上迄今为止发现的最完整的有关曙猿的生理材料。美国权威学术期刊《科学》杂志及时向世界公布了这个消息。20世纪末在中国的这次重大发现，适逢美国卡耐基博物馆建馆100周年，为了纪念自然科学领域这双重的"盛事"，中美科学家们把这种曙猿取名为"世纪曙猿"。

就在中国的科学家继续努力寻找更多的材料和线索的时候，1999年10月，一个由法国科学家为主的研究小组在《自然》杂志上报道了他们在缅甸发现了中始新世晚期，邦塘哺乳动物群的类人猿亚目曙猿科的一个新属种——邦塘巴黑尼亚猿，其年代晚于分别产生中华曙猿的伊尔丁曼哈期–沙拉木伦早期江苏溧阳上黄哺乳动物群和产生世纪曙猿相似种的沙拉木伦期山西垣曲上河哺乳动物群。

2000年3月16日《自然》杂志报道，中、美科学家在再次对江苏溧阳和山西垣曲化石进行的检验中，新辨认出了中华曙猿和世纪曙猿的部分身体骨骼——脚踝骨的化石。这再一次掀起了关于讨论早期高等灵长类起源问题的高潮。

该论文第一作者丹尼尔·基博如此评说他们的研究成果："我们得到了第一个明确无误的证据，证明这一新发现是沟通低等灵长类和高等灵长类在解剖学上存在的间隙的桥梁。

最有意思的是这些新发现的踝骨代表了一种镶嵌进化的形态，因为它们既具有若干高等灵长类的特征，又具有原始的低等灵长类的特征。过去从来没有发现过任何始新世的灵长类具有这样的特征组合。”

原始狐猴一类的低等灵长类动物，善于跳跃而不用四肢攀爬，但曙猿四肢的骨骼表明它已习惯于用四肢在树枝间攀援，这是高等灵长类的明显特征，它们已经像现生的猕猴类一样更喜欢在树枝端部用四足行走了。

作为进化史上最早的高等灵长类家族，曙猿科迄今为止的中、缅两国两属三种化石记录及其年代显示：中华曙猿不仅确实是目前所知道的类人猿亚目的最早代表，而且在它出现后不久，曙猿科在沙拉木伦期到那读期，就可能已经开始向东亚地区，并从东亚向东南亚地区迁徙散布了。这为进一步研究曙猿与非洲的早期高等灵长类的关系提供了新的机遇与挑战。

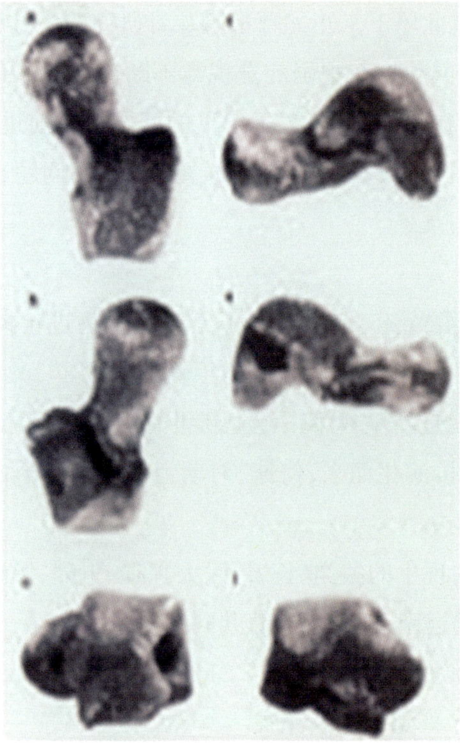

图1-4 曙猿脚踝骨化石

更新的研究成果，来自于2013年6月国际顶级学术期刊《自然》在线发表的中科院古脊椎动物与古人类研究所研究员倪喜军等人的研究报告。该报告指出，发现于中国湖北荆州地区的阿喀琉斯基猴化石是迄今为止全球最古老的灵长类动物化石。该化石证明，类人猿很可能起源于5500万年前。阿喀琉斯基猴的脚后跟骨头很特别，又短又宽，具有明显的类人猿特征，与人类的脚后跟有共同点。又短又宽的脚后跟骨为人类直立行走奠定了生物学基础。

该成果进一步更新了传统的灵长目类动物最早大约出现于地质年代为新生代的第三纪渐新世(33.9 ± 0.1)的结论,虽然许多现代灵长目动物的始祖化石都出现于该时期。此前,科学界发现的最早的类人猿化石来自4500万年前,而这一成果将人类祖先的历史前推了1000万年,堪称灵长类与古人类研究史上的一座里程碑。

从阿喀琉斯基猴,到中华曙猿、世纪曙猿,作为研究灵长类动物起源与演化的举世罕见的最古老化石向世界证明:中国是人类始祖的发祥地之一,其意义已超越国界,属于全人类。

从阿喀琉斯基猴,再到灵长目类人科动物出现,其间经历了5000万年的岁月,演绎了无数次的进化与灭绝的交替、自然淘汰,到现存有灵长目类动物14科,66属,200余种,难能可贵。

至此,由中华曙猿的发现引发的对高等灵长类非洲起源论的挑战似乎已经有了明确的结论,但探索的脚步不能就此停下。正如曙猿脚踝骨研究的中方科学家齐陶和王景文所言,世界上最古老的高等灵长类动物在中国的发现与不断被证明,只是在探索"猕猴类、猿类和人类的共同祖先起源到底在何处"这一久争不下的问题上所前进的第一步。对于亚洲早期高等灵长类与非洲早期高等灵长类系统之间的亲缘关系的问题,还须进行大量的科学工作才能得到比较圆满的解决。

三、古猿崎岖到智人

发现了人猿共祖的重要线索,仅仅明确了人类在生物进化树中的相对位置,我们由此不难明白,被称为"万物之灵"的人类,是一群年轻的生物群,灵长目中绝大多数的动物都是其祖爷爷辈,古人类出现是新生代第三纪上新世时的大事,距今仅仅不到500万年。现代人具体是由哪一种古猿直接演化而来,何地、何动力促成了此千古一绝的演化,仍然是不解之谜。

根据现有的化石证据,现生的猿类(长臂猿、大猩猩、猩猩、黑猩猩)与人类具有较近的亲缘关系,而猴类则是人类的远亲,但三者有着共同的祖先。

人与猿类有着如下相似的体质特征。

1.相似的解剖形态

猿类的身材与人较接近,躯干较短,四肢较长,有唇、外鼻、耳郭等结构。猿类开始形成弯曲的柱,尾椎开始退化,胸腰椎的数目减少为16~18个(低等动物19个);骶椎的数目增多至4~5个(低等动物3个);骨盆的髂骨较宽,内面陷,与人类骨盆较接近;胸廓呈桶状(低等动物的是心形),胸骨宽而短,胸骨体由一块骨头组成;内脏器官的结构和排列方式(内脏器官从上到下的排列)与人相似;猿也有阑尾,右肺分三叶,左肺分二叶,喉肌较发达;在指纹结构上,猿和人一样,具有弓形纹、箕形纹和斗形纹,其足纹也和人类相似。

2.相近的生理功能

一般猿类与人类一样具有A、B、O血型系统，同样有A型、B型、O型、AB型4种血型。其胎盘结构与功能与人类较相似，雌性猿类有月经，周期为29~36天（人类25~30天），怀孕期为210~265天（人类约280天），通常性成熟时期为6~8岁（人类约13岁）。

3.较小差异的生化组成

人类与猿类许多蛋白质的氨基酸排列顺序相似，如人与黑猩猩的细胞色素C上的氨基酸顺序是相同的。

在遗传结构上，人类细胞核中的染色体是23对、46条；黑猩猩、大猩猩、猩猩的染色体是24对、48条，比人多一对；长臂猿的染色体则比人少一对，只有22对、44条。

黑猩猩的DNA遗传密码分子结构和人的不同部分仅为2.5%，大猩猩的DNA遗传密码分子与人的差异是4.7%，而猴类与人的遗传密码差异在10%以上。①

该数据与化石证据相吻合。猴类属于猕猴超科，在高等灵长类中与人类分化最早，已经相隔了一科。属于人猿超科的长臂猿的进化系统，从人猿共同祖先的系统中分化出来的时间，大约在距今2000万年前；人与猩猩从人猿共祖系统中分化的时间点约在1000万~1500万年前，人与黑猩猩分化的时间点约在400万~600万年间。所以，人与长臂猿、大猩猩、猩猩已拉开了进化的距离，而人与黑猩猩是最亲近的“堂兄弟”。这点也为血清沉淀反应强度检测法所证实。

血清沉淀反应强度法是检测动物间亲缘关系可靠的生化方法。此方法于20世纪初由纳托（Nuttall）发明，是将含有抗人血清抗体的兔血清，分别与猴类、猿类和人类的血清混合，得到不同程度的沉淀量，血清沉淀反应越强，说明亲缘关系越近。

血清沉淀反应强度法所测得的结果与化石形态比对的结果大致吻合，见表1-1：

表1-1 人类与其他动物抗人血清沉淀反应关系②

受试样本	沉淀反应强度
人类	100%
黑猩猩	97%
大猩猩	92%
长臂猿	79%
狒狒	75%
蛛猴	58%
狐猴	37%
刺猬	17%
猪	8%

① 张实：《体质人类学》，云南大学出版社2009年版。

② 杨安峰：《椎动物学》，北京大学出版社1994年版。

4. 相类似的行为方式

行为方式也是一种典型的遗传性状与生活习性，同类动物应当有相近的行为习惯。猿类中的黑猩猩、大猩猩、猩猩能在地面上半直立行走，行走时半握拳头，用指关节着地支撑，双脚从两前肢之间穿过前行；长臂猿在树上行走用的是臂行法，充分发挥了臂长的优势，在地下直立行走时，像在作秀，或是双手放在头顶似立地成佛状，或是两臂展开为翼飞行态。

上述这些极为相似的体质特征，形象地演绎了人类进化进程中，从半直立行走到直立行走，脱颖而出于动物界的过程，旁证了猿类与人类是近亲。但我国著名的体质人类学家吴汝康先生通过对中新世古猿化石的研究，发现中新世大型古猿化石虽然有20种以上，可是没有一种可以肯定与现生的猿类或人类有密切的关系，大型古猿之间的相互关系也不明晰。这提示我们，人类可能是从远古的某种目前还不知晓的猿类，而非从现生的猿类进化而来。

第三节 人属进化再飞跃

一、具有巧手的古猿

人类区别于动物的本质特征是两足直立行走、大脑发达、语言意识强、会制造工具、有社会组织等。从古猿到具有“现代解剖学”特征的智人出现，是一个相当漫长而又复杂的进化过程。

古人类学目前确定的人科成员进化之路是：南方古猿→能人→直立人→智人（早期智人→现代人）。因此对现代人溯本探源，根据现有的材料，还得先从会简单劳动的南方古猿说起。

南方古猿，其生存年代距今约440万年~100万年前，是目前发现的公认的早期人科成员。

南方古猿的体质特征和现代人接近，齿弓呈抛物线形，犬齿不突出，无齿隙；拇指可与其他四指对握，能使用天然工具；头枕骨大孔的位置接近颅底中央，骨盆比猿类宽，能直立行走；脑顶叶扩大，可能有原始的语言能力。在非洲南部和东部，已发现多达350个以上的个体化石，它们有力地支持着“人类非洲起源论”，其典型代表是“汤恩小孩”“露西小姐”和“奥杜韦能人”。

（一）汤恩小孩

被命名为“汤恩小孩”的南方古猿化石，是1924年由南非约翰内斯堡威特沃特斯兰大学医学院教授雷蒙达特（Raymond Dart）在南非阿扎尼亚的卡拉哈里沙漠的汤恩采石场发现的。该化石为一幼年头骨，年龄约6岁，有全部的乳齿及第一恒臼齿，生活在距今约200万年前。该头骨保留有许多似猿的性状，同时又具有了人类的特性，如脑容量已介于黑猩猩与大猩猩之间；颊齿咬合面平、犬齿小，枕骨大孔接近颅底中央，说明已直立行走。这种既古老原始又局部进化的镶嵌形态，构成了奇妙结合。雷蒙达特将其命名为南方古猿非洲种，归入人属。其后陆续在非洲、亚洲发现十多处人属的起源地，出土一批南方古猿类化石。

（二）露西小姐

20世纪70年代中期，美国俄亥俄州克利夫兰自然博物馆的唐纳德·约翰森（D.C.Johan - son）与法国地质学家泰伊伯（Maurice Taieb）先后在埃塞俄比亚阿法地区的哈达尔，发现至少13个以上的个体遗骸化石，经钾—氩法断代为375万~300万年前。

其中特别重要的是发现了一年龄在19~21岁之间的女性个体，身高在1.07~1.22米，她的臂长与腿长之比，较现代人稍大。发现此化石的当夜，兴奋的发掘者们在野外营地开起了庆祝会。庆祝会上用录音机播放了一首名为“钻石般天空中的露西”的甲壳虫乐队的流行歌曲，约翰森和泰伊伯灵感来临，将白天发现的这名或许未曾有过名字的远古女性起名为“露西”。

露西与她的伙伴们同属南方古猿阿法种，已能双足直立行走，有着与现代人一样的手，但其手指更弯曲细长一些，留有树栖生活的历史痕迹，这已是极其宝贵的进步。对露西，美国解剖学家杰克斯特恩等人给予了极高的评价：“她具备了完全适合于全部时间两足行走的各种特征，但又保持着使她能为了采食、睡觉或逃避敌害而有效利用树林的解剖学性状。”[①]更有学者认为，人科中后来兴起的那些物种都是南方古猿阿法种的后代。

露西化石现珍藏于埃塞俄比亚的斯亚贝巴国家博物馆作为镇馆之宝，全世界的访客来到这里，都会瞻仰这位最早的现代人类的祖先。

（三）奥杜韦能人

从南方古猿到能人，是人科起源的第一次巨大的进化飞跃，标志着人类家族的萌生，与高等灵长类中的其他类群相揖别。古生物学家共同认为，南方古猿后期的代表不仅能双足直立行走，有较大的脑，而且能制造原始工具，是有“巧手的物种”。在埃塞俄比亚的奥莫地区，发现有250万年前的砾石工具，这是目前发现的时代最早的原始石器，说明能人生活开始于大约250万年前。

能人化石首次发现是在1959年。玛丽·利基在坦桑尼亚的奥杜韦峡谷第I层发现著名的“东非人”化石。1963年，她的大儿子乔纳森·利基，又在奥杜韦第II层发现一块头骨化石，经用钾—氩法断代，约为175万年前。同时出土有石核、石片、石球、砍砸器、大小型刮削器和雕刻器等多种功能类型的石器。这些石器被称为“奥杜韦文化”，奥杜韦峡谷最早的居住层年代约为200万年前，说明该文化是一种已发展了相当一个时期的旧石器时代文化。

经仔细研究，奥杜韦能人的头后骨骼保留着与南方古猿相似的特征，与较晚的人属差别较大，而面部不是很像猿，吻部不太突出，咀嚼器官与较晚的人属相似，最明显的解剖学特征是牙齿：臼牙更窄，前齿更小，但门齿变大呈铲形，更利于切割食物。能人身高大约1.3米，体重40公斤左右。

然而最为重要的是，这种新类型能人的脑子要比南方古猿大50%，雄性脑量为700~800毫升，雌性脑量为500~600毫升；股骨与肢骨特征显示其双足直立行走。乔纳森的父亲，玛丽的丈夫路易斯·利基最后下结论说，虽然南方古猿是人类祖先的一部分，但是这些新发现的化石却代表了最终将产生出现代人的那一支早期人类类型。因此，他将这个新类型命名为“能人”，意思是“有灵巧的手的人”。作为人属的第一个早期成员，他们是第一批无比光荣的，持亲手制造的工具进行劳作的劳动者。

---

① ［美］理查德·利基：《人类的起源》，吴汝康译，上海科学出版社1995年版。

1992年，美国耶鲁大学的希尔(Andrew Hill)及其同事在清理1967年从肯尼亚林戈湖区采集的标本时，认定其中一头骨右侧化石片与所有的南方古猿有所区别，属于鲁道夫种，钾—氩法断代测定为距今240万年前，从而将最早的人属定格在了与奥莫原始石器相同的年代，物种的进化与工具的出现相吻合了。

人属的出现是生物进化史上最为重要的事件，是发生在人类家族内部的第一次进化上的飞跃。以最早的人属成员能人为标志，人类开始了以脑量飞速增加为最基本特征并伴随有其他诸多方面进化的真正的“人式”长征历程。正是在人属的范畴内，人类才由能人进化出直立人，然后经过早期智人阶段和晚期智人阶段，最终形成我们今天这样具有丰富多彩的文化和掌握高超技术的现代人类。

二、旧石器时代人类

人属动物普遍性的、遗传性的直立行走行为的形成，标志着直立人时代的到来。直立人这个物种在新生代更新世中期以后的时期都有化石记录，大约生活在距今200万~20万年前，是旧石器时代最早期的人类，在亚、非、欧三大洲都有发现直立人化石。过去，直立人被通称为猿人，如爪哇猿人、蓝田猿人、元谋猿人等。

直立人在体质方面较南方古猿和能人又有了明显的进步特征：身材较高，平均高度约有177.8厘米；脑量更大，约达智人的74%；特征与现代人相差不远，四肢骨基本具有了现代人的解剖性状，但骨髓尚欠，骨壁已增厚；而头骨与面骨结构进化仍较缓慢，保留有许多猿的特征，前额没有那么斜，牙齿的体积亦较小。因此，按照分类的规则，后来改名为人属直立种，简称直立人。

直立人长居天然洞穴，懂得使用打制石器，所制作和使用的工具比起他们祖先，形式更复杂及多样化。他们以采集、渔猎为生，懂得吃熟食以及用火御敌。

直立人中著名的代表有。

(一)爪哇直立人

爪哇直立人也称“爪哇直立猿人”，由比利时人类学家尤金·迪布瓦(Eugene Dubois，1858—1940)于1891年在印度尼西亚中部州特里尼尔地区发现，是世界上最早发现的猿人化石，地质年代属更新世中期。

(二)北京直立人

北京猿人，正式名称为“中国猿人北京种”，现在科学上常称之为“北京直立人”。其生活在距今大约77万年前。遗址发现地位于现北京市西南房山区周口店龙骨山。联合国教科文组织世界遗产委员会于1987年12月批准，周口店北京猿人遗址为世界文化遗产。

从19世纪中叶开始，世界上掀起了一股寻找人类祖先的风潮，从欧洲到非洲的广大区域，遍布了各方探险家的足迹。然而，半个世纪过去了，人类的史前世界仍然是未解之谜。

19世纪末，随着西学东渐，苦苦寻觅的探险家跟着西方传教士的步伐，开始踏进了东方中国这片古老而神奇的土地。

正是在这样的大背景下，北京直立人的发现与中国近代考古学史上一个永远值得怀念的人的名字——安特生（Johan Gunnar Andersson，瑞典人，1874.7.3~1960.10.29）联系在了一起。

1914年，40岁的安特生已是世界著名的地质学家、考古学家，万国地质学会秘书长。1921年，他主持发掘了河南省渑池县仰韶村遗址，从而发现仰韶文化，揭开了中国田野考古工作的序幕。同年，心存希望的安特生和奥地利古生物学家师丹斯基等人再次前往周口店，在当地群众的引导下，在鸡骨山北坡又找到一处更大、更丰富的含化石地点，即后来闻名于世的北京人遗址——“周口店第1地点”。

就在这次考察中，安特生发现了一枚“可疑”的牙齿，但师丹斯基检验后认为这是一颗类人猿的牙齿，不属于人类。1926年夏天，安特生回国后，在乌普萨拉古生物研究室细心整理大量的从中国运回的周口店的化石标本时，又从化石中辨认出一颗明确的人牙，随之那枚“可疑”的牙齿也被确认是人牙。

1926年10月22日，安特生刻意在中国欢迎瑞典太子访华的大会上，隆重地向全世界公布了在周口店发现古人类牙齿的重大消息。尽管当时还存在很多的认识分歧，但这一消息已深刻地震撼了国际学术界，因为不仅在中国，而且在亚洲大陆上的任何地方，此前都没有发现过这样的古老的人类化石。安特生作为“北京人”的第一发现者，拉开了周口店遗址系统发掘的序幕。

1927年，由瑞典古脊椎动物学家B.步林和中国地质学家李捷主持，在周口店再次进行了大规模的发掘，当年又发现1颗人的左下恒臼齿。对先后发现的3颗牙齿，当时北京协和医学院解剖科主任、加拿大籍解剖学家步达生研究后，给这一未曾谋面的祖先人类定下的拉丁语化的学名是Sinanthropuspekinensis（曾译“北京中国猿人”，原意应为“北京中国人”），现称为“北京直立人”。

1929年，是中国考古学值得隆重纪念的一年。在北京大学地质系毕业生裴文中的独自主持下，中国考古界首次独立地对周口店遗址进行田野科学发掘，先后在周口店附近发现多达15处以上的化石遗址点。

经挖掘探明，周口店第1遗址地点洞穴中的堆积物厚达40米以上，6米以上开始形成化石的堆积，主要由洞内崩坍的石灰岩碎块和流水带入洞内的黏土、粉砂等残积物构成。依岩性变化自下而上可分为13层，从最底下第13层以上开始出现动物化石，并伴有几件石器出土，说明北京人文化层从这一层起步。

在堆积层中，留有北京人用火留下的灰烬，较大的灰烬层有4个，第4层的灰烬最厚处超过6米，表明北京人已能非常熟练地管理火种了。根据灰烬中存在赤鹿等时代较晚的化石的事实，综合判断，早期北京人在此活动的年限超过40万年，可能已经到了晚更新世的初期。

北京人居住的自然环境是一块风水宝地，符合我们后代人总结的“坐北朝南、后有靠（山体）、前有照（水域）、生态好”环境学。住地北靠重岗叠岭的高山，西面和西南环绕低缓起伏的群山，东南方是舒展广阔的平原，东边的大河常年奔流不息，北京人在此谋生，应是一个绝佳的选择，40余万年的居住历史是最好的证明。

科学家根据出土的动植物化石，大体描绘出了这40万年间，随着全球性的气候波动，周口店一带气候环境多次发生冷暖、干湿的交替变化的情景：早期偏冷，可能还处于明德–里斯间冰期的初期，因此狼獾、洞熊、扁角大角鹿、披毛犀等喜冷的动物化石在底层堆积物中占优势，此时的北京人非洞穴与用火难以生存；安氏鸵鸟和巨副驼等动物化石的出现，又证实周口店一带有过一定时期的干旱期，甚至出现过沙漠；中、晚期气候大幅回升进入温暖期，喜暖的竹鼠、硕猕猴、德氏水牛等动物尽占天时地利优势而发展；这里还曾出现过大面积的水域，水獭、居氏巨河狸、河狸等喜水动物嬉戏其间。经过40万年的生产、生活经验的积累，北京人或许已掌握了改善生活质量的技术与方法，如用人工的方式建造住房等，以利于迁徙到更合适、更便捷生活、生产的地方，最终离开了洞穴故土追求新的发展了，但周口店是他们永远的家园。

期望中激动的日子终于来临，1929年12月2日下午，裴文中在周口店第1遗址地点堆积层中，发现了一个完整的北京人头盖骨，同一地层中又发现有石制品、骨角制品和用火遗迹。

这一惊人的消息极大地震动了世界学术界。在此之前，虽然北京人牙齿的发现已让人产生了美好的向往；德国的尼安德特人、爪哇直立人和德国的海德堡人的遗骨问世，曾让学术界一度很兴奋，但这些发现成果，由于保守思想的束缚，质疑声较大，并未完全得到学术界的公认。上述发现在人类起源与进化过程中的地位，即使在当时持进化论的学者看来也并非水落石出，铁板钉钉，而是众说纷纭，莫衷一是。

第一个北京人头盖骨的发现，尤其是北京人的头部保存的原始性质和爪哇人相似，佐证了迪布瓦发现的爪哇猿人不再是孤品，它们同属于直立人发展阶段；特别是北京人伴有的石器和用火遗迹关联证据，使得古人类学界不仅重新确定爪哇猿人作为最先发现的直立人的地位，并且就此基本明确了人类进化的序列，学术界称誉它为“古人类研究史中最为动人的发现之一。”

令中国人再次骄傲的是，1936年的冬天，中国学者贾兰坡又连续在周口店遗址找到了3颗北京人头盖骨，这是世界上第一回在同一地点一次发现如此多的古人类头骨。在全世界发现的同一阶段人类遗址中，北京人遗址的材料最为丰富也最系统，为研究旧石器时代早期的人类及其文化提供了可贵的资料。它将最早的人类化石历史，从距今不到10万年向前推至距今50万年前，从此北京周口店毫无悬念地被尊为人类起源的圣地。

综合分析北京直立人的体质特征发现，北京直立人在人类进化历程中已走过很长的路，但其外貌仍保留了不少原始性状：如脑量平均仅1043毫升，大约为现代人的2／3，介于猿类与现代人之间；头部前倾，头骨低平、额向后倾，虽已比猿类增高，但低于现代人，比尼安德特人也稍低；眉嵴突出、面部短而吻部前伸，没有下颌；身材粗短，男性高约156厘米，女性高约144厘米；腿短臂长，其四肢骨已与现代人接近，能够步履稳健地直立行走；已会选择性地挑选石英、燧石等石块，采取以石击石的方法，打制砍斫器、刮削器、尖状器等工具，用来满足基本的茹毛饮血等生活、生产需要；其打制方法比较固定，反映了石器加工制作产生了经验化的程序；从工具上的敲击痕迹可以看出，北京人以右利手为主，动作习惯善于用右手操作工具；从灰烬中发现的敲破的烧骨看，北京人已掌握了熟食技术……这些都是北京直立人在与自然斗争和不断适应过程中产生的宝贵的原始文化。

1936年年底，周口店已发现完整北京人头盖骨5个，还有头骨碎片、面骨、下颌骨、股骨、肱骨、锁骨、月骨等以及牙齿147颗等一大批珍贵的化石标本。非常不幸的是，1937年7月7日“卢沟桥事变”的爆发，不仅改变了中国的命运，也从此改变了这批北京人化石的命运。

1941年12月，这批极具科研价值的北京人标本以及全部山顶洞人类的资料，在转移前往美国的船运途中神秘地失踪了，至今下落不明，留下了一桩难解的历史悬案。

对于北京人头骨丢失的巨大遗憾，裴文中先生终生痛心不已，1982年9月，裴先生弥留之际最为牵挂的还是这件事。

中华人民共和国成立后，周口店的发掘工作得到恢复。20世纪50年代后又出土若干人类化石，1966年又在上层的堆积中发现一个残破的头盖骨。据公布的资料统计，周口店遗址前后总共发现、获得了属于40多个个体的北京人化石，10万多件石制品和骨角制品，近百种哺乳动物化石，上百种鸟类化石，以及大量用火灰层遗迹，这些材料构成了世界上最系统、最丰富的直立人遗址。北京人的发现意义重大，为“从猿到人”的学说、直立人的存在、人类发展序列的明确，提供了有力的证据。

（三）蓝田直立人

地大物博的中国，不仅仅是北京人的故乡，还是更早的人类祖先“蓝田人”的家乡。

“蓝田人”即“蓝田猿人”，学名为“直立人蓝田亚种”，是旧石器时代早期人类，属早期直立人，生活的时代是更新世中期，距今约115万年至70万年前。

蓝田人化石共两块，一块是1963年7月中国科学院古脊椎动物与古人类研究所的调查队在进行田野调查时，在蓝田县城西北约10公里的泄湖镇陈家窝发现的一老年女性下颌骨化石。第二块是1964年5月在公王岭地层中发现一个基本保存完整的中年女性头骨化石。

原研究者把陈家窝的下颌骨和公王岭的头骨归到一起，命名为“蓝田中国猿人”。

公王岭地点的地质时代为中更新世早期，古地磁断代的数据显示距今100万年至75万年。蓝田人属我国早期人类化石，比北京人还早数十万年。

蓝田人头骨有许多明显的原始性状。眉嵴硕大粗壮，眼眶略方，眼眶上方几乎为一条直的横嵴；前额骨非常低平，头肌骨壁极厚，吻部突出前伸，容貌更似猿猴；脑容量为778.4毫升，基本与印度尼西亚爪哇人的775~900毫升相当，北京人为850~1300毫升，智力弱于北京人；蓝田人比北京人和爪哇人都古老，是亚洲北部迄今发现的最古老的直立人化石。根据体质形态上的差别，考古学家将蓝田人称为“早期直立人”，是西安最早的居民；而把北京人归类为“晚期直立人”。

在蓝田的中更新世地层里，共发现200多件石制品，其中从公王岭含化石层和稍晚层位中仅发现13件，另外一些则出自附近与之地层相当的二十来个地点，材质除极少数为脉石英外，多半采自当地河滩的石英岩砾石，不少制品还保留有原砾石的岩面；其加工方法为简单的锤击法，石片一般未经第二步加工即付诸使用，边缘多不规整，对原料的利用率较低，表明当时的石器制作技术仍具有一定的原始性。器型有大尖状器、砍砸器、刮削器和石球等，这些石制品本身的技术差别不大，一般暂时将它们都看作是蓝田人的文化遗物。

（四）巫山直立人

1985年起，研究员黄万波等考古工作者，在重庆巫山县庙宇镇龙坪村龙骨坡发掘出一距今约201万~204万年，带有2颗臼齿，后被定名为“直立人巫山亚种”的左侧下颌骨化石以及一些有人工加工痕迹的骨片，1986年又发掘出3枚门齿和一段带有2颗牙齿的下牙床化石。此外，还出土了包括步氏巨猿、中国乳齿象、先东方剑齿象、剑齿虎、双角犀、小种大熊猫等116种早更新世初期的哺乳动物化石，以及多个年代人类生活过的痕迹。

1986年11月29日，联合考察队在重庆举行新闻发布会，《人民日报》、《光明日报》、中央电视台等全国数十家媒体纷纷向海内外公布发现“巫山人遗址”这一振奋人心的消息，从而在世界学术界、考古界又一次掀起了有关人类起源在亚洲还是在非洲的大讨论，人们纷纷前往三峡博物馆，争相观看中国亚当——“巫山人”化石。

在此基础上，黄万波总结自己21年的考古工作实践，提出了“长江流域大三峡——人类演化的摇篮”的学术观点。所谓“大三峡”，是指长江流域，包括长江支流所辐射的地区。200万年以来，人类一直在三峡地区活动，因此，长江三峡集中发现有大量古人类遗址，包括“巫山人”以及周围的“建始人”“官渡人”“河梁人”“大溪人”“奉节人”等，大三峡是我国古人类化石分布最为密集和最有连续性的地区，体现了人类活动的传承性和完整的演化过程。黄万波研究员在去东非大裂谷考察后认为：东非大裂谷是人类文明的摇篮，而有着大致相同自然环境的长江“大三峡”，则是中国古人类的故乡。

“巫山人”再一次超越了蓝田人一百万年，成为中国境内迄今发现最早的人类代表，填补了中国早期人类化石的空白。2005年起，长江三峡成为世界上独一无二的研究人猿分野的理想地域，就丰富性与系统性而言，著名的非洲奥杜韦峡谷也无法与长江三峡相匹敌。

黄万波认为“这个新的发现将动摇人类演化的理论”，我们有理由相信，中华民族的祖先，黄种人的祖先，就是从三峡高地走出来的，它是东方伊甸园，对于研究人类的起源和中国三峡文明的发展史，具有极为重要的科学价值。

（五）特卡纳男孩

非洲是人类学家向往的地方，因为那里可能是人类的祖先生活的故乡。英国生物学家、进化论的奠基人查尔斯·罗伯特·达尔文，早在1871年出版的《人类的由来》一书中就预言：“在世界上每一个大的区域里，现存的哺乳动物都与在同一区域产生出来的物种关系密切。非洲现在生存有大猩猩和黑猩猩两种猿。因此，非洲过去可能生存有与它们密切相关的绝灭的猿类；而现存的两种非洲猿是人类最近的亲属，因而我们早期的祖先更可能是生活在非洲，而不是其他地方。”当时，人与猿类有共同祖先的观点，遭到神创论等唯心主义形而上学派的激烈反对，全世界包括非洲在内，还没有发现过人类的早期化石。

以后的实践证实了达尔文的预言。

相信达尔文学说的英国史前考古学家和人类学家路易斯·利基（Louis Leakey）一家五口人，自1923年起，潜心追寻早期的祖先，以非洲为根据地，为揭开早期人类的神秘面纱而工作，终于在人类发展史上创造出辉煌的业绩，成为了赫赫有名的古人类学家和考古学家。

利基夫妇从1935年到1959年，在坦桑尼亚北部著名的奥杜威峡谷挖掘到大量200万年前到10万年前的石器。并在1959年，先后发现了举世闻名的原始人——“津吉人”（即东非人）头盖骨，它的年代约距今175万年；南方古猿湖泊种化石（420万~390万年前）。

大儿子——乔纳森·利基（Jonathan Leakey），1960年，曾在奥杜韦峡谷发现了一个10~11岁小孩的部分头盖骨和下颌骨，不同年龄人的手骨等新种化石，他发现的化石被命名为“奥杜韦能人”。

小儿媳——米芙·利基（Meave Leakey），1998年在特卡纳湖西南发现上颌骨断块，1999年又在同一地区发现一个几乎完整的头骨。

特卡纳男孩，是小儿子理查德·利基领导的研究小组于1984年在肯尼亚北部特卡纳湖西岸的纳里粤托姆发现的一具完整的人类骨架（仅缺少一些手骨和足骨）的美称，编号为WT15000，其年代距今160万年，特卡纳男孩是20世纪古人类学最重要的发现之一。

经检验，该具遗骸为男性，年龄大约为9岁，身高大约1.68米，推测成年后身高1.8米以上，属身材高大型。脑量大约900毫升；头骨厚，长而低，前额小，眉嵴突出；而躯干骨、四肢骨与现代人相似，已能大步流星地行走，确定为直立人种的成员，从而非洲人类进化史上新增了一个亚种。

（六）阿特拉直立人

与东非肯尼亚遥遥相对的北非国家阿尔及利亚也是直立人的故乡之一。中间横亘着仅次于南极洲的世界第二大荒漠——撒哈拉沙漠。在上一个冰河时期，撒哈拉还不是一个沙漠，气候类似于东非，大约于250万年前形成撒哈拉沙漠，导致该地区气候条件变得非常恶劣，成为地球上最不适合生物生存的地方之一。但这样的地理条件，似乎并没有阻挡住东非直立人后代迁徙的步伐。

1953—1955年，法国学者K.阿兰布尔和R.霍夫台特尔在阿尔及利亚的特尼芬，先后共发现3个成年个体的下颌骨和一块顶骨化石，其中2个为男性，1个为女性。最初定名为阿特拉猿人毛里坦种，后称为毛里坦猿人，直立人化石之一，3个下颌骨没有颏突，脑量约为1300毫升，顶骨、下颌及牙齿形态等体质特征总体与北京直立人相似。与直立人化石伴生的，属于早第四纪动物群代表性的化石有：三趾马、古菱齿象、犀牛、长颈鹿、骆驼、羚羊、狮子、狒狒，以及某些十分古老的剑齿虎等。同时发现了几百件用石英石和砂岩制作的石器，文化年代为阿舍利早期或舍利—阿舍利期，地质时代是中更新世早期，距今约70万年。

1954年，在阿尔及利亚邻国摩洛哥的西迪阿布德拉曼发现的一块下颌骨，也被视为毛里坦猿人。

直立人种是人类进化史上关键的一个种。从500万年前人科动物诞生起，历经300万年的艰难困苦，中间不知淘汰、消亡了多少同路种群，在距今约200万年前，百万年长征过后坚持下来的直立人开始登上历史舞台。此时，直立人的进化已产生了许多现代人的体质特征，准确地说，直立人进化的体质特征现代人还在继承着。

综合分析亚、非、欧三大洲发现的直立人，尽管存在诸多体质特征上的细小差别，可分出若干亚种，但共性特点是主流，与古猿相比较，突出地表现在以下四个方面：

（1）智力明显有提高，大脑容量稳步增大。

（2）直立行走成常态，奔跑动作协调完善。

（3）设计观念初形成，石器制作探索成型。

（4）用火方法已掌握，熟食生活渐成常态。

2009年，在《中国大百科全书》（第二版）问世时，我国著名的人类学家、该书的主编吴新智先生对直立人研究的最新进展作了如下的总结：

“人类学家的目标在于了解像猿那样的动物是怎样转变成我们这样的人的。我们是如何成为今天这样的?我们的未来又会如何?化石把我们与过去联系了起来。

"……在编写第一版时,200万年前的人类化石记录不多,超过300万年前的化石更少,再向前追溯到400万年前则是一片空白。1994年报道了440万年前的南方古猿始祖种(翌年属名改称地猿),使得作为人猿分野标志的经常性直立行走的记录提前了几十万年。1998年发现500多万年前的地猿家祖亚种;同年300多万年前的扁脸肯尼亚人化石问世,被认为是比南方古猿更加接近人类的直系祖先。2000年发现600万年前的原初人(即千禧人)的下颌和大腿骨等化石,使得直立行走行动方式的确立比原先估计的早得多,大大地延长了人类历史的记录。2001年发现了600万~700万年前的撒海尔人头骨化石,为人类历史600万~700万年的新认识增添了重要的证据。"

不断发现的新的证据告诉我们,直立人祖先的双腿已经迈开,他们将一往无前坚定地向前进! 直立人的步伐终于跨进了智人新时代,世界由此天翻地覆慨而慷。

三、智人兴于更新世

智人,原称"智慧的人",简称"智人",又称为现代人,是生物学分类中人属中的一个"种",为现今地球上全体人类的一个共有名称。智人是真正的伟大的人类,具有了无穷的能动改造世界的力量。关于智人最早出现在地球上的时期有各种不同的推测,通常认为是在大约20万年前。智人分为早期智人和晚期智人两个阶段。他上承直立人,下启文明时代的帷幕,实现了人属进化史上的第二次飞跃——向现代人的历史性转变。

(一)早期智人

早期智人通常指距今20多万年前开始生活在中更新世晚期,形态上介于直立人和晚期智人之间的人类。早期智人化石,在非洲、欧洲及亚洲许多地区都有存在,但因最早发现于德国尼安德特河谷,所以古人类学上曾将早期智人化石统称为尼安德特人。

(二)晚期智人

晚期智人出现的时间,在地质学上属新生代晚更新世,即第四纪中更新世的最后阶段(12.6万年至1万年前),相当于旧石器时代后期。晚期智人在体质特征与智力上已与现代人无多少差别,其最早的代表是现代人的直接祖先。因此,生物学上直接将晚期智人称为现代人。但有一些学者从文化的角度,将现代人的概念严格地定义为新石器时代以后的人类,即距今约一万年前至现在的人类。

世界各地均有智人发现,我国有丰富的智人遗址资源,如山顶洞人、河套人、柳江人、麒麟山人、峙峪人等遗址。世界各地智人与人类三次走出非洲关系密切。

(三)欧洲智人化石

1.尼安德特人

原称"人属尼安德特种",简称"尼人"。其生存年代为距今230万年到5万年前,属于地质学上更新世中期后一段到更新世晚期前一段,相当于考古学上的旧石器时代中期。

欧洲伊比利亚半岛南端是直布罗陀海峡，扼大西洋和地中海交通咽喉，有一小城市直布罗陀，人口仅3万多，南对西班牙的北非属地休达市，战略地位十分重要。近300多年来长期处于英属殖民地和西班牙主权的纷争之中，其归属问题迄今没有解决。直布罗陀因最早发现了尼人化石而在考古学上占有一席之地。

1848年，在直布罗陀的一属于侏罗纪时期的石灰石山体中，发现一古人类颅骨化石，受当时古人类学知识的限制并未被重视。1856年，在德国杜塞尔多夫附近的尼安德特山洞里，又发现了一具包括头骨和部分体骨在内的人骨化石，这一发现引起了激烈的争论，许多学者仍然怀疑尼安德特人是人类化石，以致把它当作是现代人的病态类型，或者是古代野蛮种族的骨骼。因而尼安德特人在进化中的地位当时未得到肯定。

后来在欧洲的许多地点，如西起欧洲的西班牙和法国，东到中亚的乌兹别克斯坦等地，又发现了更多的尼人类化石遗迹，如法国的穆斯特人，南斯拉夫的克拉皮纳人、沙尔纳人等遗址，出土有骨骸、工具，甚至原始艺术品。年代最早的距今20万年左右，最近的距今约4万年。尼安德特人作为介于直立人和现代人之间的一个阶段的人类地位这才得以确立。

2.施泰因海姆人

1933年，在德国斯图加特以北约19公里处茅尔河畔出土了一成年人头骨化石，标本出土的层位是夹在更新世沉积物中的砾石坑中，其时代为明德—里斯间冰期，距今20万年，随同出土的有象和犀牛化石。

该具化石包括颅骨与面骨的右侧部分，颅骨的基部大部分遗失，但是还保留了相当大的一块腭骨与一颗前臼齿与左右两侧全部臼齿。估计的脑量为1100毫升，颅骨长，稍显低平，眉嵴略呈粗隆，枕部圆。

施泰因海姆人通常被称为智人的一个早期亚种，即所谓智人海德堡亚种。

3.斯旺司孔人

斯旺司孔人是早期智人中比较著名的一个代表，1935~1936年间发现于英国肯特郡。两块人的头骨和一些旧石器夹杂在斯旺司孔泰晤士河砾石层中，砾石层形成于40万~20万年前的明德—里斯间冰期，化石层出土于距今25万年的土层中。

20年之后，在同一地点又出土了第3块人头骨，与以前出土的2块头骨恰好可以拼合成一个颅骨的后半部分。这3块骨片实际上属于同一个成年人头骨。测量数据显示其与智人无差别。

4.丰德谢瓦人

丰德谢瓦人化石于1947年发现于法国夏朗德省的昂古莱姆东北25公里的丰德谢瓦山洞中。化石包括两块标本：Ⅰ号是一块较小的额骨碎片，Ⅱ号包括两侧顶骨和部分额骨。这是在欧洲发现的第4个早期智人的头骨化石，根据随同出土的动物化石与石器，确定其时代属于里斯—玉木间冰期，距今7万~15万年。

该化石经法国人类学家瓦洛瓦(H.V.Vallois)鉴定，认为标本与智人无异，颅容量已在1400毫升以上。从其洞穴中发现的木炭、灰烬、梲烧石、烧骨等痕迹分析，当时的人们已掌握使用火的技术，砍取树木作燃料，能制造简单的工具，使用石器和木棍来猎取野兽，采集果子来充饥。

5.维特斯佐洛人

维特斯佐洛人，因1965年在匈牙利盖赖切山麓的维特斯佐洛遗址出土而得名，是早期智人之一，距今35万年，属于旧石器时代早期文化——阿舍利文化。

最早发现的人骨化石是一个儿童下牙中的一些乳齿碎片(维特斯佐洛第1号标本)。第二次出土的成人化石(维特斯佐洛第2号标本)是裂成两块的大枕骨，颅骨为扁头型，颅容量为1300~1750毫升，估计身高约152厘米，体重约73公斤。

同时出土有哺乳动物骨化石和石器文化遗存物。

6.圣沙拜尔人

继尼安德特人化石被发现之后最为重要的发现是，1908年在法国科雷兹的布里夫东南40公里圣沙拜尔村附近的一个山洞里，出土的一具几乎完整的成年男性骨骼化石。与人化石共生的还有许多喜冷的披毛犀、驯鹿和斑鬣狗等哺乳动物化石，以及属于莫斯特文化的石片工具。断代为更新世晚期，适逢里斯—玉木间冰期。

玉木冰期大约1万~7万年之前，是欧洲距今最近的一个冰期，已经发现的最多和最为完整的尼安德特人骨骼遗骸大都是这些时期的。综合所有遗骸的特点，使学者们对尼安德特人的相貌特征和习惯有所了解。

法国人类学家M.步勒详细研究了圣沙拜尔人化石，并确认它是尼人的典型标本。总体来看，尼安德特人身材短小、敦实，身高1.5~1.6米左右；脑容量为1200~1750毫升，已与现代人的1400~1600毫升相持平或有超过；肱骨与尺桡骨的比例，以及股骨与胫骨、腓骨的比例比现代人大，显示出骨骼强健，具有典型的适应寒冷气候的解剖学特征，但走路的方式，双脚并不十分对称协调，有横向的倾向。

学术界原较流行的观点认为，就欧洲和近东而言，几乎可以肯定是从直立人的西部群体中产生出了尼安德特人，直立人第一次走出非洲后，约60万年前在欧洲演化出海德堡人，海德堡人又于约30万年前演化出尼安德特人。

25万年前至3万年前是尼安德特人繁荣的时期。独立演化成为早期智人的尼安德特人，在欧洲，与后来第二次来自撒哈拉以南的非洲的早期智人(被称作克罗马农人，他们的奥瑞纳文化很发达，在拉斯考克斯岩洞和肖威岩洞里留下了著名的绘画)，以及第三次走出非洲的晚期智人，共存过一段时间。

随着玉木冰河期的到来，生存环境愈发严酷，大约在3万年前，欧洲的尼安德特人在生存竞争中失败，被淘汰灭绝，第三次走出非洲的晚期智人成了欧洲新主人，此结论来自克林斯。

1997年7月，美国《科学》周刊发表了一篇文章，引起学术界一片喧嚣。德国慕尼黑大学的分子生物学家克林斯（M.Krings）等，对1856年发现于德国杜塞尔多夫城尼安德特峡谷，距今大约6万年的尼安德特人化石，进行了mtDNA（线粒体DNA）的抽提和PCR扩增，并对提取出的DNA进行了测序，发现尼安德特人的mtDNA序列中有12个片段与现代人类的完全不同，尼安德特人的mtDNA处在现代人类的变异范围之外，推算得出的分化时间在30万年以上。而历史上尼安德特人和现代人的并存历史在10万年以内，如果这两个人种之间有直接传承关系，其差异应该不超过10万年。由此推测，尼安德特人不可能是现代人类的直系祖先，他们根本就没有将其血缘遗传给现代人类，只成为人类演化史上的一个旁支。

这一研究结果支持“现代人起源于非洲的假说”，这一科学发现曾被评为1997年世界十大科技成就之一。其后，又有科学家成功地从出土于高加索和克罗地亚的尼安德特人化石中提取了mtDNA序列，同样得出尼安德特人与现代人没有遗传联系的结论。

科学家通过线粒体DNA的研究发现，在公元前46.5万年，尼安德特人种系和后期智人种系已分支。因此，现代生物学将尼安德特人和后期智人分为两个不同的种，二者是平行关系，即将尼安德特人排除出了现代人直接祖先的范畴，认为随着尼安德特人种系的灭绝，后期的非洲智人成为了人亚科硕果仅存的物种。

现代人的起源与演化是目前学术界的热点课题。从分子层面研究早期现代人，更多是利用人类基因组的分子分析以及DNA遗传信息来分析人类起源、民族演化、古代社会文化结构等多方面多层次的问题。主要方法是比较DNA或蛋白质序列，根据基因序列的特定相似处，判断不同的人群是否属于同一基因组，以及是否发源自同一个地方。人类学家借以跟踪迁徙和定居的路线，去发现现代人类形成和发展的奥秘。在此我们有必要对线粒体DNA和Y-DNA测序理论作一了解。

（1）DNA测定。世界上第一个测定DNA序列的方法是由英国生化学家弗雷德·桑格尔、沃尔特·吉尔伯特共同发明，并用于人类基因组计划（HGP）的测序。1980年，两人荣获诺贝尔化学奖。自此，DNA测序成为解读人类“天书”的最重要手段。

所有的生物都是由细胞构成的，人体结构的基本单位是细胞。决定生物遗传的基因库（DNA密码库）一共有两个，分别存在于细胞核内的染色体中和细胞质中。

细胞核内的基因库简称为“核基因组”，其形态为两条方向相反排列，以碱基配对的方式，彼此通过氢键相连，共同围绕一个中心轴，呈逆时针方向旋转的多核苷酸双螺旋结构长链。其保存有98%人类遗传基因信息，这些信息是由双亲的遗传基因共同组成的。

碱基对、基因、基因库三者之间的关系：碱基对好比是笔画，每4组碱基对组成一个单字；若干组碱基对组成的长链好比是一段文章（一个基因）；若干组基因组成完整的个人基因库好比一本长篇巨著。人体大约有30亿对碱基，组成约3万个基因，分布在23对共46条染色体上。其中碱基配对组成的多核苷酸排列顺序，即为遗传密码细节，搞清楚了这些遗传密码编译的规则，也就能读懂包括人类在内所有生命体的"天书"了。2002年，人类基因组计划的实现，标志着人类真正能从解读遗传密码入手，开始认识人类自己。

人类基因库还有一个特区，即细胞内的细胞质的线粒体、叶绿体等细胞器中，存有大约占不到2%人类信息的遗传基因。叶绿体中的基因有何作用，目前尚未深入研究。对于独立于细胞核外的人类线粒体DNA研究有了重大收获。

（2）线粒体DNA测定。1981年，在英国剑桥大学Sanger实验室首次完成了线粒体DNA（mtDNA）全序列测定。确定其形状非长链形，而为封闭的环形；共有16569个碱基对，含有37个编码氧化磷酸化过程相关物质的基因，并有一个称为D-环的复制控制区。线粒体基因组虽然很小，但在同一个细胞内的数量并不少，每一个细胞中的线粒体有几十到几千个不等。这多达几十至数千个数据拷贝，足以使基因安全地遗传了。

由于mtDNA可以自行合成自己所需的部分蛋白质，所以它能独立遗传。同时，又由于参与mtDNA复制、转录、转译所需的多种酶又都是由核基因组编译调控的，因此，很大程度上mtDNA仍受核基因组控制，即既给mtDNA一定的"权力"，但又不完全"放权"于mtDNA，张弛有度，控放平衡，该机制令人费思量。因此，线粒体被称之为半自主性细胞器。

造物主是天然的制谜高手。令研究者百思不得其解的是，在男性精子中，线粒体位于精子的尾部。在受精的时候，精子只有头部进入卵子的体内，尾部则自然脱落。因此，子女的mtDNA只来源于母亲，保存的纯粹是母系遗传信息，它们一代接一代原封不动地由母亲遗传给孩子，极少有突变，呈现严格的母系遗传的方式。人类（其他生物也大都是如此）为何要以这种方式单独备份母系的遗传信息资料，给予母系信息如此的"特权"的呢？直至目前，这还是个令人感兴趣的课题。

后续的研究发现，mtDNA不仅具有唯母系信息遗传，同时，还有进化速率高的特点。尤其是非编码区，虽仅有约1100个碱基对，但包括了占mtDNA遗传信息量5%~7%的D-环区。该区域的碱基对相当活跃，代与代之间不断地产生变异性遗传，因此结构上表现出极大的多态性，其正常的变异速率是细胞核基因组的10~20倍。

（3）Y染色体测定。Y染色体（Y-DNA）存在于细胞核中，与mtDNA不同的是，Y染色体在非重组区域存在交换。

Y-DNA是父系遗传的最典型标记，存在于男性精子细胞核中，由于女性卵子没有Y染色体，因此Y-DNA只在父亲和儿子之间传递，呈严格的父系遗传。正是在这一点上，Y-

DNA与mtDNA找到了遗传信息的平衡性。

在分子人类学研究中，mtDNA和Y-DNA的研究在探究人类历史，以及不同人群之间的渊源关系有很大的优势：mtDNA呈单倍体，无重组，这一特点可以使它们完整地保存母系的遗传信息，容易构建谱系树。Y-DNA的有效群体大小为常染色体的1/4，能在较短时间内积累比较多的突变，容易形成人群特异的遗传标记，提高在进化研究中的信息量和分辨率。

根据mtDNA和Y-DNA代与代之间的差异，不仅可以方便地区分开亲缘关系很近的人群，方便地进行个体识别；而且可以以此作为遗传标记，建立起系统进化树，追寻人类迁徙、演进的历史。克林斯等科学家正是按照这一理论思路，分析得出了尼安德特人种系灭绝的结论。

(四)非洲智人的发现

1.奥莫人

奥莫人化石，是1967年由肯亚古人类学家利基(Richard Leakey)领导的国际奥莫遗址发掘队肯亚小组，在埃塞俄比亚西南部的衣索比亚奥莫河两侧的两个地点分别发现的。据测定，这两个遗址的时代，是东非的中更新世晚期或者晚更新世的早期(大约距今20万~7万年)。遗存中有两块头骨和数量相当多的肢骨，被称为“奥莫1”的标本，包含了部分头骨化石和身体骨骼化石；在河对岸出土了最完整的“奥莫2”标本，其颅容量为1430毫升，当时科学家把这两块化石标本归入“智人”类，生存时代估计在13万年前左右。

又经过多年的研究，最近，科学家们终于确定，标本“奥莫2”是发展中的智人的非洲早期代表，他可能是已知最早的现代人种化石，时间可以追溯到19.5万年前，比原来已知的最早化石又提早了3.5万年。在此之前，已知非洲的最古老的智人化石，距今大约15.4万~16万年，是在埃塞俄比亚阿瓦什沙漠地区一个名为赫图的村子所出土的阿瓦什人。

2.阿瓦什人

阿瓦什人化石包括一名成年人和一名儿童的相当完整的头骨化石以及另一名成年人头骨的部分碎片。对阿瓦什人的研究报告，由美国加州大学伯克利分校的科学家在2003年6月12日出版的英国《自然》杂志公布。该报告指出：放射性同位素测定显示，上述化石人生活在约16万~15.4万年前，头骨特征在解剖学意义上无疑属于智人。他们有着相当多的现代人特点，例如成年人头骨有较大的球形颅骨，面部扁平。但也有一些较为原始的特征，例如两眼距离稍远，眉嵴突出等。此外，这些智人缺少尼安德特人的某些特征。这表明他们处在智人这个物种发展的起始阶段，介于更原始的人类与现代人之间。

事实上，可能是专业数据采集、比对不全面的原因，此结论与欧洲尼安德特人案例有明显的矛盾，因为，欧洲尼安德特人化石有好几例，生存时代远远早于16万年的阿瓦什人。

东非大裂谷纵贯埃塞俄比亚，是人科起源的福地。智人是人类进化的最后一个阶段，人类学家普遍持“非洲起源说”，认为在距今20万到25万年前，智人最早也是出现在东部非洲。但在相当长一段时间里，科学家没能在智人起源的关键时间阶段、关键地点的非洲，找到至关重要的较完整的智人化石证据。1997年赫图化石的出土，奥莫化石年代的确定，无疑提供了新证据为科学家追根溯本提供了更好的基础。

现代奥莫人仍然过着几乎与世隔绝的生活，“非洲屋脊”的气候，长期的赤身裸体狩猎，使得奥莫人肤色黝黑发亮；族群普遍较高，有的身高近2米。有些奥莫部落的妇女很讲究装饰，并且有姑娘一俟成年，就行割唇拉唇礼的特殊风俗。

（五）人类三次走出非洲的高潮

一个多世纪以来，智人的起源是人类进化研究中第二个带有根本性的重大问题。大多数科学家都同意人类祖先源于非洲的观点，但对于人类第一次走出非洲之后在世界各地的具体发展过程，却持有不同意见。宾夕法尼亚州立大学地球科学研究人员克莱顿·马吉尔(Clayton Magill)认为，早在200万年前东非环境的一系列剧变推动了人类的进化：“早期人类居住的环境曾经发生过迅速的变换，由大面积的林地在短时期内突变成空旷的草原环境，这种快速切变大约在二十万年的时间内交替了五至六次。”[①]这种变化非常突然，意味着在那儿居住的人类需要重新适应环境，人类曾经有过三次走出非洲的移民高潮。

直立人的共同祖先养育了大有发展前途的后代。大约200万年(也有人认为是150万年)前，一支走出非洲丛林的直立人远征到了亚洲，成为了第一代亚洲直立人，在很多地区留下了生存活动的遗址。从此后，亚洲直立人与非洲直立人成为了人类学上两个平行发展的分支。

分支后的非洲直立人，尽取非洲热带得天独厚之利，快步进化，获得了智人的特征，领先于亚洲直立人等，从同时代的直立人中脱颖而出。

大约100万年前，地球进入冰川期，冰期改变了全球气候带的分布，广大地区被冰雪覆盖，导致大量喜暖性动植物种灭绝，如剑齿象、巨貘等都消失了；有些物种如大熊猫、水杉等只在极少温湿的地区存活下来。非洲开始草原化，生态环境的剧烈变化迫使非洲直立人不得不开始新的迁徙，导致他们第二次走出非洲，走向世界各地去寻找适合生存的环境。后来分布在欧、亚、非各地的海德堡人、爪哇直立人、北京直立人，都被认为与这次迁徙有关联。约80万年前，非洲直立人来到现代的西班牙地区，成为最早的欧洲人。

距今约20万年前，散居于世界各地的直立人类无论是智慧还是人数总量都有了突飞猛进的发展，非洲的早期智人已进入到了旧石器时代的中期。从生物进化的观点看，20万年只是很短的时间。就是在这短暂的时间里，原始人类厚积而薄发，积数百万年原始生产、生活

① 《200万年前东非环境短时间剧变或迫使人类进化》，载《科学探索》2012年12月27日。

之功，以早期智人身份开始迈向现代文明的门槛。除了人类，地球上没有其他的动物有此等杰作。

有一些学者认为，第三次走出非洲的高潮发生在大约近6万年内，非洲直立人获得了晚期智人的特征，开始一波又一波地走出非洲，掀起向欧、亚、非各低中纬度地区(除美洲外)大规模的移民浪潮。他们在5万年前至6万年前到达澳大利亚，3万年前到达亚洲。冰川时代到来，海平面比现在低了约300英尺，为人类的迁徙创造了有利的条件。1.2万年前，非洲晚期智人得以经过西伯利亚、白令海峡到达了美洲，走到了除南极大陆之外世界的每一个角落。这一期的非洲移民对现代人类基因特征有很大的贡献，因此可以这样认为，所有的现代人类都是非洲直立人的后裔，都有亲戚关系。

在非洲晚期智人所到达的地区，从非洲热带雨林到欧亚大陆，在依山傍水的地域建筑原始村落，他们开始创造各种早期文明，产生了大荔人、马坝人、丁村人、许家窑人、尼安德特人等，并基本上取代了欧亚土著直立人，一时主宰了欧亚大陆。

持上述观点者认同现代人祖先单一发源于非洲之说。但也有科学家提出，智人是在世界不同地区分别发展起来的。依据是：欧、亚、非三大洲的多个地区先后都发现了一定数量的年代不同的智人遗址，出土了一批珍贵的智人化石，这些事实很难用祖先单一论来解释。

(六)亚洲智人的发现

1.中国山顶洞人

在早期智人非洲说风起之时，在中国，似乎是顺理成章地发现了山顶洞人遗址。

20世纪20年代，中国北京郊外周口店龙骨山猿人洞中曾轰动性地发现多具北京直立人化石，生存年代为距今70万年到20万年，震惊了当时世界考古界。北京直立人后来迁徙去了何方，一时难以知晓。

1930年，在北京市周口店龙骨山北京人遗址上面，即山的最顶端，又发现一古老的石钟乳洞内有动物化石遗存。1933~1934年，中国地质调查所新生代研究室主任裴文中主持对山顶洞遗址的发掘。

山顶洞的洞口向北，高4米，下宽约5米，山顶洞遗址的底层直接堆积在“北京人”遗址的第1层上，表明北京人与山顶人的文化有着直接的历史关联性，北京人并未离开他可爱的故乡，而仅仅是在原地搬迁了新居。山顶洞遗址经放射性碳素断代，年代为距今约3万年。地质时代为晚更新世末，相当于欧洲的旧石器晚期。

山顶洞遗址由洞口、人室、下室和下窨四部分组成，前三部分都发现有人类化石和文化遗物，总计有10个个体或稍多，是旧石器时代晚期遗址发现人类化石最多的场所。下窨在下室深处，仅发现完整的动物化石。

非常震撼的是在下室，共发现保存良好完整的老年男性、中年女性和青年女性头骨各1

具，在老年头骨的左侧发现穿孔的介壳、穿孔的狐狸犬齿等穿孔饰物，在骨盆和股骨周围有赤铁矿粉和赤铁矿石分布。这表明，下室是一处公共墓地，是中国迄今所知最早的墓葬遗存。

当时任中国地质调查所新生代研究室名誉主任的魏敦瑞鉴定后认为：男性山顶洞老人与欧洲克罗马农人相似，成年女性头骨A与美拉尼西亚人相似，青年女性头骨B与爱斯基摩人相似。现在一般多不接受魏的这种说法，认为山顶洞人是未分化的蒙古系人种（黄色人种）。

山顶洞出土的石器中，人工痕迹清楚的有25件。石器的原料主要是石英、燧石和砂岩。加工石片的方法主要是砸击法和锤击法。

山顶洞人文化的主要标志是应用钻孔技术和磨光技术，制造造型精美的骨器、角制品和大量的艺术品。

在山顶洞人遗址内发现装饰品共141件，其中各类穿孔的砾石、兽牙共125件，包括狐狸、鹿的上下犬齿和门齿，还有野狸、鼬和老虎的门齿。骨器中除打击骨器外，最有代表性的是一枚长82毫米的骨针。这件骨针无论是形态还是制作工艺，无疑是现代缝衣针的滥觞。其通体笔直浑圆，针眼上缘虽残缺，下缘至针尖保存完好，历数万年仍针尖如芒。由此可知，3万年前，山顶洞人已创造了缝衣御寒工艺。

山顶洞人处于母系氏族公社时期，靠采集、狩猎为生；女性在社会生活中起主导作用，按母系血统确立亲属关系，过着公共生活，共同承担抗自然灾害和其他风险的压力。他们使用共有的工具，共同劳动，共同分配食物，没有贫富贵贱的差别。

遗址中赤铁矿石和海蚶壳的发现，可知其活动范围北至宣化，南达海边。说明山顶洞人能走到很远的地方，同别的原始人群交换生活用品，原始的商品经济已经在中国华北地区萌芽。

1933年10月，在龙骨山南约1公里处又发现了新的化石地点，被命名为第13地点，发掘工作仍在裴文中领导下进行。从1933年10月到1934年6月，共挖土约400立方米，获取化石161箱，其中哺乳动物化石共36种，大多数为大型动物，比较有意义的种属有变种狼、中华缟鬣狗、剑齿虎、梅氏犀、葛氏斑鹿、扁角肿骨鹿、德氏水牛、三门马、拉氏豪猪等，还有上丁氏鼢鼠、拟布氏田鼠和硕猕猴。食肉目动物占可鉴定的动物的1/3。

这个地点发现的文化遗物有原始型的尖状器、小型砍砸器，以及可供割切之用的脉石英小砾石做的单直刃刮削器。第13地点出土的化石等，极大地丰富了山顶洞人生活和文化产生的背景资料。

2. 中国丁村人

山顶洞人之后，又一喜人的发现是1953年在配合国家基本建设挖沙工程中，在山西襄汾县丁村发现的早期智人化石遗址。

1954年9月11日，由中国科学院古脊椎动物研究室（研究所前身）、山西省文管会（文物局前身）各派人员组成发掘队，我国著名的考古学家裴文中、贾兰坡、吴汝康等均披袍参战。经过两个月的普查与发掘，共发现含有旧石器的地点11个，对其中9个地点进行了不同程度的发掘，另2个地点作了调查与采集。共发掘及采集石制品2005件，哺乳动物化石29种。在编号为54:100地点，发现了3枚年龄约十二三岁的“丁村人”的牙化石，其铲形门齿呈现典型的黄种人和中国其他人类化石都具有的特征，牙齿的形态介于北京猿人与现代人之间。

丁村遗址距今20多万年，属于新生代晚更新世早期的旧石器时代，在1961年被列为全国重点文物保护单位。

1975年夏季，为了避免洪水冲刷对丁村人遗址的危害，经呈请国家文物局批准，1976年8～11月，对编号为54:100地点再次进行了抢险性发掘，除了获得更多的考古资料以外，可喜的是，又发现一块古人类化石——小孩儿的右顶骨化石。

同时，在丁村遗址地点相对应的汾河西岸沿河地段，新发现了柴寺村、南丁家沟等3个含旧石器的地点，1977~1978年，进行了正式发掘，经过对发掘所得标本的研究对比，清楚地表明，该段汾河两岸都分布有属于旧石器时代晚期的典型细石器遗址。

丁村人遗址共发现石器2000多件，主要用角页岩制成，加工方法为碰砧法或锤击法。器形有生产类的也有生活类的，构成了一套先民亲手打制成的“河套—丁村系”旧石器系列。丁村人制作石器的技术比北京人有进步，代表性石器三棱大尖状器首次在丁村发现，因而又叫“丁村尖状器”，代表了中国华北地区旧石器文化的一个传统，被冠之“丁村文化”。

在历史的长河中，丁村人上承北京猿人，下启山顶洞人，构成了绵延不绝的发展过程，将这漫长的时间填充得滴水不漏。

3.中国田园洞人

几乎是在丁村人生活的晚期，北京周口店还活跃着一批田园洞人。2013年2月出版的《美国国家科学院院刊》（PNAS），发表了题为《对出自中国田园洞的早期现代人所做的DNA分析》的论文，详细披露了田园洞人生活状况。2月7日，中国新闻网专门对此作了重点报道，报道称：“美洲人祖先与山顶洞人是邻居。”

田园洞遗址发现于2001年，位于北京市西南部的房山区，距离著名的周口店北京山顶洞人遗址约6公里。2003年起，中国科学院古脊椎动物与古人类研究所的科学家，在此挖掘出土包括下颌骨和部分肢骨在内的古人类遗骸。该个体被证明生存于距今4万年前左右，并被命名为“田园洞人”。如此说来，田园洞人实际上是山顶洞人的“哥哥”。

研究团队设计并采用了一种新方法，成功地从古人类遗骨的一块腿骨中提取到了该个体的核DNA，这在科学史上还是首次。论文第一作者，德国马普进化人类学研究所研究人员付巧妹告诉记者，以往科学界从未从内在DNA含量很低的早期现代人遗骨中提取出核DNA。难度在于，遗骨经长期埋藏，其中的DNA会严重流失、降解，消失殆尽。此外由于一些微生物会在骨骼中生存，或以骨骼为食，因而在提取古人类DNA的过程中，会混入大量微生物的遗传物质。此项新技术为将来进一步勾画出人类起源和迁移的路线图奠定了坚实的技术基础。

将该个体的核DNA和线粒体DNA样本与世界各地的人类基因库比对后有了惊人的发现，该个体与当今亚洲人和美洲土著人（蒙古人种）居然有着密切的血缘关系。这一结果表明，从细胞分子层面，现生中国本土人群的直系祖先，至少可追溯到4万年前生活在北京地区的田园洞人。同时又佐证了美洲土著人的祖先，早年确实从东亚经西伯利亚、白令海峡到达美洲的历史传说。因此可形象地比喻为“史前人类不可能坐上越洋航线，但他们却成功地完成了跨越大洋之举。4万年前，亚洲和美洲土著人共同的祖先还居住在北京”。

但田园洞人的DNA与现代欧洲人（欧罗巴人种）的祖先，在4万年前遗传上已分开，分属了不同人群。这意味着，若要寻找现代欧洲人与现代中国人共同的祖先，必须在更早的时间段上才能发现线索。

在中国境内，属于晚期智人阶段，比较重要的还有内蒙古自治区伊克昭盟乌审旗的河套人（距今大约5万~3.7万年）、广西壮族自治区柳州市的柳江人（距今4万~5万年）、广西壮族自治区来宾县的麒麟山人（距今3.6万年）、四川省资阳市的资阳人（距今3.5万年）、山西省朔州市的峙峪人（距今2.8万年）等。广袤的中华大地，曾经是智人战天斗地求生存的家园。

中国丰富的智人化石资料，已直接推翻了“非洲晚期智人基本上取代欧亚土著直立人”之说。时至距今6万年前，亚洲先民、中国先民已繁育成为数量庞大的族群，任何外来移民，用任何先进的手段与方法，都无法从整体上取而代之。古代不可能，现代也不可能，唯一现实的可能性只能是融合！

4.以色列智人化石

位于亚洲西部亚、非、欧三大洲结合处的以色列，是中东地区经济发展程度、商业自由程度、新闻自由程度和整体人类发展指数最高的国家。其地理环境颇有特色，全国总面积为2.5万平方公里，可清晰地分为地中海海岸平原、中部高原丘陵、约旦大裂谷以及内盖夫沙漠4个不同的区域。

中央高原地带的东部是约旦大裂谷，属于长达6500公里的东非大裂谷的一部分。在以色列境内的裂谷是由约旦河、加利利海，以及死海所构成。东非大裂谷是人类起源的发祥地，理论上，以色列应在人类起源方面有所贡献。

久久的期待终于在2000年迎来了喜讯。该年，特拉维夫大学的阿维·戈福尔教授和拉恩·巴尔卡伊博士，在以色列中部格什姆山洞中，发现了数颗牙齿化石和其他遗迹，证实以色列是现代人的发源地之一。出土的牙齿化石形状大小均和现代人的牙齿极为类似，经过X光和断层扫描测定，它们距今约40万年，是目前世界上已知年代最早的现代人化石，此前在非洲找到的现代人化石仅有20万年历史。这项发现把现代人的起源年代往前推了15万~20万年。

考古学家们在洞穴中还发现了人类打磨过的石刀、石斧以及火石等人类活动遗迹。对此，戈福尔教授说，“这些刀刃厚一些的石斧被用来劈碎质地坚硬的木头或是割破兽皮，而锋利一些的石刀则被用来切割肉类。当时的人类已经开始制作和使用各式各样的火石。”他们认为，40万年前的人类，已经开始制作并使用石制工具、人工取火并且从事打猎和采矿活动。

如果牙齿检验的数据基本是准确的，该推断是正确的，那么也推翻了现代人起源于非洲的进化史理论，同时也改变了现代人始于20万年前的论断，对人类史和考古学具有重大意义。

第二章 指纹与人类近亲

第一节 灵长家族登巅峰

关于人类的历史，人类学家是从哺乳纲、灵长目化石入手寻找线索的。按照进化树原理，它们是人类进化最直接的上代。因此可以这样说，不了解灵长类，就难以深刻了解人类，它们与我们有着共同的祖先，现在是我们的近亲属。

一、树栖生活成灵长

灵长目是目前动物界最高等的类群，主要分布于世界上的温暖地区。灵长类的拉丁文名是Primates，源自二名法的创始人卡尔·冯·林奈，原意就是“首要，第一等”的意思。传到东方之后，日本人将拉丁文的Primates翻译为灵长，即“众灵之长”，人类站立在灵长目动物进化的最高点上。

本书的第一章中已指出，古人类的出现是新生代第三纪上新世时的大事，距今仅仅不到500万年。古人类是由灵长类中一种古猿直接演化而来的，但具体是由哪一种古猿直接演化而来，何地、何动力促成了此千古一绝的演化，是个未解之谜。

科学家一直试图用各种方法解开此千古之谜。英国博物学家、进化论奠基人达尔文在出版震动当时学术界的《物种起源》12年之后，于1871年写出了巨著《人类的由来》。在书中，达尔文对人类的起源作了如下的推测：

“我们也就认识到，人是从一只有毛、有尾巴的四足类或兽类动物传下来的，而在习性上可能是树居的，并且是旧大陆上的一个居住者。如果一个自然学者有可能检查到这只动物的全部结构而加以分类的话，它就会被毫不犹豫地纳入四手类或猿猴类之内，一如比它更为古老的一个祖先，即新、旧大陆全部猴类的祖先被纳入那样。四手类和一切高等哺乳动物，有可能是从一种古老的有袋类动物派生出来的。而此有袋动物，则通过一长串的繁变不同的动物形态，可以追溯到某一种近似两栖类的动物，再由此向前追溯，便要追到一种类似鱼的动物了。回顾荒远难稽的太古，我们也可以看到，所有脊椎动物的共同祖先，一定是个水居动物，有着鳃的装备，雌雄同体，而身体中最为主要的器官（诸如脑和心脏）发展得还不完全，甚至根本没有发展。这种水居动物和现有的水居动物相比，似乎是与海鞘的幼虫，有着比我们所知的任何其他动物形态或类型更多的相像之处。”①

---

① [英]达尔文：《人类的由来》，潘光旦等译，商务印书馆1983年版。

达尔文之后百年研究人类自身的实践告诉人们，如果不能了解灵长类，就难以深刻了解人类，这好比是前世与今生，不知前世遑论今生。因为人类的前辈难以胜数，而从灵长类动物入手，其距今数千万年历史传承有序，有地下化石可与现生活体相互比较，有远古性状易与现存特征交相对照，于是我们现在大体了解了灵长类群体的基本情况。

历史恰如达尔文推测的那样：

在动物的进化树上，灵长目的祖先为食虫目动物。食虫目是一类小型动物，是哺乳纲真兽亚纲中最早出现和最原始的一目，在中生代的白垩纪地层中就已出现。

食虫目动物均为身体被以柔毛或硬刺，体型较小，吻部多细尖，能灵活活动，大脑无沟回，臼齿多尖，适于食虫。四肢短小，通常为5趾，跖行性。食肉目、翼手目、啮齿目动物如鼩鼱类、鼹类和刺猬类，都是由早期的食虫目分化出来的，全世界现存共有9科，400余种，几乎广泛分布在全世界(除大洋洲和南极洲外)。

当原始的食虫目动物中的一支在进化到灵长目的过程中，与大多数哺乳动物地栖不同，森林食物资源的丰盛与安全性的双重需求，导致绝大多数灵长类选择活动与栖息在大树上。在茂密树间生活是不同寻常的，首先要能准确地判断三维空间中各种物体的空间方位、距离等参数，行动时才不至于“头撞南墙”。

美国耶鲁大学人类学系的萨吉斯先生，曾提供一份据称是根据最早的灵长类动物化石绘制的图片。这是一具初期灵长类动物的骨骼化石，有大约5600万年历史。骨骼化石的显著特征是，这种生物已具有可伸向与其余4趾相反方向的大趾，而且该趾长有指甲而非脚爪。但是该生物的眼睛仍然分居面部两侧而非朝向前方，且它的身体结构还不适宜跳跃。因此，它应该是属于原始的食虫目向灵长目过渡期的物种，是最早的灵长类动物。

如果此分析大致正确，则灵长类为适应树栖生活，必须同时进化眼、身、手等各项功能。事实确实如此，灵长类发展了立体的视觉。双眼由两侧向鼻间会聚，目光向前聚焦于相同的目标，交叉的视神经将一对视觉的影像传导于后脑进行处理，成像的结果就产生了深度、形象和距离的立体感觉。

灵长类眼睛内的视网膜能够接收不同的色彩，有了辨认颜色的能力。这很可能与早期夜行性哺乳动物的大眼睛在夜间增强对光线的敏感性有关。辨色能力有助于灵长类分辨若干食物，特别是热带雨林茂密树枝上的果子，提高生活质量。

辨色能力，是灵长类充分掌握四周环境特质的先决条件，也是激发好奇心的原动力。现存的灵长目动物间的辨色能力有差异，许多原猴缺少辨色能力，而类人猿有较好的辨色功能。

无疑，立体视觉对灵长类在茂密的林间自由腾越穿行是非常重要的。

与立体视觉相适应的是四肢的进化。

树栖生活的难点是脚下没有土地可支撑,因此必须用四肢紧握树干才能立足。为此,灵长类的四肢末端器官,由早期食虫目动物的5个爪子,逐渐转变为每个都能够配合行使抓握动作的指、趾。最为关键的是,食虫目已具有的可伸向与其余4趾相反方向的大趾成为了有力的大拇指,进一步改善了能够灵活地在树枝间活动所需要的对称抓握功能。这一进化特征的完善,大大提高了四肢抓握物体的准确度与效率,不仅对早期灵长类采集食物非常有利,而且对于后来灵长类可以用手灵巧地玩耍各种物体直至最后能够制造和使用工具打下了生理性基础。

早期灵长类树栖生活最为自然,也最为神奇的进化,是四肢掌部厚皮肤层的特化,生长出了形态各异、凹凸有致的乳突花纹。

沉重的身躯,要在林间频繁地飞行、荡秋千,四肢掌部在抓握粗糙的树枝时,产生巨大的摩擦力,皮肤薄了难以承受,皮肤光了容易打滑。在长期、反复的刺激下,早期灵长类四肢掌部特化出了厚厚的乳突花纹皮层,上面密布有细微的感觉器官,将所有接触到的感觉信息传送至大脑。李辉在早于灵长类的现生动物树鼩的手掌上观察到,它的食中环小四指下的对应部位(即I 2~I 4指间区),长有3~4块隆起的掌垫,上面已有简单的弓形乳突纹线,各个掌垫上的乳突纹线走向不一。各个掌垫位置紧靠,但相互间相对独立,中间还保留有许多皮毛区。这是最原始的乳突花纹生存形态,在之后的灵长类动物中,因动作习惯的不同,这些掌垫有的扩大,有的缩小,但掌垫最终相互连成一片,慢慢布满了全掌。我们可以看到,凡是摩擦力最为强烈的掌部位,如十指的指端、手掌指根区、大小鱼际区,都生长出类似于老茧一样耸起的掌垫,上面生成了后来被人们称为弓形、箕形和斗形的各种真实花纹。这些在特定掌垫上的形态各异的纹型,是适应各种不同方向、不同力度内外摩擦力平衡的结果,是灵长类动物所共有,又是所有动物群类中所独有的生物学特征。它从指纹学的角度证明,所有灵长类动物有着共同的祖先,有着共同的指纹基因。

由此,灵长类具备了独特的、能满足树栖生活的整套感觉系统。脑接收的外界信息与日俱增,能够将来自立体视觉、触觉、味觉、听觉等感受到的各种信息,进行分类排比应用,极大地促进了智力的发展。

可以这样说,树栖生活是部分早期食虫目动物进化为灵长目动物的关键环节之一,恰如水生动物上岸发展成陆生动物一般。

随着大自然环境的变化,并不是所有灵长目动物都始终坚守树栖生活方式不变的。当偶尔下地生活的快感触动了一些灵长类的原始心灵后,下地生活的探索变得经常化。不知有多少支灵长类动物进行了这样的探索,但已知的事实是,最终有一支灵长目动物下地生活后,解放了前肢,变成了直立人,进化成了现代人类。在历史的长河中,原始灵长类的眼、身、手各种器官的进化,都为此作出了不可替代的贡献。

历史的进化是螺旋式上升的。当这支灵长目动物重回地面生活时,经过了树栖生活时代复杂的历练,已经具备了统治自然界的"十八般武艺"。

对此过程,达尔文总结道:"人的生物体是从某些结构上比较低级的形态演进来的,而且人类的智力,人类社会道德和感情的心理基础等精神文明的特性,也是像人体结构的起源那样,可以追溯到较低等动物的阶段。"①

从此后,人类在灵长类的殿堂中成为了后生,科学家们亦对灵长类高看一眼,喜欢有加。由于灵长目动物与人类有很近的亲缘关系,其生活方式也可能与最早的人类相仿。因此对研究人类的祖先有很大的帮助。

二、非人灵长类群体

历经数千万年自然风雨的洗礼,非人灵长目动物进化到现在,共存有13科54属208种,其学名分列如下。

(一)指猴科 Aye-ayes Daubentoniidae 灵长目(1属,1种)

1.指猴 Aye-aye Daubentonia madagascariensis (Gmelin) 指猴属

(二)鼠狐猴科 Dwarf (mouse) lemurs Cheirogaleidae 灵长目(4属,7种)

2.叉斑鼠狐猴 Fork-marked lemur Phaner furcifer (Blainville) 叉斑鼠狐猴属

3.毛耳鼠狐猴 Hairy-eared dwarf lemur Allocebus trichotis (Gunther) 毛耳鼠狐猴属

4.鼠狐猴 Greater dwarf lemur Cheirogaleus major E.Geoffroy 鼠狐猴属

5.肥尾鼠狐猴 Fat-tailed dwarf lemur Cheirogaleus medius E.Geoffroy 鼠狐猴属

6.赤褐倭狐猴 Russet mouse-lemur Microcebus rufus E. Geoffroy 倭狐猴属

7.倭狐猴 Lesser mouse-lemur Microcebus murinus (J.Miller) 倭狐猴属

8.科氏倭狐猴 Coquerel's mouse-lemur Microcebus coquereli A.Grandidier 倭狐猴属

(三)狐猴科 Lemurs Lemuridae 灵长目(4属,10种)

9.环尾狐猴 Ring-tailed lemur Lemur catta Linnaeus 狐猴属

10.领狐猴 Ruffed lemur Varecia variegata (Kerr) 领狐猴属

11.冠美狐猴 Crowned lemur Eulemur coronatus Gray 美狐猴属

12.褐美狐猴 Brown lemur Eulemur fulvus E.Geoffroy 美狐猴属

13.黑美狐猴 Black lemur Eulemur macaco Linnaeus 美狐猴属

14.獴美狐猴 Mongoose lemur Eulemur monogoz Linnaeus 美狐猴属

15.红腹美狐猴 Red-bellied lemur Eulemur rubriventer I.Geoffroy 美狐猴属

16.金竹驯狐猴 Golden bamboo lemur Hapalemur aureus 驯狐猴属

---

① [英]达尔文:《人类的由来》,潘光旦等译,商务印书馆1983年版。

17. 灰驯狐猴 Grey gentle lemur Hapalemur griseus（Link）驯狐猴属
18. 阔鼻驯狐猴 Broad-nosed gentle lemur Hapalemur simus Gray 驯狐猴属
（四）嬉猴科 Sportive lemurs Megaladapidae 灵长目（1属,7种）
19. 马岛鼬狐猴 Lepilemur dorsalis Gray 鼬狐猴属
20. 埃氏鼬狐猴 Lepilemur edwardsi Forbes 鼬狐猴属
21. 白脚鼬狐猴 Lepilemur leucopus Major 鼬狐猴属
22. 小齿鼬狐猴 Weasel-lemur Lepilemur microdon Forbes 鼬狐猴属
23. 鼬狐猴 Sportive lemur Lepilemur mustelinus I.Geoffroy 鼬狐猴属
24. 棕尾鼬狐猴 Lepilemur ruficaudatus A.Grandidier 鼬狐猴属
25. 北鼬狐猴 Lepilemur septentrionalis Rumpler et Albignac 鼬狐猴属
（五）大狐猴科 Indrisoid lemurs, Avahis, Wolly lemurs Indriidae 灵长目（3属,5种）
26. 大狐猴 Indri, Endrina Indri indri（Gmelin）大狐猴属
27. 蓬毛狐猴 Avahi, Woolly indris Avahi laniger 毛狐猴属
28. 冕狐猴 Diadem sifaka Propithecus diadema Bennett 冕狐猴属
29. 金冠狐猴 Golden-crowned sifaka Propithecus tattersalli 冕狐猴属
30. 维氏冕狐猴 Verreaux's sifaka Propithecus verreauxi A.Grandidier 冕狐猴属
（六）懒猴科 Lorises, Pottos Loridae 灵长目（4属,6种）
31. 小金熊猴 Golden potto Arctocebus aureus 金熊猴属
32. 金熊猴 Angwantibo Arctocebus calabarensis（J.Smith）金熊猴属
33. 懒猴 Slender loris Loris tardigradus（Linnaeus）懒猴属
34. 蜂猴 Slow loris Nycticebus coucang（Boddaert）蜂猴属
35. 小蜂猴 Pygmy loris Nycticebus pygmaeus Bonhote 蜂猴属
36. 树熊猴 Potto Perodicticus potto（Muller）树熊猴属
（七）婴猴科 Galagidae 灵长目（4属,11种）
37. 西非尖爪丛猴 Western needle-clawed bushbaby Euoticus elegantulus 尖爪丛猴属
38. 北方尖爪丛猴 Northern needle-clawed bushbaby Euoticus pallidus 尖爪丛猴属
39. 阿氏婴猴 Allen's bushbaby Galago alleni Waterhouse 婴猴属
40. 索马里婴猴 Somali galago Galago gallarum 婴猴属
41. 扎伊尔婴猴 Galago inustus Schwartz 婴猴属
42. 蓬尾婴猴 Thick-tailed galago Galago moholi 婴猴属
43. 婴猴(犬互) Lesser bushbaby, Galago Galago senegalensis E.Geoffroy 婴猴属
44. 倭丛猴 Demidoffs dwarf galago Galagoides demidoff 倭丛猴属

45.桑给巴尔倭丛猴 Zanzibar bushbaby Galagoides zanzibaricus 倭丛猴属

46.粗尾婴猴 Large gray bushbaby Otolemur crassicaudatus（E.Geoffroy）大婴猴属

47.小耳大婴猴 Small-eared greater galago Otolemur garnettii 大婴猴属

（八）眼镜猴科 Tarsiers Tarsiidae 灵长目（1属，5种）

48.邦加眼镜猴 Western tarsier Tarsius bancanus Horsfield 眼镜猴属

49.苏拉威西眼镜猴 Tarsius dianae 眼镜猴属

50.小眼镜猴 Lesser tarsier Tarsius pumilus 眼镜猴属

51.西里伯斯眼镜猴 Celebes tarsier Tarsius spectrum（Pallas）眼镜猴属

52.菲律宾眼镜猴 Philippine tarsier Tarsius syrichta（Linnaeus）眼镜猴属

（九）狨科（绢毛猴科）Marmosets，Tamarins Callitrichidae 灵长目（4属，26种）

53.节尾猴 Goeldi's marmoset Callimico goeldii（Thomas）节尾猴属

54.银狨（银绢毛猴）Silvery marmoset，Black-tailed marmoset Callithrix argentata（Linnaeus）狨属

55.白羽狨 White-plumed marmoset，White-eared marmoset Callithrix aurita 狨属

56.黄头狨 Yellow-headed marmoset Callithrix flaviceps 狨属

57.杰氏狨 Callithrix geoffroyi 狨属

58.亚马孙狨、亚马孙绢毛猴 Santarem marmoset Callithrix humeralifer 狨属

59.狨（绢毛猴）Common marmoset Callithrix jacchus（Linnaeus）狨属

60.库氏狨 Black Tufted-ear marmoset Callithrix kuhlii 狨属

61.黑羽狨 Black-pencilled marmoset Callithrix penicillata 狨属

62.侏狨 Pygmy marmoset Callithrix pygmaea 狨属

63.黑脸狮面狨 Black-faced lion Leontopithecus caissara 狮面狨属

64.金头狮面狨 Golden-headed lion Leontopithecus chrysomela 狮面狨属

65.金臂狮面狨 Golden-rumped lion Leontopithecus chrysopygus 狮面狨属

66.狮面狨 Goeldi's marmoset，Lion tamarin Leontopithecus rosalia（Linnaeus）狮面狨属

67.黑白狨 Bare-faced tamarin，Martin's tamarin Saguinus bicolor（Spix）柽柳猴属

68.鞍背狨 Saddle-back tamarin Saguinus fuscicollis（Spix）柽柳猴属

69.斑狨 Geoffroy's tamarin Saguinus geoffroyi 柽柳猴属

70.长须狨 Emperor tamarin Saguinus imperator（Goeldi）柽柳猴属

71.哥伦比亚狨 Saguinus inustus Schwartz 柽柳猴属

72.白唇狨 White-lipped tamarin Saguinus labiatus（E.Geoffroy）柽柳猴属

73.白足狨 White-footed tamarin Saguinus leucopus（Gunther）柽柳猴属

74. 柽柳猴 Red-handed tamarin，Negro tamarin Saguinus midas（Linnaeus）柽柳猴属

75. 髭狨 Moustached tamarin Saguinus mystax（Spix）柽柳猴属

76. 红狨 Black and red tamarin Saguinus nigricollis（Spix）柽柳猴属

77. 棉顶狨 "Cotton-top tamarin，Geoffroy's tamarin" Saguinus oedipus（Linnaeus）柽柳猴属

78. 金蓬狨 Golden-mantled tamarin Saguinus tripartitus 柽柳猴属

（十）卷尾猴科、悬猴科 New world monkeys Cebidae 灵长目（6属，43种）

79. 阿氏夜猴 Aotus azarai 夜猴属

80. 布氏夜猴 Brumback's might monkey Aotus brumbacki 夜猴属

81. 赫氏夜猴 Aotus hershkovitzi 夜猴属

82. 带领夜猴 Aotus infulatus 夜猴属

83. 鬼夜猴 Aotus lemurinus 夜猴属

84. 小夜猴 Andean night monkey Aotus miconax 夜猴属

85. 秘鲁夜猴 Aotus nancymaae 夜猴属

86. 黑夜猴 Aotus nigriceps 夜猴属

87. 夜猴 Night monkey，Owl monkey Aotus trivirgatus（Humboldt）夜猴属

88. 巴西夜猴 Aotus vociferans 夜猴属

89. 长毛蛛猴 Long-haired spider monkey Ateles belzebuth E.Geoffroy 蛛猴属

90. 倭蛛猴 Ateles chamek 蛛猴属

91. 褐头蛛猴 Brown-headed spider monkey Ateles fusciceps Gray 蛛猴属

92. 黑掌蛛猴 Black-handed spider monkey Ateles geoffroyi Kuhl 蛛猴属

93. 亚马孙蛛猴 Aletes marginatus 蛛猴属

94. 红脸蛛猴 Black spider monkey Ateles paniscus（Linnaeus）蛛猴属

95. 绒毛蛛猴 Wooly spider monkey Brachyteles arachnoides（E.Geoffroy）绒毛蛛猴属

96. 黄绒毛猴 Hendee's woolly monkey Lagothrix flavicauda（Humboldt）绒毛猴属

97. 绒毛猴 Negro monkey Lagothrix lagothricha（Humboldt）绒毛猴属

98. 秃猴属 Uakaris Cacajao Lesson 僧面猴亚科

99. 红背僧面猴属 Red-backed sakis，Cuxius Chiropotes Lesson 僧面猴亚科

100. 僧面猴属 Sakis Pithecia Desmarest 僧面猴亚科

101. 棕伶猴 Callicebus brunneus 伶猴属

102. 黑伶猴 Callicebus caligatus 伶猴属

103. 灰伶猴 Callicebus cinerascens 伶猴属

104.红伶猴 Callicebus cupreus 伶猴属

105.芦苇伶猴 Callicebus donacophilus 伶猴属

106.拟伶猴 Callicebus dubius 伶猴属

107.霍氏伶猴 Callicebus hoffmannsi 伶猴属

108.静伶猴 Callicebus modestus 伶猴属

109.暗黑伶猴 Dusky titi Callicebus moloch (Hoffmannsegg) 伶猴属

110.安第斯伶猴 Andean titi Callicebus oenanthe 伶猴属

111.玻利维亚伶猴 Beni titi monkey Callicebus olallae 伶猴属

112.假面伶猴 Masked titi Callicebus personatus (E.Geoffroy) 伶猴属

113.白领伶猴 Widow monkey, Collared titi Callicebus torquatus (Hoffmannsegg) 伶猴属

114.黄臂吼猴 Black and red howler Alouatta belzebul (Linnaeus) 吼猴属

115.黑吼猴 Black howler Alouatta caraya (Humboldt) 吼猴属

116.科岛吼猴 Alouatta coibensis 吼猴属

117.褐吼猴 Brown howler Alouatta fusca (E.Geoffroy) 吼猴属

118.长毛吼猴 Mantled howler Alouatta palliata (Gray) 吼猴属

119.懒吼猴 Guatemalan howler(monkey) Alouatta pigra Lawrence 吼猴属

120.帚吼猴 Alouatta sara 吼猴属

121.红吼猴 Red howler Alouatta seniculus (Linnaeus) 吼猴属

(十一)猴科 Old world monkeys Cercopithecidae 灵长目(17属,72种)

122. 短肢猴 Allen's swamp monkey, Blackish-green guenon Allenopithecus nigroviridis (Pocock) 短肢猴属

123.扎伊尔白眉猴 Tana River mangabey Cercocebus agilis Milne-Edwards 白眉猴属

124.敏白眉猴 Agile mangabey Cercocebus galeritus Peters 白眉猴属

125. 白领白眉猴 White-collared mangabey, Sooty mangabey Cercocebus torquatus (Kerr) 白眉猴属

126.肯尼亚长尾猴 Schmidt's guenon Cercopithecus ascanius (Audebert) 长尾猴属

127.坎氏长尾猴 Campbell's monkey Cercopithecus campbelli Waterhouse 长尾猴属

128.髭长尾猴 Moustached monkey Cercopithecus cephus (Linnaeus) 长尾猴属

129.黛安娜长尾猴 Diana monkey Cercopithecus diana (Linnaeus) 长尾猴属

130.德赖斯长尾猴 Dryas monkey Cercopithecus dryas Schwartz 长尾猴属

131.红腹长尾猴 Red-bellied monkey Cercopithecus erythrogaster Gray 长尾猴属

132.红耳长尾猴 Red-eared monkey Cercopithecus erythrotis Waterhouse 长尾猴属

133. 鸮面长尾猴 Owl–faced monkey Cercopithecus hamlyni Pocock 长尾猴属
134. 尔氏长尾猴 L'Hoest's monkey Cercopithecus lhoesti Sclater 长尾猴属
135. 青猴 Diademed monkey（Sykes' monkey）Cercopithecus mitis Wolf 长尾猴属
136. 加纳长尾猴 Mona monkey Cercopithecus mona（Schreber）长尾猴属
137. 德氏长尾猴 De Brazza's monkey Cercopithecus neglectus Schlegel 长尾猴属
138. 白鼻长尾猴 Greater white–nosed monkey Cercopithecus nictitans（Linnaeus）长尾猴属
139. 小白鼻长尾猴 Lesser white–nosed monkey Cercopithecus petaurista（Schreber）长尾猴属
140. 冠长尾猴 Crowned guenon Cercopithecus pogonias Bennett 长尾猴属
141. 高山长尾猴 Cercopithecus preussi 长尾猴属
142. 长尾猴 Vervet guenon Cercopithecus sclateri 长尾猴属
143. 阳光长尾猴 Cercopithecus solatus 长尾猴属
144. 沃氏长尾猴 Wolf's monkey Cercopithecus wolfi Meyer 长尾猴属
145. 侏长尾猴 Talapoin monkey Miopithecus talapoin 侏长尾猴属
146. 绿猴 Green monkey，Grivet monkey Chlorocebus aethiops 绿猴属
147. 赤猴 Patas monkey Erythrocebus patas（Schreber）赤猴属
148. 短尾猴，红脸猴 Stump–tailed macaque Macaca arctoides（I.Geoffroy）猕猴属
149. 熊猴 Assam macaque Macaca assamensis（M'Clelland）猕猴属
150. 台湾猴 Taiwan macaque Macaca cyclopis（Swinhoe）猕猴属
151. 食蟹猴 Long–tailed macaque，Philippine macaque Macaca fascicularis（Raffles）猕猴属
152. 日本猴 Japanese macaque Macaca fuscata（Blyth）猕猴属
153. 摩尔猕猴 Moor macaque Macaca maura F.Schinz 猕猴属
154. 猕猴 Rhesuls macaque Macaca mulatta（Zimmermann）猕猴属
155. 豚尾猴 Pigtail macaque Macaca nemestrina（Linnaeus）猕猴属
156. 黑猴 Celebes macaque，Black ape Macaca nigra（Desmarest）猕猴属
157. 黄褐猕猴 Booted macaque Macaca ochreata（Ogilby）猕猴属
158. 帽猴 Bonnet macaque Macaca radiata（E.Geoffroy）猕猴属
159. 狮尾猴 Liontail macaque Macaca silenus（Linnaeus）猕猴属
160. 斯里兰卡猴 Toque macaque Macaca sinica（Linnaeus）猕猴属
161. 叟猴（无尾猕猴）Barbary ape Macaca sylvanus（Linnaeus）猕猴属
162. 藏酋猴 Tibetan macaque Macaca thibetana（Milne–Edwards）猕猴属
163. 汤基猕猴 Tonkean macaque Macaca tonkeana（Meyer）猕猴属
164. 鬼狒 Drill Mandrillus leucophaeus（Linnaeus）山魈属

165. 山魈 Mandrill Mandrillus sphinx 山魈属

166. 埃及狒狒 Hamadryas baboon Papio hamadryas（Linnaeus）狒狒属

167. 狮尾狒 Gelada baboon Theropithecus gelada（Ruppell）狮尾狒属

168. 安哥拉疣猴 Angolan black-and-white colobus Colobus angolensis Sclater 疣猴属

169. 东黑白疣猴 Eastern black-and-white colobus Colobus guereza Ruppell 疣猴属

170. 黑白疣猴 Western black-and-white colobus Colobus polykomos（Zimmermann）疣猴属

171. 黑疣猴 Black colobus Colobus satanas Waterhouse 疣猴属

172. 豚尾叶猴 Pig-tailed langur Nasalis concolor Miller 长鼻猴属

173. 长鼻猴 Proboscis monkey Nasalis larvatus（Wurmo）长鼻猴属

174. 越南叶猴 Tonkin snub-nosed monkey Pygathrix avunculus（Dollman）白臀叶猴属

175. 滇金丝猴 Black snub-nosed monkey Pygathrix bieti（Milne-Edwards）白臀叶猴属

176. 贵州金丝猴 Grey snub-nosed monkey Pygathrix brelichi（Thomas）白臀叶猴属

177. 白臀叶猴(海南叶猴) Douc langur Pygathrix nemaeus（Linnaeus）白臀叶猴属

178. 金丝猴 Golden monkey, Snub-nosed monkey Pygathrix roxellanae（Milne-Edwards）白臀叶猴属

179. 长尾叶猴 Hanuman langur Semnopithecus entellus（Dufresne）长尾叶猴属

180. 乌叶猴 Ebony leaf monkey Trachypithecus auratus 乌叶猴属

181. 银色乌叶猴 Silvered langur, Silvered leaf monkey Presbytis cristata（Raffles）乌叶猴属

182. 黑叶猴 Francois's leaf monkey Presbytis francoisi（Pousargues）乌叶猴属

183. 金色乌叶猴 Golden leaf monkey Trachypithecus geei Khajuria 乌叶猴属

184. 黑乌叶猴 Black leaf monkey, John's langur Trachypithecus johnii 乌叶猴属

185. 郁乌叶猴 Dusky leaf monkey（Spectacled leaf monkey）Trachypithecus obscurus 乌叶猴属

186. 法氏叶猴 Phayre's monkey Trachypithecus phayrei Blyth 乌叶猴属

187. 灰叶猴 Capped langur Trachypithecus pileatus（Blyth）乌叶猴属

188. 紫脸叶猴 Purple-faced leaf monkey Trachypithecus vetulus 乌叶猴属

189. 西爪哇叶猴 Sunda leaf monkey Presbytis aygula（Linnaeus）叶猴属

190. 印尼叶猴 Banded langur, Banded leaf monkey Presbytis femoralis 叶猴属

191. 白额叶猴 White-fronted leaf monkey Presbytis frontata（Muller）叶猴属

192. 何氏叶猴 Grey leaf monkey Presbytis hosei（Thomas）叶猴属

193. 黑脊叶猴 Banded leaf monkey Presbytis melalophos（Raffles）叶猴属

(十二)长臂猿科 Gibbons Hylobatidae 灵长目(1属,11种)

194.白手长臂猿 Agile gibbon Hylobates agilis F.Cuvier 长臂猿属

195.黑长臂猿 Concolor gibbon Hylobates concolor (Harlan) 长臂猿属

196.红颊长臂猿 Red-cheeked gibbon hylobates gabriellae 长臂猿属

197.白眉长臂猿 Hoolock, White-browed gibbon Hylobates hoolock (Harlan) 长臂猿属

198.克氏长臂猿 Kloss's gibbon, Dwarf siamang Hylobates klossii (Miller) 长臂猿属

199.白掌长臂猿 White-headed gibbon Hylobates lar (Linnaeus) 长臂猿属

200.白颊长臂猿 White-cheeked gibbon Hylobates leucogenys 长臂猿属

201.银白长臂猿 Silvery gibbon Hylobates moloch (Audebert) 长臂猿属

202.灰长臂猿 Gray gibbon Hylobates muelleri Martin 长臂猿属

203.戴帽长臂猿 Pileated gibbon, Capped gibbon Hylobates pileatus (Gray) 长臂猿属

204.马来亚长臂猿 Siamang Hylobates synaactylus (Raffles) 长臂猿属

(十三)人科 People, Men Hominidae 灵长目(4属,4种)

205.大猩猩 Gorilla Gorilla gorilla (Savage et Wyman) 大猩猩属

206.倭黑猩猩 Pygmy chimpanzee Pan paniscus Schwartz 黑猩猩属

207.黑猩猩 Chimpanzee Pan troglodytes (Gmelin) 黑猩猩属

208.猩猩 Orangutan Pongo pygmaeus (Linnaeus) 猩猩属

人 Man Homo sapiens Linnaeus 亦在人科中,是为人属。

灵长目动物学名的分科分属,是在比较了相互间的共性与个性的基础上产生的,既体现了相互间的血缘关系,又反映了进化过程的不同生活经历。

对此,达尔文先生曾非常赞赏地转述了比肖福教授如下的一段话:

"很多人所熟知而谁也没有异议的一件事是,多种猿猴,尤其是猩猩、黑猩猩和大猩猩,在它们的身体组织上和人很相接近,比任何其他动物接近得多。单单从组织的观点来看这个问题,大概谁也不会不同意林奈的见解,认为人,尽管有些奇特,只能被看成是一个种,而理所当然地放在哺乳类动物,包括这些猿猴在内的首席地位。人与猿猴,在一切器官方面所表现的近似程度是如此地高,只有极度精密的解剖学的调查研究,才能把那些真正存在的差别指证出来,而这种精密的研究还有待于有人提供。彼此的脑也是这样。人、猩猩、黑猩猩和大猩猩的脑,无论有多少重要的差异,也是彼此很相接近的。"①

正是由于灵长目动物与人类有很近的亲缘关系,其生活方式也可能与最早的人类相仿,因此对研究人类的祖先有很大的帮助。

① [英]达尔文:《人类的由来》,潘光旦等译,商务印书馆1983年版。

第二节 猴科指纹学分析

在人类的近亲中，猴科是关系较近的一科，现存17属72种。对它们进行解剖学、医学、病理学的研究较多，开展指纹学研究仅涉及数种猴子，论文较少，仅有艾尔(Ayer)、哈特曼(Hartman)、福瑞尔(Furuya)、纳皮尔(Napier)、迈耶(Meier)、黑尔(Hill)等。

开展灵长类指纹研究的依据与目的是：在灵长类中，身体皮肤的某些部分发生特化，形成纹线(嵴)，按一定的形态学图案排列有各种各样的花纹。肤纹在手和足的掌面和跖面尤为显著，在手上最明显的分布于指端、指间区、大鱼际和小鱼际区。在足上也有相应的分布。它是灵长类的形态学研究中的一个重要内容，它有利于探讨灵长类各分类阶元之间的异同，并可以作为鉴别灵长类的一个指标。因而，研究肤纹具有一定的理论意义和实用价值。

我国学者对灵长类指纹学的研究始于20世纪80年代，中国科学院昆明动物研究所首先开始填补这方面的空白，先后对金丝猴、叶猴和猕猴进行了指纹学研究。有关成果介绍如下。

一、金丝猴的指纹分析

金丝猴，又名仰鼻猴、长尾猴、金线猴，是无颊囊的旧大陆猴之一，属灵长目、猴科、疣猴亚科、仰鼻猴属，都分布在亚洲。一般认为，仰鼻猴最早是分布在横断山脉的一个种，后来由于地质变化发生生殖隔离而演化出了4个种，分别是：

川金丝猴(R. roxellana)，本属的模式种；

滇金丝猴(R. bieti)；

黔金丝猴(R. brelichi)；

越南金丝猴(R. avunculus)；

缅甸金丝猴(R.strykeri)。

前3个种分布在中国四川、陕西、甘肃地区，数量稀少，都是濒危动物。

仰鼻猴的这一生殖隔离发生于2.5万年前，由于隔离的时间较短，这些种并不是严格意义种，而应是同一种的亚种。依照不同的生态特点，进入高海拔生存的滇金丝猴称为进化上的先进种，而越南金丝猴相对最原始，川金丝猴与黔金丝猴亲缘较近，黔金丝猴相对较原始。缅甸金丝猴因发现较晚，对其的研究还不深入。

中国科学院昆明动物研究所张耀平等，于1981年首次报道了3例四川金丝猴、3例云南金丝猴标本的指纹学研究成果。

（一）指（趾）端花纹

川、滇金丝猴的指（趾）端花纹都是一般猴科所特有的原始窦状花纹。川金丝猴除拇指外，其他4指的第一指节上有附属垫出现，上面大都是箕形纹，开口分别朝向桡侧与尺侧，少数为弓形纹。第二指节没有纹型出现。在趾上，拇指与小指第一指节没有纹型，其第2趾第一指节为胫侧箕形纹，第3趾第一指节为腓侧箕形纹，第4趾第一指节花纹不明。

滇金丝猴除中指第一指节有明显的纹型出现外，其他手指都未形成花纹。

在趾上，第2趾第一趾节为弓形纹，其他4趾未见有纹型。

（二）掌（跖）面花纹

掌面上指间I1区往往与大鱼际区掌垫相合并（T/I1区），此区域常见一个纹型。

川金丝猴：在T/I1区域，大都是桡侧箕形纹或双箕斗形纹；指间I2~I4区纹型很明显，绝大多数为箕形纹，分别为桡侧箕形纹、尺侧箕形纹和远侧箕形纹；小鱼际区远近侧为尺侧箕形纹，远侧花纹缺如。

滇金丝猴：在T/I1区为尺侧箕形纹，指间I2~I4区纹型亦为尺侧箕形纹；小鱼际区近侧为尺侧箕形纹，远侧为桡侧箕形纹。

跖面上情况如下。

川金丝猴：跖间fI1与fI4区为腓侧箕形纹，fI2区花纹缺如，fI3区为远侧箕形纹；大鱼际区为腓侧箕形纹，小鱼际区为双箕斗形纹。

滇金丝猴：跖间fI1为退化的斗形纹，fI2、fI3与fI4区及小鱼际区均为腓侧箕形纹，大鱼际区不存在花纹。

（三）掌（跖）面褶纹

川金丝猴：在掌面各有两条横行的褶纹，一条接近远侧，非常明显，通常横贯全掌，掌面比跖面更明显。这是一种原始特征，出现在所有猴类中。另一条在中部或远中部，在掌（跖）面中部，各有一条纵行的褶纹，由腕部或根部向远侧延伸，最后消失于远侧。在拇（跖）指基部，亦有一条纵行或斜行的褶纹，与上述纵行褶纹一起，构成大、小鱼际的分界线。在掌面，另有一条包绕近侧小鱼际的封闭的褶纹，跖面上则不存在。滇金丝猴主要的褶纹形态、数目及走向与川金丝猴大致相同，唯主线上的一些分支细节有些差别。

（四）掌（跖）面三角（见图2-4）

川金丝猴，观察到掌面有三角6个：1、2、5、7、8、9；跖面有三角5个：3、9、12、13和16。滇金丝猴，观察到掌面有三角9个：1、2、3、5、6、8、10、12和13；跖面有三角6个：3、9、12、13、16和18。两种金丝猴掌面都有1、2、5、8三角；跖面都有3、9、12、13和16三角，说明这几个三角是主要的。

另外滇金丝猴出现了几种川金丝猴没有的三角。川金丝猴有9没有13,滇金丝猴没有13有9。三角9与13是相互制约关系,三角9的有无取决于13,如果的a线走向胫近侧方向,则在此角的腓侧出现三角9。绝大多数狭鼻猴类,如猕猴、叶猴都是这种类型。

研究者认为,由于观察的标本数量有限,尚不能完全代表该两种金丝猴种群所固有的肤纹特征的全貌。①

二、叶猴的指纹分析

叶猴。属于动物界,脊索动物门,脊椎动物亚门,哺乳纲,真兽亚纲,灵长目,猿猴亚目,猴科,叶猴属。因为它的食物80%~90%都是树叶,因此称作叶猴。

据考证,叶猴起源于欧洲,它们的祖先从欧洲经非洲再到亚洲,首先进入东南亚地区,然后沿着河谷或低地进入我国华南和西南一带具有热带岩溶地貌的亚热带森林,即在目前的分布区生存繁衍,形成优势种群。

这个过程发生在大约距今300万年前的第四纪,恰好与我国南方热带岩溶在热带气候条件下开始发育、形成的时间相一致,因此得到了很好的适应和充分的发展,生存至今,是大自然所赋予的宝贵财富。我国现有6种叶猴,即黑叶猴、白头叶猴、长尾叶猴、菲氏叶猴、戴帽叶猴和白臀叶猴,都是国家一级保护动物。

叶猴生活于热带、亚热带丛林中,树栖,很少下地。喜群居,每群有一首领带领猴群活动。叶猴跳跃能力很强,一次可跃出10多米。很少下地喝水,多饮露水和叶子上的积水,以嫩叶芽、花、果为食。

昆明动物研究所对黑叶猴和菲氏叶猴皮纹的研究尚属首创②。共观察有黑叶猴13只(5♂,8♀),菲氏叶猴7只(2♂,5♀)。在黑叶猴中,包括指名亚种12只(5♂,7♀),桂西南亚种即白头叶猴1只(♀)。在菲氏叶猴中,包括印氏亚种3只(2♂,1♀)和北掸邦亚种4只(2♂,2♀)。黑叶猴标本获自我国广西,菲氏叶猴标本获自我国云南西双版纳和滇西。

对叶猴手掌面和足跖面皮纹研究的内容,包括指(跖)端、指(跖)间区、大鱼际和小鱼际上的花纹,手掌面和足跖面上的三角以及褶痕线等项。

(一)指(趾)端花纹

经观察,黑叶猴和菲氏叶猴的指端和趾端花纹全部为原始窦状花纹,与金丝猴完全相同,与猕猴属相似。

---

① 中国科学院昆明动物研究所张耀平等:《金丝猴解剖 川金丝猴和滇金丝猴的肤纹》,载《动物学研究》1981年第3期。

② 中国科学院昆明动物研究所等:《黑叶猴和菲氏叶猴皮纹》,载《人类学学报》1991年第10卷第3期。。

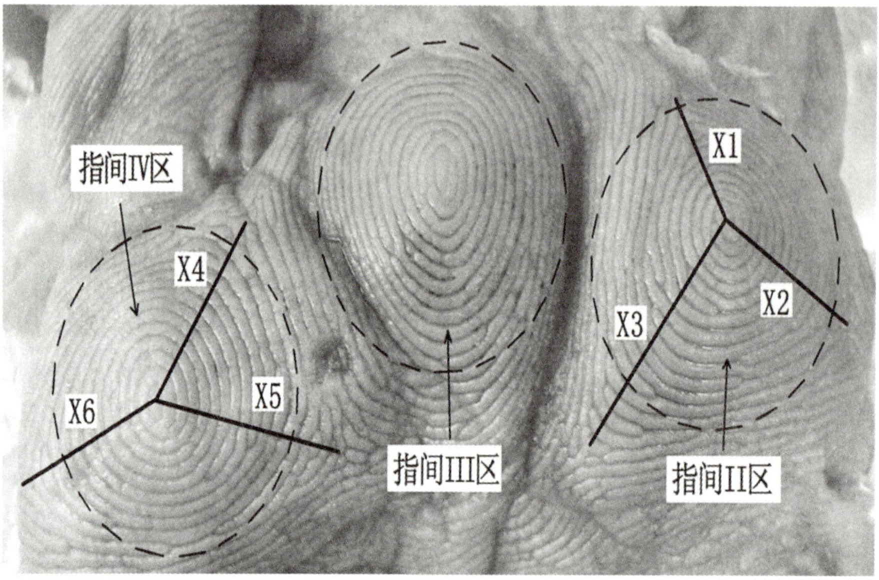

图2-1 原始窦状形纹(赵晓进提供)

(二)手掌面和足趾面花纹

手掌面和足趾面上的真实花纹纹型通常出现在掌垫上,如大小鱼际、指趾间区I1~I4区。虽然不如低等灵长类那样明显,但叶猴的这些区域仍存在发育程度不等的掌垫。

叶猴手掌面共观察到4种花纹类型:箕形纹(L)、开放形纹(O)、斗形纹(W)和双箕斗形纹(Z)。足跖面上有6种花纹类型,除L、O、W、Z花纹外,还观察到弓形纹(A)和分类不明的花纹(U),统计数据见表2-1至表2-3。

(据Biegert,1973方法)

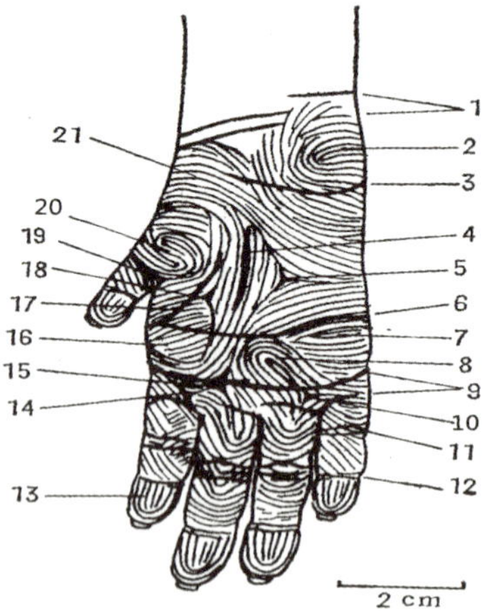

1.腕部褶痕线　2.近侧小鱼际花纹(箕形纹L)
3.近侧掌面褶痕线　4.中间纵行褶痕线
5.t1(角1)　6.远侧掌面横褶痕线
7.指间IV区花纹(不典型箕形纹L)　8.指间III区花纹(箕形纹L)
9.近侧指(第一指节)褶痕线　10.t4(角4)
11.中间指(第二指节)褶痕线　12.远侧指(第三指节)褶痕线
13.第二指指纹(原始形纹G)　14.t2
15.t3　16.指间II区花纹(不典型箕形纹L)
17.桡侧纵行褶痕线　18.t7
19.t13　20.指间I区花纹(双箕形纹Z)
21.大鱼际花纹(开放形纹O)

图2-2 黑叶猴右掌面花纹和褶痕线

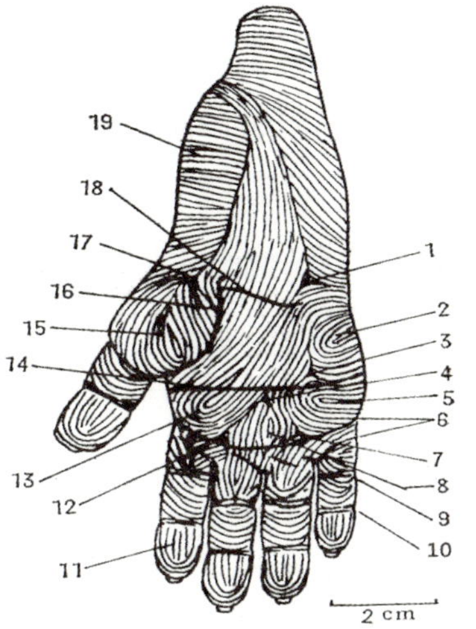

（据 Biegert，1973 方法）

1.t9（角 9） 2. 小鱼际花纹（箕形纹 L）
3.t16 4.t11
5. 趾间 IV 区花纹（箕形纹 L） 6. 近侧趾褶痕线
7.t3 8. 趾间 III 区花纹（箕形纹 L）
9. 中间趾褶痕线 10. 远侧趾褶痕线
11. 第二趾趾纹（原始花纹 G） 12.t3
13. 趾间 II 区花纹（箕形纹 L） 14. 远侧跖面横褶痕线
15. 趾间 I 区花纹（箕形纹 L） 16. 胫侧纵行褶痕线
17.t13 18. 近侧跖面横褶痕线
19. 大鱼际花纹（开放形纹 O）

图 2-3 黑叶猴右足跖面花纹和褶痕线[①]

表 2-1 黑叶猴和菲氏叶猴掌面花纹分布的百分比 （单位：%）

		L Looped		W Whorled		O Open		Z Composite	
		黑叶猴（13 只）	菲氏叶猴（7 只）	黑叶猴（13 只）	菲氏叶猴（7 只）	黑叶猴（13 只）	菲氏叶猴（7 只）	黑叶猴（13 只）	菲氏叶猴（7 只）
近侧小鱼际	左 右	92.3 92.3	100 100	7.7 7.7	0 0	0 0	0 0	0 0	0 0
远侧小鱼际	左 右	7.7 23.1	0 0	0 0	0 0	92.3 76.9	100 100	0 0	0 0
大鱼际	左 右	0 0	0 0	0 0	0 0	100 100	100 100	0 0	0 0
指间 I 区	左 右	30.8 15.4	14.3 42.8	23.1 15.4	71.4 42.9	0 0	0 0	46.1 69.2	14.3 14.4
指间 II 区	左 右	38.5 30.8	28.6 14.3	15.4 30.8	14.3 42.9	0 0	0 0	46.1 38.5	57.1 42.9
指间 III 区	左 右	92.3 76.9	100 85.7	0 7.7	0 0	0 0	0 14.3	7.7 15.4	0 0
指间 IV 区	左 右	92.3 84.6	100 100	0 0	0 0	0 0	0 0	7.7 15.4	0 0

L=箕形纹；W=斗形纹；O=开放形纹；Z=双箕形纹。

① 中国科学院昆明动物研究所等：《黑叶猴和菲氏叶猴皮纹》，载《人类学学报》1991 年第 10 卷第 3 期。

表 2-2　黑叶猴和菲氏叶猴跖面花纹分布的百分比　　（单位:%）

		L Loop		W Whorl		O Open		A Arches		Z Composite		U Unknown	
		黑叶猴（13只）	菲氏叶猴（7只）	黑叶猴（13只）	菲氏叶猴（7只）	黑叶猴（13只）	菲氏叶猴（7只）	黑叶猴（13只）	菲氏叶猴（7只）	黑叶猴（13只）	菲氏叶猴（7只）	黑叶猴（13只）	菲氏叶猴（7只）
小鱼际	左	69.2	85.7	7.7	0	23.1	0	0	0	0	14.3	0	0
	右	61.5	57.1	7.7	0	15.4	28.6	0	0	15.4	14.3	0	0
大鱼际	左	0	14.3	0	0	100	85.7	0	0	0	0	0	0
	右	7.7	57.1	0	0	92.3	42.9	0	0	0	0	0	0
趾间 I 区	左	69.2	100	0	0	0	0	0	0	23.1	0	7.7	0
	右	69.2	100	0	0	0	0	0	0	23.1	0	7.7	0
趾间 II 区	左	92.3	100	0	0	7.7	0	0	0	0	0	0	0
	右	92.3	100	0	0	7.7	0	0	0	0	0	0	0
趾间 III 区	左	84.6	28.6	0	0	15.4	71.4	0	0	0	0	0	0
	右	76.9	14.3	0	0	23.1	85.7	0	0	0	0	0	0
趾间 IV 区	左	84.6	85.7	0	0	7.7	14.3	7.7	0	0	0	0	0
	右	76.9	71.4	0	0	15.4	28.6	7.7	0	0	0	0	0

A=弓形纹，U=分类不明花纹。

表 2-3　黑叶猴和菲氏叶猴掌面和跖面花纹对称率　　（单位:%）

	左右掌面花纹完全对称	左右跖面花纹完全对称	掌面和跖面花纹均对称
黑叶猴（13只）	46.2	53.8	30.8
菲氏叶猴（7只）	42.9	57.1	28.6

在掌面和跖面花纹对称性分布方面，如表2-3所示，跖面花纹对称性分布高于掌面。

（三）掌面和跖面三角

黑叶猴和菲氏叶猴掌面的三角数目在5~7个之间，黑叶猴平均为6.3个，而菲氏叶猴平均为5.8个，黑叶猴掌面恒定出现的三角有1、7；而菲氏叶猴则为1、3、7。跖面的三角数目均在4~6个之间，平均5个。黑叶猴恒定有的角为2、9、13，菲氏叶猴则为角9、13，两种叶猴之间存在一定的差异。

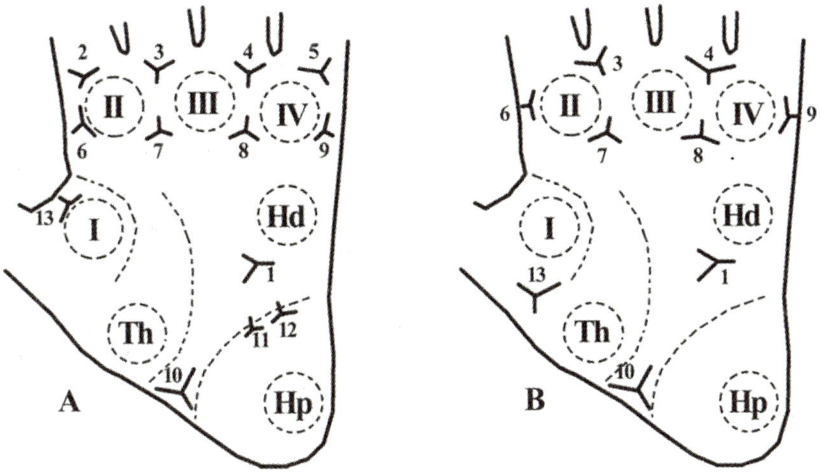

图 2-4 猴手掌（跖）面三角辐射图[①]

在掌面和跖面三角对称性分布方面，掌面和跖面之间以及二种叶猴之间无大的差异。

（四）掌面和跖面褶痕线

褶痕线（flexure line）为皮肤的关节线，是手和足在运动过程中的产物。在黑叶猴和菲氏叶猴中，手掌面和足跖面褶痕线分布如下。

1. 指和趾节褶痕线：远侧指（趾）节褶痕线为一条或二条；中间指（趾）节褶痕线为二条或三条；近侧指（趾）节褶痕线形成一条连续的公共线并带有一些横的形状不一或有分叉的附属线。

2. 掌面和跖面横褶线 2 条：包括远侧横褶痕线和近侧横褶痕线。

3. 手腕部褶痕线：一般有 2 条，或有分叉。

4. 掌面和趾面纵行褶痕线：一般分为桡（胫）侧、中间和尺（腓）侧 3 条，其中桡侧和胫侧纵行褶痕线恒定存在。

表 2-4 黑叶猴和菲氏叶猴掌面和跖面各个三角出现率 （单位：%）

		掌面三角								跖面三角						
		角 1	角 2	角 3	角 4	角 6	角 7	角 8	角 13	角 2	角 3	角 9	角 11	角 13	角 16	角 18
黑叶猴（13 只）	左	100	38.5	76.9	92.3	61.5	100	92.3	69.2	100	76.9	100	61.5	100	23.1	38.5
	右	100	30.8	76.9	100	53.8	100	84.6	76.9	100	76.9	100	76.9	100	23.1	7.7
菲氏叶猴（7 只）	左	100	14.3	100	71.4	0	100	100	100	85.7	85.7	100	42.9	100	42.9	0
	右	100	14.3	100	100	0	100	85.7	71.4	85.7	100	100	28.6	100	42.9	0

① 中科院昆明动物研究所等：《黑叶猴和菲氏叶猴皮纹》，载《人类学学报》1991 年第 10 卷第 3 期。

表 2-5 黑叶猴和菲氏叶猴掌面和跖面三角对称率及数量 (单位:%)

		左右掌面三角完全对称	左右跖面三角完全对称	掌面和跖面三角均对称	跖面三角数目					跖面三角数目				
					4个	5个	6个	7个	平均(个)	4个	5个	6个	7个	平均(个)
黑叶猴(13只)	左	61.5	50.0	25.0	0	7.7	46.2	46.2	6.4	8.3	66.7	25.0	0	5.2
	右				0	0	76.9	23.1	6.2	25.0	50.0	25.0	0	5.0
菲氏叶猴(7只)	左	42.9	57.1	28.6	0	28.6	57.1	14.3	5.9	42.9	28.6	28.6	0	4.9
	右				0	42.9	42.9	14.3	5.7	42.9	42.9	14.3	0	4.7

(五)讨论

1. 手掌面和足跖面纹型分析

黑叶猴和菲氏叶猴的指端和趾端花纹全部为原始窦状花纹，与金丝猴(叶智彰等，1987；张耀平等，1981)的情况完全相同，还与猕猴属的情况相似。猕猴、日本猴、食蟹猴和台湾猴的指(跖)端原始花纹占92%~100%(叶智彰等，1985；张耀平等，1980；Furuya，1962)。但与长尾叶猴不同，在Ayer(1948)所发表的长尾叶猴的皮纹图上，全部指端和趾端花纹均为斗形纹。

长尾叶猴，也称北平原灰叶猴，是猴科灰叶猴属的一种。长尾叶猴除我国藏南以外，还分布于印度、尼泊尔、克什米尔和巴基斯坦等地。主要栖息在海拔2000~3000米的中、高山地带的山地松林或杉林里，主要以树叶为食。白天活动，夜晚树栖，是地栖性较强的种类，每天80%的时间都是在地面上活动。

长尾叶猴无论是在地面上奔跑，还是在树枝上跳跃时，总是把长长的尾巴弯曲着高高地翘起来，显得十分神气。它跳跃的本领很高，常常一纵身就达8米以上，还能从12米高的树上轻松地跳到地面上。

长时间的地栖性活动，造成了长尾叶猴与其他3种树栖生活为主的叶猴指(趾)花纹的不同，由原始窦状花纹进化(退化?)为斗形纹。这说明生活方式中不同的刺激强度会直接影响到指纹形态的变化。

但在掌面和跖面花纹方面，黑叶猴和菲氏叶猴与长尾叶猴(Ayer，1948)、川金丝猴和滇金丝猴(叶智彰等，1987；张耀平等，1981)相似，主要为箕形纹。而与猕猴(叶智彰等，1985；张耀平等，1980)有别。在猕猴掌(跖)面花纹中，斗形纹所占比例很高，箕形纹所占比例相对较低。

黑叶猴和菲氏叶猴二者之间掌(跖)面花纹的分布，经统计学处理发现，跖面大鱼际区的箕形纹(L)和开放形纹(O)，以及趾间III区的箕形纹(L)和开放形纹(O)，具有显著性差异(P>0.01)。这些差异似乎可以认为具有种间差异意义。

利用多变量分析（R聚类）方法分析黑叶猴和菲氏叶猴的掌面和跖面纹型之间的相互关系。

在掌面纹型中，黑叶猴的O与Z为正性相关，而L与W和L与O都为负性相关；菲氏叶猴的L与Z和O与W为正性相关，而L与W为负性相关。

在跖面纹型中，黑叶猴的O与Z和L与W都为负性相关，而W与O为正性相关。

从上述分析可以认为，在此两种叶猴中，无论是掌面还是跖面纹型之间，相关性程度虽有一些不同，但是所求相关程度在种之间都没有达到显著性水平。

2. 手掌面和足跖面三角分析

研究灵长类掌面三角分布具有重要意义。三角或称三辐射，每个三角由三条线汇合而成。据Schlaginhaufen（1905，引自 ГлапкоВа，1963），灵长类跖面共有21个三角，但并非所有灵长类跖面都存在21个三角。三角的数目与掌垫的发育程度（和花纹的多少及其复杂与否有关），如长臂猿下地行走量明显增多，足底很平，导致掌垫发育差。据Ayer（1948），长臂猿花纹发育差。所以，在长臂猿中掌（跖）面三角很少。

同一种叶猴左右掌跖面三角分布无大的差异。

但在黑叶猴和菲氏叶猴两者之间存在一定的差异，如在掌面上，黑叶猴恒定出现的三角为角1、7和存在角6，而菲氏叶猴恒定三角则为角1、3、7，且未出现6（见图2-4）。

在跖面上，黑叶猴恒定出现的三角为角2、9、13和存在角18，而菲氏叶猴恒定出现的三角则为角9、13，且未出现角18（见图2-4）。经统计学处理，无论掌面还是跖面，两种叶猴各相应三角之间出现率的差异均未达到显著性水平（$P<0.05$），只是其中的跖面角11接近显著性差异（$P<0.07$）。

据Ayer（1948），在长尾叶猴中，掌面三角有角1、3、4、6、7、8、10、13；跖面三角有角2、9、11、12、13、14、15。

在金丝猴中，滇金丝猴掌面三角有角1、2、3、5、6、8、10、12、13；跖面三角有角3、9、12、13、16；川金丝猴掌面三角有角1、2、5、7、8、9；跖面三角有角3、9、11、12、13、16（叶智彰等，1987）。从统计数据中可以看出，这几种疣猴科动物的掌（跖）面三角分布虽有不少共同点，但仍存在一定的差异，其中3种叶猴似乎更接近些。据Biegert（1973），长臂猿和猕猴掌面上的角1和跖面上的角13是主要的三角。黑叶猴、菲氏叶猴、川金丝猴和滇金丝猴以及Ayer（1948）的长尾叶猴均不例外，上述两个三角均为主要三角。

由此研究者认为：灵长类与其他哺乳动物不同，其四肢除用于行走外，还用于捕捉和攀缘等活动。这些活动促使了手掌面和足跖面皮肤发生形态学改变，在触觉垫上形成了各种各样的花纹类型。这些花纹类型在种和属之间是相当稳定的，各种灵长类具有它自身的花纹类型、分布和细节，故有其分类学意义。在功能形态学上，这些花纹还具有增加摩擦阻力和提高触觉敏感性之功用，具有进化意义。

三、猕猴的指纹分析

猕猴，属于动物界、脊索动物门、脊椎动物亚门、哺乳纲、真兽亚纲、灵长目、类人猿亚目、猴科、猴亚科、猕猴属，有10个亚种，分布于阿富汗、巴基斯坦、印度北部和中国南部的广大地区。

猕猴是典型的猕猴属动物，主要特征是尾短，具颊囊，躯体粗壮，平均体长约50厘米，它们的前肢与后肢大约同样长。广泛栖息于石山峭壁、溪旁沟谷和江河岸边的密林中或疏林岩山上，群居。成十余只乃至数百只大群。以树叶、嫩枝、野菜等为食，也吃小鸟、鸟蛋、各种昆虫，捕食其他小动物。

猕猴适应性强，容易驯养繁殖，生理上与人类较接近，常被用于进行各种医学试验。乱捕滥猎是猕猴致危的主要因素。

猕猴4跖上都具有5指(趾)，端部有盖住指(趾)背面的扁平指甲；凸出的指(趾)部有发达的指(趾)纹，触觉灵敏，还有防止滑落的作用；掌面和跖面裸出，具有发达的两行皮垫，手脚的拇指(趾)和其余4指(趾)相对，可以握合，以灵活而稳定地抓握树枝。

在猕猴的生存圈中，每群猴子都有猴王，并每4年一“换届”，也可以连任。猴子的王位，是强者之间通过激烈的拼搏、打斗而产生的。当每届猴王“任期”快满时，那些觉得有竞争实力的雄猴便跃跃欲试，当着猴王的面翘尾巴，向猴王挑战，随之与猴王厮打，若打败猴王，再与其他挑战者比拼，经过一场你死我活的战斗，最后的获胜者便成为新一届猴王。

(一)中国科学院昆明动物研究所的研究

该所张耀等于1980年进行了“猕猴肤纹的研究”。

研究样本选择外观健康、肤纹清晰的62只猕猴作为观察对象，其中雄性28只，雌性34只，年龄最大者8岁左右，最小者约一岁半。这些动物绝大部分是由该所饲养场繁殖的，少数是野外捕来的。经观察，可将指(趾)端上、指(趾)间区、大小鱼际区的花纹分为9种类型：

C——原始的花纹。花纹的中央部分是一系列纵向排列的嵴。

L——箕形纹(Loops)。与人的箕形纹相似。

M——斗形纹(Whorls)。花纹的中央部分呈涡形或层状排列的同心圆。

Z——双箕形花纹。类似人的双箕形。

O——开放形花纹(Open fields)。这种花纹的构形最简单，通常没有三角和轴心，因此，可以认为是无花纹的皮肤嵴。

A——弓形纹(Arches)。

V—— 一种退化了的花纹或花纹的残迹。

M—— 一种过渡类型的花纹，其中间部分呈片状、点状等。

U—— 一种分类不明的花纹。

统计的结果列于表2-6至表2-12内。

表2-6 猕猴指（趾）纹分布的百分比 （单位：%）

	花纹类型	指（趾）									
		I		II		III		IV		V	
		右	左	右	左	右	左	右	左	右	左
指	G M	100.00 0	100.00 0	100.00 0	100.00 0	100.00 0	100.00 0	100.00 0	100.00 0	100.00 0	100.00 0
趾	G	100.00	100.00	100.00	100.00	100.00	100.00	100.00	100.00	100.00	100.00

表2-7 猕猴属中有关种类指（趾）纹的百分比 （单位：%）

种类		指（趾）的数目	G	S	W	Z	M	U
指	日本猴	右 362 左 368 总数 730	99.40 100.00 99.73	0 0 0	0 0 0	0 0 0	0 0 0	0.55 0 0.27
	食蟹猴	右 560 左 560 总数 1120	98.75 97.14 97.87	0.71 1.26 0.89	0.36 0 0.18	0 0.18 0.09	0 0 0	0.36 1.43 0.89
	台湾猴	790	93.54	1.39	2.15	1.33	1.77	0
	猕猴	右 310 左 307 总数 617	100.00 99.67 99.84	0 0 0	0 0 0	0 0 0	0 0.33 0.17	0 0 0
趾	日本猴	右 370 左 369 总数 739	100.00 100.00 100.00	0 0 0	0 0 0	0 0 0	0 0 0	0 0 0
	食蟹猴	右 560 左 560 总数 1120	96.25 95.54 95.89	3.21 2.86 3.04	0 0.89 0.45	0 0.18 0.09	0 0 0	0.64 0.64 0.64
	台湾猴	790	92.15	0.51	1.77	1.51	4.05	0
	猕猴	右 309 左 309 总数 618	100.00 100.00 100.00	0 0 0	0 0 0	0 0 0	0 0 0	0 0 0

表 2-8　62 只猕猴掌纹花纹分布百分比　　（单位：%）

		L		W		O		Z	
		雄（28 只）	雌（34 只）	雄（28 只）	雌（34 只）	雄（28 只）	雌（34 只）	雄（28 只）	雌（34 只）
近侧小鱼际	右	71.43	91.18	25.00	8.82	0	0	3.57	0
	左	92.68	94.12	7.14	2.94	0	0	0	2.94
远侧小鱼际	右	54.29	55.88	7.4	2.04	28.57	41.18	0	0
	左	57.14	52.94	7.14	6.88	35.71	41.18	0	0
大鱼际	右	10.71	8.82	0	0	89.29	91.18	0	0
	左	7.14	2.94	0	0	92.86	97.06	0	0
指间 I1 区	右	57.14	58.82	42.86	41.18	0	0	0	0
	左	67.86	64.17	32.14	35.29	0	0	0	0
指间 I2 区	右	7.14	11.76	92.86	88.24	0	0	0	0
	左	3.57	2.94	98.43	97.06	0	0	0	0
指间 I3 区	右	10.71	14.71	89.29	86.29	0	0	0	0
	左	7.14	17.65	92.86	82.35	0	0	0	0
指间 I4 区	右	3.75	2.94	96.43	97.06	0	0	0	0
	左	0	14.71	96.43	85.29	0	0	0	0

表 2-9　62 只猕猴趾面花纹分布的百分比　　（单位：%）

		L	W	O	A	Z	V	U
		雄（28 只） 雌（34 只）	雄（28 只） 雌（34 只）	雄（28 只） 雌（34 只）	雄（28 只） 雌（34 只）	雄（28 只） 雌（34 只）	雄（28 只） 雌（34 只）	雄（28 只） 雌（34 只）
小鱼际	右	67.86 61.76	0 0	32.14 35.29	0 0	0 0	0 0	0 0
	左	78.75 78.47	0 0	21.43 17.65	0 0	0 0	0 2.94	0 0
大鱼际	右	82.14 79.41	3.57 5.88	14.29 14.71	0 0	0 0	0 0	0 0
	左	75.00 67.65	3.57 5.88	21.43 26.47	0 0	0 0	0 0	0 0
趾间 fI1 区	右	92.88 100.0	3.57 0	0 0	0 0	3.57 0	0 0	0 0
	左	92.88 100.0	7.14 0	0 0	0 0	0 0	0 0	0 0
趾间 fI2 区	右	92.86 97.06	7.14 2.94	0 0	0 0	0 0	0 0	0 0
	左	89.29 88.24	10.71 11.76	0 0	0 0	0 0	0 0	0 0
趾间 fI3 区	右	50.00 79.41	50.00 17.65	0 2.94	0 0	0 0	0 0	0 0
	左	64.29 79.41	35.71 17.85	0 2.94	0 0	0 0	0 0	0 0
趾间 fI4 区	右	39.29 23.53	53.75 81.78	0 0	7.14 8.82	0 2.94	0 0	0 2.94
	左	50.00 29.41	46.43 61.76	0 0	3.67 2.94	0 0	0 5.88	0 0

表 2-10 62 只猕猴左右侧掌面花纹频率的卡方检验

花纹区	X^2值	自由度	概率
近侧小鱼际 雄性 雌性	 4.560 2.016	 3 3	 P>10% P>50%
远侧小鱼际 雄性 雌性	 0.261 0.360	 2 2	 P>75% P>75%
大鱼际 雄性 雌性	 0.220 1.036	 2 2	 P>75% P>50%
指间 I1 雄性 雌性	 0.686 0.249	 2 2	 P>50% P>75%
指间 I2 雄性 雌性	 0.352 1.943	 2 2	 P>75% P>25%
指间 I3 雄性 雌性	 0.220 0.199	 2 2	 P>75% P>90%
指间 I4 雄性 雌性	 2.000 3.925	 2 2	 P>25% P>10%

P>5% 差异不显著。

表 2-11 62 只猕猴左右侧掌面花纹频率的卡方检验

花纹区	X^2值	自由度	概率
小鱼际 雄性 雌性	 0.814 3.532	 2 3	 P>50% P>25%
大鱼际 雄性 雌性	 0.491 1.463	 2 2	 P>75% P>25%
指间 I1 雄性 雌性	 1.333 –	 2 –	 P>50% –
指间 I2 雄性 雌性	 0.220 1.493	 2 2	 P>75% P>25%
指间 I3 雄性 雌性	 1.867 –	 2 –	 P>25% –
指间 I4 雄性 雌性	 0.836 5.222	 3 6	 P>75% P>25%

P>5% 差异不显著。

表2-12 62只猕猴掌面和跖面左右侧花纹对称比较

	对称部位	雄性	雌性
掌面	指间I1~I4区 大、小鱼际 指间I1~I4区+大、小鱼际	18(64.29%) 18(64.29%) 7(25.00%)	25(73.53%) 26(76.47%) 10(29.41%)
跖面	趾间fI1~fI4区 大、小鱼际 趾间fI1~fI4区+大、小鱼际	12(42.86%) 23(82.14%) 4(14.29%)	16(47.06%) 23(67.55%) 4(11.76)%
	掌面花纹+跖面花纹	7(25.00%)	8(23.53%)

综合分析:

1.指(趾)纹类型及分布

在62只猕猴中,几乎所有被观察的指(趾)端花纹全是原始花纹(G),仅一只雌性动物的左前肢第3指端为过渡型花纹。说明猕猴的指(趾)纹很单纯,可说是单一的原始花纹。统计结果为:指纹原始花纹占99.34%,趾纹原始花纹为100%。

2.掌面花纹类型及分布

将猕猴掌面分为7个区,即大鱼际、小鱼际(又可分为近侧小鱼际和远侧小鱼际两个区),以及指间I1~I4的4个区。在上述花纹区上,共观察到4种花纹:箕形纹、开放型花纹、斗形纹和双箕形花纹。

大鱼际区:开放型花纹占89.29~97.06%,少数为箕形纹。

小鱼际区:其近侧小鱼际区绝大多数为箕形纹,除雄性右手(占71.43%)外,均在90%以上,个别为双箕形花纹。远侧小鱼际区,箕形纹占半数以上,开放型花纹也不少,占28.57~97.06%。少数为斗形纹。

掌指间I1区:50%以上是箕形纹,其次是斗形纹。

掌指间I2~I4区:斗形纹占多数,频率为82.35%~97.07%,个别为箕形纹。

同时,对左右侧(手)花纹分布的比例进行卡方检验表明,所有花纹区差异不显著,P值皆大于5%(见表2-10)。

3.跖面花纹类型及分布

跖面通常分为6个花纹区,除小鱼际不细分近侧小鱼际区和远侧小鱼际区外,与掌面的分区法相同。在跖面上观察到L、W、C、A、Z、V和U 7种花纹类型,但后面4种(A~U)类型所占比例颇低(见表2-9)。

大鱼际区的花纹大多数为箕形纹,其次是开放型花纹,再次是斗形纹。

小鱼际区61.76%~78.75%为箕形纹,17.65%~35.29%为开放型花纹,极少数为V形花纹。

趾间fI1~fI4区，几乎全由箕形纹和斗形纹两种花纹组成，其中箕形纹的比例由高到低，从趾间fI1区的100%（雌性左、右侧）下降到趾间fI4区的23.53%（雌性右侧）；而斗形纹的比例则相反，由趾间fI1区的3.57%（雄性右侧）上升到趾间fI4区的61.76%（雌性左、右侧）。

左右足卡方检验结果表明，如同左右手一样，左右足纹型分布比例差别不显著（见表2–11）。

4.纹型分布的性别比较

根据表2–8和表2–9，挑选了纹型分布百分比相差较大的远侧小鱼际和趾间fI4两个区数据进行卡方检验，以预测两性之间是否有差异。测得结果表明，P值均大于25%。由此可知，在两性之间无显著性差异。据此，可以推测，两性之间纹型分布百分比相近的其他部位差异必然也不显著。

5.掌面和跖面花纹的对称性分布

研究者发现，无论雄性或雌性动物，在相当比例的样本中，花纹呈左右对称分布。根据对称程度的不同，可分为4种情形：

(1)左右侧指(趾)间区花纹对称；

(2)左右侧掌面(跖面)大、小鱼际花纹对称；

(3)左右侧掌面或跖面指(趾)间区和大、小鱼际花纹都对称；

(4)前肢或后肢左右侧掌面或跖面花纹分布完全对称。

分析结果列于表2–12。左右手花纹对称者，雄性占25.00%，雌性占29.41%；左右足花纹对称者，雄性占14.29%，雌性占11.76%；左右侧手足花纹全对称者，雄性占25.00%，雌性占23.53%。指间区和整个掌面花纹的对称性比例高于相应的趾间区和整个跖面花纹的对称性比例；掌面或跖面上的大、小鱼际及前肢或后肢左右侧花纹完全对称者所占的比例都较为接近。这说明在猕猴中，就花纹类型及其分布而言，不论雄性或是雌性动物，前后肢、左右侧花纹均对称者比例较高。

灵长类不像其他四足类动物，四肢不单纯用于走路，还用于捕捉、攀援等。经过漫长的岁月，它们的手足掌面和趾面上的皮肤发生了形态学改变。在它们的触觉垫上布满了各种各样的花纹，这种花纹在种和属之间相当稳定，是能遗传的。不同灵长类具有它自身的花纹类型、分布及细节。所以，可以利用触觉垫上花纹的微细结构对它们进行分类。

在同一属内，花纹的类型和分布差异似乎不大。所观察的62只猕猴，与同属于猕猴属的日本猴、食蟹猴和台湾猴相比，几乎所有指(趾)端的花纹均为原始花纹，由此看来，在猕猴属内指(趾)纹的差异是不明显的。

在不同属内，如狐猴属，它们的掌面和跖面也有乳头嵴，但是不能与猿和猴的乳头嵴相比拟。又如，长尾猴属中的叶猴，指(趾)纹完全类似斗形纹，而不像猕猴属的原始花纹。在中指的近侧指节及第fI3、fI4趾的近侧趾节上，还出现额外的不同类型的花纹。再则分布在花纹区皮肤乳头层中的麦斯纳氏小体，即触觉小体的发育程度和复杂性也并非完全一样。Napier（1967）认为，猩猩和人类的触觉小体发育最好，懒猴发育最差，人的触觉小体最复杂。

该研究者认为：肤纹具有增加摩擦阻力和触觉敏感性两种功能。各部位触觉垫的发育程度不一，发育愈良好，则其上面的花纹愈复杂，反之亦然。因此，在猕猴中，根据花纹的复杂性可把掌面花纹区分为3种功能群。可以设想，动物用手握目的物或走路时，首先接触的是掌垫发达的指间I2、I3和I4区。所以这些部位的花纹最为复杂，一般都是斗形纹。这类花纹具有更多的摩擦嵴和神经末梢，这些特化对于执行手的机能活动是颇为有利的。接触最少的是大鱼际和远侧小鱼际区，这些部位触觉垫发育最不佳，因而花纹也最不复杂，构型也较简单，摩擦嵴和神经末梢分布也最少。指间I1区和近侧小鱼际上的花纹介于两者之间。①

（二）罗桐秀等人的研究

罗桐秀教授任湘南学院化学与生命科学院副院长时，开展了“猴与人掌（跖）纹的比较研究”。其研究的样本来自从2个城市获取的被人驯化用来表演的15只猕猴的掌（跖）纹资料和本校学生中取得的260份掌（跖）纹资料。主要观察掌（跖）的指（趾）间区、小鱼际区等各部嵴纹线的形态特点及分布频率，用X2检验进行统计分析后比较两组的差异。结果如下。

1. 指（趾）间区纹型及频率分布

用I1、I2、I3、I4表示4个指间区，fI1、fI2、fI3、fI4表示4个趾间区，猴和人指（趾）间区纹型分布频率见表2-13。猴的每个指（趾）间区几乎均有纹型分布，其频率在95.5%以上。而人的I1、I2和fI1纹型分布频率极低，不超过4%，I4最高为72.1%，但与猴的I4 100%相比，显著偏低（P<0.01）。

表2-13　指（趾）间区纹型及分布频率

指（趾）间区	猴（%）	人（%）	P
I1	100	1.0	<0.01
I2	100	2.7	<0.01
I3	100	17.3	<0.01
I4	100	72.1	<0.01
fI1	95.5	3.7	<0.01
fI2	100	10.2	<0.01
fI3	95.5	34.6	<0.01
fI4	100	14.0	<0.01

从表2-14可以看出，指间区纹型，猴以斗形纹为主，其频率为77.3%，这是猴的显著特点。人则以远箕为主，出现率为43.1%，很少出现斗形纹（只有0.1%）。

① 张耀等：《猕猴肤纹的研究》，载《动物学研究》1980年第1卷第3期。

趾间区纹型，猴的箕形纹出现率最高，为54.5%。其中远箕为20.5%、近箕为29.5%、腓箕为3.4%、胫箕为1.1%；斗形纹也比较高，频率为40.9%。人的趾间区也是以远箕频率最高，但频率只有29.5%，斗形纹更少，只有0.3%。

表2-14　指(趾)间区纹型的比较

区域	纹型	猴(%)	人(%)	P
指间区	斗形纹	77.3	0.1	<0.01
	远箕	19.3	43.1	<0.01
	近箕	2.3	1.3	> 0.05
	桡箕	1.1	0.2	<0.05
	尺箕	0	3.2	<0.01
	弓形纹	0	0.3	<0.05
趾间区	斗形纹	40.9	0.3	<0.01
	远箕	20.5	29.5	<0.01
	近箕	29.5	0.7	<0.01
	桡箕	3.4	0	<0.01
	尺箕	1.1	0.7	> 0.3
	弓形纹	2.3	0	<0.01

2.掌(跖)小鱼际区纹型及频率分布

由于猴的I1和fI1的纹型大，嵴纹数多，延伸到大鱼际区，所以大鱼际区很少有其他纹型，本文不作大鱼际区纹型的分析。只分析小鱼际区的纹型及分布频率(见表2-15)。

表2-15　掌(跖)小鱼际区纹型出现频率的比较

区域	猴(%)	人(%)	P
手掌小鱼际	131.8	14.4	<0.01
脚掌小鱼际	59.2	18.5	<0.01

猴几乎每个手掌小鱼际区都有纹型，纹型出现频率为131.8%(因为有些小鱼际区出现有远、近2个纹型，所以频率大于100%)，远远高于人14.4%的出现率，差异极为显著(P<0.01)。跖部小鱼际区纹型出现频率，猴为59.2%，人为18.5%，也存在显著差异(P<0.01)。

从表2-16可以看出，掌(跖)小鱼际区纹型的频率，以斗形纹频率为最高，手掌小鱼际为59.1%，跖部小鱼际为22.7%；而人的相应区域没有见到斗形纹。人的手掌小鱼际区纹型以桡箕为主(频率9.2%，比猴明显低)；跖部小鱼际区以胫箕为主(频率为17.9%)，这与李实喆等学者的研究结果相符。

表2-16 掌(跖)小鱼际区纹型类型的比较

区域	纹型类型	猴(%)	人(%)	P
掌小鱼际区	斗形纹	59.1	0	<0.01
	远箕	0	2.1	<0.01
	近箕	0	0.2	<0.01
	桡箕	40.9	2.9	<0.01
	尺箕	27.3	9.2	<0.01
	弓形纹	4.5	0	<0.01
跖小鱼际区	斗形纹	22.7	0	<0.01
	胫箕	18.2	17.9	<0.01
	腓箕	18.3	0.2	<0.01
	弓形纹	0	0. 4	<0.01

3.跖部其他区域纹型及频率分布

跖部除趾间区、大鱼际区、小鱼际区外,按人的脚掌还有脚根区和脚弓区。猴和人的脚根区几乎都没有纹型的分布。脚弓区纹型出现频率:猴为81.8%,人为1.2%,纹型均以胫箕为主,两者比较差异显著(P<0.01)。

4.其他

林子清、罗桐秀等人的研究表明,人的皮纹具有比较高的对称性。本资料观察猴的掌(跖)纹也具有较高的对称性,如指间区纹型左右对称率为83.3%,趾间区纹型左右对称率为75%,这与机体结构左右对称相符。

罗桐秀等人认为:猕猴与人掌(跖)部,除猴的嵴纹线粗些外,纹型基本相似,说明两者同属灵长目,具有相同的特点,有较近的亲缘关系。但与人比较,猕猴明显表现出纹型出现频率高,其中斗形纹频率高等特点。这些特点,可能与猕猴长期的森林生活、攀援和握物有关。猕猴与人的这些差异是两个科之间的差异,可以将皮纹特征作为分类的依据之一。

从上述研究结果中还可推导出,灵长目掌(跖)部的纹型频率有由高频率向低频率演变的趋势。本研究结果为灵长目的研究提供了重要素材,对研究人类皮纹的遗传和进化具有重要参考意义。①

(三)河南师范大学的研究

河南师范大学是国内开展非人灵长类研究的又一基地,该校生命科学学院灵长类研究室设有猕猴养殖场,圈养猕猴50余只,可供活体测量和行为观察;存有猕猴骨骼整套标本60

① 罗桐秀等:《猴与人掌(跖)纹的比较研究》,载《遗传》2001年第23卷第3期。

例、浸制猕猴肤纹标本30例,可供测量及形态观察,满足科学研究的基本需要。其学科带头人是赵晓进教授。

现将赵教授等的《太行山猕猴掌面肤纹研究》成果介绍如下。

该项研究选择了肤纹清晰完整、年龄不一的32只太行猕猴(雌、雄各16只),分别在太行山上捕获后饲养于河南师范大学生命科学学院猕猴饲养厂。太行山猕猴是目前世界上野生猕猴分布最北地区之一的猕猴群。

参考 Meier(1973)、Furuya(1962)、张耀平等(1980,1981)和邓紫云等(1993)的分类方法,将猕猴掌面的肤纹分为6大类型、13小类进行统计。

1.掌指间区花纹类型

(1)太行猕猴掌面指间I1区掌垫上具有多种花纹类型,以斗形纹居多,其特点如下:

① 各类花纹的分布频率比较均衡,没有明显的优势花纹分布。相对而言,斗形纹较多,其次是双箕形纹和箕形纹,也有少量的开放型花纹和分类不明花纹;

② 箕形纹和双箕形的开口方向及斗形纹的旋转方向均较多,占26.5 %;斗形纹以尺侧旋转较多,占21.88 %;

③ 总的来看,太行猕猴肤纹的性差不显著,但在指间I1区似乎例外。雄性有68.75 %的斗形纹和18.75 %的箕形纹;而雌性则斗形纹为25.00 %,箕形纹为71.63%,表现出显著的差异。有资料报道日本猴在I区也显示出明显的性差(特瓦摩特,1973),这是个值得注意的问题。上述观察结果提示,指间I1区的花纹类型较多,纹路开口方向和旋转方向较为复杂,性差可能存在,表现出一定的特异性和复杂性。

将太行猕猴左右掌面对称部位的花纹类型分布频率作卡方检验。结果表明,指间I1区在左右不同侧的分布频率有极显著差异,其他分区差异不显著。

对其雌雄两性间掌面同一分区的花纹类型分布频率作卡方检验。结果表明,雌雄两性间亦仅在指间I1区有极显著性差异,其他分区内无显著性差异。

(2)太行猕猴掌面指间I2、I3和I4区共有3个饱满的掌垫,上面的纹型主要为典型的斗形纹。

选择猕猴掌面指间I2和I4区的6个花纹嵴数变量进行不对称性研究,其变量的选择是依据指间区纹型中心点至附近的三角分布。纹线嵴数是指各个花纹中心点到附近三角连成一线所相接触的纹线数,纹线嵴数统计时两侧合并计算。

经计算,猕猴掌面指间花纹有关变量存在弱的方向不对称(DA),肤纹变量也存在不同程度的波动不对称(FA)。将掌面指间纹线嵴数变量建立性别判别函数,结果表明:10项变量中有5项在雌雄之间达到显著性差异(P≤0.05),说明太行山猕猴的掌面指间花纹嵴数具有明显的性差。根据此项指标,性别的正确判别率可达88.0%~100.0%。

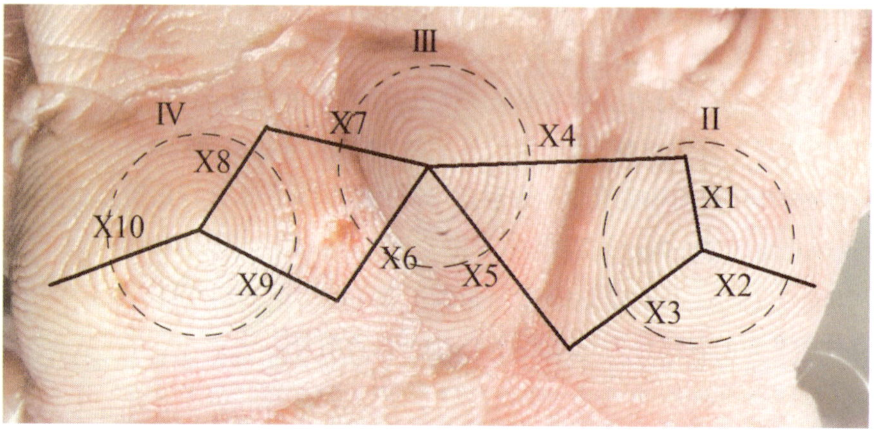

图2-5　嵴线数变量选择(赵晓进提供)

DA计算方法为L-R。FA计算方法为L-R绝对值。

2.掌大小鱼际花纹类型

猕猴大鱼际区以开放型花纹为主,另有少量箕形纹分布。

猕猴小鱼际区中,远侧小鱼际以开放型花纹或以箕形纹为主,也有少量斗形纹和分类不明花纹,开放型花纹分布频率为75%~81.25%;而近侧小鱼际区均为非开放型的真实花纹,占100%。这一观察与张耀平等(1980)、邓紫云等(1993)报道的资料一致。

太行猕猴等5种猕猴的掌面花纹类型的分布频率见表2-17。用距离系数对5种猕猴的6个区域的花纹类型分布频率进行聚类,结果表明:太行山猕猴与张耀平等(1980)报道的资料相比,距离较近;其次与藏猴距离较近(邓紫云等,1992);而与Furaya报道的Lysso des fuscata和Rhesus cyclopsis距离较远。提示它们不同种间的亲疏程度及分类阶元的不同。

表2-17　太行猕猴等5种猕猴的掌面定型花纹的分布频率(%)

		HP	T	I	II	III	IV
1	太行山猕猴	100	26156	98144	100	100	100
2	猕猴	100	7140	100	100	100	100
3	藏猴	100	42105	100	100	100	100
4	日本猴	6108	100	99132	95159	100	100
5	红面猴	50100	100	99125	100	100	100

采用研究人类皮纹图组合格局的方法,推测猕猴掌面对称部位各类花纹的亲疏关系。发现左右侧的同一个花纹区域W/W组合出现频率最高,L/W组合出现频率次之,A/W组合出现频率极低,W/O组合没有出现,说明了O、A、L与W之间亲疏关系不同。

3.趾掌区花纹类型

太行猕猴趾掌区花纹类型与手掌区除共性的特征之外,最为特殊的是在两类花纹之间,多次出现中间过渡类型的花纹。

例如，在趾面I2~I4区，依次出现囊形纹→囊形斗→简单斗变化的倾向。经观察发现，囊形纹的形态特征明显，分布区域明确，出现频率比较高且稳定。囊形纹从形态上来看更偏向于箕形纹，因为在花纹中心纹线没有旋转，而囊形斗花纹中心纹线有旋转，这是两者间的最主要的区别。另外一个区别是囊形纹一般有一根或几根纹线从花纹中心走出，而囊形斗没有。有时这两种花纹在外形上非常相似。有关囊形纹的定义和描述在以前的资料中很少，以前的资料往往将其归结为箕形纹，赵教授等认为应将囊形纹单列为一类花纹。

该研究认为：不同猕猴的肤纹分布特征差异（见表2-17），主要表现在大鱼际和小鱼际上的花纹类型的分布频率方面，其聚类结果见图2-6。花纹类型分布频率的差异提示了动物的分类阶元不同或遗传组成的差异，此类差异的产生主要是由于地理分布隔离和长期遗传漂变所致。①

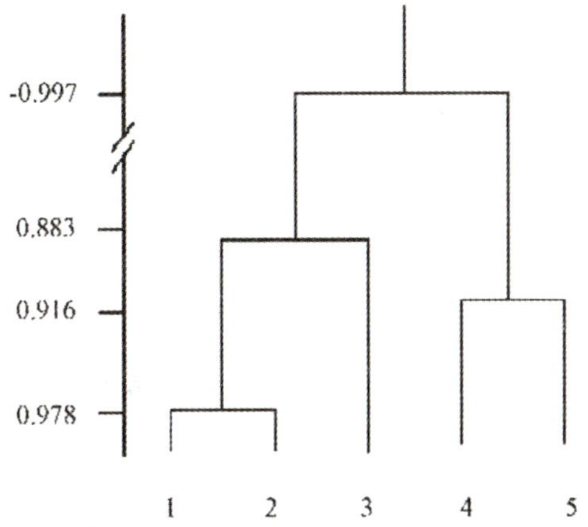

图2-6 聚类图

（四）分子生物学研究

昆明动物研究所陈宜峰等，运用分子遗传学理论，对猕猴属的4种猴子染色体进行了比较研究，很有意义。

该研究的恒河猴、熊猴、豚尾猴和短尾猴样本，为同属不同种，皆来自该所饲养场。采用全血培养方法，研究了恒河猴、熊猴、豚尾猴和短尾猴的核型（动物性别及数量见表2-18），包括对染色体数目的观察、染色体测量和分组。以及G—带与C—带分析，并对所得资料进行了相互比较，结果如下。

1. 细胞培养、染色体制片

由后肢静脉抽血0.5毫升，在38℃下培养60~72小时，再经低渗、固定后，由空气干燥法制片。供染色体计数和定量特征的测定及G—带技术、C—带技术分析。

① 赵晓进等：《太行山猕猴掌面肤纹研究》，载《动物学报》2001年第47期（专刊）。

表2-18 恒河猴、熊猴、豚尾猴和短尾猴体细胞染色体的观察结果

种类	动物数	观察细胞数	二倍体染色体数				自发畸变		
			40	41	42	43	非整倍体细胞(%)	染色体畸变(%)	染色单体畸变(%)
恒河猴	10(4♀,6♂)	1000	7	40	948	5	5.20	0.50	1.50
熊猴	2(1♀,1♂)	200	—	2	198	—	1.00	—	—
豚尾猴	2(1♀,1♂)	200	—	4	196	—	2.00	2.00	1.00
短尾猴	2(1♀,1♂)	200	6 8		186		7.00	—	—

2.染色体计数和定量特征的测定

随机地选择分散良好的中期细胞，对4种猴子的染色体数目及自发染色体和染色单体畸变计数。每一只猴子观察100个中期细胞 。

4种猴子的染色体相对长度和臂比均来自10个细胞的染色体测量。染色体的分类标准皆以其臂比为基础。臂比在1~1.50之间的为中着丝点染色体；臂比在1.51~2.50之间的为近中着丝点染色体；臂比在2.51~5.0之间的为近端着丝点染色体；而臂比在5.0以上者则为末端着丝点染色体。4种猴子的核型分析均按照此标准进行。

3.结果

(1)染色体数目。观察的结果列于表2-18。恒河猴、熊猴、豚尾猴和短尾猴的二倍体染色体数目皆为2n=42。在这4种猴子中，2n=42的细胞占93%以上，而2n≠42的非整倍体细胞仅占很少的比例(1%~7%)。它们的性染色体也是一样的，雄性为XY，雌性为XX。

(2)染色体测量及分组。恒河猴、熊猴、豚尾猴和短尾猴的染色体相对长度和臂比表明，这4种猴子的染色体无显著差异(见表2-19)。因此，按照其染色体的大小顺序及臂比，可以将它们的染色体分成共同的4组(A-D)。

A组(1~2):为中着丝点染色体，其中1号染色体最大，较易于区分。

B组(3~14):为近中着丝点染色体，由大到小依次排列，彼此难以区分。

C组(15~19):为中着丝点染色体，体型较小，除15号染色体外，其余者皆不易识别。

D组(20):为中着丝点染色体，中等大小，其短臂上具有明显的次缢痕结构，因此易于识别。

X:为中着丝点染色体，体型中等，可以识别。

Y:为最小的近端着丝点染色体。

(3)G—带和C—带染色体。在研究中发现，熊猴、豚尾猴和短尾猴的G—带分布同恒河猴的基本一样；C—带核型，该4种猴子结构异染色质的分布也基本相同，主要集中在染色体的着丝点区域。

表2-19 恒河猴、熊猴、豚尾猴和短尾猴体细胞染色体的测量结果

染色体	恒河猴		熊猴		豚尾猴		短尾猴	
号数	臂比	相对长度	臂比	相对长度	臂比	相对长度	臂比	相对长度
	(染色体长度/染色体总长度)×100%							
1	1.48	77.26	1.48	77.03	1.49	74.56	1.41	78.34
2	1.18	63.75	1.23	65.75	1.19	63.72	1.23	64.34
3	1.68	65.34	1.76	69.04	1.85	67.34	1.76	68.38
4	1.95	62.54	2.01	62.52	2.07	62.02	2.09	62.46
5	1.97	59.90	1.93	59.79	2.17	58.85	2.16	60.97
6	2.12	57.55	1.97	57.11	2.02	57.32	1.96	58.27
7	2.00	54.62	1.94	54.50	1.90	54.94	1.92	55.06
8	1.93	49.05	1.85	48.80	1.97	50.24	1.96	49.22
9	2.07	46.63	1.94	46,49	2.01	46.88	2.04	46.06
10	2.08	44.64	2.11	44.95	2.02	45.11	2.00	44.71
11	2.01	43.33	1.98	44.15	2.23	43.22	2.25	41.97
12	2.29	41.10	2.07	41.55	2.08	41.10	2.34	40.68
13	2.18	37.84	2.23	38.75	2.19	38.86	2.37	38.91
14	1.61	32.68	1.72	32.78	1.76	32.44	1.68	33.61
15	1.15	47.60	1.13	44,59	1,14	45.77	1.14	44.09
16	1.18	37.10	1.19	36.53	1.32	36.27	1.25	36.10
17	1.30	28.88	1.26	30.13	1.39	30.50	1.29	30.88
18	1.27	27.36	1.18	28.43	1.25	28.75	1.38	28.40
19	1.26	25.27	1,13	25.65	1.24	26.11	1.23	24.54
20	1.09	45.05	1.15	41.61	1.12	44,05	1.12	42.35
X	1.40	52.49	1.30	50.02	1.47	51.97	1.41	50.89
Y	3.32	8.72	3.10	12.71	3.05	11.71	3.00	9.35

(4)讨论。

①核型分析。将恒河猴、熊猴、豚尾猴、短尾猴的染色体逐一进行了分组和编号,结果和文献上许多作者的分组基本相同,差异主要有两个方面,即个别染色体的相对长度和Y染色体的臂比。造成差异的原因可能有测量上的人为误差,特别是在染色体过分收缩染色体很小和着丝点不清楚的情况下进行测量等。

②自发畸变。从表2-18可见,染色体和染色单体畸变,在豚尾猴分别为2.0%和1.0%,在恒河猴分别为0.5%和1.5%,而熊猴和短尾猴则无。在所观察到的畸变类型中,最常见的为染色体断裂和断片、染色单体断裂和染色单体互换。对此作者认为,不能完全把这些畸变都归结于各种人为的产物,而应当看作畸变的自然“本底”。

③猴的分类问题。该研究表明,虽然恒河猴、熊猴、豚尾猴和短尾猴被定为同属不同种的动物,但这4种猴子不仅具有相同的染色体数目(2n = 42)和形态,而且G—带和C—带带

型也非常一致。因此笔者倾向认为，这4种猴子的亲缘关系是十分接近的，甚至或许它们在种的分化上还没有达到足够的种的水平，即在分类地位上它们可能不是不同的种，而是同一种的不同亚种。

从核型的观点来看，染色体的变化和物种进化之间存在着密切的平行关系，即一般而言，一种的个体具有相同的染色体数目和形态，而不同种的个体则是不同的。这是“染色体分类学”建立的基础并得到日益广泛应用的主要原因。

该研究者认为，利用染色体的各种新技术，进一步开展以核型及其细微结构为特点的分类学研究，以及结合形态地理学的资料进行综合判断，对于解决生物分类上存在的困难问题或悬案，以及分析近缘物种和探索系统发生的关系都具有重要意义。①

染色体用于分类学的同时，还可进一步综合分析基因数量及其分布，探索如何影响指纹纹型的形成与组合关系等。

① 中国科学院昆明动物研究所陈宜峰等:《猕猴属4种猴子的染色体比较研究》,载《动物学研究》1980年第1卷第1期。

第三节 人科指纹学分析

一、染色体融合造人

黑猩猩和倭黑猩猩在地理分布上，分别生活在刚果河南北两侧。据悉，这两种猩猩在600万年前有着共同的祖先，直到100多万年前被刚果河分隔后，才逐渐进化成了不同的物种。

刚果河也称为扎伊尔河，位于非洲中西部。全长约4370千米，流域面积约370万平方千米，为非洲第二长河。刚果河的上游位于赞比亚境内东非大裂谷的扎伊尔沙巴高原，源头称为谦比西河，流过姆韦鲁湖后称为卢阿普拉河；向北与发源于坦噶尼喀湖的卢阿拉巴河汇合后，流出博约马瀑布后始称刚果河。刚果河的干流贯穿刚果盆地，呈一大弧形，流经安哥拉、赞比亚、中非、喀麦隆、刚果（布）、刚果（金）等国，两次穿过赤道后在姆安达小镇边注入大西洋。

巨大河流形成了非洲最大的生物地理屏障。刚果河以北是黑猩猩的王国，在水之北为阳，由雄性黑猩猩统治着，其能利用简单工具，性格上热衷于杀戮和挑起战争；刚果河以南是倭黑猩猩的天地，在水之南为阴，它们还处在母系社会阶段，由母性猩猩统领，家庭观念非常强。倭黑猩猩的个头比黑猩猩略小一些，随和友善，乐于同陌生的猩猩分享食物。倭黑猩猩目前的主要聚居地刚果民主共和国战火不断，生存处境堪忧，科学家担心它们将濒临灭绝。

根据《自然》杂志发布的研究报告，科学家通过绘制灵长类动物的DNA发现，黑猩猩和倭黑猩猩的基因相似度为99.6%，因此同为黑猩猩属。人类有98.7%的基因与这两种猩猩相同，这说明，三者继承了600万年前共同祖先的基因并分别有所进化。这好比，黑猩猩和倭黑猩猩就像同胞亲兄弟姐妹，而人类则是它们的表亲。专家认为，黑猩猩和倭黑猩猩性格特征和行为的很大差别，恰好分别类似于人类的一些性格特征，这或许可以解释人类的不同性格和行为。杜克大学的研究员布莱恩·黑尔（Brian Hare）说："这两种猩猩解释了人性中天使与恶魔共存的秘密。"

刚果河在非洲生物地理学上具有重大作用，其他许多动物也显示出类似的地理分布模式。

刚果河流域是新兴的灵长类考古学喜欢的地方。

几十年前，生物学家还认为人类是唯一能够广泛使用工具的物种，但实际情况并非如此。

德国马克斯·普朗克进化人类学研究所的灵长类考古学家在科特迪瓦的热带雨林中，发掘到了位于森林地面以下1米的一个有4300年历史的石器堆。其中有些石器的加工精度极高，只可能是人类单独完成。但其他一些石器上面的痕迹表明，它们可能被以一种更为原始的方式利用过，它们并非出自人类之手，而是黑猩猩或卷尾猴所用的石锤。虽远不能与远古人类使用的石斧相媲美，但它说明黑猩猩的“石器时代”至少在4300年前就已经开始，甚至是更早。

生活在非洲西部的黑猩猩似乎成功地将这种用于敲开坚果的技术传了下来，来自2007年的一项研究也证明了这一点，该研究在灵长类考古学中具有标志性的地位。

2014年的一个报道还称，一只野生大猩猩会利用树枝去钓蚁巢外面的蚂蚁。与黑猩猩一样，卷尾猴也会利用石器敲开坚果，或者挖掘出植物的块茎。“每次在自然栖息地中对黑卷尾猴种群进行观察时，都会发现石器的使用，”英国牛津大学的迈克尔·哈斯拉姆（Michael Haslam）说，“这可能是除人类以外，唯一一个普遍使用石头工具的物种。”

不过，灵长类通常不会把石头变成工具，但不要忘了，就在不长的历史之前，我们的祖先也使用着同样原始的石器。为什么我们的祖先学会了制作如此先进的石器，而且是在如此久远的时期，而黑猩猩和猴类却仍然没有超越。“相比黑猩猩，人类和黑猩猩的祖先所具有的手长比例与人类更为相似，”塞尔吉奥说，“在指头长度比例上，人类实际上比黑猩猩更为原始。”

如果不是手的演化拖累了黑猩猩和猴类，那问题的关键可能在于它们的大脑。哈佛大学的亚历珊德拉·罗萨蒂（Alexandra Rosati）说：“可以想见的是，创造石器需要一些额外的认知能力：不仅仅是识别出什么东西会成为有用的工具，还需要能制作出来。”人类具有较大的大脑容量，也更加聪明，这或许正是我们能制作出更好工具的原因。

人与猩猩的差异在意料之外被突然揭开了。

1921年，一个叫西奥菲肋斯·佩因特的美国医生，利用显微镜检验了男性睾丸中的精细胞，发现这些只有一套基因组的染色体数目为24对，与所有的猿亚目动物相同，人们信然。关于人体染色体的确切数目，甚至到20世纪50年代，学校教科书上仍写着“男性47条染色体，女性48条染色体”。

30多年以后，当人们运用高倍显微镜，清晰地观察到人类的染色体只有23对时，可以说是一个惊世骇俗的再发现！因为它将人与猿亚目动物标志性地区别开了。

美籍华裔学者蒋有兴（1919~2001）和瑞典籍生物学家莱温（1905~1998）的工作彻底结束了这场关于人体染色体数目的长期争论。他们在1956年发表的论文中无可辩驳地证明：“男女同样都具有46条染色体。男女性别的差异，仅在于X染色体和Y染色体的组合不同。”

1960年，来自世界的有关科学家在美国丹佛召开了一次有关染色体术语定名的国际研讨会，1963年又在伦敦召开了类似的会议，两次会议最后制定出一套叫作“丹佛－伦敦命名制”的关于人体染色体的国际统一命名法。

比较人类两性的染色体，结果发现男性和女性有22对（每两条配成一对，共44条）染色体完全相同。这些染色体后被称作“常染色体”。按照这22对常染色体从大到小的顺序，依次编号称为1号、2号……22号染色体。

剩下的一对决定着人类的性别，所以称为“性染色体”。男性和女性之间，性染色体组合方式有所不同。女性的这对染色体全是“X染色体”，这条染色体上约有1028个基因。而男性却只有一条X染色体，与之配对的另一条性染色体是女性所没有的“Y染色体”。这条只有男性才有的Y染色体非常小，长度仅为X染色体的1/3，大约比21号或者22号染色体还要小些，上面仅有45个有效基因。

归纳起来，男性和女性的染色体有两个重要的差别。一是X染色体的数目不同，男性只有一条，而女性有两条。另一个是有无Y染色体的差别，女性没有Y染色体，因此男性因有一条Y染色体而比女性多了45个基因。

人类与黑猩猩为什么在染色体的对数上有不同呢？

按理，人类应从人与古猿共同的祖先那里继承24对染色体，现在仅有23对，是丢失了其中的一对，还是原来对人与古猿有共同祖先的判断有误？一时无法解释这一问题。

20世纪80年代，在染色体核型分析技术的协助下，科学家们将人和几种猿类的染色体进行详细比较，结果发现人类与黑猩猩等类人猿有22对染色体几乎都能一一对应，唯有人类的2号染色体明显特殊，是黑猩猩2号染色体长度的两倍。但如果将黑猩猩第2号染色体和其第12号染色体融合连接在一起，正好等于人类第2号染色体的长度，结构也十分相似。科学家由此推测，人类2号染色体可能是古猿两条染色体融合而成的。

2000年后，随着人类基因组计划的大功告成，研究人员描绘出了人类23对染色体的详细蓝本，并与黑猩猩染色体进行比较。美国华盛顿大学的科学家们在最新的分析中发现，在人类2号染色体上的一个位置上，存在具有着丝点特征的DNA编码重复现象。

着丝点是染色体有丝分裂时的中心点，每条染色体只可能拥有一个着丝点。科学家因此判断，这一位置是两条染色体融合前的其中一条染色体着丝点留下的残迹。这从分子生物学的角度，即从遗传物质——染色体结构特征上有力地证明了：人类第二大染色体——2号染色体，的确是由古猿的两条染色体合并而成的，丢失的第24对染色体终于被寻找到。

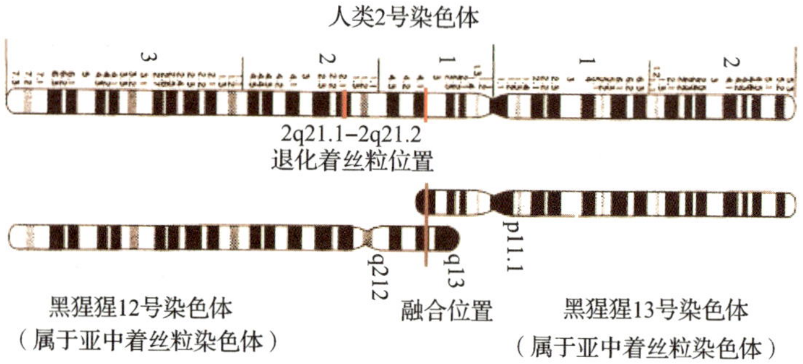

图2–7　2号染色体融合假想图(载于《美国国家生物技术信息中心》)

2号染色体现在是人类的第二大染色体,拥有2.37亿个碱基对,大约占人体DNA总数的8%,约有1888个基因。重要的发育调控基因之一HOXD homeobox基因丛集(gene cluster)就位于这条染色体上。

融合后的2号染色体2q13至2q14.1(2号染色体的长臂13区到14.1区)的位置上,存在一个突变的一段位点,共有789个字符。美国国家生物技术信息中心(The National Center for Biotechnology Information, NCBI)对它的评价是:

(1)编码所在的区域:RP11–395L14 (AL078621),包含的789个碱基对字符;

(2)因为融合染色体是人类特有的,而且是固定的,融合必定发生在人类和黑猩猩已经分离之后,但在现代人类传播到世界各地之前。

(“Because the fused chromosome is unique to humans and is fixed, the fusion must have oc - curred after the human - chimpanzee split, but before modern humans spread around the world”)(原文)。

作为DNA标记,必须有它的明确性、固定性和保持遗传的特性。报告中对“祖先染色体融合部位2q13~2q14.1的结构和演化”三个方面都加以了肯定。因此将其融合结果称之为“人类DNA的第一个标记”(简称“第一标记”)。“第一标记”在常染色体上,既可以通过父系继承,也可以通过母系继承。

染色体融合是染色体畸变、基因畸变的形式之一,融合意味着两条染色体上的DNA遗传密码重组,这将大大改变原有两条染色体的功能,不仅影响到外在的性状特征,更是生物体产生新种的重要方式。两条染色体融合的假说合理地解释了人类为何仅有23对染色体、人类与黑猩猩同宗同属不同种的问题,2号染色体融合与古猿演变为人类直接相关。

越来越多的证据表明,人类与类人猿相揖别、另立门户的时间基本定格在距今300万年前的更新世。古猿的两条染色体会突然融合一定与更新世剧烈的环境变化有关,基因自然畸变的唯一作用就是更好地适应环境,适者生存。

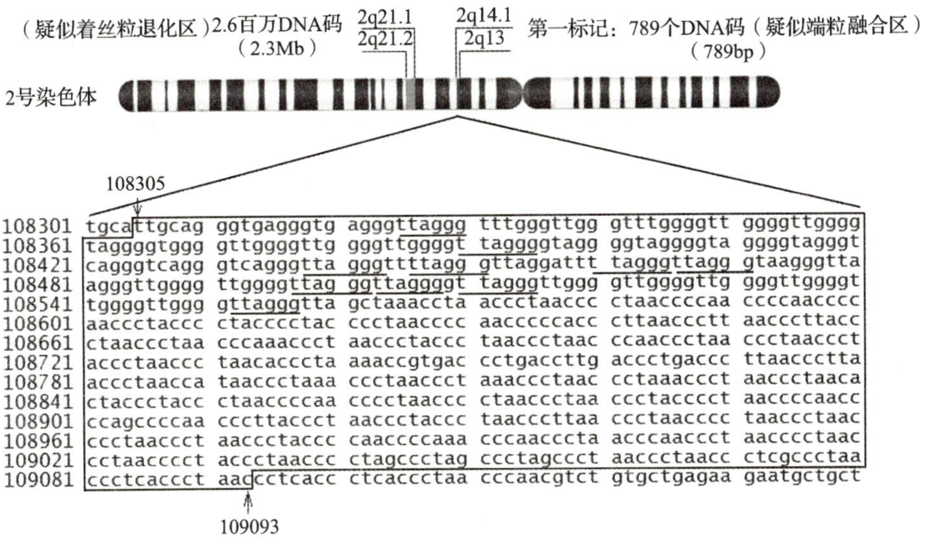

图2-8　人类DNA的“第一个标记”(载于《美国国家生物技术信息中心》)

更新世亦称洪积世(从2588000年前到11700年前),地质时代第四纪的早期。显著特征为气候变冷、有冰期与间冰期的明显交替。欧洲发生过五大冰期。全球冰量增加,海平面下降,热带森林缩小,草原在酷寒的北方高纬度地区发展。失去丛林家园的类人猿们,一下子面临食物不足、濒临绝种的境地。环境迫使它们从树上向陆地转移,在裸子植物、被子植物、水生动物中寻找一线生机。

或许正是这一关键的原因,使后来成为人类的直接祖先的这一支古猿,在适者生存的自然规律刺激下随机发生了 2 号染色体融合事件,产生出了新的生命活力。在其他种群纷纷凋亡的过程中,杀出了险恶环境的重围而幸运地生存了下来。从融合那一刻起,一个全新的物种也就随之诞生了。

基因自然畸变的规律特点同时告诉我们,类似于 2 号染色体融合的自然畸变事件,当时一定在许多种生物身上发生过,但绝大多数功败垂成,夭折于历史的尘埃之中。唯 2 号染色体融合作为特例,修成了正果并得以遗传。于是有人欢呼:2 号染色体是人类从类人猿中脱颖而出的功臣！人之所以成为人,有赖于这一条染色体的改变,这是目前关于人类起源最为合理的科学假说。它也印证了劳动创造人类的原理:外因是变化的条件,内因是变化的根据。严寒、劳动、熟食等诸重要客观因素,综合作用于类人猿足以激发基因突变,并形成群体遗传时,新兴人类才可能横空出世。人种的创生,就发生在这次奇妙的遗传物质的大重组上。

在基因层面,人类与猩猩的差异不仅仅表现在 2 号染色体方面。

2000年5月8日,人类基因组科学家绘制出了第21号染色体的基因图谱,它是人类最小的染色体，只有225个基因。它对应着黑猩猩第22号染色体，两者间携带的基因极其相似。中国科学家将两者染色体进行比较分析，发现相互之间DNA序列差异为1.44%。但这极小的差异却广泛分布在人类21号染色体83%的基因上。

正常情况下，如果人体细胞核中多了一条染色体（通常为受精细胞分裂时，某一对染色体未能正常分离所致），在胚胎发育时就会夭折流产，即使生出来了，他们最多只能活几天。但是人类21号染色体很特殊，如果多余的是21号染色体时，却可能生存下来并活得很久，但却无法获得正常的生活。因为他们患有"21号三体氏综合征"——一种先天性痴呆症。

令人好奇的是，对于人类来说能够引发21号三体氏综合征的生理机理，对黑猩猩却没有任何影响。人类易得的一些其他复杂疾病，如艾滋病、疟疾、丙型肝炎等，黑猩猩感染这些病毒后却也不易发病。

人体这些改变了的基因，可能一部分是蛋白产物丧失了功能，另一部分是蛋白序列起了变化，从而引起人体结构和功能的显著改变。

更多微小的差别进一步解释了我们与非人灵长类动物的不同。

《科学》杂志报道，美国科学家在大脑区发现了一个称为"DUF1220"的基因，此基因与大脑的高度认知能力息息相关。此基因的变异的等位基因在许多灵长类动物中都有，但人类携带最多。

《自然》杂志则披露，美国加州大学的科学家用电脑来查找人类、黑猩猩和其他脊椎动物的基因变化速度时，共发现了49个分散区域与进化有关，他们称之为"人类加速区（HARS）"。

在此区域中，令人感兴趣的是一个进化最快的区域——HAR1，它在妊娠期的大脑发育中可能同语言、意识思维和感知等高级功能有关，其进化速度比其他基因快约70倍。这一过程发生在妊娠后第7至19周之间，这是一个关键时期，因为许多神经细胞正开始执行各自的功能。所以科学家推断，HAR1可能在人类大脑皮层比原来增长3倍的进化过程中，起到了至关重要的作用。

看来人类与黑猩猩的分道扬镳，主要还是体现在染色体上蛋白质的序列变化上。它使得两者的生物特性和对某些疾病的易感性产生重大差异，这将有利于人类进一步研究这些疾病的发生机制和相关新药的开发，更有利于我们人类了解"我们从何而来"。

探索历史的奥秘，从来没有统一的结论，仁者见仁，智者见智。因为谁都只是凭借掌握、看到历史的部分碎片，进行合理的推论。《DNA解码科学联盟》所发表的"基于DNA编码之物种起源学说的理论基础 "一文，坚决否定了"染色体融合类人猿变人说"。该文章认为，染色体融合是无法逾越的鸿沟。

该文提出，染色体融合进化论是建立在人与黑猩猩共祖的基础上的。人因染色体融合而进化了，黑猩猩没有进化，所以在600多万年前分道扬镳。染色体对数的区别阻断了古人猿进化成人的可能性，与现代人之间有一个鸿沟。按照这个假定，这共同的祖先（古人猿）就应该和黑猩猩（包括猩猩、大猩猩和红毛猩猩）一样，有24对染色体。但24对染色体的古人猿与23对染色体的人之间的进化，不符合达尔文进化是"无数的、连续的、轻微的变异"（by numerous、successive、slight modifications）渐变形成的观点。染色体条数的数目不可能一点点地渐变，例如不可能在48条（24对）染色体和46条（23对）染色体中间，存在着47.99、47.98、47.97等染色体条数的、渐变过程中的猿人。因此染色体对数的差别，成为了"渐变进化"无法跨越的鸿沟。最终他们认为：人与黑猩猩共祖论不成立，渐变进化论同样不成立。

文章还同时反驳了"骤变产生23对染色体人的始祖"的假说。

物种产生的"骤变论"（Saltation ：Jumping and discontinuous changes）认为生物的变异，是"非渐进"的，甚至只需要一个步骤便能形成新物种。提出骤变论的重要人物之一是米瓦特（St. George Jackson Mivart，1827—1900），他是一位和达尔文同时代的生物学家。米瓦特相信新物种"是突然的，而且是一蹴而成"产生的（with suddenness and by modifications appearing at once.）。1871年，米瓦特出版了他的著作《在物种的成因》（On the Genesis of Species）和达尔文进行了针锋相对的争论，DNA"骤变论" 假说建立在以下三个基点上：

（1）人类和黑猩猩有共同祖先：即24对染色体的古人猿。黑猩猩没有进化，仍保持了24对染色体。

（2）由于骤变，古人猿的24对染色体中的两个染色体发生了融合，变成了人的2号染色体，因此产生了具有23对染色体的人类。

（3）这种因骤变产生染色体融合的现象，目前仍然存在于人类的染色体病中：罗伯逊易位病。罗伯逊易位病是染色体非正常融合的结果。

根据着丝粒的位置，人类染色体可以分为三种：

（1）近中着丝粒染色体，着丝粒位于或靠近染色体中央，将染色体分为长短相近的两个臂。

（2）亚中着丝粒染色体，着丝粒偏于一端，将染色体分为长短明显不同的两个臂。

（3）近端着丝粒染色体，着丝粒非常靠近染色体的一个顶端。

罗伯逊易位病的发病率约为千分之一，都是因"近端着丝粒染色体"的融合。在人类细胞核中的23对染色体中，还有5对"近端着丝粒染色体"，即13、14、15、21和22号染色体。

假如真的存在骤变产生2号染色体的融合，问题依然存在：2号染色体的融合不可能在男女两个个体身上随机同时发生，并由这两个个体有机结合，产生出有无比旺盛生命力的下一代，直至有了70亿子孙。如果真是这样，那就是自然界奇迹中的奇迹了。但不可否认的是：人类产生是自然界奇迹中的超奇迹！

二、猩猩的指纹分析

灵长类中，手指、手掌、脚趾及脚掌等处的皮肤发生特化，形成各式各样的解剖学结构花纹（Patters）类型。某些肤纹类型为不同属或种的灵长类所特有。从肤纹的分布和强度来看，它反映进化关系、生活环境和方式，这对灵长目的研究具有参考价值。

国内外对猩猩的肤纹研究相对较少，文献资料年代也比较久远。中华指纹博物馆徐同祥老师等在前人研究的基础上，对猩猩肤纹的种类、形态等作了初步的探讨、分类，为猩猩肤纹的研究提供了一定的依据。①

灵长目猩猩科，包括猩猩、黑猩猩和大猩猩三大属。其中黑猩猩与人类最为相似。供研究的4只健康状况良好的猩猩来自于南京红山动物园。其中红猩猩1只、黑猩猩3只。分别是：1999年生的雄性红猩猩“乐申”、1991年生的雄性黑猩猩“saimi”以及2007年出生的雄性黑猩猩“小童”和雌性黑猩猩“小玉”。

获取标本的肤纹时采用捺印法，肤纹取自标本的左、右侧掌（跖）面和各指（趾）头。将所获肤纹逐一扫描，再经过筛选、图像处理，以供使用。

（一）纹型类别

由于非人灵长类肤纹与人类指纹有细微区别，Furuya按照Kubo等人的分类方法，将非人灵长类的指（趾）纹大体上分为5种类型：

1. 原始肤纹，肤纹中央为一系列纵行排列的嵴线。

2. 箕形纹，类似于人的箕形纹。即中心由一根以上箕形线套叠，上部及两侧的外围由弓形线包围，下部由一些波浪线和横直线为根基组成的花纹类型。有正箕形、反箕形2个亚型。

3. 斗形纹，即中心由一根以上的环形线，或螺形线，或曲形线组成，上部及两侧由弓形线包绕，下部由波浪线和横直线为根基组成的花纹类型。有环形斗、螺形斗、囊形斗、杂形斗等亚型。

4. 混合型或双箕形肤纹，类似于人类的双箕形纹，即中心由两条以上独立、圆滑的曲线相叠，或在一条曲线的两个假箕头各有一条以上完整的箕形线相绞，向同一个方向旋转而形成的花纹类型。

5. 过度型肤纹，肤纹中央不规则或呈点状。

---

① 徐同祥等：《猩猩肤纹探讨》，载《MME的爱与贡献》2013年量身教育国际研讨会论文集。

（二）指面肤纹类型分析

经观察发现，样本猩猩指面肤纹中常见真实肤纹主要有斗形纹、箕形纹和双箕形纹3种，弓形纹和原始肤纹出现频率较低。

弓形纹的出现率很低，样本中，黑猩猩“小玉”左手环指为右倾帐形纹；囊形斗少见，仅红猩猩“乐申”右手拇指上出现了囊形斗，斗形纹大多数为杂形斗，如黑猩猩“小童”右手环指上出现的杂形斗；指面箕形纹出现频率很高，而且猩猩指面反箕的出现率颇高，如红猩猩“乐申”右手小指为反箕；双箕形纹出现频率亦比较大，如红猩猩“乐申”左手食指上的双箕形纹。

研究各种纹型在指头上的分布状况，对于认识指纹的规律等具有重要意义。

纹型在各指的分布如下。

斗形纹：在样本中出现频率较大，五指上都有出现，以拇指最多，且拇指上多为囊形斗。统计中右手占斗形总数的30%，左手占斗形总数的70%。

箕形纹：箕形纹的分布最广，所占十指指纹比例最大。统计发现，该纹型右手分布比左手多，右手占63.64%，左手占36.36%。箕形纹在各指均有出现，以食指最多，占箕形纹总数的27.27%；其次是小指，占箕形纹总数的22.72%；环指与中指并列，各占箕形纹总数的18.18%；拇指最少，占箕形纹总数的13.64%。

箕形纹中的正反箕比例不同，反箕占箕形纹总数的27.27%。左右手相比，右手比左手多，各指头上分布也基本上是右指多于左指。

双箕斗形纹：双箕斗形纹出现频率也较大，五指都有分布，左手多于右手，中指和小指居多。

（三）趾面肤纹类型分析

经观察，猩猩趾面肤纹共4种，分别是斗形纹、箕形纹、双箕形纹和原始肤纹。其中常见真实肤纹有3种：斗形纹、箕形纹和双箕纹。相比指面，趾面的原始肤纹出现频率较大。

趾面斗形纹以杂形斗为主，花纹中心分布着一系列纵向的嵴，外围由环形线和弓形线层层包绕；趾面箕形纹、双箕形纹形态特征与指面相同；趾面原始纹型与指面不同，趾头上原始花纹出现频率较大，上部多是开放型的纵向嵴并列，下部为横直线。也有拇指上的肤纹呈倾斜线并列。

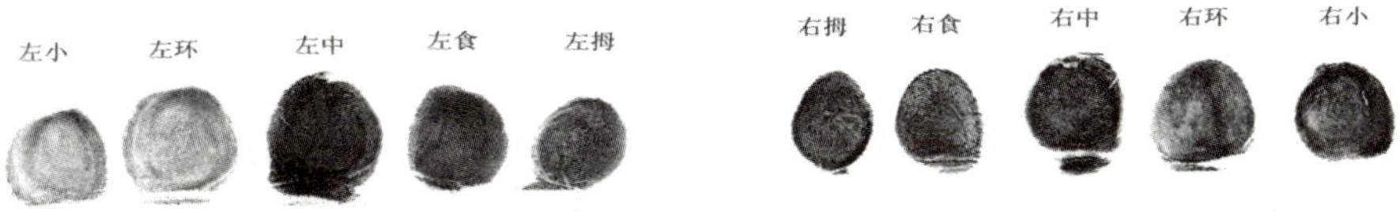

图2-9　猩猩手指纹

图2-10　猩猩足趾纹

纹型在各趾的分布统计如下。

斗形纹：斗形纹在样本中出现频率较小，主要分布在拇指和食趾上。统计中，左右脚各占斗形总数的50%。

箕形纹：箕形纹的分布最广，所占十趾趾纹比例最大。统计发现，左右脚分布一样多。箕形纹在各趾均有出现，以环趾最多，占箕形纹总数的30%；其次食趾、中趾和小趾均占箕形纹总数的20%；拇指最少，占箕形纹总数的10%。

箕形纹中的正反箕比例不同，反箕占箕形纹总数的10%。左右脚相比，右脚比左脚多，且多分布在拇指上。

双箕形纹：双箕形纹出现的频率也比较小，主要分布在拇指、食趾、中趾和小趾上，右脚多于左脚。

原始纹形：在猩猩趾面上原始纹形的分布较大，且右脚趾明显多于左脚趾。

（四）猩猩与人类肤纹比较

1.纹线粗细的比较

猩猩与人指（趾）面嵴线的形态基本相似，但人的嵴线细密，构成的花纹类型较少。与人类相比，红猩猩的嵴线相对较粗且疏，且嵴线间的“小犁沟”较深；由嵴线构成的花纹类型基本相同，但比人类多了一些简单的原始花纹类型，花纹的中心构造也更复杂些。而黑猩猩的纹线与人类相比更纤细紧凑，但花纹类型与红猩猩相类似。

2.纹线倾斜流向的比较

类比人类指纹的分类，可将猩猩的指纹分为左倾和右倾等不同类型。由于弓形纹出现频率稀少，在此不做讨论。

对于箕形纹而言，根据箕枝流向与小指的关系，可将箕形纹分为正箕和反箕。据统计，在人类指纹中，反箕仅占箕形纹总数的5%左右，而根据对4只猩猩的观察统计发现，反箕在指纹中的比例达到27.27%，远高于人类，且右手反箕的出现率明显高于左手，这点与人类指纹特点相吻合。

对于斗形纹而言，猩猩指纹中的斗形纹多为无倾斗，左倾囊和右倾囊比例相同，且多出现于拇指，未观察到反囊。猩猩双箕形纹中的反双箕出现率为28.57%，且都分布在左手，这个数字大于人类反双箕的比例，且人类指纹的反双箕多出现于右手。

3. 纹线密度的比较

对红猩猩和黑猩猩的十指中心花纹附近的纹线进行单位长度的测数，统计结果如下：黑猩猩单位长度的纹线数为24~27条，红猩猩单位长度的纹线数为19~23条。根据前人统计，人类指纹单位长度的纹线数为22~25条。由此可见，猩猩与人类的纹线密度是十分相近的，相比之下黑猩猩与人类的纹线密度更为接近，这可能和黑猩猩与人类基因相似度高达98.7%有关。

4. 纹线细节特征比较

纹线细节特征包括起点、终点、分歧、结合、小钩、小眼、小桥、小棒和小点9种基本细节特征。细节特征点的位置构成了指纹的特异性，是进行指纹鉴别的主要依据。

利用ps标尺等工具截取成年猩猩指纹样本和人类指纹样本中心花纹附近$1cm^2$的面积，点出其中的细节特征。经统计，猩猩指纹单位面积的特征点个数为24~29个，人类指纹单位面积的特征点个数为12~21个，数字相差不大。

猩猩指纹　　人类指纹

图2-11　猩猩与人类指纹$1cm^2$内特征点个数比较

5. 运用指纹自动识别系统检测

进一步的观察统计发现，猩猩的指纹与人类的指纹在粗细、倾斜流向、密度、特征点个数等方面虽有细微差异，但总体来说猩猩的纹形特点与人类还是比较相似的，尤其是黑猩猩。运用指纹自动识别系统对两者的指(趾)纹进行识别，观察两者的指(趾)纹的相似度。随机选取红猩猩“乐申”的右手小指指纹一枚，录入指纹自动识别系统，再将其与系统中的指纹库进行搜索比对，最后经过人工筛选，得出较相近的指纹。表2-20为使用指纹自动识别系统，将猩猩“乐申”指纹与人类指纹进行比对，发现有极其相似的人类指纹可与被识别猩猩的指(趾)纹相匹配，结果相似度高达635分，局部区域有10个特征点基本吻合，再次验证了猩猩指(趾)纹与人类指纹的相似性。

表2-20　指纹自动识别系统中猩猩指纹与人类指纹比对结果[①]

猩猩指纹	人类指纹	比对结果
		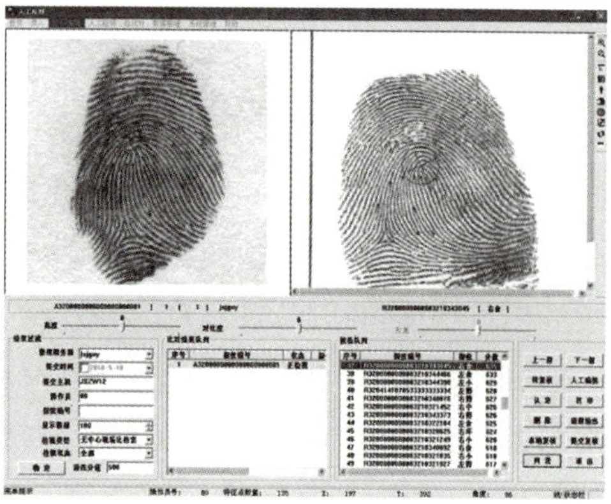

（五）结论

通过观察发现，猩猩指面肤纹共4种，分别是弓形纹、斗形纹、箕形纹和双箕纹。其中常见真实肤纹只有3种，即斗形纹、箕形纹和双箕纹。弓形纹和原始肤纹出现频率较低。其中箕形纹所占十指指纹比例最大，达到55%，其次是斗形纹，占十指指纹比例为17.5%，双箕形纹所占十指指纹比例为10%，弓形纹所占十指指纹比例为2.5%。

猩猩趾面肤纹共4种，分别是斗形纹、箕形纹、双箕形纹和原始肤纹。其中常见真实肤纹有3种，为斗形纹、箕形纹和双箕纹。相比指面，趾面原始肤纹出现频率较大。其中箕形纹所占十趾趾纹比例最大，达到57.2%，原始纹形所占十趾趾纹比例较大，达到19.9%，斗形纹和双箕形纹所占十趾趾纹比例相近。在指面和趾面的斗形纹中，最常出现的是杂形斗和囊形斗，囊形斗的形态特殊，容易与其他类型的肤纹区分。

由于猩猩样本较少，文中统计的数据可能有所偏差，但对猩猩肤纹的研究能够提供一定的依据，如果有充足清晰的样本，将能得出更准确的数据，有利于进一步完善该方面的研究。[②]

三、退化进化两相倚

综合以上非人灵长类动物指纹研究的成果，与人类指纹的规律特点做全面深入的比较，数据不再枯燥无味，而是有了令人惊喜的穿越时空的感受。

（一）形态学分析

1.染色体数量有别

每一种生物的染色体数是恒定的。多数高等动植物是二倍体。作为人类两个最密切的亲戚，猕猴科和黑猩猩在分子水平上，位于人类的前后方。猴科猕猴属的染色体数目为

① 徐同祥等：《猩猩肤纹探讨》，载《MME的爱与贡献》2013年量身教育国际研讨会论文集。

② 徐同祥等：《猩猩肤纹探讨》，载《MME的爱与贡献》2013年量身教育国际研讨会论文集。

2n=42条；猴科白臀叶猴属的金丝猴、叶猴，长臂猿科长臂猿属长臂猿的染色体数目为2n=44；黑猩猩为2n=48条。人类为2n=46条，处在猴群与猩猩之间。目前推断人类46条染色体是由猩猩的祖先类人猿48条染色体融合而成，故在非人灵长类中，猩猩与我们关系最近。

人类基因组DNA有30亿个碱基对的序列，组成约3万个基因。猩猩48条染色体上的DNA遗传密码与人类相差约1.3%，推算基因相差约500个。基因决定物种及个体表型差异，并表现在各个方面，指纹是表型差异的一个方面。

2.指纹类型有别

猕猴的指(趾)纹均是原始花纹(G)，几乎无其他纹型出现，其中心纹线流向为上下方向的直线纹。叶猴指(趾)端花纹全部为原始窦状花纹，其中心纹线流向为上下方向的直线纹。猩猩指(趾)端花纹主要有箕形纹、斗形纹和双箕形纹3种，斗形纹中以杂形斗最多见，其中心花线亦呈上下方向的直线纹。双箕斗形纹在五指都有分布，囊形斗少见。而人类指纹以斗形纹、箕形纹为主，中心纹线流向大多为左右方向的横弧形线纹。

指纹中心纹线流向上下方向与左右方向的区别，是否如同天线接收信息效率不同的原理一样，对智慧的发达、发展程度产生直接影响，值得深入思考。

3.十指纹线总数有别

对每一种属的灵长类群体而言，十指纹线总数应是个常量，它与染色体数量呈直接负相关关系。

经观察，无论是猕猴、叶猴还是猩猩的指(趾)纹，其中心区域面积很大，中心点到附近三角点之间的距离较远，单侧纹线数常在20条以上，单个斗形纹的线数往往超过50线以上。因此十指纹线总数往往是人类148条(平均值)的2倍以上。

4.触觉垫数量有别

灵长类动物漫长的树栖生活岁月，使得它们的手足掌面和趾面上的皮肤发生了形态学改变。在特定的部位生长出厚厚的触觉垫，俗称掌垫，其上又滋生出各种各样的花纹形态。不同灵长类具有它自身的掌垫特点，在种和属之间相当稳定，具有极强的遗传性。所以，触觉垫也是分类指标之一。

灵长类动物十指(趾)端都长有触觉垫，其上的真实花纹形态即大家熟知的指纹类型，这是共性。触觉垫在左右侧手足掌面均对称，在前掌后趾面的部位分布亦大致相同。

人类在掌(足)面I1~I4区，触觉垫已不明显，大小鱼际区触觉垫相对保留，即还存有2个左右的触觉垫。

5.掌(趾)三角数量有别

与触觉垫密切相关的是掌(趾)三角，统计表明灵长类曾有过共21个三角，在左右指

(趾)掌面上,对称分布,数量相等。现各种灵长类动物残存的三角数量不等。

(二)进化度分析

1.按照解剖学和指纹学的理论,触觉垫是产生真实花纹的基础。灵长类动物掌(趾)面上7个特定部位复杂的真实花纹,是在树栖生活跳跃腾挪过程中,对长期、频繁的与粗糙树枝相接触所产生的滑动性点摩擦、点压力的一种适应,同时又是点摩擦所造成的结果。其原始的表现形式是:所有灵长类动物的触觉垫都左右对称、前后足相同。这一结果被世世代代遗传了下来,成为灵长类动物的特有特征。

2.前后足明显外形的变化。随着部分灵长类动物下地活动量的增多,跳跃腾挪滑动性点摩擦、点压力的减少,尤其是后肢承受全身体重地行走,相对垂直方向摩擦力的增加,导致掌骨变粗、变大为后根骨,并逐步向后延伸长宽度,以适应直立活动的重心需要,最终形成了前后足外形明显的差别。

在足纹上,由于胫侧的大鱼际区和腓侧的小鱼际区大大地延伸,分成了远端和近端两部分,并构成了特有的足弓区;同时远端大鱼际区和第I趾间区联合并显著地扩大,形成了手掌上所没有的大拇指球部区。因此整个足底纹型比掌纹显得大而明显,花纹嵴线常常越出足底平面以外,被挤到了侧面。

我们可以从现生猕猴、叶猴、猩猩与人类后足外形变化,分析出地栖活动在各自生活中的比重。地栖活动越多,其后骨变化就越大。因此前后足外形明显变化是进化的表现形式之一。人类由于长期的劳动,手掌与指的长短、长宽比例更适合于操作工具与力量的使用。

3.掌褶纹的变化。掌褶纹是手掌和足掌在运动过程中的产物。在黑叶猴和菲氏叶猴中,掌面和跖面褶线包括远侧横褶纹和近侧横褶纹两条。猕猴基本上是单一横褶纹,从桡侧横贯到尺侧,称之为通贯掌,在趾掌上尤为明显。人类通贯掌少见,为5%左右。普遍的是该条横褶纹分化变异为远侧横褶纹(起源于小指根部,流向食指根部)和近侧横褶纹(起源于拇指与食指1/2处,弧形经掌心流向环指中线)。此两条掌褶纹还常有短褶纹相连接,据此分为桥贯掌、叉贯掌等。

在人类足掌面,该条近侧横褶纹已完全消失殆尽,这是人类与猴类最大的区别。

4.触觉垫退化是灵长类动物进化的表现形式之二。灵长类动物最原始的状态,在掌(趾)面上7个特定部位都有触觉垫,其上有复杂的真实花纹。随着地栖活动的增加,前后肢有了分工,足的行走功能最先导致足小鱼际远、近两个触觉垫的退化,复杂的箕、斗等真实花纹变异为左右流向的横条纹。这是对单一方向的面摩擦力的适应,说明面摩擦力的增长是该区域触觉垫消失的直接动力。依据是,从猕猴经猩猩到人类,其足跟部位,即原小鱼际的近侧触觉垫和真实花纹已基本消失,呈现的是横向条纹。

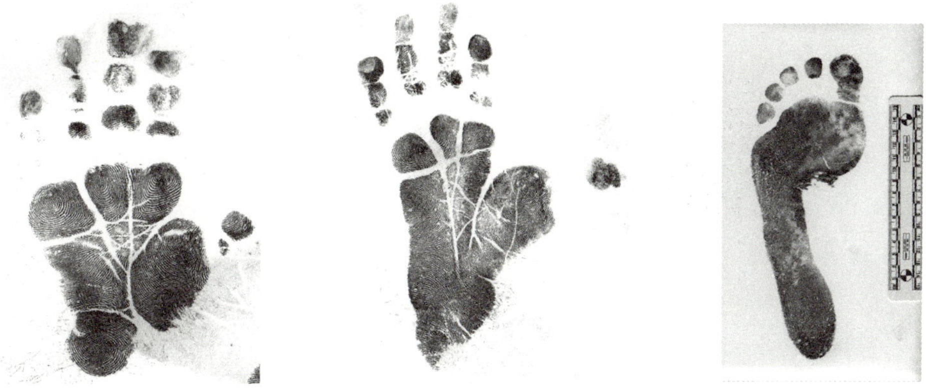

猕猴左前掌　　猕猴左后掌　　人类左足掌

图2-12　灵长类后足外形变化图

但残留的痕迹偶尔也会显现。如在猴与人的足跟部位，约有3%会出现胫箕纹，斗形纹极为罕见；在相当一些人的足跟部位，横条纹流至足外侧边缘后，会出现数根退化尚不彻底，残存的箕形线及三角。

同理，在人类手掌的I1区及小鱼际区，远、近侧触觉垫和真实花纹总体上已基本消失，变化为开放形态。约18.7%的人群，在近侧触觉垫部位偶尔会出现箕、斗等真实花纹。人类手掌大鱼际区，真实花纹出现的比例要低于小鱼际区，约为11.7%，说明这一部位退化的速度要快些。

人类足部拇指球部仍保留有相当频率的旋转摩擦力，因此真实花纹出现率较高，通常出现的是远箕纹；足部大鱼际区远、近端区及小鱼际近端区已不见真实花纹。小鱼际远端区真实花纹主要为胫箕纹。

触觉垫变化的另一重要区域是掌I1~I4区、足fI1~fI4区。此区域是受滑动性点摩擦最厉害的部位，长有3个触觉垫，分别生长于食中、中环、环小指的根部，上有典型的箕、斗类真实花纹。同样是随着活动方式的变化，掌I1~I4区域的触觉垫依次退化。

掌I1~I4区：长臂猿、猩猩及人类掌I1区触觉垫已基本退化干净；掌I2区~I4区，69.9%有真实花纹。其中2个指间区（I2、I3或I3、I4）同时有花纹痕迹者占4%；3个指间区（I2、I3、I4）同时有花纹痕迹者占0.3%。（马慰国等统计，1980年）

足fI1~fI4区：长臂猿、猩猩、人类足fI1区已基本退化干净；人类足fI2区真实花纹最少，足fI4区真实花纹少见；足fI3区真实花纹频率最高，纹型主要为腓箕。

5.与触觉垫变化密切相关的是三角。触觉垫与三角是一种共生关系，三角似乎起到了为触觉垫会聚或分解摩擦力的作用。触觉垫越多三角亦越多，反之亦然。Schlaginhaufen（1905，引自 Г л а п koBa，1963）统计灵长类跖面共有21个三角。随着触觉垫的减少，掌（趾）面上的三角亦大为减少。

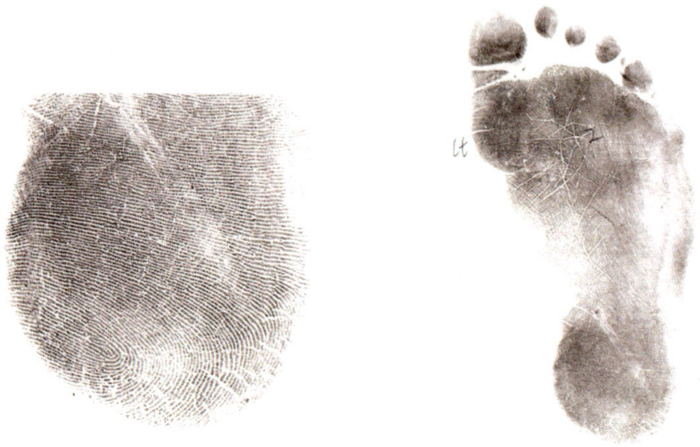

图2-13 灵长类后足花纹残存图(赖翠莞提供)

猕猴掌面上三角11个,趾面上三角10个;黑叶猴掌面有三角5~6个(1、3、4、6、7、8、10、13),跖面有三角4~6个(2、9、11、12、13、14、15)。滇金丝猴掌面有三角9个(1、2、3、5、6、8、10、12、13),跖面三角6个(3、9、12、13、16和18);川金丝猴掌面三角6个(1、2、5、7、8、9),跖面三角6个(3、9、11、12、13、16)(叶智彰等,1987)。猩猩掌面上还有三角7个,趾面上三角6个;人类手掌通常仅存5个三角(A、B、C、D和T),其中有一些人C三角出现缺失现象,被认为是一种遗传缺陷,足面上残存6~7个三角。

6.在三角减少的现象中,有一个特例特别值得注意,即猴科动物掌面的1号三角、猩猩掌面的1号三角,人类手掌面的T号三角,是同一个三角在不同物种上的不同编号,即原始的位于小鱼际近端触觉垫桡侧的一个三角,千百万年来恒定遗传,未有变化。

经研究,人类手掌上的ATD角与人的智商、灵敏性高度相关,其中T三角的位置是关键因素。非人灵长类的智商是否也与此三角有关联?值得高度关注。

7.纹型的进化。我们已知摩擦力直接造就了乳突纹线,摩擦力越复杂,乳突花纹亦相应复杂。赵晓进教授等对猕猴掌纹的研究成果,为我们分析指纹纹型的形成及其变化提供了很好的认识基础。从猕猴掌I2~I4区一致的近似于标准圆形的原始窦形纹可知,点摩擦力平衡性要求越高,指纹花纹就越圆,表明该点位有着较高的力的对称性。对称特性是生命活动的反映,因此研究人体对称性及其各种表现特征,成为探索并揭示人体生命奥秘的重要课题。如果点摩擦力平衡出现不对称因素,即出现了对称性破缺,其对称程度会自发产生降低现象。

李政道博士认为,假如没有对称性破缺,这个世界将会失去活力,也将是单调、黯淡的,也不会有生物。他指出:“对称性原理根植于‘不可观测量’的理论假设上;不可观测就意味着对称性,任何不对称性的发现必定意味着存在某种可观测量。在这些‘不可观测量’中,有一些只是由于我们目前测量能力的限制。当我们的实验技术得到改进时,我们的观测范围自然要扩大。因而,完全有可能到某种时候,我们能够探测到某个假设的'不可观测量',而这正是对称破坏的根源。"

对称性破缺在指纹上最直观、最形象的表现,莫过于猕猴趾面fI2~fI4区囊形纹与囊形斗的出现。地栖活动使猕猴的后肢有了行走功能,这种"动力学对称性破缺"行为,使得原本对称的摩擦力向破损的方向突围,犹如水坝决口一般。这一深层次的原因最终影响到表形的同步改变。标准圆形的原始纹型变异为有突围之感的囊形斗与囊形纹,对称性破缺越大,囊形纹偏口现象越严重。这是进化活力在指纹中的微表现,亦是猕猴趾面fI2~fI4区为何会变异为囊形纹与囊形斗的内在原因,其突围方向向腕部,即囊形斗与囊形纹的开口尖部基本朝向腕尺侧方向,说明向后的力牵引度大于其他方向的力。

对称性破缺在人类手掌上最直观、最形象的表现是:在I2~I4指间区,祖先应有的原始窦形纹已高度退化,70%已完全退化,极罕见还保留有变异的斗形纹,约有20%退化为远侧箕形纹,即对称性突围所表现出的箕口方向朝向指尖,这符合人手劳动习惯动作的需要。

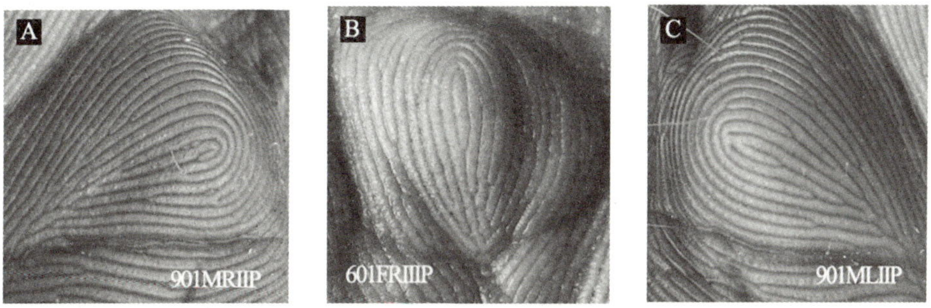

图2-14 猕猴fI2~fI4区囊形纹图(赵晓进提供)

由此我们可以梳理一下原始窦形纹变化的过程,应该是:原始窦形纹→圆形斗→囊形斗(或长形斗)→囊形纹,而不是相反的方向。此观点与赵晓进教授结论相左,但有对称性破缺力学原理和灵长类纹型由繁向简退化事实的支撑。

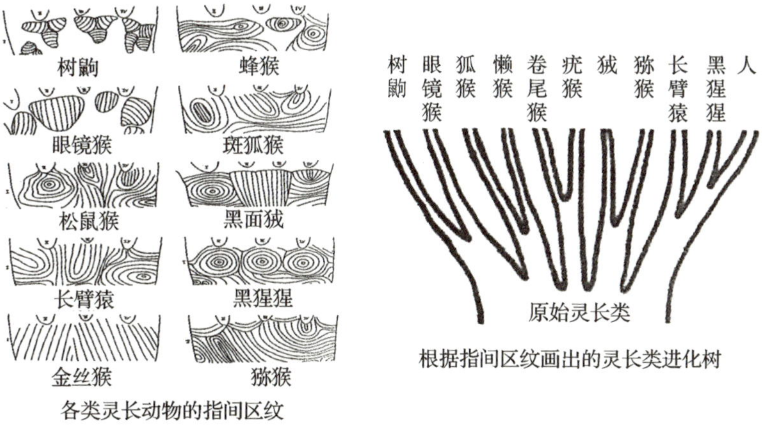

图2-15 各类灵长动物的指间区纹

复旦大学李辉等(2001)曾比较分析了灵长类动物指间区纹的进化结果,从最原始的灵长类动物树鼩开始,有了原始的指纹,特点是乳突纹线尚未布满全掌面,主要分布在4个指间区的掌垫上,中间还存在毛发区。到原猴类时每区仅有一个掌垫纹理充分发育,指间区纹为弓形纹;新大陆猴的指间区纹的特点是两侧发达中间退化,指间区纹为小的或不典型的箕形纹;旧大陆猴的猴科,尤其是猕猴等,指间区纹在灵长类中最为发达,达到了顶峰,指间II、III、IV区都是斗形纹。类人猿的指间花纹高度退化。黑猩猩II、IV区只有较小的箕形纹,且不是每个个体都有。长臂猿是灵长类中退化最严重的种类,其指间区已无任何花纹。人类比其他类人猿更为退化,只存在痕迹型指间区纹了。仅在手掌II、III、IV区偶尔见到位于指三叉点上的小箕形纹,且可能是不完全显性或隐性遗传的。李辉等认为,这种退化与人类转到地面生活有关。据此,李辉画出了“灵长类指间花纹进化树”,很有创意。

从对称性破缺的角度分析,这是数千万年形成的破损性演化发展的结果。

8.原始性的得与失。历史地看,作为灵长类新生代的人类,现在各人种、各民族,乃至各相对地理隔离的中小群体,其各种纹型(包括三角)的出现率同中有异,反映了各分支群体进化的不同速率,与环境生存状态、生活方式有关。这是生命体自身反馈机制积极应对的结果。生物要适应环境得以生存,首先要求自身的改变,这个变化过程就是依靠自身反馈机制来实现的。所谓的“自然造物主”实际上就是自我反馈机制,自适应机制。所以以指纹为例,所谓的退化实质是一种进化,舍得、丢弃是为了获得、收获。以指纹为例,我们可以将保留的痕迹视为原始性基因的遗传,在现代个体或这一支家系身上,表现出与众不同的特质、天赋来。笔者曾在我国某优秀体育运动员的双手上,见到极罕见的大、小鱼际同时具有完整的箕、斗纹,这应是树栖时代腾空飞跃留下的印记。同样令人惊奇的是,他是世界顶级的吊环王子,这是否与遗传有关呢?笔者相信进化、退化两相倚,天赋自由天然来!

第三章 劳动创造了人类

第一节 劳动创造了生存

如前所述，人类自身的起源已经历了漫长的过程，并在世界范围内全面进入智人阶段。世上的动物有千万种，为何唯独有一种古猿发展成了智人，原因仅仅是直立行走？这个问题真正的核心是，究竟是什么力量，使古猿变成了智慧的人？古往今来，对此问题的探索很多，在世界各民族早期的历史上，都曾有过关于人类起源的各式各样的神话和传说，主要有：

1.自然发生论。认为原始人类或是从月亮上落下来的；或是鸟卵孵化出的；或是鱼到了陆上，脱掉鳞片变化而成的。如《诗经·商颂》上“天命玄鸟，降而生商”和《史记》的相关记载可以为证。

2.神创论。即认为人类最初是由神或上帝创造出来的，在西方，宗教认为是基督耶稣，亚当和夏娃……在中国，古代则有女娲氏捏土造人的传说，或是盘古开天地等说法，古代埃及和其他一些民族也有过类似的传说，基本上也属于神创说之列。

3.进化论。近代自然科学兴起后，法国的J.-B.de拉马克(1744~1829)，英国的C.R.达尔文、T.H.赫胥黎，德国的E.H.海克尔(1834~1919)等一大批科学家，开始对人类起源问题进行科学的探讨和论证。其中尤以达尔文的贡献最为突出。他在1871年发表的《人类的由来及性选择》一书中，应用生物进化论原理，系统地说明了人类起源和形成的自然历史。该书依据解剖学、胚胎学和人类残迹器官等方面的大量材料，论证了人类并非自古就有，也非神的创造，而是通过遗传、变异和自然选择，从古猿进化而来的。这些科学成果具有划时代的意义。但达尔文只是纯粹从生物进化的观点考察人类起源问题，还不能彻底说明人类是怎样从动物界分化出来的。

4.外星球人说。在进化论十分普及的今天，还有人主张外星球人说。该观点认为人类是在很遥远的时代由外星人所带来，外星球人说流行于现代，受科幻小说影响很大。

对于人类形成问题，进一步从社会的本质和基础上作出正确解释的是马克思和恩格斯。马克思主义最早提出了劳动在人类形成和发展过程中起决定作用的科学论断。

马克思在自己的著作中一再谈到人类的社会本质以及劳动在人类形成中的决定作用。恩格斯在1876年所写的《劳动在从猿到人转变过程中的作用》的开篇提出了著名论断：“政治经济学家说：劳动是一切财富的源泉。其实，劳动和自然界在一起它才是一切财富的源泉，自然界为劳动提供材料，劳动把材料转变为财富。但是劳动的作用还远不止于此，它是一切人类生活的第一个基本条件，而且达到这样的程度，以致我们在某种意义上不得不说：劳动创造了人本身。”①

恩格斯以简练的语言，精辟地阐发了劳动与财富、劳动与人类生活的基本条件以及劳动与人的起源、生成和形成之间的关系。这一科学论断，不断地为考古学和古人类学大量发现的事实所证实。

对于恩格斯这一论断的理解，要义有几点最为重要：

一、劳动生活首要条件

劳动是人类得以生存和发展的前提，没有劳动，就没有人类的成长史，劳动进步的历程伴随着的是人类的进化史。

马克思主义对于“劳动创造了人本身”著名论断中所指的劳动应是广义的，它包括了生活、生产和艺术创作等一系列劳作类的活动，其时空范围应包括：

一是在时间上特指旧石器时代的劳动。即距今300万年前至1万年前，在地质学上属于新生代上新世晚期更新世。其时期划分一般采用三分法，即旧石器时代早期、中期和晚期，大体上分别相当于人类体质进化的能人和直立人阶段、早期智人阶段、晚期智人阶段。

这一时期的劳动不仅是使猿转变为人的重要力量，而且是当时人类赖以生存、发展的决定力量。在劳动的直接推动下，早期人类大体经历了早期猿人或称能人（大约生存于距今400万年到200万~150万年前）；晚期猿人或称直立人（大约生存于距今200万~150万年到40万~30万年前）；早期智人或称古人（大约生存于距今30万~20万年到5万年前）；晚期智人或称新人（大约从5万年前开始）4个发展阶段。

在从早期猿人到晚期智人的发展过程中，在劳动的直接作用下，一方面，体质特征愈来愈区别于猿而近似于现代人。另一方面，劳动工具日益改进和多样化，经济生活逐渐由采猎向农业转变，野外流动生存逐渐向构木为巢、垒土穴居转移，抵抗自然灾害的能力大有提高，并开始出现原始精神文明。

二是在空间上指当时的全人类，而非单个个体或小的人类群落类之劳动，即包括了全体早期猿人到晚期智人的劳动，具有社会、群体的普遍性，即劳动已成为一种生活方式。

三在内容上是全方位的。通过世界各地的考古发现，人们对旧石器时代的主要劳动有了一定的认识，对于先人是如何打制石器的，也有了一些了解。恩格斯在分析了直立人的历史后总结道：“劳动是从制造工具开始的。”劳动从制造工具开始后，犹如春天的花儿一样，

① 《马克思恩格斯选集》（第3卷），人民出版社1972年版，第508页。

呈现出百花齐放的态势，劳动对象、劳动途径、劳动方式、劳动成果发生了日新月异的变化，不仅不断地满足生活、生产之需要，更不断地推动人类自身体质与身心全面、健康地发展。

二、劳动创造人类语言

在《劳动在从猿到人转变过程中的作用》论述中，与劳动创造直接相关的另一个最重要命题是语言。恩格斯指出："语言是从劳动中并和劳动一起产生出来的，这是唯一正确的解释。"

恩格斯这样描述了语言产生的过程："随着劳动而开始的人对自然的统治，在每一个新的进展中扩大了人的眼界。他们在自然对象中不断地发现新的、以往所不知道的属性。另一方面，劳动的发展必然促使社会成员更紧密地互相结合起来，因为它使互相帮助和共同协作的场合增多了，并且使每个人都清楚地意识到这种共同协作的好处。一句话，这些正在形成中的人，已经到了彼此间有些什么非说不可的地步了。需要产生了自己的器官：猿类不发达的喉头，由于音调的抑扬顿挫的不断加多，缓慢地然而肯定地得到改造，而口部的器官也逐渐学会了发出一个个清晰的音节。"①

实际上，只要有群体性生活（活动）的存在，相互交流的需求就必然存在，语音成为了相当多动物的交流手段。但动物简单的语音发展成成熟的语言，这与劳动成为一种群体性、社会化生活方式密不可分，其发展动力来自于现代人称之为的"社会环境压力"。

这种社会环境压力是由劳动的共同协作和日益扩大和复杂化的自然对象及其属性，对劳动效率的反作用下发生的。即亦猿亦人阶段的前辈，为了追求更好的劳动结果，迫使人类祖先必须作出相互间交流的更高级的反应，久而久之控制声音特定性状的基因有了发展，声音的学习能力提高了，于是最初的语言出现了。劳动与语言是先后出生的龙凤双胞胎，它们诞生后，优势互补，互为促进，成为思维存在和发展的必要因素，共同推动了人类智慧与才能的发展。

现代研究表明，语言和思维是人类反映现实的意识形式中两个互相联系的方面，它们统一构成人类所特有的语言思维形式。它与人类的形象思维、动作思维和其他特殊类型思维，共同构成人类复杂的思维系统，共同承担人类认识世界、改造世界的艰巨任务。

按照巴甫洛夫高级神经活动生理学的原理，语言在人脑反映外部现实的神经生理机制中，担负着第二信号系统的职能。思维以抽象的形式间接地、概括地反映外部现实，而语言则是抽象思维活动的必要条件，是思维存在、思维表达的形式，一种实现方式。思维成果凭借语言记录、固定下来，又通过语言而得以表达和传播，使它们代代相传、代代积累，并使思维能够在继承以往成果的基础上发展。因此，从这个意义上说，如果没有语言，也就没有今

① 《马克思恩格斯选集》（第3卷），人民出版社1972年版，第510~511页。

天智慧的人类。

虽然语言和思维不是等同的，它们有各自的相对独立性和特殊规律。但一般来说，语言的发展水平标志着思维的发展水平，古人是明白这些道理的，因此在较长的儿童哺育期，将语言教育作为头等大事，教儿歌俚语、吟诗唱词，尽全力而为之，并形成为传统，传承至今。

语言是人类重要的交际工具，但不要以为说话的能力是天生的，认为孩子到一定的年龄自然会说话。幼儿是通过看、听、摸、尝等直接感知事物的。幼儿阶段是一生中掌握语言最为迅速的时期，也是最关键的时期，语言在婴儿期的认知和思维过程中发挥着重要作用。人的一切心理特点都是在言语活动基础上存在和表现出来的。这期间，成人的语音模式对婴儿语言的形成有非常重要的影响。一个普遍的结果最能说明这种直接的影响力有多大：一个地方人说一个地方的方言！咿呀学语之必然也。而狼孩由于缺少人类语言，造成了低智商，是最突出的反面例子。

恩格斯最后的结论是："首先是劳动，然后是语言和劳动一起，成了两个最主要的推动力，在它们的影响下，猿的脑髓就逐渐地变成人的脑髓。"语言对形成"人本身"的作用是明显的。

三、劳动创造人类双手

（一）劳动改变了手形

原始劳动在加工工具的过程中，不仅改变了材料的形状，使之有了预想的功能，同时也改变了自身的手形，使之更适合劳动，更具有灵活性。

在各种行为动作中，手的行为是最大量的，也是最关键、最能实现和完成思想的具体行为。因此更深入地研究手的发展历史很有必要。

在真兽纲动物镶嵌进化过程中，从食虫目产生灵长目分支时，保留了祖先种的一个重要的近祖性状：具有的五指（趾）对握形态。

在分支系统学中，近祖性状是指在祖先分裂成后裔的过程中，由祖先遗留下来的性状。近祖性状是原始性状，可在演化过程中保持不变。同样的性状可以是近祖的，也可以是近裔的，取决于其使用的普遍性高低或范围大小。

灵长目近祖性状的对握功能之演化过程，我们可从同属于哺乳纲、与灵长目有一定的亲缘关系的皮翼目与猬形目动物性状中，找到原始依据。

皮翼目与猬形目动物食也从早期的食虫目分化出来了，同时对树的依赖也就限制了它的发展。

可能起源于同一个祖先的皮翼目动物（现生的皮翼类仅有一科一属，即鼯猴。因体侧自颈部直至尾部具有大而薄的滑翔膜，壮似啮齿目的鼯鼠，面部又很像灵长目的狐猴而得名），也具有5指(趾)形态。

哺乳纲的另一个分化支——猬形目动物,仅存猬科1科,有7属22种,包括2亚科:猬亚科(刺猬亚科)和毛猬亚科,亦有4~5指(趾)。

灵长目上树之后长期的树栖生活行为,近祖性状的对握功能得以在演化过程中保持了下来,并进一步得到了优化,最终为人类之“手”的形成打下了原始基础。现今灵长目动物四足,尤其是两前足5趾分开,拇指与另外4趾相向,拇指能十分灵活自如地与其余4趾对握。其趾长与掌长之比,进化至接近相等长度。这样抓握时,力的运用更为合理。与此同时,原有的爪跖退缩,爪板形成长方形薄片的指甲,形成了“盾牌”作用,保护末节指腹免受损伤,成为了附属器。

(二)手之触觉大贡献

劳动不断地改变着人类祖先的“手形”,使之更适合劳动,更具有灵活性。更为重要的是,劳动造就了会制造工具的手时,手对外界信息的感知产生了质的飞跃。从信息论的角度看,劳动的过程是大脑通过手的触觉,获得、存储、分析与判断巨量外界信息的过程,因此手的触觉对大脑进化的贡献应是巨大的。

大脑通过五官和全身皮肤感觉、认知外部世界,其中“触压觉”是最重要的认知途径之一。“触压觉”包括触觉与压觉:触觉是指分布于全身皮肤上的神经细胞,接受来自外界的温度、湿度、疼痛、压力、振动等多种感觉。狭义的触觉,是指刺激轻轻接触皮肤触觉感受器所引起的肤觉。广义的触觉,还包括增加压力使皮肤部分变形所引起的肤觉,即压觉。正常皮肤内分布有感觉神经及运动神经,它们的神经末梢和特殊感受器广泛地分布在表皮、真皮及皮下组织内,以感知体内外的各种刺激,引起相应的神经反射,维持内外环境的平衡,以维护机体的健康。因此皮肤有六种基本感觉:触觉、痛觉、冷觉、温觉、压觉及痒觉。其中手指腹部的触觉最为敏感,而小腿及背部触觉感最为迟钝。

手在人的一生中要做出亿万次的动作,实施着人脑一切创造性的思维及指令。手对外界事物的各种感觉,通过专门的神经传导系统,源源不断地向大脑输入,刺激大脑识别与处置,产生知觉,再反馈给前端的手去执行。按照生物性能用进废退的理论,这种每日每时巨量的、丰富的感觉信息流(当然还包括耳目等身体其他感觉器官),才真正是造成大脑神经组织活性的直接动力。没有丰富、精细触觉的手的劳动,人的大脑智力的进化将极其缓慢,类人猿进化迟缓是最有说服力的例子。高速进化的人类大脑又能动地、游刃有余地指挥着双手,使之更为灵巧。脑与手的珠联璧合的双赢结果,终于酿成了改造自然世界和人类自身的巨大力量。在此我们能不对会劳动的手顶礼膜拜、大唱赞歌吗?

由此我们可知,早期猿人、直立人的上肢与手,并不是天生就会劳动、就会制作工具的。它们的前肢从攀缘、行走功能中解放出来,有了自由,慢慢地学会了捡拾、抓拿细小物件,逐步在大脑的指挥下，动作有了方向性、使力有了轻重感、触摸有了体积感、观察石材有了区别感时，石器制作的时代才真正到来，称之为劳动的时代才真正到来。之后又经过200多万年的原始石器的制作历程，直立人终于进化到了能人阶段，进入到了称之为“会制作工具的人”阶段。

笔者认为，恩格斯所称的“在某种意义上不得不说：劳动创造了人本身”的含义中，劳动造就了会制造工具的手是一大关键点，因为只有当劳动造就了会制造工具的手时，劳动创造了人才能真正成为现实。

恩格斯曾这样称赞能人的手：“手不仅是劳动的器官，它还是劳动的产物。只是由于劳动，由于和日新月异的动作相适应，由于这样所引起的肌肉、韧带以及在更长时间内引起的骨骼的特别发展遗传下来，而且由于这些遗传下来的灵巧性，以愈来愈新的方式运用于新的愈来愈复杂的动作，人的手才达到这样高度的完善，在这个基础上它才能仿佛凭着魔力似地产生了拉斐尔的绘画、托尔瓦德森的雕刻以及帕格尼尼的音乐。”①

他还重点描述了人类手的功能的发展历程：“如果说我们遍体长毛的祖先的直立行走，一定是首先成为惯例，而后来才渐渐成为必然，那么必须有这样的前提：手在这个时期已经越来越多地从事于其他活动了。在猿类中，手和脚的运用已经有了某种分工。正如我们已经说过的，在攀缘时手和脚是有不同用途的。手主要是用来摘取和拿住食物，就像比较低级的哺乳动物用前掌所做的那样。有些猿类用手在树林中筑巢，或者像黑猩猩一样在树枝间搭棚以避风雨。它们用手拿着木棒抵御敌人，或者以果实和石块向敌人投掷。它们在被捉住以后用手做出许多简单的模仿人的动作。但是，正是在这里我们看到：在甚至和人最相似的猿类的不发达的手和经过几十万年的劳动而高度完善化的人的手之间，有着多么巨大的差别：骨节和筋肉的数目和一般排列，两种手是相同的。然而即使最低级的野蛮人的手，也能做几百种为任何猿的手所模仿不了的动作。没有一只猿手曾经制造过一把哪怕是最粗笨的石刀。

……

“在人用手把第一块石头做成刀子以前，可能已经经过很长很长的一段时间。和这段时间相比，我们所知道的历史时间就显得微不足道了。但是具有决定意义的一步完成了：手变得自由了，能够不断地获得新的技巧，而这样获得的较大的灵活性便遗传下来，一代一代地增加着。”②

可以这样说：一双手的变化叙述着人类的旅程与命运，它使人类的攫取、自卫与创造能力无限度地增强，生命得以延续与扩展；它令人类摆脱了低级，迈向了更高级的境地；人生变

① 《马克思恩格斯选集》第3卷，人民出版社1972年版，第509~510页。

② 《马克思恩格斯选集》第3卷，人民出版社1972年版，第509页。

得如此婀娜多姿、精彩绝伦，实现着人类的进步，一往无前地奔向光明的未来。

可以这样说，人类智慧优于一切动物的智力，源于心灵与手巧的绝妙结合，人类的一切成果亦来源于心灵与手巧的绝妙结合！

（三）劳动技能的开发

古猿曾经是地球上最高级的动物。从已发现的古猿化石可知，古猿的前肢较短，后肢较长，具有向直立行走发展的有利条件；它的脑较大，比其他动物发达。古猿和自然界其他动物一样，具有受本能所驱使的活动能力，有些本能活动可能达到相当精巧的程度。因此，合理的推测是，劳动的萌芽从古猿时就开始了。

有专家认为，由于直立行走，前肢得到解放，古猿慢慢学会利用前肢把自然界某些现成的物体，例如树枝、石块等当作工具，进行获取生活资料的活动，这种活动形式就是动物式的本能的劳动。虽然古猿在这时还不会制造工具，动物式的本能劳动还没有超出动物本能活动的范围，但它已包含着劳动的初级因素和向人类劳动转化的趋势。它是从动物本能活动过渡到人类劳动过程中的一个重要的中间环节。这种活动方式逐渐成为习惯，促进了古猿前后肢进一步分化，使前肢逐渐变为更灵活、更精巧的手。

这一过程属于亦猿亦人、亦人亦猿的过渡阶段。在“是劳动创造人，还是人创造劳动”的历史学、哲学问题的讨论中，这是个与“先有鸡还是先有蛋”相类似的问题。古猿的本能行为与劳动之间并没有不可逾越的鸿沟，它是在猿转变为人的演化过程中逐渐形成的一种行为方式，而人类的各种基本特征的形成都是与这一过程分不开的。总之经过近200万年的演化，人类祖先逐渐由利用自然工具发展到学会制造工具，由本能式的准劳动行为演化为真正意义上的劳动。

但古猿本能式的准劳动行为与真正意义上的劳动有着本质的区别，两者的区别主要在于：

1. 人类劳动是对自然界的能动改造，并在自然界打下自己意志的印记，各种文化类型的诞生就是这种印记的体现；动物的本能活动则仅仅是适应和利用自然界，无法使自然界、自然物发生大的改变，更无法形成意志性标记。

2. 人类劳动是有目的有计划的自觉行为，活动的想象性结果事先已在人的观念中存在；动物受本能所驱使的活动是无意识的，它们不可能事先设计出活动结果来。

例如，石器制作是一项智力性劳动，事先应有明确的功能需要，因此就有个器形与功能的设计问题，至少要有个腹稿。这就需要对石材的软硬、脆韧、厚薄、尖钝、轻重、大小乃至工具用力的方向、角度等，这些后人称之为力学原理、力学要素的综合掌握。制造之前先要做到成竹在胸，然后才能付之行动，由灵巧的手去完成它。这是一个周到的思维过程，需要有自己的观察、思考和决策，更是一个手脑联动的实践过程。

早期智人虽然还没有设计、设想这一说，但长期的生活经验直觉告诉他们，石器工具的制作，就是在选择合适的石料的基础上，将所选石料通过打击、碰撞、敲击、砥砺等方法，使之局部减损，产生出所需的形态后，所需要的功能也就随之产生了。

我们不能小看了原始人类这种简单的劳动。需知，能凭直觉感受生产出所需的石器的人，绝对是那个年代的能工巧匠，聪明绝顶的天才，完全可以与今天的高级工程师、设计师相媲美。

3.劳动是一项实践性很强的活动，也是一项智力活动，复杂的劳动更是一项高智力活动，非经严格培训、长期积累而不可为。所以劳动的另一项重要内容是劳动技能的开发与传授。动物即使经过了培训，也不会产生劳动技能，更不能生产出哪怕是最原始的石器工具来。传授则是要在源于实践、高于实践的基础上，对经验加以总结后的产物，是更高一个阶层的智力活动了。

正是从这个意义上说，劳动技能对人类智力的开发贡献巨大，今天我们所倡导的创新思维，起步于原始工器的制作。

综上所述，劳动创造了语言。俄国生理学家I.P.巴甫洛夫认为，语言这一第二信号系统则是皮层进化到人类阶段所特有的产物，是人类大脑才能实现的条件反射。词是与第一信号紧密联系，又更抽象、更概括地反映具体事物的一种符号，它使人类对现实的反映具有自觉的特征，使人类具有思维、意志，使人类的感知、注意、记忆等心理活动具有新的品质。巴甫洛夫对此评价道："带来了高级神经活动的一个新原则。正是这类活动才能把人类和一系列动物如此明显地区别开来，才能把人类如此高高地提到整个动物界之上。"

劳动还创造了会制造工具的手，使之有了无限的创造实践力。

劳动的这两项伟大的创造，按照巴甫洛夫高级神经活动学原理，均是条件反射建立后形成的动力定型之结果。

巴甫洛夫高级神经活动学说的核心思想是条件反射学说。巴甫洛夫把意识和行为称作"反射"。反射是机体通过中枢神经系统，对作用于感受器的外界刺激所发生的规律性反应。机体生来具有的、对保存生命具有根本意义的反射称作无条件反射；在无条件反射基础上，后天习得的反射则称作条件反射。

条件反射是有机体之间与外在世界形成的联系机制。人的心理和精神，一切智力行为和随意运动，都是对信号的反应，都是在无条件反射的基础上所形成的条件反射。所以条件反射既是生理现象，也是心理现象，即心理学上所谓的联想。

条件反射的建立是一个复杂的过程，它总体表现为两大方面：

一是在行为方式上和大脑与之相关联的皮层区域之间形成动力定型。即当刺激形成了固定的顺序，反应也跟着形成了固定的顺序，大脑皮层对刺激所形成的反应定型系统称作动力定型。动力定型是人的习惯的生理基础，因为有了各种习惯，人常常不用花费多少精力就可以把很多活动维持下去。

二是条件反射造成现有神经中枢间关系的改组和新神经中枢间关系的建立。参与条件反射建立的组织包括皮层和皮层下一系列脑组织。因此，在条件刺激和无条件刺激的中枢代表点之间发生复杂的组织变化和功能变化。语言等新皮质就是在大量新的条件反射建立并形成动力定型的基础上高速增生的。

巴甫洛夫以条件反射作为指标，探讨了高级神经活动基本的神经过程及其相互作用的规律，为解释心理现象、智慧现象的生理机制作出了重大贡献。

四、劳动推动脑量扩容

前面我们关注了原始劳动的概念、方式和劳动对人属生存的重要性。但我们在理解，恩格斯特别加重语气强调指出的：以致我们在某种意义上不得不说："劳动创造了人本身"的含义时，还有一个重要的方面，就是劳动促进了手与脑的珠联璧合，使之成为了一种智慧的力量，一种创造力量，还直观地体现在大脑的物质系统上。到目前为止，人类自身的组织中，唯有大脑的想象和手的实践具有创造世界的能力。没有手的创造性实践力，人类的大脑只能等同于其他灵长类大脑；而如果缺少智慧的大脑，手亦难有创新性大作为。

（一）半生不熟婴儿脑

人属在进化的过程中，脑量的大小不仅仅与智力有关，而且还与生命史中重要的事件有关，例如妊娠期、断奶期、性成熟期等。相比较而言，脑子较大的物种的妊娠期要长一些，婴儿断奶期要迟一些，性成熟要晚一些，个体寿命也要长一些。

古猿类的发育过程中的一个特点是，大脑的发育快于身体的发育，它的脑量在胚胎发育分娩时，就已接近于成年个体的水平。猿类新生儿的脑量平均约200毫升，约为成年时的一半，因此，猿类的新生儿一出生就能够拥有一定的自助力。

现代人类是从猿类进化而来，如以现代成人的一半脑量计算，则新生儿的脑量，在出生时应达675毫升左右，而事实是现代新生儿的脑量出生时平均385毫升左右（约为成人的1 /3），远没有发育完成，因此新生儿出生时缺乏自助力，是软弱无助的，需要母亲长时间的悉心照料。

根据与其他灵长类的比较所进行的一项推算显示，如果人类初生婴儿脑量达到与身体的比例相适应，平均脑量为1350毫升的现代人的妊娠期需要21个月，而不是实际上的10月怀胎。这样就造成了人类的婴儿在诞生时，脑量远远没有达到与身体相适应的水平。要达到相适应的水平，还需要1年的胚胎发育时间。那么现代人类为何比所有灵长类动物早产呢？这是由于人类进化过程中器官之间的关联性矛盾所决定的。

恩格斯曾说："达尔文所称的生长相关律。依据这一规律，一个有机生物的个别部分的特定形态，总是和其他部分的某些形态相联系的，虽然在表面上和这些形态似乎没有任何关联。”

大脑与出生有何关联呢？关联非常密切且重要！对于人类来说，受两足直立行走运动方式的制约，当新生儿的脑量为平均的385毫升时，其体积实际上已经达到了人类骨盆开口的极限。虽然在人类的进化过程中，骨盆的开口已经有所增大，以适应婴儿进化扩增的大脑，但是骨盆开口的增大是有限度的，它同时还要满足人类快速行走的需要，凡事都受相生相克之道控制，利弊同在。直到现在，人类如果要分娩出成人一半大，即675毫升左右大脑的婴儿，还是异常困难的，甚至会威胁到母亲的生命。

骨盆结构的制约性，造成了人类的婴儿出世的时间相对较早，先天的不足只能依靠后天来补偿。新生儿出生后，仍处于大脑的迅速发育期，脑神经体细胞数量还在继续增加。头围在出生时约为34厘米，前半年增加8~10厘米，后半年增加2~4厘米，1岁时头围平均为46厘米。以后增长速度减缓，到成年人时头围约为56~58厘米。

所以婴儿期脑发育直接关系到智力发展的生理基础是否坚实有力，需要充足均衡特别是优质蛋白的支持，因此婴儿期高质量营养的补充是关键。相比较，猿类的脑量在出生后至发育成熟，仅增加1倍。这种不同的脑发育方式本身也是人猿相区别的一个重要方面。

因此在成长过程中，人类婴儿必须经历一段较长的儿童期，较长时间依赖父母的悉心照料下生活与发展。然后经过一个生长突然加快的青春期，此时孩子的身高以惊人的速率增长，增幅约达25%，形成了人类婴儿独特的生长曲线。在现有哺乳动物中，唯独人类出现这种生长现象，包括猿类在内的大多数哺乳动物，都是从婴儿期几乎直接步入成年期的。

在新生儿出生后脑发育的迅速成熟期，既是大脑补充营养的黄金期，又是进行智力开发的最佳期。早期人类正是充分利用这一时期，对婴儿实施高强度的学习教育。此时用脑是第一位的，脑因此仍然处于优先发展的位置。现代科学研究认为，婴幼儿期智力开发占到成人智力的二分之一强，幼年的智慧程度是基础性的，决定人之一生。这就是现代父母为何愿意不惜代价为孩子的早期教育投入的根本原因之一，其实这是人类进化的成功经验的反映。

长时间的强化学习，是人类最终成为万物之灵的最大优势，文化是所有动物界中唯独人类才有的特殊享受。儿童不仅需要学习适应、利用、改造自然的知识、维持生存的技能，而且还要学习如何恰当地处理社会、家族、家庭关系、生活规则，以及自身修养等文化方面的内容。当相对漫长而艰苦的学习、用脑高潮之后，人类的身体才凭借着青春期的突增性加速生长而真正成人。

（二）脑量的两次扩容

动物的智慧，首先取决于先天遗传，其次才是后天的训练。决定智慧的先天因素有两个：大脑的容量和脑神经组织的活性。因此人类学家、考古学家在分析、论述早期猿人、直立人向早期智人过渡、进化的进程时，在论及早期智人与其他类人猿灵长类动物的区别时，涉及体质形态和生理的各个方面。但常常所列举的一个最重要的指标是：早期智人的脑容量大大超越了早期猿人，因而人类更智慧。

无疑脑容量增大是项最可精细测量的硬指标，是智者重要的生理体现。经检测，黑猩猩（包括古今）的脑容量为350~550毫升（平均400毫升），直立人（猿人）男性为700~800毫升，女性为500~600毫升；早期智人为1300~1700（平均1400毫升），近代人为1400~1800（平均1450）毫升。这些数据说明：人类的脑容量有过两次突变性增量。

第一次是在人属动物与古猿相揖别时，他们的脑容量比其他灵长类动物大一倍左右，时间大约在距今400万年至280万年前。非洲阿法尔州Ledi-Geraru地区发现的LD 350-1的化石，被视为已属于人类范畴，但他具有更多原始特征，代表着古人类进化树的分支节点。人属动物脑容量第一次突变的原因不明，分析当与某一种古猿的基因重大突变有关，随着这种古猿变化成人类最早的祖先，成为一个新的物种，脑容量突变成为全身突变的重要组成部分。

第二次脑扩容是在早期智人（又称古人）时期产生的。大约25万~30万年前，脑容量又一次较大幅度的增大，接近于现代人的水平。第二次脑容量的增大，则与两大因素有关。一是与饮食习惯改变、熟食动植物，提供了脑细胞生长所需要的营养素直接相关，是脑容量增加的直接内因之一；二是与劳动技能质的提高、人的创造欲望进一步激发有关，这是与脑容量增加密切相关的外因。

人属动物熟食动植物的习惯，其灵感应当是受自然火灾后，闻到烤熟动物的香味，进而尝试食用感觉味美，然后试着自己火烤，慢慢习得所形成。生物学家证明，脑是动物新陈代谢耗费能量很大的器官，以现代人为例，大脑只占体重的2%，但却耗费人体新陈代谢总量的20%。因此仅仅在野外摄取生肉中获取的能量，并不足以支持如此丰富的大脑活动。

灵长类动物是脑容量相对最大的一个动物类群，而人的脑量又大大地超出一般灵长类的水平。如果体重相当，人的脑量是猿类的3倍。因此，早期人属脑量的增加必然与获取更高的能量联系起来，其食物必须既来源可靠又营养丰富。劳动使得早期人属穴居生活成为可能；劳动又使得动植物类食物来源更为充足。同时由于先民已经懂得了用火，产生了熟食技术，使得蛋白质的摄入与吸收更为丰富、有效，为包括大脑在内的身体组织发育提供了强有力的物质保证，从而极大地促进了大脑，尤其是哺乳期婴儿的脑发育。人类婴儿自出生后的6个月，大脑快速地补偿性发育，增量几乎占成人大脑的一半，这与营养的有效供给是有密切关系的。

早期人属只有在其食物中大大提高肉类的比例，才能形成超过一般灵长类，尤其是超越类人猿的大脑，从而保证在智力的角逐中胜出。能人的牙齿和颌骨，与古猿相比有了很大变化，佐证了能人的食物结构有了很大的改进，相比以植物为主的古猿，能人的肉食性明显增强。

除了脑量外，能人在其他体质方面显示出比南方古猿更强的适应性，如南方古猿虽然能够两足行走，但是灵活性依然较差；早期人属则行动敏捷，而且开始能够有效地奔跑，他们能够在更大的地域范围内，广泛地寻找食物资源，从而能够在一般猿类不适合的生活栖息环境中继续生存并发展下去。

(三)巧手扎根新皮质

会劳动的手对人类智慧的贡献，在大脑神经系统组织中有着十分明确的生物学依据。

端脑表面所覆盖的灰质称为大脑皮质，包括神经元的胞体、树突以及部分轴突；还包括从其他脑区投射到皮质的轴突以及轴突末梢和一些血管，是神经系统赖以活动的组织。依据进化史，大脑皮质分为古皮质、旧皮质和新皮质。古皮质与旧皮质古是有着三层结构的皮质，在远古时代已出现，与嗅觉有关，总称为嗅脑。而新皮质则是在进化中新产生的神经组织，从爬行动物时开始出现，至哺乳动物更为丰富。因此在哺乳动物中，等级愈高新皮质愈发达。

新皮质位于大脑半球顶层，大约2~4毫米厚，分为六层结构。它与一些高等功能如知觉，运动指令产生，空间推理，意识及人类语言有着密切关系。

观察哺乳动物的大脑皮质，无论从鼠到猫到猴猿，继而到人，都在进化中。大脑中的新皮质变得越来越大，沟回的数量越来越多，使得皮质的表面积越来越大，但最为突出的还是人类。人类的新皮质高度发达，约占据全部大脑皮质的96%。尤其是新皮质中的联合皮质(新皮质中不能单纯划分为感觉或运动的部分，定义为联合皮质，其接受来自许多皮质区域的信息输入)的比例，比其他所有的哺乳动物都大，神经元超丰富。

联合皮质决定着神经递质合成的速度和数量，对思维、灵感和创造性的形成起主导作用。这是人类智慧之所以能胜出所有灵长类动物的关键所在，而非笼统的脑量增大。

在现代人类顶叶的运动皮质、躯体感受皮质区域内，相对应于手臂与5指，已自然生成了显著大于身体比例表征的大面积反射区，即有着超规模的对手的部位的指挥区域。这就是千百万年的劳动造就了灵巧的手，进而作用于大脑皮层、促进智力发展的生物性结果。由此我们不难明白，心灵与手巧之间为何有着如此密切的互为因果的关系了。

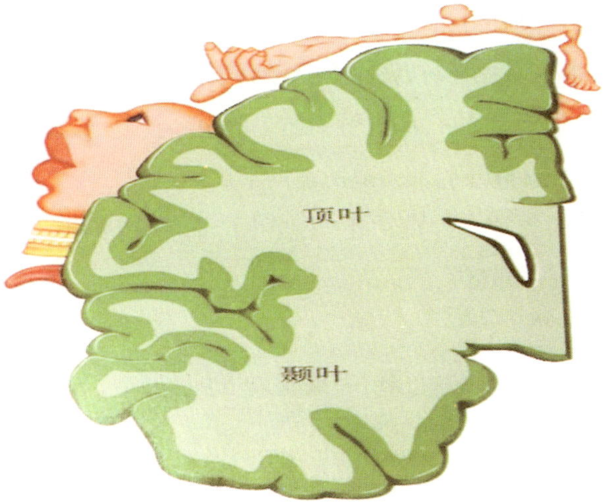

图3-1 皮质拓扑地形图①

五、劳动创造原始文化

文化与劳动一样，是人类进化特有的成果。有些动物虽也能有简单的劳动行为，但却没有最简单的文化。旧石器时代这一历史时期，是人类文明的萌芽时期，但已创造了许多经天纬地的文化类型，这些各具特色的文化类型是原始劳动的杰出成果。

按照考古学界的通识，具体文化的形成总是和一定时空条件、自然条件和一定的人类认知能力、创造能力密切相关，即具有地区性、时代性、历史性和独特性。一个地区的某种文化特质与另一地区的文化特质相同，很可能是因为地理环境相似、社会发展阶段相当而趋同；或者是因为交流、交换以及随着人们的迁移等因素造成。为了更好地理解原始文化，我们还是要回顾一下最原始的劳动。

劳动是从制造工具开始，所制造的工具应该是多种多样的。由于历史的原因，我们今天能看到的主要是石质工具，即通过劳动最后形成的石器形态及其功能。

1.石器的制作方式

通过石器上的痕迹分析，大致还原出的石器的制作方式有：

（1）碰砧法：以较小块石料向另一块作为石砧的较大的自然砾石上碰击，碰下来的石片再经过第二步加工，即可作为工具使用。

（2）摔击法：将选择好的石料放在地上，然后手握另一块石头摔击放在地上的石料，以此打下所需要的石片。

（3）锤击法：把选择好的石料放在另一块作为石砧的大石块上，一只手辅助，然后另一只

① ［美］Michael S.Gazzaniga等：《认知神经科学》，周晓林等译，中国轻工业出版社2017年版。

手握着另一块石头，作为石锤去锤击放在石砧上的石料。

(4)间接打击法：在选择好的一块石料上面放置一根木棍或者骨料，然后再用一块石头作为石锤，用力锤击木棍或者骨料，将重力传递到下面的石料上，使其剥落下石片。

(5) 切割法：用一种粗质的石片对另一加工的石料反复磨砺，或用动物筋、木料、植物纤维制成绳索，反复拖拉进行切割，加工成所需的形状。

(6)钻孔法：用尖的石片或骨头钻孔，主要生产饰物、骨针等，该法可能在旧石器时代已萌芽，但主要应用在新石器时代。

2.劳动形成文化类型

通过这些方法所造出的原始石器，大致有以下9种器型，考古学家根据器型划分了多种文化类型。

(1) 砍砸器：以石片、石核或砾石打制而成，有多面棱，个体大而重。

(2) 刮削器：多用小块石片加工而成，是旧石器时代最常见的石器器形。

(3) 尖状器：顶端有一个尖刃，多经二次加工修整。

(4) 雕刻器：多用小石片加工而成。先在小石片的边缘打出一个斜向小平面，然后再从一个角度削去一块石片，两石片削痕相交处，形成该器的刃部。

(5) 斧形器：经两面打制修理，一端有刃，另一端为手握的柄部。

(6) 镞形器：多用压制法加工而成。其尖端锋刃往往向一边歪斜。

(7) 刀形器：石片的一侧相对较薄，但无明显的刃口，另一侧较厚，似为刀背。

(8) 石球状器：一般也称为“石核工具”，呈不甚规整的球形，通体经过加工修整，球体上有明显的剥削痕迹。

(9) 珠形器：通常为小型饰物。

这些轻重不一、形态各异的石器，适应了狩猎时、处理时对付各种动物的需要，在极大地提高人类的生产能力与生存能力的同时，形成了丰富多彩的原始文化。

(一)非洲原始文化

非洲旧石器时代在世界上占有重要地位。这里不仅发现了迄今为止年代最早的人类化石和石器文化，而且是世界上已知的人类各发展阶段没有缺环、年代前后相继的地区。

迄今最早的石器发现于东非坦桑尼亚的奥杜瓦伊峡谷、肯尼亚的科比福拉以及埃塞俄比亚的奥莫和哈达尔地区。年代距今约300万~200万年。石器组合的形态除了石片外还包括较大的工具，如砍砸器、刮削器和各种多边器。在大多数情况下，这些石制品是从一块大的石块上打制下来，打出什么样就是什么样，自然成型，没有什么规律可循。这套技术一直延续到大约140万年前。

但是这种自然成型的小小石片是一种高效的工具，它们能够切开过去的人们用牙齿怎么也不可能咬开的兽皮,从而使兽肉暴露出来。于是制造和使用这些简单石片的人们,开创了人类进化历史的新纪元,他们可以得到更多高质量的动物蛋白,一方面为脑量的增大提供了营养保障,另一方面也增加了成功地生育后代的机会。

在旧石器时代早期,非洲存在着两大石器文化传统:奥杜韦文化和阿舍利文化。这个时期,文化的发展非常缓慢,从地中海沿岸地区到好望角,文化上明显一致。

奥杜韦文化发现于奥杜瓦伊峡谷的第1层和第2层下部,也发现于北非阿尔及利亚的艾因哈奈什。典型工具是砍斫器。比奥杜韦文化稍晚出现的是阿舍利文化,在北非和奥杜瓦伊峡谷第2层的上部,有早期阿舍利文化的粗制手斧。在奥杜瓦伊峡谷的第3层和第4层以及在整个非洲大陆,由于软锤技术的使用,出现了更薄的手斧,具有更浅平的石片疤和更规整的刃缘,这是阿舍利文化的特征。

一般认为,奥杜韦文化的石器是由能人(如奥杜瓦伊的能人、科比福拉的1470号人)制作的,而阿舍利文化则是与直立人(如北非的毛里坦人)相联系的。

旧石器时代中期,在北非有莫斯特文化和阿替林文化;在撒哈拉以南地区,有中非的石核斧类型文化,如山果文化和卢本巴文化,南非的彼得斯堡文化、奥兰治文化、斯蒂尔贝文化和班巴塔文化等。

旧石器时代晚期,非洲气候极为干旱,形成撒哈拉沙漠,人口大量外迁,发现的遗存数量减少,在北非有与欧洲石叶文化相似的代拜文化,在撒哈拉以南地区则有奇托利文化等,文化开始出现了差别。

(二)欧洲原始文化

欧洲在旧石器时代,是从非洲丛林中走出的早期猿人较早到达的大陆之一。由于考古工作开展得早,发现遗址多,研究也深入,19世纪以来已建立起旧石器文化分期的序列。

欧洲旧石器时代早期文化可分为两大系统:一是手斧文化系统,包括阿布维利文化和阿舍利文化;二是没有手斧的石片石器文化系统,如克拉克当文化。两者大体是平行发展的。

旧石器时代中期以莫斯特文化为代表,其主要特征是修理石核技术(勒瓦娄哇技术和盘状石核技术)有了很大的发展,典型器物是比较精致的刮削器和尖状器。

旧石器时代晚期有奥瑞纳文化、梭鲁特文化和马格德林文化。这一时期的特点是石器主要用石叶制作,有端刮器、雕刻器和钝背刀等;骨角器很发达,出现了鱼叉、骨针、标枪、投矛器等新工具;还出现了装饰品和绘画、雕塑等艺术品。

(三)西亚原始文化

西亚是欧、亚、非三大洲的交融地带,地理位置十分重要。研究表明,西亚与欧洲、非洲在文化上有着密切的关系,因此造成石器的分类和命名多采用欧洲的标准。从而证明早期人类走向世界，可能正是通过西亚中转跨洲迁徙的。

这一地区的旧石器时代早期文化以砾石砍斫器和手斧为主要特征。类似于奥杜韦文化的类型和阿舍利文化。

中期以石片石器文化为主要特征，广泛使用勒瓦娄哇技术，称为勒瓦娄哇—莫斯特文化，与欧洲莫斯特文化接近。

晚期遗存主要是石叶文化，与欧洲的奥瑞纳文化和格拉韦特文化比较相似，最后出现了细石器。

（四）中国原始文化

中国是重要的古人类发祥地，已经发现了许多旧石器时代的遗址，积累了比较丰富的旧石器考古材料，初步建立起中国旧石器时代文化发展的框架。

中国旧石器时代早期文化分布很普遍，说明早期猿人的祖先早已在中国大陆深深地扎根了。距今100万年前有西侯度文化、元谋人文化、匼河文化、蓝田人文化以及东谷坨文化。距今100万年以后的遗址更多，在北方，以周口店第1地点的北京人文化为代表；在南方，以贵州黔西观音洞的观音洞文化为代表。总体上看，中国旧石器时代早期文化基本上是类似于奥杜韦文化的类型，似乎没有明显的西方阿舍利手斧文化影响。

中国旧石器时代中期文化以山西襄汾发现的丁村文化为代表，比较重要的还有周口店第15地点文化和山西阳高许家窑人文化。中国的旧石器时代中期文化，基本上保持了早期文化的类型和加工技术。类型稍有变化，技术稍有缓慢进步。文化的稳定性，一方面说明生存压力在减缓，原有技术与方法尚能适应；另一方面说明很少受外来因素的影响，中华文化保持着独立发展的趋势。

进入旧石器时代晚期，遗址数量增多，文化遗物更加丰富，技术有明显进步，文化类型也更加多样。在华北地区，小石器文化类型的重要代表有萨拉乌苏遗址、峙峪文化、小南海遗址、山顶洞遗址等；石叶文化类型以宁夏回族自治区灵武县的水洞沟文化为代表；细石器文化类型有山西沁水的下川文化，河北阳原虎头梁遗址的虎头梁文化等。

东北地区，属于这一时期的重要文化类型有辽宁海城小孤山遗址和黑龙江哈尔滨阎家岗遗址等。南方地区，有四川省汉源县富林文化，重庆市铜梁县的铜梁文化，贵州省兴义市猫猫洞文化等多个区域性文化类型。

在西藏、新疆和青海地区也发现了一些属于这一时期或稍晚的旧石器文化地点。

中国旧石器时代文化可说是根深蒂固、自成体系、源远流长，证明中华民族自古就是勤劳的民族。

（五）东南亚原始文化

或许是考古活动相对滞后，这一地区的旧石器时代材料，虽然从早期到晚期都有，但很不完备,存在许多地区和时间上的空白,不少遗址缺乏可靠的年代学证据。人类化石的发现也不平衡,除印度尼西亚的爪哇岛外,其他地区十分稀少。

这一地区的旧石器文化常被考古学家称为"砾石和石片石器传统"或"砍斫器传统",在这个传统之下,又可分出若干地方类型。分别有缅甸伊洛瓦底江流域的安雅辛文化、泰国西部芬诺河流域的芬诺伊文化,马来西亚西北部霹雳河流域的淡边文化、印度尼西亚巴索卡河河谷的巴芝丹文化、菲律宾巴拉望岛的塔邦文化等。

(六)南北美洲与大洋洲地区原始文化

目前这两地区发现的旧石器文化不多且不够典型,有待进一步发现。

从已掌握的考古学方面的资料而言,劳动在创造人的过程中所产生的文化覆盖了非洲、欧洲、亚洲等极广大的地区。这些文化产生的过程,即为人类被产生、被造就的过程,它有力地印证了旧石器时代的劳动发展与人的发展之并行的轨迹。从晚期智人开始,人类逐渐发展成现代世界的各色人种。

大量石器文化的发现,充分说明了恩格斯所提出的创造了人本身的劳动,当时已在世界广大地区实施了,成为了新兴人类重要的、基本的生活方式。它是如何被推广、普及全世界的呢?途径无非两种可能:

一是最早的劳动方式在非洲诞生后,由于劳动开始成为生存的第一需要,因此在早期猿人历次走出非洲时,劳动便成为须臾不可离开的法宝,一起走出了非洲,扩展至人迹所能到达的任何地方。骨骼和我们相同的早期现代人(一般称为克罗马依人),他们自中东与北非向外散播,速度相当快。欧洲现在还能找到他们最早在4万年前所兴建的茅屋遗迹,以及惊人的雕刻与绘画、工具与骨骸。

二是就近接力传播式。劳动作为生存方式,当是早期人类最为需要学习,也是最为人们所喜闻乐见的事情。因此,即使在远古时代没有任何媒体作中介的情况下,其传播的力度依然是空前且持续的,超乎我们现代人的想象。其途径就是通过邻近地区人们交往中耳濡目染、口口相传的影响力,形成就近接力传播,犹如烽火传递、蚂蚁搬家,一站站延伸而无限地扩展开来。千山万水难阻挡,千里万里能传递。差别仅仅是距离相近,传播早些,影响多些;距离遥远,传播晚些,影响少些。当然过于天远地荒之处,不排除一时有传播的死角。君不见,凡地缘相近之处的文化类型,往往出现相同或相近的现象,正是这种规律的反映。

正是由于传播,也正是由于早期智人的学习能力,使得劳动成为早期智人的共同行为。正是这种生活方式,使得各地的早期智人,或先或后进入到了现代人阶段,尽管这一过程花了整整200多万年的时间。

日复一日、年复一年的石器加工等项劳动是艰辛的,但早期人类除了得到现实的利益外,远期的收获是超乎想象的。

经过200多万年劳动经验的积累，在距今30万年左右，智人的智力突然加速，劳动生产率大为提高，劳动方式、劳动对象更为丰富，先后发明了农业栽培技术、纺织技术、制陶技术、青铜冶炼技术，以及绘画雕塑等艺术，物质文化与精神文化双丰收，完全意义上的人类及其文明真正产生了。

总而言之，人属的劳动是成功的，我们人类今天所达到的一切就是证据。

第二节 行为进化出智慧

人科继承了灵长类祖先的哪些优秀的特点？又新获得了哪些有利于进化的功能，使之能够脱颖而出成为具有高度智慧之人的呢？从食虫目类动物出发，通过对现生的灵长类动物的观察和研究，重建灵长类动物的行为进化图谱，可为我们认识这个问题提供一定的解答。

一、独特的进化选择

与人类智慧高度进化相关，但未被古生物学界给予高度关注的一个重要问题是：灵长目类动物特有的乳突皮纹对于灵长目进化，尤其是在由南方古猿进化到智人的过程中，起到了哪些关键作用？

灵长类体表覆盖的皮肤一共有3种类型：有毛的薄型皮肤、无毛的厚型皮肤和特殊性皮肤（Montagna Wet al.，1974；Odland GF，1983；成令忠，1993）。薄型皮肤覆盖全身，而厚型皮肤仅出现在指（趾）、掌（跖）部掌面部位，并形成特别的乳突纹理，是灵长类所特有，并不为其他动物所有的特殊遗传性状，它的生物学意义非同一般。

从地栖性活动进化而来的灵长类动物，仅凭5指对称抓握及爪的功能，并不能完全适应树栖生活的特殊需要。空中腾挪飞跃，抓握部位是需要相当的摩擦力来作保证的，准确地说，树栖生活中对称抓握动作行为产生的是滚动摩擦力。由此，灵长目类动物进化出特有的乳突皮纹。

物理学告诉我们，当物体间相对滚动时，接触面一直在变化着，物体所受的摩擦力与接触面的材质与压力大小相关。接触面愈复杂，形状变化愈大，则滚动摩擦力就愈大。正是千百万次的对称抓握动作，与粗糙的树杆、坚硬的地面等物体产生强烈的滚动摩擦，使得灵长目祖先的四足掌部的肌肉更加发达，表皮明显增厚，四足掌部的皮肤组织衍生出了由真皮上部乳头层与表皮紧密结合形成的凹凸状皮纹，形成完全不同于周身的厚厚的皮肤。

此部位皮肤学名称为乳突皮纹，俗称指纹。其皮肤表面的凹凸状皮纹线形似并列成行的山嵴，波峰波谷十分鲜明，乳突嵴上有密集的汗孔。这种独特进化的、形态特异的乳突花纹，犹如汽车的轮胎面，有着非常科学的摩擦力学分布，即使所接触的物体表面潮湿，其凹凸状的结构也能自行挤去表面水分，以增大摩擦力。

灵长目祖先这种厚皮肤表面结构形态，尤其是指端的皮纹——指纹，就像翅膀对鸟的重要性一样，对人的智慧形成极为关键。

指纹学者与古生物学家一样，高度关注着树鼩。因为从树鼩的趾上发现了原始的指纹性状，找到了指纹产生的源头线索。张耀平等(1984)观察到，树鼩的乳突纹并未布满全掌面，掌面不常产生摩擦的部位并没有出现乳突纹。典型的乳突纹型主要出现在摩擦最为频繁的指垫、掌垫部位。

树鼩的每个手指指端上都有指垫，上有原始斜行开放型的皮嵴纹；另外，手掌上有掌垫6个(指间掌垫4个，大、小鱼际掌垫各1个)；跖面有跖掌垫5个，跖端掌垫5个，在这些部位才生出如箕形纹、斗形纹之类的典型的乳突花纹形态。李辉等(2001)也指出，树鼩的乳突纹主要分布于4个指间区的掌垫部位，共同支撑一个掌的功能。但各个掌垫上的嵴纹走向不同，并且来自3个掌垫区的嵴纹，共同汇集组成一个指根区三岔，以后演变成为了灵长类掌纹中的三岔点。

指垫、掌垫由丰满的肌肉与脂肪组成，它是与外界物体接触最多、承受压力最重的部位，也是用氧量最多的部位，因此也必然是血管、神经组织生长最为丰富之处。

与乳突花纹、神经组织同时俱进的是掌部汗腺。汗腺虽遍布全身皮肤，但以手掌，足底部最多。汗腺是蜷曲成团的单管状腺，汗腺分泌的汗液由腺管经真皮蜿蜒上行，穿越表皮，开口于皮肤表面的汗孔则排出部分水分和少量含氮代谢产物。这不仅有助于调节体温和水盐平衡，同时又起着滋润、保护乳突纹线，提高摩擦力，降低表皮角化速度的作用。适当的皮肤润泽度最有利于手指紧握住物体，造物主的设计就是如此巧妙。

人类指纹的纹型(又称为真实花纹)，是由遗传基因决定的，并受环境的影响。决定指纹纹型的发育机制方面的知识现在还很有限，但是指纹纹型与胎儿的掌(趾)垫的关系已搞清楚，各种指纹纹型也是在掌(趾)垫的位置上形成的，即掌(趾)垫是各种指纹纹型发育过程中的早期萌芽形态，成熟后形成了千姿百态的指纹纹型。

人类胎儿的掌(趾)垫是一种呈丘状隆起的间叶组织，它分布在每一个指尖、每一个指间区，通常出现在指端、掌指间区，掌(趾)大、小鱼际区，以及足根区。在掌中央或近端指节处，偶尔也会发现次生的胎儿掌(趾)垫。

医学专家通过电子显微镜和胎儿皮肤的切片，基本了解清楚了人类掌(趾)垫发育成指纹的细微过程。在胚胎发育的第6周到第7周，即可最先在指尖部位观察到掌垫的形成。在以后的几周中，掌垫变得越来越显著。乳突纹线形成的关键时间，始于胎儿—臀部(C-R)长度约为70毫米，即妊娠约3个月时。此时，掌垫接近于或刚刚过了它们的发育高峰期，表皮的外表面看起来仍非常光滑，但表皮的基底层已出现波状的起伏。这种浅的表皮内在的增生，在胎儿第4个月时，形成了生发层下层的界限分明的腺褶襞(Hale将其命名为原生乳突线，1952)，并向下生长到真皮层里。另外，真皮形成了向上凸起到表皮中的乳突，表皮与真皮相互嵌入，咬合紧密。

专家注意到，表皮褶襞在指端部位，是循着掌垫的四周边缘向中心覆盖生长的。掌垫中心部位最初并没有腺褶襞，随后越来越多的腺褶襞在掌垫的边缘形成，最后覆盖了整个掌垫的表面(Hirsch and Schweichel，1973)。随着生长的继续，腺褶襞在掌垫的顶端发生分化，分化朝着近端和按桡、尺骨(胫、腓骨)的方向进行，由此增加了腺褶襞的数目。到第5个月，腺褶襞分化过程结束，掌(趾)垫开始变小。此时，汗腺的球状原基已穿入到真皮的最深处扎下了根，最初它是实心的，但不久变为空心管状并开始向上发育，在第6个月时，到达表皮的表面，并始分泌汗液。至此，掌垫消失殆尽，指纹纹型完全形成，表皮的花纹形态直观地反映了其下面真皮乳突纹线的式样，并从此终身不变。

Bonnevie(1924)曾指出，掌(趾)垫的存在以及它们的大小、位置，在很大程度上决定了指纹的形态，人们据此得以进行分类识别，如小掌垫形成简单的弓形纹；更为凸起的掌(趾)垫往往形成大而复杂的纹形。其中对称的掌(趾)垫发展成中心明确的斗形纹；不对称的掌(趾)垫发展成中心方向不对称的箕形纹，根据掌垫倾斜度的不同，发展为尺向箕或是桡向箕。

对于决定指纹形态发育的动力是什么？存在着多种假说。较为典型的，一是张力说。Cummins(1926)认为指纹的特定结构，是局部物理性定位的生长力的结果，早期胚胎发生时的皮肤中的张力和压力，决定了指纹纹线的走向。二是血管—神经说。Bonnevie(1929)假设指纹构造取决于在其下面的末梢神经的排列方式；而Hirsch和Schweichel则在总结了有关诱发腺褶襞及表皮形成的现有知识后指出：在腺褶襞形成之前，就在掌垫光滑的表皮—真皮的边界之下，生成了许多排列很有规律的血管—神经对。他们假设：正是血管—神经对诱发了腺褶襞。当神经不能长到上皮里面时，皮肤纹理就欠发育，或者随着异常的神经发育而产生异常的皮肤纹理。详见《人类胎儿皮肤结构发育程度表》。①

上述假说得到了学术界一定程度的认可。

笔者认为，如果将指垫的发育与灵长类动物的树栖生活方式联系起来分析，即放到历史现实的环境中展开分析，更有助于我们对指纹形成机理的认识。

指垫与指纹真实花纹构造的关系可以这样比喻：指垫是上半生，指纹真实花纹构造是下半生，本是一物，只是在不同的生长阶段呈现出不同的组织结构形态而已。人之掌垫生长的部位，是指、掌部抓握、接触物体最频繁、摩擦力最大的部位。正是应对摩擦的需要，灵长类动物进化出了特有的指纹真实花纹构造。现在仍可从猕猴的掌上非常直观地观察到，掌垫与指纹真实花纹高度统一的现象。

---

① [美]肖曼、阿尔特：《皮肤纹理学与疾病》，姚荷生译，江苏科学技术出版社1984年版。

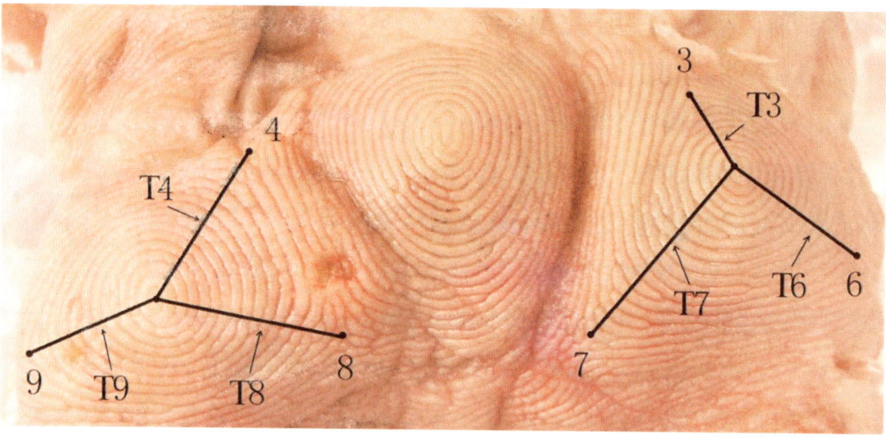

图3-2 猕猴掌垫与指纹（赵晓进提供）

如Cummins所言，掌垫是皮肤张力、压力最大的部位，也是最需要血液供氧的部位。无疑，血管—神经对的排列样式，决定了掌垫部位张力、压力的具体分布，从而也就直接影响到指纹真实花纹形态的构成。

人类指纹真实花纹的历史性消长符合进化论先驱——法国博物学家拉马克（Jean-Baptiste de Lamarck，1744—1829）关于生物进化的理论。拉马克在他的《动物学哲学》（1809年）一书中，提出了著名的"用进废退"和"获得性遗传"两大观点。

（1）用进废退。拉马克认为，器官用得越频繁越长远，也就愈发达，体积会增大、机能更增强。而某器官长久不用，便会逐渐萎缩，隐而不显，或导致完全消失，形成了用进废退的结果。他用非洲长颈鹿为了生存，只有拼命掠取高树的叶子充饥，世代之后终于导致颈长、前肢长的例子作为说明。

（2）获得性遗传。即生物能将在环境适应过程中所获得的某些微小的性状进行遗传，以促进子代对环境的适应。这些微小的变化的逐代积累，会使肌体发生某些永久性的变化，于是就产生了生物学意义的进化。

用进废退的现象在人类身上历史地发生过，并还在现实中不断地发生着。

人类与其他灵长类最大的不同是，当人类脱离了树栖生活方式后，手掌部位的刺激量大为减弱。原来粗大僵硬的手指、丰满结实的手掌开始变软，掌垫不断地在退化，以适应操持工具，做各种更为灵巧的动作的需要。退化最快的部位是掌指间区，现在人类已没有了隆起的掌垫形态；其次退化的是大、小鱼际区，尚留微微隆起的掌垫肌肉层；在足部，足后根区是退化最快区域。在这些部位，所能偶尔见到的指纹真实花纹形态，不过是前人类在树栖时代孑遗的基因残迹而已，在少数人身上仍保留着，尚未完全退化殆尽。

马慰国认为，类人猿（包括长臂猿科和猩猩科）手掌的指间区乳突纹已高度退化，在该区域存在大量的无纹基因，有纹基因的显性遗传动摇了。人类手掌指间区乳突纹又比其他类人猿更退化，在指间区只存在痕迹型花纹，偶尔在II、III、IV区，才见到位于指三岔点上的小箕形纹，且可能都是不完全显性或隐性遗传的。这种退化现象，与人类转到地面生活，解放双手有关。

从进化论的角度看，人类手掌以及足跟部位掌垫的退化，实质是一种进化，以退为进是人类适应直立行走生活，操作工具劳动的一种自然反映。

掌垫与乳突纹的关系深刻地揭示了乳突纹是因承受重大摩擦力的需要而产生的，哪个部位摩擦力越复杂，乳突纹也就越复杂。反之，哪个部位原有的摩擦力大为减弱，乳突纹就发生退化。

综上所述，灵长类的指纹性状，是从真兽纲祖先那儿遗留下来的特定的原始性状。就其普遍性而言：

一是现存的原猴、猿猴两大类近200种灵长目动物，作为同一个共同祖先的多系类群，无不具有鲜明独特的乳突皮纹，它是灵长目动物区别于该纲其他目动物的显著特征。

二是无地域性缺失。现存于七大洲的灵长目动物的趋同现象中，乳突皮纹是其基本的、明显的共性特征，说明灵长目动物有着相同的祖先基本基因。

乳突皮纹属于软组织，由于没有化石遗迹可寻，因此进化的研究方面一直是个空白。但我们从树鼩开始，一直梳理到现代人群，采用重建食虫目与灵长目动物行为与指纹进化树的方法，可以分析出这一重要问题的期望结果。

由此我们可以自信地宣布：乳突皮纹是早于人类而诞生，普遍存在于灵长类趾、掌面的祖先性状。虽历经四五千万年，但基本的形态几乎没有发生异化，并在后来人猿进化的过程中，对智人的形成发挥了不可磨灭的、开启智慧之门的关键作用。

二、指纹开启智慧门

灵长类动物因树栖生活而独特地进化出了乳突皮纹，其生物学的意义不仅仅在于支撑树栖活动。出乎造物主的意料之外，但又是自然界之必然规律之中的是：它伴随着劳动之手的进步，最终促进了人类的诞生。

人作为万物之灵最大的优势是智慧。智慧是一种高级的综合能力，包含：感知理解、记忆联想、辨别计算、分析判断、个性决策等多种能力，是深刻理解人、事、物、社会，探求真理的能力。智慧并非纯粹大自然天然造化产物，而是人类在改造大自然劳动的过程中，同时改造自身的结果。

在智人的进化过程中，指纹的重大贡献是开启了大脑智慧之门。最终指纹与大脑智慧之间形成的关系，可用珠联璧合来形容。我们可以从以下3个方面发现它们深刻的内在联系：

（一）胚胎发生学角度

指纹的形成构成了大脑智慧的前导性基础之一。

皮肤是人体表层包在肌肉外面的组织，是人体最大的器官，总重量占体重的5%~15%，总面积为1.5~2平方米，厚度因人或部位而异，为0.5~4毫米。眼皮上的皮肤最薄，只有不到1毫米，最厚的皮肤在足底部，厚度达4毫米。在所有动物中，只有灵长目的手足掌跖面的皮纹发生了特化，形成了厚厚的、特殊的、各具形态的生理嵴纹，即指纹。某些指纹类型为不同种属所特有，所以在灵长目的分类上有重要意义。

编著于公元8世纪的《四部医典》，是著名藏医学家宇妥·元丹贡布等所著。他深入实践总结藏医药临床经验，并吸收了《医学大全》（藏名《门杰钦木》）、《无畏的武器》（藏名《敏吉村恰》）、《月王药诊》（藏名《索玛拉扎》）等著作的精髓，并参考了中医药学、天竺和大食医药学的理论，用了近二十年编成，至今仍为藏医、蒙医药人必读的经典著作。其对胎儿的指趾生成作了如下描述：

“身孕二月时至第五周，胎儿身上先有肚脐添。六周眼目官能已生全。八周身躯上部与下部。身孕三月已到第十周，腰胯突出上部生酸肩。十一周时九窍身体成，十二周时六腑得弥满。身孕四月已到十四周，上肢下肢臂腿四肢全。十五周时指趾共二十，十六周时脉络内外连。五月十八周内脂肉生，十九周时韧带筋线添。二十周时骨骼和骨髓，二十一周皮肤周身遍。身孕六月二十二周内，九种官能孔窍自然开。二十二周毛发指甲添，二十四周脏腑更成熟。”①

元丹贡布指出了，约到第5个月时，全身皮肤已经发育完成。1200年前，有这样的认识是非常难能可贵的。

现代解剖组织学揭示，皮肤是由表皮、真皮、皮下组织和皮肤附属器组成的微观结构组织。

1.表皮

表皮是皮肤最外面的一层，是一种复层扁平上皮组织，平均厚度为0.2毫米，在胚胎发育的早期，由外胚层分化而来。根据表皮细胞的不同发展阶段和形态特点，由外向内可分为5层。

（1）角质层：由数层角化细胞组成，含有角蛋白。它能抵抗摩擦，防止体液外渗和化学物质内侵。角蛋白吸水力较强，一般含水量不低于10%，以维持皮肤的柔润，如低于此值，皮肤则干燥，出现鳞屑或皲裂。由于部位不同，其厚度差异甚大，如眼睑、包皮、额部、腹部、肘窝等部位较薄，掌、跖部位最厚。

（2）透明层：由2~3层核已死亡的扁平透明细胞组成，含有角母蛋白。能防止水分、电解质、化学物质的通过，故又称屏障带。此层于掌、跖部位最明显。

① 宇妥·元丹贡布等：《四部医典》，李永年译，人民卫生出版社1983年版。

(3)颗粒层:由2~4层扁平梭形细胞组成,含有大量嗜碱性透明角质颗粒。颗粒层里的扁平梭形细胞层数增多时,称为粒层肥厚,并常伴有角化过度。颗粒层消失,常伴有角化不全。

(4)棘细胞层:由4~8层多角形的棘细胞组成,由下向上渐趋扁平,细胞间借桥粒互相连接,形成所谓细胞间桥。

(5)基底层:又称生发层,由一层排列呈栅状的圆柱细胞组成。此层细胞不断分裂(经常有3%~5%的细胞进行分裂),逐渐向上推移、角化、变形,形成表皮其他各层,最后角化脱落。

基底细胞分裂后至脱落的时间,为表皮生长更新的时间,一般认为是28日,其中自基底细胞分裂后到颗粒层最上层为14日,形成角质层到最后脱落为14日。

基底细胞之间,夹杂着一种来源于神经嵴的黑色素细胞(又称树枝状细胞),占整个基底细胞的4%~10%,能产生黑色素(色素颗粒),决定着皮肤颜色的深浅。各色人种的肤色差异,实质上就是黑色素细胞的差异。

皮肤附属器由表皮衍生而来,包括毛发、指甲等。

2.真皮

真皮厚度为0.2厘米左右,手掌、足底的真皮较厚,约3毫米以上,是由胶原纤维(为真皮的主要成分,约占95%,集合组成束状)和少量弹力纤维构成的结缔组织。真皮层由中胚叶发展而来,又可分为三层,即乳头层、乳头下层及网状层等,乳头层向上突入表皮层,向下与皮下组织相连,与后者无明显界限。丰富的血管和感觉神经末梢,从皮下组织延伸至真皮层,使得真皮富有敏感性。

表皮与真皮互为表里,对于两者的生长关系,段相林等人的研究(1997年)获得了比较完整的认识。他指出:2个月胎龄时,真皮组织内细胞密集;3个月胎龄时,胎儿指端真皮表面出现原始真皮嵴;4个月胎龄时,原始真皮嵴增大增宽,嵴正中出现纵行的凹沟;每条原始真皮嵴纵向一分为二,真皮嵴表面开始分化出真皮乳头原基,形成2条同源的真皮嵴,沟内出现汗腺导管;6个月胎龄时,脂垫完全消失,沿真皮嵴走向排列组成的双排真皮乳头嵴上,覆盖着角质化的表皮,此时俗称的指纹形态已真正形成,且终身不变。7个月胎龄及出生以后,随胎儿的生长,真皮乳头嵴逐渐加高,真皮乳头嵴的间隔也相应增宽而已。①

这一生长过程说明了,所谓的指纹是由双排真皮乳头嵴线组成的,表皮像是覆盖其上的一层薄薄的保护膜(表面看是一条乳突纹线)。所以当伤及表皮时,并不影响和改变指纹的原有形态特征,只有当伤及真皮乳头层时,才可能局部地影响指纹形象,并形成疤痕。

3.皮下组织

位于皮下组织真皮下方,主要由血管、神经、淋巴管及脂肪细胞组成,血管与神经组织往上延伸至真皮及表皮层。

---

① 马慰国等:《实用医学皮纹学》,科学技术出版社2008年版。

胚胎基因学指出，足、掌、指间的皮纹形成受基因遗传控制，在胚胎期皮纹分化时，如有特殊的因素干扰，就会产生出不同的皮纹样式。

对于皮肤的作用，通常的解释是，皮肤具有两个方面的屏障作用：一方面防止体内水分、电解质等物质丢失，使体内各种组织和器官免受物理性、机械性、化学性和病原微生物性的侵袭；另一方面阻止外界有害物质的侵入，保持着人体内环境的稳定，同时参与人体的代谢过程。但这样的解释，忽视了皮肤一个更为重要的生理功能，即大脑的感觉器功能。

(二)神经传导的角度

现实的世界是丰富多彩且不断变幻的，现实的世界是可认识的，对世界的认识又首先是从感觉开始的。感觉是客观事物直接作用于相应的感受器时，人脑对其个别属性的反映。根据引起感觉的刺激物的性质和刺激物所作用的感受器，可把人类的感觉分成8种：视觉、听觉、嗅觉、味觉、肤觉、运动觉、机体觉、平衡觉。可以这样说，感觉是产生人的认识、情感、行为等方面的重要先导。

人们通过眼、耳、鼻、舌、皮肤等各种感官，能动地去感受客观事物的各种信息，并形成最初的直接印象。从获得外界信息的角度，视觉占据感觉的绝对主导地位。美国哈佛商学院有关研究人员的分析认为，人的大脑每天通过5种感官接收外部信息的比例分别为：视觉83%、听觉11%、嗅觉3.5%、味觉1%、触觉1.5%。所以保护双眼极其重要；其次是听觉，风声雨声读书声，声声入耳，听觉是极重要的学习器官；除了视觉、听觉外，人类最为特殊的，远胜于一切动物的是肤觉，特别是其中的触觉，虽然它在接收外部信息中所占的比例很小，但它却用不到2%的资源成为了撬动人类智慧的杠杆。触觉的进化是人类进化过程中无比重大的事件，在改造客观世界和改造人的主观世界中的作用，真可用功高盖世来形容，怎样强调也不过分。虽然，动物(包括部分植物)也有触觉。

触觉是接触、滑动、压觉等机械性刺激的总称，是由压力与牵引力作用于触觉感受器而引起的，这是一种在动物界普遍都有的原始感觉。多数动物的触觉器是遍布全身的，能诱发出身体收缩、蜷曲等简单非定位性运动反应，以及变向无定位运动、负接触趋性等各种防御反应。此外，部分没有神经系统，没有肌肉的植物，如含羞草等对触刺激反应敏感，可说是相当罕见。食虫植物茅膏菜、毛毡苔等，感受器组织分化清楚，触之有动作电位发生。

触觉还是一些动物重要的定位手段，当猫和老鼠被剪除掉触须，缺少了对外界辨别的手段，它们的行为就会变得莽撞。

触觉器官是人类的第五感官，也是最复杂的感官。不同的人对同等强度刺激物的感觉能力不同，感受性高的人能感觉到的刺激，不一定能被感受性低的人感觉到。同时，一个人的感受性高低不是一成不变的，同一个人在不同条件下，对同一刺激物的感受是有高有低的。

人的触觉来自于皮肤，皮肤上有数百万计的感觉器。一是存在于表皮中的游离神经末梢；二是分布在真皮乳头神经中的触觉小体。它们与神经纤维相连接，分别感受温度、痛觉、触觉等多种感觉；压觉感受器帕氏小体，深藏于皮下各组织里，与深部感觉有关系。

已鉴定为感受器的有4种触觉小体，触觉小体呈卵圆形，长轴与皮肤表面垂直，外包有结缔组织囊，小体内有许多横列的扁平触觉细胞。触觉小体散布于皮肤表面，触点的大小不同，敏感度则不同，有的触觉小体直径可以达到0.5mm。

触觉小体的分布不规则，决定了人体各部位皮肤的敏感性大有差别。德国生理学家Von Frey曾用毛发触觉计来测量触觉感受性，感受性越高，感觉就越灵敏。方法是将一根人或动物的毛发的一端固定在手柄上（可选用一系列标定的不同硬度、长度直径的毛发，利用这些参数可以得到不同强度的微弱刺激），测量者握住手柄，用毛发的另一端轻触被测试皮肤，毛发刚刚弯曲，表示已产生触觉压力。压力的大小，可在精密天平上测出（每平方毫米/克）。触觉的绝对阈限，最终根据引起触觉的最弱的毛发来判定。

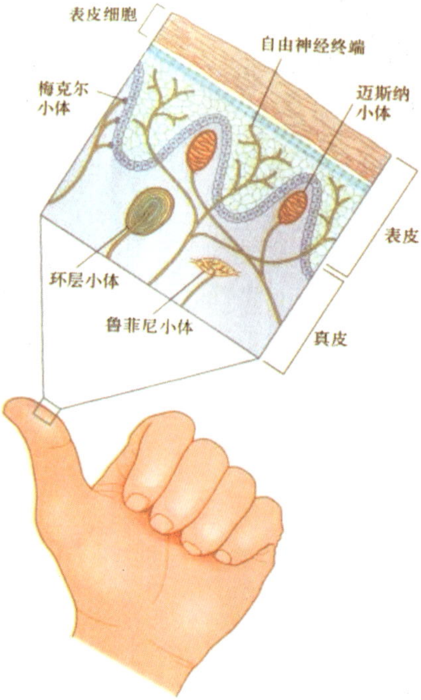

图3-3 皮肤触觉感受器①

试验结果发现，触觉的敏感性以手指腹部居最，其次是头部；在外皮与内皮（黏膜）会合的嘴唇和鼻腔内部，触觉器官的分布很丰富；而小腿及背部最少。所以手指腹部的触觉最为

① ［美］Michael Gazzaniga等：《认知神经科学》，周晓林等译，中国轻工业出版社2017年版。

敏感，小腿及背部较为迟钝。事实表明，乳突皮纹敏感性的特殊之处，就在于它较其他区域组织，存在有更为密集的血管神经及神经感受器，这与手在人们的生活、劳动中的重要作用是密切相关的。各个手指的频繁活动，久而久之在大脑皮质中央后回区形成特定的、较大的投射区，手指与大脑的联动，成为打开人类智慧之门的关键环节之一。

我们可以从人的神经系统和皮肤特别是指纹之间十分重要和密切的关系中理解上述的结论。在人体胚胎桑椹胚期，受精卵经过多次分裂，成为由12~16个细胞组成的形如桑葚的实心胚泡，该胚细胞由三层特殊的细胞组成。最核心层是中胚层，从此之后它将分化形成肌肉和骨骼；第二层是内胚层，将形成人体的内脏器官；第三层是外胚层，将产生关键的神经系统与皮肤。因此，大脑的神经系统与人体皮肤是由同一个外胚层组织产生出来的。皮肤，尤其是富有触觉小体的手掌面的乳突纹，可以看作是大脑的特殊外传感器，它们之间通过极其丰富的神经网络和感觉器，保持与物质世界的实际接触，开展信息输入与反馈，实现能动指挥。

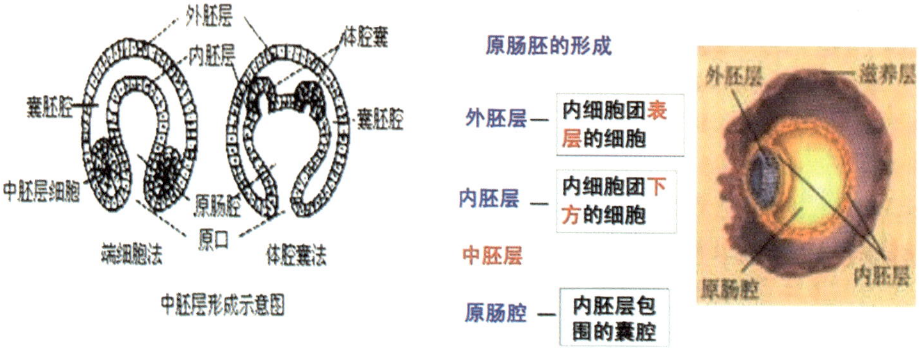

图3-4　三胚层图

因此，大脑与手指间的反应构成了“一荣俱荣，一损俱损”的密切关系。大脑的神经系统发育良好，心灵手巧才有可能；反之，大脑的神经系统发育有缺陷，则指纹发育不良，出现异常。

施韦歇尔(Schweichel)的研究指出，在指纹初生嵴形成之前，先出现排列有序的血管神经，然后才出现初生嵴、皮沟、汗腺和表皮嵴等。如果上皮细胞内没有神经长入，则指纹发育不全；皮肤组织如果发生缺氧，可影响汗腺的形成和分布。他认为，指纹的初生嵴是受神经血管的诱导而发生，脂垫的外部压力或胚胎，尤其是手的运动，都会影响表皮嵴纹的形成。①

邓少华等(1989)也持相同的观点，他们的研究发现，表皮嵴纹是与邻近结构同步发生的，掌脂垫细胞团会诱导指端毛细血管增生，毛细血管又诱导初生嵴的发生。这种表皮嵴纹

① 马慰国等:《实用医学皮纹学》，科学技术出版社2008年版。

的诱导机制值得深入研究。

(三)行为生物学角度

本能行为是适者生存规律制约下,长期适应性改变与学习的结果。如鸟类的迁徙行为、恐龙长出翅膀飞翔的行为,水生动物迁徙上岸、逐步由鳃呼吸变为肺呼吸行为等。本能行为具有的“先天诱发机制”(Angeborenen Auslösemechanismus AAM)必须符合以下5条准则,才能视为先天的本能行为:

1.定型行为,因为不定向的欲求行为可以显得非常多变;

2.出现在同一物种的所有个体上;

3.即使是被隔离培养的个体,也具有该种行为;

4.即使先前该行为被压制,过后还是会发生;

5.具有先天遗传基础的本能行为,在环境的压力下产生的改变,长期积累又会一定程度上导致遗传基因及外在性状特征的改变。

同理,“皮肤乳突纹的特化(包括进化与退化)是指、趾各种动作行为综合作用的结果。”①

如前所述,皮肤乳突纹是因抓握、腾挪等动作的长期摩擦作用下而滋生出的性状特征,摩擦力越大、越频繁的部位,乳突纹线形态就越发达、越丰富。尤其是经常发生旋转力的部位,通常产生出反映四周力量综合平衡的、规则的圆形斗。如猕猴的四趾掌面,接触物体压力最大、最频繁的5个掌垫部位,有着十分典型的圆形斗纹。猩猩的掌部也有相同的特征,说明行为与性状特征之间存在直线相关关系,并固化为遗传机制,产生出相近的基因,因此,乳突花纹有着强烈的神经生物学与遗传学特征。

但猕猴的趾端乳突纹没有进化,基本为原始的平行、斜竖行线,原因可能是其缺少外界特殊的复杂刺激。智力较猴类动物高的猩猩,其趾(跖)端的乳突纹已进化出弓、箕、斗等多种形态,这与猩猩长期使用前趾生活、简单的本能劳动有关,如使用石块击打硬果,用树枝“诱钓”洞穴中的蚂蚁食用等。

由于猩猩行走的行为动作形式是用指节背着地作支撑,这是一种很奇特的行走习惯方式,在灵长类动物中独树一帜。这样就造成了其五前趾乳突纹所接触的外部刺激的复杂性与频度不够多,即感受到的信息之复杂性、刺激量相对还是少,因此没有进一步向精细化的方向发展,表现为乳突纹线较粗,单位面积内触觉细胞的数量有限,限制了其指端的感觉灵敏度,故其智力虽强于猴类,却远远逊色于人类。

猩猩的后跖,由于直立行走行为的形成与相对确立,产生了足踝关节,行为的改变使得其足根部位的乳突纹形态明显退化,退行为平行线排列的状态,但前掌拇指大鱼际区及五趾

---

① 赵泳根:《记忆和行为的神经生物学基础》,载《生命科学》1993年第3期。

指端还相对保留有复杂的箕斗纹形态。人类的双足乳突纹形态的退化程度与猩猩大致相同,足根部位也呈现密集的平行短线排列,毕竟两者有过一段“同路人”的发展历程。

与之相近似的现象是,人的手掌舍去了行走的功能后也就缺失了承受巨大摩擦力的压力,其前掌指根部掌垫、大小鱼际的肌肉,也就不再像猴类那么发达。其树栖生活时形成的复杂箕斗纹明显退化,仅有大约不到10%的人,在手掌的大小鱼际部位还遗留有箕斗纹痕迹;不到10%的人,在手的4指指根部位,还残存有退化的箕斗纹痕迹。

但人的5指指端部位,乳突纹则大步进化。表现为:表面观察乳突纹线更细密,纹理之间的交叉点、分支点更多;实质是指端部位皮肤内的触觉腺更为丰富密集、对各种刺激信息反应更为敏感。指纹触觉敏感性的增强,得益于人类的熟食与用火和长期劳动的影响。

熟食给予人类更为丰富、全面的营养,熟食不但易于消化,还有利于营养的吸收,并且可以消除有害的成分。从生食到熟食本身就是人类进化的标志之一,直接有助于满足大脑物质快速发育、发展的需要,尤其是胚胎期、婴儿期大脑快速发育的需要,这是动物进化不具备的客观条件之一。

用火的贡献对于指纹与大脑智慧之间的关系不那么直接,所以要展开分析才能讲述清楚。人的动作,无论是生活还是劳动,手的功能最为重要,其中使用最为频繁的是拇指与食指,其他3指基本处于从属、辅助地位。因此从古到今,就接触外界的刺激之复杂性而言,拇指与食指首当其冲。尤其是在人属动物早期用火时,由于缺乏防护方法与经验,如同火中取栗,手指经常直接接触高温烧烤物体,这种强烈的刺激无疑也以拇指与食指为最。长期的、反复的这类刺激,包括其他种类的如手指出血、中毒等特殊刺激,必然导致拇指与食指的指纹基因发生适应性改变,产生变异。火一类高温的反复刺激也是动物少有的体验,人类用火的行为也就成为催化指纹基因变异、多态性发展,乃至智慧成长的助燃剂。事实正是如此,时至今日,人类的原始指纹基因已至少衍生出40余种等位基因,其中以食指最为多态,拇指次之,中、环、小三指指纹基因相对单一。

人类指纹基因的多态变化,是以掌部(包括足根部)的退化,指尖部位的进化为交替的,亦是一种典型的镶嵌式进化方式,符合法国生物学家拉马克提出的“用进废退”“获得性遗传”的两个进化法则原理。指纹基因的多态变化,深层次的是手指指端部位触觉细胞系统发生了深刻的变化,使得手指的感觉更为细腻、敏感。与之相适应,大脑对触觉输送的信息的判断与理解更为准确。总而言之,手上触觉系统的发展,是以指纹进化所引领,它对人的智慧的增长做出了不可磨灭的贡献。人类正是在这一关键点上彻底拉开了与猴类、猩猩等同路人竞争的距离。

也正是由于人类指纹触觉系统的发展,促进了各种外部信息传递的灵敏度,正向地刺激与促进了大脑相应部位神经系统触突细胞的大量滋生与发展。考古学家长期关注脑容量,脑容量的大小成为衡量智力的经典指标。但从发生学的角度分析，脑容量的增加，指纹触觉系统的大发展是一大前提。没有巨量的、复杂的触觉（包括与视觉的综合）信息刺激，大脑神经触突细胞大量增生就没有了原动力。脑容量的增加是果，指纹触觉系统的发展是重要的因。在由直立人进化到智人的时期，手的解放，复杂的劳动行为，直接导致了指纹部位触觉神经的大进化，从而直接推动了大脑的进化。在这一逻辑关系上，因果关系不能倒置。

手指触觉系统先于大脑神经触突系统向现代人进化的观点，我们可从当年任中国科学院古脊椎动物研究室研究员的吴汝康先生的研究成果中得到支持。20世纪50年代，吴汝康在研究北京直立人化石时注意到，在体质形态上介于古猿和现代人之间的北京直立人头骨，较四肢骨保留了更多猿的性质；并且上肢骨比下肢骨更接近现代人。据此他提出了人类进化过程中体质发展不平衡的理论。他认为，这种现象反映了在人类进化过程中，由于两条腿单独担负了人体行动的功能而解放了双手，使之能从事劳动。而劳动又推动了人的大脑向现代人的方向进化，在这一发展过程中，作用的不平衡性，即劳动与人体行动直接作用于四肢，间接作用于大脑神经系统，因此就突出地表现为包裹大脑神经系统的头骨发展缓慢，形态增殖落后于四肢骨。这种现象符合恩格斯关于劳动创造人的理论。

毋庸置疑，不断进化的大脑神经系统又将反作用于前端触觉分系统，反馈与被反馈、指挥与被指挥不断地完善，最终脑与手实现了完美的结合。所以，人类智慧的增长，有别于灵长类的关键之一，来自于乳突纹、触觉系统的进化。手之所以成为灵巧的手，会劳动的手，在于手指触觉系统发生了革命性的变革，使得人类手的感知能力十分巨大并且敏锐。其次是与视觉、听觉等其他感觉系统相结合，形成了综合分析的知觉系统。

这种进化实现的途径，主要是劳动，其次是生活，是大量制作生产、生活工具的实践活动，在促进手部触觉系统进步的同时促进了智慧的发展。制作工具的设想来源于意识，而该意识产生的前提是劳动经验的积累，首当其冲的无疑是手的感知与感觉的经验积累。这样的分析是进一步细化了恩格斯所提出的劳动创造人的学说，是符合历史进程实际情况的，因而是正确的。

一般认为，人类大脑有10的11次方神经元（或称神经细胞），这些神经细胞是脑的结构和功能单元，是脑活动链路中的关键节点。各神经元之间，又依靠“突触”实现神经信号跨神经元的传递，不同的神经元之间的连接数可达到天文数字级，多个神经元通过连接形成神经元群（系统）。大脑中，因功能的不同，有许多神经元群，各神经元群或为主或为辅地处理相关的信息。

大脑的基本功能在于接收经神经传入的内外环境变化的感觉信息，再经某个特定的脑神经元群对感觉信息进行处理，从而引起躯体或内脏的反应，促使机体与骨骼肌或者内脏器官的活动，以适应内外环境的变化。发生于大脑内的信号处理和指挥肌肉、内脏器官变化的信号传递过程，称为整合或者感觉——运动整合，因此大脑活动的基本过程就是整合。

如果考虑一个大脑内神经元可以接收几百个2×105个突触的传入，并在自身形成如此数量的突触，就可以看出，突触这种微小的结构在大脑的活动中占据何等重要的地位。

1987年，美国生物化学家埃德尔曼（Gerald Maurice Edelman）在他的《神经达尔文主义》一书中，借用达尔文主义探索意义形成，正式提出了神经元群选择理论，以解释意识与智慧的形成机制。

埃德尔曼认为，作为智慧表现形式的思维和意识，均为纯粹的生物学现象，都只是大脑内复杂的细胞化学反应过程，也可称之为神经信息传递与反馈过程。当外界的物体触及我们的感官，感觉器就立刻产生了化学反应，突触前细胞借助神经递质，将反应信息传送到突触后细胞，使突触后细胞产生兴奋或抑制现象。使下一个神经元产生兴奋的为兴奋性突触，对下一个神经元产生抑制效应的为抑制性突触。哺乳类动物和人类神经系统内信息传递的主要方式，几乎都是化学突触。

由于神经元之间神经冲动是单方向传导，中枢神经系统内冲动的传递也就限定了一定的方向性，即由传入神经元传向中间神经元，再传向输出神经元，从而使整个神经系统的活动能够有规律地进行。中枢神经系统中任何反射活动，都需经过突触传递才能完成。

终于有一些特定的分子产生了特定的化学反应链，由此而形成了特定的反应动作。长期的劳动，使得手指与大脑之间，形成了特定的反应规律与特点，心灵手巧是这种规律最简洁的形象比喻。

人类智慧的物质基础是优于动物的超发达的神经系统，还有非凡的学习能力。而个体之间的智力差别，一定程度上取决于精确地学习模仿和接受他人观点的能力。出乎所有科学家的意料，学习能力竟然深藏在大脑镜像神经元之中。

镜像神经元是意大利帕尔马大学神经科学家里佐拉蒂（G.Rizzolatti）1991年发现的，1996年发表论文即引起很大的轰动，现已成为神经科学近几年最重要的发现之一。

人在观察他者活动时，会在内心中不经意之间产生模仿同样动作、语气的意念，从而有助于理解他者的意向，这一过程是体验他者思想的神经基础。职业运动员和书画家都有这样的经验，可以通过内心的练习和想象来改进技巧，胸中先有成竹，下笔如有神助。我们更知道，实践出真知，对于某些事，人必须要亲身体验才可能真正了解，实践是具体的学习和经验积累的过程。科学家发现，在实践活动中，有一种细胞以类似镜像的方式开展着模仿学习。例如，当看到别人表现出某种情绪时，自己脑中的镜像神经元立刻会触景生情地活跃起来。也就是说，观察者与被观察者经历了同样的神经生理反应，从而启动了一种直接的体验式理解方式。大脑中的神经元网络，一般认为储存的是特定记忆，而镜像神经元群则储存了特定行为模式密码。这种特性不仅让我们可以不假思索就能执行某种本能动作，同时在看到别人进行某种复杂动作时,我们自身也能依葫芦画瓢地做出相同的动作,因此将这种细胞称之为镜像神经元细胞。

镜像神经元群的发现,为实践出真知的观点提供了实质基础。科学家认为,镜像神经元具有视觉思维和直观本质的特性,它似乎避开了意识中的"选择—识别"这一核心问题,另开辟了一种认知模式,直接形成特定的思维。按理,大脑是一个选择系统,不会将外界千奇百怪的信息照单全收,而应是区别性过滤、调频才能适应。所以有学者认为,人类的认知能力、模仿能力都建立在镜像神经元的功能之上,它对于理解人类思维的起源、人类实践能力的进化等重大问题有重要意义。在此基础上,我们理解,心灵与手巧之间,镜像神经元群是最佳的桥梁,它让手能自如地执行各种复杂的功能。

同样的道理,如果整个镜像神经系统受到干扰或损害,会造成重大的影响,甚至导致认知能力严重下降。例如,患自闭症的孩子镜像神经元失常,被认为是合乎逻辑的假设。患者往往很孤僻,不合群,眼光避免和他人接触;既不善于模仿他人动作,也不善于与人交流。而语言本身很大程度上依靠的是模仿能力,所以难以体会他人的感受和意图,明显的学习能力不强。

还有一种观点认为,生物系统中两个最具挑战性的问题——物种进化和获得性免疫应答,同样适用于解释镜像神经元的特性。物种进化的规律是依赖于从大量可变特征中进行适应基础上的选择;生物界有大量的生物群体,环境选择了最适物种;而神经系统通过感觉细胞进行选择,来识别外源物质。

神经元群体有极大的可塑性,增强和减弱都是选择的结果。神经元群体选择理论有三项基本原则:发育选择、体验选择和重复识别。

1.发育选择

神经系统强大的识别和加工处理能力,能有效地对不同连接模式的细胞群进行发育选择。按照物竞天择的规律,适应自然环境的细胞群被发育选择的概率就高,而不适应自然环境的细胞群被发育选择的概率就低,淘汰是必然的。

2.体验选择

进入大脑的感觉信息激活(或选择)一个特定的细胞群应答,实际上这已是一种经过初步识别的应答。如在劳动中,对劳动对象的某些属性(体积、重量、温度、湿气、光洁度)的感知,就是最明显的识别应答。

3.重复识别

重复识别是由重复刺激所引起的,通过重复识别(重入)而导致应答改变。这种简单的重复选择,最终强化、抽象或关联了某特定细胞群的强度。手指动作存在大数据变量,因此也存在无休止的重复识别,无疑,手指上的特定细胞群成为了选择中最大的受益者。

神经元群体选择理论可以假设为:对于不同的感觉信息的感知选择,从前端感觉器开始就分道扬镳、直通大脑特定的镜像神经元群解读与反馈了。即各种前端感觉器与大脑特定的镜像神经元群之间存在着红线,相信这是最佳的、最经济的联系捷径。

尽管此结论仍存在很大争议,但仍然是其最重要的独创性、开拓性的建树之一,也是科学界的一个经典。①

印度裔美国神经科学家拉马钱德兰曾说:"镜像神经元之于心理学,就像DNA之于生物学:镜像神经元将提供某种统一框架,并有助于解答许多至今还显得很神秘和难以进行实验研究的智力问题。"②

大脑是物质世界最复杂的结构,智慧是最具奥秘的生命现象。手指与大脑的有机结合,导致人类大脑的极度发育,赋予了我们一个"充分发育的生理脑"和一个"充满智慧的心理脑",想要理解和解释智慧还有很长的路要走。

① 郭晓强:《埃德尔曼:发现抗体结构的科学家》,载《科学》2014年第66卷第6期。

② 顾凡杰:《塑造文明的镜像神经元》,载《科学》2014年第66卷第6期。

第四章 指纹规律新认知

当我们关注“人类的智慧来源于心灵与手巧的绝妙结合”这一命题时，就会发现，手巧的关键在于手部皮肤，尤其是指端皮肤有着十分敏锐的感知功能。手的感知功能在相当程度上体现、影响着大脑智慧（认知）的水平。不由你不信，手的感知功能强弱是以几何形态形式表现的，犹如不同形式的天线，接收、反馈不同频率、不同强度的外界信息。所以大脑智慧与指纹之间存在密切关系，认知指纹学就是在这一原理指导下建立起来的。

探索指纹与认知之间的关系，对人类指纹规律的研究就显得十分必要了。

生命的世界是数学组成的世界。在生命的每一个层面上都有数学的身影，发现它，只需细心观察。如披着等角螺线美丽外衣的鹦鹉螺，缀着斐波那契数列之形态的向日葵籽盘……各种生物用自己的机体，构筑起争奇斗艳、外观美丽的图案，每一个图形都是一种巧夺天工、令人遐想联翩的数学模型。

指纹世界这部大书也是以数学方式来书写的。指纹以它“独特而又美丽的几何形态”和数字特征，非常奇妙地反映了指纹与遗传规律之间深刻而又科学的联系，令数学家、指纹学家为之倾倒。

泱泱70亿人口，当我们将它作为一个整体去研究时，700亿的指纹中，会存在着怎样共同的遗传规律与特点呢？

指纹本身存在的生理学客观规律与特点，是指纹学研究的核心与精髓，更是指纹个体识别理论不可动摇的生理学基石。经过历代的研究，学者们发现，全人类的指纹至少具有“指纹、人各不同律，先天具有终生不变律，基因库共性律”三大基本规律和八大特性。

第一节 指纹人各不同律

普通群众关心指纹学，常常最先好奇的一个问题是：世界上真的没有两枚完全相同的指纹吗？双胞胎的指纹也不相同吗？这是个有趣且实用性很强的问题，它与指纹技术在中国的发明直接相关。

指纹人人都有，为何唯独中国发明了指纹技术？指纹人各不同律的发现，源自中国古代先民朴素的认知。

陶器制作是新石器时代先民的一项重要的生产活动。中国是制陶大国，在陶器的制作中，手是特殊的“造型工具”，指纹天然优美的形态自然而然地无数次显现在陶坯上，成为“自然的纹饰”，天长日久必然引起一些有艺术直觉的先民的注意，并激起创作的灵感与兴趣。

20世纪80年代在内蒙古赤峰、辽宁等地，发现了大量的红山文化遗址群。尤其是辽宁省建平县牛河梁“坛庙冢遗址群”，其规模宏大的红山女神庙及高达真人2~3倍的女神群像的出土，堪称中华5000年文明起源的标志，足与埃及金字塔、两河流域乌尔(Ur)神庙、印度河流域莫亨觉达罗古城三大文明古国的象征性遗址相媲美。著名考古学家苏秉琦断言：“红山文化在距今五千年以前，率先跨入文明古国阶段。”

在红山文化祭坛遗址出土的众多彩陶器中，有一件出土于赤峰蜘蛛山遗址，器形、纹饰与其他陶器迥然不同的，距今4000余年的“曲线纹彩陶罐”，出土时虽已破裂，但它的考古价值一开始就受到了专家们的偏爱，被定为国家一级文物。它是“红山文化遗址中出土的数千只彩陶器中仅有的一两只曲线纹饰彩陶罐(考古学家语)。”

在指纹学家的眼中，这只曲线纹彩陶罐是那么的雍容华贵、安详而立，给人以强烈的指纹广告画的视觉冲击。该陶罐口径16厘米、底径10厘米、高37厘米，整个画面设计匠心独具。通体涂敷陶衣，上半部红底黑彩绘制的3组左右相连的曲线图形，分明是3枚形态相同、极其典型的箕形纹指纹画。指尖统一垂直朝下，相互配合，呈3指稳捏田螺状，似告诉人们——团结一致，胜券在握！

典型的指纹画彩陶还有山东大汶口文化遗址出土的敞口长颈双耳红陶罐、青海省乐都县出土的马家窑人像指纹彩陶壶等。

这些原始指纹画彩陶罐的创作过程提示我们，长期的劳作，对线条图形有着特殊敏感的先民对指纹痕迹产生认识是客观的。换一个角度说，在长期制陶的实践过程中，依照指纹图形创造出指纹画是完全合乎逻辑、合乎规律的，而且制作指纹画的载体，当时最佳的选择也

螺旋纹彩陶壶

该器为黄河下游大汶口文化遗址出土，距今4500年以上。器上4个联体螺旋纹，细节特征十分明确，明显可看出该图画取自指纹原型。

蜘蛛山曲线纹彩陶罐

该罐出自内蒙古赤峰的蜘蛛山遗址，属东北地区仰韶文化同期的红山文化，距今5500年。通高37厘米，长颈深腹平底，泥质红陶。通体涂敷陶衣，在器口用赫石粉绘有3组相连的箕型纹，形似手指取罐状。

人像指纹彩陶壶

该壶出土于青海柳湾墓地216号墓中，属马家窑文化中期，距今4800年。标本号216：1，通高224厘米，口径5.5厘米。器形为小口短颈，圜腹双耳，平底，泥质红陶。从口到器腹中部涂有陶衣。器腹绘有4个螺旋斗形纹。

图4-1　指纹彩陶罐

应是陶器。诚然，此时的先民们，对指纹的认识仅仅局限在对图形的好奇、欣赏等感性认知上，更多的可能是出于装饰美的需要，还没有与人身的识别作用联系在一起。但它却毫无疑问是后来中华指纹技术得以发生的滥觞，是我们祖先杰出智慧的体现。

指纹个体识别的普遍应用最先体现在民间契约中。

据史书记载，我国从周代起，民间的经济活动，如买卖、借贷、租赁、转让、赠予等，均需订立契约，当事人需在证人的见证下，在契约上署名表达诚意。契约的材质有石、木、竹、帛等多种，较为普遍的是竹简与木牍。汉朝以后，中国发明了纸张并得到普遍的应用。从此后，公私文书舍弃了笨重不堪的竹简，改在纸上书写。细腻的纸质常常在不经意之间清晰地反映出各具形态的指纹图像。这与生俱来的"个性化图章"特点，在隋朝时被巧妙地应用到了民间契约上，开创了指纹用于个体识别的最早应用模式。既解决了一些当事人手不解书(不会写字)的困难，又加强了契约的防伪功能。隋唐时"官有政法，人从私契。两和立契，按指为信"成为了契约订立的典型范式。这一中华指纹技术最原生态的应用，在全社会普及开来，并随着丝绸之路的贸易活动传向世界，中国由此成为了指纹技术的发源地。

丝绸之路的重镇吐鲁番是世界指纹技术的故乡，出土有数百份唐代契约文书，试举两例契约：

其一为《某人买葡萄园契》：

(前缺)

1.□……壹佰步□……

2.□……交孔钱叁拾文□……

3.□……钱不毕，入四月卅，拾钱□……

4.□……悉不知，仰张自承□……

5.□……安自承支(祀)，仰张自□……

6.□……垣南共董子海桃(萄)□……

7.□……垣。北往渠。桃肆□……

8.□……后有人何道(盗)者，□……

9.□……依旧通。

10.□见吴海儿不解书至(画全指节纹押)

11.□书曾相元

12.□坐安客得不解书至□……(画全指节纹押)[①]

其二为《唐西州高昌县赵怀愿买舍契》：

1.□……日，赵怀愿从田刘通息阿丰边买东西

2.□……舍贰区，即交与买价银钱拾文。钱即毕，舍即付。舍容

3.□……天，下至黄泉，舍中伏藏、役使，即日尽随舍行。舍东共

4.□举寺分垣，南共赵怀满分垣，西诣道，北诣道。舍肆在之内，长不

5.还，短不促(足)；车行人道依旧。□……

6.了。贰主和同立券，券成之后，各□□□，悔者壹罚贰入

① 唐长孺：《吐鲁番出土文书》第五册，文物出版社1983年版，第253~254页。

7.□悔者。民有私要,要行□□署名为信。(指节纹押)

以息阿丰手不解书

以至(指)节为明

8.倩书张武□

9.时见刘德□

10.临坐□□□

(下残)[①]

上述两契约订立者,当事人吴海儿、以息阿丰(或胡人)不识汉文,不会写字(手不解书),因此只得在契约上画上自己的指节,并请倩书人作补记说明。

应该说这是画指为信方式产生的一种现实需要性。当契约签订遇到了当事人目不识丁的困难时,有人便想出了"画指为信"或"获指为验"的解决办法。

图4-2 古代契约图[②]

在古代,对于指纹人各不同特点的认知是经验性的,亦非经过严格大数据量的比对论证。因此到了现代,当指纹技术作为物证之首,广泛地应用于刑事诉讼案件时,对指纹人各不同特点的质疑声四起。

1910年,对于指纹是否真的具有个体唯一性的争论余波未尽时,法国巴黎大学教授勃太氏利用概率论给出了肯定性的计算结果。他首先将指纹纹线的端点按顺时针方向,归结为4种细节特征:起点、终点、结合、分歧。每个指纹上有超过100个这种细节特征。以100个细

① 唐长孺:《吐鲁番出土文书》第四册,文物出版社1983年版,第145页。

② [英]奥雷尔·斯坦因:《发现藏经洞》,姜波等译,广西师范大学出版社2000年版。

节特征计，随机排列组合的概率，共有4的100次方($4^{100}=1.6069 \times 1060$)种组合形式。如果全世界按50亿人口计算，共有500亿个指纹，那么在3.2139×10^{49}个世纪之后，才可能出现两枚相同的指纹。因此他认为，无论是理论上还是实践上，世界现存人口中不可能有两枚相同的指纹。

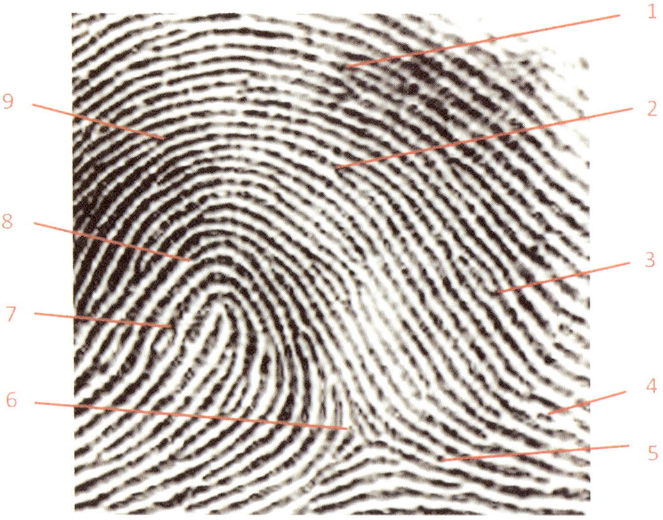

1. 小桥　2. 分歧　3. 小钩　4. 小点　5. 终点
6. 小棒　7. 小眼　8. 起点　9. 结合

图4–3　指纹细节特征图

苏联刑事鉴识学家伐·雅·柯尔金也曾从实践的角度论述了指纹的特定性：

“乳突线花纹的第二个重要特性，就是它的明显特定性。乳突线花纹的特定性，实际上已经在根据指印实现人身审查和同一认定过程中得到指纹卡片工作的验证。在半个世纪以来广泛采用的指纹登记实践中，不同的人有同样指印的例子，一件也没有发生过。乳突线花纹的特定性和犯罪对策同一认定的许多其他客体不一样，这种特定性表现得非常明显。也就是说，它具有大量的看得很清楚的特定特征，使手印成为同一认定的可靠和正确的依据。”①

对于一卵双生，通常认为其DNA遗传密码是完全相同的，受精卵在一分为二自我复制的过程中遗传密码不会发生改变，因此双胞胎的所有性状特征应完全一致，这是双胞胎极其相像的原因所在。

在指纹学上，双胞胎指纹一直是一个研究的重点，科学家想搞清楚的主要是两点：一是基因相同，指纹是否相同？以证明指纹是否彻底的具有人各不同的特点；二是血缘相近，指纹是否更相似，它的遗传度是多少？我国公安部指纹专家赵向欣等人曾将143对同卵双生者和65对异卵双生者的指纹作对比研究。经大量的数据计算后证明，同卵双胞者指纹的相

① ［苏］伐·雅·柯尔金：《苏维埃犯罪对策学》，徐立根译，中国人民大学出版社1957年版。

似性表现十分明显，甚至不仅是纹形相同，而且其中的花纹，中心至三角间的距离，乃至细节特征的分布位置都极相似。但有一点始终没改变，也就是同卵双胞胎没有一例指纹是相同的。造物主最终给定的事实仍然是：指纹只有唯一，从没有克隆版。

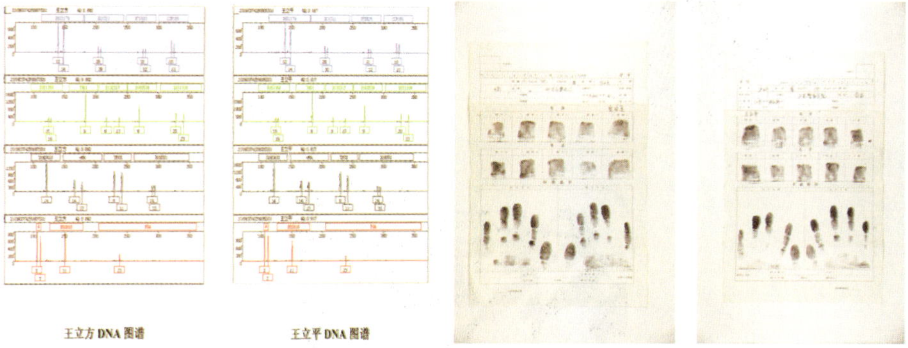

图 4-4　同卵双胞胎指纹 DNA 与指纹图

数学式的证明结论是简洁明了的，但很多人仍常有这样的疑虑，难道真的没有双胞胎的指纹相同的奇迹？总有人相信，大自然一定有例外。

1953 年曾就此发生过一场有名的科学争论。一家颇有名望的德文周刊发表了一篇报道，标题是："深受震动的刑事鉴定学"，内容摘要如下：

"刑事鉴定学产生了新忧虑，对于指纹的信仰发生了动摇。至今人们坚定不移地确信血统再近，也没有一个人的拇指指印与他人相同。可是突然间同时有 5 个姑娘，她们手指图像完全一样，无法区别。这就是远近闻名的加拿大五胞胎，现在已 18 周岁的狄奥纳五姐妹。已经毫无疑问地确定，她们的皮肤纹线完全相同。"

如果这一事例成立，那真是造物主给科学家开了一个高级玩笑，指纹人各不同的理论将被彻底推翻。此事引起了做事严谨持重的德国警察的高度重视，德联邦调查局认为有必要向加拿大提出质询，虽然他们并不怀疑这一报道是错误的。

同样负责任的加拿大渥太华的主管部门不久回函称："根据来函所提一家德文周刊报道的有关狄奥纳五胞胎的指纹一事，我们可以向您们说明，这 5 个姑娘的指纹已由我们的专业人员认真作了鉴定，业已确定，不仅 5 个人的十个指纹各不相同，而且也没有两个单指指纹是一样的……"

在指纹科学面前没有特例。

言归正传，指纹人各不同的规律，需从 3 个层面去理解：

首先是指任何一枚指纹（包括指节纹、掌纹、趾纹）的不同部位之间，其乳突线花纹结构的形态，乳突线细节的特征、数目、位置、距离、相隔线数和角度关系等拓扑关系构成特定性，亦具有独特性、不重复性。

其次是指同一个体的十指，及双掌、双足纹各不相同，具有独特性。

再次是指任何两个个体的指纹、指节纹、掌纹、足纹各不相同。指各不同、人各不同具有严格的意义，这种特殊性终生保留。

图4–5　4胞胎指纹图①

简而言之，指纹的个体特殊性是一种纹线之间相互拓扑关系的特殊性，可以用拓扑图数学方法给予证明。

指纹人各不同律有着极为重要的应用价值。它能让伪造露出破绽、真相水落石出、冤案平反昭雪。试举例为证。

潘公鉴指破伪案

元代姚燧曾写有一名为《浙西廉访副使潘公神道碑》的碑文，文中记载了潘泽在任山北辽东道提刑按察使时所办的著名案例，不可不读。

提刑按察司（至元二十八年后改为肃政廉访司）是元朝设立在省一级的司法部门，主管全省的刑名、诉讼事务。同时也是中央监察机关——都察院在地方的分支机构，对地方官员行使监察权，主管为提刑按察使或称为按察使。

① ［德］罗伯特·海因德尔：《世界指纹史》，刘持平等译，中国人民公安大学出版社2008年版。

潘泽刚调任辽东道提刑按察使时，就接手一件已定案的佃民杀害其地主的案件。经其复审，查明实系地主之妻与姘夫所为，佃民冤屈得以昭雪，世人广为称颂。接着又受理了一起诉当地豪强权贵强迫一户平民17人为家奴的案件。此案件豪强有买奴的契约为证，有司审办了多年，始终无法查明真相。

元朝还残存有奴隶制度，允许奴婢买卖。奴婢和牲口一样，为社会最底层一族。可作为商品买卖和赏赐，受主人的役使和虐待，男为奴，女为婢。其与家长之间有严格的主仆名分，其主仆关系不仅是终生，而且延及子孙。本案所告即是豪强以买卖名义强迫平民沦为家奴的事件。

潘泽根据当时社会上卖身为奴时，男女老少均要在卖身契上画左右手的食指指节纹为据的习惯，判断指节纹的疏密应与各人短长少壮的年龄、身高等相同。于是征调契约仔细审视，发现契约中有一13岁少年的指节纹与成年人相同，勃然大怒，斥曰："伪败在此。"遂令召郡内13岁的少年10人，量其指节，与契约上13岁之儿的指节纹作比对，结果皆不符合。在事实面前，该豪强被迫烧毁了伪造的契约，释放17名家奴为平民身份。潘公神明的声誉再次鹊起。

《浙西廉访副使潘公神道碑》原文：

"转山北辽东道，提刑按察使，事治有佃民杀其主者，狱已结矣，公详谳之，则其妻与所私夫为之，乃昭佃民，当二人法。

"又有讼其豪室奴其一家十七人，有司观顾数年不能正。公以凡今鬻人，皆书男女左右食指横理于券为信。以其疏密判人短长壮少与狱词同。其索券视中有年十三儿，指理如成人，公曰伪败在此，为召郡儿年十三十人，以符其指，皆密不合，豪室遂屈毁券。"

潘公真不简单，在古代就能采用实验对比的科学方法查验指节纹的真伪，够得上名探水平了。

第二节 指纹终生不变律

1856年的一天，年届75岁高龄的德国吉森尤斯图斯-李比希大学（吉森大学）讲师，人类学家韦尔克，偶然之中翻出了他34岁时保存的一份自己的指纹捺印样本，兴奋之余又捺印一份新的自己的指纹样本。将两份样本仔细比较后，韦尔克惊讶地发现，时隔41年，自己指纹的整体形态和细节特征都没有改变。专业的直觉告诉他，处处留心皆文章，不经意之间，他发现了指纹终生不变规律的依据。

此后经过一个多世纪以来数以百万计的刑事办案实践进一步证明，指纹终生不变的规律具有严格的科学性。对此，20世纪著名的苏联犯罪对策学家伐·雅·柯尔金评价道："乳突线花纹的第一个重要特性，就是它的固定性、实际不变性。乳突线花纹的结构和人的整个外貌不同，在整个生存期间，人的整个外貌会发生很大的改变。但是乳突线花纹的结构却不会有改变，最多不过在于其大小上发生合乎比例的增长而已。这是因为在人的整个生存期间，乳突线——真皮的乳突——的每个因素的机能和位置都具有稳固性。当皮肤表面发生变化时，如果这种变化并没有深入伤及下面一层，具体来说即乳突层，那么皮肤受伤的部分仍然会恢复原状，乳突线花纹仍然不会有改变。只有在受伤很深的时候，由于皮肤的再生是依靠结缔组织来进行的，所以在受伤的地方才形成伤疤。但这种伤疤以后也可以把它作为很好的同一认定特征而加以利用。"

指纹学前辈赵向欣老师指出："人的指掌乳突线花纹具有人各不同、各指不同和终生不变的基本特性。指掌乳突线花纹的特性，是指纹学的核心和精髓。关于指掌乳突花纹特性的理论，是指纹学个人识别理论的基石。指纹学之所以兴起和发展，经久不衰，应用范围日益广泛，尤其是能为揭露犯罪行为和证实犯罪人提供最准确、可靠的证据和简捷的方法，其根本原因亦在于此。"①

对于指纹终生不变、人各不同是两大基本规律还是一条规律，笔者从事指纹工作三十余年，接触了拓扑学理论后有了自己独特的观点。

20世纪诞生的拓扑学为指纹学的研究提供了强大的数学方法。拓扑学是现代几何学的一个分支，它主要研究"形态在经过特定变换后仍然保持不变的几何属性——拓扑属性"。刘持平认识到，每枚指纹（包括手、足掌的某一局部）都是一个典型的拓扑图形，指纹图形中的点、线、面的组合，既有规律性又有一定的复杂性，存在多种形式的拓扑空间关系，包括点

① 赵向欣：《中华指纹学》，群众出版社1997年版。

与点、点与线、线与线、点与面、线与面、面与面等各种拓扑空间关系。概括而言主要有三种关系：一是拓扑邻接关系；二是拓扑关联关系；三是拓扑包含关系。这三种拓扑关系清晰地反映了指纹图形细节特征之间的逻辑关系，构成了指纹不变的几何属性——拓扑性质。

拓扑性质理论彻底解决了长期以来缺失的关于指纹独特性标准的问题。

拓扑学在解释拓扑性质的概念时，常常将欧氏平面想象成一块橡皮。这块橡皮可以被任意地拉伸、压缩，但是不能够被扭转以及折叠，其表面上有由结点、孤段和多边形组成的任何可能的图形。欧氏平面的拉伸和压缩被称为拓扑变换，在这种变换中，能够保持不变的属性称为拓扑属性，发生变化的属性称为非拓扑属性。

（一）拓扑变换后不变的属性

（1）点是一个弧段的端点；

（2）点在多边形的边界上；

（3）点在多边形的内部；

（4）点在多边形的外部；

（5）点在环的内部；

（6）弧段是一个单一的弧段，弧段自身不相交；

（7）面是一个简单的面，面中没有“岛”；

（8）面的连接性，面内任意两点可以通过面的内部沿任意线路连接起来。

（二）非拓扑属性

（1）两点之间的距离；

（2）一个点指向另一个点的方向；

（3）弧段的长度；

（4）多边形的周长；

（5）多边形的面积。

对于指纹学而言，非常容易理解图形特定变换的概念以及不变的属性的含义。因为指纹恰恰是一种可以被有限地拉伸、压缩，但是不能够被扭转以及折叠，其表面上有许多细节结点和多边形，能组成任何可能形式的图形。而这种图形就是独特性的表现形式，是一事物区别于他事物的特殊本质。

笔者认为，运用拓扑学理论，可以明确地阐明指纹的“人各不同”和“终生不变”两大规律的本质，就是指纹天然具有的“拓扑不变性质”。所谓的“不同”与“不变”，都是指的指纹拓扑性质的“不变”与“不同”，两条指纹规律实际是一条规律，区别仅仅是表达的角度不同而已。

将拓扑学引入痕迹检验学和指纹学，带来了全新的思维，为检验理论与方法的创新打开了一扇崭新的大门。

现代解剖学也证明，胎儿从6个月形成完整的乳突花纹起，到死后真皮乳突层腐烂时止，人手足部位的乳突线花纹类型、具体形态、细节特征的种类、数量、位置和相互关系所构成的特征总和始终不变，而且还是同一认定的可靠依据。历史上，有很多刑事案件，数十年后发现犯罪嫌疑人时，其当年作案现场所留下的指纹成为定罪证据之一，其生物学的原理就在于指纹终生不变。白银系列强奸杀人案就是经典的案例之一。

1988年至2002年，甘肃省白银市及内蒙古包头市区连续发生强奸残杀女性案11起，被杀11人，作案跨度14年。在这14年中，白银市区笼罩在恐怖的氛围之中，罪犯像幽灵一样来无踪，去无影。

1988年“小白鞋”之死，是该系列案的首起恶性命案，此后凶手不断地举起屠刀。

1988年5月26日傍晚时分，白银市永丰街，白银公司23岁的女职工白杰(化名)在家中被杀。

在哥哥白银眼里，这是一个老实、听话的姑娘。外人看来，她漂亮、时髦，是厂花“小白鞋”。那天下班后，白银骑自行车回家，去看独居的妹妹，一开门便惊呆了，家里被翻得乱七八糟，妹妹的长裤被扒，血肉模糊地倒在床边，脖子上被砍了一刀，床上到处都是血迹。

现场勘查中，在白杰左腿内侧发现一血手印，其中右手食指半枚指纹清晰；另有一枚血指纹留在门把手处。现场显然被清理过，足迹很模糊，凶手离开得很从容。

此案过去6年，警方一无所获，罪犯又下手了。

1994年7月27日，白银供电局的单身宿舍，一名女职工被人杀害。被害人19岁，颈部被切开，上身共有刀伤36处。

1998年，更糟糕的事情发生了。这一年，凶手又疯狂作案4次，一次杀一人，有两起仅仅相隔3天。此时的白银市人心惶惶，草木皆兵。高中生不再上晚自习，女孩们不敢穿漂亮的衣服。白银几乎调动所有警察、武警、治安警甚至社区大妈，三班倒值班，24小时不间断巡逻所有大街小巷，死看死守。但仍然没能防住罪犯行凶，经常是还在开会讨论上一个案子，新的命案又发生了，民警赶到现场时“尸体还冒着热气呢”，但凶手早已没了踪影。

2000年、2001年，凶手又在白银区入室各杀一女性。2002年，又一起凶案在光天化日之下，在人们意想不到的公共场所发生了。

这一年的2月9日，春节前夕的白银市中心，在人来人往的陶乐春宾馆的三楼长包房内，客户朱某被害，颈部被切开，上身双乳外露，下身赤裸，遭到强奸。

所有这9起凶案，集中地发生在白银市中心繁华狭小的区域内，这种反复式的作案手法世所罕见。罪犯作案时无所顾忌，没有伪装，现场遗留的指纹、DNA等物证表明，凶手为同一人。

同年下半年，罪犯跳出惊恐中的白银市，北上内蒙古包头市故技重演，连杀2名女青年，将包头也拖入了惊恐之中。

2001年8月，公安部将白银系列强奸杀人案定为部督侦破案件，包头2起命案在第一时间并入系列案侦查，专案定名“白银‘8·5’系列强奸杀人案”。以后的几年中，公安部多次组织刑侦及法医专家会同甘肃省公安厅进行专案攻坚，始终未能取得实质性进展。

这一案犯先后作案时间长达14年，2002年之后突然没了声息，人们怀疑，凶手可能不在人间了。在这期间这一被称为“世纪悬案”的几任专案负责人，先后带着遗憾去世或调离。

2011年，网络上曾流传过一封据称是参与侦办该案的一位民警写给凶手的公开信，信中称，“我始终没能抓住你，对于晚辈和被害者遗族来说，是一生的罪人。”

又过了14年，2016年3月，白银系列强奸杀人案再次被公安部命案积案攻坚督导组定为首位案件，重新组织痕迹、刑侦、法医及DNA专家合成侦查。明确：即使罪犯已死亡，也要将其找出来，让案情水落石出，给历史以明白的交代。

2016年8月26日，在首案案发28年后，当年在受害人白杰左腿内侧发现的半枚右手食指指纹，经鉴定为52岁的犯罪嫌疑人高某勇（男，汉族）所留。28年间，公安机关先后比对了23万余份指纹，终于依靠指纹终生不变的特性，追踪到了真正的凶手。

小隐隐于野，大隐隐于市。出乎所有人的意料，案发后多年，凶犯高某勇竟然潜伏在白银市与一受害人同一小区内。当日，办案民警在白银市工业学校一小卖部内将其抓获。经初步审讯，犯罪嫌疑人高某勇对其在1988年5月至2002年2月间实施强奸杀人作案11起，杀死11人的犯罪事实供认不讳，白银“8·5”系列强奸杀人案艰难告破。

2018年1月3日，根据最高法院院长签发的执行死刑命令，高某勇被执行了死刑。

1978年西安的一起杀人案也是一起经典的依据指纹终生不变原理侦破的案例。

现实中的侦探常常是不幸运的。因为狡猾的罪犯为了逃避打击，总是千方百计藏尸匿迹，或将受害者沉尸河中，或将尸体掩埋土下。在自然环境条件下，这类尸体在微生物和虫类的共同作用下，其肌体将在几天或几个月内腐烂变质，化为浊水或粉渣状物质。

但这个特殊的案例告诉人们，时间和自然环境并不总是有利于罪犯。

1978年11月18日，西安市南郊友谊东路永宁公社刘家庄生产队的人们发现，该队一口饮用水井的水质有了异常难闻的气味，经仔细观察，从中打捞出一具高度腐败的男性尸体，其头、颈部有严重的击打伤。法医检验后认定，他是被残杀后，由罪犯转移抛入井内的。

死者的头面部早已被作案者破坏得面目全非，加上自然腐败的原因，失去了辨识的条件，更为重要的是，由于肌体腐烂，要从窄窄的井口将尸体打捞出来，一系列复杂和艰难的动作，早就将死者手上腐烂如泥的表皮碾成了碎片，用传统方法采集指纹的希望落空了。

皮肤是人体最大的器官，成人皮肤总面积约为1.5平方米，约占总体重的16%，厚度为0.5~4毫米，覆被全身，保护体内各种组织、器官免受外来的各种刺激与伤害，同时还承担调节体温、分泌排泄物、新陈代谢、感觉事物等生理功能。对于维持日常健康具有重要意义。

胚胎学告诉我们，皮肤是由受精细胞最初的两个不同的部分发育而成，最外层的表皮由受精细胞外胚叶分化而来的角朊细胞组成，里层的真皮及皮下组织发源于受精细胞的中胚叶。在生长成为皮肤组织的过程中，表皮与真皮结合处，呈波状曲线面，表皮的钉突下伸到真皮中，真皮的乳头上镶嵌于表皮中，表皮与真皮如犬牙交错，结合甚牢。

但肌体在腐烂的过程中，腐败细菌在尸体内大量繁殖，3~4天体内蓄积了大量腐败气体，腐败气体窜入表皮与真皮之间，生成腐败水气泡，内含有污褐色的腐败液体，并形成巨大的张力。在张力的作用下，原本紧密结合的表皮与真皮发生自然剥离。一旦腐败气泡自然溃破或受外力压迫破泄，表皮即发生剥脱而成为碎渣，此时利用指纹鉴定人身的条件丧失了，这是最令侦查员头疼的事。现在这头疼的事让西安警方遇到了。

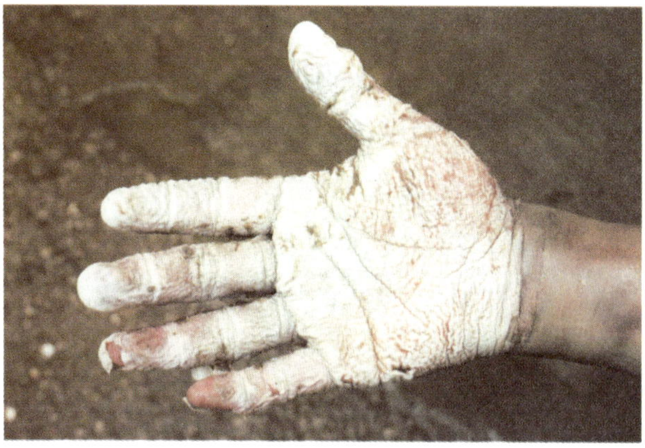

图4-6　脱落的表皮指纹套

在案件的排查中，当地的一个曾受过刑事处理的名叫王某阳的人，其身高、年龄、体态及失踪的时间与死者很相像。问题的关键是缺少确切的证据来证明它。

真皮表皮两相依，脱落表皮后的真皮上竟然也有着与表皮一样的乳头状线条组成的花纹。刑事技术人员从这一奇特生理现象中受到启发，试着采用烟熏等多种方法，终于获取了死者真皮指纹印迹。经仔细观察，发现真皮上的纹线是由并列的两排乳头状线条所组成，与此相对应的表皮纹线却是单排凸起的纹线。真皮与表皮的组织形态特点是，真皮上双峰(双乳头)排列合并成表皮的一条纹线。按照这种认识，将真皮指纹与指纹档案库中存有的王某阳十指捺印指纹核对，两者间的特征竟然纹丝不差。死者身份终于确定，很快成功地破获了此案。

利用真皮指纹认定死者，这在我国指纹史上是首例，西安警方是首创，它不仅填补了指纹检验学上的一项空白，同时也深化了对指纹终生不变原理的认知。它从实践的角度揭示了表皮与真皮的内在一致性。此消彼存，真皮指纹相当于表皮指纹的“备份”，当表皮指纹腐烂丧失后，真皮指纹仍具有不可替代的作用，它还会无言地以其十分独特的方式，告诉你事实，引导你去追凶除恶。指纹这一人体的天然印章，有着无穷的奥秘。

第三节 指纹基因共性律

指纹终生不变、人各不同的规律主要侧重从个体研究角度阐述。从群体研究的角度,人类指纹还应有群体的共性规律。按照基因遗传学理论,人类指纹基因库的概念是指:人类所有个体所携带有的全部指纹基因的总和。人类指纹基因库是一个特定性状基因库,是庞大的人类基因库中的一个分支库。

实事求是地说,直至目前,人类指纹基因库仍是个理论推理的概念。因为科学家至今尚未明确具体是由哪几个基因决定着指纹的发生、发育、生长及遗传,而是通过普遍的基因型决定表型的原理进行着解释,但这并不妨碍我们对指纹一般规律的认识。

虽然指纹基因我们一时无法直接观察,但指纹的各种表型是一目了然的。当某种生物的表型足以归类时,人们可以将某一类表型冠以“某个基因类型”来表述,此时表型就成为了基因型的形象代表,表型的观察频率就反映了基因库中基因类型的实际分布频率。如果我们知道特定基因型及其相应的表型之间的关系,就能将表型的频率直接转换成基因型的频率。实践证明,这是一种极为有效的认识方法,对人类指纹基因库的认知,走的就是此捷径。

在19世纪初,指纹学在西方尚未兴起之时,就有兴趣爱好者开始了对指纹纹型的比较研究。研究者首先尽可能地根据指纹的不同形态,划定指纹的类别,以便于作分类统计。大学教授约翰尼·伊文·利斯特·珀金杰(Johnnes Eveng list Purk-inje),于1823年12月22日最先发表了拉丁文的论文《触觉器官和皮肤组织生理学检查注解》(A commentary on the physi - ological eramination of the orgaus of vision ahe the cutaneous system),他利用指纹的中心形状和三角数的多少,最终将指纹划分为9种纹型,分别为:

(1)平拱(Plain Arch—A^p);

(2)帐拱(Tented Arch—A^t);

(3)尺箕(Ulnar Loop—L^u);

(4)桡箕(Radial Loop—L^r);

(5)(6)中心袋形箕(Central Pocket Loop—L^u);

(7)(8)螺形(Whorl);

(9)重箕(Donble Loop)。

由于历史的原因,珀金杰的论文在当时并未引起人们的关注,但是他的研究为现代指纹学的发展跨出了很有意义的一步,为以后指纹的分类打下了一定的基础。之后,随着研究的深入和方便进行人工查档的需要,1892年,英国指纹学家弗朗西斯·高尔顿(Francis Galton),在英国《自然》杂志第44卷上,提出了以个体识别为目的的《指纹分类法——高尔顿分类系统》。最初他将指纹分为拱、箕、旋涡三大类型，并共找到46种亚型。继之又划分为60种亚型，再往下，各种指纹之间难以给出明确的界限。最终他选择了将指纹的“三角”作为分类标准。按三角的有无和多少，将指纹分成4大类型46种亚型。4大类型是：

(1)没有三角的拱形纹。

(2)右侧有三角的箕形纹。

(3)左侧有三角的箕形纹。

(4)两侧都有三角的旋涡形纹。

4种指纹类型分别予以1、2、3、4的代号。4种指纹类型在十指上的排列，有4^{10}=1048576种不同的可能性。有了这种分类方法，就可以将大量的个体指纹卡片有规律、有次序地进行排列组合，并可方便地随时查阅。

这一指纹分类法，经过不断的修改完善，现在国际通行的分类标准为：

1. 指(趾)纹类型

指纹的分类，根据三叉的数目多少分成3大类5小类：

弓形纹(Arch，标记A)：为非真实花纹，嵴纹从指的一侧呈弓形流向另一侧，没有三叉或只有一个中央三叉。分为简单弓形纹(标记A^s)和帐形纹(标记A^t)两种，后者有一个中央三叉。由于弓形纹A在群体中量很少，因此通常情况下，不再将A细分为A^s、A^t。

箕形纹(Loop，标记L)：为真实花纹，嵴纹从手指一侧流向指纹中部，斜向上行后又折回同一侧，有一个三叉。根据箕口的开口方向，分为尺箕(开口于手指尺骨侧，标记L^u)和桡箕(开口于手指桡骨侧，标记L^r)两种。

斗形纹(Whorl，标记W)：为真实花纹，纹型依指纹中心部位的纹线形态分为环形斗、螺形斗、囊形斗、绞形斗、双箕斗、复合斗等多种亚型，有两个或两个以上的三叉。除双箕斗(标记W^b)外，其余均称为简斗(标记W^s)。

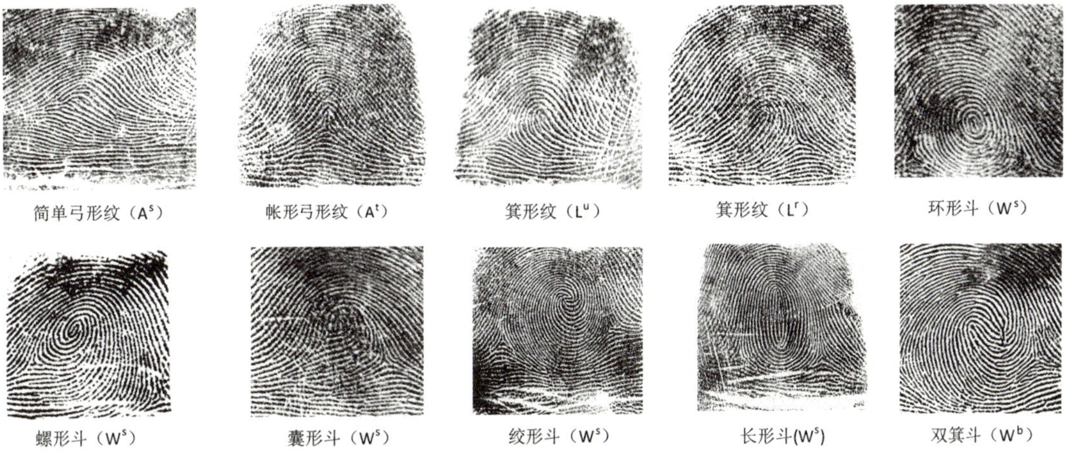

图4-8 指纹纹型图

2. 指间花纹类型

掌指根部a、b、c、d代表4个手指根部的三叉点，以两指根部的指三叉之间连接的弧形线为分界线，确定为第一至第四指间区，从大拇指到小指的指间，分别标记I、II、III、IV。

指间区纹仅计算真实花纹。指间区纹真实花纹以远箕（标记L^d）为多见，偶有斗形纹。

3. 大鱼际区花纹类型

大鱼际区为从桡侧拇、食指间的第三掌褶纹起，沿该褶纹抛物线流向腕部止的区域。

4. 小鱼际区花纹类型

小鱼际区为尺侧自掌第一掌褶纹起至腕部（轴三叉以外）的区域。

大小鱼际区的花纹统计时仅计真实花纹和非真实花纹。箕形纹按箕口的开口方向划定，分为：1. 弓；2. 远箕；3. 桡箕；4. 近箕；5. 尺箕；另有6. 简斗；7. 复合斗；8. 痕迹（退化）纹。

5. 指纹嵴线计数

（1）指纹嵴线计数原则。

①计算花纹中心点和三叉点即直线两端点的嵴线。

②凡接触直线的嵴线均在计数之内，而接触直线以前就中断的嵴线，则不在计数之内。

③如果嵴线在接触直线时分叉，则这条嵴线及其分支均应计数。

④沟纹中的细嵴线不计数。

（2）单指纹线计数。

①弓形纹计数。简弓和帐弓纹由于不同时存在中心点和三叉点，所以嵴线计数为0。

②箕形纹计数。无论是尺箕还是桡箕纹，都有一个花纹中心点和三叉点，将花纹中心点和三叉点用直线连接就可计算出箕形纹的嵴线数。

③斗形纹计数。斗形纹常有一个或一个以上的花纹中心点和三叉点。其嵴线计数较箕形纹复杂，须经两次或两次以上计数。按取大舍小原则，以大数参加总和计算。

A. 简斗嵴线计数。简斗有一个花纹中心点和两个三叉点，所以在嵴线计数时必须进行两次计数。在嵴线计数时，先将两个三叉点与距其较近的花纹中心点用直线连接起来，然后分别记录通过两直线的嵴线数目。这样得出两个数据：一个数据是绝对嵴线总数，一个是按取大舍小原则，以大数参加总和计算。

B. 双箕斗嵴线计数。双箕斗是两个箕形纹相互交织而成的花纹，有两个花纹中心点和两个三叉点。计算双箕斗的嵴线数时采用《人类皮纹学研究观察的标准项目》建议使用的三数相加除以二的计算方法。计数时，先将两个三叉点与距其较近的花纹中心点及两花纹中心点分别用直线连接，依次计算通过三条直线的嵴线数目。这样经过三次计数，得到三项数据，最后将三项数据相加，再除以2，其结果就是双箕斗的嵴线数目。

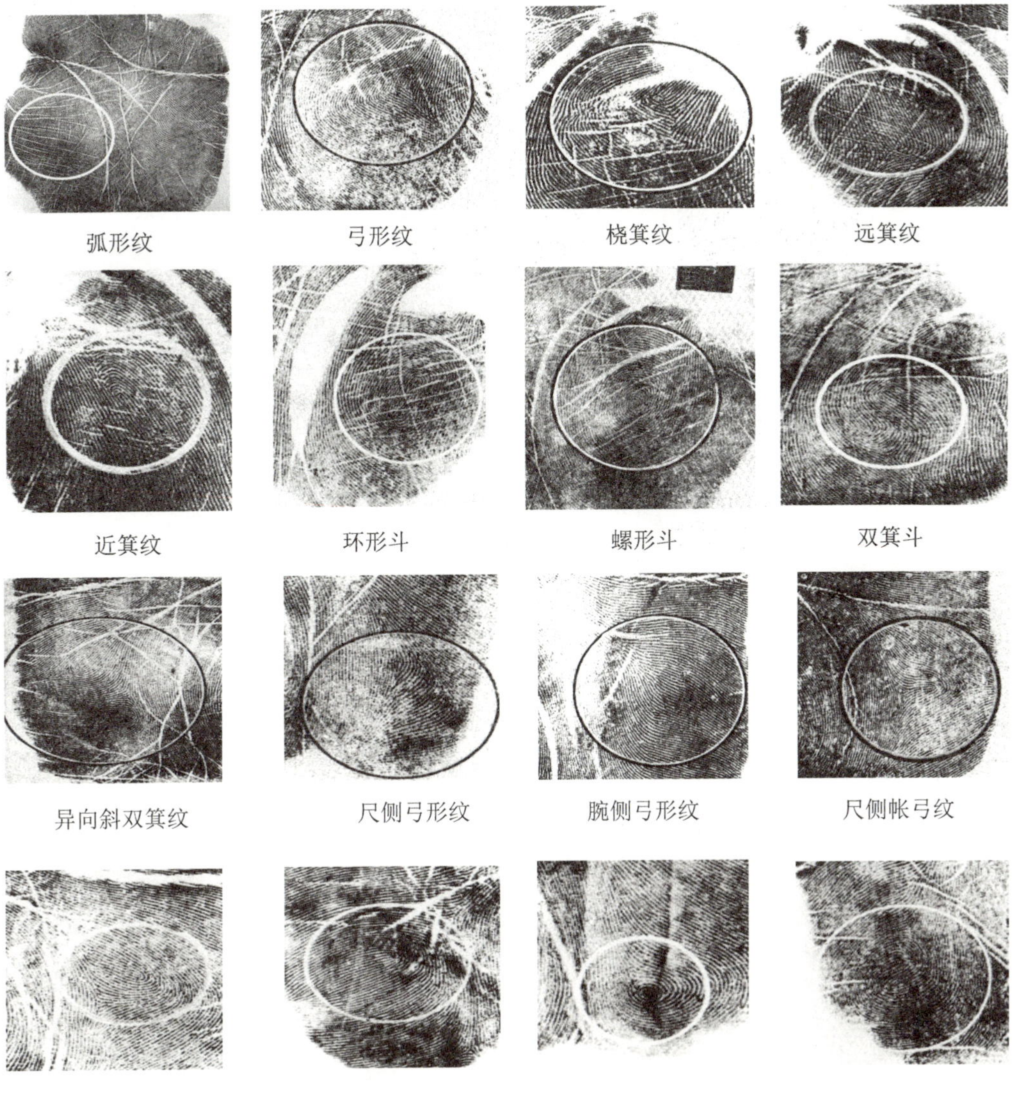

图4-9 掌花纹类型图

C.复合斗嵴线计数。复合斗中心花纹通常由一个或两个箕形纹、斗形纹组合而成。所以有两个以上的花纹中心点和三个以上的三叉点。其嵴线计算更为复杂,目前还没有形成为大家接受的统一标准。但在花纹中心点与三叉点连接时,仍执行相互之间最短距离的原则。计算两至三条直线上的嵴线总数后除以箕的序数(一般斗形纹计作两个箕)。

(3)十指纹线计数。

十指指纹总嵴线数(TFRC),是将十个手指的嵴线数加起来,即得TFRC值。

(4)指间a-b嵴线计数。

指间三角a-b间嵴线计数,用直线连接a~b两三叉点,计算在此直线上的嵴线数

（a、b两点嵴线不计在内），即为指间三叉嵴线数。若a、b三叉中任一点缺失，则a~b嵴线数为零。

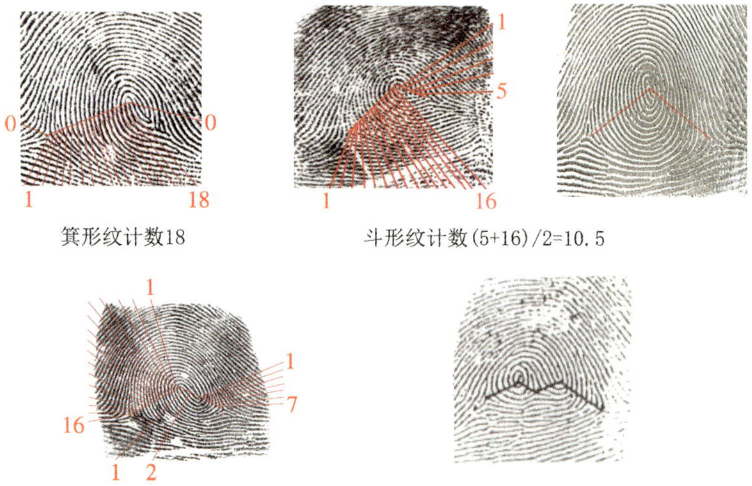

箕形纹计数18　　斗形纹计数(5+16)/2=10.5

双箕斗形纹计数(16+7+2)/2=12.5　　复合斗纹计数

图4-10　指纹纹线计数图

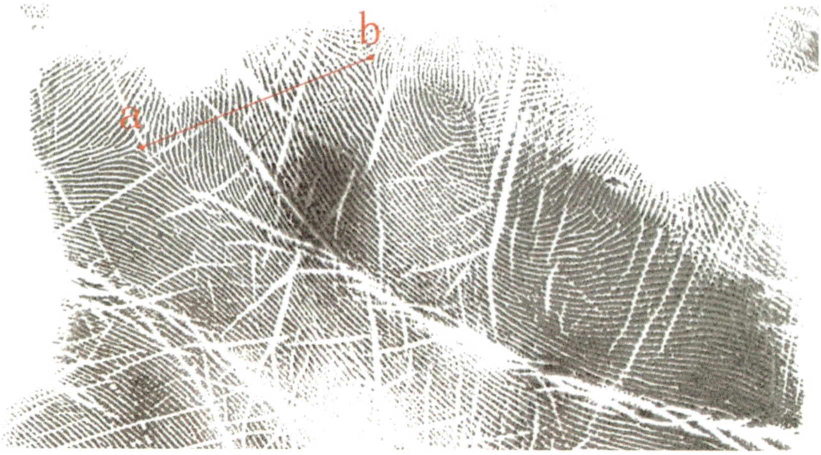

图4-11　指三角a~b计数

6.掌褶纹组合类型

掌褶纹并不是乳突纹线，而是皮肤与深层筋膜相连而成的褶线。正常人手掌褶线主要有3条：大鱼际褶线、近侧横褶线和远侧横褶线。三者位置关系：近侧横褶纹与大鱼际横褶纹在桡侧相连接，而远侧横褶纹分开，由此组合成不同的掌褶纹形态，在遗传上有一定的参考意义。

1~4为通贯手，其中1~3为猿线，4是悉尼线，5是一般型。

1是远侧屈褶线单独横贯整个手掌。

2是远侧和近侧屈褶线相互沟通而横贯整个手掌。

3是远侧和近侧屈褶线相互融合，已分不出远侧和近侧屈褶线而横贯整个手掌。

4是近侧屈褶线单独横贯整个手掌。

5是远侧屈褶线，流向11区或12区，近侧屈褶线流向4区或3区。

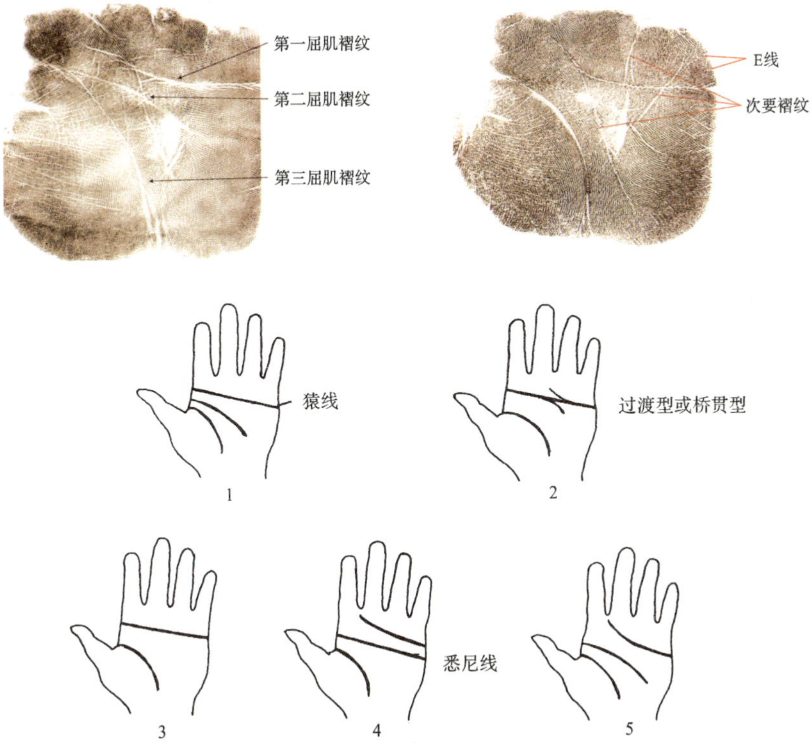

1~4为通贯手，其中1~3为猿线，4是悉尼线，5是一般型

图4-12　掌褶纹类型图

7.ATD角的测量

测量ATD角时，以轴三角T为顶点向指间三角A和D分别作两条直线得到一个夹角，用量角器量出其角度。

8.掌主线指数

依掌上A、B、C、D四条主线终点位置数值分别相加，得出的计算值(如A、B、C、D线分别止于3、5、7、9区，其主线横向指数为24)用作分析掌的横向性估值。低值指数表明掌纹纵向排列，高值指数反映水平走向，该数值可能有医学价值。为此，将手掌分为14个区域，以便于统计。

现在我们知道，高尔顿当时找出的46~60种指纹亚型是表型，实际上表示的是人类共同拥有的指纹基因库中大约有46~60种等位基因。这些等位基因是人类在几百万年的进化过程中，经过不断的优胜劣汰所形成的，是人类宝贵的自然财富。

图4-13　ATD角测量

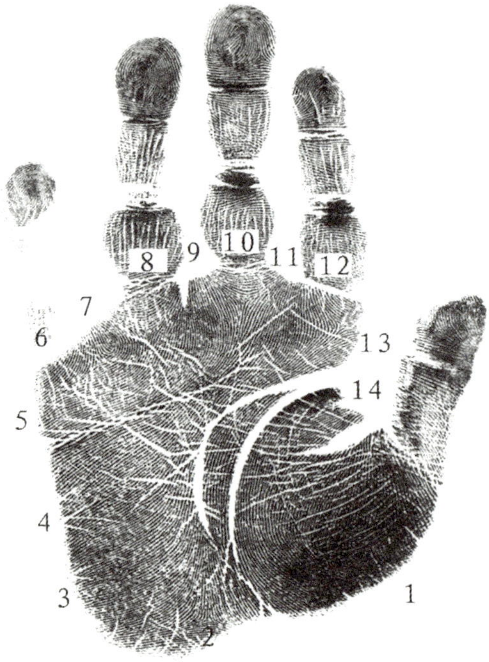

图4-14　掌14分区法

现代大数据群体指纹统计数据证实，不论何等人种群体，都具有此46~60种指纹等位基因，区别仅仅是不同人种群体中的各种等位基因频率有差异，如欧洲白种人拱形纹基因明显高于黄种人，而旋涡形纹基因又显著低于后者。46~60种指纹等位基因在全世界不同人种间的分布事实，从指纹基因库的角度，证明了在不同人种产生之前，全世界的人类都源于一共同的祖先群体，有一共同的指纹基因库。

在进行指纹学的研究时，仅仅知道指纹人各不同、终生不变两大基本规律是远远不够的，我们必须更善于运用群体基因组学的理论来指导指纹学的创新研究。

群体基因组学是一门研究生物群体遗传结构及其变化规律的学科。它运用数学和统计学的方法，研究群体的基因频率、基因型频率和群体大小、交配体制、自然选择、基因突变、迁移与遗传漂变等对群体遗传结构的影响，从而对生物演化过程中的关键细节进行探讨和剖析。如今群体遗传学已发展到分子水平，随着基因测序技术的普及和溯祖理论的建立，各种计算机软件分析程序已广泛应用于人类学课题的研究，如从基因组水平研究人类起源、人亚群体间的亲缘关系、基因交流和演化学途径等，进入了大数据推动的基因组时代，发展迅猛。

在群体基因组学的指导下，我们获知了指纹群体数据中蕴含着的遗传统计学意义，以便于深入了解什么是正常遗传、什么是遗传变异、什么是遗传异常。指纹中还存在着哪些可作为具体评价群体遗传规律与特点的指标或称之为特殊属性的东西呢？至少有8个方面的特性。

其一，细节特征无理性。

无理性又可称之为唯一性。一枚指纹是一个自然数集，一个典型的拓扑图形。指纹中的高尔顿细节特征（因英国指纹学家弗郎西斯·高尔顿首先倡导应用而习惯称谓）之排列组合的拓扑图形是个无理数。这种集的元素无限不循环，永远不重复。

一枚指纹不足方寸，上面密集约100~120个细节特征，以100个细节特征为基数，如果按照我国指纹界确定的9种细节特征：小点、小钩、小棒、小桥、小眼、起点、终点、分歧、结合（国际通行的细节特征为起点、终点、分歧、小点4种）进行排列组合，共有9^{100}种排列，即9^{100}种拓扑图形，则两枚指纹细节特征相同的可能性是个天文数字。这种数学模型奠定了指纹人各不同规律的遗传学基础。

其二，纹型的双峰值性。

以国际公认的5种指纹纹型为统计标准，随机对一定量的符合孟德尔群体条件（即一群相互随机繁殖的个体）的中国人群作指纹统计分析发现，任何一组随机群体，各种指纹的出现率，都服从大数定理统计规律：男性的L^u形纹（正箕形纹）和W^s形纹（简斗形纹）约分别占44%和48%，呈两个略微平均的高峰值态。A形纹（弓形纹）、L^r形纹（反箕形纹）、W^d形纹（双箕斗形纹）的出现率分别约为2.52%、2.44%、2.7%。女性的L^u形纹为54.74%、W^s形纹为32.85%，A形纹为4.65%、L^r形纹为3.22%、W^d形纹为4.54%，两个最高峰值差比男性大。W^s形纹女性明显比男性少1/3，而A形纹、L^u形纹偏多。

有人形象地称这种频率现象为“指纹行星伴侣现象”，L^u形纹和W^s形纹是两颗大行星，A形纹等其他3种指纹是围绕在“指纹大行星”周围的“规则卫星”，不会轻易跑出L^u形纹和W^s形纹的引力范围。

这种指纹的双峰值性是遗传多态性在群体指纹统计上的表现形式之一。它深刻揭示了两个问题的本质：一是不同人群中5种指纹等位基因的比例大致相同，说明不同人群居住生活环境的差异，对指纹基因的变异影响极小，几百万年的遗传与基因交流，造成5种指纹等位基因在人群中的大数原理型分布。二是L^u、W^s基因是两个独立的祖先种（基本种）基因，A、L^r、W^d基因则是突变基因，出世很晚。

遗传学告诉我们，在自然状态下，基因突变的频率非常低，例如人类在每一世代每一细胞或基因发生突变的频率，血友病为3×10^{-5}，神经纤维瘤病为2×10^{-4}。新突变基因在群体中属于稀有族，因此其在群体中的分布频率必然很低。从中国群体中A、L^r、W^d3种指纹平均2.6%左右的出现率，不难判断这3种突变基因几乎是在大约相同的历史时期，受大致相同的外界原因激发，分别由L^u形纹和W^s形纹两个祖先基因发生的点突变而形成，从而导致了这3种新的指纹亚型基因的产生。并以正常的速率进行着遗传，在人类群体中的频率长期不变，保持为平衡型、稳定型多态模式。同时也可能还有其他突变型指纹亚型基因的产生，但在优胜劣汰的过程中被淘汰了。

其三，同类纹型对称性。

生命世界是和谐的，因而是美丽的。生命世界到处充满着对称、简约、有序和统一的美的现象。对称性是典型的生物性秩序的表现形式，它源于从微观世界到宏观世界都普遍存在的物理量的守恒定律。要想找到比对称更普遍的生物的规律特点，不是一件容易的事。人的体形体现着对称，不仅五官、双手、双腿左右对称，而且手指上的指纹也基本上左右镜像对称。

按基因类型决定性状特征的原理，则5种指纹的基因是染色体同一座位上的5种复等位基因（假定这种指纹分类方法是符合生物学规律的）。各种指纹在群体中的观察频率的统计结果提示，左右对应手指20种指纹组合并非随机分布，而是有着极强的同类纹型的对称倾向。肖曼（B.Schaumannt）和奥尔特（M.Alter）在1976年指出，不同种族群体的指纹对称率为74%~82%，约20%~30%的人完全对称（见表4-1至表4-2）。

表4-1　男性左右对应手指各型指纹组合格局

指位	1	2	3	4	5	平均观察频率（%）	X^2检验	期望频率（%）
AA	0.8	2.575	0.975	0.2	0.225	0.955	$P<0.001$	0.065
AL	1.45	5.9	3.375	0.8	0.55	2.415	$p>0.05$	2.35
AL^u	1.45	5.025	3.3	0.75	0.55	2.215	$p>0.05$	2.2256
AL^r		0.875	0.075	0.05		0.2	$P<0.001$	0.1244
AW	0.3	0.375	0.325	0.05	0.05	0.22	$P<0.001$	2.642
AW^s	0.175	0.3	0.225	0.05	0.05	0.16	$P<0.001$	2.4863
AW^d	0.125	0.075	0.1			0.06	$p>0.05$	0.1377
LL	25.825	31.125	43.9	20.325	55.425	35.33	$P<0.001$	21.2336
L^uL^u	25.625	21.35	42.375	19.475	55.5	32.795	$P<0.001$	19.0445
L^uL^r	0.125	7.125	1.375	0.8	0.25	1.945	$p>0.05$	2.1296

（续表）

指位	1	2	3	4	5	平均观察频率(%)	X^2检验	期望频率(%)
L^rL^r	0.075	2.65	0.15	0.05	0.025	0.59	P<0.001	0.0595
LW	20.625	19.725	19.1	17.35	18.59	19.08	P<0.001	47.4164
L^uW^s	17.45	13.125	16.875	16.75	17.465	16.335	P<0.001	42.549
L^uW^d	2.8	0.7	1.125	0.325	1.025	1.195	p>0.05	2.3566
L^rW^s	0.325	5.575	1.075	0.275	0.1	1.47	p>0.05	2.379
L^rW^d	0.05	0.325	0.025			0.08	p>0.05	0.1318
WW	51.0	40.25	32.325	61.275	25.15	42.0	P<0.001	26.471
W^sW^s	41.15	37.9	30.7	59.925	22.8	38.495	P<0.001	23.7656
W^sW^d	7.95	1.975	1.35	1.3	2.125	2.94	p>0.05	2.6325
W^dW^d	1.9	0.375	0.275	0.05	0.225	0.565	P<0.001	0.0729

表 4-2　女性左右对应手指各型指纹组合格局

指位	1	2	3	4	5	平均观察频率(%)	X^2检验	期望频率(%)
AA	2.379	4.191	1.867	0.678	1.245	2.072	0.159	0.216
AL	3.791	9.093	6.169	2.045	3.112	4.842	0.001	5.389
AL^u	3.535	7.159	5.947	1.879	3.024	4.309	0.001	5.089
AL^r	0.256	1.934	0.222	0.167	0.089	0.534	0.002	0.300
AW	0.422	0.634	0.245	0.156	0.100	0.311	0.029	3.476
AW^s	0.267	0.511	0.200	0.156	0.089	0.245	0.026	3.054
AW^d	0.156	0.122	0.044	0.000	0.011	0.067	0.003	0.422
L L	35.527	38.284	55.869	32.359	68.986	46.205	0.047	33.599
L^uL^u	34.582	27.846	53.357	30.769	67.541	42.819	0.055	29.965
L^uL^r	0.534	7.581	1.923	1.178	0.767	2.397	0.004	3.530
L^rL^r	0.411	2.857	0.589	0.411	0.678	0.989	0.075	0.104
LW	20.298	19.876	17.863	20.798	14.551	18.677	0.140	43.342
L^uW^s	12.139	12.995	14.896	19.398	13.439	14.573	0.127	35.965
L^uW^d	7.070	2.023	2.390	0.689	0.645	2.563	0.012	4.965
L^rW^s	0.800	4.357	0.511	0.711	0.467	1.369	0.003	2.119
L^rW^d	0.289	0.500	0.067	0.000	0.000	0.171	0.001	0.293
WW	37.583	27.924	17.986	43.964	12.005	27.892	0.139	13.978
W^sW^s	22.921	22.666	15.674	42.152	11.327	22.948	0.137	10.792
W^sW^d	9.727	4.213	1.856	1.645	0.656	3.619	0.001	2.980
W^dW^d	4.936	1.045	0.456	0.167	0.022	1.325	0.061	0.206

按公式$(f_A+f_L^u+f_L^r+f_W^s+f_W^d)^2$得到期望频率，式中$f_A$、$f_L^u$、$f_L^r$、$f_W^s$、$f_W^d$分别是A、$L^u$、$L^r$、$W^s$、$W^d$的观察频率。

在对称与不对称之间，还有个特例，即L^u/L^r镜像对称现象。L^r相当于坐错了手别的位置，应在左手却跑到了右手，或相反。在双手L^u/L^r组合中，直观地看，它们是不同纹形的组合，不对称。但从数学的另一个角度看，将L^r转体180°，与L^u相对应又构成镜像对称。这种特例对称约占1.95%。在W^s、W^d中，也有类似坐错手别位置的现象，指纹中心纹线为螺形线、S形线的，在左右手上都存在着反方向旋转镜像对称的问题。

其四，纹线流向手向性。

自然界的所有生物，从微观到宏观上都有手性属性，这是生物学中非常重要的一种属性。

构成生物基础的核糖和脱氧核糖分子(DNA长链)的结构都是右手性的，呈逆时针旋转。而由DNA编码的，构成蛋白质的基本物质的21种氨基酸，除一种没有手性外，其余20种氨基酸分子都是左手性的。这种奇特的现象说明，宇宙中手性与和反手性总是缠绕在一起的，两者同时存在，但都不是绝对的。

右手性(D)与左手性(L)单靠旋转和平移不可能完全重合，必须做镜像操作才会重合，所以手性对称又叫镜像对称。诺特定理指出：每一种对称性均对应于一个物理量的守恒定律，反之亦然。空间平移对称对应于动量守恒定律，时间平移对称对应于能量守恒定律，镜像对称对应于宇称守恒定律。

例如，藤类植物、攀缘植物的缠绕螺旋方向，3/4是右手性的，1/4是左手性的。人的行为动作习惯分为右利手与左利手，绝大部分是右利手，与之相应的是左半脑思维占优势。在气象现象中，北半球，风及洋流等流体运动向右偏转，在低压区形成左手性的气旋，在高压区形成右手性气旋，而南半球情况正好相反。在北半球，南北向的河流，东岸总是比西岸冲刷得厉害些。这一切都源于地球自转的惯性力——科里奥利力(因Gaspard Gustave de Coriolis，19世纪法国著名物理学家、数学家科里奥利首先确定而命名)。这种手性现象系“当物体在作为参照系的转动物体上运动(方向不沿轴转)时才出现”。这是地球自转运动给所有生物的一种“恩赐”。

指纹中与对称性直接相关的是指纹的方向性。方向性是指：指纹的纹线流向均朝向特定方向：大多数箕形纹的箕口均朝向小指(L^u、尺骨方向)，指纹学家将这种纹线流向称之为正方向，若箕形纹的箕口朝向拇指(L^r、桡骨方向)，称之为反方向。而左手斗形纹的中心螺旋线与左手握拳姿势相符，呈顺时针旋转，称之为左手性；在右手，斗形纹的中心螺旋线呈逆时针旋转，称之为右手性。若左右手斗形纹中心的螺旋线旋转方向分别反了，表明该指纹的手性反了，亦称之为反方向(W^r)。

在指纹学中，手性现象含有许多重要信息，它是区别正常指纹与非常指纹的重要标准之一。

如有学者曾对20位47，XXY男子睾丸发育不良症患者的指纹进行统计，200枚指纹中，除一位患者的十指全是斗形纹外，其余19人十指均以弓形纹和反箕纹为主，反箕纹的频率高达30.5%，是正常人群的11.7倍。共有61枚，其中59枚出现在右手。这是一种极为突出的、反常的手性现象，但它却深刻地揭示了X染色体异常与男性右手指纹高度相关，它使右手指纹的手性方向发生了改变。

虽然我们目前尚不知道造成指纹基因手性改变的具体机理是什么，但已经了解到两者之间存在着必然的内在联系。基因手性的改变，某种程度上一定会造成某种功能或效应的改变。认识到这一点，我们就“不会停留在对指纹表面现象的赞叹上”，有助于引导我们努力去解读指纹中更深层次的信息，作更深入的研究。

其五，纹型指位关联性。

纹型指位关联性表现为各种指纹在左右手各个指位上的分布亦非随机分布，而是有着极强的位置性遗传。即某一种纹型与某一指位高度相关。如祖先型的L^u、W^s型指纹在各指分布频率较平均，仅L^u型指纹在小指位相对偏高，达29.7%。而突变型的A、L^r型指纹在食指位、突变型的W^d型指纹在拇指指位出现率畸高，分别达50.27%、78.97%和54.4%。

拇指与食指在手的活动中占有特别重要的地位，活动最为频繁，因此受到外界的各种刺激也最多。从发生学的角度分析，拇指与食指的基因产生突变的可能性最大，即丰富的多样性。这应该是为何A、L^r、W^d三种突变基因型指纹集中在这两个指位的重要原因之一。

值得注意的是，虽然不同人种之间，A、L^r、W^d这3种突变基因型指纹的概率有差异，但这3种指纹都较集中在拇指与食指这两个指位的现象是相同的，说明指纹的定位现象早于人种现象发生前就已经产生了。这从另一个指纹属性细节上，提示人类有着共同的祖先。

而小指由于活动率最低，因此其基因交换的概率也最小，故频率比较稳定。

各种指纹在各个指位的出现频率，常用于对犯罪现场所获取的指纹的指位分析，更用于指纹遗传研究中，对某一项数据是正常还是反常的认知判断上。

其六，纹型指位连锁性。

指纹纹型的定位性实际上是指纹基因与指位基因高度连锁的表现形式之一。遗传学和指纹学都认为指纹性状存在着多基因遗传现象。根据“位于同一染色体上的基因伴同遗传”的原理，则与指纹性状相关联的指纹基因在同一对染色体上连锁，形成指纹基因连锁群。预期的基因连锁群数最多为23个，与人类的单倍染色体数目相等，综合控制着指纹性状的发生与发展。

连锁形成的伴同遗传现象具有定位、定向的特点。指纹基因连锁的形式很多，还可从以下两个方面来理解：

1.指纹基因与指位基因连锁

指纹基因与指位基因连锁，不仅表现在单一的手指上，更反映在同一只手五指及双手十指上。即单手五指指纹、双手十指指纹基因组合也高度连锁。

五指指纹、十指指纹组合中连锁最为明显的特点，是同一种指纹纹型呈显性组合，实际出现率远高于期望频率。

（1）单手五指、双手十指指纹纹型连锁。如单手五指指纹组合中，同一种纹型的观察频率/期望频率出奇地高，分别是：

A：0.093%/0.0000001%

L^u：8.337%/1.5828%

W^s：14.616%/2.7534%

十指指纹组合中：

A：0.047%/0

L^u：3.209%/0.0251%

W^s：8.07%/0.0758%

（2）十指指纹纹线总数连锁。如果将双手十指和两个掌纹看作是一个数学全集，那么十指是其中的一个有限集合（左手L1~L5，右手D1~D5），而一枚指纹则是一个子集，是十指集中的一个单元。

每一枚指纹，有它的纹线数（即从指纹中心到三角间的纹线数）。作为子集的元素包含于十指的集合之中，形成连锁。连锁决定了十指指纹纹线总数是个相对恒定的量，决定了不论十指的指纹纹型组合（共有1001种组合）如何变化，各指指纹从中心到三角间的纹线数有何差异，但各指指纹的纹线数互为背景，此消彼长，相互约束，形成十指的纹线总数，服从一个恒定的量。

2.指纹基因与指位基因交换

与基因连锁相关联的遗传普遍现象是交换。交换主要发生在同源染色体的基因之间，交换使得配子中的基因发生重组，重组值以50%为极限，从而带来生物个体间的更多变化，为自然选择提供更大的可能性。

这种交换与两大因素有关，一是与各种指纹基因在染色体上的位置所产生的不同交换率有关（同一染色体上的两个基因之间的距离愈远，则发生交换的机会愈多，反之则愈少）；二是与各基因之间的相容性有关。相容性差，交换便受到抑制，如在食指位高出现率的A、L^r形指纹，极少被交换到小指位；在拇指位出现率高的W^d型指纹，通常不交换到右手环指位。

现在我们统计所得到的男女群体指纹频率，可理解为是世世代代男女群体间指纹基因交换而形成的现实结果；各种指纹在十个手指上的群体1001种组合分布频率，可理解为是十指间指纹基因交换而形成的现实结果。假如A、L^r和W^d型指纹形出现在了不常出现的指位，或同一个体A、L^r和W^d3种指纹的数量明显超过正常统计值，通常认为是非常状态。

其七，指纹纹型亲和性。

遗传学指出，所有生物的基因在遗传与变异中，都存在亲和性的问题，主要表现为同类基因组合相亲，异类基因组合相斥，并非随机分布。如以指纹为例，以A、L^u、L^r3种指纹纹型为一大类型，以W^s、W^d2种指纹纹型为另一大类型，两大类型都共同表现为纯合子指纹基因、同类指纹基因组合亲和性好。杂合子指纹基因、异类指纹基因组合亲和性差的特点。即A、L^r与L^u型指纹相容性极好（三者相加，在群体中的出现率约为49%），但A、L^r与W^s、W^d型纹相容性极差；而W^d与W^s型指纹表现为相容性极好（两者出现率相加约为51%）。

上述统计数据表明，基因亲和性的差别说明：A、L^r基因可能是由L^u基因突变而来，因此A、L^r与L^u相容性极好，但与W^s、W^d相容性极差；而W^d基因则是由W^s基因突变而成，W^d与W^s表现为相容性极好。由此我们得出了L^u基因、W^s基因是祖先型基因，A、L^r基因可能是由L^u基因、W^d基因是由W^s基因突变而来的开创性论断。

大量样本的指纹统计数据完全支持这一开创性论断！

在十指指纹的31大类1001种组合统计中，每种组合频率均不相同，悬殊极大。在同一个体上，A、L^r型指纹要跨越L^u型指纹，与W^s、W^d型指纹组合；W^d型指纹跨越L^u、W^s型指纹，与A、L^r型指纹进行组合，均表现为高度不相容，交换率极低，因而组合率亦极低。

同样的现象是，L^u与W^s、W^s与L^u，这2种异型组合期望值为42.55%，实际观察值仅为16.35%；A与W^s、W^s与A异型组合，实际值为0.16%，期望值为2.48%，均显著偏低（$P<0.001$）。上述4种异型组合的空间让位给了纯合型组合，这均是基因的连锁与交换控制的结果。

这种群体基因随机交换所表现出来的亲和性差异是物种得以自我保持稳定的重要机理之一，有利于维持群体中个体的多样性，对物种的生存与进化都具有重要意义。它同时还提示着，男女两性之间的指纹基因交流，同样存在着亲和性差异的问题。

其八，指纹数值恒定性。

连锁性与亲和性还共同影响到指纹各种数据之间的内在关系。如由连锁决定的十指指纹纹线总数，反映的是十指指纹纹线总数与性染色体之间的关系，此关系是个常数关系。此规律的发现者英国指纹学家彭罗斯（Penrose）称：十指指纹纹线总数与性染色体之间的关系为“半数量反相关关系”。

指纹纹线总数受性染色体的数量和类型控制。预期的指纹纹线总数的平均值（E）的方程为：$E=187-30x-12y$。正常男性十指指纹的纹线总数为138条左右，正常女性为127条左右。

个体每多一条X染色体，减少20条左右指纹纹线。染色体越多，十指指纹纹线总数越少，反之亦然。指纹纹线总数的畸多畸少，都表示了染色体与指纹纹线总数恒定秩序的打破，先天隐藏的生理麻烦会不请自来。

恒定性的第二种典型形式是手掌ATD角。食指至小指根部，通常会有来自三个方向的纹线所形成的三角会集，分别命名为A、B、C、D三角；T三角位于手掌小鱼际根部，第二屈肌褶纹外侧。手掌上的A、T、D角本无内在联系，当人为地将它们组合在一起形成ATD角后，人们惊奇地发现，它居然与人的智商遗传密切相关。正常男性ATD角约为41°，女性约为40°，而ATD角角度越大，智力越差，角度越小越聪慧，此特点令人匪夷所思。

掌握了上述指纹特有的遗传规律与属性，有什么用处？简而言之，认识人类自己！目前已发现的遗传病超过3000种，估计每100个新生儿中约有3~10个患有各种程度不同的遗传病。遗传病是指由遗传物质改变所致的疾病。具有先天性、终生性和家族性。病种多、发病率高，很多与指纹的变化有关。医学部门开展的医学皮纹研究，正是试图解开遗传类疾病与指纹之间的内在关系，更好地为人类服务。

古希腊伟大的数学家毕达哥拉斯指出："万物皆数也"。现代生命科学证明了此命题的真理性。指纹是最适合数学形式表达的人类生物学特征。所以古老的中华指纹技术与现代的计算机技术、网络技术相结合后，立即显示出无限的生命力，独占生物学特征数字化识别领域之鳌头。

我们用一个典型的病例来认识它的用处。

先天愚型又称21三体综合征，是小儿染色体类疾病中最常见的一种。60%在胎儿早期即夭折流产，活婴中发生率约1/(600~800)，母亲年龄愈大，本病的发病率愈高。21三体综合征包含一系列的遗传病，其中最具代表性的，是会导致包括学习障碍、智能障碍和残疾等高度畸形。

患者染色体结构畸变，核型为47，XX(XY)，+21。产生的原因是，卵子在减数分裂时，发生21号染色体不分离现象，形成异常卵子。21三体的形成与母亲的年龄增高(35岁以上)和年龄过小(20岁以下)有关，目前报道与父亲年长也有关。

1936年，美国的指纹学家卡明斯(Cnmmins)首先发现了先天愚型患者指纹的异常，患者在智力低下，发育迟缓的同时，伴有掌纹的ATD角大于65°和手掌上的褶纹为通贯型的先天生理特征。

1959年，法国遗传学家丁·勒热纳等证实，先天愚型患者的病因是由21三体造成的，从而找到了指纹与染色体之间、指纹与神经组织之间的内在联系，并由此派生出了医学指纹学。

上述所探讨的指纹遗传规律中的有关数学方式表示的属性问题，仅仅是表层的。对于指纹学而言，数学的价值应该体现在"模型化"方面。通过数学模型的构建，那些看上去杂乱无章的、平淡无奇的"海量"数据，将被整理成有序可循的数学特点与规律，指纹学所要研究的各种遗传问题的本质将水落石出、清晰地反映出来。它将使我们的认识深化到基因如何指导、控制指纹的发育与遗传；指纹如何“重现”胚胎发育的环境；指纹如何体现人的先天遗传素质、如何反映遗传中的重大缺陷；指纹遗传中有无定律和定理等根源性的问题上。

在指纹学的基础理论的研究中，迫切需要实现指纹学与遗传学、基因技术、数学等学科的大综合，这样才可能做到“见人人之所见，思人人所未思”，有所发现、有所创造，届时现代指纹学在它诞生一百周年后将会有质的飞跃。

第五章 认知两性指纹差

性别，是生物体得以繁衍后代的一种遗传特征。在繁殖过程中，不同性别个体的基因交流产生互补现象，促进了生命多样化的发展。性别因基因、染色体的形态和数量不同而有所区别。典型情况下，一个物种通常只有两种性别：雄性与雌性。但非常有趣的是，粘菌有500种以上的性别，鸟类主要有雌雄两种性别，鸸鹋却有三种性别。

人类主要有男女两种性别，但学者们认为，人作为社会性生物，根据视角不同，性别可以在六个不同层次进行划分，分别是：基因性别、染色体性别、性腺性别、生殖器性别、心理性别和社会性别。指纹学重点关注的是染色体性别和基因性别，因为它直接影响到指纹的表达。

在染色体层面，人类具有23对46条染色体，其中的22对，共44条染色体称为常染色体（编号1~22号常染色体），主要调控身体的发育；第23号染色体称为性染色体，与性别发育相关，通常用“X”和“Y”来表示。正常男性的性染色体的核型表述为：46，XY；正常女性的性染色体的核型表述为：46，XX。

非正常情况是指，有些人由于在受精卵形成过程中，受到异常因素的影响，导致性染色体发生数量或结构的变化，这是一种病态结果。因此严格地说，从染色体层面，人类不仅有男女两种性别，还有其他非正常性别。如性染色体核型为XO、XYY、XX、XXY、XXYY、XXXY、XXX、XXXY、XXXYY、XXXXY等，通称为假性性别。染色体异常必然表现为性发育异常，如染色体核型为47，XXY，表现为男性睾丸发育不良；性染色体核型为45，XO，表现为女性发育不良。常染色体对性别发育也有一定的影响，但它们对全身发育的影响较大，因此鉴定性别一般不考虑常染色体的指标。

不同的性别有着不同的性染色体的核型，因而影响到男女之间指纹的频率表达。

第一节 男性群体指纹数据

一、统计数据

（一）指纹

本统计样本总数4300人，均为中国汉族男性。指纹按五种纹型统计：弓形纹（A）；箕形纹（L）；箕形纹，又细分为尺箕纹（L^u）和桡箕纹（L^r）两种；斗形纹（W），又细分为简斗纹（W^s）和双箕斗纹（W^d）两种。各种纹型的百分频率见表5-1。

表5-1 各型指纹百分频率

纹型	A	L^u	L	L^r	W^s	W	W^d
百分率（%）	2.52	43.64	46.08	2.44	48.75	51.4	2.65

（二）左右手各指各型指纹百分频率（见表5-2）

表5-2 左右手各指各型指纹百分频率 单位：%

纹型＼指位	左手					右手				
	1	2	3	4	5	1	2	3	4	5
A	2.025	5.7	3.15	0.825	0.575	1.325	5.725	2.5	0.425	0.475
L^u	40.47	36.275	52.275	32.175	69.775	32.325	32.1	55.15	25.4	59.825
L^r	0.3	8.725	1.125	0.25	0.075	0.35	10.525	1.725	0.975	0.325
W^s	46.975	46.65	41.425	65.2	26.875	61.225	50.125	39.5	73.025	38.475
W^d	9.95	2.3	2.025	1.55	2.7	4.775	1.525	1.125	0.175	0.9

同指各型频率为100%。

同型指纹在各指位百分频率见表5-3。表5-3中的数据提示：同型指纹在各指位非随机分布。A、L^r在食指位稍高，分别为50.27%、78.97%；L^u在小指位出现稍多，为29.7%；W^s在环指位稍高，为28.24%；W^d在拇指位显著偏高，为54.4%，其中左手拇指位达36.8%。

表5-3 同型指纹在各指位百分频率 单位：%

纹型＼指位	左手					右手				
	1	2	3	4	5	1	2	3	4	5
A	8.911	25.083	13.861	3.63	2.53	5.831	25.193	11.001	1.87	2.09
L^u	9.338	8.393	11.979	7.373	15.989	7.407	7.356	12.637	5.82	13.709
L^r	1.231	35.795	4.615	1.026	0.308	1.436	43.179	7.077	4.0	1.333
W^s	9.597	9.531	8.463	13.32	5.49	12.508	10.24	8.07	14.919	7.86
W^d	36.818	8.511	7.493	5.537	9.991	17.669	5.643	4.163	0.648	3.33

同型指纹频率为100%。

（三）左右对应手指15种指纹组合百分频率（见表5-4）

与A、L^u、L^r、W^s、W^d五种纹型所预期的二指随机组合频率相比较，结果提示：左右对应手指各种组合格局的观察频率并非随机分布，同一指位相同纹型的总概率为81.53%。

表5-4　左右对应手指各型指纹组合格局

指位	1	2	3	4	5	平均观察频率（%）	X^2检验	期望频率（%）
AA	0.8	2.575	0.975	0.2	0.225	0.955	P<0.001	0.065
AL	1.45	5.9	3.375	0.8	0.55	2.415	p>0.05	2.35
AL^u	1.45	5.025	3.3	0.75	0.55	2.215	p>0.05	2.2256
AL^r		0.875	0.075	0.05		0.2	P<0.001	0.1244
AW	0.3	0.375	0.325	0.05	0.05	0.22	P<0.001	2.642
AW^s	0.175	0.3	0.225	0.05	0.05	0.16	P<0.001	2.4863
AW^d	0.125	0.075	0.1			0.06	p>0.05	0.1377
LL	25.825	31.125	43.9	20.325	55.425	35.33	P<0.001	21.2336
L^uL^u	25.625	21.35	42.375	19.475	55.5	32.795	P<0.001	19.0445
L^uL^r	0.125	7.125	1.375	0.8	0.25	1.945	p>0.05	2.1296
L^rL^r	0.075	2.65	0.15	0.05	0.025	0.59	P<0.001	0.0595
LW	20.625	19.725	19.1	17.35	18.59	19.08	P<0.001	47.4164
L^uW^s	17.45	13.125	16.875	16.75	17.465	16.335	P<0.001	42.549
L^uW^d	2.8	0.7	1.125	0.325	1.025	1.195	p>0.05	2.3566
L^rW^s	0.325	5.575	1.075	0.275	0.1	1.47	p>0.05	2.379
L^rW^d	0.05	0.325	0.025			0.08	p>0.05	0.1318
WW	51.0	40.25	32.325	61.275	25.15	42.0	P<0.001	26.471
W^sW^s	41.15	37.9	30.7	59.925	22.8	38.495	P<0.001	23.7656
W^sW^d	7.95	1.975	1.35	1.3	2.125	2.94	p>0.05	2.6325
W^dW^d	1.9	0.375	0.275	0.05	0.225	0.565	P<0.001	0.0729

其中AA对称为0.955%、L^uL^u对称为32.795%、L^rL^r对称为0.59%、W^sW^s对称为38.495%、W^dW^d对称为0.565%，该五种组合与期望频率对比，都呈显著偏高（$P<0.001$）。

观察数据提示：手指对应组合中，A与W^s、A与W^d不相容，对应组合率极低。

数据还提示，同一种纹型组合在各个手指位分布不平均：

AA对称在食指位最高，达53.927%；中指位次之，为20.419%；拇指位为16.753%；环、小指位分别为4.188%和4.712%。

L^uL^u对称在小指位最高，达33.633%；中指位次之，为25.842%；拇指位为15.627%；食指位为13.02%；环指位为11.877%。

L^rL^r对称在食指位异常地高，达89.831%；中指位次之，为5.085%；拇指位为2.542%；环指位为1.695%；小指位为0.847%。

W^sW^s对称在各指位分布较平均，分别为拇指位21.379%、食指位19.691%、中指位15.95%、环指位31.134%、小指位11.846%。

W^dW^d对称在各指位分布差别明显，拇指位高达67.257%；食指位为19.691%、中指位为9.735%、环指位为1.77%、小指位为7.965%。

N=4300×2。按公式$(f_A+f_L^u+f_L^r+f_W^s+f_W^d)^2$得到期望频率，式中$f_A$、$f_L^u$、$f_L^r$、$f_W^s$、$f_W^d$分别是A、$L^u$、$L^r$、$W^s$、$W^d$的观察频率。

（四）同一种组合在左、右对应手指上分布频率（见表5-5）

表5-5　同种组合在左右对应手指分布频率　　　　单位：%

指位		1	2	3	4	5	合计
同种组合格局在各指位分布	AA	16.753	53.927	20.419	4.188	4.712	100.00
	AL	6.547	66.436	18.649	5.88	2.483	100.00
	AL^u	13.093	45.372	29.797	6.772	4.966	100.00
	AL^r		87.5	7.5	5.0		100.00
	AW	31.771	31.25	30.729	3.125	3.125	100.00
	AW^s	21.875	37.5	28.125	6.25	6.25	100.00
	AW^d	41.667	25.0	33.333			100.00
	LL	6.485	58.272	24.183	14.007	29.861	100.00
	L^uL^u	16.153	13.006	15.022	7.266	12.35	100.00
	L^uL^r	1.285	73.779	14.139	8.226	2.571	100.00
	L^rL^r	2.542	89.831	5.085	1.695	0.847	100.00
	LW	21.261	56.272	13.235	3.06	6.172	100.00
	L^uW^s	21.365	16.07	20.661	20.508	21.396	100.00
	L^uW^d	46.862	11.715	18.828	5.439	17.155	100.00
	L^rW^s	4.422	75.85	14.626	3.741	1.361	100.00
	L^rW^d	12.5	81.25	6.25			100.00
	WW	47.573	15.467	11.623	13.916	11.422	100.00
	W^sW^s	21.379	19.691	15.95	31.134	11.846	100.00
	W^sW^d	54.082	13.435	9.184	8.844	14.456	100.00
	W^dW^d	67.257	13.274	9.735	1.77	7.965	100.00

结果提示同一种对应组合在各指位的分布不平均。有4种对应组合在拇指位频率显著偏高，分别是：AW^d（41.67%）、L^uW^d（46.86%）、W^sW^d（54.08%）、W^dW^d（62.26%）。这均与W^d在拇指位高频率直接相关。

有8种对应组合在食指位频率显著偏高，分别是：AA（53.93%）、AL^u（45.37%）、AL^r（87.5%）、L^uL^r（73.78%）、L^rL^r（89.93%）、L^rW^s（75.85%）、L^rW^d（81.25%）、AW^s（37.5%）。这均与A、L^r在食指位频率畸高直接相关。而L^uL^u、L^uW^s、W^sW^s型组合在各指位分布则趋向平和，波动不大。

但在环指位、小指位，除L^uL^u、L^uW^s型组合分别有增多外，其余大部分显著偏少。A/L^r型组合在拇指、小指位不出现。

手数N＝4300×2。

（五）五指指纹的31类126种组合百分频率（见表5-6）

表5-6　五指指纹组合百分频率

A	L^u	L^r	W^s	W^d	观察频率（%）	X^2检验	期望频率（%）
A					0.093		0.000001
	L^u				8.337	23.046　4.3362	1.5828
		L^r			0	P<0.001	0.000008
			W^s		14.616		2.7534
				W^d	0		0.000001
A	L^u				3.523	P<0.001	0.4712
A		L^r			0.012	P<0.001	0.0000009
A			W^s		0.129	P>0.05	0.7959
A				W^d	0.024	P<0.001	0.00003
	L^u	L^r			2.023	P<0.001	0.4749
	L^u		W^s		48.268	P<0.001	63.4696
	L^u			W^d	1.127	P>0.05	0.5541
		L^r	W^s		0.837	P>0.05	0.7616
		L^r		W^d	0	P>0.05	0.00003
			W^s	W^d	2.987	P<0.001	0.8518
A	L^u	L^r			0.326	P>0.05	0.1224
A	L^u		W^s		3.255	P<0.001	8.4978
A	L^u			W^d	0.407	P>0.05	0.1254
A		L^r	W^s		0.105	P>0.05	0.1676
A		L^r		W^d	0	P>0.05	0.00015
A			W^s	W^d	0.07	P>0.05	0.187
	L^u	L^r	W^s		6.606	P>0.05	8.1148
	L^u	L^r		W^d	0.245	P>0.05	0.1302
	L^u		W^s	W^d	5.802	P<0.001	9.0226
		L^r	W^s	W^d	0.105	P>0.05	0.1783
A	L^u	L^r	W^s		0.327	P>0.05	0.7734
A	L^u	L^r		W^d	0.035	P>0.05	0.225
A	L^u		W^s	W^d	0.303	P>0.05	0.8581
A		L^r	W^s	W^d	0	P>0.05	0.0278
	L^u	L^r	W^s	W^d	0.372	P>0.05	0.8202
A	L^u	L^r	W^s	W^d	0	P<0.001	0.0429

（续表）

A	L	W	观察频率（%）	X^2检验	期望频率（%）
A			0.93	41.48517181290	0.0000001
	L		10.36	0.15341255567	2.0577
		W	17.604	0.64252614656	3.6052
A	L		3.861	0.10228590513	0.6136
A		W	0.223	0.00243340672	0.9829
	L	W	63.362	0.01773040747	83.0514
A	L	W	4.477	0.07088561570	10.5157

与由A、L^u、L^r、W^d、W^s的频率所预期的五指指纹组合频率相比较，结果提示五指指纹组合格局的观察频率非随机分布。分述如下：

同种纹型组合共有五类（同时又是种）。其中A0000、0L^u000、00L^r00 、000W^s0组合显著偏多（$P<0.001$）。

两种纹型组合共有十类，每类各有五种。其中AL^u000、AL^r000、AW^d000、L^uL^r000、W^sW^d000类组合显著偏多（$P<0.05$）；L^uW^s000组合显著偏少（$P<0.001$），其他类组合无显著差别。

三种纹型组合共有十类，每类各有六种。其中AL^uW^s00、$L^uW^sW^d$00类组合显著偏少（$P<0.001$）；AL^uW^d00组合偏少（$P<0.05$）。其他类组合无显著差别（$P>0.05$），但大都有减少趋势。

四种纹型组合共有五类，每类各有四种。与期望频率相比无显著性差异（$P>0.05$），但均有减少趋势。

五种纹型组合中，仅有一种，观察频率为零，显著偏少（$P<0.001$）。

名列126种组合前六位的是：

（1）5W^s：14.616%；

（2）1L^u4W^s：14.558%；

（3）2L^u3W^s：12.000%；

（4）3L^u2W^s：11.047%；

（5）4L^u1W^s：10.663%；

（6）5L^u：8.337%。

上述六种组合占统计总数的61.221%。

手数$N=4300\times 2$，表中的期望频率按公式$(f_A+f_L{}^u+f_L{}^r+f_W{}^s+f_W{}^d)^5$得出。

（六）十指指纹31类1001种组合

与A、L^u、L^r、W^d、W^s的频率所预期的十指随机组合频率相比较，结果亦提示十指指纹组合的观察频率非随机分布。其中有466种组合的观察频率和期望频率在百万分之一水平上均为零。

同种纹型组合共有五类（五种）。其中W^s0000、L^u0000组合显著增多（P<0.001），分别为8.07%、3.209%，名列1001种组合之前茅。而A0000罕见，L^r0000、0000W^d组合则为零，与期望频率相符，表现为不相容。

两种纹型组合共有十类，每类各有九种。其中AL^u000、$L^u L^r$000、$L^u W^d$000、$L^r W^s$000、$W^s W^d$000类组合明显增多（P<0.001）；$L^u W^s$000组合为44.489%，与期望频率45.213%相符，占统计总数的近一半。

两种纹型的其他类组合无显著差别。

三种纹型组合共有十类，每类各有36种。除其中$L^u L^r W^s$00、$L^u W^s W^d$00类组合外，频率均不高，其中A$L^u W^s$00组合为5.302%，与期望频率14.079%相比，显著偏少（P<0.001）。

数据提示在同一个体中，四种纹型组合（共五类，每类各有84种）、五种纹型组合（计一类共126种）的频率大多数与期望频率相符，表现为频率极低，不相容。其中A$L^u W^s W^d$0类组合（1.046%）与期望频率（4.0875%）相比显著减少（P<0.001）。

名列十指指纹1001种组合前十位的是：

1. 10W^s：8.07%；
2. 2L^u8W^s：6.953%；
3. 1L^u9W^s：5.93%；
4. 4L^u6W^s：5.442%；
5. 3L^u7W^s：5.419%；
6. 6L^u4W^s：4.721%；
7. 5L^u5W^s：4.698%；
8. 8L^u 2W^s：4.395%；
9. 7L^u3W^s：4.00%；
10. 10L^u：3.209%。

这十种组合占统计总数的52.837%，其他种组合频率则大为减少。

表5-7 十指指纹组合格局频率

A	L^u	L^r	W^s	W^d	观察频率（%）	X^2检验	期望频率（%）
A					0.047		0
	L^u				3.209		0.0251
		L^r			0		0
			W^s		8.07	p<0.001	0.0758
				W^d	0		0

（续表）

A	L^u	L^r	W^s	W^d	观察频率(%)	X^2检验	期望频率(%)
A	L^u				2.954	$p<0.001$	0.0191
A		L^r			0	$p>0.05$	0.0007
A			W^s		0.116	$p>0.05$	0.0504
A				W^d	0.023	$p<0.001$	0
	L^u	L^r			1.257	$p<0.001$	0.0181
	L^u		W^s		44.488	$p>0.05$	45.2136
	L^u			W^d	0.535	$p<0.001$	0.0206
		L^r	W^s		0.465	$p<0.001$	0.0477
		L^r		W^d	0	$p>0.05$	0
			W^s	W^d	2.674	$p<0.001$	0.542
A	L^u	L^r			1.046	$p<0.001$	0.0114
A	L^u		W^s		5.302	$p<0.001$	14.0789
A	L^u			W^d	0.256	$p>0.05$	0.0132
A		L^r	W^s		0.047	$p>0.05$	0.027
A		L^r		W^d	0	$p>0.05$	0
A			W^s	W^d	0	$p>0.05$	0.0308
	L^u	L^r	W^s		12.002	$p>0.05$	14.4312
	L^u	L^r		W^d	0.14	$p<0.001$	0.0158
	L^u		W^s	W^d	11.372	$p>0.05$	15.0544
		L^r	W^s	W^d	0.21	$p>0.05$	0.0289
A	L^u	L^r	W^s		1.721	$p>0.05$	3.653
A	L^u	L^r		W^d	0.139	$p<0.001$	0.0057
A	L^u		W^s	W^d	1.046	$p<0.001$	4.0875
A		L^r	W^s	W^d	0.023	$p>0.05$	0.0133
	L^u	L^r	W^s	W^d	2.628	$p>0.05$	3.8935
A	L^u	L^r	W^s	W^d	0.231	$p>0.05$	0.8886
A	L		W		观察频率(%)	X^2检验	期望频率(%)
A					0.047	$p<0.001$	0
	L				4.466	$p<0.001$	0.0432
			W		10.744	$p<0.001$	0.13
A	L				4.0	$p<0.001$	0.0312
A			W		0.139	$p>0.05$	0.085
	L		W		71.84	$p<0.05\}$	77.7057
A	L		W		8.765	$p<0.001$	22.7637

表5-8 十指指纹组合格局

组合格局	观察频率(%)	X^2检验	期望频率(%)
10 型	11.326	p<0.001	0.1009
1 9 型	13.675	p<0.001	1.0717
2 8 型	13.302	p<0.001	4.18
3 7 型	10.186	p>0.05	10.7233
4 6 型	10.535	p<0.001	18.4165
5 5 型	4.814	p<0.001	10.9824
1 1 8 型	5.885	p<0.001	1.4871
1 2 7 型	7.627	p<0.001	5.37514
1 3 6 型	5.837	p>0.05	12.4202
1 4 5 型	5.51	p>0.05	18.3415
2 2 6 型	2.349	p>0.05	1.0508
2 3 5 型	1.839	p>0.05	2.1698
2 4 4 型	0.955	p>0.05	1.2814
3 3 4 型	0.373	p>0.05	0.1993
1 1 1 7 型	1.094	p>0.05	0.6248
1 1 2 6 型	1.861	p>0.05	2.3248
1 1 3 5 型	0.908	p<0.001	4.1197
1 1 4 4 型	0.441	p<0.001	2.5432
1 2 2 5 型	0.534	p>0.05	0.7083
1 2 3 4 型	0.51	p>0.05	1.2042
1 3 3 3 型	0.07	p>0.05	0.0431
2 2 2 4 型	0.07	p>0.05	0.0474
2 2 3 3 型	0.069	p>0.05	0.0385
1 1 1 1 6 型	0.023	p>0.05	0.0781
1 1 1 2 5 型	0.162	p>0.05	2.2672
1 1 1 3 4 型	0	p>0.05	0.3803
1 2 2 2 3 型	0.023	p>0.05	0.0093
1 1 2 2 4 型	0.023	p>0.05	0.0815
1 1 2 3 3 型	0	p>0.05	0.0721
2 2 2 2 2 型	0	p>0.05	0.001

(七)十指指纹排列共有5^{10}种

十指指纹排列因样本数量所限，未能算出。但典型分析了十指指纹组合中观察频率最高的一九型组合(13.675%)的具体排列频率(计有20种小组合共200种排列)。与A、L^u、L^r、W^s、W^d的频率所预期的排列频率相比较，结果提示一九型组合中的具体排列观察频率非随机分布。其中1A9L^u、1L^r9L^u、1W^d9W^s小组合排列，观察频率显著增多(P<0.001)；1L^u9A、1 L^u 9W^s、1L^r9W^s、1W^d9L^u小组合排列的观察频率无明显差别(P>0.05)，但大都有减少的趋势。其余12种小组合共计120种排列，与期望频率相同，为零，表现为不相容。

二、数据分析

通过分析，得出中国男性(汉族)指纹分布形态的四大特点：

(一)组合非随机性

无论同型指纹在各指位分布，还是对应手指组合、五指指纹组合、十指指纹组合及十指指纹的具体排列，均非随机分布。

(二)纹型双峰值性

指纹纹型分布形态为双峰值。纹型以W^s(51.4%)、L^u(46.08%)为主，A、L^r、W^d三种纹型分别仅占2.55%、2.44%、2.7%。

(三)组合的相关性

无论是左右对应手指指纹组合，还是五指指纹组合，十指指纹组合及排列的频率，均与同型指纹在各指位的频率直接相关。

(四)相容的差异性

在实际观察频率中，同型指纹组合，无论是对应手指组合，还是五指指纹组合、十指指纹组合，均强烈地表现出实际组合率远高于期望频率，尤其是W^s基因在中国男性中相容性极高，十指全W^s者观察频率高于期望频率10倍，位列1001种组合之首，说明纯合子基因组合的亲和性极好。

在不同纹型的组合中，A与L^r、W^s与W^d相容性较好，组合率增多；而A与W^s、A与W^d组合率显著偏低，即A和W组合，要越过L，表现为不相容。

四种纹型组合、五种纹型组合(共有546种，合计的观察频率仅为5.79%)，在同一个体中的组合率极低，表现为不相容，提示同一个体极少同时拥有四种纹型以上的指纹等位基因。

第二节 女性群体指纹数据

在法律部门储存的指纹数据库中随机抽取符合统计样本条件的中国女性指纹8996例，其中汉族女性指纹约占样本总数的90%，其他为回族等4个少数民族女性指纹，年龄为16~56岁。

一、统计数据

（一）指纹频率

各种纹型的百分频率见表5-9。

表5-9 各型指纹百分频率

纹型	A	L		W	
		L^u	L^r	W^s	W^d
百分率（%）	4.65	57.96		37.39	
		54.74	3.22	32.85	4.54

（二）左右手各指各型指纹百分频率（见表5-10）

表5-10 左右手各指各型指纹百分频率 单位：%

指位 纹型	左手					右手				
	1	2	3	4	5	1	2	3	4	5
A	3.468	8.226	3.835	1.367	2.234	5.502	9.882	6.314	2.190	3.468
L^u	47.110	46.221	71.821	41.830	76.267	45.331	39.229	60.049	42.852	76.690
L^r	0.934	7.781	1.256	1.401	1.289	1.767	12.305	2.646	1.478	1.390
W^s	36.827	33.159	21.276	54.380	19.842	31.948	34.249	27.534	51.834	17.463
W^d	11.661	4.613	1.812	1.023	0.367	15.451	4.335	3.457	1.645	0.989

同指各型频率为100%。

同型指纹在各指位百分频率见表5-11。表5-11中数据提示同型指纹在各指位非随机分布。A在食指位稍高，为38.95%；L^u在小指位出现稍多，为27.94%；L^r在食指位置显著偏高，为62.29%；W^s在环指位稍高，为32.33%；W^d在拇指位显著偏高，为59.78%。

表5-11 同型指纹在各指位百分频率 单位：%

指位 纹型	左手					右手				
	1	2	3	4	5	1	2	3	4	5
A	7.461	17.695	8.250	2.941	4.806	11.836	21.258	13.582	4.711	7.461
L^u	8.606	8.444	13.120	7.642	13.933	8.281	7.166	10.970	7.828	14.010
L^r	2.896	24.130	3.895	4.343	3.999	5.481	38.159	8.204	4.585	4.309
W^s	11.210	10.094	6.476	16.553	6.040	9.725	10.425	8.382	15.778	5.316
W^d	25.711	10.172	3.995	2.255	0.809	34.069	9.559	7.623	3.627	2.181

同型指纹频率为100%。

(三)左右对应手指15种指纹组合百分频率(见表5-12)

与A、L^u、L^r、W^s、W^d所预期的二指随机组合频率相比较,结果提示左右对应手指各种组合格局的观察频率并非随机分布,AA、L^uL^u、L^rL^r、W^sW^s、W^dW^d型组合显著偏高($P < 0.001$)。AW^d、L^uW^s型组合显著偏低($P < 0.001$)。其他8种组合无显著差别($P < 0.05$),但除W^s/W^d型组合外,均有减少趋势。

表5-12 左右对应手指各型指纹组合格局 单位:%

指位	1	2	3	4	5	平均观察频率(%)	X^2检验	期望频率(%)
AA	2.379	4.191	1.867	0.678	1.245	2.072	0.159	0.216
AL	3.791	9.093	6.169	2.045	3.112	4.842	0.001	5.389
AL^u	3.535	7.159	5.947	1.879	3.024	4.309	0.001	5.089
AL^r	0.256	1.934	0.222	0.167	0.089	0.534	0.002	0.300
AW	0.422	0.634	0.245	0.156	0.100	0.311	0.029	3.476
AW^s	0.267	0.511	0.200	0.156	0.089	0.245	0.026	3.054
AW^d	0.156	0.122	0.044	0.000	0.011	0.067	0.003	0.422
L L	35.527	38.284	55.869	32.359	68.986	46.205	0.047	33.599
L^uL^u	34.582	27.846	53.357	30.769	67.541	42.819	0.055	29.965
L^uL^r	0.534	7.581	1.923	1.178	0.767	2.397	0.004	3.530
L^rL^r	0.411	2.857	0.589	0.411	0.678	0.989	0.075	0.104
LW	20.298	19.876	17.863	20.798	14.551	18.677	0.140	43.342
L^uW^s	12.139	12.995	14.896	19.398	13.439	14.573	0.127	35.965
L^uW^d	7.070	2.023	2.390	0.689	0.645	2.563	0.012	4.965
L^rW^s	0.800	4.357	0.511	0.711	0.467	1.369	0.003	2.119
L^rW^d	0.289	0.500	0.067	0.000	0.000	0.171	0.001	0.293
WW	37.583	27.924	17.986	43.964	12.005	27.892	0.139	13.978
W^sW^s	22.921	22.666	15.674	42.152	11.327	22.948	0.137	10.792
W^sW^d	9.727	4.213	1.856	1.645	0.656	3.619	0.001	2.980
W^dW^d	4.936	1.045	0.456	0.167	0.022	1.325	0.061	0.206

(四)同一种对应组合在左、右对应手指上分布频率(见表5-13)

结果提示同一种对应组合在各指位的分布不平均。有4种对应组合在拇指位频率显著偏高,分别是:AW^d(46.667%)、L^uW^d(55.160%)、W^sW^d(53.747%)、W^dW^d(74.497%)。这均与W^d在拇指位高频率直接相关。有9种对应组合在食指位频率显著偏高,分别是:AA(40.451%)、AL^u(33.230%)、AL^r(72.500%)、AW^s(41.818%)、AW^d(36.667%)、L^uL^r(63.265%)、L^rL^r(57.753%)、L^rW^s(63.636%)、L^rW^d(58.442%)。这均与A、L^r在食指位频率畸高直接相关。而L^uL^u、L^uW^s、W^sW^s型组合在各指位分布则趋向平和,波动不大。

但在环指位,除L^uL^u、L^uW^s型组合;在小指位,除L^uL^u、L^uW^s、W^sW^s型组合分别有增多外,其余大部分显著偏少。AW^d型组合在环指位不出现,L^rW^d型组合则在环、小指位不出现。

表 5-13　同种组合在左右对应手指分布频率　　单位:%

指位		1	2	3	4	5	合计
同种组合格局在各指位分布	AA	22.961	40.451	18.026	6.545	12.017	100.00
	AL	15.657	37.557	25.482	8.448	12.856	100.00
	AL^u	16.409	33.230	27.606	8.720	14.035	100.00
	AL^r	9.583	72.500	8.333	6.250	3.333	100.00
	AW	27.143	40.714	15.714	10.000	6.429	100.00
	AW^s	21.818	41.818	16.364	12.727	7.273	100.00
	AW^d	46.667	36.667	13.333	0.000	3.333	100.00
	LL	15.378	16.571	24.183	14.007	29.861	100.00
	L^uL^u	16.153	13.006	24.922	14.372	31.547	100.00
	L^uL^r	4.453	63.265	16.048	9.833	6.401	100.00
	L^rL^r	8.315	57.753	11.910	8.315	13.708	100.00
	LW	21.736	21.283	19.129	22.271	15.581	100.00
	L^uW^s	16.659	17.834	20.442	26.621	18.444	100.00
	L^uW^d	55.160	15.785	18.647	5.377	5.030	100.00
	L^rW^s	11.688	63.636	7.468	10.390	6.818	100.00
	L^rW^d	33.766	58.442	7.792	0.000	0.000	100.00
	WW	26.949	20.022	12.897	31.524	8.608	100.00
	W^sW^s	19.977	19.754	13.660	36.737	9.872	100.00
	W^sW^d	53.747	23.280	10.258	9.091	3.624	100.00
	W^dW^d	74.497	15.772	6.879	2.517	0.336	100.00

(五)五指指纹的31类126种组合百分频率(见表5-14)

由A、L^u、L^r、W^d、W^s的频率所预期的五指指纹组合频率相比较,结果提示五指指纹组合格局的观察频率非随机分布。分述如下:

同种纹型组合共有五类(同时又是种)。其中A0000、$0L^u000$、$00L^r00$、$000W^s0$组合显著偏多($P<0.001$)。

两种纹型组合共有十类,每类各有5种。其中AL^u000、$A0L^r00$、$A000W^d$、$0L^uL^r00$、$000W^sW^d$类组合显著偏多($P<0.001$);$L^u W^d000$组合偏多($P<0.05$);$0L^u 0W^s0$组合显著偏少($P<0.001$)。其他类组合无显著差别。

三种纹型组合共有十类,每类各有6种。其中AL^u0W^s0、$0L^u 0W^s W^d$类组合显著偏少($P<0.001$);$AL^u 00W^d$组合偏少($P<0.05$)。其他类组合无显著差别($P>0.05$),但大都有减少趋势。

四种纹型组合共有五类,每类各有4种。与期望频率相比无显著性差异($P>0.05$),但均有减少趋势。

五种纹型组合仅一种,观察频率为零,显著偏少($P<0.001$)。

表 5-14　五指指纹组合格局频率

A	L^u	L^r	W^s	W^d	观察频率(%)	X^2检验	期望频率(%)
A					0.300133	41.48517181290	0.000022
	L^u				13.211427	0.14004504682	4.914953
		L^r			0.166741	79.72124051821	0.000003
			W^s		5.280124	0.62688828070	0.382614
				W^d	0.000000	0.00000019189	0.000019
A	L^u				7.358826	0.09654017048	2.472841
A		L^r			0.111161	0.44325538989	0.000277
A			W^s		0.155625	0.00115165705	0.358942
A				W^d	0.011116	0.00180121896	0.000612
	L^u	L^r			3.184749	0.01486824447	1.628634
	L^u		W^s		38.795020	0.01204933274	46.261041
	L^u			W^d	3.584927	0.00581840052	2.402589
		L^r	W^s		0.744775	0.01166893637	0.228457
		L^r		W^d	0.022232	0.01866116908	0.000259
			W^s	W^d	2.301023	0.10969144053	0.347801
A	L^u	L^r			1.222766	0.00625172905	0.606832
A	L^u		W^s		4.385282	0.05164106965	12.381490
A	L^u			W^d	0.778124	0.00012400952	0.882751
A		L^r	W^s		0.111161	0.00010001996	0.149879
A		L^r		W^d	0.016674	0.00127354281	0.001749
A			W^s	W^d	0.038906	0.00151405256	0.222412
	L^u	L^r	W^s		5.530236	0.00957218939	8.358891
	L^u	L^r		W^d	0.572477	0.00000537299	0.590286
	L^u		W^s	W^d	10.087817	0.00320564690	12.053504
		L^r	W^s	W^d	0.227879	0.00046592939	0.145533
A	L^u	L^r	W^s		0.616941	0.00556737042	1.544126
A	L^u	L^r		W^d	0.083370	0.00029559782	0.149947
A	L^u		W^s	W^d	0.372388	0.01519705196	2.201490
A		L^r	W^s	W^d	0.000000	0.00060654443	0.060654
	L^u	L^r	W^s	W^d	0.716985	0.00412351560	1.504675
A	L^u	L^r	W^s	W^d	0.011116	0.00125327239	0.146717

（续表）

A	L	W	观察频率(%)	X^2检验	期望频率(%)
A			0.300133	41.48517181290	0.000022
	L		16.562917	0.15341255567	6.543591
		W	7.581147	0.64252614656	0.730434
A	L		8.692752	0.10228590513	3.079950
A		W	0.205647	0.00243340672	0.581966
	L	W	60.282348	0.01773040747	71.545234
A	L	W	6.375056	0.07088561570	17.518803

（六）十指指纹31类1001种组合（见表5-15、表5-16）

表5-15 十指指纹组合格局频率

A	L^u	L^r	W^s	W^d	观察频率(%)	X^2检验	期望频率(%)
A					0.1556	51382042.0982	0.0000
	L^u				5.1467	0.9960	0.2416
		L^r			0.0556	254014375.0900	0.0000
			W^s		2.5011	42.6812	0.0015
				W^d	0.0000	0.0000	0.0000
A	L^u				6.9142	1.4361	0.3042
A		L^r			0.0667	48845.5844	0.0000
A			W^s		0.0333	0.0021	0.0040
A				W^d	0.0000	0.0000	0.0000
	L^u	L^r			2.6234	0.3182	0.1866
	L^u		W^s		31.5585	0.0103	26.3399
	L^u			W^d	1.7452	0.0717	0.2939
		L^r	W^s		0.4669	0.9508	0.0023
		L^r		W^d	0.0111	1567.8705	0.0000
			W^s	W^d	1.6674	7.1482	0.0039
A	L^u	L^r			2.5456	0.2855	0.1937
A	L^u		W^s		6.6696	0.0687	17.6937
A	L^u			W^d	1.0449	0.0185	0.2996
A		L^r	W^s		0.0889	0.0148	0.0048
A		L^r		W^d	0.0111	15.3323	0.0000
A			W^s	W^d	0.0111	0.0000	0.0079
	L^u	L^r	W^s		8.9484	0.0052	11.3892
	L^u	L^r		W^d	0.5225	0.0060	0.1874
	L^u		W^s	W^d	18.2748	0.0007	17.1592
		L^r	W^s	W^d	0.2890	0.1759	0.0046

（续表）

A	L^u	L^r	W^s	W^d	观察频率(%)	X^2检验	期望频率(%)
A	L^u	L^r	W^s		2.7457	0.0217	6.5060
A	L^u	L^r		W^d	0.2779	0.0009	0.1567
A	L^u		W^s	W^d	1.6674	0.0665	9.7021
A		L^r	W^s	W^d	0.0222	0.0003	0.0072
	L^u	L^r	W^s	W^d	3.4015	0.0134	6.3148
A	L^u	L^r	W^s	W^d	0.5336	0.0202	2.9954

A	L	W	观察频率(%)	X^2检验	期望频率(%)
A			0.1556	51382042.0982	0.0000
	L		7.8257	1.2780	0.4282
		W	4.1685	32.4855	0.0053
A	L		9.5265	1.6370	0.4979
A		W	0.0445	0.0009	0.0119
	L	W	65.2179	0.0020	61.6912
A	L	W	13.0614	0.1581	37.3654

表5-16 十指指纹组合格局

组合格局	观察频率(%)	X^2检验	期望频率(%)
10 型	7.8590	2.3867	0.2430
1 9 型	12.9724	0.5909	2.0273
2 8 型	11.0605	0.1067	4.2920
3 7 型	8.7150	0.0036	7.1197
4 6 型	8.4371	0.0003	8.9563
5 5 型	3.9017	0.0015	4.7395
1 1 8 型	7.1699	0.0413	3.4147
1 2 7 型	9.5042	0.0005	8.8432
1 3 6 型	6.9364	0.0235	12.3165
1 4 5 型	6.3361	0.0448	14.3521
2 2 6 型	2.5011	0.0004	2.2045
2 3 5 型	3.2348	0.0002	3.5231
2 4 4 型	1.6785	0.0001	1.7745
3 3 4 型	1.0449	0.0056	0.5114
1 1 1 7 型	1.8341	0.0000	1.9228
1 1 2 6 型	2.4233	0.0154	5.2715
1 1 3 5 型	1.2783	0.0394	6.2347
1 1 4 4 型	0.5447	0.0236	3.3592

（续表）

组合格局	观察频率(%)	X^2检验	期望频率(%)
1225 型	0.8671	0.0082	2.2100
1234 型	0.7892	0.0172	3.1009
1333 型	0.1445	0.0001	0.1802
2224 型	0.1556	0.0002	0.2229
2233 型	0.0778	0.0006	0.1846
11116 型	0.1556	0.0009	0.3264
11125 型	0.1667	0.0059	0.8960
11134 型	0.0556	0.0080	0.9079
12223 型	0.0333	0.0003	0.0841
11224 型	0.0889	0.0031	0.4697
11233 型	0.0333	0.0025	0.3095
22222 型	0.0000	0.0000	0.0017

与A、L^u、L^r、W^d、W^s的频率所预期的十指随机组合频率相比较，结果亦提示十指指纹组合的观察频率非随机分布。其中有466种组合的观察频率和期望频率在百万分之一水平上均为零，故未列出。

同种纹型组合共有五类（五种）。其中0L^u000、000W^s0组合显著增多（P<0.001），分别为5.147%、2.50%，名列1001种组合之前茅。而A0000、00L^r00组合明显增多，0000W^d组合则为零，与期望频率相符，表现为不相容。

两种纹型组合共有十类，每类各有九种。其中AL^u000、0L^uL^r00、0L^u00W^d、000W^sW^d类组合明显增多（P<0.001）；0L^u0 W^s0组合为31.559%，高于期望频率（26.34%）5个百分点，约占统计总数的三分之一弱。00L^rW^s0组合亦略高于期望频率，两种纹型其他类组合无显著差别。

三种纹型组合共有十类，每类各有36种。其中AL^uL^r00明显增多（P<0.001），AL^u00W^d、00$L^rW^sW^d$类组合略高，AL^u 0W^s0组合为6.67%，与期望频率17.683%相比显著偏少（P<0.001）。

数据提示在同一个体中，四种纹型组合（共五类，每类各有84种）、五种纹型组合（一类，共126种）的频率大多数与期望频率相符，表现为频率极低、不相容。其中AL^u0W^sW^d类组合（1.667%）与期望频率（9.702%）相比显著减少（P<0.001）。

（七）十指指纹排列共有5^{10}种

因样本数量所限未能算出。但典型分析了十指指纹组合中观察频率最高的一九型组合（12.97%）的具体排列频率（计有20种小组合，共200种排列）。与A、L^u、L^r、W^d、W^s的频率所预期的排列频率相比较，结果提示一九型组合中的具体排列观察频率非随机分布。其中 $1A9L^u$、$1L^u9W^s$、$1L^r9L^u$小组合中排列观察频率显著增多(P<0.001)；$1A9L^r$、$1L^u9A$、$1L^u9L^r$、$1W^s9L^r$、$1W^d9L^r$小组合中排列的观察频率均突破期望零概率的限制。而$1W^s9L^u$小组合中排列的观察频率，低于期望频率41个百分点，表现为相容性极差。另还有七种小组合共计70种排列与期望频率相同，均为零。

数据还提示同一小组合中的各种排列频率波动很大，但与表5-11联系起来分析发现：具体排列的频率与同型指纹在各指位的频率是直接相关的。如A、L^r在食指位的频率分别为38.953%、62.289%，$1A9L^u$、$1L^r9L^u$小组合中的"1A""$1L^r$"排列在食指位的频率，分别为52.74%、83.12%。W^d在拇指位频率为59.78%，$1W^d9L^u$、$1W^d9W^s$中"$1W^d$"在拇指位频率分别为88.18%、57.90%。

二、数据分析

(一)两性群体指纹分布

女性A型指纹频率为4.65%(男性A型指纹频率为2.52%)，中国女性人群中有A型指纹者为22.79%(男性有A型指纹者为12.95%)，十指全为A型指纹者罕见。

女性L^u型指纹频率为54.74%(男性L^u形指纹频率为43.64%)，中国女性人群中有L^u型指纹者为94.62%(男性有L^u型指纹者为88.35%)，十指全为L^u型指纹者显著高于期望频率(P<0.001)。

女性L^r型指纹频率为3.22%(男性L^r型指纹频率为2.44%)，中国女性人群中有L^r型指纹者为22.61%(男性有L^r型指纹者为19.91%)，同一个体中十指全为L^r型指纹者突破了期望频率为零的概率，为0.056%。

女性W^s型指纹指纹频率为32.85%(男性W^s型指纹频率为48.75%)，中国女性人群中有W^s型指纹者为78.88%(男性有W^s型指纹者为90.39%)，十指全为W^s型指纹者显著高于期望频率(P<0.001)。

女性W^d型指纹频率为4.54%(男性W^d型指纹指纹频率为2.7%)，中国女性人群中有W^d型指纹者为29.48%(男性有W^d型指纹者为19.28%)，同一个体中W^d型指纹最多为6个。

一九型组合中的具体排列非随机分布，据此可推断十指指纹之排列非随机分布。但具体排列的频率与同型指纹在各指位的频率是直接相关的。

(二)讨论

通过与男性指纹数据对比分析，我们得出了中国女性与男性指纹分布规律的共同点和差异点。

1.共同点

(1)组合非随机性相同。无论同型指纹在各指位分布，还是对应手指组合、五指指纹组合、十指指纹组合及十指指纹的具体排列，均非随机分布。

(2)组合的相关性相同。无论是左右对应手指指纹组合，还是五指指纹组合、十指指纹组合及排列的频率均与同型指纹在各指位的频率直接相关。

(3)相容的差异性相同。在实际观察频率中，同型指纹，无论是对应手指组合，还是五指指纹组合、十指指纹组合，均强烈地表现出同型指纹组合率远高于期望频率，说明纯合子基因组合的亲和性极好(男性十指同型指纹实际观察频率为11.326%，期望频率为0.1009%；女性十指同型指纹实际观察频率为7.859%，期望频率为0.243%)。

在不同纹型的组合中，A与L^r、W^s与W^d相容性较好，组合率增多；提示A与L^r、W^s与W^d有着两者间基因变异的某种内在联系，前者可能是后者变异的原型。

而A与W^s、A与W^d组合率显著偏低，即A和W组合，要越过L表现为不相容；同时L与W组合的观察频率为18.677%，低于期望频率(43.34%)近25个百分点，而且该组合中的所有小组合均明显低于期望频率。说明杂合子基因组合的亲和性有很大的差异性。

4种纹型组合、5种纹型组合(共有546种，合计的观察频率仅为5.79%)，在同一个体中的组合率极低，表现为不相容，提示同一个体极少同时拥有4种纹型以上的指纹等位基因。

上述特点说明指纹遗传符合遗传学的一般原理，表现了基因在遗传中保护自身遗传特点机制的存在，因而直接产生了指纹在实际组合非随机分布的结果等。

(4)指纹基因与指位基因的关联性相同。统计中发现，女性A型、L^r型指纹相对集中在食指位，分别为38.95%、68.29%；W^s型指纹相对集中在环指位(32.33%)、W^d型指纹相对集中在拇指位(59.78%)。

男性A型、L^r型指纹亦相对集中在食指位，分别为50.27%、78.97%；W^s型指纹相对集中在环指位(28.24%)、W^d型指纹相对集中在拇指位(54.4%)，其中左手拇指位达36.8%。

此现象男女相同。一方面说明指纹基因与指位基因的高关联性，另一方面是否意味着还有某种遗传信息的存在，如指纹基因的突变是否与拇、食指的超高频率使用、超高频率接受外界的各种复杂刺激相关，尚待研究。

2.差异点

(1)群体指纹峰值不同。女性群体指纹分布形态与男性群体指纹分布形态以L^u、W^s双峰值平衡型不同，表现为三台阶型。纹型以L^u为第一台阶，占总数的54.74%(男性为43.64%)；W^s为第二台阶，占总数的32.85%(男性为48.75%)；余下3种纹型为第三台阶，占总数的3.22% ~ 4.65%(男性为2.44% ~ 2.7%)。男女群体之间的W^s型指纹比例相差三分之一。

(2)前十位的组合排列名次相反。由于上述原因，还相应地影响到男女群体之间，五指指纹组合前六位、十指指纹组合中的前十位组合频率排序正好相反的结果。

名列五指指纹126种组合男女前6位的是：

①5 L^u:13.211% （男性5W^s:14.616%）；

②4L^u1W^s:12.167% （男性1L^u4W^s:14.558%）；

③3L^u2W^s:10.077% （男性2L^u3W^s:12.00%）；

④2L^u3W^s:8.543% （男性3L^u2W^s:11.047%）；

⑤1L^u4W^s:8.009% （男性4L^u1W^s:10.663%）；

⑥5W^s:5.280% （男性5L^u:8.337%）。

女性上述6种组合占统计总数的57.287%，男性前6种组合占统计总数的61.221%。

名列十指指纹1001种组合男女前十位的是：

①(1)10L^u:5.147% （男性10W^s:8.070%）；

②7L^u3W^s:4.169% （男性2L^u8W^s:6.953%）；

③8L^u2W^s:4.113% （男性1L^u9W^s:5.930%）；

④9L^u1W^s:3.957% （男性4L^u6W^s:5.442%）；

⑤6L^u4W^s:3.824% （男性3L^u7W^s:5.419%）；

⑥5L^u5W^s:3.402% （男性6L^u4W^s:4.721%）；

⑦2L^u8W^s:3.379% （男性5L^u5W^s:4.698%）；

⑧4L^u6W^s:3.368% （男性8L^u2W^s:4.395%）；

⑨1A9L^u:2.635% （男性 7L^u3W^s:4.000%）；

⑩10W^s:2.501% （男性10L^u:3.209%）。

女性前十种组合与男性前十种组合大同小异，但具体频率排列位次基本倒转。且女性前十种组合占统计总数的36.5%，与男性前十种组合占统计总数的52.84%相比，集中度相差约三分之一。男性突出地表现为W^s纹型的高度集中，其他组合频率则大为减少。

(3)指纹变异基因在女性中有优势。数据还显示，女性群体指纹中，L^u 型指纹高出男性25.44个百分点；而A型指纹4.65%、L^r型指纹3.22%、W^d型指纹4.54%，分别高出男性(A型指纹2.52%、L^r型指纹2.44%、W^d型指纹2.7%)84.5、31.96、68.15个百分点，其空间均由W^s型指纹的显著减少而让出。这不仅说明L^u型指纹等4种指纹基因在女性群体中有遗传优势，而且还提示A型、L^r型和W^d型指纹基因首先在女性中变异，或这3种变异指纹基因更适应女性的遗传环境(女性基因突变活性强于男性)有关。而W^s型指纹基因在女性中相对处于遗传劣势，在男性中则相对占遗传优势。

(4)数据缺失的遗憾。比较男女指纹的异同，在纹型方面，还应有指节纹型、掌指间区纹型、掌大小鱼际区纹型、足之趾纹型、足掌部纹型等；指纹线数方面，指纹中心至三角线数是重要的统计指标之一。很遗憾，我们未作上述统计，是本文最大的不足。

本样本材料与姚荷生(1979)报道的棕色人种(A 型指纹 0.2%、L 型指纹 22.1%、W 型指纹 77.7%)相比较,呈极显著性差异(P<0.001)。而中国女性指纹指标却与男性白色人种指纹(A 型指纹 7.2%、L 型指纹 64.5%、W 型指纹 29.3%)大致相近。可能与姚荷生报道的棕、白人种的指纹统计样本量少、数据有偏差相关?或是中国女性群体指纹特点分别与棕色人种、白色人种亲缘关系的不同?总之是值得深入探讨的新课题,解决它的过程就是指纹学发展的过程。

第六章 人种的指纹差别

第一节 不同肤色话人种

考察人类进化史，尤其是现代人的发展史，不能不涉及现代人种说。学者们认为，当今世界四大人种（黄、白、黑、棕）孕育形成于智人社会时期，文化上属于旧石器晚期。

人种，是指人类在一定的区域内，历史上所形成的、在体质上具有某些可区别于其他人群的共同遗传性状（包括肤色、眼球色、发色和发型、身高、面型、头型、鼻型、遗传性疾病等）的人群。人种形成的早期阶段与自然环境和生活条件有着重要关系。

早在1735年，瑞典自然科学家林奈在《自然系统》一书中，对植物、动物包括人在内进行了系统的分类，确定了每一种群在自然界中的位置及亲缘关系。林奈分类法，是以种为单位的等级划分，至今仍被生物界广泛应用。他把现代人类归于生物学上一个物种——智人，即具有同等智力水平的同一物种。在种级以下，又根据不同肤色的人类的地理分布，将全世界的人群进一步划分为四个地理亚种，即亚洲黄色人种、欧洲白色人种、非洲黑色人种、美洲红色人种，从而将一定肤色人种与一定地区之间建立起了直线相关关系，肤色成为了地区性色标。但实际上，人种肤色的分布与世界各大洲的区划并非完全一致。例如，亚洲南部的印度人，其肤色黑浓，甚至比非洲北部地中海沿岸的人群更深重。

此后，法国自然科学家布封、德国生理学家和人类学家J.F.布鲁门巴赫、英国人类学家A.C.哈登、苏联人类学家H.H.切博克萨罗夫、美国人类学家M.F.A.蒙塔古和C.S.库恩等，侧重依据不同的人种特征（肤色、头型、发型等），先后对世界人种做过不同的划分。

后来的许多人种学家，均感到使用肤色区分人种存在着相当大的困难。因为，人群肤色的梯度变化是连续性的，互相过渡的，很难找出一条明确的界线。于是，人们又将头型骨相、发型等增加为划分人种的标准，试图更定性定量化地划分人种。

各人种的遗传性体质特征形成的生物学原因，是自然选择、突变、迁移和遗传漂变综合性因素造成的。在这个过程中，尤其是在各人种形成的后期，文化等社会因素的干预在增强。世界各人种的划分标准，产生的时间、地点和历史过程，仍在继续探讨之中，至今尚未取得一致的意见，但现在通常划分为：

（1）蒙古利亚人种，又称黄色人种或亚美人种。特征为：肤色黄、头发直、脸扁平、鼻扁、鼻孔宽大，人群包括亚洲的大部分人和美洲印地安人。

(2)高加索人种,又称白色人种或欧罗巴人种。特征为:皮肤白、鼻子高而狭,眼睛颜色和头发类型多种多样。

(3)尼格罗人种,又称黑色人种或赤道人种。特征为:皮肤黑、嘴唇厚、鼻子宽、头发卷曲。

(4)澳大利亚人种,或称棕色人种。特征为:皮肤棕色或巧克力色,头发棕黑色而卷曲,鼻宽,胡须及体毛发达。该人种主要是考虑到肤色以外的某些人种特征上和起源的不一致,所以从黑人种中分了出来,成为世界四个人种的主干之一。

在区别人种认识的基础上,19世纪诞生了人种学,它研究的任务是对全世界各人种建立科学的分类系统,追溯各人种及其体质特征的形成和人种间亲缘关系的历史过程,并对这一过程进行科学的解释,从而揭露种族歧视和种族主义伪科学的实质。

人种常常称之为种族,容易与民族的概念相混淆。其实它与民族不是同一个概念范畴。种族更多的是人类学概念,而民族更多的是社会学、文化学属性。

上述人种分类主要是按肤色、目色、鼻型、发型等外在的体质特征来划分的,人们将此分类法戏称之为"肤色人种学"。肤色等特征主要是由于对不同地区的气候的适应而产生的。例如,造成肤色差异的主要因素是皮肤中黑色素的数量,但谁都知道阳光才是调色板。黑色素细胞(又称树枝状细胞,占整个基底细胞的4%~10%),存在于表皮与真皮之间的基底层之中。当紫外线照射到皮肤上(B波作用于皮肤基底层,厉害的A波作用至皮肤的真皮层)时,肌肤就会"自我防护"地刺激酪氨酸酶的活性,使之增强与血液中的酪氨酸反应,生成一种叫"多巴"的物质,然后释放出黑色素来。

黑色素颗粒的多少决定着皮肤颜色的深浅。生活在横跨赤道的非洲的黑种人和西太平洋赤道附近的棕种人,因紫外线强烈,久而久之皮肤内黑色素颗粒大量增多,以抵抗过多的照射。反之,白种人原先生活在高纬度的北欧,那里的阳光常年温和,因而北欧白人皮肤里的黑色素极少;处于赤道与两极之间亚太人群的肤色则呈现为过渡的黄色。同样的道理,虹膜变蓝是因为黑色素减少的缘故,这完全是人类机体对阳光的"自适应防护"的结果,生物学上称这种现象为"进化适应性分化"。生活环境会影响父母基因重组时的性状选择性表达,这是最为明显的例子。

人种作为生物学概念,恰如林奈所指出的,全人类归属于一个物种——智人,并不存在四大人种是四个物种的概念,差异仅仅反映了人种间体质性状的多样性,即不存在人种间的本质区别。人类基因组计划的工作结果表明,人类具有共同的遗传密码组,各个人种之间的确存在很多不同,就像个体之间存在许多不同一样。但是,这些不同尚并不能构成划分人种的生物学基础。

人种的概念是随时间而变化的。18世纪的博物学家卡罗尔·林尼厄斯曾将现代人划分为野蛮种——菲拉斯,怪物种——蒙斯托拉斯,理智种——塞比恩斯等。法西斯主义曾将人种分成优与劣的几个等级，作为制造种族灭绝的理论依据，遭到了全人类共同的谴责。

人种特征划分的种种事实表明，人种区划的确是一个极为复杂的难题。但它事实上却揭示了两个重要问题：

第一，人种特征出现的明显差别说明，一定的人种特征是人类在人口不断扩充、迁徙和在不同地理环境长期分隔下形成的。但各人种之间存在着过渡类型，各种族之间并没有不可逾越的、绝对明确的界限。例如，南印度人和埃塞俄比亚人的特征，介于白种人和黑种人之间；而千岛群岛因长期来自不同地区移民的混居，则兼有白种、黄种、黑种三个主要人种的特征。同时在遗传物质的互相结合上，各人种间尚未出现生育上的隔离，这些都证明了现代所有人种都起源于一个共同的智人种祖先。

科学检验到目前为止，还没有发现任何一个人种的某些基因为专有，并不为其他人种所拥有。人种之间的差别，仅仅是某种或某些基因，在该群体中的表现频率不同而已。例如，人类血型的分型中有 Ii、IA、IB 等多种等位基因。Ii 血型等位基因在南美印第安人中比较高；IA 血型等位基因在欧洲白种人中有较高频率；亚洲黄种人中，IB 血型等位基因占有较高的频率。

第二，虽然在历史上，不同人群之间存在过相当长时间的地理隔离和文化隔离，这是造成人种部分遗传性状相区别的客观原因。但是这些区别，更像是用阳光彩笔绘就的进化性化妆，虽然各具特色，但并没有最终导致生殖隔离。人类是迁徙能力很强的物种，人种之族在遗传上没有阻隔，是“直通开放”的，不同种族之间不仅可以通婚，而且都能产生生命力旺盛的后裔。无论怎样的隔离，都会因迁徙的融合而打破。

所以今天已经没有谁会像林尼厄斯那样极端地划分人类，尤其是以“种族”这一类的标签，把人类划分为不同政治利益集团与亚集团的传统分类法，越来越失去其生物学的依据和政治的感召力。但是，人种的区分仍然是一种通行的习惯，毕竟，除了年龄、性别之外，许多国家在登记人口资料时，还要求每个公民说明自己的族群。

第二节 遗传选择是内因

就人类进化的研究而言，学者们除了关心各人种间体质的共同点与差异点外，更为关心的是，人种间的部分体质的差异是在何时、何地、因何开始发生的。

对于产生不同人种分化的时间，有的学者认为，人类的进化是一个连续的系统，早在晚期直立人阶段，就已经产生了原始人种分化的雏形。有人主张，就现代人种而言，应是在20万年前的早期智人阶段，就出现了人种分化的趋向。尽管对于人种最初分化的时间有着不同的推论，但是人类学家对现代人种最后形成的时间却有共同的认识，那就是在距今3万年前后的晚期智人阶段，即在人类由亚、非、欧三洲大陆开始进入澳大利亚及美洲大陆、完成除南极之外的世界性分布时，就已具备了人种明显分化的特点。即从智人阶段早期开始分化，又受十多万年相对封闭的自然环境影响，至智人阶段晚期，初步形成了包括肤色在内的一些性状特征，出现了较明显的人群差异，从而奠定了现代人种说的基础。

最近有关基因与种族、基因与族群关系的研究显示，现代人类基因多样性的现状，是人类在约十万年前走出非洲很久以后，至近五六万年前才加速形成的，是人类基因在不同的个体之间、不同的群体之间，历经长久的反复交换的结果，更是相当长一段时期地理隔离造成的生殖隔离的结果，这个过程被称之为"网状进化"。

现有人种间的某些性状特征的明显区别，如肤色，早期应当经历了一个微量累积的过程，并成为适应该地区自然环境的优势基因，而被优胜劣汰、倍增式地继承发展了下来，成为该群体的特征。可以这样认为，环境影响是外因，生殖遗传选择是内因，共同造成了四色人种。

对于肤色一类的差异的形成，早期应当经历了一个微量累积过程的观点，达尔文在《人类的由来》一书中，破天荒地提出：由于两性爱美心理的驱动，在性选择时，更多地选择了他们认为美的特征的对象，并通过生殖遗传，将这些美的特征扩展给了后代。世代微量累积的过程，最终形成了今天我们所看到的人种间明显的性状区别。这一早期微量累积过程，如上文所言，约于智人阶段早期开始分化，历经十多万年。

达尔文是这样强调性选择在造成人种差异方面的作用的：

其一，"这些特征在他们的日常生活中又都是全无用处的。这些特征，而不是别的，我们说，是极有可能通过了性选择才变化出来和继续发生着变化的。我们已经看到，在极低级的野蛮人中间，每一个部落的成员总爱赞赏他们自己的一些独特的品质——头和面的形状呀，颧骨突出得如何方正呀，鼻子的高耸或平扁以至于鼻梁的中陷呀，皮肤的色泽呀，头发的修长呀，脸部与通体的光洁无毛呀，胡子之大或须髯之美呀等。而赞美的结果是，这些以及其他诸如此类的特点，在每一个部落之中，又势必在那些能力强、才干多的男子那里慢慢地、逐步地得到夸大。而这些男子不是别人，正是在每一世代里，在选取最富有这类特点、因而也是最美的女子为妻这一方面和接着在生养最大量的子女方面取得成功的人。就我个人的见识所及，我得出的结论是，人的各个种族或族在体貌上之所以各有差别，以及在一定程度上人和低于人的动物的所以不同，原因固然不一而足，而在一切原因之中，要以性选择为最有效率。”

其二，“变化所以发生的缘由，有些也许可以归到生活环境中一些条件的直接而具体的作用。例如，食物的充足、气候的炎热或空气的湿润；而最后，不少特征，有的在生理上很不重要，有的却也很有些分量，是通过性选择才取得的。”①

简言之，欧罗巴人现在的白皮肤和非洲人现在的黑皮肤性状，如同雄鸟身上彩色的羽毛一样，源于早期时代异性相吸爱美心理及其选择行为。唯美通过性选择造就了一些人类差异性性状特点。

生殖遗传有它的稳定性，但在现代地球村的条件下，人员交往十分频繁，不同人种间互婚已成为常态，人种间区别会逐步缩小。《北京日报》2013年5月29日报道称：“根据美国人口普查的最新预计，到2024年，白色人种在美国的人口中占比将首次小于50%。那时，美国将呈现出更加多元、均衡的种族格局，这将对美国的政治、经济、社会文化各个方面产生深远的影响。”

研究者相信，人类基因多样性不仅存在于各人种之间，更主要存在于个体之间。相比较个体之间差异而言，地域与族群间的差异退之于次要地位。这样的认识是否可以为无谓的种族之争提供一点新观念呢？

---

① ［英］达尔文：《人类的由来》，潘光旦等译，商务印书馆1983年版。

第三节 各人种指纹特点

在讨论了全人类指纹的共性规律特点之后，还有必要关注不同人种指纹的异同。如前所述，全人类的所有成员构成一个共同的指纹基因库，这个共同的指纹基因库在不同人种种群产生前就已经形成。现在我们将每个不同的人种视为一个小的种群，它的全部个体所带有的全部指纹基因的总和就是该种群的指纹基因库。

基因遗传学告诉我们，一个种群或一个物种基因频率的变化称为“微进化”，一个种群以上水平的进化称为“大进化”。从种群中随机采集指纹的样本（应达到一定的样本量），这个随机样本可视作是该群体的、有代表性的、无偏向的样本，所以可将观察到的频率看作是这个群体的特性。

基因库对于人类这种二倍体生物来说，有n个个体的一个人种群体的基因库，是由2n个单倍体基因组所组成的。因此，对每个基因座位而言，就各有2n个基因，共有n对同源染色体。例外的是性染色体和性连锁基因，它们在异型配子中，只有单份存在。

不论人种的区别标准是否科学，不同人种之间在部分遗传性状方面有差异是明显的事实。所以人类学家、指纹学者试图在人类指纹共性规律之内，寻找不同人种之间，乃至于不同民族之间指纹差异的参数，为不同人种、不同民族提供更细化的定性、定量指标。开展这方面研究比较早的是欧洲学者，如罗斯（Loth，1911）、怀尔德（Wilder，1922）、韦特（Waite，1925）、米顾格（Miguke，1926）、康明斯（Commins，1927）、斯代葛塔（Steggetda，1936）、斯坦那（Steiner，1936）、凯纳斯克（Kanaseke，1938）、萨尔门托（Sarmento，1940）等人都作过不少探索。我国开展这方面研究较晚，1964年上海复旦大学人类学教师董梯忱指导其学生郭常富的毕业论文《广西僮族的掌纹与指纹研究》已属于先行者了。

一、黄色人种群体指纹频率

黄色人种约占全世界人口的37%，主要分布在亚洲大部分地区和美洲。黄色人种的指纹当以中国人群为最大代表，其男性群体指纹统计数据为：A型指纹占2.52%、L型指纹占46.08%、W型指纹占51.4%；女性群体指纹统计数据为：A型指纹占4.65%、L型指纹占57.96%、W型指纹占37.39%。

二、白色人种群体指纹频率

白色人种约占全世界人口的54%，主要分布在欧洲、美洲、西亚、北亚和北非等地。指纹以高加索人群为代表，其男性指纹统计数据为：A型指纹占4.3%、L型指纹59.9%占（L^u型指纹占55.6%、L^r型指纹占4.3%）、W型指纹占35.4%（普拉托，1973）。

韦特(Waite)1925年对2000名英格兰人的统计为:A型指纹占7.1%、L型指纹占65.5%、W型指纹占27.4%。

斯坦那(Steiner)1936年对5582名德国人的统计为:A型指纹占11.1%、L型指纹占62.4%、W型指纹占25.8%。

特平·斯卡斯博格(Turpin Schutzenbrger)1949年对500名法国人的统计为:A型指纹占6.7%、L型指纹占61.4%、W型指纹占31.8%。

俄罗斯人群的指纹统计数据为,男性:A型指纹占6.15%、L型指纹占61.53%(L^u型指纹占57.13%、L^r型指纹占4.4%)、W型指纹占32.12%;女性:A型指纹占8.44%、L型指纹占64.27%(L^u型指纹占60.67%、L^r型指纹占3.6%)、W型指纹占27.2%(赵向欣)。

三、黑色人种群体指纹频率

黑色人种约占全世界人口的8.5%,主要分布在非洲大部分地区和澳大利亚、新西兰、南太平洋岛屿。以非洲人群为代表,其男性指纹统计数据为:A型指纹占8.8%、L型指纹占64%(L^u型指纹占61.4%、L^r型指纹占2.6%)、W型指纹占27.4%(普拉托,1973)。

俾格米人是尼格罗—澳大利亚人种中的一个类型,体态小但体力过人。俾格米人是史前桑加文化的继承人,是居住在非洲中部最原始的民族,在世界上濒临灭绝。目前分布在非洲中部,以及亚洲的安达曼群岛、马来半岛、菲律宾和大洋洲某些岛屿。盖佩尔(Geipel)曾在1958年对218名俾格米人(性别不详)作过指纹统计分析,其数据为:A型指纹0.4%、L型指纹40.4%、W型指纹59.2%。该数据与黑色人种偏移较大,而与黄色人种接近。

四、棕色人种群体指纹频率

棕色人种约占全世界人口的0.5%,是按照遗传和体质为人类分类所划分出来的一个人种,分子人类学研究证实了他们的遗传基因的独特性。棕色人种通常是指生活在亚洲南部大陆和部分太平洋印度洋岛屿的早期居民。据研究,他们的祖先曾生活在亚洲南部地区,长期停滞在旧石器时代生产阶段,在竞争中被进入新石器时代的黄种人所击败,逐渐远离亚洲大陆,选择了竞争性相对不太激烈的澳大利亚、新西兰以及南太平洋的岛屿上生存。

在19世纪,澳大利亚原住民曾被分类为黑种人。在20世纪初期,新一代的研究者发现了澳大利亚原住民与非洲人种的区别。人类学家卡尔顿·S. 昆(Carleton S. Coon)等,便将澳大利亚原住民和一些其他太平洋岛屿人,归类于他们自己新起的“棕色人种”。棕色人种与其他三大人种相比,有着最粗壮的眉弓;通常为长颅型、黑色卷发,下颚粗大、突颌、巧克力肤色、眼睛深棕色或者黑色。

棕色人种的指纹以澳大利亚原住民人群为主要代表,其男性指纹统计数据为:A型指纹占1.4%、L型指纹占46%(L^u型指纹占44.9%、L^{ru}型指纹占1.1%)、W型指纹占52.6%(普拉托,1973)。

康明斯(Cummins)和塞茨勒(Setzler)曾于1951年分析过90名澳大利亚土著美拉尼西亚人指纹,其数据为:A形指纹占0.2%、L形指纹占22.1%、W形指纹占77.6%。W形指纹畸高,但由于此统计样本人数偏少,其数据可能与整个群体有较大的偏差。

就澳大利亚而言,其独特的地理环境和典型的移民国家是研究人种形成案例的不可多得的地方。

澳大利亚位于南太平洋和印度洋之间,四面环海,是世界上唯一一个独占一个大陆的国家。澳大利亚大陆形成于2亿年前,独特的地理位置使得澳大利亚横跨两个气候带:北部由于靠近赤道,属于热带气候;澳洲南部则属于温带气候,四季分明。

在古代低生产力的条件下,广阔的海域自然而然地将澳大利亚保护成了"世界活化石博物馆"。据统计,澳大利亚1.2万种植物中,有9000种是其他国家所没有的;650种鸟类中,450种为澳大利亚所特有;全球的有袋类动物,除南美洲外,大部分都分布在澳大利亚。造成这种现象的重要原因无疑是澳大利亚独特而又封闭,自成体系的自然环境。特有的地球演化过程中保留下来的古老生物种类,它们虽然显得原始,却成为人类研究地球演化历史的活化石。

但相对于动植物的原始性与独特性,澳大利亚人口却因大量移民的到来而增添了许多复杂性,准确地说,棕色人种的界定,以及他与其他三大人种的亲缘关系增添了许多复杂性。

虽然早在4万多年前,土著居民便生息繁衍于澳大利亚这块土地上了,2001年人口普查时,澳大利亚土著居民总数是41.3万人。2013年6月,澳大利亚人口达2305万人。其中英国及爱尔兰后裔占74%,亚裔占5%,其他民族占18.8%,土著居民仅占2.7%。

近代历史造就了澳大利亚这一典型的移民国家,被社会学家喻为"民族的拼盘"。

1788年1月18日,英国人首先把澳大利亚作为一个流放囚犯的地方。由英国菲利普船长率领的一支6艘的船队共1530人抵达澳大利亚的植物园湾,其中有736名囚犯。8天后的1788年1月26日,他们正式在澳大利亚杰克逊港建立起第一个英国殖民区。这个地方后来人口不断增长而成为澳大利亚的第一大城市——悉尼,这个名字是为了纪念当时的英国内政大臣悉尼而确定的。每年的1月26日后来成为了澳大利亚的国庆日。

自英国移民踏上这片美丽的土地之日起,已先后有来自世界120个国家、140个民族的移民到澳大利亚谋生和发展。例如,欧洲的德国、希腊、意大利,亚洲的中国、日本和越南等。

第二次移民高潮发生在19世纪50年代。在澳大利亚新南威尔士和维多利亚两州发现了金矿,大批来自欧洲、美洲和中国的淘金者蜂拥而至。其后许多重要的金矿和其他大量矿藏被逐一发现,这些发现,在让澳大利亚迅速致富和发展的同时,人口也在迅速增长,澳大利亚人口从1850年的40万人,激增至1860年的110万人。在这股淘金热潮中,距离澳洲相对较近且人口密集的中国自然成为劳工的重要输出地。在接下来的20多年里,来自中国的4

万多名男性和9000多名女性前往澳洲金矿淘金。许多广东人怀着一夜暴富的梦想，变卖家产购买前往澳洲的船票，经过海上3个月的颠簸航行抵达澳洲。多民族形成的多元文化现在是澳大利亚社会的一个显著特征。

2006年人口普查中，白人占92%，其祖先大多数是19世纪、20世纪的英国移民。澳大利亚最早的原住民如今不及总人口的1%，而他们应该才是棕色人种的代表。

综合各人种的指纹统计数据发现，指纹频度指数pH（pH=2W＋L/10）差异明显。高加索和尼格罗人种<蒙古人种<澳大利亚人种。即白色人种、黑色人种有较高的L型指纹及A型指纹，W型指纹显著低于黄色人种和澳大利亚棕色人种；澳大利亚棕色人种比蒙古人种有着更高的W型指纹出现率，而弓形纹、箕形纹则明确少于蒙古人种。

通常认为，群体指纹频率的相似度反映的是血缘关系的远近。托马（Thoma）通过群体指纹分析认为，白种人和黑种人最接近，黄种人与这两人种较远，澳大利亚棕色人种则相距更远。这相应地反映了欧洲现代人群与黑种人最后一次走出非洲事件相关；而黄种人则独自世居亚洲腹地的时代更为久远。

普拉托（Plato）认为，美洲印第安人、澳大利亚棕色人种与蒙古人种的指纹有许多相似之处，这与古人类学家阿郎·托尼（Alan Thorne）认为澳大利亚人种部分来自中国的观点是一致的。安徽师范大学花兆合老师等在研究中国汉族的足纹时发现，中国人与北极地区的土著民族爱斯基摩人的足纹有着惊人的一致性，因此他也支持爱斯基摩人祖先是从亚洲北部，通过白令海峡大陆桥到达美洲的观点，认为美洲印第安人、澳大利亚人和爱斯基摩人都是黄种人，世界的人种应分为黄、黑、白三大类。

近几十年来关于人种群体指纹学的研究显示，指纹作为一种关联性状，可以作为遗传连锁的指示物，即群体指纹指标可以作为人种划分的一个重要参考标准。可以这样认为：棕色人种的直接祖先中，有着从亚洲南部迁徙到澳大利亚人群的血缘，这从地理位置上解释也是合理的，这是其一；其二，澳大利亚热带气候与温带气候，造就了棕色皮肤与黑色卷发，说明由外胚层发展而来的皮肤基因比较活跃，变异性较强。微积累形成了微进化。由此佐证了现代人种产生肤色分化的时间在10万年以内，近3万～5万年是有一定可信度的。

马慰国等人在总结了现代四大人种活体观察的主要特征后认为：指纹特征的人种差异和民族差异反映了人种或民族的体质性状的区别和多样性，表现出生物群体的多态性。因此，定性、定量的指纹分析法，可以广泛地应用于人种学、民族学以及人类体质学的研究领域。指纹参数为正确区分人种和民族，为探求人种的起缘，以及进化和演变，提供了客观的依据和佐证。①

① 马慰国、杨汉民：《现代四大人种活体观察的主要特征》，载《实用医学皮纹学》，科学技术文献出版社2008年版。

表6-1 现代四大人种活体观察的主要特征表

	黄种人	白种人	黑种人	棕种人
指纹频率	弓少斗多	弓、斗中等	弓多斗少	同黄种人
肤　色	淡黄—棕黄	浅	黝黑或黄褐	黄褐—棕黑
发　形	直而较硬	波状或直	极度卷曲	波状或曲
发　色	黑	金黄或棕色	黑	黑
眼　色	黑	浅蓝	黑	黑
眼裂开度	狭长—中等	大中等—大	大或中等	大
眼裂方向	外角高于内角	水平	水平	
内 眦 褶	有	无	无	无
眉　弓	稍宽—中等	显著—发达	弱—中等	发达—粗壮
鼻　宽	中等	狭	阔	中等—较阔
鼻　根	低而扁平	中等高	高	低—扁平
鼻突出度	弱—中等	显著突出	弱	小
鼻　孔	卵圆形	直形或八字	斜横条形	中等倾斜
颧骨突度	显著	不突出	不大	稍显
面突出度	扁平	显著	中等	中等
颌　形	中颌	正颌	突颌	
唇 厚 度	中等	薄	中等—很厚	厚
唇　形	稍	不		
体毛与胡须	不发达稀少	发达	弱或中等	弱—发达
腭　弓	宽	中等或宽	狭	狭—中等
面　宽	143～151mm	129～147mm	123～138mm	126～139mm
平均身高	165cm	169cm	144～170cm	148～170cm
鼻最小宽	35～40mm	36～38mm	39～45mm	40～50mm
鼻 指 数	58～72	58～72	90～100	82～104

在人种学的研究中，总指嵴线数是使用最多的一项指纹指标，它代表了十指纹型组合的区别，又称为纹型强度区别指标。Pollitzet和Plato研究了不同人种的总指嵴线数，发现中国人、日本人、菲律宾人等总指嵴线数较高，葡萄牙人和其他高加索人的较低。他把前几种人列为太平洋群体，而把后几种人称为大西洋群体。并用圆形图解法表示不同群体的各项指纹值的频率，用以阐明群体指纹变异的关系。

另据基因库网站的报道，2002年Hurles et al.和2006年Ghiani et al.论文显示：Y-Q1a3a基因存在于澳大利亚波利尼西亚群岛，包括东部岛屿的居民中。显示是美洲土著印第安人迁徙到了这个区域，这为几百年来的大洋洲人种的来源之谜的争论提供了新的线索。富于想象的历史过程是：若干年前，美洲土著印第安人根据祖先的遗嘱，长途跋涉回归寻根来了，一部分游子就定居在了波利尼西亚群岛，成为了始迁祖，这或许是历史的真实。

不同人种的指纹指标，或多或少地为认知现代人的祖先走出非洲后的分布，提供了栖息地区与行进线路的方向标线索，这方面还有许多工作可做。

通过指纹学的研究来挖掘古人类与现代人的演化信息，将成为人类学、考古学研究的一项重要内容。由大数据统计所提供的各种群体指纹特征数据，包括灵长类群体指纹特征数据，犹如人类进化图中的若干个时间坐标和地理坐标，可以建立起"灵长类指纹进化树"，辅助以骨骼化石特征数据为主的"古人类进化树"理论，共同引导我们逐步勾画出人类发展、迁徙演化的轨迹。使我们深刻地认识到，人类共同的祖先在全球性扩张的历史过程中，是怎样在多地域不同的客观环境下，呈现多样化发展的。

历史雄辩地证明，包括人类在内的一切生物多样化发展，是永恒不变的规律！

第七章 指纹认知各民族

第一节 种族与民族相依

当人类进入到文明社会，各氏族群体文化、宗教信仰等有所固化，形成各自特色时起，种族、民族开始历史性地形成了，但两者的概念经常混淆。种族(race)更多的是人类学概念，与人类体质特征相关联；民族(Ethnic group)更多体现的是社会学、人类文化学属性，侧重点不在生理基因的遗传上。通过指纹认知各民族，并非纯粹地建立于遗传学基础之上，因为其结论加入了社会学理论的影响。

种族与民族都属于一定社会发展阶段的历史范畴，不是在人类社会一开始就有的，而是在人类历史发展到一定时期才产生的。民族通常是指一群基于历史、文化、语言、宗教或行为与其他人群有所区别的群体。民族有“客观”的特质，这些特质可能包括地域、语言、宗教或共同祖先，也包括“主观”的特质，特别是人们对其民族性的认知和感情。

人类最早的社会集团是原始群，随着生产力的发展和生产的需要，才结成稳定的集体——氏族。当时，最现实、最方便的联系纽带是血缘关系。几个亲属氏族又结合成部落。二次社会大分工破坏了氏族部落内部的血缘关系，在更大规模上以地缘关系结合成规模更大的共同体——部落联盟。有些部落联盟发展成为了国家，有些部落联盟发展成为了民族，这是民族形成的一般规律。

民族的复杂性还在于，现代的民族概念更开放了：一个人种可以包含一个或几个民族，一个民族也可包含一个或几个族群；同一个民族可以有不同的宗教信仰；同一个民族也可有不同的历史渊源，不同的民族也可用相同的语言；不同的民族也可在后期融合成新民族；一个民族可以生活在不同的国家，一个国家可以有许多不同的人种和民族。例如，美国人有白种人、黑种人和黄种人，许多亚洲国家主要是黄种人。

因此“民族”一词使用非常广泛。但不同场合，其所表达的含义也有所不同。一种是广义的，泛指在历史上形成的、处于不同历史阶段的各种人群共同体，如原始民族、古代民族、近代民族、土著民族等，甚至氏族、部落也可以包括在内；或用以指一个国家或一个地区的各民族，如亚裔民族、非裔民族、中华民族、苏格兰民族等。

另一种是狭义的民族概念，特指某一具体的民族，如德意志民族、法兰西民族、回族、藏族等。它反映出民族与种族一样，也是人类发展史中多样化的体现。区别仅仅是，种族无论在出现的历史、分布的地域、人口的数量上都要比民族久远、广大、众多。

民族生活方式以聚居方式为主,聚居是针对民族杂居、散居而言的,指同一民族相对比较集中居住的区域,可以理解为该民族共同地域,是构成民族的基本特征之一。历史上任何一个民族都有自己赖以生存、繁衍和发展的生态环境——聚居区,并且随着社会的发展和民族间交往范围的不断扩大,在一个民族聚居区里还杂居、散居或聚居着其他民族。

纵观许多民族形成的历史,尤其是地处边远的少数民族发展历史,不同的地理环境与物质条件,形成了不同人群的不同生活方式与思想观念,再加上地理障碍特别是交通运输不发达的影响,各种文化交流相对不是那么频繁,因此在相对地理隔离的聚居区内形成了其民族的独特性。

这种独特性和差异性的存在,通过共同生活的整个群体体现出来。这种群体与群体之间所存在的区别差异,最终形成了各个民族所具备的民族特色。处于各个民族特色之内共同生活的劳动群体就是民族本身,民族成员个体意识情感里的这种群体特色就成为了民族意识,民族意识和民族文化是民族内部的凝聚剂。

由于民族的划分存在一些复杂情况,人们对民族含义尚无统一的认识,故未能有统一的评价标准,因此现在世界上还同时存在着多种类型的人类共同体,有民族、部族、部落集团。还有一些部落、氏族并没有归入某个民族之中而独立存在。同时有些国家和地区尚未进行过人口普查等,所以缺乏有关世界民族成分的完整调查材料。

苏联科学院民族学研究所曾于1975年作过统计,全世界大约现存有2000个大小不同的民族,人口在1亿以上的有7个(汉族、印度斯坦、美利坚、俄罗斯、孟加拉、大和、巴西等民族,占全球总人口的42%以上);人口在5000万~1亿的有9个(德意志、比哈尔、意大利、爪哇、墨西哥、泰卢固、英吉利、朝鲜等民族,约占全球人口的12.5%);全球人口在10万人以上的民族共550余个,其人数合计占总人口的9.9%。人口较少的民族有的仅百人或几十人,如印度的安达曼族和明戈比族,印度尼西亚的托瓦拉族等。

尽管民族是以社会学与人类文化学的概念为主,但血统仍然是其最重要的主线之一。因此,无论是人类学、遗传学、医学乃至指纹学,都将民族作为人类体质发展的一个层次单元进行研究,试图从纵横两个方面,发现不同民族之间的共性与个性,构建出世界各民族发展的系统树来。

如果将全人类视为宏观状态,人种(种族)作为中观状态,民族则为次中观状态,家族为微观状态。

第二节 我国民族观传统

“民族”一词在中国广泛流传，是20世纪初期之事，今日习用之“民族”一词，实为一翻译名词，是以对译英文Nation一词所成的汉语新词，是19世纪、20世纪之交，中、西、日等不同文化系统间跨语际文化实践的特殊词汇。

但中国人的族群与文化上的自我认识确立甚早，中国民族观念的历史渊源，可以追溯至三皇五帝与先秦时期。

黄帝时代，在古中华大地上，就形成了几大氏族集团，如华夏文化集团，生活在仰韶文化和龙山文化分布区；东夷文化集团，生活在大汶口、龙山文化和青莲岗文化江北类型分布区；苗蛮文化集团，是远古时代中国南方诸氏族、部落或部落联盟的泛称。活动范围在西北达丹江流域，川东及鄂、湘、赣、皖的沿长江流域，东抵淮河流域，集结在彭蠡（今鄱阳湖）和洞庭之间。

夏商（殷）周三代，强势氏族集团为中心的观念开始形成并得到强化。与此同时，氏族进一步细分化，出现了“华夷之辨”，或称“夷夏之辨”的思想，以中原为中心，区分为华夏与蛮夷。《尚书·大禹谟》记载大禹治水后，“无怠无荒，四夷来王”。说明夏初时，以地区性氏族集团为基础的政治格局已经形成。

华夏也称“夏”“诸夏”，又称为“华”或“诸华”，是古代居住于中原地区的汉民族的自称，以区别四夷。四夷是“东曰夷、西曰戎、南曰蛮、北曰狄”（《礼记·王制》）。华夏中心说的形成，表明民族性区别开始出现。如《左传·襄公·襄公十四年》记载姜戎子驹支说：“我诸戎饮食衣服不与华同，贽币不通，言语不达。”直至明朝，在京城还建有四夷馆，内分八馆，曰：鞑靼、女真、西番、西天、回回、百夷、高昌、缅甸等。当时规定，四夷必须臣服中国。

及至周朝建立时，氏族联盟体据称有方国一万八千个，其中有不少为同姓诸侯国，但相当多的诸侯国后来发展成为了民族的方国。地域、自然气候、经济与文化的差别，渐渐拉开了各方国之间的发展水平。周公当时已经高度注意到了这种差别，对不同的方国实行不同的税赋、教育政策。对此《周礼》中有明确记载。

《周礼·大司徒》：“掌建邦之土地之图与其人民之数，以佐王安扰邦国。以天下土地之图，周知九州之地域广轮之数，辨其山林、川泽、丘陵、坟衍原隰之名物。而辨其邦国、都鄙之数，制其畿疆而沟封之，设其社稷之壝，而树之田主，各以其野之所宜木，遂以名其社与曰医。”

《周礼·小司徒》：“凡建邦国，立其社稷，正其畿疆之封。凡民讼，以地比正之。地讼，以图正之。”

《周礼·职方氏》曰：“掌天下之图，以掌天下之地。辨其邦国、都鄙、四夷、八蛮、七闽、九貉、五戎、六狄之人民，与其财用、九谷、六畜之数要，周知其利害。”

《周礼·形方氏》曰：“掌制邦国之地域，而正其封疆，无有华离之地。使小国事大国，大国比小国。”

《周礼·训方氏》曰：“掌道四方之政事，与其上下之志，诵四方之传道。正岁，则布而训四方，而观新物。”

《周礼·合方氏》曰：“掌达天下之道路，通其财利，同其数器，壹其度量，除其怨恶，同其好善。”

时古中华为设九州之国，要求各州各方国各氏族“使同贯利、壹其度量，除其怨恶，同其好善。”

因此中国自古就是一个统一的多民族国家。炎黄部落是中华民族最早的雏形，炎黄子孙由此而来。数千年来，曾有许多民族活跃在各个时期的历史舞台上，经过长期的分化、融合和发展变化，最终形成今天汉族和55个少数民族成一家的局面。

在各民族发展的过程中，既有民族独立性的一面，如《左传》上有“非我族类，其心必异”的说法。同时又有融合性的一面，承认“入于夷狄则夷狄之，入于中国则中国之”的现实。历史上，少数民族曾多次入主中原，与汉文化融合，一些少数民族成员直接加入了汉族队伍，成为了汉族人。这两种观念杂糅着“民族”与“文化”两层不同含义，哪一种观念占优势，视汉族与其他族群相对势力的强弱而定。大略而言，历代汉族政权强盛时，常常是以文化优劣作为区分华夷的标准；反之，如汉族势衰，则转而强调血统的传承，强调“坚夷夏之防”。因此民族，无论在内涵上还是外延上，都是一个与血缘高度相关，但它又不像家族一样是绝对纯血缘关系的群体。

1902年，梁启超先生在《论中国学术思想变迁之大势》一文中，首次提出了“中华民族”的概念：“上古时代，我‘中华民族’之有海权思想者，厥惟齐。故于其间产出两种观念焉，一曰国家观；二曰世界观。”梁先生的话指明了，中华民族是相对于世界各民族而言的称谓。

1912年中华民国成立，一向倡导“驱逐鞑虏，恢复中华”的孙中山接受了梁启超先生的中华民族观点，把中华民国的国号简称为“中国”。在《临时大总统宣言书》中，郑重宣布：“国家之本，在于人民，合汉满蒙回藏诸地为一国，即合汉满蒙回藏诸族为一人——是曰民族统一。”号召五族共和，民族平等、民族团结，在中华民国内的各民族统称为“中华民族”，英文称“China”。中华民族首次在法律上，成为近代广泛使用的具有国家概念的正式名称，发展了中国的民族观。

从此后，在中华民族大团结的旗帜下，生活于中国大地上的所有民族公认自己属于统一的中华民族，都是骄傲的中华民族的儿女，这成为了中国各族人民的共识。

中华民族观念的形成，不仅具有重大的政治与历史价值，而且具有指导科学实践的意义，在指纹遗传学、民族指纹学的研究中，中华民族是一重要范畴。

第三节 民族指纹学成果

研究民族特色，研究民族群体的遗传规律，在十八九世纪成为人类学、遗传学的热门研究课题。20世纪，指纹学也将它作为自己学科的重要研究内容。

一、概述

近一百年来，国际指纹学者们对世界各主要人种、主要民族的指纹，进行了大量而又广泛的调查研究，包括对若干近代历史上明确的、较长一时期隔离的人群的研究，积累了丰富而又宝贵的资料。总体的结论是：白种人与黑种人之间指纹最接近；而美洲印第安人、澳大利亚人和黄种人指纹最相近，分别构成两大人类群体。其中，澳大利亚人又比黄种人相距黑白人种的关系更远。而地处欧洲的匈牙利民族，一些指纹参数接近于东方黄种人，而有别于欧洲白种人，说明匈牙利民族历史上掺入了一定数量其他种族的基因交流。

我国的56个民族在地区分布上具有“大杂居，小聚居”的特点。汉族人口遍布全国各地，但主要集中在东部和中部地区，在边疆地区，汉族多与少数民族杂居在一起。少数民族主要集中在西南、西北和东北的边疆地区。由于地理环境、历史传统和宗教信仰的不同，各民族在衣、食、住、行等生活方面独具特色，使中华民族的文化绚丽多彩。因此在民族指纹学的研究方面有着得天独厚的条件，具有很大的基础性优势。

我国学者开展民族指纹学研究相对欧美学术界较晚，台湾地区的学者属于我国开展民族指纹学研究的先行者之一。台湾地区的民族具体分为19个少数民族。从1909年到1945年，台湾地区的民族肤纹调查研究做了很多工作。到1971年，台湾地区共发表民族群体的肤纹论文50余篇，但研究项目参数不是很齐全。大陆地区民族肤纹的调查研究论文最早发表于1922年，对象是我国东北地区的成年汉族人。同年还有一篇肤纹论文《手足纹在种族间的不同》发表，研究对象是南京地区的汉族学生，利用肤纹做了民（种）族间的对比研究。

1941年，我国人类学泰斗吴定良和吴汝康做了南方坝庙人的指纹研究。1963年，上海复旦大学人类学教授董梯枕指导学生郭常富等开展了广西壮族人的指纹和掌纹的调查。其调查报告《广西僮族的掌纹和指纹研究》于1964年发表在《复旦大学学报》上，这是解放后大陆学者发表的第一篇有关民族肤纹研究成果。

从20世纪80年代开始，在中国遗传学会肤纹学研究协作组的组织协调下，后发优势显示出来了。经过全国数百个科研、医务等单位的千余名指纹工作者的共同努力，从1979年到1996年的17年里，完成了56个民族指纹正常值的调查分析，20多年来，共发表与民族有关的肤纹学论文近300篇。其中研究的最多的是汉族指纹。

汉族是中国的主体民族，是上古时期黄帝和炎帝部落的后裔，炎黄子孙。“汉”原指天河、宇宙银河，《诗经》云：“维天有汉，监亦有光。”汉族旧称汉人是因中国的汉王朝而得名，汉朝以前称“华夏”或“诸夏”。

汉族历来以勤劳、富于创造精神著称。汉族历史上的经济是以农业为主，兼营家庭副业，是一种典型的男耕女织的自然经济。

汉族自古对各种宗教信仰采取兼容并蓄的态度。天命崇拜和祖先崇拜是汉族宗教的主要传统观念。几千年来，提倡以仁为中心，重视伦理教育，由孔子、孟子思想体系形成的儒家学说对汉族产生着深刻的影响。

汉族是一个历史从未中断过的、历史悠久的民族，也是世界上人口最多的民族。随着中国历史的变迁，以及外族入侵和躲避战乱等因素，汉族一方面融入了多民族元素，其主源是炎黄和东夷，支源有发源于两广地区的古苗蛮部落、古长江中下游及以南地区的百越各民族和西北方戎狄等少数民族；另一方面发生了大规模迁移，一直在从中原地区向南迁移。如客家人继承了当时中原汉人的文化传统。截至2009年，汉族人口约为13亿人，约占世界总人口的19%，分布于世界各地。在中国大陆，汉族占总人口的92%；在台湾地区，汉族占总人口的98%；在香港和澳门地区，汉族分别占总人口的95%和97%。除中国外，汉族在东南亚、北美洲和西欧也有较多分布。

河南是汉族世代居住的根据地，作为指纹学的研究对象很有典型性。南阳理工学院生物人类学研究所徐国昌等对河南汉族进行了指纹学分析。

表7-1 河南汉族指纹频率 单位：%

	A	L^u	L^r	W
男	1.05	43.95	4.10	50.90
女	3.20	47.10	2.40	47.30

表7-2 河南汉族与国内外其他族群指纹频率比较① 单位：%

	N	A	L	W	TFRC
河南汉族（男）	200	1.05	48.05	50.90	143.86+/-30.15
河南汉族（（女）	200	3.20	49.50	47.30	135.58+/-28.74
马来西亚人	105	2.19	53.71	44.1	
韩国人	700	2.60	51.71	44.10	
吉普赛人	390	4.11	65.87	29.99	
匈牙利人	1608	4.37	62.17	33.38	
西班牙人	2185	5.47	65.74	28.23	

① 范迎、徐国昌等：《河南汉族指纹纹型研究》，载《暨南大学学报》2013年第34卷第1期。

（续表）

	N	A	L	W	TFRC
美国黑人	408	8.50	67.55	23.95	
俄罗斯人	107	10.47	63.92	25.61	
宁夏回族	262	3.09	49.73	47.21	128.97**
大理白族	300	3.47	52.70	43.83	
延边朝鲜族	400	3.10	57.60	39.55	142.75
贵州水族	411	1.78	43.46	54.77	136.60
贵州侗族	418	3.01	47.27	49.71	131.09
四川羌族	568	2.10	51.02	46.88	
四川汉族	694	2.33	47.57	50.10	150.97**
河北汉族	400	2.28	48.30	49.42	
贵州汉族	425	2.20	46.08	51.72	135.89
宁夏汉族	352	3.83	45.49	51.19	130.47**
上党汉族	800	1.84	49.80	48.36	140.67
台湾地区汉族	200	2.15	46.35	51.50	151.26**
新乡汉族	306	2.06	43.46	54.48	

注：U值为河南汉族与国内外其他各族群间的比较。*0.01<P<0.05，有显著性差异；**P<0.01，有极显著性差异。

二、《中国民族肤纹学》研究成果

民族指纹学研究集大成者，莫过于《中国民族肤纹学》专著的问世。

1979年，“中国皮肤纹理学研究协作组”成立，在协作组的倡导下，开展了民族指纹学的研究。经过30年的不懈努力，我国上百家研究单位、千余名研究者共同参与，共采集和整理了我国56个民族的150多个群体样本、含6.8万多人的数百万肤纹数据。大体摸清了我国56个民族的肤纹“家底”，使我国成为世界上首个完成全民族肤纹调查研究的国家。在此基础上，在中国肤纹学研究协作组第三任组长、上海交通大学指纹学专家张海国等主持下，编辑完成了《中国民族肤纹学》。

该项研究对每一个个体采集的项目包括TFRC、a-bRC、指纹频率（A、L^u、L^r、W）、指间区纹（II、III、IV）、手大鱼际纹（thenar，T）、手小鱼际纹（hypothenar，H）共6大类的11项参数。应用肤纹聚类分析统计法，实际聚类分析了52个民族的122个群体样本。台湾地区的高山族、新疆的塔塔尔族、青海的土族和撒拉族4个民族，因参数未达到6类11项，没有参加聚类分析。

聚类分析发现，我国的56个民族指纹体质特征可聚类分为南方群、混合群和北方群三大群。南方群和北方群两大群，以长江或北纬30°～33°为界。

南方群主要为长江畔或长江以南各群体，包括阿昌、哈尼、回、仫佬、壮、毛南、傣、德昂、基诺、白、布朗、纳西、景颇、傈僳、彝、佤、蒙古、苗、拉祜等19个民族。在安徽和云南取得的回族样本，表现出南方群体的特征而归入南方群；在云南取得的蒙古族样本亦被归入南方群。南方群各群体间的差异小且较均质。

北方群包括彝、东乡、保安、回、藏、汉、羌、鄂温克、鄂伦春、朝鲜、门巴、哈萨克、柯尔克孜、维吾尔、乌孜别克、塔吉克、俄罗斯等17个民族的23个群体。他们的体质特征和指纹参数表现出北方民族的特性。

混合群又细分为3个混合群，分别是：

(1)南北混合群，包括南方的汉(江苏)、瑶、回(云南、海南)、黎、德昂、仫佬、畲、壮、苗、独龙和北方的蒙古、汉(辽宁、陕西)、朝鲜、满、回(宁夏)、赫哲14个民族的23个群体。

(2)南方混合群，包括南方的阿昌、侗、黎、汉(贵州、上海、江苏)、傣、景颇、仡佬、布依、苗、水、京、怒、土家、拉祜、彝、傈僳、普米，还有北方的回、羌、珞巴、藏族21个民族的34个群体。

(3)北方混合群，包括北方的裕固、锡伯、达斡尔，以及南方的黎族等4个民族的4个群体。

取材于新疆的哈萨克、柯尔克孜、维吾尔、乌孜别克、塔吉克、俄罗斯等6个民族在北方群中自成一群，这6个民族指纹频率中W型指纹显著少于L型指纹(P001)，第三指间真实花纹频率达20%以上。这样的群体参数在其他民族群体中未见到，表现出明显的西北民族特性，张海国认为可以将此6个民族单列为西北民族群。

南北两大群的流动造成了混合群。由南向北的，通过南北混合群，由北向南的则通过北方混合群和南方混合群，未见跳跃式的由南向北直达北方混合群或由北向南直达南方混合群的现象。说明各大群之间，有一个逐步融合的过程，民族迁徙和混合仍然受到地理条件的限制。

汉族是我国人口最多的民族，张海国将汉族人群单独作了分析，发现：一是汉族总体是处于混合群体之内，指纹特征表现出很强的民族杂合性，是华夏民族集合的后代；二是以北纬33°为界，汉族可明显分为南北两大群体。南方群主要为长江畔或长江以南各群体，包括苏州、南京、台州、遵义、上海、泸州、孝感、台湾地区、北京共9个群体样本。南方各群体之间差异较小；北方群体相互间的差异较大。

值得注意的是，北京群体归于南方大群，张海国分析认为，这可能是现代首都人口迁入和迁出频繁有关。有关人口数据表明，在1950～1980年的30年内，共有547万人迁入北京，其中有南方人口加入多的因素。

研究样本还清晰地表明，藏族的族源与古羌族等民族有关，其肤纹表现出鲜明的中华北方群特征，由此证实藏族源于我国北方民族。台湾地区高山族(原住民)的2个群体样本，分别是人数最多的“阿美人”样本和数量很少的“噶玛兰人”样本。经过聚类分析，台湾地区原住民样本都聚类在北方群内，与早些年所谓“原住民源于南洋”的结论也不相同。

民族指纹的研究结果从总体上说明，数千年来，汉族是在与各少数民族的融合中繁衍生息的，而少数民族也是在繁衍中与汉族进一步融合和发展的。指纹作为古老民族的标志和印记，在个人是各不相同、终生稳定的；在民族群体间也有很大差异，但同一民族群体的指纹特点却相对稳定。指纹可以作为甄别、寻根和溯源的遗传标记物，科学家通过指纹的研究，可追踪民族的起源及其迁徙路线。中华民族既是多元的，又是一体的。

表7-3 附我国56个民族126个群体的6类11项指纹参数表[①] 单位：(条)

次序	民族	地点	TFRC	a-bRC	A	L^u	L^r	W	T/I	II	III	IV	H
1	1阿昌 Achang	1云南	135.2	36.7	2.7	43.6	2.4	51.3	4.7	1.6	8.7	61.1	12.6
2		2云南	133.0	38.7	3.3	52.4	2.8	41.5	5.4	1.2	17.4	77.3	15.2
3		*	134.0	37.8	3.0	48.5	2.6	45.9	5.1	1.4	13.5	70.1	14.0
4	2白 Bai	1云南	126.0	35.2	2.4	49.4	3.0	45.2	1.0	0.6	15.8	79.6	12.3
5		2云南	130.1	36.7	1.6	48.6	2.9	46.9	5.4	0.3	15.4	77.3	16.5
6		*	128.3	36.0	2.0	49.0	2.9	46.1	3.4	0.4	15.6	78.3	14.6
7	3布朗 Blang	1云南	132.6	34.9	2.3	51.8	2.7	43.2	2.7	1.0	14.4	82.7	14.6
8		2云南	125.6	33.8	1.7	51.3	1.5	45.4	2.8	0.9	9.2	71.0	12.7
9		*	127.6	34.1	1.9	51.4	1.8	44.8	2.8	0.9	10.7	74.3	13.2
10	4保安 Bonan	甘肃	138.0	39.2	1.0	47.9	2.9	48.2	4.7	0	6.6	51.8	20.5
11	5布依 Bouyei	贵州	133.0	36.7	0.8	45.1	2.0	52.1	3.2	0.9	12.8	65.9	8.9
12	6傣 Dai	1云南	130.0	38.2	2.4	47.9	2.3	47.4	1.3	0.8	13.8	72.6	10.7
13		2云南	125.4	37.5	4.0	53.7	3.2	39.1	2.8	1.5	14.4	67.9	9.6
14		*	127.1	37.8	3.4	51.5	2.9	42.2	2.2	1.2	14.2	69.7	10.0
15	7达斡尔 Daur	新疆	144.3	37.3	2.5	44.8	3.2	49.6	3.2	1.9	24.5	57.1	17.3
16	8德昂 De'ang	1云南	134.1	38.0	4.6	47.6	1.7	46.0	5.7	0.7	11.7	80.0	8.3
17	（崩龙 Benglong）	2云南	125.3	36.8	4.2	50.6	3.5	41.8	4.8	0.4	13.3	69.8	12.5
18		*	128.3	37.2	4.3	49.6	2.9	43.2	5.1	0.5	12.8	73.2	11.1
19	9独龙 Derung	1云南	124.4	34.6	4.1	44.2	6.3	45.4	4.6	0.5	12.9	78.3	8.6
20		2云南	127.3	36.5	4.8	48.8	7.9	38.5	6.2	0.3	11.5	70.0	9.2
21		*	126.1	35.7	4.5	47.0	7.3	41.2	5.6	0.4	12.1	73.3	9.0
22	10侗 Dong	1贵州	131.1	37.2	3.0	45.3	1.9	49.7	2.5	1.5	15.4	63.6	10.0
23		2广西	140.8	37.1	2.3	49.2	2.8	45.7	4.0	1.7	13.4	69.3	15.6
24		*	137.1	37.1	2.6	47.7	2.5	47.2	3.4	1.6	14.2	67.1	13.5
25	11东乡 Dongxiang	甘肃	142.9	38.0	2.3	48.5	3.2	46.0	8.8	1.7	11.8	55.0	18.6
26	12鄂温克 Ewenki	内蒙古	147.7	36.4	2.2	44.8	2.4	50.6	7.0	1.6	7.2	25.9	19.7
27	13仡佬 Gelao	贵州	136.0	37.3	2.0	46.8	2.4	48.8	4.4	2.8	18.8	65.0	8.7
28	14京 Gin	1广西	147.8	39.7	1.4	45.0	2.7	51.0	5.0	1.0	9.3	63.1	13.1
29		2广西	140.6	39.0	1.8	45.2	2.8	50.2	3.1	0.6	9.1	61.3	7.0

① 张海国：《中国民族肤纹学》，福建科学技术出版社2002年版。

（续表）

次序	民族	地点	TFRC	a-bRC	A	L^u	L^r	W	T/I	II	III	IV	H
30		*	142.9	39.2	1.7	45.1	2.8	50.5	3.7	0.7	9.2	61.9	9.0
31	15汉 Han	1陕西	102.4	32.3	3.7	43.6	2.3	50.3	11.3	1.1	6.0	63.0	13.2
32		2贵州	135.9	39.7	2.2	44.3	1.8	51.7	7.5	1.9	14.6	68.4	5.8
33		3辽宁	124.5	33.6	3.6	48.3	2.6	45.4	4.7	2.2	5.2	65.5	10.0
34		4四川	151.0	39.0	2.3	45.0	2.6	50.1	8.3	0.9	11.6	56.2	11.4
35		5上海	143.6	38.0	2.0	44.6	2.5	50.9	8.7	0.9	14.7	73.5	17.3
36		6江苏	129.7	34.1	2.1	47.1	2.1	48.7	3.6	1.7	15.9	65.0	11.7
37		*	135.2	36.4	2.4	35.7	2.3	49.5	6.8	1.4	12.7	66.0	12.4
38		7江苏	128.2	38.5	2.2	45.1	3.2	49.5	8.9	1.6	15.6	66.7	12.3
39	16哈尼 Hani	1云南	118.3	36.0	3.2	51.8	2.8	42.1	3.9	0.7	15.7	72.3	12.1
40		2云南	137.6	38.5	2.5	51.9	2.6	43.0	6.9	0.7	14.4	79.1	20.7
41		*	131.9	37.8	2.7	51.9	2.7	42.7	6.0	0.7	14.8	77.1	18.2
42	17赫哲 Hezhen	黑龙江	142.1	35.4	3.2	48.0	2.1	46.8	12.4	1.8	22.0	51.2	11.1
43	18回 Hui	1海南	145.6	38.4	1.9	54.5	2.3	41.3	6.2	0	6.1	48.9	9.0
44		2云南	130.0	36.4	3.1	47.2	1.8	47.9	4.1	0.6	11.3	53.9	10.6
45		3安徽	138.8	37.1	2.6	49.9	2.4	45.1	7.8	1.0	19.3	69.8	15.0
46		4甘肃	157.1	39.0	1.6	44.7	2.7	51.0	7.0	0.5	8.7	47.5	20.5
47		5宁夏	127.2	36.8	4.4	48.5	2.2	44.9	5.9	0.1	26.2	80.8	19.7
48		6云南	129.2	37.4	2.2	51.9	2.8	43.1	2.7	0.3	8.0	76.8	16.3
49		*	135.0	37.4	2.8	49.3	2.4	45.4	5.2	0.4	14.6	68.4	16.5
50	19景颇 Jingpo	1云南	134.9	38.1	2.6	47.2	2.1	48.2	1.3	0.7	15.4	72.4	7.5
51		2云南	131.4	35.8	2.4	51.5	3.4	42.6	3.3	1.3	11.7	67.6	10.9
52		*	132.6	36.6	2.5	50.1	3.0	44.5	2.6	1.1	12.9	69.2	9.8
53	20基诺 Jino	1云南	122.0	35.7	3.0	54.0	2.5	40.5	3.1	0.8	10.0	80.0	17.5
54		2云南	123.9	36.4	3.4	55.8	2.2	38.6	1.7	0.4	6.5	78.1	15.1
55		*	123.5	36.2	3.3	55.4	2.3	39.0	2.0	0.5	7.3	78.5	15.6
56	21哈萨克 Kazak	新疆	134.1	37.9	2.6	52.5	4.2	40.7	9.2	2.6	30.4	61.8	34.7
57	22柯尔克孜 Kirgiz	新疆	139.5	38.9	2.8	49.1	3.8	44.3	9.6	2.0	25.3	63.4	31.7
58	23朝鲜 Korean	1吉林	136.1	36.0	1.2	48.9	2.4	47.5	7.7	1.8	6.5	41.7	16.9
59	（Chaoxian）	1辽宁	102.2	30.6	3.1	51.5	2.5	42.9	1.1	0.8	13.6	56.3	8.3
60		*	117.3	33.0	2.3	50.3	2.5	44.9	4.0	1.2	10.4	49.8	12.1
61	24拉祜 Lahu	1云南	141.3	35.0	1.1	57.5	2.8	38.7	5.9	1.1	8.7	80.3	19.7
62	拉祜（苦聪人）	2云南	148.6	34.9	0.9	41.9	1.7	55.5	4.9	1.1	18.3	70.9	7.1
63		*	146.9	34.9	0.9	45.6	2.0	51.5	5.1	1.1	16.0	73.1	10.1
64	25珞巴 Lhoba	西藏	147.1	38.4	1.5	41.7	1.5	55.3	8.6	0.2	13.0	82.5	14.3
65	26黎	1海南	133.8	36.5	2.7	48.8	2.2	46.3	2.5	0.8	5.2	42.6	12.8
66		2海南	142.9	37.1	2.9	46.0	2.9	48.2	5.3	3.0	19.0	72.7	16.2

（续表）

次序	民族	地点	TFRC	a-bRC	A	L^u	L^r	W	T/I	II	III	IV	H
67		*	138.5	36.8	2.8	47.4	2.6	47.3	3.9	1.9	12.3	58.1	14.5
68	27 傈僳 Lisu	1 云南	144.4	38.3	1.6	41.9	1.2	55.3	1.5	0	6.1	76.9	1.9
69		2 云南	137.6	38.3	2.0	50.0	3.8	44.2	2.2	0.6	10.9	74.0	7.9
70		*	139.0	38.3	1.9	48.3	3.3	46.5	2.1	0.5	9.9	74.6	6.7
71	28 满 Man	辽宁	126.1	33.2	2.0	49.1	2.8	46.1	8.3	0.9	8.4	51.8	16.6
72	29 毛南 Maonan	广西	130.7	36.3	3.5	52.9	2.4	41.3	4.0	2.8	13.8	67.9	14.9
73	30 苗 Miao	1 海南	140.1	37.2	2.0	53.4	1.8	42.8	4.3	1.2	11.7	57.7	10.3
74		2 四川	131.9	38.5	4.0	60.9	2.9	32.2	1.4	1.6	13.9	59.8	11.6
75		3 贵州	133.1	38.9	1.5	44.9	2.2	51.5	3.4	1.5	11.4	74.1	8.4
76		*	134.8	38.3	2.5	52.7	2.3	42.6	3.0	1.4	12.3	64.5	10.0
77	31 蒙古 Mongol	1 内蒙古	123.7	32.4	2.5	46.3	2.5	48.7	2.3	1.4	15.7	58.9	14.3
78		2 云南	134.0	40.1	2.3	55.9	1.8	39.9	5.5	0.7	14.1	71.1	7.0
79		*	129.3	36.6	2.4	51.6	2.1	43.9	4.1	1.0	14.8	65.6	10.3
80	32 门巴 Monba	西藏	157.9	39.5	1.1	39.1	1.8	57.9	7.1	0	17.1	72.8	25.6
81	33 仫佬 Mulam	1 广西	126.4	37.0	4.3	48.5	2.6	44.6	7.9	1.6	16.2	85.1	14.7
82		2 广西	135.3	36.9	2.7	51.0	1.9	44.4	6.7	1.4	16.0	72.5	13.6
83		*	131.0	36.9	3.5	49.8	2.2	44.5	7.3	1.5	16.1	78.6	14.1
84	34 纳西 Naxi	云南	132.0	36.5	1.9	46.5	2.2	49.4	2.3	1.0	16.0	81.5	13.6
85	35 怒 Nu	1 云南	132.5	36.9	1.7	45.8	1.8	50.7	6.2	0.4	9.1	91.3	10.1
86		2 云南	149.0	39.2	1.3	45.9	2.7	50.1	6.4	0.4	16.8	73.8	8.4
87		*	144.3	38.6	1.4	45.9	2.4	50.3	6.3	0.4	14.6	78.7	8.9
88	36 鄂伦春 Oroqen	内蒙古	146.3	35.8	2.4	45.9	2.2	49.5	10.7	1.0	10.9	25.2	18.3
89	37 普米 Primi	云南	157.8	39.3	1.6	38.1	1.4	58.9	13.0	1.4	14.1	86.5	8.6
90	38 羌 Qiang	1 四川	146.0	39.3	1.7	43.8	2.8	51.8	7.8	0.9	7.5	64.6	9.9
91		2 四川	164.3	40.1	2.1	48.3	2.7	46.9	10.8	1.5	18.7	63.6	11.6
92		*	156.6	39.8	1.9	46.4	2.7	49.0	9.5	1.2	14.0	64.0	10.9
93	39 俄罗斯 Russ	新疆	143.0	36.5	3.6	69.2	3.6	23.6	14.0	20	20.0	52.0	14.0
94	40 畲	浙江	134.2	37.2	3.7	49.4	2.7	44.3	10.6	1.5	15.2	70.7	13.2
95	41 水 Sui	贵州	136.6	37.1	1.8	41.6	1.9	54.8	2.5	1.6	11.0	72.3	13.4
96	42 塔吉克 Tajik	新疆	133.8	39.0	6.6	47.5	2.7	43.2	4.2	3.3	28.3	50.7	26.9
97	43 藏 Tibetan	1 西藏	146.0	39.3	1.2	38.1	1.5	59.2	4.8	0.6	4.1	50.8	17.0
98		2 四川	148.0	39.7	1.9	41.7	2.0	54.4	7.4	0	18.3	75.2	14.7
99		3 四川	153.6	37.1	2.0	42.3	2.5	53.3	13.4	0.7	10.7	66.2	10.7
100		4 四川	161.5	39.8	1.9	47.5	3.6	47.1	10.1	0.7	14.3	72.4	10.0
101		5 甘肃	168.1	35.0	3.0	44.7	3.0	49.3	11.2	1.6	6.0	64.0	12.3
102		6 西藏	143.6	38.0	1.2	41.7	2.7	54.4	6.1	0.6	11.7	32.0	25.9
103		7 四川	160.6	39.8	1.9	45.2	3.0	49.9	9.0	0.4	15.8	73.6	11.9

（续表）

次序	民族	地点	TFRC	a-bRC	A	L^u	L^r	W	T/I	II	III	IV	H
104		*	156.0	38.2	1.9	43.6	2.8	51.7	9.0	0.7	11.7	60.9	15.0
105	44 土家 Tujia	四川	120.0	38.5	2.4	45.8	1.9	49.9	8.5	1.5	13.0	60.8	16.4
106	45 维吾尔 Uygur	新疆	138.1	37.3	2.5	50.3	3.7	43.5	14.9	4.7	39.2	62.0	33.1
107	46 乌孜别克 Uzbek	新疆	152.0	38.0	3.5	49.4	2.8	44.4	5.9	5.6	45.7	54.4	27.0
108	47 佤 Va	云南	139.6	38.2	2.3	57.6	2.8	37.2	2.7	1.1	14.4	73.7	13.7
109	48 锡伯 Xibe	新疆	146.5	39.0	1.8	45.4	2.6	50.2	7.5	1.8	21.1	65.0	21.0
110	49 遥 Yao	1 广西	123.0	35.7	2.5	51.6	2.0	43.9	12.4	0.9	20.7	52.3	7.6
111		2 广西	127.2	33.9	3.2	43.6	2.4	50.8	1.5	2.5	13.8	65.1	7.5
112		*	125.2	34.8	2.9	47.4	2.2	47.5	6.7	1.7	17.1	59.0	7.5
113	50 彝 Yi	1 四川	150.6	40.4	2.2	52.6	2.8	42.5	6.2	1.2	14.3	64.6	16.9
114		2 云南	139.1	39.4	1.3	52.5	2.5	43.7	2.3	0.3	16.1	79.0	13.4
115		3 云南	135.1	32.8	1.1	44.2	1.5	53.3	4.0	0	12.8	67.2	17.8
116		4 四川	153.5	41.3	2.0	46.4	3.1	48.5	5.7	1.2	7.7	48.8	11.5
117		5 云南	135.4	38.9	1.6	51.2	2.8	44.4	2.0	0.2	16.2	66.6	9.5
118		*	141.1	38.5	1.6	49.4	2.6	46.4	3.6	0.5	13.8	65.1	12.9
119	51 裕固 Yugur	甘肃	147.2	40.7	2.2	44.2	2.2	51.2	9.2	1.6	19.2	56.6	25.5
120	52 壮(僮)Zhuang	1 广西	133.4	37.8	4.0	48.2	2.0	45.8	5.5	2.6	25.0	75.6	14.3
121		2 广西	129.6	36.3	2.8	52.1	2.6	42.5	5.3	1.7	15.1	68.5	18.5
122		*	131.4	37.0	3.4	50.3	2.3	44.0	5.4	2.1	19.7	71.8	16.5
123	53 高山 Gaoshan	台湾	–	31.4	0.7	44.7	2.3	52.3	11.0	–	–	–	17.4
124	54 撒拉 Salar	青海	148.9	41.2	1.5	42.4	3.8	52.3	–	–	–	–	–
125	55 塔塔尔 Tatar	新疆	144.0	39.8	4.2	61.5	–	34.4	–	1.0	18.7	21.9	15.6
126	56 土 Tu	青海	141.9	35.6	1.9	45.4	3.2	49.4	–	–	–	–	–

对此，长期关注台湾地区少数民族问题的台湾地区少数民族研究会副会长兼秘书长、中央民族大学台湾地区少数民族研究所顾问、中国少数民族研究中心兼职教授张崇根表示，根据他多年从考古学、古农学、历史文献学等方面论证，台湾地区世居少数民族主要来源于海岱地区东夷人的观点，认为可与张海国的“台湾地区原住民样本聚类在北方群内”的研究成果互为佐证，并对台湾地区世居少数民族来源问题作了进一步的说明。

学者张崇根认为，所谓的世居民族或世居少数民族，都是指世世代代居住在某一特定地域的民族或群体。二者的区别在于，台湾地区的世居民族中应包括汉族。其认为台湾地区世居少数民族包括阿美、泰雅、赛夏、布农、邹（曾称“曹”）、排湾、鲁凯、卑南和达悟（由“雅美”更名），共9个（以下简称“九族”），加上台湾当局近年来认定的邵、噶玛兰（以上原归入平埔族系）、太鲁阁（从泰雅中分出）、撒奇莱雅（从阿美中分出）和赛德克（从泰雅中分出），共有14

个民族。[①]

袁义达先生也认为,汉族存在南北两个不同的群体,它是由社会历史的发展、地理上的隔离以及语言的不通等原因造成的。他指出:“华夏民族在长期的迁移和进化过程中,北方地区主要交往和融合的是北方地区的少数民族,如匈奴、鲜卑、突厥、羌、蒙古等属北蒙古人种的民族。而两广闽台地区主要交往和融合的是南方地区的少数民族,如南越、交趾等属南蒙古人种的民族。”

“北方地区地形平坦,人群迁移容易,所以,北方人群间的同化和语言统一要比南方地区快。南方地区,特别武夷山和南岭以南,由于丘陵起伏,地形复杂,人群迁移困难,人群间的同化时间长,互相交往困难。长期以来造成地理上的隔离状态,语言变化很大,形成无数的‘族群岛’。”(《北京科技报》,2004年9月7日)

张海国先生提出的“我国56个民族类聚为南、北、混合三大群”的观点,是通过将我国民族的指纹参数进行聚类分析后得出的。郑连斌等认为,聚类分析无法说明为何形成各类群的差异及同一类群内的共同特征,主成分分析可较好地达到这一目的。

主成分分析法是对指纹参数的原始数据的分析。首先应进行标准化处理,先求出各项指标的均数(X)与标准差(S),再求得标准数据(X),然后对标准化后的数据矩阵进行主成分分析。

为此郑连斌等(2002)引用发表的59个中国人群的11项指纹参数值,进行了主成分分析,其中包括51个少数民族人群和8个汉族人群。少数民族中的19个民族为合并资料,有藏、阿昌、傣、独龙、布朗、白、壮、京、德昂、哈尼、景颇、基诺、拉祜、傈僳、黎、怒、羌和瑶族。按主成分分析分类:

第1主成分(PCⅠ)主要反映指纹类型中W、L^u、L^r与A型出现的相对频率,载荷较大的项目依次为W(0.491)、L^u(−0.424)、A(−0.397)、L^r(−0.326)。某民族的W型出现率越高,L^u、A、L^r型出现率越低,则PCⅠ值越大。

第2主成分(PCⅡ)主要反映TFRC、Hy与指间区Ⅲ的真实花纹出现率,依次为TFRC(0.463)、Hy(0.421)、Ⅲ(0.373)。

第3主成分(PCⅢ)主要反映a−bRC与指间区Ⅱ及L^r的出现率,依次为a−bRC(0.520)、Ⅱ(−0.445)、L^r(−0.365)。

第4主成分(PCⅣ)主要反映Ⅲ、Ⅳ与a−bRC的出现率,依次为Ⅳ(0.752)、Ⅲ(0.400)、a−bRC(0.353)。

第5主成分(PCⅤ)主要反映Th/I、L^r和L^u的出现率,依次为Th/Ⅰ(0.485)、L^r(0.447)、L^u(−0.420)。

这5个主要成分的贡献率依次为28.1%、22.3%、11.2%、10.2%、7.2%,累计贡献率达77.7%。主成分大小,主要反映多个项目值共同综合作用的结果,而不是取决于单项值。

① 张崇根:《台湾世居少数民族研究》,民族出版社2002年版。

分析得到的结果：以PCⅠ为横坐标，PCⅡ为纵坐标，以各人群PCⅠ、PCⅡ值来定点作图7-1。以PCⅠ、PCIⅡ为纵、横坐标，以各人群PCⅠ和PCⅢ值来定点作图7-2。结果显示，图7-1中，52个民族可分为6个族群，即新疆族群、北方族群、西藏族群、南方族群、过渡族群和南北混合族群。俄罗斯和裕固族与其他民族距离较远，未能进入某个族群。3个汉族群（四川、上海和贵州汉族）及保安族可属于北、南方之间的过渡族群。

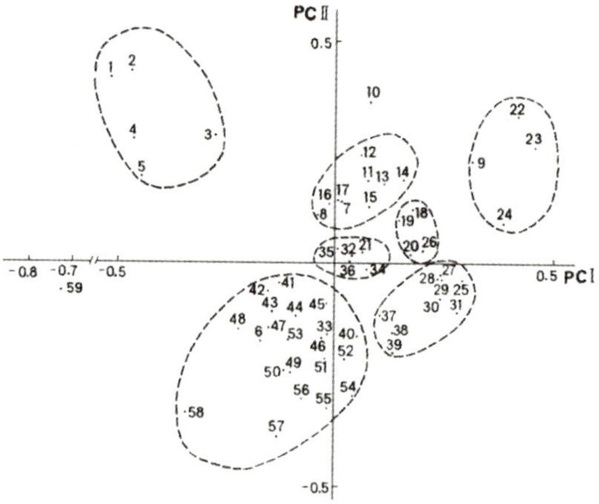

图7-1　中国59个人群第1、2主成分分析散点图

图7-1显示6个族群的指纹特征：

（1）新疆族群的PCⅠ值低、PCⅡ值高，表明该族群W较低而L、A较高，具有较高或中等的TFRC值及Hy、Ⅲ真实花纹出现率。

（2）北方族群的PCⅠ值略高而PCⅡ较高，表明其W、L相近而W>L，L^r和A较低，TFRC值及Hy、Ⅲ真实花纹出现率较高。

（3）西藏族群的指纹特征是W很高，而L^u、L^r和A很低，具有较高的TFRC、Hy、Ⅲ值，接近于北方族群。

（4）南方族群共同的指纹特征为W较高，而L^u、L^r和A较低，TFRC值和Hy、Ⅲ值较低。南方族群可分为两个亚群：

第1亚群包括水、怒、京、苗、拉祜和布依族群，PCⅠ值和PCⅡ值相对较高；

第2亚群包括侗、纳西、傈僳族群，则PCⅠ和PCⅡ值相对较低。

（5）过渡族群介于北、南方群之间，其特征为指纹类型比率与南北族群接近，而TFRC值Hy、Ⅲ则低于北方族群而高于南方族群。许多汉族进入过渡族群表明，汉族在中华民族相互融合的进程中发挥过重要作用。

（6）南北混合族群的主要指纹特征为：W较低，L^u较高，L^u<W，TFRC值和Hy、Ⅲ值较低。江苏、内蒙、陕西和辽宁4个汉族人群进入南北混合人群，反映了江苏历史上曾经是南北移民的重点中转地区，各民族间有频繁的基因交流。而各民族在历史进程中，分别与邻近民族

发生基因交流，形成了不同民族的指纹特征。

图7-2显示，中国南北方民族的指纹差异，主要取决于第2主成分的（PCⅡ）TFRC、Hy和PCⅢ值方面，而在W、L^u、L^r和a-bRC等方面并无明显界限。

郑连斌等人（2002）的指纹主成分分析结果提示，既往通过人群的遗传、生化、体质特征的研究，将中国人群简单分为南北两大类群的观点过于简单化了，值得商榷。指纹主成分分析的专题资料较少，需进一步多角度进行研究。

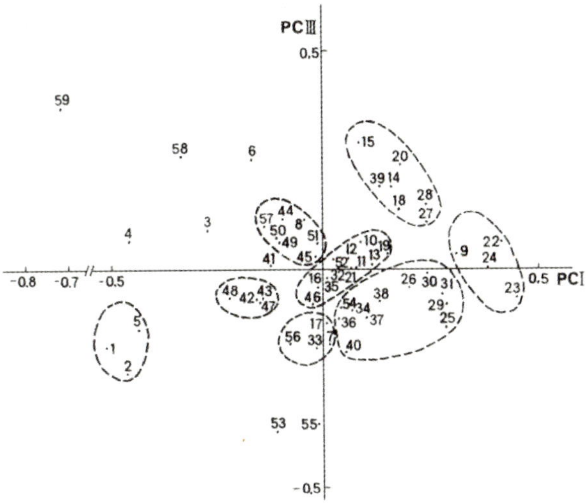

图7-2　中国59个人群第1、3主成分分析散点图

下篇

指纹认知的应用

第八章 指纹与大脑的关系

第一节 手指与脑紧关联

21世纪,一个复杂而又神秘的研究领域——认知神经科学在中国大地兴起。2005年,北京师范大学“认知神经科学与学习”和中国科学院“脑与认知科学”两个国家重点实验室成立。“中国脑计划”得到了国家的高度重视,其核心是构建“一体两翼”战略:“一体”是指脑与认知科学的前沿基础研究;“两翼”是指在脑重大疾病防治、类脑人工智能开发两个方面的重大应用研究,为揭开脑与心智的奥秘,造福人类作贡献。

“认知”涵盖了人脑的主要功能:包括感知觉、动作控制、注意、记忆、决策、情感和语言等。而“神经科学”是探究脑功能的神经活动基础,两者的结合构成了“认知神经科学”。目的在于阐明人类大脑的结构与功能,以及人类行为与心理活动的物质基础,在各个水平(层次)上阐明其机制,认知和增进人类神经活动的效率(开发智力),提高对神经系统疾病的防治和医疗服务水平。

手指掌作为重要的感知觉器官,参与了脑的部分认知功能,因此“认知指纹学”无疑是认知神经科学研究领域应有的内容之一,它探索的是指纹与大脑之间的遗传与活动关系,指纹系统如何与神经系统共存亡等方面的问题。一些指纹工作者开展的“指纹与脑智力研究”,为认知指纹学的建立作出了前导性的努力。

开展此类研究,对人类认知活动的理解有所帮助,下面就基础理论方面作些深入的探讨。

一、指脑同源外胚层

指纹与大脑的关系,是一个接收与反馈、指挥与被指挥的关系,从受精卵合成的那一瞬间就开始了质的规定性。即受精卵的合成决定了“这一个”生命体的遗传背景、遗传方向及遗传质量的现实性。

早期胚胎发育过程告诉人们:动物、植物的胚胎发育通常从精子进入卵子受精融合,形成受精卵或合子开始。当精子与卵子在输卵管里奇迹般地会合,一个获能的精子进入一个次级卵母细胞的透明带时,受精过程即开始。到卵原核和精原核的染色体融合在一起时,标志着受精过程的完成,即父本和母本的DNA实现了随机性的交换、配对、融合,形成了这一个新生命体的遗传密码系统,生命开始了。从此后,这一个新生命体即按照自我的遗传密码系统发育成长。

卵子一旦受精就被激活，受精卵开始按一定的时间、空间秩序有条不紊地通过细胞分裂和分化进行胚胎发育。卵子受精后即开始有丝分裂，分裂为2个细胞，大约每隔12小时分裂一次。并在一边分裂的同时一边向子宫腔方向移动。初期一般都包括以下几个基本阶段：

1.卵裂

受精卵经过多次有规律地连续分裂，形成细胞的过程，称为卵裂。卵裂一般是这样进行的：第一次是纵向的经裂形成两个分裂球；第二次也是经裂但与第一次经裂垂直，形成4个分裂球；第三次是横向的纬裂，形成上、下两层共8个分裂球；第四次是经裂，成为16个细胞；第五次是纬裂成为32个细胞。以后的分裂开始变得不规则，进入细胞功能的分化阶段。

2.囊胚形成

当分裂球聚集为球状，中间出现一个空腔，成为囊状时，便称为囊胚，中间的腔叫囊胚腔，腔中充满液体。

3.形成原肠胚

原肠胚是处于囊胚不同部位的细胞通过细胞迁移运动形成的。囊胚外部的细胞通过不同方式迁移到内部，围成原肠腔或称原肠，留在外面的细胞形成外胚层，迁移到里面的细胞形成内胚层。除了内外胚层之外还在其间形成中胚层，中胚层原基的形成也是细胞迁移运动的结果。

原肠胚内、中、外三个胚层的形成，基本奠定了组织和器官的基础。接着继续分化，开始了发育成各种器官的过程，称为形态发生运动。胚胎的三个胚层经过进一步复杂的分化过程，最终形成生命体的各种组织和器官，并执行一定的生理机能。三个胚层的进一步分化如下：

外胚层：分化形成神经系统、感觉器官的感觉上皮、表皮及其衍生物、消化管两端的上皮等。

中胚层：分化形成肌肉、骨骼、皮肤的真皮、循环系统、排泄系统、生殖器官、体腔膜及系膜等。

内胚层：分化形成消化管中段的上皮、消化腺和呼吸管的上皮、肺、膀胱、尿道和附属腺的上皮等。详见组织形态发生图，胚层分化基本上沿着附图上的路线，少有例外。

胚层概念是研究个体发育和系统发育的一个指针，有助于理解个体发育变化和各类器官发育形成的内在联系。就大脑与手指的关系而言，由外胚层形成的表皮和神经两大组织，构成了紧密的"一荣俱荣，一损俱损"同源性相关关系：即神经组织发育优良，表皮亦发育正常；当神经组织难以到达皮肤表层时，营养和供氧等受阻，皮肤发育则会受损，产生异常。这种因果性在原肠胚时就产生了，并影响到以后的指纹发育。

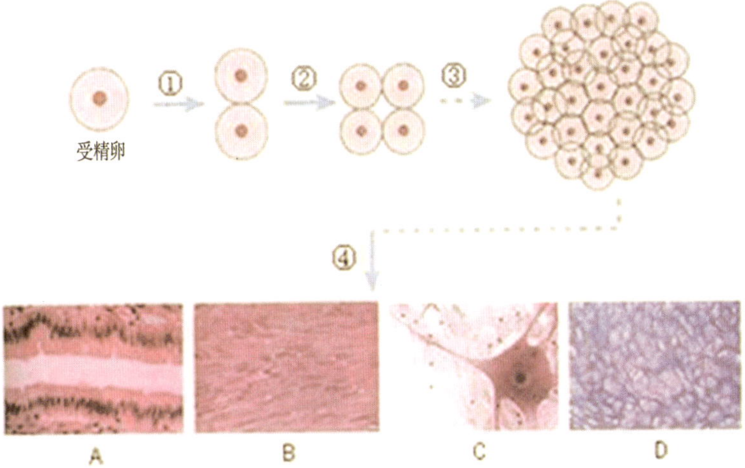

A.上皮组织　B.肌肉组织　C.神经组织　D.结缔组织

图8-1 组织形态发生图

神经学家发现,大脑里主导智力的脑细胞为神经元细胞,数量和银河系里的星星差不多,有860亿左右。这些神经元并非孤立地存在,而是在大脑发育的过程中,在外界信息的刺激下,不断地相互之间连接成网。在0~3岁之间,神经元的连接数量和速度迅速增加,2岁时达到高峰,一个神经元最多可与15万个其他神经元相连接。神经元网的丰富性、复杂性最终决定了先天智力的水平。

二、手脑左右均对称

自然界处处显示出形象对称性,从植物到动物,从人体到鸟、兽、鱼、虫,大都是左右对称。左右对称是生命体自然的表现形式。

经过十月怀胎正常分娩的婴儿,身体呈现高度的左右镜像对称。通过人体中轴线,身体的左侧和右侧几乎都是对称的,给人以一种圆满、匀称、和谐的美感,匀称的人体暗合着黄金律。身体内部,除心脏外,各种器官大都左右对称。最为显著的是,复杂的大脑,左右半脑亦呈现高度的对称性。受大脑指挥的四肢十指(趾),同样表现为左右对称。

总的来说,人体是对称的,不对称的只是一些细微的差别,一般都是正常的现象。

三、脑指反射区奇大

指纹作为"通过生物本能遗传下来的古老性状特征"的一部分,它在由猿进化为人类的关键期,对大脑容量的急剧增长起过特定性的关键作用。我们可以通过再现当时生活方式的改变,来理解指纹对身体本身带来的必然要求和可能产生的变化。

当古猿从树栖生活方式转向地面生活,环境对五官感觉系统中的视觉、听觉、嗅觉和味觉的刺激没有发生特别重大的变化,受环境影响最大的是四肢前端骨骼和掌、指面皮层。下肢前端骨骼需适应承受全身体重和快速行走的需求;上肢前端骨骼要满足抓拿各种物体的需要,皮层要感知地面及各种物体的软硬、轻重等复杂特性。以后简单劳动向复杂劳动发展,更进一步地刺激了皮层感觉功能的发展。

与手足部位皮层感觉功能同步发展的是大脑新皮质层。现代脑科学揭示,在人类大脑比猩猩、猴类增大一倍(约500毫升)的体积中,新皮质层占了约97%,人类新增的智慧功能部分主要集中于新皮质层。

到了现代,人类的躯体知觉早已不是简单的触知觉功能系统了,它不仅可以解释我们四肢位置的信息,还可以解读我们对于微弱温度差和细小疼痛度的敏锐感觉。相比于其他感觉系统,躯体感觉系统尤其是皮肤知觉部分,更大程度上具有特化感受器的复杂阵列,并在新皮质层中枢神经系统很多区域有大范围投射。

手指掌部位皮肤中富含有被认为已特化的躯体感受器,即微小体,包括:对一般接触进行编码的梅克尔小体,对轻微接触编码的迈斯纳小体,探测深部压力的环层小体和编码温度信息的鲁菲尼小体,这四种感受器位于真皮层。疼痛感受器则是一种特化的细胞,分为有和无髓鞘两种,位于表皮层的游离神经末梢。有髓鞘的神经纤维能快速地传递关于疼痛的信息,以快速产生行动反应;而无髓鞘神经则关注持续时间较长的更纯粹一些的疼痛,以提醒注意关照受到伤害的皮肤。

躯体知觉的信息感知过程如下:触摸和压力被位于皮肤下的肌肉与骨骼连接处的躯体感觉感受器所感受,被编码成为信号发送到大脑。这种上行或传入信号在脑干经过突触传递,交叉传送到对侧的丘脑,再投射到大脑运动皮质。因此大脑皮层的某些区域与躯体运动建立起了密切的关系。除此之外,躯体感觉信息还被投射于诸如小脑等皮质下的结构。

最初接收到投射信息的是所谓的初级躯体感觉皮质(primary somatosensory cortex,S1),位于中央后回,顶叶的最前部,能体验物体的一般表征。次级躯体感觉皮质(secondary so - matosensory corex,S2)能建立起物体复杂的表征信息。例如,通过触觉,次级躯体感觉皮质神经元可以认知该物体的大小、质地、凉热、光滑程度等诸项信息。而且由于投射经过了胼胝体传递,每个半脑的S2区可以同时接收到来自身体左右侧的感觉信息。这样当双手持有一个物体时,该物体的整体信息特征就在大脑的S2区建立了起来。

机体的随意运动只有在神经系统对骨骼肌的支配保持完整的条件下才能发生,而且必须受大脑皮层的控制。这一原理,可以用电刺激方法观察到。大脑皮层控制躯体运动的部位称为运动皮层区,刺激这些区域能引起对侧一定部位肌肉的收缩反应,并有以下相似的特点:

1.运动皮层对躯体运动的调节是交叉性的,但对头面部的支配主要是双侧性的。

2.在运动皮层上有精细的肢体功能反射定位,其反射区域位置的排列,大体呈身体的倒影，但头面反射区内部的排列是正立的。

3. 运动愈精细复杂的躯体，在运动皮质上的反射区也就愈大，尤其是手和五指的反射区，几乎与整个下肢所占的皮质区域同等大小。

4. 刺激所得的肌肉运动反应单纯，主要为少数个别肌肉的收缩，说明运动皮质各区域对各自负责的肌肉运动的控制具有特定性。

此外，在猴与人的大脑皮层，用电刺激法还可以找到运动辅助区；该区在皮层内侧面（两半球纵裂的侧壁）下肢运动代表区的前面，刺激该区可引起肢体运动和发声，反应一般为双侧性。

第二节 半脑认知各优势

一、独立的左右半脑

在试图阐明人类大脑的工作机制的研究中,已被公认为认知神经科学之父的美国著名脑科学家和生物心理学迈克尔·加扎尼加(Michaels Gazzaniga)教授是位杰出的实践者。他师从于诺贝尔奖得主美国心理生物学家罗杰·斯佩里((Roger Wolcott Sperry),开展了长达50余年的裂脑人(直接连接左右大脑半球的胼胝体被切开的人群)研究,发现了一些人脑左右两个半球的功能性分工与合作的原理与特点,从而使我们了解到了人类大脑结构机能及认知的许多奥秘,其中包括:独立的左右半脑、两半脑各具优势、左右半脑分工合作等。分述如下:

1.左右半脑各自独立

W.J是第一位接受割裂脑手术的患者,1961年,为了缓解令他十分痛苦的久治不愈的癫痫症,他接受了脑割裂手术。即医生将其联系左右两个半脑之间的神经束(胼胝体)切开,人为地阻断了两者间的正常联系。这一不可思议的手术之后,其癫痫症不再发作。此后这类手术常用于其他治疗手段都失败后的医疗措施之一,手术通常非常成功,发作一般会立即平息下来,甚至对于那些手术前每天发作15次以上的病人也是如此。手术可以使病人恢复正常生活,同时似乎没有什么副作用。

W.J曾是一位富有幽默感的战场老兵,日常生活表现正常,手术后那讨人喜欢的个性并没有发生变化。但行为却出现了两个异常:

一是对于呈现在左视野的场景信息,他可以给予命名和描述;但当相同信息呈现给右视野时,他表示什么都没有看到。

二是在手术前,W.J一直能够用右手熟练地听写句子和绘图,并执行各种动作命令,如抱拳、猜拳等。但在手术后,却不能完成用右手将4个红色和白色的积木组成一个简单的图案;但左手却表现得十分精明能干,如果将积木放在他的左手,他能迅速且熟练地摆成正确的图案。这种在W.J身上出现的现象,后来在别的一些病人身上也同样发生。更有甚者,当两只手同时排列积木时,一旦左手开始正确地进行排列,右手就会去破坏对手完成的佳作,显然,指挥双手的两个被割裂的半脑,存在着独立的思维与决策体系,且处于对立的竞争状态。

对此现象深入研究并结合动物分离脑研究结果后,斯佩里获得了关键性的一个科学发现:“每个被分离的半球都似乎有它自己的、独立的,具有自身的感知觉、学习与记忆经验的认识领域。他们是在完全不管——的确是完全没有意识到另一半球中发生什么情况下工作的。这种分离大脑的动物在实验情况下表现出来的行为仿佛它有两个完全独立的脑子似的。”

裂脑人的研究告诉人们这样一个事实,在许多情况下,大脑并非作为一个整体在思考,而是由左右两个相对独立的半脑在思索,然后综合产生决策。在极端的情况下,如一侧半脑受损,或切断连接两个半脑的通道——胼胝体神经束,另一侧半脑仍可照常工作。这类问题催生出了人类的割裂脑研究,对认知人类大脑的组织结构提供了大量的有益思考,今天左脑/右脑结构的提法比比皆是。

这种半脑独立运行的模式既是一种极为经济的模式,因为并非所有的信息处理都需要启动全脑功能;又是一种风险分担模式——左右半脑分别作为对方相应功能的备份系统,以减少、降低一旦一处受损,全军崩溃的可能。

2.左右半脑分工有别

现在学术界大致认同以下的观点,对左右两个半脑而言,每侧大脑半球各有其分工的重点:左半脑主逻辑思维、抽象思维和语言,更擅长处理言语类信息;右半脑主形象思维,具有音乐、图像诸如人脸、几何空间等鉴别和情感功能,即更善于处理图像、视觉信息,对复杂关系的处理远胜于左脑。

当出现某种特殊类型的刺激信息时,专司此类刺激信息处理的一侧半脑,就会优于另一侧半脑接收信息并抢先工作,从而表现出分工的差异性来。

半脑分工的客观性得到大量医学病例的支持,这方面研究最多涉及的是语言功能。如左半脑损伤,可导致失语症。失语者占此类患者总数的89.2%。裂脑人的研究也表明,当仅用左手持有物体时,裂脑人虽能感觉到物体的形状、功能等,但却无法用言语来表述,因右半脑缺乏语言功能。

这种半脑分工的差异实际上提示了不同信息编码和提取这两个看似相似的加工过程,其实依赖的是完全不同的大脑区域的神经通路。加拿大研究人类记忆的科学家恩德尔·塔尔文(Endel Tulving)通过分析正电子发射层扫描测量手段获得的脑成像数据,首次发现了人类大脑的一种活动模式:“证明左右两侧大脑前额叶在情景和语言记忆的编码和提取过程中分别扮演不同的角色。前额叶位于大脑前端,人们通常认为该脑区不属于记忆回路。但塔尔文的团队发现,当被试提取词语类语义记忆时,被试者的左侧前额叶表现出强烈的激活;相反,在提取情景记忆时,右侧前额叶的激活程度更强,左右半脑之间的差异真是层出不穷。”①

必须说明的是:因大脑分工而产生的半脑差异性优势,既有其客观物质基础,更有其文化

---

① [美]迈克尔·加扎尼加:《双脑记》,罗路译,北京联合出版公司2016年版。

遗传因素。抽象思维、形象思维都是人类文化积累的成果。它们的遗传,表现在个体身上,表现为各人对哪一种思维的对象更敏感、更兴奋、更具有亲和力,因而主动接受性更强;反之,则相对迟钝、抑制,缺少亲和性,主动接受性差,从而表现出个体一定的先天的爱好、兴趣(所谓的天性)来,它一定程度上受控于大脑神经系统的发育状况。

3.两半脑各具优势

由于分工,在用进废退的作用下,天长日久,自然而然地产生出各自的微小优势来。这种微小优势的积累又加大了两个半脑分工的可能,并最终形成了机制。对此斯佩里认为:"中枢神经的联结生长,具有高度特异选择性并精确地按照预定程序进行,神经的联结是由遗传决定的。"

1981年10月,诺贝尔生理学及医学奖评选委员会肯定了他的观点,宣布斯佩里获奖的主要原因是:"发现了大脑左右两半球在功能上的特化,使我们对大脑结构机能有了崭新的认识。"

生物体为何打破了对称,形成了优势特化机制?一种解释是:在某种情况中,由于使用一个系统进行某种加工会带来一定的优势,因此特异化就被进化出来了。例如,相互交流需要很快的速度,所以言语表达系统是高度偏侧化的,被主要限定在左半脑。如果是跨皮质区域加工和整合言语,需要花费时间,这样就会减缓复杂的发声过程。同时,如果两个平行的系统为控制言语输出而产生竞争,可能会导致口吃现象。

另一种解释是:根据普通物理学原理,神经纤维直径的增加可以促进传导速度,但同时会增加新陈代谢的需求和大脑的体积,并最终给分娩带来严重后果。如将传导速率提高二分之一,大脑体积将增加50%。因此,对于那些需要两半脑间快速响应的信息及任务,大脑的功能是受到限制的。这种限制在制约两半脑间合作的同时,更为半脑特异化的发展提供了动力,因此一些独立的脑功能分区系统更可能进化出不同的计算能力。加扎尼加教授认为:"人类大脑最明显的偏侧化功能是左脑具有语言和言语能力"。

需要指出的是,大脑半球的偏侧化即功能的不对称性,在很大程度上被认为是附加在大脑基本对称之上的。两个半脑间功能的相似性之高可能会超出人们的想象,而它们的差异只有在更为精细的分析水平上才会表现出来。在此我们仅仅是突出地在细节上讨论分析这种差异而已。

与大脑偏侧化优势相类似的是人的手的功能性偏侧化优势。手的动作在执行感知任务和表达情感的过程中,具有相当复杂的丰富性,中国汉字中表达手的动作与意味的汉字竟然有400多个。在常见的十多种(单手的执笔、执筷、执剪刀、执菜刀、执锤;刷牙、洗脸、划火柴、穿针、抓牌、投掷、握球拍、语气动作;及双手协同如挥镐、锄地、持锹、挥杆等)经常性动作中,依据是右手习惯多还是左手习惯多,人们简单地分出了左利手和右利手及混合利手。大约占人群90%的人为右利手，仅10%的人为左利手。也有的统计数据为：右利手91.51%、混合利手8.26%、左利手0.23%。这种遗传特点在灵长类动物中也同样存在，并且多呈显性遗传，很有典型性。

在手指与大脑关系的研究中，脑指均偏侧优势的现象提示我们：神经系统的发育状况关系到具体功能，这方面的研究值得高度关注，并可能产生令人兴奋的成果。

二、半脑对侧呈交叉

正如斯佩里指出的"中枢神经的联结生长，具有高度特异选择性并精确地按照预定程序进行"的那样，大脑神经系统中的信息传递是沿着某些特定的通路，需要经由某些特定的解剖结构才能到达目标脑区、髓和周围的肌肉组织等部位。恰如特定的列车，经特定的铁路线，到达特定的城市车站一般。

神经系统分为中枢神经系统（Central Nervous System，CNS），被认为是进行命令和控制所有活动的指令部分；外周神经系统（Peripheral Nervous System，PNS）是除此以外的其他神奇组织的通称，担负着将五官接收到的外界信息传递给CNS的作用，并将CNS反馈的执行指令再传递到肌肉，从而对肌肉的自主运动（主要由躯体运动系统发挥作用），以及平滑肌、心脏和腺体等非自主运动（主要由自主运动系统发挥作用）进行控制。

自主神经系统也称为植物性神经系统，是能够自动调整与个人意志无关的脏器的作用和功能的神经组织。在植物性神经中，可分为交感神经和副交感神经。①

交感神经系植物神经系统的重要组成部分，由中枢部、交感干、神经节、神经和神经丛组成。中枢部位于脊髓胸段全长及腰髓1～3节段的灰质侧角。交感干位于脊柱两侧，由交感干神经节和节间支连接而成，可分颈、胸、腰、骶和尾5部分。由脊髓发出的神经纤维到交感神经节，再由此发出神经纤维分布到内脏、心血管和腺体。交感神经的主要功能是使瞳孔散大，心跳加快，皮肤及内脏血管收缩，冠状动脉扩张，血压上升，小支气管舒张，胃肠蠕动减弱，膀胱壁肌肉松弛，唾液分泌减少，汗腺分泌汗液、立毛肌收缩等。当机体处于紧张活动状态时，交感神经活动起着主要作用。

副交感神经系统的作用与交感神经作用相反，它虽不如交感神经系统具有明显的一致性，但也有相当关系。它的纤维不分布于四肢，而汗腺竖直肌、肾上腺、甲状腺、子宫等不具有副交感神经分布处。副交感神经系统可保持身体在安静状态下的生理平衡。

① ［美］迈克尔·加扎尼加等：《认知神经科学》，周晓林等译，中国轻工业出版社2017年版。

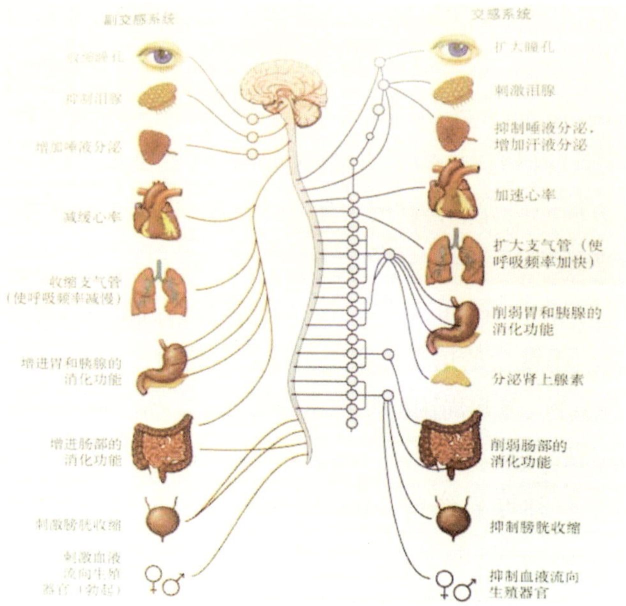

图8-2 自主神经系统结构①

交感神经系统的具体作用：

1. 对循环器官

交感神经对心脏活动具有兴奋作用，能加速心搏频率和加速心搏力量。对血管，主要是促进微动脉收缩，从而增加血流外周阻力，提高动脉血压。但实际情况比较复杂，必须区别对待。人体多数器官的血管只接受交感神经支配，交感神经对腹腔脏器的血管和皮肤的血管均具有显著的收缩作用；对骨骼肌的血管，既有缩血管的交感神经支配，又有舒血管的交感神经支配，对冠状循环的血管，交感神经的直接作用是使血管收缩，但其间接作用则是使血管舒张。对外生殖器官血管则起收缩作用。脑和肺的血管，虽也接受交感神经支配，但作用很弱。

2. 对消化器官

交感神经对胃肠运动主要具有抑制作用，即降低胃肠平滑肌的紧张性及胃肠蠕动的频率，并减弱其蠕动的力量；但当胃肠平滑肌紧张性太低或活动很弱时，交感神经也可使其活动增强。对唾液腺能促进其分泌黏稠的唾液。

3. 对呼吸器官和汗腺

交感神经对细支气管平滑肌具有抑制作用，可使细支气管扩张，有利于通气。汗腺只接受交感神经支配，交感神经兴奋引起汗腺分泌。

4. 对虹膜

对虹膜内呈反射状排列的瞳孔开大肌，可开大瞳孔。

---

① ［美］迈克尔·加扎尼加等：《认知神经科学》，周晓林等译，中国轻工业出版社2017年版。

5. 对内分泌腺

肾上腺髓质受交感神经节前纤维支配。当交感神经兴奋时，肾上腺素与去甲肾上腺素的分泌增加。由于肾上腺髓质激素的作用大部分与交感神经系统的作用是一致的，因此，生理学上称之为交感肾上腺髓质系统。

6. 对泌尿生殖器官

交感神经的作用是抑制膀胱壁逼尿肌的活动和促进内括约肌的收缩，因而阻止排尿。对生殖器官，交感神经能促进怀孕子宫的收缩，但使未孕子宫舒张。交感神经还能促进男性精囊腺和射精管平滑肌收缩，从而引起射精动作。

7. 对糖代谢

交感神经能直接作用于肝细胞，促进肝糖原分解，从而使血糖升高。但在整体内，交感神经的升血糖效应主要还是通过肾上腺素分泌增加来实现的。

人体在正常情况下，功能相反的交感和副交感神经处于相互平衡制约中。在这两个神经系统中，当一方起正作用时，另一方则起负作用，很好地平衡协调和控制身体的生理活动，这便是植物神经的功能。

因为植物性神经是贯通全身的，因此植物性神经的症状也是遍及全身的，如果植物神经系统的平衡被打破，那么便会出现各种各样的功能障碍，这被称为植物神经紊乱症或植物神经失调症。

例如，交感神经功能异常增强和持续时，循环系统的机能亢进，便出现了心悸、憋气、血压升高的症状。相反，交感神经的功能减弱时，便会引起消化不良、食欲不振的症状。

当副交感神经的紧张长时间持续时，便会出现身体倦怠，站立时头晕目眩，容易疲劳等症状。

运动受神经系统控制，身体可以运动的部分称为效应器，包括距离身体中线较远端的手臂、手指与腿、趾，还有距离较近的如腰、颈、头、上下颌、舌及声道、眼睛等效应器。上述效应器的各种形式的运动，都产生自控制一个或一组效应器肌肉状态变化的 α 运动神经组织。

α 运动神经元起源于脊髓，通过脊髓腹根终止于肌肉纤维。肌肉是由可以改变长度和张力的弹性纤维组成，与骨骼在关节处相连接，并通过组成拮抗的一对，使得效应器发生收缩或伸展运动。而肌肉与神经系统间的基本作用，是通过 α 运动神经元的动作电位释放神经递质，促使肌肉纤维产生的，即 α 运动神经元提供了将神经信号转化为机械运动的生理基础。

大脑指挥运动的许多神经结构都位于脑干，其中包括12对脑神经（从脑发出左右成对，其排列顺序通常用罗马序号表示，依次为嗅神经、视神经、动眼神经、滑车神经、三叉神经、展神经、面神经、前庭蜗神经、舌咽神经、迷走神经、副神经和舌下神经）和核团，这些神经束统称为锥体外系，即有直接的神经纤维投射下行至脊髓，对关键的反射如呼吸、进食、眼动和面部表情有着至关重要的作用。在运动控制中发挥关键作用的两个主要皮下结构是小脑和五个核团组成的基底神经节。

小脑是一个规模较大的结构,也是整个大脑中最为密集的神经区域。它接收包括躯体感觉、前庭觉、视觉和听觉各通道的信息,还接收许多大脑皮质联合区域的信息传入。然后将信息传递到小脑深处的基底神经节,再通过丘脑的传递,调节锥体外系的活动或影响运动皮质和额叶皮质区域。这样大脑可以直接或间接地控制脊髓神经元的活动,其直接的联系由起源于皮质并直接(单突触地)终止于 α 运动神经元或脊髓中间神经元的皮质脊髓束提供。

大脑皮质除通过脊髓皮质束与脊髓的结构直接联系指挥肌肉运动外,还可以通过以下途径调节运动功能:一是运动皮质和运动前区皮质通过皮质—皮质束,接收来自皮质大部分区域神经的信息输入;二是一些运动皮质的神经元突然终止于脑干,因而调节着锥体外系的功能;三是运动皮质与小脑,基底神经节之间有大量的神经纤维联系;四是皮质—延髓束存在包含终止于脑神经的皮质纤维。这些密切交织在一起的神经网络共同构成了复杂的运动指挥功能。

8.对四肢运动

与半脑分工、半脑优势相关联的一个有趣的普遍现象是:身体左右侧器官,包括眼睛与肢体等运动,均分别受对侧半脑的指挥。由于存在半脑优势差别,导致产生了“利手”优势的差异。

“利手”是指:在日常工作、学习、生活和劳动中习惯用或善于用的手,又称“优势手”。具体可分为右利手、左利手和双利手。可通过拿筷子、持剪刀、梳头发、刷牙、掷物和写字等精巧动作予以判别。约90%的人惯用右手,左利手不到10%,这与大脑两半球的功能单侧化有关。虽然动作习惯后天经过训练可以改变,但先天而来的动作习惯与遗传高度相关。

四肢受控于大脑,利手优势无疑与脑神经系统直接相关。这样就产生了几个新的问题:同侧的上下肢是受同侧半脑指挥吗?利手优势与利脑优势是同侧相关还是交叉相关?这是需要首先回答的问题。

在加扎尼加教授等人对裂脑人的研究中,一个结果引起了研究者的注意:动物研究表明,大脑间的联合纤维的切断会导致跨半球的感觉和运动信息传递出现深度损害。在对猫、猴和黑猩猩进行胼胝体和前联合切除手术之后,研究者发现,只呈现在某一半脑的视觉和触觉信息,无法转移到对侧半球,成为割裂脑动物。对人类的最初研究正是在这种背景下进行的。

通过对割裂脑病人仔细检查后发现,这些病人行为上的变化与割裂脑动物非常相似,呈现在一个半球上的视觉信息无法被另一个半球提取,这一原则同样适用于触觉。病人可以命名和描述放在右手上的物体,但物体放在左手上则做不到这一点。感觉信息被限制在一个半球内,因此这些信息不能准确地指导同侧手运动。例如,当将一幅用一只手做出“拿笔作画”手势的照片呈现给右眼(左半脑)时,病人可以用由左半脑控制的右手来做相应的手势;然而病人没法用由右半脑控制的左手完成相应的动作。

从认知心理学的角度看,这些最初的研究确认了关于两个大脑半球特性的一些神经病学知识:左半球主导语言、口语以及主要问题的解决;右半球似乎擅长视觉空间任务,如绘制立方体或其他三维图形。由于感觉信息不能传递到主管言语加工的左半球,因此割裂脑病人不能命名或描述呈现在右半球的视觉或触觉。

由此认知神经学认为:躯体特定区的表征是严格限制于身体一侧的,尤其对于远端的效应器而言更是如此。与感觉系统相同,每一侧大脑半球主要控制身体的对侧运动,即脊髓皮质束是对侧起支配作用。因为几乎所有的神经纤维都在延髓和脊髓的交界处交叉,大多数锥体外系神经也有交叉,所以每一侧都控制的是对侧身体的运动。

这种交叉配置的一个例外是小脑。小脑的神经纤维在出小脑后立即交叉,通过丘脑投射到对侧的大脑皮质或对侧的脑干基底神经结。这样的结果是,小脑支配同侧身体运动,即左小脑与身体左侧运动相关,而右小脑则与右侧身体运动相联系。在小脑和基底神经节的帮助下,运动皮质和脑干结构将动作指令转化为运动。

小脑支配运动,还与神经运动区域的联系相关,分为多个水平的运动控制等级。位于最低层级的是脊髓,它不仅提供了神经系统与肌肉的联系点,而且简单的反射运动也是在这一层次上进行控制的。最高层次的运动控制是运动前区和联合区,这些区域的信息加工,对于基于当前知觉输入、过去经验及未来目标的运动设想起着关键作用。

从进化角度看,运动控制系统也是分层次、分布式进行信息加工的。仅拥有原始运动结构的生物体,其运动主要依靠简单的条件反射活动,其他层次的控制可以修饰这些反射。即皮质可以通过额外的手段调节低层次的运动,这一能力一方面使得运动最小程度地依赖外源性线索,另一方面使得生物体的运动有更大的灵活性。脊髓皮质束是适应复杂运动而最近进化出来的产物之一,仅在哺乳动物中出现,为大脑半球调节古老的运动结构提供了一个新的途径,从而为哺乳动物带来了更大的灵活性。

与优势手、优势脑相关的另一个问题是:是否有一些个体,其神经交叉优势有别于普通规律,而呈现出同侧大脑或小脑更多地直接指挥同侧肢体运动的能力;或表现两个半脑均衡、全面发展的可能性。我们注意到,有研究者报告,有部分人的语言功能区位于右半脑。如是事实,语言功能与图像、空间识别功能相结合,无疑会增强形象思维的能力,一些杰出的艺术家是否属于这种类型呢?

关于左右脑交叉和功能分工,前副总理李岚清同志在《音乐有助于培养创新思维》的演讲中提供了一个很好的病例:作曲家王莘,一生创作过包括《歌唱祖国》在内的许多著名歌曲。在他87岁时,李岚清去看望他。王莘由于中风造成右侧半身偏瘫20多年了,丧失了语言表达功能。令人十分惊讶的是,王莘的右脑思维依然十分敏捷,与之交流什么都懂,就是口不能语,但能用眼神、表情、手势来回答。20年来坐在轮椅上仍坚持不断地作曲,用左手写好,让夫人最后整理。此例说明左脑管语言、右脑管音乐，左右脑分别指挥对侧肢体的规律是确实的。

三、两个半脑频交互

两个半脑的分工，无论是偏侧优势还是对侧交叉，都是基于大脑是一个完整的系统而言。裂脑人的研究同样提供了以下结论：两半脑除竞争外更多的是合作。在正常情况下，两侧半球的意识功能联结成为一个单一的统一过程，大脑两半球各有自己专门化的高级功能，既有独立性又有互补性，时刻处于相互影响、相互作用之中。两侧半球的意识作为更高级的思维，“它不仅超过左脑和右脑的意识之和，而且对于思想和行动具有直接的超越的力。”只有当大脑两半球被分离时，意识经验也随之被分离，结果形成了两个相对独立的意识领域。

作为一个系统的有机组成部分，两半脑相互间的信息交流是高通量、高频率、高效率的，许多复杂的信息，从接收到传递、存储、提取、分析，再到决策、反馈、启动应对，都在瞬间完成。现代再庞大、再先进的计算机系统仍然无法与之比拟，这就是智慧的万能所在。

两个半脑作为一个完整的系统工作的主要联系基础是位于两半脑间的胼胝体。人类的胼胝体有着超过2亿条神经纤维，开展信息联系主要有3种路径：一是许多胼胝体纤维都连接到大脑两侧相互对应的等位区域，如位于右半脑前额叶的神经会投射到左半脑前额叶的等位区域；二是还有些胼胝体纤维连接到对侧不相对应的异位区域，三是还存在同侧连接现象，即从同侧半脑的某个功能区出发，将信息传达到同侧另一功能区。包括人类在内的灵长类动物中，这3种连接方式都始于和终止于新皮质的同一层，这是大脑进化的结果之一。这种复杂现象大大增加了我们认知、理解大脑相应功能的难度。

左右脑和胼胝体关系原理图

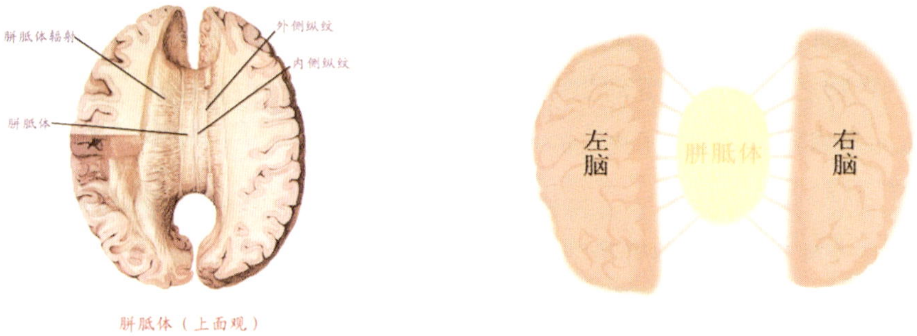

图8-3 胼胝体纤维连接

胼胝体对思维、对智力的贡献作用，直观地看，首先来自于它的信息高速通路的交流能力。频道越宽，其通行能力越强，相当于5G信道是3G的若干倍。其次是，胼胝体在传达信息的同时，进行着信息的整合加工，促进信息的倍增。

无论是立足群体研究还是个体研究，须面对的一个客观现象是：不同的人胼胝体发育差异很大、同一个人通向不同脑功能区的胼胝体通道发育差异亦很大，它构成了个体智慧差异的重要客观基础。即胼胝体的信息交流与特定的加工能力，将是评价智力的重要标准之一。

第三节 脑指关系奥秘多

一、脑分区与手分指

大脑包括端脑、间脑和脑干等，是神经系统最高级部分，负责进行意识、精神、语言、学习、记忆和智能等思维高级神经活动，主导机体内一切活动过程，并调节机体与周围环境的平衡。

(一)端脑

端脑的外观结构：由位于大脑正中矢状位的大脑纵裂，分为左、右大脑两个半球，两半球间通过裂底连接两半球信息的巨大组织纤维板——胼胝体相联系。大脑半球表面凹凸不平，凹下部分称为脑沟，两沟之间隆起称为脑回。大脑半球借助3条脑叶间的脑沟(外侧沟、中央沟、顶枕沟)，将大脑半球大致划分为5块脑叶：中央沟之前的额叶；中央沟之后，枕叶前方的顶叶；顶枕沟之后的枕叶和外侧沟之下的颞叶。在外侧沟深处，被额、顶、颞叶掩盖的脑岛。

端脑重约1400克，约占颅腔容积的3/4，仅为人体体重的2%，但耗氧量达全身耗氧量的25%，血流量占心脏输出血量的15%，一天内流经脑的血液为2000升。脑消耗的能量若用电功率表示，大约相当于25瓦。

端脑的每个半球主要包括大脑皮质、大脑髓质和基底核三个部分。

大脑皮质是大脑最核心的奥秘存在之处。大脑皮质组织覆盖在大脑半球表面并随沟回起伏，平均厚度约为2~3毫米，总面积约为2200平方厘米。上面密集分布着6层大约140亿个多极神经细胞。主要为锥体形细胞、梭形细胞和星形细胞(颗粒细胞)及神经纤维。周围还有1000多亿个胶质细胞，是神经元胞体集中的地方，覆盖间脑及小脑，并借脑干续连于脊髓，指挥全身行动。

大脑支配着人的生命活动，伴随着人类的进化，人类的大脑也始终在变化着。从系统发生和个体发育上看，人类的大脑皮质组织可分为主要由初级嗅皮质组成的旧皮质，由海马旁回组成的古皮质和由初级感觉皮质、运动皮质与联合皮质组成的新皮质三个部分，三者在细胞结构方面有所差别。旧皮质从系统发生上看是最古老的，它和古皮质(海马)综合称为边缘皮质，见于大脑底面及内部，与嗅觉有关，总称为嗅脑。

新皮质最先出现于哺乳动物群的大脑中，并随着神经系统的进化而进化。哺乳动物的等级愈高，新皮质则愈发达。所以Paul MacLean于20世纪60年代提出“三位一体的大脑”的假说。将新皮质称为“新哺乳动物脑”，而将旧皮质称为“爬行动物脑”、古皮质称为“古哺乳动物脑”。每个“脑”通过神经纤维与其他两者相连，但各自作为相对独立功能的部分分别运行，各司其职。其运行机制就像“3台互联的生物电脑”，各自拥有独特的智能。

如果将端脑皮层组织剥离下来并全部展平，黑猩猩的大脑皮层面积有一张A4打印纸那么大，猴子的大脑皮层像明信片那么大，老鼠的大脑皮层只有邮票那么大。人类的神经系统高度发展，大脑皮层约有4张A4打印纸大。其新皮质的高度发达，它约占全部皮质组织的96%，是开展调节控制的最高神经中枢，进行各种思维活动的器官。其中，额叶皮层约占大脑皮层总数的41%、顶叶皮层占21%、颞叶皮层占21%、枕叶皮层占17%。因此，人类不但能适应自然环境，还能主动认识自我和能动地改造客观世界。

端脑皮质组织中的神经元是以分层方式排列的，旧皮质、古皮质结构为1到4层神经元。新皮质除个别区域外，从表面至深层神经元细胞为6层结构：分子层、外颗粒层、外锥体细胞层、内颗粒层、内锥体细胞层、多形细胞层。

端脑新皮质的6层结构因不同脑区而有差异。例如，中央前回区（运动区）的第4层不明显，第5层较发达，有巨大锥体细胞；视皮质区的第4层则特别发达，而第5层的细胞较小。

端脑皮层组织细胞除了在水平方向分层外，在整个皮层厚度内，神经元细胞在与表面垂直的方向呈链状排列成细胞柱。细胞柱是由一些具有大致相同特性的神经元细胞集合形成的，是皮层最基本的机能单位。用微电极插入皮层的"感觉柱"（与感觉机能有关的细柱）引导电位的方法，证明了同一个柱内的细胞有相同的感觉形式，并有相同的感受野。

端脑神经元之间有广泛而复杂的联系，具有分析综合能力，成为思维活动的物质基础。形态和功能相同的神经元，大量集中于某一脑叶，形成了特定的皮质功能区，即所谓的某种神经中枢，完成特定内容的神经活动。各种功能区的有机构成，使得大脑各皮层间组成了相对应的定位关系模式。在19世纪时，颅相学家就曾宣称过大脑有35个左右的特异性功能，这些功能被认为是由特异性的脑区所负责，包括最基本的认知功能，从语言、颜色知觉到一些更加微妙如希望、自豪等情感。

现代解剖学通常依据某种不同的感觉或运动系统功能对端脑皮质分区，认为具有代表性和实用意义的皮质功能区主要有五大区：

一是额叶思维运动区。主要包括前额叶皮质和运动皮质，位于中央前回及中央旁小叶前部。

前额叶皮质主要包括背外侧前额叶、眶额皮质、扣带前回和内侧额叶。它在计划和执行方面发挥着重要作用，要求它能够对来自不同时间段的各种信息进行整合，起着司令部的作用。因此通常认为前额叶皮质承担着全脑总思维的任务。

运动皮质起源于大脑中央沟深处并向后额叶皮质方向延伸，因此也有人将运动皮质区独立出来，称为后额叶皮质区。该区域含有许多特殊的运动神经元，如大脑皮质中直径在60～80mm之间，体积最大的大锥体神经元。其轴突随着脑干和脊髓下行，并与运动神经元形成突触，管理对侧半身的随意运动。其功能在大脑皮层中的定位亦投影如倒置人体（头面不倒置)。

二是顶叶躯体感觉区。位于中央沟后部及中央旁小叶后及其临近区域。接受来自丘脑躯体感觉中继的输入,感受器将外界的物理刺激转化为神经冲动(包括触觉、痛觉、温度觉以及本体感觉等),并沿着特定的神经通路上传到脊髓和大脑躯体感觉区。其在大脑皮层的定位投影宛若倒置的人体(头面不倒置),即中央后回下部管理头面部,中央后回上部及中央旁小叶后部管理躯干及下肢。

三是颞叶听觉区。听觉皮质位于颞叶上部的外侧裂横回中。来自耳蜗(内耳中的听觉器官)的信息投射,从皮质下中继到丘脑的内侧膝状体,再传至上皮质中的颞横回区域。

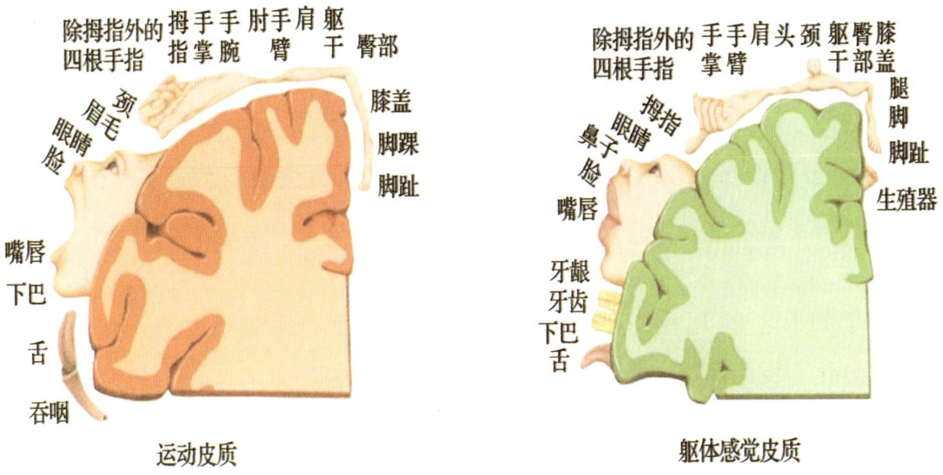

图8-4 躯体感觉区皮质①

四是枕叶视觉区。人类初级视皮质位于枕叶侧面,距状沟附近,在脑表面几乎看不到。初级视皮质负责对颜色、明度、空间频率、朝向以及运动等信息进行编码。来自外界的视觉信息首先经视网膜上的多层细胞加工,然后经由视神经传送至丘脑的外侧膝状体,再传递至初级视皮质。此外,来自视网膜的信息还会通过次级投射系统传送至皮质下的其他脑区,主要参与视觉眼肌运动等功能。

这些脑区名称的确定提示了该4个脑区都有着特定功能的神经中枢。大量的医学病例也支持这种理论,依据是:局部脑区的损伤会引起特定行为缺陷。

五是联合皮质区。除上述4个特定功能之外,在额叶皮层大部,顶、颞和枕叶皮层等区的新皮质中,还有相当一部分区域接受来自许多皮质区域的信息输入,其所含的神经细胞常被来自多个感觉通道的刺激所激活,难以被单纯划分为是某种感觉或运动的功能部分,因而定义为联合皮质。

高级复杂的思维加工是联合皮质的主要任务。以语言功能为例,语言功能为人类大脑皮

① [美]迈克尔·加扎尼加等:《认知神经科学》,周晓林等译,中国轻工业出版社2017年版。

质所特有，是人类社会历史发展和人脑高度进化的产物。语言功能是指对语言和文字符号的听、说、读、写等活动形态。4种语言活动活跃于大脑左半球的顶—颞—枕联结的联合区域，该区域在语言加工中扮演着决定性的作用。右利人（惯用右手者）和多数左利人（惯用左手者）的语言优势在左脑该区域，右脑该区域则与注意定向高度相关。仅有少数左利人语言优势位于右脑联合皮质区，这种特质与右脑形象思维功能相结合，富于艺术的创造力。

功能相对特定的神经中枢也有其他方面的功能。如主要管理全身骨骼肌运动的中央前回（四区）也能接受部分的感觉冲动；中央后回主管全身体躯感觉，但刺激该区也可产生少量运动，所以这种分区是相对的。这种分区观点虽然简单，但从生物进化的角度来看，生动形象地归纳了人类特定行为与特定脑区结构之间的联系。促使人们以更广大的视野来看待大脑的结构和功能，以及两者之间的关系，催生了对大脑功能机制的一些新的思考。

以上端脑分区理论，仅仅着重强调说明了各脑分区的特色功能作用，以便于人们理解。

与大脑神经系统传导功能密切相关的还有间脑和脑干。

（二）间脑

间脑位于脑干之上，尾状核和内囊的内侧。由丘脑和下丘脑两大部分组成。丘脑由前脑泡的后部分化而成的高级中枢，位于中脑和大脑半球之间，左右各一。与大脑皮质、脑干、小脑、脊髓等联络，负责感觉的中继，控制运动等。

丘脑是感觉信息中继站，主要接受来自外周组织和大脑皮层两方面的传入，比喻为“大脑皮质信息出入口”。外周组织提供由机体内部与外部环境变化而引起的感觉冲动，除某些嗅觉信息外，所有来自感觉通道的信息：如来自视网膜神经节细胞的视信息、内耳发出的音信息，以及躯体感觉信息，在到达初级皮质感觉区前，都分别由丘脑的相应功能区域负责处理后上传。同时又承担着下传相同皮质感觉区域的反馈指令。

丘脑的一个重要功能是：端脑皮层记忆机制与丘脑高度关联，并将丘脑置于皮层控制之下，学习并记住各种出现过的信息，是我们所共有的关键性认知功能之一。

下丘脑是自主神经系统在大脑皮层下的重要神经中枢，控制自律神经系统、感情等。负责控制动态平衡状态，如跳水中空翻时维持身体正常状态所必需的部分功能。它还调节着内脏系统的活动，其所产生的缩氨酸等能促进（或抑制）多种激素向血液释放，从而调控大部分内分泌系统：乳汁产生、肾脏水分保持等。

（三）脑干

间脑下部是脑干，脑干自上而下由中脑、脑桥、延髓三部分组成，是间脑与大脑皮层间重要的神经中枢系统。其上端通过间脑与大脑皮层相接，下端通过延髓连接脊髓。脑干体积很小，主控呼吸与意识水平。由于其小，一旦受损，则会殃及其内部诸多神经组织功能，严重时危及生命。

在延髓部位，通向脊髓的运动性轴突部分发生交叉现象，形成锥交叉体，将大脑的信息传递至对侧脊髓，从而控制对侧身体的运动。

综上所述，从脊髓向上，经脑干、间脑直至大脑皮层，神经组织结构越来越复杂，所影响、控制的行为的复杂性亦同步依次剧增。

（四）手指与大脑位置对应

与端脑两半球分工、合作机制相同，人之双手同样存在明确的分工与合作功能。除极个别灵长类动物外，包括人类在内的灵长类动物前后肢体的手（趾）均为5指，各指相对独立，与大脑皮质功能5个大区相似，为2（左、右侧）+5的工作模式。

手是决定人类智慧的四大重要器官（手、眼、耳、脑）之一。手在母体中早期就快速发育，30多天的胚胎已见有手指的胚芽，到140天时，母腹中的婴儿已会用手指替自己挠痒了。

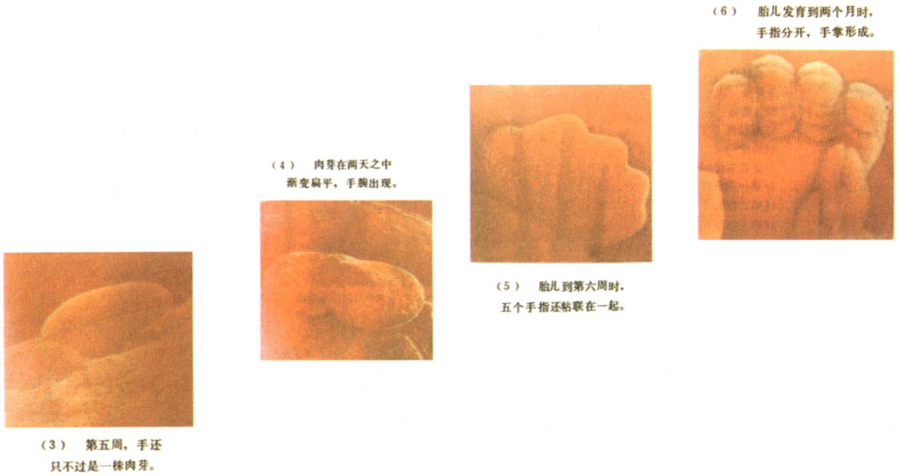

图8-5 指端胚芽发生图（节取）

人的双手结构共有54块骨组成，其中28根指骨、10根掌骨、16根腕骨；有118条肌肉（其中大肌肉80条、小肌肉38条）。手（趾）指部位密集有发达的神经、血管系统。支配手部的神经主要来自正中神经、尺神经和桡神经，行走在指浅屈肌和指深屈肌之间，具体实现感觉、运动和交感神经功能。

另外，手上有12条正经经脉的86个经穴、224个奇穴，每个指尖部位具有2000个触觉感受体，能非常灵敏地察觉出表面有75纳米（1纳米等于1微米的千分之一）高度差的织物质感，感知只有0.00002毫米的振动。据统计，在人的一生中，手指的伸屈动作多达2500万次以上。

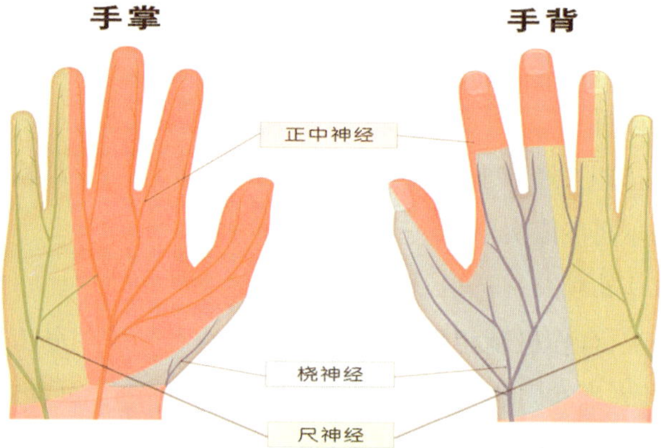

图8-6 手部神经功能分布图

人的足部结构由26块骨组成，共33个关节，20条大小不同的肌肉，114条坚强的韧带。具有惊人的承重能力，一个几十公斤体重的人，双足每日累积承受的总负荷竟然高达数百吨。现代人类一生中，双足平均触地次数超过1000万次以上。

足底存在几乎所有脏器的反射区，连接人体的12条经络中，最为重要的6经：脾经、胃经、膀胱经、肾经、肝经和胆经，从足底起始，故有“足底反映身体全息”之说。

指纹研究者一般认为，在手指与大脑的位置对应关系上，拇、食、中、环、小5指，分别主要对应大脑的前额叶、后额叶、顶叶、颞叶、枕叶皮层。足之5趾与大脑的对应关系因研究资料缺乏，不甚明了。

二、脑指分工亦合作

大脑分区理论着重强调说明各脑分区的特色作用，在此前提下，如要回答心智是由整个大脑工作方式而产生还是由大脑各特异性部分相互独立（至少部分地）工作而产生的？无疑，按照系统论的观点，心智是系统之和的产物，左右半脑虽有较明确的分工，但各自所获得的信息会通过左右间隔的神经元网络快速传递，达到高度整合。即各神经中枢均参与了创造和影响心智的过程，其主要参与方式即为信息的交换，以达到整体对应之效果。

分析与综合是中枢神经系统不可分割的基本活动。作为反射论三大基本原则之一的是分析与综合的原则，分析是将整体分解成为它的组成部分的过程，相当于巴甫洛夫学说中的视、听、肤、嗅、味等外围分析器通过专用传导通道传输至专门的中枢脑末端反射区域进行分析的过程。而综合乃是将来自上述各种专项信息进行综合，化为一个整体进行评判，并作出相应的反映对策的过程。

高级神经活动过程中，先分析再综合是最为普遍的活动方式，也是人们正常认知外部环境的最基本规律之一。中枢神经系统一方面对有机体的内外环境进行着精细分析的同时，又进行着复杂的综合处置部署。

有机体正常生长的大脑皮质的主要功能就是通过信息交换产出新的信息样本，新样本点亮丘脑的丘觉产生反应意识。大脑皮质有着极其强悍的新样本操作功能，每分每秒都在接收着内外环境复杂多变的巨量信息，不断进行着包括新样本的分析、存储、产出，这些都是通过神经系统间的信息综合交流实现的。

不难想象，包括看似最简单的翻书、拿筷子的动作在内，大脑皮质不同的脑叶或功能区都参与和完成不同的功能作用，每个功能系统的脑叶或功能区都能独立产生出新样本，进而点亮丘觉产生多个独立的意识，各种意识相互作用，最终导致心理和行为活动的产生。

大脑分工与合作的例子，对于手的协同动作而言是十分简单明了的。当一只手或指完不成任务时，另一只手或相邻的指会在大脑指挥下主动进行协助。不同功能的脑区也会协作互补吗？回答是肯定的，因为大脑是复杂而又精密的系统，不同功能的脑区仅仅是专职部门而已。

三、脑指对应细探索

我们在基本了解大脑的组织结构和神经传导通路基础上，再来深入探讨指纹与大脑之间可能存在的特定相关关系时，可重点概括为以下的六大议题：

(一)指纹(含掌、足纹)能否反映大脑特定区域的发育状况？

研究手指与脑神经系统之间的关系，实际是研究两表型组学间的关系。表型组学是近年来发展起来的一门新学科，主要研究生物的物理和化学等表型性状随突变和环境影响而变化的规律，即对基因型所表现出来的全部细胞表型进行系统研究。指纹表型组学侧重表现的是触觉类型，神经类型组学作为一项生理和心理表型，源自巴甫洛夫高级神经活动学说，即皮层神经细胞兴奋与抑制过程具有强度、均衡性和灵活性等基本特性，不同特性组合构成不同神经系统的各种类型。不同的神经类型表型特征奠定了思维个性、社交方式、运动能力和学习方式等天赋基础，与个体的综合特色素质密切联系。各行各业在进行选材时，都会考虑神经类型这个表型指标。

手指(指纹)与脑神经系统之间的关系，首先是信息互联互通关系，同时又是同步发育关系。

大脑皮层运动区对躯体运动的调节，是通过锥体系和锥体外系下传而实现的。

指纹等感受器向神经中枢传送感觉信息，效应器从中枢接收效应指令，都通过脑、脊髓内存在的特定神经通路(主要是神经束)传导。产生感觉意识和发出效应指令的部位是大脑皮质或皮质下的较高级中枢。

神经生物学指出：神经传导通路有明确的专一性，每条通路只传送一种神经信息。传导感觉信息的，称上行传导通路，传导运动指令的，称下行传导通路，都由两个以上神经元组成。主要传导通路有：

1.感觉传导通路

(1)本体感觉传导通路。本体感觉或称深感觉，包括肌、腱、关节的位置觉、运动觉及震动觉，此通路还含有传导皮肤精细触觉的纤维。躯干及四肢深感觉传导通路由3级神经元组成(头面部的路径尚不明)。

第1级神经元细胞体位于脊神经节,其周围突随脊神经布于运动器及皮肤感受器,中枢突随后根进入脊髓同侧后索,组成薄束和楔束核,上升至延髓薄束核和楔束核,换为第2级神经元。第2级神经元发出的纤维,越边至对侧,沿中线两侧上升,成为内侧丘系。内侧丘系上升至背侧丘脑的腹后核,更换为第3级神经元。第3级神经元发出的纤维,经内囊后脚投射至中央后回上2/3及中央旁小叶后部。

(2)皮肤感觉传导通路。此通路传导皮肤感觉(或浅感觉),即痛觉、温度觉、压觉及粗触觉的冲动,由三级神经元组成。

①躯干及四肢的浅感觉传导通路。第1级神经元胞体位于脊神经节,其周围突随脊神经布于皮肤感受器,中枢突随后根进入脊髓,在白质内上升1～3节,然后至后角,换为第2级神经元。第2级神经元发出的纤维越边至对侧,沿脊髓侧索前部和前索上升,为脊髓丘脑束,向上达背侧丘脑腹后核,换为第3级神经元。第3级神经元发出纤维,经内囊后脚投射至中央后回的上2/3及中央旁小叶后部。

②头面部的浅感觉。由三叉神经传入脑干,最后投射至中央后回的下1/3。

2.运动传导通路

该通路是大脑皮质主要通过锥体束和脑、脊神经传导运动信息,调控躯体运动的神经路径。锥体束以外还存在其他运动传导通路,并在功能上与锥体束协调配合,共同完成人体复杂的随意运动。

锥体束主要发源于大脑皮质躯体运动区锥体细胞,其轴突组成的下行神经束分为皮质脊髓束和皮质核束。

(1)皮质脊髓束。大脑皮质锥体细胞胞体位于半球中央前回上2/3和中央旁小叶前部,细胞轴突密集通过内囊后脚,经中脑的大脑脚至延髓腹侧聚成锥体,在锥体下端,大部纤维经前正中裂越边至对侧,形成锥体交叉,纤维分为两束:越边的纤维下行于对侧脊髓侧索,称皮质脊髓侧束;未交叉的纤维仍沿本侧下行于脊髓前索,称皮质脊髓前束。两束纤维在脊髓下行途中,逐节进入灰质前角(皮质脊髓前束的大部纤维越边至对侧前角)。前角细胞的轴突,随脊神经分布,支配躯干、四肢的骨骼肌。

(2)皮质核束或称皮质延髓束。皮质神经元是中央前回下1/3的锥体细胞,轴突集中经过内囊膝部降入脑干,纤维陆续进入双侧各脑神经躯体运动核。面神经核下部的神经元(支配面下部肌)和舌下神经核,只接受对侧皮质核束的纤维。脑神经运动核的神经元轴突,组成脑神经躯体运动纤维,支配头颈、咽、喉的骨骼肌。

通常将运动传导通路的皮质运动神经元,称上运动神经元,脑、脊神经的躯体运动神经元,称下运动神经元。上运动神经元传导大脑皮质随意运动信息,对下运动神经元有控制作用，下运动神经元直接支配骨骼肌，同时接收其他运动信息。

上运动神经元损伤（如脑溢血）引起肌张力增高、腱反射亢进等表现，称为痉挛性瘫痪（硬瘫），下运动神经元损伤（如小儿麻痹），引起肌张力降低，腱反射减弱或消失等表现，称为弛缓性瘫痪（软瘫）。

3.锥体束以外的运动传导路

在锥体束以外，联系大脑皮质与脑、脊神经运动核的躯体运动传导通路，都由多级神经元组成，运动神经元主要集中于大脑额叶、颞叶皮质部位，广泛联系纹状体、小脑、红核、黑质和网状结构的运动神经元，最后终止于脑神经运动核或脊髓灰质前角，并通过脑、脊神经支配骨骼肌。其主要功能是维持肌张力，调整肌群活动，协助锥体束完成随意运动和精细动作。

在脑与指的关系中，与指纹感觉信息传导直接相关的神经纤维组织主要有：上肢的臂丛神经及下肢的骶丛神经。

上肢臂丛神经：

臂丛由第5～8颈神经前支和第1胸神经前支组成。该丛由斜角肌间隙穿出，经锁骨中分后方进入腋窝，围绕于腋动脉周围。臂丛阻滞麻醉，常以锁骨中点为标志。臂丛的分支较多，主要的有：

（1）腋神经：在肩关节囊下方，绕肱骨外科颈后方布于三角肌、肩关节及肩部皮肤。若腋神经损伤，可导致臂不能展。

（2）肌皮神经：沿肱二头肌深面分支至臂前群肌，行至肘窝稍下浅出，布于前臂外侧皮肤。

（3）正中神经：由颈5～8与胸1神经根的纤维构成。从臂丛神经外侧索分出的外侧根，和从内侧索分出的内侧根，两者共同组成。伴肱动脉下行，至肘窝，紧靠肱动脉尺侧并浅居皮下，向下行于前臂正中，适在指浅、深屈肌之间，经腕入掌。沿途神经分支支配前臂肌肉桡侧腕屈肌、掌长肌、拇长屈肌、旋前圆肌、旋前方肌、部分大鱼际肌（拇收肌除外）等，以及掌心、鱼际、桡侧三个半指掌面（拇、食、中指和环指桡侧半掌侧）及中、远节指背面皮肤的感觉和交感神经功能。若正中神经损伤，主要表现为拇指对掌功能障碍和大鱼际肌的萎缩。

（4）尺神经：尺神经起源于臂丛神经内侧束，伴肱动脉尺侧向下，紧贴肱骨内上髁后方，在皮下过尺神经沟，进入前臂伴尺动脉入掌。尺神经支配的肌肉主要有尺侧腕屈肌、小指指深屈肌、小鱼际肌、小指外展肌、小指短屈肌、拇内收肌等。支配皮肤感觉方面，主要分布在小鱼际和小指尺、环指尺侧半的掌侧和手背的尺侧半的感觉和交感神经功能，单一神经感觉只限于小指远端两节手指。尺神经若损伤，主要表现为环、小指伸直障碍，分指、并指功能障碍和精细动作功能障碍，肌肉萎缩主要表现为小鱼际肌和手内在肌的萎缩。

（5）桡神经：桡神经起源自臂丛神经后束，开始位于腋动脉后方，继后紧贴肱骨绕过桡神经沟，下行经肱桡肌深面至手背。桡神经沿途分支布于臂及前臂背侧的肌群和皮肤，支配的肌肉主要有肱桡肌、桡侧腕长伸肌等。感觉神经和交感神经分布在腕部及手部桡侧、第一二掌骨间背侧和两个半手指的背侧部皮肤。若桡神经损伤，其功能障碍的分布区主要是手背桡侧半，主要表现是伸肌群瘫痪所致的“垂腕”状态。

下肢骶丛神经：

骶丛位于盆腔内，紧贴梨状肌前面，由腰骶干及全部骶神经及尾神经前支组成。其主要分支有：

(1)臀上神经：由梨状肌上缘出坐骨大孔，布于臀中肌及臀小肌。

(2)臀下神经：在梨状肌小缘出盆腔，支配臀大肌。

(3)阴部神经：由梨状肌下缘出坐骨大孔，绕坐骨棘，紧贴坐骨结节内侧面进入会阴，分支至肛门外括约肌、肛周皮肤、会阴肌、阴茎或阴蒂。

(4)坐骨神经：是全身最粗大的神经，由梨状肌下缘出盆腔，在臀大肌深面经股骨大转子与坐骨结节之间，下行于股二头肌深面，约沿股后正中降至腘窝，在腘窝上角分为胫神经和腓总神经，其本干发支至大腿后群肌及膝关节。由坐骨结节与股骨大转子连线的中点，引至腘窝中点的连线，其上2/3即为坐骨神经体表投影。

(5)胫神经：该神经于腘窝中间最浅，伴行蝈动、静脉经比目鱼肌腱弓深面至小腿。沿小腿后面中线，伴胫后动脉下降于深、浅两层肌之间，在小腿上2/3部行走于小腿三头肌和胫后肌之间，于内踝后方分为足底内侧神经和足底外侧神经。沿途分支支配小腿后侧屈肌群、足底肌和足底感觉。若胫神经损伤，可致“钩状足”畸形。

(6)腓总神经：由腘窝沿股二头肌走向外下，绕腓骨头下方，分为深、浅两支，支配小腿前群及外侧群肌和小腿外侧、足背及趾背的皮肤。腓总神经受损的主要表现是足下垂并内翻。

指与脑之间的同步发育关系，着重表现在：与血管系统相结合，臂丛神经与骶丛神经的发育状况直接影响指纹的发育，只有当血液供给充分，神经组织发育才可能旺盛，并促进指纹的发育。前两者直接影响着指纹强度(纹型、线数等)的现实表现，构成“一荣俱荣，一损俱损”前因与后果关系。

(二)左右手指纹反映的大脑发育状况，主要体现的是对侧大脑相应区域还是同侧大脑相应区域？

脑神经解剖学的经典理论认为：大脑神经对躯体运动组织的支配机制是对侧交叉机制，即左半脑指挥右侧身体组织，右半脑支配左侧身体运动。这一理论，在裂脑人的研究中，得到了开创性实例的支持，亦为后来许多脑损伤诊治临床病例所证实，大脑对侧交叉指挥运动组织是一条自然规律。

许多目前正在开展的指纹与大脑智力关系研究的软件版本，依照神经科学的这一原理，将左侧指(趾)纹、掌纹对应于右半脑，将右侧指(趾)纹、掌纹对应于左半脑，作为模板基础直接进行一对一的分析与评价，其研究样本的分析结果亦认为符合这一原理。

我国台湾地区的赖翠莞团队同样在开展着此类研究。与一般的研究团队直接将指纹与对侧脑区功能挂钩分析不同，赖氏从初期建模开始，就着手寻找指纹与个人后天遗传素质表现之间的内在联系，采取对样本孩子及其父母、老师详细访谈的方法，获取了数万样本人员的第一手个性化数据，并在台湾地区脑科学专家的指导下，从中抽象自创建立了名为“MME”的指纹检测分析模型。之后又用该模型对新采集样本个案进行检验修正、进一步完善，先后八易其稿。在此基础上，形成了个性化教育方案。

十多年的实践，赖氏团队共采访、分析了十多万人的样本，所给出的个性化教育方案很有指导性、针对性，尤其在特教儿童的教育中取得了出色的教育成果，深受客户和幼教老师的赞誉。

笔者在仔细分析赖氏团队的科研成果后发现，其与众不同的结论之一是：通过他们所收集、分析的十多万人指纹样本，支持大脑与手指发育同侧对应，至少是同侧对应发育为主，交叉对应发育为副。

这就提出了一个新的课题：在大脑与手指的关系中，发育与运行机制是合一的，还是相对分立的两个范畴？如果是两个范畴，可否这样认为：在胚胎的发育初期，大脑与手足是同侧同步对应发育，因此通过指纹可溯源分析同侧大脑功能区的发育状况；而运行机制因脑神经于颈部产生交叉而有所改变，并非足以否定指与脑同侧同步发育的事实，而仅仅说明运行机制与发育机制各有轨道而已。这样是否可解释赖氏团队的研究成果与经典理论相矛盾的问题。

赖氏团队的探索，虽不足以改变脑神经科学的基本原理，但对于我们辩证地、完整地认知、理解复杂的大脑神经运行机制与供氧机制是否有所帮助呢？因为大脑胼胝体纤维还存在同侧连接现象，即从同侧半脑的某个功能区出发，将信息传达到同侧另一功能区。个人观点：这一问题值得深入探讨。

（三）手的五指（含掌纹、趾纹）各自主要对应哪一大脑分区功能，是否兼顾对应另外的大脑分区功能？

目前正在开展的指纹与大脑智力关系研究的各种软件版本，对这一问题的认知基本统一。

1.拇指对应前额叶综合思维功能

右拇指主要对应左前额叶。左前额叶主导：组织管理能力。功能为：沟通管理、计划评判、内省组织。代表意义：理性思考、计划研判、个人成就动机、规划功能及后天的内省智能及沟通管理能力。

左拇指主要对应右前额叶。右前额叶主导：创造性思维与人际关系能力。功能为：想象能力、开创目标、交际互动。代表意义：创造力、领导力、群体交际力、开创规划力、掌握目标力等。

2. 食指对应后额叶计算语言功能

右食指主要对应左后额叶。左后额叶主导:逻辑推理能力。功能为逻辑推理、语言功能、计算分析。代表意义:逻辑推理、概念理解、计算分析、语言表达及后天的逻辑数学智能。

左食指主要对应右后额叶。右后额叶主导:空间感知、心像能力。功能为:空间想象、构思设想、直觉思维。代表意义:空间心像、想象思考、艺术概念的思维能力、自我期望的心智智能与后天的空间智能等。

3. 中指对应顶叶体觉功能

右中指主要对应左顶叶。左顶叶主导:操控理解能力。功能为:体觉辨识、操控思维、操作理解。代表意义:分辨动作、操控肢体、理解操作、分解结合能力及后天的动作智慧。

左中指主要对应右顶叶。右顶叶主导:律动和艺术能力;功能为:肢体律动、感受艺术理解与鉴赏。代表意义:肢体律动、艺术学习能力、鉴赏律动智能及后天的动作智能发展。

4. 环指对应颞叶听觉功能

右环指主要对应左颞叶。左颞叶主导:语言记忆能力。功能为:听觉辨识、语言分析、记忆学习。代表意义:声音辨识、语言理解、学习记忆、后天的语言智能发展。

左环指主要对应右颞叶。右颞叶主导:音受、音用能力的发展。功能为:听觉感受、音乐欣赏。代表意义:声音感受、音乐欣赏、后天音乐智能发展。

5. 小指对应枕叶视觉功能

右小指主要对应左枕叶。左枕叶主导:观察阅读能力。功能为:视觉辨识、听觉理解、阅读能力。代表意义:视觉辨识、观察理解、阅读能力,以及后天的自然观察能力培养。

左小指主要对应右枕叶。右枕叶主导:图像认知能力。功能为:视觉感受、图像欣赏;代表意义:视觉感受、图像欣赏能力及后天空间智能发展。

各指或多或少同时相应兼顾其他的大脑分区功能。

需要指出的是,上述单指对应大脑皮质各区功能,主要体现的是初级感觉状态。许多研究者将指纹数据(纹型、线数、方向等)作为直接判读对应脑功能区遗传状况的指标,有其一定的合理性,但不能形而上学化。

(四)左右手同部位指纹的对称性差异(纹型、线数、角度等),是否反映了左右大脑相应区域发育的相对优势差?

大多数学者基本认同左右手同部位指纹的对称性差异,反映了左右大脑相应的同功能区域发育差异性的观点。左右手同部位指纹的纹型、线数对称性越高,被认为是遗传指标好或纯的表达,通常对称率在80%以上。左右手同部位指纹的对称性差异大,会形成学习或行为爱好上的某种偏向。如果五指大多表现出很大的差异,说明该人某半球大脑特异性较强,越值得关注与研究。总体上是,左手指纹强度高,偏向文科优势;右手指纹强度高,理科优势为上。

（五）单手联指如何反映大脑半球各神经中枢之间的互补效应？

人脑有很好的可塑性。先天性互补效应为：当大脑半球某个神经中枢功能发生先天性缺损、受阻，体内固有的能量会促使神经系统向其他区域突围、发展，因此常会有其他中枢神经系统超常发达，功能异常灵敏。如某些盲人的听觉异常地好，说明先天性互补效应的客观存在。这种现象恰如树根生长一样，如大树一侧是巨石，树根的根系必转向其他方向蔓延生长。

另一种互补效应为：临床实验证明，某一神经中枢的损伤，并不使人永久性完全丧失该神经中枢所管理的功能，经过适当的治疗和功能锻炼，常可由其他神经区域的代偿而使该功能得到一定程度的恢复。

在指纹分析中，很多学者注意到了十指指纹间互补效应的存在。如中、环、小指所体现的体觉、听觉、视觉功能，若某一个功能稍弱，而另一个指纹强度大所代表的功能具有互补性潜力。即可以采取人工主动干预、积极借贷的方法，实现后天性互补。如指纹指标反映体觉功能较差，在进行多次重复训练以巩固学习成果的同时，还可利用听觉、视觉功能较好的优势，另辟蹊径，争取好的学习成果。这种个性化教育方案的可调性、针对性，其生理学基础正来源于大脑各神经中枢功能的互补性，亦符合人脑多元智能系统理论。

（六）双手十指如何综合反映大脑智力的平衡性？

苏联生理学家巴甫洛夫提出：高级神经活动是大脑皮层的活动。人类的语言、思维和实践活动都是高级神经活动的表现，是心理活动与生理活动的高度统一，前者是后者的外在表现。人的高级神经活动基本特性主要表现为兴奋与抑制两种基本动态的强度波动，主要存在两条基本的活动规律：兴奋和抑制过程的扩散和集中规律，兴奋和抑制过程的相互诱导规律。

兴奋是指神经活动由静息状态或较弱的活动状态，转为活动的状态或较强的活动状态。抑制是指神经活动由活动的状态或较强的活动状态，转为静息的状态或较弱的活动状态。兴奋和抑制相互联系、相互制约，并可相互转化。

巴甫洛夫在研究中还发现，不同个体在形成条件反射时表现出很大的个别差异。这种差异是不同个体具有的不同神经过程的特性，即大脑皮层的兴奋和抑制过程的强度、平衡性和灵活性不同造成的。他进一步提出了“神经类型是人类气质和性格的生理基础”的著名论断，指出兴奋和抑制两种基本神经过程的3个特性之间的不同组合，可以构成多种神经类型，最常见的有4种：冲动型（兴奋型）、活泼型、安静型和抑制型（弱型）。

巴甫洛夫之后，苏联 B. M.捷普洛夫和 B. Д.涅贝利岑学派发展了他的学说，将神经系统的基本类型区分为一般属性（一级属性）和特定属性（二级属性）两大类。一般属性体现神经活动过程全脑整体性的特点，主要决定人的气质；特定属性体现个体大脑不同皮质功能区

(巴甫洛夫称为分析器末端)所具有的特性,主要反映个体的专门能力。

按照捷普洛夫等人的分类方法,高级神经活动类型就发展为12种,其中8种一般属性(即兴奋和抑制的强度、动力性、指向性和灵活性)、4种特定属性(即每种一般属性的平衡性)。平衡性不是一级属性,它是由一般属性的对比关系决定的,因而是二级属性。有几种一般属性,就有几种平衡性。

神经活动的特点为:

1.强度

神经活动过程的强度是指神经细胞能接受的刺激的强弱程度,以及神经细胞持久工作的能力。强度有强弱之分:兴奋过程强者,在强烈刺激的作用下仍能形成条件反射,并能保持已经形成的条件反射;兴奋过程弱者,在强刺激作用下难以形成条件反射,甚至会使已经形成的条件反射受到抑制或遭到破坏。抑制过程强者可长时间忍受持续不断的内抑制,抑制过程弱者只能忍受较短时间的内抑制。

2.动力性

神经活动动力性是指形成适当条件反射的速度和难易程度,即广义的学习能力。

3.指向性

指神经活动指向性是指神经活动天生对某些信息(如语言、音乐、文字、数字符号、颜色、气味等)的反射亲和性差异,并自然表现出敏感、接受、亲和、喜欢(兴奋性)或麻木、冷淡、拒绝(抑制性)等不同的反应。

4.灵活性

神经活动过程的灵活性是指兴奋和抑制两种过程相互转化的难易程度与快慢速度,有灵活和不灵活之分。

5.平衡性

神经活动过程的平衡性是指兴奋和抑制两种能力的相对强弱是否平衡。所以神经过程的平衡性有平衡和不平衡之分,如果兴奋与抑制的能力基本接近,就是平衡型,通常用稳定性来描述;不平衡型又有兴奋占优势和抑制占优势两种情况。

在巴甫洛夫学说心理活动与生理活动的高度统一、主观现象与客观现象之间的辩证统一的前提下,个体生来就具有了心理活动的典型而稳定的生理动力特征,表现出该人在心理活动或在行为表现方式上的强度、动力性、指向性、灵活性和平衡性等个性特征,即综合表现为我们平时所说的人之秉性、脾气和性情等。有什么样的先天基本神经类型,就相应有什么样的心理和行为方式,这符合现代感觉生理学原理。

在指纹与大脑关系的研究中发现,先天形成的指纹表型组学在相当程度上反映了个体的神经类型组学特点。指纹遗传学在对个体指纹进行分析时,分别专项统计单手五指和双手十指若干项指标，目的是通过单手指纹数据分析大脑半脑优势的同时，依据双手指纹数据，全面、整体地分析、把握大脑的统合功能。如指纹花纹结构之强度、对称性，五指、十指纹型组合等指标信息，可以部分预测脑神经活动的强度、动力性、指向性、灵活性和平衡性等个性活性指标。指纹表型组学可看作是个体神经类型组学的外在表现形式，通过解读指纹表型组学可推断个体神经活动类型与特点。

指纹表型组学有关花纹强度等指标可细分为：

一是指、掌上花纹的复杂程度。根据指三叉点的多少，分为0～3等。简单弓形纹无，定为0等；帐形弓形纹A（有一个近似的指三叉点）和箕形纹L有一个指三叉点，定为1等；斗形纹有两个以上的指三叉点，定为2～3等。同样地，掌指间区花纹、大小鱼际区花纹，以及足底区花纹，都可用花纹强度来表达。

二是指纹乳突嵴线数量多寡。表达的是指纹中心点与指纹三叉点距离之间乳突嵴线数量，它是一个从0开始，由少到高替进的数量值。指纹乳突嵴线数量越多，表示强度越大。

这里涉及斗形纹乳突嵴线计算的具体方法与标准问题。由于斗形纹有两个以上的指三叉点，因此国际流行的计数方法是：先计数指纹中心点到各自一侧的边三叉点之间的嵴线数；如是双箕斗形纹，因有两个指纹中心点，还要计数两个指纹中心点之间的嵴线数，然后将两数或三个线数相加，再除以二，所得的平均差作为统计数。

359集团毛艺荧指纹研发团队，根据该团队10万余份指纹样本的分析统计，从信息学角度形象地提出：乳突嵴线数量好比是雷达的天线，越多表示处理信息越早、越快、越灵敏。因此斗形纹两个数或三个线数相加再除以二所得的平均差，并不能准确反映该种纹形接收外部信息和大脑反馈指令的强度，而应以嵴线数最高的一侧数值为统计数，兼顾两侧线数差。差别在细节！这样至少准确反映了该纹形处理内外信息的上下限范围。

三是ATD角度的大小。ATD角度越小，表示强度越大，脑活性越好。ATD角度越大，脑活性越差，若大于55°，则会产生痴呆现象。

四是双手纹型、线数的对称性好，强度大。

五是五指、十指纹型组合，纯合型组合遗传强于杂合型组合；杂合型组合某些特质优于纯合型组合。

目前较流行的指纹智力测量模式，大多认为花纹强度大者的大脑活性优于花纹强度小者。

需要说明的是：双手十指的指纹强度相对是个常量，受多基因控制，且受胚胎环境的影响。指纹乳突花纹在发育、表达为现实性状的过程中，各基因之间的作用此消彼长。在特定的发育时间程序、胚胎空间、胚胎营养等环境因素影响下，最终形成现实的指纹表型组学，并终生不变。

不变的指纹表型组学在相当程度上反映了个体神经活动类型与特点，即具有通过指纹表型组学认知个体神经活动类型与特点的生理学基础。个体神经活动类型与特点构成了大脑的智力模式的生理学基础。大脑的智力模式的另一重要组成部分是个体思维类型与特点,它是在个体神经活动类型与特点基础上产生出的心理学现象。既有很强的先天遗传性特点,同时又有后天可塑性特色。学习对个体思维类型与特点影响是客观的、巨大的。

但人的思维与行为不仅取决于神经系统的先天属性,而且还深受环境条件的影响,即具有很强的能动的可塑性,也就是广义的学习能力。所以,我们还要坚持机体生理学基础与环境作用之间的辩证统一的观点,将学习能力这种能动的条件反射视为先天天赋与后天教育相互作用的要素,作为重要研究内容,才真正符合认知科学的发展规律。

有些指纹智力测量模式,将指纹纹型与思维模式、思维特点直接对应,如将弓形纹对应为开放型、模仿型思维,箕形纹对应为学习型、社会型思维,斗形纹对应为认知型思维。具体分为10种亚纹型进行表述:

(1)简单弓形纹:(开放型思维的一种)务实型,讲究效率,但行事欠主动,较多疑;

(2)帐篷弓形纹:(开放型思维的一种)拥有冲动热情的特质,能像海绵般吸收各种资源与信息;

(3)正箕形纹:(社会型思维的一种,正向常规思维)代表感性认识,适应性强,个性温和,在人际关系上欠被动;

(4)反箕形纹:(社会型思维的一种,富逆向思维)较以自我为中心,喜好逆向行事;

(5)环形斗纹:(认知型思维的一种)独立竞争,主动积极,有强势效应;

(6)螺形斗纹:(认知型思维的一种)特点与双斗纹相似,但强度稍减;

(7)绞形斗纹:(认知型思维的一种)可一心两用,若能把握目标,则可增加信心;

(8)囊形斗纹:(认知型思维的一种)在艺术方面有独特的见解与才能,容易把握目标,但也容易产生情绪变化;

(9)双箕斗纹:(认知型思维的一种)喜欢同时追寻多个兴趣目标,具有倾向性、系统性思考的特质;

(10)杂形斗纹:(认知型思维的一种)呈多面性特点,情绪较反复不定。

这种以单个纹形分析为依据的结论精准度值得推敲,是因为以国际公认的弓形纹、正箕纹、反箕纹、简单斗形纹和双箕斗形纹5种纹型在十指上的组合,共有1001种组合,如果纹型再细分,常见的有40余种之多,其组合为10^{40},目前仅有的10余种神经类型或思维模式,难以一一应对。

二是除一部分个体的十指指纹是同一种纹型外,大多数个体一般具有两种以上纹型。按上述理论,即至少有两种以上思维模式,这在解释多种思维模式是否存在冲突?谁主谁次就很难表述清楚。

第九章 指纹与识才用才

第一节 人各不同始自然

人之伟大在于智力，在于创造力远胜于一切生物。但人类并不是天生就拥有这么神奇的创造力的。虽然大约在500万年前，人类便出现于非洲，但在最初的300多万年里，早期人族成员几乎没有留下什么起源性的新发明。看似无限的创造能力，仅在近数十万年间经过厚积薄发般的累积，在生物学与社会学两方面因素的推动下才崭露头角。

人类智力平凡而又神奇，因此天赋成为了新生儿最重要的评价指标。现代人坐享人类文明之积累，天赋与生俱来，而且与众不同。开发每个婴幼儿各自的天赋，是当代科学研究的热点。

一、个性化遗传背景

当一个新生儿呱呱坠地，就代表着人世间又一个“唯一”的诞生。新生儿的形成充满必然，也富含着偶然。说他必然，他是父母两颗爱情种子结合的自然产物，带有子肖父母质的规定性，蕴含着各自祖先秉性天赋和生理的特征。说他偶然，他又是父母的遗传密码双双自由组合时随机生成的结果，乃龙生九子各不相同之谓也，预示着各自由前辈历史通往现在和未来的方向。因此虽然所有人类都拥有相同的身体构造，虽然同胞兄弟、姐妹源自共同的父母，但是彼此之间，在相同之中却有着太多的细节的差异，包括从宏观的整个人身到微观的个体细胞、从内脏的器官到外貌容颜、从思维类型到动作习惯等一切方面都如此的不同，我们每个人都是独一无二的结晶。

我国先民早就清晰地认识到生命现象的这种规律与特点，概括出了诸如“种瓜得瓜，种豆得豆”“龙生九子，性情迥异”的观点。现代基因学理论更将人类的个体差别定性、定量到分子级。基因是人类遗传信息的化学载体，决定后代与前辈的相似和不同之处。研究结果表明，人与人之间的基因99.9%相同，但正是那剩余的0.1%的差异，造成了人与人之间所有状况的差异，决定了每一个个体的独特性。

现代基因学将这种隐藏于细胞核内的遗传密码本，且直接与间接表现出来的个体的独特性，称之为“遗传背景”。简言之，每个人的遗传密码本都不相同，因而每个人的遗传背景都有别于他人，即使同卵双胞胎也是如此，区别仅仅是双胞胎比一般人的性状特征相似度更高而已。

认识到遗传背景的个性化是生命科学的一大飞跃，是人类基因组计划走向实际应用，为人类自我认知、自我服务的巨大成果。目前对遗传背景研究得最多，应用得最好的无疑是医学领域。

随着基因测序技术的飞速发展，基因检测正越来越成为临床诊断与治疗的常规手段。基因检测是利用遗传学、分子生物学技术进行检测、分析，以发现遗传物质异常，从而找到致病原因的过程。通过基因检测，不仅可以了解自己的基因类型，而且可以通过比对自身基因类型和大规模医学试验数据库的结果，评估自身对某些类型的健康问题的易感风险度，提早防范，同时还可以对患者的个体化治疗方案提出指导。

基因测序目前在临床上的应用主要有两类：

一类是针对普通人的疾病筛查。通过测定已知的与某种疾病相关的基因序列位点，来推断其未来罹患该种疾病的概率。验血查基因，疾病早知道，是基因检测一时成为热门的原因之一。比较典型的例子是孕妇无创产前DNA检测，以争取产前发现与排除典型的、重大的遗传性、先天性疾病隐患。

另一类是针对典型的遗传类、家族类和癌症等致命性疾病的伴随诊断。通过测定某些特定的基因序列位点（如肺癌的KRAS突变和EGFR突变），在确定致病主因的同时，根据病人遗传背景，在一系列的药物或治疗方案中，找到对特定患者最为有效的药物或方案，变对症下药为依基因背景下药。

人体的肿瘤千差万别，即使是同一个部位的肿瘤，治疗效果和方法也应因人而异，因此实施个性化治疗，是最好的选择。据报道，在美国，每年针对癌症基因进行检测者已达700多万人次，使得美国女性乳腺癌发病率降低了70%，直肠癌发病率降低了90%。美国临床肿瘤年会发布的研究结果表明，80%多的医生在肿瘤基因测试后改变了原来的治疗方案。而另一项研究也证明，接受测试的卵巢癌病人死亡率比其他患者低36%，应该说对遗传背景的解读大有益处。

在医学界高度关注遗传背景的同时，教育界、体育界、法学界等诸多社会领域也同样致力于遗传背景的研究与开发利用。其中婴幼儿的智力开发与培养是重点。智力，这个神奇而又难以捉摸的特殊现象，千百年来一直是人们探索研究的重要课题。当今人类已能观察到宏观世界数亿光年宇宙深处的奥秘，也能察知微观世界物质内部原子、质子、中子乃至基本粒子的奥妙。但是相比之下，人类对自身智力的认识仍是十分肤浅的，因此从遗传背景切入，成为智力研究新的方向。

二、早期教育针对性

中国传统文化历来重视对下一代的培养，望子成龙的观念十分强烈，这种积极的期望无可厚非。但良好的愿望不一定得到期望的结果，其中的原因之一，就是婴幼儿早期教育缺乏针对性，在时间上、内容上、方法上出现了偏差。这样的现象无论在古代还是现代，都是一种通病，不能不引起我们的重视。

任何父母都期望着自己的孩子出生时是一个身体健康、性格开朗、聪明活泼的孩子。自孩子出生起，无论父母意识到与否，婴儿的早期教育实际上已经开始，父母是孩子天然的第一任老师。早教的一般规律是：

婴儿通常是指小于1周岁的儿童。婴儿在这个阶段生长发育得特别迅速，是人一生中生长发育最旺盛的阶段。幼儿通常是指1岁至3岁的儿童，与1岁以内婴儿相比，身高和体重的增长速度有所减慢。

婴儿期生长的共同特点是：

1. 生长发育旺盛。身长在出生时约为50厘米，一般每月增长3～3.5厘米，到4个月时增长10～12厘米，1岁时可达出生时的1.5倍左右；体重可以达到出生时的3倍，约为9～10千克。

2. 大脑发育迅速。婴儿出生后的一段时间内，仍处于大脑的迅速发育期，脑神经体细胞数量还在继续增加。头围在出生时约为34厘米，前半年增加8～10厘米，后半年增加2～4厘米，1岁时头围平均为46厘米。以后增长速度减缓，到成年人时头围约为56～58厘米。

所以婴儿期脑发育直接关系到智力发展的生理基础是否坚实有力，需要充足均衡的营养特别是优质蛋白的支持。

3. 认知能力综合发展。初生婴儿是通过五官的视觉、听觉、感觉、味觉、嗅觉等渠道，获得信息并认识周围世界的。根据婴儿期成长的共性，这一时期对婴儿的教育的重点，应着手对发展感知觉方面的训练。父母应及时给予婴儿适当的刺激，锻炼他们的各种感觉器官以及相应的神经系统等有关部分，促进婴儿智力的全面发展。

(1)视觉：6个月之前是婴儿视觉的黑白期。6个月至1岁时是婴儿视觉的色彩期，从此开始婴儿能辨别五颜六色。因此要给婴儿一个舒适的、色彩鲜艳的环境以刺激他的视觉，促使其视神经功能的提早发育成熟。

(2)听觉：这期间父母与婴儿的语言的交流有着不可替代的作用，切不可认为其听不懂而少为之。音乐不仅仅是表达和调动情绪的工具，更是巧妙的智力开发手段。婴儿一般都喜欢音乐，通过悦耳动听的音乐，在给婴儿快乐的刺激和满足的同时，智力也得到了长足的开发。经研究发现，多听音乐的婴儿与一般发育的同龄儿童相比，眼神和表情要机灵得多，动作和语言也要早熟。

全国教育科学十五规划教育部重点课题——“音乐在因材施教中的作用”的课题研究组研究成果表明：

①音乐可以提升孩子的注意力。一组5岁左右的孩子每天听一首经典儿童古典音乐，如《小狗圆舞曲》《电闪雷鸣波尔卡》《时钟店》等，一个月后，再测试表明，这些孩子的注意力广度比未经训练的孩子提高了4倍。

②音乐可以提升孩子的语言能力。音乐本身是一种语言，让孩子把听到的讲出来、唱出来是最好的语言能力训练。

音乐可以提升孩子的记忆力。没有谁天生记忆力就好，但是经过后天的乐感训练，可逐渐加速和延长记忆的持续时间，音乐是培养孩子记忆力的最佳教材。

音乐还是培养一个人直觉思维和想象力的有效手段，这与音乐作用于右半脑神经元有关。

(3)感觉：感觉来自于皮肤中的感觉器，其中手足掌部位感觉器最为丰富和敏感，因此加强对婴儿动作的训练显得尤为重要。可适当让婴儿在床上练习翻、滚、爬、蹬、踢等动作。5～6个月后的婴儿可自己玩玩具和实物，这时品种多样、功能有别的玩具最能提高婴儿玩耍的兴趣。婴儿手部动作的发展，尤其是精细动作的发展，反映了神经系统的健全和发展程度。

对于婴幼儿来说，生活就是游戏。婴幼儿最初是在玩具游戏中不断成长的，对于一个还没有上学的孩子，玩具就是他们的教科书。孩子通过玩具这一途径慢慢地认识了周围的世界。玩具大致包括：益智类、动作类、语言类、建筑类、模仿类等，孩子在随心所欲玩耍的过程中，既能锻炼肌肉，促进动作的发展，启迪孩子的心智，充分发挥想象力，还能不断体验到过程与结果、自由与规则、成功与失败。在满足乐趣的同时，丰富自己人格的内涵。

这里的关键是，手巧与心灵是直接相对应的。在婴儿大脑的迅速发育期，如果没有大量的感觉信息刺激，大脑的感觉神经元系统将错过最佳的发展期。因此多触摸、多活动婴儿的手脚，尤其是对婴儿手指尖的触摸极有利于智力开发，这是许多父母不了解的最实用方法。

(4)扩大感知觉综合培养，让婴儿多接触大自然。1岁以内的婴儿应经常到大自然中，如去公园或田野，看看绿色的世界，看看五彩缤纷的田园风光，接受自然美的熏陶；可去动物园看各种动物，提高婴儿观察的兴趣，发展其好奇心；还可经常抱婴儿去商店看看各种商品、宣传画片等，同时进行亲切的解说。这样，不仅有助于发展孩子的视觉、感觉和听觉，丰富婴儿感性的知识，更重要的是为孩子良好的心理发展打下基础。另外，经常在大自然中活动能呼吸到新鲜空气，接受阳光的沐浴和活动四肢，更能使婴儿的身体健康成长。

(5)营造亲密成长环境，成人与婴儿多交往。为了发展婴儿的语言和表达能力，大人应多与婴儿主动交流，乐此不疲地与孩子"说话""提问""讲解"等，训练他们发音的同时，引逗他们发声和发笑。这样看似婴儿的懵懵懂懂过程，不仅使他语言表达能力和理解能力得到迅速发展，同时还能使他获得一种身心发展的重要环境。不仅孩子身心感到舒适、愉快和满足，而且婴儿的智力也能得到发展。

过了婴儿期就进入了幼儿期，处于人生的关键时期，这个时期对儿童的培养直接影响着以后的成长历程，其成效在心理发育、知觉发育、思维方式、记忆方式等各方面，都带有明显的年龄色彩。

人的智力在不同年龄段的发展速度是不均衡的。研究表明，早期阶段获得的经验越多，智力发展得就越迅速。美国当代著名的心理学家、教育家本杰明·布鲁姆(Benjamin Bloom)曾提出了一个重要假设，将5岁前视为智力发展最迅速的时期。如果17岁时的智力水平为100%，那么从出生到4岁之间获得了50%的智力，4~7岁获得30%的智力，另外20%在8~17岁间获得。

儿童的培养关乎一个家庭、一个民族、一个国家的前途和命运，所以对儿童从起跑线上培养，受到了家长和社会各界的重视。

2~3岁的孩子天真、幼稚、纯洁、活泼，身心在迅速发展，在各方面都发生着日新月异的变化。开始用语言与人交往，表示请求、愿望、意见等。他那咿呀学语的词汇虽然极为简单，却最惹人喜爱，标志着开始掌握极为重要的人类交际工具的新里程。并有了很好的记忆力，能很快地背会一首儿歌、古诗；到过某个商店、亲友家，再路过时他能正确地说出来。

此年龄段的孩子最容易接受父母的教育，告诉他什么事情该怎样做，便会顺从地接受并遵守简单的规则和要求。同时又有了独立的要求，喜欢按照自己的爱好做事情，尽管他还不会或不太会做，但这种意愿已很强烈。

到了4岁时，儿童的各种感觉都在迅速地完善着。已经能较准确地辨别各种声音，分辨红、黄、蓝、绿等各种颜色；有了物体的大小和远近、前后、距离方位感；能够感知并评价出物体的凉热、软硬等特征。开始喜欢简单的劳动，已能独立地完成自己穿、脱衣服等，并将"自己的事自己做"引以为傲。

在思维上，表现出具体形象性以及进行初步抽象概括的可能性等特点。此时，他们还不会想好了再做，而是先做后想。例如，当拿起枪后，才想到要射击"敌人"，于是才胡乱地寻找起想象中的靶子来。

我国儿童一般在4岁过后就开始进入学前教育。由家长及幼师利用各种方法和实物，开发学前儿童的智力，学前智育是一个多方面的培养过程。适当、正确的学前教育对幼儿智力及其日后的发展有很大的作用。超常儿童的形成、发展，无一不与适当、正确的学前教育有关，尤其是智力方面的学前教育。此时的孩子处于不定型时期，所以家长、老师不应该按照自己的意识和兴趣给孩子设定方向，甚至是强迫孩子按照自己的意愿去学习。而是应该尊重孩子自身的个性选择，发现孩子自身的兴趣和特长并据此因材施教，不取千人一面之道，并加以诱导和支持，起到一种良好的引导作用。并让学生按照适合自己的方法学习，这样才能收到事半功倍的效果。

三、个性的因势利导

当我们认识到婴儿成长之一般规律与特点时，还必须承认每个婴儿最终都是呈个性化发展的。即使同一家庭中共同成长的孩子，包括同卵双生的兄弟姐妹也是如此，这很大程度上取决于先天智能遗传的差别。现代很多学者认可人的智能是先天遗传的素质中最重要的一部分，是后天智力开发的基础，基础不牢，所受教育成效必然打折。

我国先民对婴儿独特个性的道理认识很早，在魏晋南北朝时期，就已在民间产生了广泛地利用"抓周"游戏的方式观察、辨别婴儿个性的风俗，现在看来是有一定道理的。

抓周，初称"试儿"。它是小孩周岁时举行的一种预测前途和性情的仪式，是第一个生日纪念日的庆祝方式。一则祝贺孩子的健康成长，二来寄托大人们对孩子的美好期望。它与产儿报喜、三朝洗儿、满月礼、百日礼等一样，同属于传统的诞生礼仪，其核心是对生命延续、顺利和兴旺的祝愿。

周岁的孩子度过了婴儿期，进入了幼儿期，动作发育上已经能够直立行走了，这一变化使得孩子的眼界豁然开阔。此后无论在体格和神经发育上还是在心理和智能发育上，都在向新的方向发展，此时他的性情爱好有一定的预示性。

《颜氏家训·风操》记曰："江南风俗，儿生一期(即一周岁)，为制新衣，盥浴装饰，男则用弓、矢、纸、笔，女则用刀、尺、针、缕，并加饮食之物及珍宝服玩，置之儿前。观其发意所取，以验贪廉愚智，名之为试儿。亲表聚集，致宴享焉。"

唐宋时期，试儿习俗更为盛行，影响到了宫廷。如武则天曾将皇孙们召集到大殿上，让他们无忧无虑地玩耍抓周游戏，"取西国所贡玉环钏杯盘，列于前后，纵令争取，以观其志。"

宋代吴自牧《梦粱录·育子》记述："(小儿)至来岁得周，名曰'周'，其家罗列锦席于堂，烧香炳烛，顿果儿饮食，及父祖诰敕、金银七宝玩具、文房书籍、道释经卷、秤尺刀剪、升斗、彩缎花朵，女工针线，应用物件，并儿戏物，却置得小儿于中座，观其先拈者何物。其日诸亲馈送，开筵以待亲朋。"试儿当日，宾朋满座，场面热闹。

到了清代，才有"抓周"之称。清朝皇宫抓周礼仪非同一般，所陈设物品与民间大不一样。如《国朝宫史续编》记载："(皇家)抓周例用玉陈，玉扇坠二枚，金匙一件，银盒一圆，犀钟一棒，文房一件，果筵一席，内宫殿监奏交内务府预备。"

从记载来看，抓周的物件主要包括文房四宝、秤尺算盘、钱物饰品、吃食玩具、鸣钟古玩等。

毫无疑问，以婴儿时对有限品种的物品的一次选择性接触，来对未来的职业作出必然的判断，这样的评价体系完全出于大人的想象，自然是非理性的。仅仅反映了父母对子女的舐犊情深，是一种颇具人伦味、以育儿为追求的信仰风俗。

但有一点是客观的：兴趣与先天遗传有关，兴趣的差别即兴趣的选择倾向，可以说是人类文化传承的一种表现形式。抓周时婴儿已满周岁，又受到了一定的教育，因此抓周时（尤其在抓周后），他对某些物件的持续喜欢，综合反映了其对这类物件色彩、形态的兴趣（与功能无关）。它既反映了其与生俱来的某些爱好倾向，同时也检验了父母亲进行启蒙教育的微影响、微成果。对小孩志趣爱好的早期关注，可便于日后有的放矢地进行务实细致的教育培养。

科研人员长期以来一直相信智力是通过遗传获得的。人类约70%~80%的智力差异是由决定神经类型的遗传基因决定的，而后天的开发也仅在20%~30%之间。目前尚不十分明确哪些基因与智力相关，但这一情况在2015年被打破。据报道，英国帝国理工学院获得了突破性的研究成果——终于发现了智力基因，从而使得创造超级智能人类或成为可能。

被发现并命名为M1和M3的两个基因簇群包含了数百个基因的组合，它们被认为控制着人类的记忆力、注意力、处理速度和推理能力。

英国帝国理工学院神经学家迈尔克·约翰逊指出："有关这一发现的令人兴奋之处在于，我们发现的基因很可能具有相同的规则。这意味着我们有可能对影响人类智力的全部基因组合进行操控，存在对这些基因进行改造以提高智力的可能性。不过当这些基因发生突变或处于错误顺序时，则可能导致迟钝的思维模式，甚至是严重的认知障碍。"

参与该项研究的罗伯特·普洛明建议：应该在儿童4岁时对他们进行基因筛选，以便了解影响学业方面个体差异的具体的遗传和环境因素——以及这些因素之间复杂的相互影响——可能有助于教育工作者编制有效的个性化学习计划，从而帮助每一位儿童，在义务教育阶段充分发挥他们的潜能。

事实确实如此，儿童自出生后，由于遗传素质、社会环境、家庭条件和生活经历不同，每个人都会形成其独特的个性，在兴趣、爱好、动机、需要、气质、性格、智能等方面各有不同，每个人都有自己的优势和弱势。

抓周所表现出来的仅仅是人的个性智慧中极微小的一个细节，而人的个性是极其丰富多彩的，需求也是多种多样的。

我国古代伟大的教育家孔子总结了人生全面发展的多种需要后，指出人应做到："志于道，据于德，依于仁，游于艺”(《论语·述而》)。即孩子学习的内容应包括：礼、乐、射、御、书、数六个方面。

20世纪80年代，美国哈佛大学教育学研究生院心理学博士加德纳教授，在其专著《智慧的结构》中，把人的智能分为语言、数学逻辑、视觉空间、身体运动、人际交往、自我反省、自然观察等多种结构，称之为“多元智能结构理论”。

该理论认为，脑功能差异是一种自然现象，人与人之间的神经类型结构和智能组合不同。非主动性地感知外界各种信息和有目的地接受教育的过程，都是每个个体进行信息加工的学习过程。在此过程中，每个人的视、听、感、味、嗅五大感觉器官的天然差异表现为：如某一二种觉感优势强，就会产生对该类觉感对象的偏好和乐于接受的兴奋性；如某一二种觉感欠敏捷，就会对此类觉感对象产生抑制情绪，表现为无兴趣，从而形成不同于他人的思维模式，或称之为学习兴趣类型。最终表现为对各类知识、技能学习掌握的热情、速度、强度和熟练程度的差异。在统一标准的考核中，上述差异反映为成绩的差异，包括同一个人的各门功课之间的差异或同一门功课不同人之间的差异等。个人之特长与弱项也就在一定程度上表现出来了。

加德纳教授指出，智力是个体解决实际问题的能力和生产出或创造出具有社会价值的有效的产品的能力。每个人都或多或少拥有不同的多元智力，代表了每个人不同的潜能，这些潜能只有在适当的情境中才能充分地激发出来。对此，苏联著名教育实践家和教育理论家苏霍姆林斯基总结道：“每一个孩子都是一个世界，完全特殊的、独一无二的世界。”教育的核心在于认真地对待个别差异。

为此，加德纳提出了个性化教育的设想，强调在可能的范围内发展不同的教育方式，使具有不同智力的学生都能受到适合自己的好的教育，而每一个学生应该根据自己的独特个性，选择最优的学习方式。所以莎士比亚提出的“学问必须符合自己的兴趣，方可得益”，应是经验之谈。

第二节 寻找智力的钥匙

一、智力测量被接受

当我们明白、承认存在个性差异时，能否正确地认识某一孩子的个性特长并因材施教又是一回事。现实中不能正确认知孩子的个性智力特点是一大误区，为此科学家一直在寻找认识人类智慧的途径与良方，试图采用某种检测和潜能现状测评的方法，找到因材施教的依据。

1904年，法国心理学家比奈和西蒙承接了法国教育部交给的一项任务：要求研究出一种方法，用以“检查小学生留级的原因，是先天智力不足，还是后天习惯不良造成的?”

1905年，比奈和西蒙制定出第一个智力量表——《比奈－西蒙智力量表》，主要用于测量小学生和初中生的智力，需要测试51道题，开了智商测试的先河。但从严格意义上来讲，由于受当时科学发展诸条件的制约，他们的研究成果并没有真正完成法国教育部的任务目标，测试的结果一定程度上反映出的是人与人之间的智力差异，并不能直接回答学生留级的原因。

1922年，《比奈－西蒙智力量表》传入我国，1982年由北京吴天敏先生修订。不论此测量方法科学与否，至少国人把它当作了一种可作参考的评价体系。

1916年美国韦克斯勒编制了第一版《韦克斯勒成人智力量表》(WAIS)，1949年韦克斯勒发布第一版《儿童智力量表》(WISC)，1967年韦克斯勒发布第一版《韦氏幼儿智力量表》(WPPSI)，韦氏量表于20世纪80年代中后期引进我国，经过修订出版了中文版，因而应用较广。

此两种智力量表都需进行智力答题测验，智力测验大约包括11个项目：有常识、理解、算术、类同、记忆、字词、图像、积木、排列、拼图、符号等，完成整个测验大约需要一小时，汇总分析，写出测验评判报告约需要一个小时，最后得出数值化的评价结果。

评判智商的方法有两种：

一种是比率智商。其公式为：智力年龄 ÷ 实足年龄=智力商数。如果某人智龄与实龄相等，他的智商即为100，表示其智力中等。

另一种是离差智商。为了准确表达一个智力水平，智力测量专家提出了用一个人在他的同龄中的相对位置，即受试者偏离平均值多少个标准差来衡量，这就是离差智商，也称为智商(IQ)。其公式是将一个人的测验分数与同龄组正常人的智力平均数之比作为智商。假如两个不同年龄的成年人，一个人的智力测量得分高于同龄组分数的平均值，另一个人的测验分数低于同龄组的平均值，那么就可得出结论：前者的IQ比后者高。现在大多数智力测验都采用离差智商。

评判智商的标准以假定的人群智力商分布为分析依据。

在现代典型的智力测验中，设定主体人口的平均智商为100，根据一定的统计原理分析后发现，人类智商呈两头尖中间大的橄榄形分布。

智商极高（IQ在130分以上）和智商极低的人（IQ在70分以下）均为少数，智力中等或接近中等（IQ在80～120分）之间者约占全部人口的80%。

我国普遍采用的是美国心理学家韦克斯勒编制的智力量表，适用于成人智力测量。经由我国湖南医科大学龚耀先等人修订，制定了中国常模。该量表为人们了解自己的智力水平、潜能所在，交通事故智力损伤鉴定，科学填报高考志愿，优生优育等方面提供分析依据，有些人力部门招聘时也用它来评判人才素质。

我国学者也开发了针对婴幼儿的多元智力测评系统。典型的成果有：

1. 区慕洁多元智力测评系统

区慕洁，女，1951年毕业于北京协和医院师资班，1985年起与协和医院计算机室共同设计“儿童智力测试软件”，现任中国优生科学协会理事和北京市东城区计划生育协会理事。其《中国儿童智力方程》入选中宣部第七届“五个一工程”作品。

该方程系统积累有20多年临床经验和万婴会员跟踪数据，根据0～6岁中国宝宝生理和心理而研发，适合0～6岁幼儿的智力测试，是当前最权威的婴幼儿多元智力测评系统。

2. 中国儿童多元智能情境化评估系统

《中国儿童多元智能情境化评估系统》是由北大国家软实力研究院多元智能课题组所研发。6年间课题组对我国7大区域10个城市，几十家有代表性幼儿园的3～7岁幼儿进行了500万个科研数据的采样，最终形成此项学前教育科研成果。2011年3月在北京成功地通过了由教育部、劳动和社会保障部，北大、清华、北师大中科院等教育、心理学专家组成的专家组的鉴定。

与会专家一致认为：北京大学国家软实力研究院多元智能课题组，依据加德纳多元智能理论主持编制的中国幼儿多元智能情境评估系统及全国常模，理论依据科学、合理，研究思路清晰，研究方法恰当，研究工作扎实深入，研究资料齐全，研究报告核心概念界定准确，结构严谨，逻辑性较强，语言文字简明通顺，在理论和实践上有所突破。该研究成果能够有效解决学前教育面临的实际问题，对推进素质教育、深化新课程改革和开发学生潜能具有借鉴、应用、推广价值。

此外，复旦大学一批教授组建的联合基因科技集团，于2010年成立“联合基因儿童潜能测评中心”，采用天赋基因检测和潜能现状测评的方法，试图找到3至14岁儿童的基因与潜能，旨在根据孩子的特点选择正确的培养方向和教育方法，发挥孩子的特长，弥补孩子的不足，从而在整体上提高对幼、少儿教育的正确引导及有效方式。他们的口号是："爱孩子从了解开始，科学测评是了解孩子的第一步。成长路上为你导航。"

在过去几十年里，智商测试一直被用来衡量智力水平，其准确性如何，尤其是它在多大程度上、在哪些方面反映了个人的先天遗传素质，可以说是十分模糊的。从测试的内容和过程看，受测试人受教育的程度和对测试题的熟悉程度、答题的诚实度，即主观因素将直接影响评价分数，有很大的或然性。但一个基本的事实是，对于智力，人们接受了可以量化表示的观念。

也有学者认为，智力测试存在根本性缺陷，因为智力测试没有考虑到人类智力的复杂性质和不同组成部分。

二、指纹分析人智力

早在智力测量法诞生之前，最迟在我国宋代，就开始流行"一螺巧二螺笨……"的儿歌，提示我国先民将人的智力与指纹的形态联系了起来，承认智力的先天性和可测量性。现在看来，此儿歌缺少大数据统计结果的支持，纯粹是娱乐性的。

指纹与智力相关的依据在1936年被发现。美国解剖学家库明斯（Cummins）于1936年报道了Down综合征患者的大脑先天愚型的同时，其肤纹具有高度异常的特征，主要表现为患者十指弓形指纹显著增多、掌通贯褶纹显著增多、ATD角显著增大的"三增"特征。

20世纪80年代开始，受医学指纹学高度关注智力与指纹的内在联系研究的启示，体育界、教育界纷纷设立课题进行此方面的探索。其中，马慰国、罗桐秀、汤大钊等人的研究是较有代表性的成果。

（一）正常学童指纹值

兰州医学院医学遗传研究组李崇高、王京美等较早地开展了对正常学龄儿童指纹的研究。他们认为，我国除在法医上早有应用外，近年来在先天性大脑发育不全患儿的染色体检查诊断中，使用了皮纹学的方法。为了进一步做好染色体疾病的诊断、先天性畸形的研究，探讨指纹学与遗传性疾病的关系，有必要统计一些临床常用的正常值，特别是儿童时期的指纹学正常值，以便与其他各种异常情况进行对比。

李崇高等选择了两个小学校的7～9岁、身体健康的学龄儿童630例（男311例，女319例），进行了指纹学的观察。除个别有全身疾病者外，其他全部进行了指纹分析，包括少数智力较低和手纹变异者。指纹分析的内容包括：

1. 指纹纹型（见表9-1、表9-2）

2. 掌褶纹（见表9-3）

表 9-1　630 例儿童手指纹型男女性别比较

指纹类型	兰州医学院数据（630 例，1978）				美国明尼苏达（400 例，1974）	
	男		女		男（%）	女（%）
	数	%	数	%		
尺箕（U）	1248	40.13	1475	46.24	59.6	63.6
桡箕（R）	50	1.61	45	1.41	5.5	4.1
斗形（W）	1765	56.75	1604	50.28	29.6	24.6
弓形（A）	47	1.51	66	2.07	5.5	7.8

表 9-2　630 例儿童各手指纹型调查统计和比较

	类型	拇指		食指		中指		无名指		小指		总计	
		数	%	数	%	数	%	数	%	数	%	数	%
兰州医学院	弓形（A）	13	1.03	53	4.52	24	1.90	6	0.48	8	0.63	108	1.71
	尺箕（U）	469	37.22	452	35.87	677	53.73	371	29.44	761	60.40	2710	43.02
	桡箕（R）	3	0.24	71	5.63	15	1.19	3	0.24	3	0.24	95	1.51
	斗形（W）	775	61.51	680	53.9	544	43.18	88	69.84	88	38.73	3351	53.19
纹型	弓形（A）		3		10		8		2		1		6
	尺箕（U）		65		36		72		58		86		53
	桡箕（R）		0		23		4		1		0		6
	斗形（W）		32		31		16		59		13		26

表 9-3　630 例学龄儿童掌褶类型不同性别比较

掌褶型		男		女		总计	
		数	%	数	%	数	%
正常型		542	87.14	590	92.48	1132	89.84
通贯手	通贯手	36	5.79	18	2.82	54	4.28
	中贯手	0	0	2	0.31	2	0.16
	桥贯手	42	6.75	28	4.39	70	5.56
	叉贯手	2	0.32	0	0	2	0.16
总计		622	100	638	100	1260	100

3.T 三叉的位置及 ATD 角

测量了 630 例儿童的手掌长度、腕-t 长度及两者之间的比例，以及 ATD 角的度数，结果见表 9-4。

表9-4 630例学龄儿童t三叉位置与ATD角位置

	男	女	平均
掌长(cm)	7.55	7.39	7.39
腕-t线(cm)	1.25	1.1	1.15
腕-t占掌长(%)	16.25	14.88	15.5
ATD角(度)	41.3	41.5	41.35

表中数据表明:

(1)中国正常学生最多见的是斗形纹,占53.19%;其次是尺箕纹,占43.02%;再次是弓形纹,占1.71%;最少者为桡箕纹,只占1.51%。

男女性别之间指纹类型有差别,女生的弓形纹比男生多,斗形纹却比男生少。女生的弓形纹为2.07%,男生仅1.51%:女生的斗形纹为50.28%,而男生略高,为56.75%。

(2)正常掌褶纹,俗称"川"字形掌褶纹,占89.84%。对于诊断某些染色体疾病和综合征有意义的"通贯手",包括典型通贯手以及其他3种不同的变异型,即通贯手(猿线)、中贯手(悉尼线)、桥贯手(过渡I型)和叉贯手(过渡E型)。在630人中,各型通贯手共有128只(75人次),占10.15%。且指纹中出现桡箕纹者几乎均为通贯手,其意义尚待继续观察。

在团结二校调查的250名学龄儿童中,双手通贯褶纹者有4例。这4个孩子中,有1名智力低于同班儿童很多,是该年级中学习最差者,据老师反映"不识数",教育比较吃力,而且行为乖张。

(3)正常学生的ATD角平均为41.35°。

在调查还发现有以下几种变异。一例女孩有并指畸形,5岁时曾做过指间分离手术,左手为桥贯型(过渡I型)。右手为患病手,四指并联畸形,指间术后留有瘢痕,指纹有异常。拇指为单纯弓形纹,食指与中指均为桡箕纹,无名指亦为单纯弓形纹,两只手大小不等。

掌褶为典型通贯型手且有高位t三叉,ATD角为61°,腕-t距离为2.2cm,这两个数值都是调查中最高者。

此外,还发现小指畸形者3例,其共同特征为小指第三指节明显向桡侧弯曲,超过45°。其中第一例还有食指单纯弓形指纹,左眼球内斜视;第二例,史×,女孩,一手掌褶为通贯型手,ATD角高位50°,另一只手的掌褶为桥贯型;第三例,王×,男孩,即前述"不识数"和行为乖张者,双手掌褶为通贯型。①

(二)高智力学童指纹值

郴州医学高等专科学校罗桐秀等人专题调查高智力少年的指纹,试图发现高智力与指纹之间的内在联系或指标。其研究的对象是郴州市重点中学(省属重点中学),经智商测定

① 李崇高等:《正常学龄儿童手的皮纹学观察》,载《遗传学报》1979年第6卷第1期,第136页。

比较高的科技班学生。该班学生是通过严格考试，以优秀成绩考取重点高中，再以优秀成绩选拔到科技班学习的。罗桐秀等认为，科技班学生优秀成绩的取得除了勤奋学习等非智力因素外，智力因素起着重要作用，属于高智商人群。

罗桐秀等选择了郴州市重点中学科技班学生 142 人（男生 88 人，女生 54 人）。科技班学生往年高考本科录取率为 98.5% 以上，其中重点本科录取率为 60%。经采用龚耀先 1982 年修订的《中国修订韦氏成人智力量表》测量 IQ，平均为 115（最高 123，最低 94）。另选择郴州医专学生 160 人为对照组（男生 92 人，女生 68 人），这部分学生是专科分数线以下录取的定向生和新高职学生，IQ 测量平均为 106（最高 119，最低 93），明显比科技班低（$P<0.01$）。

经采集两组学生指纹，列表记录观察结果，并经 t 或 X_2 检验作统计学分析，进行下列皮纹比较：

（1）指纹类型和总嵴线数（TFRC）；

（2）指（趾）间区纹型；

（3）手（足）掌小鱼际区纹型；

（4）趾球部纹型；

（5）手掌 ATD 角和足底（f）ATD 角。

比较的结果为：

（1）科技班斗形纹频率明显高于对照组（$P<0.01$）；尺箕纹、弓形纹频率明显低于对照组（$P<0.01$）。科技班 TFRC 平均为 149.2 条，对照组平均为 130.4 条，两组差异显著（$P<0.01$）。

（2）指间区（I1、I2、I3、I4）和趾间区（fI1、fI2、fI3、fI4）的真实花纹（纹型分布）频率：I4 区最高，其次是 I3 区，I1 和 I2 区纹型出现频率较低。

两组比较：I1、I2 和 I4 区，科技班都低于对照组，只有 I3 区高于对照组，均为非常显著性差异（$P<0.01$）。其中 I4 虽然低于对照组，但真实花纹仍高达 60.5%。

趾间区纹型分布频率为 fI3 区最高，其次是 fI4 区，fI1 和 fI2 区纹型频率较低。

两组比较：fI1、fI2、fI3 区没有明显差异（$P>0.1$），但 fI4 区，科技班明显低于对照组（$P<0.01$）。

从指（趾）间区纹型分布频率整体分析，科技班低于对照组，并且指（趾）间区的纹型，均以远侧箕形纹为主，很少出现斗形纹和弓形纹。

表 9-5　指纹类型频率的比较　　单位：%

指纹类型	斗形纹	尺箕纹	桡箕纹	弓形纹
科技班	52.7	42.5	3.0	1.8
对照组	44.6	50.0	2.9	2.5
P 值	<0.01	<0.01	>0.9	<0.05

表 9-6 指(趾)间区纹型频率的比较 单位:%

指间区	I1	I2	I3	I4
科技班	0.4	0.7	28.5	60.6
对照组	1.0	2.7	17.3	72.1
P 值	<0.01	<0.01	<0.01	<0.01
趾间区	tI1	tI2	tI3	tI4
科技班	3.5	7.4	32.4	9.2
对照组	3.7	10.2	34.6	14.0
P 值	>0.9	<0.1	>0.9	<0.01

(3)手掌和脚掌其他区纹型:

① 手掌大鱼际区纹型出现频率均比较低,两组比较无显著性差异(P> 0.7)。小鱼际区纹型主要是桡侧箕形纹,分布频率为科技班明显低于对照组(P<0.01)。

② 足掌小鱼际区纹型主要是胫侧箕形纹,分布频率科技班明显低于对照组(P< 0.01)。

③ 趾球部纹型按杜传书分类法分为7种:斗形纹、远侧箕形纹、腓侧箕形纹、胫侧箕形纹、腓侧弓形纹、近侧弓形纹和胫侧弓形纹(后六种简称远箕、腓箕、胫箕、腓弓、近弓和胫弓)。

两组比较,科技班斗形纹、远箕、腓箕明显高于对照组(P<0.01),胫箕、近弓、胫弓明显低于对照组(P<0.01)。

表 9-7 手掌大、小鱼际区,脚掌小鱼际区纹型频率的比较 单位:%

手(脚)掌区	手掌大鱼际区	手掌小鱼际区	足掌小鱼际区
科 技 班	7.0	9.3	10.2
对 照 组	6.2	14.4	18.5
P值	>0.7	<0.01	<0.01

表 9-8 趾球部纹型频率的比较 单位:%

纹型	斗形纹	远箕	腓箕	胫箕	排弓	近弓	胫弓
科技班	27.5	21	2	52.8	36.2	0	0
对照组	1.8	0.19	4.6	9.2	0.35	2.1	2.9
P值	<0.01	<0.01	<0.01	>0.1	<0.01	<0.01	<0.01

④ ATD 角和(f)ATD 角测量:科技班 ATD 角平均为 39.7°,(f) ATD 角平均为 89.4°;对照组分别是 39.9°和 88.7°,两组比较没有明显差异 P>0.95。

通过上述两组皮纹特征的统计分析,科技班指纹有以下特征:

A. 指端斗形纹(52.7%)和趾球部远箕纹(52.8%)、斗形纹(27.5%)出现频率高,而指端弓形纹(1.8%)和趾球部弓形纹(0.7%)出现频率低。

B. 手掌和脚掌小鱼际区纹型出现频率低（9.3%、10.2%）。

C. 指间区 I1、I2、I4 区和趾间区 fI4 区纹型出现频率低。

D. TFRC 高，平均为 149.2 条。

罗桐秀等认为研究结果再次证明指纹与智商有相关性，提出可以把指纹特征作为选拔优秀人才的辅助依据之一。优秀人才指纹参考指标为：

A. 指端斗形纹多（5 个以上），无弓形纹，TFRC 138 条以上。

B. 趾球部为远箕或斗形纹，不是弓形纹。

C. 手掌大鱼际区、小鱼际区和脚掌小鱼际区最好没有纹型。

D. I1、I2 和 fI4 区最好没有纹型。

罗桐秀等还提出，鉴于两组比较 ATD 角和（f）ATD 角均无明显差异，说明在正常人群中，智商与 ATD 角和（f）ATD 角没有相关性，但不包括像先天愚型（ATD 角 > 60°）等遗传型智残者。①

（三）智力与指纹模型

智力模型最常用的是智商测试，安徽医科大学汤大钊老师试图以先天指纹建立的模型推算出生理智力度，从而测定其先天智力，为教育服务。

其认为，手是人类智力最集中的表现部位之一，德国著名哲学家康德指出"手是人类外在的头脑"。手上分布着大量末梢神经与纹嵴线，而动物爪皮光滑无纹嵴线，这象征着指纹与智力有关。因此每个人智力高低，都会在他（她）们的指纹上出现相应生理迹象。这些迹象包括三个方面：

（1）手指纹型的种类。如弓形纹、箕形纹、斗形纹、双箕斗形纹等。

（2）纹嵴线断离程度。在指纹嵴纹断离仅有 1～2 处，为+；多处断离为++；达 1/2 以上为+++；2/3 以上断离为++++；全部断离为+++++。

（3）指纹嵴线上的透明点状物质的多少（Tang 氏点）。指纹嵴线上出现的透明状物质串联溶汇成河湖状，为++++++；色泽鲜艳为+++++；距离变大为++++；细微为+++；看清嵴纹为++；灰暗无光泽为+。

RCD 与 Tang 氏点均以十指中最高级别的一指作为判定标准。

汤大钊老师选择的学生共 1095 名，依聚类分组定律法分为 5 组，进行了智力测定与指纹检测。

A 组：大学生（中国科学技术大学少年班学生，代表高智力）。

B 组：重点高中一年级学生。

C 组：普通初中三年级学生。

① 罗桐秀等：《科技班学生皮纹的调查研究》，载《解剖学杂志》2002 年第 1 期。

D组：一般小学一二年级学生（10岁以下的小学生经智商测试后取指纹者300人）。

E组：弱智者，福利院中无思维、无记忆力、无理解力的智力障碍者（因大脑不完全的或变态的发展所造成的智力极端落后，通常是先天的或产生于儿童早期疾病或损伤对发育造成的阻碍与影响）。

由于小学至大学升学方式是自然淘汰制，被调查的各校升学率分别为：小学升初中80%，初中升重点高中7.98%，高中升普通大学50%，升重点大学1.29%。依此类推，在人数比方面，小学考进初中1/1.25，考进重点高中1/15.6，考进大学1/30.06，考进国家重点大学1/1214.28。故认为他们的智力度应该是逐级上升。

在智力与指纹的关系、智力与RCD、Tang氏点的关系两篇论文的基础上，汤大钊老师建立并运用《智力与指纹检测模型》，对学生进行了测试。结果发现：智力与Tang氏点成正比，与RCD成反比。

Tang氏点在大学少年班均达++++以上，高中均达+++以上，初中均达++以上（见表9-9、表9-10）。

表9-9 Tang氏点出现率 单位：%

	+++++++	+++++	++++	+++	++	+
A	31.82	47.27	21			
B	2.59	18.53	43.1	35.78		
C	1.83	15.98	57.53	24.2	0.46	
D	0.87	11.35	34.0	37.99	15.72	
E	1.0	0	36.36	32.32	24.24	

表9-10 各组RCD等级频率 单位：%

	总人次	+++++	++++	+++	++	+
A	6.36				12.52	87.5
B	41.53		1.23	7.14	13.52	72.84
C	58.47		2.46	9.02	16.39	73.13
D	78.17	0.33	8.17	16.01	21.57	53.92
E	82.82	2.17	2.9	8.7	26.81	59.4

从表9-10中可见，A～E组的RCD出现率是逐级上升的，各组RCD出现率均以+为主。

从表9-11中可见A、B组的Tang氏点以++++以上为主。C～E组的Tang氏点以+++以下为主。

表9-11 Tang氏点++++以上和+++以下占各组RCD总百分比 单位:%

	> ++++	< +++
A	100.0	
B	60.0	40.0
C	17.81	82.19
D	6.55	93.45
E	6.1	93.9

1095人通过测试逐个验证,符合率达99.08%。从而明确,智商(IQ)与智力(IM)有非常密切的关系。大学与各组间智力差别为:大学少年班是高中生的2.04倍,是初中生的3.24倍,是小学生的4.72倍,是智力障碍者的7.24倍。

各组间智力相差比:大学生(少年班)是高中生的2.04倍、高中生是初中生的1.58倍、初中生是小学生的1.47倍、小学生是智力障碍者的1.53倍。在高智力度组中无低智力度出现,而低智力度组中发现一例高智力度者。这是否与后天环境因素有关,有待进一步研究。

汤大钊指出,指纹与智力的关系,相当于大脑与末梢神经的关系。经电子显微镜观察大脑神经细胞树突、突触发现,高智力者粗多,低智力者细小。当神经末梢长不到上皮层时,指纹花样不能发育或出现异常嵴纹,神经异常诱发嵴纹异常。正常新生儿表皮嵴与线褶襞相对,无脑儿则沟褶与皮嵴相对,腺襞与表皮沟相对。皮嵴上的RCD、Tang氏点与沟褶、线襞有关。从而得见:指纹发育与大脑发育有关。脑发育不良,外观大致正常的指纹,微观上也有不同程度异常。这符合"在大脑皮层优先正常发育下,各器官正常发育"理论,故观察指纹是皮纹能诊断生理智力高低的组成部分之一。

用本模型将手指纹的种类、RCD、Tang氏点三者联系起来,即可推算出某人生理智力度,即所谓天资。因此检测指纹是一种预测智力的简便方法。它可测及男、女、老、少,从"神童"至"智障"任何一个人或群体的智力度,不受限制。故对教育、遗传、法医、优生、优育、人才培养和提高人口素质、干部使用、子女的教育等均有特殊意义。Tang氏点是否与身体健康状况、食物营养成分有关,有待进一步观察。①

(四)先天愚型之皮纹

在积极探索婴幼儿正常、超常智力的同时,一些研究人员将关爱的目光投向了智力低下、智力失常的儿童,为正确认识和开展针对性治疗作理论与实践的努力。

智力低下是发生在发育时期内,一般智力功能明显低于同龄水平(智商在70以下),同

① 汤大钊:《智力与指纹检测模型》,载《中国学校卫生》1990年第4期;汤大钊:《生理智力与RCD、Tang氏点的关系》,载《安徽医学》1992年第13卷第4期。

时伴有适应性行为缺陷的一组疾病。

引起先天愚型的有下列五种原因：

(1)21三体综合征，第21号染色体比正常者多了一条，基因的平衡遭到了破坏。这种先天愚型约占全部先天愚型病例的90%。

(2)易位型先天愚型，核型为46，-D，+t(DqGq)，染色体总数为正常46条，但缺少一条D组染色体，多了一条易位染色体。这一条易位染色体，一般较常见的是D/G易位，也就是14/21易位。此类型约占全部先天愚型病例的5%。

(3)嵌合型先天愚型，患儿核型为46/47，+21。此类型占全部先天愚型病例的2%～3%。

(4)常染色体隐性遗传，近亲婚配发病率高。

(5)环境因素。母亲在妊娠早期(三个月之内)由于受到射线或化学物质(包括服用某些药物)的影响或受到病毒的感染，这些环境因素作用于胚胎发育时脑发育不全所致。

中国医科大学昝书亮较早报道了我国《107例先天愚型皮纹分析》，之后有一批医学工作者相继发表了相关论文。

昝书亮对107例先天愚型进行了皮纹分析。指出：指纹、指嵴纹总数、ATD角、小指一折纹、掌纹、掌长与腕长比、拇指球部胫侧弓等项指标对先天愚型诊断的临床意义较大。①

山西医学院生物学教研室宋玉兰等发现2例诊断为因常染色体隐性遗传引发的小头愚型。核型均为46，XX，正常女性核型，皮纹无特殊异常，与染色体变化相一致。但智力极度低下，大脑发育很差。赵大，头围37cm，赵二，头围35cm，相当于新生儿的头围。这两例为同胞姐妹。这种核型正常但智力极度低下的原因，虽可能是由于环境因素作用于早期胚胎脑发育阶段造成，但宋玉兰等认为造成这两姐妹同样的小头愚型的原因主要是常染色体隐性遗传的结果。在一个小家系中同时出现两个这样的小头愚型，而且赵二比赵大症状更重(不认识父母，不会大小便)，实属罕见。经过家系分析，两姐妹的父母系近亲婚配，患儿的母亲是她们父亲的姨奶奶之孙女，比其父大一辈。②

两患者的指纹为：赵大，女，7岁，十指均为斗形纹；赵二，女，5岁，左手五指分别为：反箕纹、斗形纹、正箕纹、反箕纹、斗形纹；右手五指为反箕纹、斗形纹、斗形纹、斗形纹、正箕纹。

由于皮肤纹理的形成与遗传有关，故在临床上一些遗传性综合征患者的皮纹常具特异的组合，因此在遗传病的诊断上就成为一种有效的辅助性诊断指标。

此病例研究者认为患者指纹无特殊异常的评价值得讨论。刘持平认为：赵大十指均为斗形纹，是否为异常，因缺少绝对纹线总数等详细数据难以评价。但赵二双手十指中有3个反箕纹，且分别出现在拇指位与环指位，十分罕见；双手同一指位纹型的对称率仅40%；同时

---

① 昝书亮：《107例先天愚型皮纹分析》，载《中国医科大学学报》1985年第2期。

② 宋玉兰等：《11例先天愚型综合征的临床检查，核型分析与皮纹观察》，载《山西医学院学报》1983年第1期。

ATD角也严重不对称：左掌51°，右掌39°。因此指纹异常是十分明显的，这与赵二比赵大病情症状更重的现象相符合。

武汉医学院第一附属医院儿科细胞遗传实验室龚维龙等在对69例先天性智能发育不全患者研究后认为：符合以下三项标准之一者，均可列为先天性智能发育不全的范围：

（1）单纯智能障碍：指仅有智能低下而不伴有先天畸形和（或）皮纹异常者，排除了因产伤、窒息、脑缺氧、核黄疸及其他中枢神经系统疾病所引起的后天性智能障碍。

（2）智能障碍合并有其他先天畸形，但皮纹检查正常。

（3）智能障碍合并先天畸形并有以下一项（或多项）皮纹异常者。

① 除第2指外出现桡箕纹，尤其是第4、5指为桡箕纹；

② 6个以上的手指为弓形纹；

③ 足拇趾球部呈胫侧弓或腓侧弓；

④ 高位三叉点；

⑤单或双侧猿线；

⑥小指单褶纹；

⑦第3指间区出现箕形纹。

以上①、②、③三项为绝对指纹异常，后四项为相对指纹异常。①

在被研究的69例先天性智能发育不全患者中，核型异常者31例，占44.9%（男21例，女10例。患儿出生时平均母龄为35.4岁，平均父龄为37.2岁）；先天愚型者29例，占42.0%（男20例，女9例，年龄为6个月至27岁）。

核型分析典型三体型27例，占39.1%；14/21罗伯逊易位型、嵌合型各1例；性常染色体畸变、常染色体畸变各1例，反映了先天性智能发育不全病因的多样性。

常染色体畸变男性患儿12岁，有智力低下伴多种畸形：双眼外侧下斜、眼距较宽、小颌，鼻梁低，高腭弓、耳郭畸形，手指细长，指关节可过度活动，轻度鸡胸，胸椎向右侧弯并有前突等。指纹检查：总指纹嵴数（TFRC）为166，a-b嵴纹数82，ATD角为46°。十指均为斗形纹，双侧手掌之三叉点偏向尺侧。

实验室检查证实，该患儿的核型为47，Xy+Psu dic（22）t（22;22）（22pter→cen→22q11:22q11→22pter），额外的染色体为一罕见的双随体假双着丝粒染色体，本例在国内系首例报告。

龚维龙的研究报告指出：在各种染色体异常的检出率中，以智能障碍、先天畸形合并皮纹异常"三联症"组染色体异常检出率最高（87.5%）。单纯智能障碍组无一例有染色体异常，智能障碍合并先天畸形组染色体异常检出率为12.5%。"三联症"组与后两者相比（P＜0.001）

① 龚维龙：《69例先天性智能发育不全患者的细胞遗传学研究》，载《武汉医学院学报》1984年第2期。

差异有极显著意义。

1959年法国Lejunue首次提出染色体畸变是智能障碍和先天性体格发育异常的主要原因之一,此后大量的病例统计证实智能障碍与染色体畸变之间有密切关系,十分之一左右智能障碍患者有染色体畸变,在伴有先天畸形的严重智能障碍患者中,染色体异常检出率达20%。

而Higurashi等则提出以智能障碍合并先天畸形及皮纹异常"三联症"作为筛选标准,其染色体异常检出率可达74%左右。龚维龙的研究报告中,以"三联症"为筛选标准检出率高达87.5%。

值得注意的是,在龚维龙的研究报告中,有4例智能低下合并皮纹异常患者无染色体畸变,但计有8项皮纹异常,其中1例仅有1项属指纹绝对异常;而31例有染色体畸变者,平均每例均有1~2项指纹绝对异常。由此可见指纹绝对异常与染色体畸变的关系似乎更密切。因此,临床上进行染色体检查时可以智能障碍合并先天畸形及皮纹异常"三联症"为筛选标准,但这样有时也会漏诊部分仅有智能障碍合并明显可见的先天畸形,或智能障碍合并绝对皮纹异常的患者,这就提示在检查时必须综合考虑。

在先天性智能发育不全患者的染色体异常中,常染色体畸变比例明显增高。Gripenberg报道1062例智能障碍的患者,常染色体畸变占30.3%,性染色体畸变仅占0.94%。本组资料中常染色体畸变占43.5%,性染色体畸变占1.45%,这说明常染色体畸变对智能的影响较大,而性染色体畸变对智能的影响较小。

目前已知性染色体畸变患者若能早期治疗可改变其临床表型,促进第二性征发育,但此类患儿主动因智能障碍就诊者极少,若患儿等到青春发育期才来就诊,往往延误治疗。因此,龚维龙建议,有条件的地方可考虑作新生儿口腔黏膜上皮细胞X小体或Y小体的普查工作,必要时作染色体检查,以期在新生儿期即能确诊。

武汉市第二医院遗传研究室郭少铃等也研究过68例先天愚型病例,其结论与龚维龙的研究报告大同小异。

被检的68例先天愚型病例中,男42例,女26例,男:女=1.6:1;年龄最小的胎龄5个月,最大的16岁,大部分病例出生于湖北省内。患者母亲妊娠年龄在35岁以上者15例,胎次全部为第一胎;35岁以下者53例,占77%,亦为第一胎次。

经检验:

(1)全部病例经染色体G显带处理分析,其结果为:

① 标准型47,XX(XY),+21核型59例,占87%;

② 嵌合型46,XX(XY),47,XX(XY),+21核型7例,占10%;

③ 易位型2例,占3%,核型为46,XY,-21,+t(21;21)(q11;q11),双亲核型正常。

(2)临床特征：患儿全部智力低下，均具有先天愚型特殊外貌，个个有高腭弓体征；伴有心脏病、眼球震颤、斜视、并指、多指、小阴茎小睾丸、隐睾、肛门闭锁等并发症。40%病例伴有一种畸形，22%伴有两种畸形，8%联合三种畸形。

其中标准型均具有典型先愚特殊外貌。嵌合型临床表现取决于异常细胞系是否占优势，7例嵌合型中，有6例占50%以上，故几乎都具有先愚特殊外貌；2例易位型亦具有典型先愚外貌。高腭弓不是先天愚型特有的体征，其他智力低下患者也有，但本组病例100%有高腭弓，可见高腭弓可作为诊断先天愚型的重要辅助诊断依据。

(3)指纹异常：手掌三叉点向掌心上移，ATD角64°左右，通贯掌44%，拇指球区胫侧弓形纹36%。

新生儿先天愚型的诊断，一般认为是比较困难的。郭少铃等人的观点是：本组有11例新生儿先天愚型，经仔细观察发现有先天愚型的特殊外貌，其中以眼距宽、眼裂小、外眼角上倾为主要特征，再加上有高腭弓体征及指纹异常，并发症等，可诊断为可疑先天愚型，再经外周血染色体检验确诊，这样诊断新生儿先天愚型并不困难。①

吉林医学院附属医院李长清亦对明显智能发育障碍儿童指纹进行了分析，其结果为：

(1)先天愚型患者尺箕纹(81.11%)，较其他病因致明显智能障碍者明显高，且弓形纹(10%)也增多；桡箕纹(1.11%)、斗形纹(7.78%)出现率减少，经u检验有显著性差异；

(2)掌褶纹中，通贯型6.84%，高于正常儿童；

(3)先天愚型(21三体)儿童ATD角均值为54.72°，+/−12.77。其中男性患者59.08°+/−14.86，女性患者为46°+/−5.98，性别之间差异显著。

先天因素致低智组ATD角均值为40.62°，后天因素致低智组ATD角为平均38.91°。经t检验，两组间及与正常儿童比较均无显著差异，先天愚型儿童ATD角值与其他3种情况比较经t检验差异显著。

据此李长清认为：指纹图形是由遗传因素决定的，胚胎早期的某些发育条件可以影响指纹，并且某些染色体病和某些先天性畸形可使指纹有所变化。明显智力障碍患者的病因复杂，大致分为先天性和后天性两大类。智能发育是受多基因控制的、属多基因遗传。原因不明确的智能发育障碍应归属多基因遗传，所以我们将原因不明的41例智力障碍者及受孕期因素影响的21例，均列为先天性智力障碍组；将受分娩因素影响及后天疾病后遗症致低智者归为后天因素致智力障碍。

该检验说明，先天愚型患者指尺箕纹及弓形纹增多，ATD角度大、通贯掌多、T距比大；而先天、后天因素致明显智力障碍者与正常人的指纹相比改变不明显。②

---

① 郭少铃等：《68例先天愚型的临床与核型》，载《优生与遗传》1991年第3卷第4期。

② 李长清等：《明显智能发育障碍儿童168例皮纹分析》，载《中国优生与遗传杂志》1992年第4期。

三、认知异常寻根源

在研究儿童智力方面，中南大学郭素芹博士独辟捷径，直接从神经系统入手，探寻儿童精神分裂症与神经发育异常的关系，很有收获。

其研究的步骤是：

第一步：儿童精神分裂症患者神经营养因子基因多态性研究。

脑源性神经营养基因（BDNF C270T）和神经营养素-3（NT-3）基因，是支持脑神经发育的营养基因。研究的目的首先是搞清楚它们的多态性与儿童精神分裂症及其临床特征的相关性。

1. 方法

采用病例对照研究，用聚合酶链反应—限制性片段长度多态性方法，分析218例儿童精神分裂症患者的BDNF基因C270T及NT-3基因Gly / Glu多态的分布频率，并用210名健康志愿者作对照；用Andreason阳性与阴性精神分裂症分型标准，将患者分为以阴性症状为主型（阴性组）和以阳性症状为主型（阳性组），并采用阳性与阴性症状（Positive And Negative Symptom Scale，PANSS）量表对患者进行精神病理学评定。比较儿童精神分裂症患者与对照组之间BDNF C270T基因型及NT-3Gly / Glu基因型和等位基因频率差异，比较不同基因型患者之间症状分型及PANSS量表评分差异。

2. 结果

（1）BDNF C270T基因多态性分析。

① 儿童精神分裂症患者BDNF C270T基因的三种基因多态性C / C型、C / T型和T / T型频率，分别为67.4%、29.8%和2.8%，而对照组为94.3%、5.7%和0，差异有显著性（X ~ 2=49.89，P<0.01）；将T / T型与其相近的C / T基因型患者合并后，优势比（OR）=7.97，95%Cl=4.17 ~ 15.23；病例组等位基因T频率（17.7%）显著高于对照组（2.9%）。

② 阴性组患者BDNF C270T基因的三种基因多态性C / C型、C / T型和T / T基因型频率，分别为49.2%、46.0%和4.8%，而阳性组为69.5%、28.6%和1.9%，差异有显著性（X ~ 2=7.124，P<0.05）；将T / T型与其相近的C / T基因型患者合并后，OR=2.355，95%Cl=1.235 ~ 4.490；阴性组患者等位基因T频率（27.8%）显著高于阳性组患者（16.2%）。

③ C / T和T / T基因型患者阴性症状分显著高于C / C型患者；T / T基因型患者PANSS总分显著高于C / T型患者。C / C、C / T和T / T基因型患者相互之间，阳性症状分和一般病理分比较差异均无显著性。将5例T / T型患者与基因型相近的C / T型患者合并后，阴性症状分显著高于C / C型患者组，两组患者之间阳性症状分、一般病理分和PANSS总分比较差异均无显著性。

（2）NT-3Gly / Glu基因多态性分析。

① 儿童精神分裂症患者NT-3基因三种多态性Gly/Gly型、Gly/Glu型和Glu/Glu型频率，分别为75.2%、22.0%和2.8%，而对照组为64.3%、33.3%和2.4%，差异具有显著性（X～2=6.858，P<0.05）；将Glu/Glu型与其相近的Gly/Glu基因型患者合并后，OR=1.687，95%Cl=1.11～2.56，等位基因Gly频率（86.2%）高于对照组（81.0%），差异具有显著性。

② 阴性组患者NT-3基因三种多态性Gly/Gly型、Gly/Glu型和Glu/Glu型频率分别为71.43%、25.40%和3.17%，阳性组患者为76.19%、20.95%和2.96%，两组患者各基因型构成比较差异均无统计学意义，将Glu/Glu型与基因型相近的Gly/Glu患者合并后，OR=0.781，95%Cl=0.385～1.585；阴性组患者Gly和Glu等位基因频率分别为84.13%和15.87%，阳性组患者为86.67%和13.33%，两组患者各等位基因频率构成比较差异均无统计学意义（X～2=0.477，P>0.05）。

③ 不同基因型患者之间PANSS量表各因子分和总分比较差异均无统计学意义。

3.结论

（1）儿童精神分裂症患者与正常对照组，在BDNF基因C270T位点、NT-3基因多态性方面，存在一定的遗传学上的差异性，这种差异性可能构成了儿童精神分裂症的病因；

（2）BDNF基因C270T位点，可能不仅涉及儿童精神分裂症的发病原因，而且可能与阴性症状有关。

第二步：探索神经营养因子基因多态性与儿童精神分裂症患者微小躯体异常之关系。

儿童精神分裂症患者普遍存在微小躯体异常（Minor Physical Anomalies，MPAs）现象。采用病例对照研究的方法，用Waldrop Scale（WS，躯体异常量表）对168名儿童精神分裂症患者进行MPAs评定，用170名健康儿童作对照；用阳性与阴性症状（PANSS）量表对患者进行精神病理学评定。比较儿童精神分裂症患者与对照组之间WS评分的差异，用Logistic回归模型对MPAs进行危险因素分析，计算OR和P值，并对BDNF基因C270T及NT-3基因Gly/Glu不同基因型患者之间WS评分进行比较，分析不同基因型患者之间MPAs的差异。

1.结果

（1）儿童精神分裂症患者MPAs结果分析 。

① 儿童精神分裂症患者头颅畸形、眉毛融合、眦距过宽、面部不对称、畸形耳、耳郭位置过低、腭弓高而窄、第五指弯曲、通贯掌均较对照组有显著高的发生率，OR=1.97～5.33；经多因素Logistic回归模型分析，均进入回归模型，提示上述9个微小躯体异常与儿童精神分裂症有关；

② 用logistic回归进行分类判别分析，对儿童精神分裂症的判别正确率为74.4%，对照组的判别正确率为77.6%，总的判别正确率为76.0%；

③ 儿童精神分裂症患者头、眼、耳、口、手、足WS评分及WS总分均显著高于对照组；

④ 阴性组患者头、口、手WS评分及WS总分均显著高于阳性组；

⑤ 阴性症状分与WS总分呈正相关。

(2)儿童精神分裂症患者MPAs与神经营养因子基因多态性的关系分析。

① MPAs与BDNF基因C270T多态性的关系：C／T基因型患者、C／T与T／T型合并后，患者手部WS评分及WS总分均显著高于C／C型患者；各基因型患者之间其他各组WS评分比较差异均无统计学意义。

② MPAs与NT-3基因Gly／Glu多态性的关系：Glu／Glu基因型患者头部WS评分显著高于Gly／gly和Gly／glu型患者；各基因型患者之间其他各组WS评分比较差异均无统计学意义。

2.结论

(1)儿童精神分裂症患者的MPAs有较高的检出率和较显著的严重程度，特别在头面部和手，提示MPAs可能是儿童精神分裂症的素质性标志。

(2)阴性组患者MPAs显著于阳性组患者，WS总分与阴性症状分呈正相关，提示阴性症状可能与神经发育异常关系更为密切。

(3)BDNF基因多态性与儿童精神分裂症患者MPAs及精神症状，特别是阴性症状均有明显的相关性，提示BDNF与儿童精神分裂症患者的神经发育异常有关，与阴性症状关系可能更为密切。

(4)NT-3基因Gly／Glu多态性与儿童精神分裂症患者MPAs有一定的关系，但需要增加样本进一步研究。

第三步：探索神经营养基因多态性与儿童精神分裂症患者脑室扩大及微小躯体异常关系。

脑室扩大是微小躯体异常现象之一。采用病例对照研究的方法，用计算机X线断层摄影(CT)装置对168名儿童精神分裂症患者的脑室进行测量和统计，用40名健康儿童作对照；脑室值用哈氏值、三脑室宽度、脑室指数、侧脑室体部指数、侧脑室宽度指数、前角指数表示；用阳性与阴性症状量表对患者进行精神病理学评定。经比较：

1.结果

(1)脑室扩大与儿童精神分裂症的关系。

① 研究组哈氏值和三脑室宽度均显著高于对照组，脑室指数和前角指数显著低于对照组；

② 阴性组患者哈氏值和三脑室宽度均显著高于阳性组患者，脑室指数和前角指数均显著低于阳性组患者；

③ 阴性症状分与哈氏值和三脑室宽度存在正相关，与脑室指数和前角指数存在负相关。

(2)儿童精神分裂症患者脑室扩大与MPAs的关系。

① MPAs明显组患者(WS总分≥14)哈氏值和三脑室宽度均显著高于MPAs不明显组(WS总分≤3),MPAs明显组患者前角指数显著低于MPAs不明显组;

② 儿童精神分裂症患者WS总分与哈氏值和三脑室宽度存在正相关,与前角指数存在负相关。

(3)儿童精神分裂症患者脑室扩大与神经营养因子基因多态性的关系

① 脑室扩大与BDNF基因多态性的关系:C/T基因型患者哈氏值显著高于C/C型患者,C/C、C/T和T/T三种基因型患者相互之间前角指数、三脑室宽度、脑室指数、侧脑室体指数、侧脑室宽指数之间比较差异均无统计学意义;

② 脑室扩大与NT-3基因多态性的关系:NT-3基因Gly/Glu各基因型患者之间各脑室值比较差异均无统计学意义。

2.结论

(1)儿童精神分裂症患者存在明显的脑室扩大,并且脑室扩大越明显,MPAs越显著,阴性症状程度越严重,脑室扩大和MPAs均是神经发育异常的表型特征。提示儿童精神分裂症与神经发育异常有关,且阴性症状与神经发育异常关系更为密切。

(2)BDNF基因C270T多态性与儿童精神分裂症患者的脑室扩大和精神症状,特别是阴性症状均有明显的相关性,提示BDNF对儿童精神分裂症患者的神经发育异常有一定程度的影响,且对阴性症状的产生具有更重要的作用。

(3)NT-3基因Gly/Glu多态性与儿童精神分裂症患者MPAs有一定的关系,但与脑室扩大及精神症状均无明显的关系,NT-3基因与儿童精神分裂症神经发育异常的关系需要增加样本进一步研究。

第四步:研究儿童精神分裂症患者认知功能及其与脑室扩大和微小躯体异常的关系。

采用中国修订的儿童韦氏智力量表(C-WISC)和修订记忆量表(WMS),评价76例首发儿童精神分裂症患者,在非典型抗精神病药物治疗8周后的认知功能。比较儿童精神分裂症患者与正常对照和常模之间C-WISC和WMS评分及异常发生率的差异。

1.结果

(1)儿童精神分裂症患者认知功能评定。

① 用韦氏智力量表(C-WISC)评估的结论为:

A. 研究组全量表智商(FIQ)、言语智商(VIQ)和作业智商(PIQ)小于≤79和≤89的患者,所占百分比均显著高于常模;FIQ、PIQ≤69的患者所占百分比均显著高于常模;

B. VIQ和PIQ两类智商的平衡性分析:有39例患者(51.32%)VIQ-PIQ≥14;有36例患者(47.34%)VIQ-PIQ≥18,无一例患者PIQ-VIQ≥14;VIQ与PIQ的差值范围从-11~58,平均

16.49。故从智力结构来看，儿童精神分裂症患者智商分离现象明显；

C. 阴性症状分与领悟、词汇、填图、排列和作业总分呈负相关，一般病理分及PANSS总分均与领悟呈负相关。

② 用修订记忆量表（WMS）进行评估的结论为：

A. 研究组100-1、记图、再认、再生、触摸、理解、背数和记忆智商均显著低于对照组，研究组与对照组经历和定向及累加比较无显著性差异；

B. 有41例（53.95%）的儿童精神分裂症患者记忆智商在85分以下，对照组为7例（11.67%），常模中有15.87%，与对照组和常模比较，患者组均有显著高的记忆智商异常发生率；

C. 患者组阴性症状与再认、触摸及全量表分呈负相关，PANSS量表总分与记图呈负相关。

（2）儿童精神分裂症患者认知功能与MPAs及脑室扩大关系的分析。

① C-WISC与MPAs及脑室扩大关系的分析：

A. MPAs明显组患者词汇、木块、作业总分及全量表分均显著低于MPAs不明显组患者；

B. WS总分与木块、作业总分及全量表分呈负相关；

C. 哈氏值与木块图呈负相关，侧脑室体部指数和侧脑室宽度指数与图形排列呈正相关。

② WMS评分与MPAs及脑室扩大的关系：

A. MPAs明显组患者累加、再生和记忆量表总分均显著低于MPAs不明显组患者；

B. 儿童精神分裂症患者WS总分与累加和记忆量表总分呈负相关；

C. 哈氏值与再认、再生和记忆量表总分呈负相关，前角指数与100-1呈正相关。

2.结论

（1）首发儿童精神分裂症患者存在明显的认知功能异常，这种认知功能异常是在非典型抗精神病药物治疗8周，精神症状基本缓解后进行评估所得，所以儿童精神分裂症的认知功能损害可能是原发性的。在C-WISC和WMS评估中，全量表分及有些因子分与阴性症状呈负相关关系，可能是由于这种认知功能异常，在某种程度上受阴性症状的影响，或/和与阴性症状具有共同的发病基础——神经发育异常有关。

（2）儿童精神分裂症的认知功能与WS评分及脑室值有明显的相关，且MPAs明显组认知功能损害较MPAs不明显组患者更为显著，表明患者的认知损害与神经发育异常有关，进一步提示儿童精神分裂症的认知损害为原发性的。[①]

郭素芹博士的此项研究成果，报道了“微小躯体异常”与神经发育异常的关系。微小躯体异常是发生在皮肤的微小形态学异常，主要表现为眼裂不对称、头颅畸形、双耳廓畸形或

① 郭素芹：《儿童精神分裂症与神经发育异常关系的研究》，载《中南大学》2007年。

不对称、双侧内眦过宽、腭弓过高、悬雍垂过短、通关掌、扁平足等。主要发生在妊娠的前三个月或/和前六个月。一旦形成，将持续到成年，并且通过简单的体检可观察到。精神分裂症患者较其同胞、较正常对照组有显著高的MPAs检出率，提示MPAs是精神分裂症神经发育研究过程中病理生理学研究有用的补充工具。

第三节 指纹智力测量法

德国著名哲学家康德认为："手是人类外在的头脑"。用指纹分析人的智力，在历史上是中国人梦寐以求的事。

用指纹分析人的智力，不需当事人回答任何问题，纯以先天形成的指纹为依据，意欲解读的纯粹是遗传信息，难度之大是可以想象的。破解的方法，在指纹基因还没有被发现、其遗传规律还没有被明确之前，只能依靠不同群体、不同个体之间的指纹数据进行比较研究。其参考价值、结论的正确性，取决于样本的统计量和所确定的指标的科学性。

一、指纹与脑叶对应

指纹对智力的判读，基于以下的认知：大脑分为左右半脑，与智力、行为直接相关的功能分布在5个皮质区，手（足）与之相对应，左右手5指分别直接对应、显示左右脑5大功能区发育状况。

脑内信息传送包括神经传导和突触传递两种形式：神经传导是神经兴奋在一个细胞范围内的扩散；突触传递是神经细胞相互间，以电活动方式进行的信息传递。突触传递是点对点的准确传递，即线路传递。手（足）指与大脑的信息传递主要为突触专线传递，因此心灵手巧很形象地描述了两者间的因果关系和信息传递关系。

大脑有两大功能，即调节性功能与认知功能：

（1）调节性功能是指对全身各种功能进行调节，也就是机体对内外环境的变化作出适应性反应，如低级到高级的反射活动，还有各种行为动作等。

（2）脑认知功能即主观察觉功能，是指通过大脑反映客观世界，如知觉、意识等。大脑具有对客观世界的认知和察觉功能是大脑神志活动的重要特征，它牵涉到主体的主观评价，从而形成个性。

大脑的结构原理是：大脑由巨量的神经细胞组成，神经细胞之间构成复杂的神经回路系统。神经回路既可以是局部的分布系统，也可以是跨脑区的分布系统。除最简单的反射活动外，大脑的两大功能都要通过脑的分布系统和局部系统共同活动来实现。因此单指与脑叶对应关系可理解为是局部系统，各指、各脑叶之间是分布系统，协同行动达到整体功能的实现。

单指与脑叶对应关系，具体为：

1.前额叶区——成人后智能的展现区

大脑额叶包括前区、中区和后区，前区就是脑前额叶。它与其他部位（如顶叶、枕叶、颜叶、丘脑、脑干等)有非常广泛的神经联系,接收和综合由脑的各部位传入的来自机体内外的各种信息,并能及时组织反馈,给各脑部结构以组织性、指导性和调节性的影响。并据此进行主动的、有指向性的、有目的性的、有逻辑性的和有创造性的复杂的智力活动,其结果就是形成了新的决策信息,由新信息再转化为具体活动,从而保证中枢神经系统整体的协同和达到整个高级心理过程的机能统一。

因此它是大脑中最重要的区域之一,也是灵长类生物进化中变化最大的部分。灵长类进化到人,大脑容量增加了一倍,增加的部分主要体现在前额叶变得越来越大,成为大脑发育中最高级的部分,成为人类智能最终的展现区。

已知的前额叶功能包括:指挥力、计划力、生命的活力、思考的运用、身体活动的控制力等。

(1)左前额叶——对应右拇指。掌管理性思考、判断、计划、主动沟通表达意愿等,为理性思考的总指挥的角色。

(2)右前额叶——对应左拇指 。掌管直觉力、情感释放、创造等思考能力,为感性思考的总指挥的角色。

2.顶叶——人类基本认知功能

大脑顶叶皮层在集中注意力过程中起重要作用。顶叶处于额叶、颞叶、枕叶之间,主要由感觉和监控身体各部分对外界刺激反应的皮质构成。因其所处的特定位置,顶叶的感觉联合区域可进行多种感觉信息与言语的整合,该部分受损会导致书写、阅读障碍。

(1)左顶叶——对应右食指。掌管概念理解、计算分析、分析统计等初阶概念能力。

(2)右顶叶——对应左食指。为感官接收器,主管对艺术(声音、图画、形状、色彩)的感知能力。

3.后额叶区——掌管运动觉与运作执行能力

(1)左后额叶——对应右中指。除掌管初级阶段说话表现外,也主管对事物的前后次序、逻辑。掌管逻辑思考、因果及运动技能及科学实践演说才能和推理能力。

(2)右后额叶——对应左中指。主管对艺术的理解、肢体的美感及自我鉴赏能力。

4.颞叶——听觉与记忆的联结

颞叶的上部及颞横回为听觉皮质区,颞上回的后部在优势半球为听觉言语中枢,称为Wernicke区。海马回沟为嗅觉、味觉中枢。颞叶的前部为精神皮质,人类的情绪和精神活动不但与眶额皮质有关,也与颞叶大有关系,海马回沟与记忆有关。

(1)左颞叶——对应右环指。主管永久记忆,对背诵及记忆性学习的能力。

(2)右颞叶——对应左环指。主管短期记忆,对声音的感受与储存、情绪的敏锐反应力等。

5. 枕叶——视觉功能区

枕叶负责语言、动作感觉、抽象概念及视觉。枕叶为视觉皮质中枢，枕叶病损时不仅发生视觉障碍，并且出现记忆缺陷和运动知觉障碍等症状，但以视觉症状为主。

（1）左枕叶——对应右小指。实物与空间存在的联结区。主管对实物的存在、距离、空间位置、速度、线条的辨识及初期的识字等。

（2）右枕叶——对应左小指。主管对回忆、拟想、憧憬、自省等连接的能力。

这里有两点需说明：一是各脑叶的功能不是均衡的，有主次之分。如前额叶因是大脑发育中最高级的部分，总领其他脑叶，因此其在分析中的权重处于君的地位。同理，大拇指也是为首者，其他4指在分析中处于臣的位置。

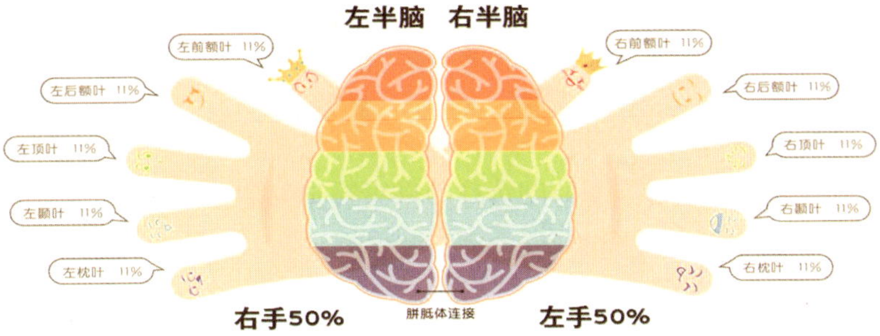

图9-1 心灵与手巧双表示法

在各脑叶与双手各指相对构成局部系统的基础上，大脑与双手更为重要的是系统性协调活动。即左右半脑、各脑叶之间，通过密如蛛网的神经分布系统，尤其是两半脑之间的胼胝体，进行高数据量的信息交流，相互影响、相互制约，功能互补，指挥双手5指灵活动作。

胼胝体是哺乳类真兽亚纲的特有结构，位于大脑半球纵裂的底部，连接左右两侧大脑半球的横行神经纤维束，是大脑半球中最大的连合纤维，进化愈高等则胼胝体愈发达。人类的胼胝体估计含有100万根纤维，负责两个半脑之间的信息交换。专家认为，若胼胝体高度发育，人的智力则显著升高，反应性、协调性亦好。

二、翟氏指纹智力测量法

将指纹与智力研究作为一种职业，在中国内地和台湾地区大有人在。

北京市东方科奥人类智力潜能研究所主任翟桂鋆所研发的《翟氏指纹智力测量法》是通过采集被测者的指纹中共24项被认为与智力直接相关的遗传密码参数，加以权重代入指纹智力参数公式，计算出该人的智力类型、智力高低、创造能力、学习风格以及艺术、体育天赋和人格性格特质等。对充分发挥每个人的智力优势和潜在天赋，正确地选择学业和职业，有着重要的参考意义。

翟氏认为，智力是衡量个体聪明程度和认识、适应、改造外部客观环境的潜能，即学习的潜能，可用ZL来表示（“智力”的汉语拼音首字母的缩写）。智商是衡量个体智力发展水平及潜能开发程度的一种指标。用IQ来表示。

翟氏将人的正常智力(思维)类型分为A、B、C 3种,通过学习成绩可表现出来:

A型:数学抽象思维型

数学成绩优异,适合于向理工科发展。根据其研究初步统计,此类型者大约占人群总数的四分之一,即25%左右。

B型:语言形象思维型

语文成绩优异,数学成绩一般,适合于向人文学科发展。根据其研究初步统计,此类型者大约占人群总数的二分之一,即50%左右。

C型:综合思维型

数学、语文成绩平衡发展,文理工皆可发展。此类型大约占人群总数的四分之一,即25%左右。

(一)测量与分析之内容

智力(思维)类型的指纹智力参数的选择与确定特别复杂,即选择哪些参数,这些参数又与智力哪些方面相关,具有很大的复杂性。其对智力(思维)类型的分析影响比较大,因此指纹智力参数的定位既是重点更是难点。

翟氏测量与分析的内容细分为智力潜能、艺术天赋、体育天赋、学习风格、能力特长、性格特质、保健体检7个方面。事实上人的智力与个性是十分丰富而又复杂的,有限的指纹参数能否相应准确地反映出一个人的方方面面,难度是极大的。

1.智力潜能

(1)智力高低;

(2)记忆力(长短期、语言或数字型);

(3)理解能力;

(4)创造能力;

(5)思维反应速度;

(6)专注力;

(7)分析归纳能力;

(8)思维类型:

A.数学抽象思维;

B.语言形象思维;

C.综合思维;

(9)初二后学习成绩:

A.数学好;

B.语文好；

C.平衡发展；

(10)选学攻读方向：

A.人文学科；

B.理工科；

C.文理皆可；

(11)应达到的学业等级；

(12)遗传参数值；

(13)智力遗传分析。

2.艺术天赋

(1)艺术潜能；

(2)音乐专业发展的潜能；

(3)适合学钢琴或提琴；

(4)适合学音乐或美术；

(5)声音、音质；

(6)身体柔韧性。

3.体育天赋

(1)体育潜能高低；

(2)能达到的选手级别：

A.世界冠军；

B.国家级选手；

C.省级选手；

D.地市、县级选手；

(3)适合反应快慢项目；

(4)适合耐力运动项目；

(5)适合爆发力运动项目；

(6)适合学围棋、象棋；

(7)适合复杂协调性项目；

(8)身体柔韧性。

4.学习风格

(1)最佳思维模式(聚向性、发散性、逆向性、正向性)；

(2)最佳学习路径(视觉型、听觉型、体觉型、动机型)；

(3)最佳学习模式(认知型、模仿型、开放型);

(4)最佳感知模式;

(5)最佳判断模式。

5.能力特长

适应能力、操作能力、支配能力、理财能力、雄辩能力;

竞争能力、创新能力、决策能力、研究能力、社交能力;

经营能力、计划能力、气质魄力、创作灵感、感召能力。

6.性格特质

胆量与魄力、懒惰与勤快、冒险精神、忍耐力、意志力;

对自由追求、组织条理性、敬业精神、自制力、竞争力;

感情与理智、谨慎与冲动、脾气好坏、内外向、自信心;

激进与保守、敏感与冷静、急躁沉稳、上进心、感召力;

民主与专制、心思与心计、独立性、责任心、方向感。

7.保健体检

共37项,准确率80%。

(二)指纹多元智力公式

其参数公式为:

ZL=(n0 - X)+(An + Bn + SBn + Qn + fm +⋯)+(HFn + Fn + F2n)+(Jn - 2)+(Wn - 2)+(-Mn)+ Zjn + Zjbn + Zjqn + Tzjbn +⋯

公式中ZL为智力指数,表示智力的高低。其具体组合参数为:

(1)(n0-X):n0为ATD角参数,表示思维反应的快慢。X:表示不足10岁者要减去相应的修正值;

(2)(An + Bn + SBn + Qn +fm+⋯):从指纹中提取智力类型的参数值;

(3)(HFn + Fn + F2n):从掌纹中提取的智力参数;

(4)(Jn - 2):记忆力等级参数;

(5)(Wn - 2):悟性及创造力参数;

(6)-Mn:指末节褶处智力参数;

(7)Zjn:指纹嵴数智力参数;

(8)Zjbn:指基部区纹智力参数;

(9)Zjqn:指间区纹智力参数;

(10)Tzjbn:3、4、7、8号指基部区纹智力参数。

(三)指纹多元智力评分标准

将智力参数量化以后得以判断，分为A、B、C 3个等级共7个级差：

A：优秀

141分以上：非常优秀（智力超常）；

137～140分：优秀上；

130～136分：优秀中；

120～130分：优秀下。

B：聪明

110～120分：中上（聪明）；

90～110分：中等（比较聪明）。

C：迟钝

90分以下。

（四）评定结果之分析

A：抽象思维值。若A值占主导作用，数学优秀，语文良好。

B：形象思维值。若B值占主导作用，语文优秀，数学中等或中等以下。

T：综合思维值。出现此值，数学、语文均处在相同水平，根据智力的不同而呈现不同的成绩。

F：抽象思维值，又叫数学值。F值占主导作用者，90%为第二等的抽象思维；8%为智力中等，数学、语文都一般；2%为智力低下，每门成绩都不会及格。但计算智力时，都以前种形式表示。

C：抽象思维值，又称为智力正值。出现C值，数学成绩要加分，且智力也要加若干个指数。

f：智力障碍值，又称为智力优秀值，也可称为抽象思维限定值。这是一个矛盾辩证统一的典型现象。不论其值大小，对智力的影响都非常严重，其具体表现为：

（1）抽象思维即数学成绩受到严重影响，数学成绩一般或很差，而语文成绩非常优秀。

（2）抽象思维和形象思维即数学、语文成绩皆受到严重影响，两门成绩都很一般，严重者则都会不及格。

（3）癫痫型。此型98%的人抽象思维即数学思维受到严重影响，数学成绩都在中等以下或很差，而语文成绩非常优秀。

（4）动作失协调型（包括面部）、神经质型。如男孩性格粗狂、豪放（女孩性格像男孩），易激动且好争斗，此型有95%以上的人抽象思维受到严重影响，数学成绩很一般或较差。而形象思维则得到充分发展，语文成绩优秀。但此型尚有5%的人数学、语文成绩都优秀。属于此型的人，一般可以考取大专或本科。95%的人可以考取文科，5%的人文、理科都可以考取，但学文科更易出成果。

(5) 若有f值的人,ATD角在35°以下(个别在40°左右)智力特高者,数学成绩往往不受影响[属以上第(4)项5%],即数学、语文成绩都为优秀,文、理科都可学,但学文科更易出成果。

(6) 特别安分、文静、温顺型。如果有f值的男孩性格像女孩、女孩不喜欢多说话,安分、文静、温顺,那么抽象思维和形象思维乃至整个智力都会受到严重影响。他们语文、数学成绩很一般或很差,个别语文比数学稍好一点,严重者各门成绩都将不及格。此型仅占有f值的2%。

(7) 易头晕或头痛。

(8) 大部分有f值的人,小学至初中一年级数学、语文成绩都很优秀。但初中二年级后,数学成绩将逐步受到影响,一般成绩在70±10分。有f值的人数学成绩受到影响的可能性在95%以上。小学阶段就受影响的约占10%,80%将在初中二年级后受到影响,还有5%在高中一年级、高中二年级时才受到影响。

(9) 有f值的人,智力(形象思维)一般为优秀。但如第(6)项所示,严重者则为智力低下,智力低下者约占f值的2%。

(10) 有f值的人,以上(1)项与(9)项情况有可能会全部或部分同时出现,至少也要出现其中一项情况。但最常见的是(1)项和(3)项,(1)项和(4)项,(2)项和(6)项、(7)项同时出现。

(11) 有f值的人,一般应学文科并从事相应的工作。

(12) f值的遗传力非常强,有90%的可能遗传给自己的子女。有3%是隔代遗传。

Z:f值的另一种类型。

Q:综合思维值。有Q值的人,智力一般为优秀,即数学、语文成绩一般都为优秀。Q值占主导作用的人,数学、语文成绩甚至非常优秀。但其后代易变异,往往呈Q'、fQ或f值,这就解答了为什么有的父母智力很高,子女智力却一般的问题。

f':f值的一种。其表现完全同f值,只是影响程度稍微轻一点。

G:综合思维值。出现此值者,数学、语文成绩一般都为优秀,属于智力优秀者。学文科更易成功。

SB:f值的一种。表现同f值,但一般无癫痫症状。

Q':f值的一种。

Q①:次等Q值。此值占主导作用者,数学、语文成绩一般为优秀与良好,但数学比语文好。

λ(q):智力障碍值,f值的一种。

A':第二个等级的抽象思维值。

A″:第三个等级的抽象思维值。

α:f值的一种,但不表现抽风(癫痫)症状。数学成绩一般,语文优良。

fm:f值的一种。一般在初中三年级后甚至高中一、二年级时数学才受到影响。因fm值影响数学较晚,故易造成部分fm值人的错觉,误认为自己数学好,往往选择理工科而影响学业。即本应考取文科本科或重点大学,但因选择理工科的失误,往往只能考取中专、大专或三、四流大学,有的则导致高考失败。fm值的遗传原因是其父母双方有一方是A值占主导为抽象思维,即数学成绩特别好。而另一方则是f值或B值占主导为形象思维,即语文成绩优秀,也有隔代遗传的可能。

fQ:f值的一种。有此值的人,大部分表现为f值说明第(4)项。此值大部分是由有Q值者的父母所遗传变异而来,少部分是由f、Q ' Q①变异而来。

HF:智力优秀值,又称为智力严重障碍值。HF值是一个矛盾的辩证统一的现象。有此值的人往往向两个极端发展。出现HF值的人,70%为智力优秀,数学、语文成绩一般为优秀,但数学更好一点。20%为智力中等;10%的人智力受到严重影响,语文、数学成绩都会受到不同程度的影响。

ATD角在60°以上,出现HF值的人,往往为先天愚型。但也常有ATD角在正常值,HF值出现而呈智力低下者,此种情况大约在2%,目前尚不能精确定位这2%。

fJ:智力严重障碍值。记忆力和思维能力受到较严重影响,中学时各门功课一般都在及格与不及格之间,数学、语文成绩一般在60 ± 10分或60–20分。

W:悟性与创造力值。

F2:智力增益值。

m:智力的负值。

U0:f值的一种。

m ' 第二等的智力的负值。

DSn:掌三叉点缺失智力参数。

m1:智力的负值。

m2: 智力的负值。

Dw: 智力正值。

Dy: 智力负值。

Xw: 智力正值。

Xy: 智力负值。

J:记忆力参数值。

Zjqn:指间区纹智力参数。

需注意:

① 若有数种附加值出现,就要进行综合分析才能计算出一个人的智力高低和思维类

型。尤其是两种矛盾的参数值同时出现在一个被测试者身上时，智力高低和思维类型的计算就易误判。

② 各智力参数值，可以视之为智力的遗传密码或基因的表现形式。智力是多基因遗传，在多基因之中，有一主导基因在起决定作用。因此在数种附加值同时出现时，须通盘分析计算，找到主导基因值，才能准确计算智力及其类型。

③ 目前，前二十四个智力参数值已经能够比较准确地定位，后面尚有十几个智力参数值仍需继续研究精确定位。随着研究的深入，将会有新的参数值被发现。

(五)智力参数的遗传变异规律初步分析

A：A、A'、A"、AQ。

B：B、Q、Q'、f"。

Q：Q、Q'、fQ、AQ。

f：f、f'、f"、fm、fm'、fm"、SB、fQ、Q、Q'、Z、α、λ。

fm：fm、fm'、fm"、f、f'、f"、SB、fQ、Z、α。

F：F、F'、F"、HF、HF'、HF"。

HF：HF、HF'、HF"、F、F'、F"。

G：G、Q、Q、Q'、B、f"、fQ。

Q：Q、Q'、fQ、AQ、B。

Q'：Q'、Q、fQ、f、f'、f"。

SB：SB、f、f'、f"、fm、fm'、fm"、Z、α、λ、fQ、Q、Q"。

Z：Z、SB、f、f'、f"、fm、fm'、fm"、α、λ、fQ、Q、Q'。

α：α、Z、SB、f、f'、f"、fm、fm'、fm"、α、λ、fQ、Q、Q'。

据翟氏介绍，此智力(思维)类型遗传规律分析，适用于所有的参数值，其分析报告既有现实性也有可溯性。

现实性：能够较准确地预测出被测试学生在初、高中生时应达到的成绩；帮助学生选择，以便更好地扬长避短，发挥自己的天然优势。

可溯性：测出子女智力即可大致计算分析出其父母智力；测出父母智力亦可大致计算出其子女智力。双亲与子女一起测，分析遗传的准确率就会提高。两代双亲(祖父母及外祖父母与父母和孙子辈)一起测量分析遗传，准确率可达95%，因此可以帮助每个做父母的认识了解自己的孩子，指导孩子的人生规划，使因材施教得以真正实现。

据称，这是翟氏生理多元智力测量的独特性和可行性所在。

三、赖氏智力测量法

在中国大陆对指纹与智力的关系开展探索的同时，台湾地区也有一批学者在进行着同类课题的研究，赖翠莞老师是其中一位孜孜不倦的肤纹学研究者。

自1985年起，通过采集师生指纹样本、教室观察学生、老师与家长访谈，做观察记录与访谈记录，全面调查指纹与行为之间的关系，分析出脑与性别、脑与情感、脑与学习方法、脑与优势互补策略、脑与多元智能的关系等。在此基础上初步厘清了指纹与脑认知的关系。经过20年的研究实践，先后采集、分析了15万余份个人样本，并将详细的访谈记录与指纹检验有机结合，其中赖老师亲自访谈9万多人次，积累了相当扎实的专业调查资料。其成果凝聚为《MME先天潜能检测方案》。

该方案构建了指纹与先天潜能之间的五大基本关系。

1.知与学的关系

《MME先天潜能检测方案》的形成，目的是了解学生和有的放矢、因势利导地进行教育。对学生而言，可以充分利用优势脑学习，加以开发、巩固；对劣势脑，可以设法补救，以缩小差别。使得学生学习有快乐感，不致厌学。

2.知与教的关系

教的过程相当于学生的被动学习，老师处于指导、主动的地位，知人而教是量身教育追求的目标。当老师了解了学生多元智力的强弱分布，性别与行为的优缺点，合适的引导、画龙点睛的点拨成为可能，将起到事半功倍的效果。

3.知与疗的关系

儿童中会有个别的行为异常者需要纠正，特教学生中自闭症、多动症，中重度智障的病情等都需要长期治疗与心理辅导。但每一个儿童病因不同、症状有别，病期有短长、配合有愿否。因此正确地认知每一个需进行特教帮助者的情况，是进行正确指导的前提。

现实的情况是，由于我国人口基数大，家长对子女特别宝贝，望子成龙，家庭未来的希望全寄托其一身。因此，家长对孩子的早期教育非常倾心，孩子除正常学习外，还要上各种名目的培训班，超负荷地学习。应该说家长的用心无疑是好的，但不排除其中有很多的盲目性，不是根据孩子多元智力的强弱进行的适当安排，常常有违儿童之兴趣，结果往往适得其反。

有的儿童天性活泼好动，兴趣广泛、精力旺盛，难免注意力分散；有的孩子天生内向，安静少言，喜专注于一件事物；也有的因父母不懂婴儿期教育特点，与孩子交流过少，相对错过了孩子语言的最佳开发期，而致孩童一时与人交流困难，拒与生人接触等。对此种种现象，一些着急的父母反应过度，误认为有了心理性疾病遂就医。因此一些孩子就这样被贴上了自闭症、多动症，甚至智力有障碍的标签而接受有关的治疗。然而，实际上仅是有一些过度的兴趣习惯需要纠正而已。

《MME先天潜能检测方案》已教育纠正了几十起被判定为严重自闭症、多动症的所谓患儿，使他们阳光般地快乐成长。对此，赖老师说，利用《MME先天潜能检测方案》工具，能抢救一个是一个！

案例一

基本情况：

李××，男，2008年9月14日出生。

诊断情况：

某公立医院诊断为“高功能亚斯伯格症”。

当时的行为表现描述：

第一次咨询在2013年2月，其酷爱3C产品，不与人交流，家长引导问好无对视，继续玩耍。把手中的iPad拿走时，一直哭闹，只会硬拽妈妈的手执意要回，无进一步动作。多次引导用语言表达要回无果。哭闹持续2小时多，引起多位酒店客人的投诉(当时咨询地点在思明南路如家酒店某客房)。

指纹检验后判断：

(1)感统失调：听觉失调、视觉辨识失误、空间转换失调、身体感觉失去平衡；

(2)语言的功能困难度：早期语言的功能运作较慢、发音结构或辨音困难、语言概念思维转换较慢、沟通的意愿低；

(3)基础学习干扰度：对图、形状、颜色、声音辨识弱；逻辑思维的连接慢；数字、文字记忆力不佳；

(4)敏感度：对新的人、事物接受度强，易产生心理焦虑；有先天敏感的行为气质；心肺功能失调或支气管敏感；情绪反应强烈；

(5)活动量：脊柱不正、注意力分散。

实施的教育策略：

联想法、数学学习法、情景教学法、有节奏的教学法、感动教学法。丢掉3C产品；多走平衡木、走楼梯；爬高爬低；唇舌训练；情绪管理(情意坚持)；玩积木；佩戴磁芯片，多带孩子串门。

康复情况：

目前在集美杏林某公办小学就读一年级，即将升二年级。每次考试几乎满分。完美主义者。与老师同学沟通无大碍。喜欢出题考同学。

案例二

基本情况：

陈××，男，2008年11月16日出生。

诊断情况：

2013年5月7日，被某公立医院诊断为“孤独症谱系障碍”。医院“病例记录”：神清，精神感唤不理，问“你几岁了？”答“4岁”，无目光对视，语言音调机械，互动不良，独自游戏，自言自语。

当时的行为表现描述：

第一次见面是2013年3月，好动，坐不住，到新环境到处乱转，随意拿他人物品，特别是吃的。看到陌生人过来，就跑开。左右旁顾，与人不对视。言语能力只能达到两个字。幼儿园老师反映其坐不住，到处乱跑不听从指令。

指纹检测后判断：

(1)感统失调：听觉失调、视觉辨识失误、空间转换失调；

(2)语言功能困难度：发音结构或辨音困难、语言概念思维转换较慢；

(3)基础学习干扰度：数学基础计算的概念困难；数字、文字记忆力不佳；

(4)敏感度：对新的人、事物接受度强，易产生心理焦虑；有先天敏感的行为气质；情绪反应强烈；

(5)活动量：脊柱不正、注意力分散。

实施的教育策略：

联想法、五感学习法、情景教学法、语言理解记忆法、感动教学法。听儿歌；讲故事；多运动；情绪管理(情意坚持)；规则建立；佩戴磁芯片。帮助妈妈和家庭改变家庭教养方式。

康复情况：

目前在海沧新埯某公办小学就读一年级，即将升二年级。考试成绩均在80分以上，课堂正常，与常人交往无太大异样。

案例三

基本情况：

林××，男，2008年6月1日出生。

诊断情况：

2010年被诊断为“疑似自闭症”，当时的行为表现描述：

只会说简单的词，不会说句子，眼神有互动，注意力容易分散。主要教养者：父母和外公外婆。

皮纹检测后判断：

(1)沟通意愿弱；

(2)词的形成慢；

(3)情绪反应强，情意坚持高；

(4)视觉和听觉失调:建议检测听力和视力。

实施的教育策略:

(1)检查听力和视力:排除生理因素;

(2)心理疏导:家人得知医院检查结果是自闭症时,全家很焦虑和担心,特别是妈妈和爸爸。因此,为妈妈做心理咨询,以及夫妻如何沟通的咨询,让妈妈和爸爸的沟通变顺畅,家庭氛围由焦虑变放松;

(3)氛围营造:家人之间互相聊天,为孩子营造语言沟通的氛围;

(4)构音训练;

(5)词的训练:填词、儿歌、故事等。

康复情况:

3个月后会说简单的句子,半年后表达清晰,现已上正常小学。

4.知与防的关系

少儿时期的一些出格行为、不良行为,可能存在先天因素。如李崇高教授当年调查时,发现一小学男生常拿铅球去捅同学的眼球,屡纠屡犯,经检测该学生指纹高度异常,说明其危险行为与脑功能有内在联系。对此类现象及早认识,及早纠正,大有裨益。若熟视无睹,发展下去,后果难料。因此从预防违法犯罪的角度,对少儿期行为的正确认识也是大有必要的。

5.知与建的关系

《MME先天潜能检测方案》不仅服务于儿童、学生,对成人的个性分析同样起作用,因为个性是先天遗传与后天教育学习共生的产物,而先天因素占有很大的比重。一些企业的团队建设,试着采用该检测方案,进行人员能位选择、团队优势搭配,优化人际关系,收到了意想不到的效果。

如某家美商公司对员工进行了《MME先天潜能检测方案》检测分析后,将某些内、外勤的工作者按照个性能位原则作了适当的调度,从而使业绩获得高速增长。内地一些企业负责人与员工做了检测后,公司负责人获得了如何召开生产会议的方式,使得公司意见易于被员工所接受,之后展现了默契与好业绩。赖老师说,许多企业老板在检测过程中,时常咨询有关员工的忠诚度问题。她总是回应:员工该怎么用,是老板的责任。要思考的是,如果将员工用错了位置,用非所长,其在劣势脑与压力下挫败并常被指责,自然没有了忠诚度啊! 所谓“千金易得,一将难求!”有了好的人才识别工具,要找到适合的将才就容易多了!

《MME先天潜能检测方案》通过指纹对智力的判读,主要以手(足)掌上各部位出现的纹型、单个指纹的线数,三叉点的位置与数量,以及单个指纹的线数在十指纹线总数中的比重等几十项参数作多元分析,以清晰地反映出样本个体的特定性,具有很大的直观性。

在访谈和采集样本后，经仔细分析，《MME先天潜能检测方案》会给出一份包括2张样表在内的十数页的分析报告。此报告即为该人量身教育的教案，内容涉及个体的个别化分析与量身性的教育计划、解决重点问题的方案等。分为大脑的功能与纹型、左右脑图、倾听大脑的声音、脑与性别分析、脑与人际情感、脑与心智发展状况、大脑的先天学习风格、脑的单项优势评估、脑的优弱势互补策略、多元智能简介、先天优势及未来成就发展之倾向、研发者的祝福12个方面。

赖老师认为，自己是教育出身，在没有指纹学分析方法之前，已经是解决儿童教育问题的专业指导员，高级教育专员，所以教育策略原本是其强项。有了《MME先天潜能检测方案》这一指纹分析工具，就使自己的教育指导策略更加有效、到位。

对智障儿童的特殊教育一直是赖老师关心的事业，也是她的研究强项之一。2008年其受聘于厦门市思明、同安、集美等特教学校，做公益辅导。

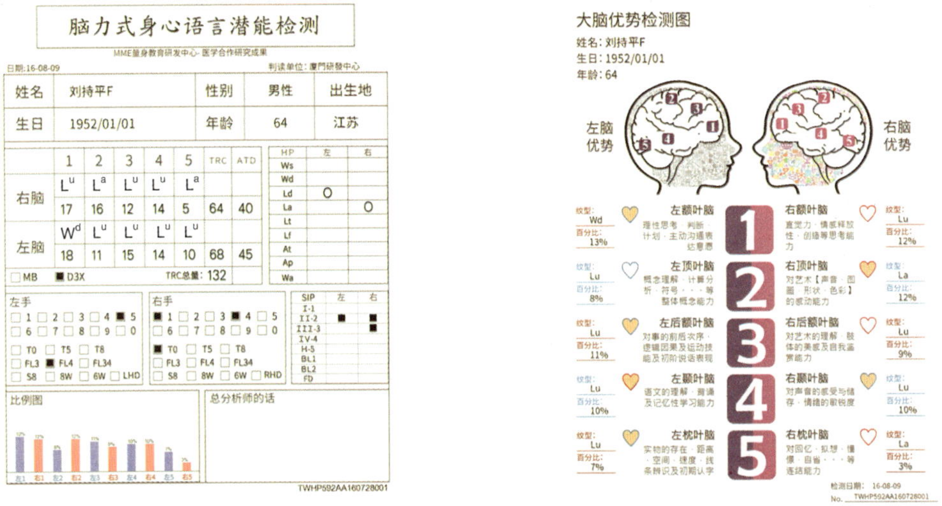

图9-2 大脑优势检测报告(赖翠莞提供)

2010年，在厦门市教育局的关心下，他们与厦门市特教学校——思明特教学校合作，联合开展“智障儿童认知能力与教学策略研究”，该课题被列入厦门市教育科研“十一五”规划立项课题，由赖老师担任课题组顾问，2013年6月结题。

五年中共有130名学生参与了实验，其中智障73人、自闭症33人、21三体综合征24人。

经过三年的努力，该课题组取得了突破性的研究成果，达到了课题研究预定的目的。

(1)通过指纹检测，完成全校学生先天脑认知智慧采样及判读分析，建立学生脑认知检测报告资源库，供教师检索，也提供指导家长科学训练的方法。

(2)建立电子版的网络资源库，研发了有效教育策略60法，大大提高了学生主动参与学习的意识和行为，课堂教学有效性明显提高。尤其是运用叫名反应法、奖励法、实物教学法、音乐激趣法、多媒体教学法、以动制动法、运动训练法、操作学习法、视听合一法、儿歌辅助学习法等教育策略,更能吸引学生学习的注意力,促进他们参与学习、快乐学习,课程学习参加度高达90%以上,适合指导全市智障儿童的教育教学。

(3)建立适合智障儿童乐于学习的集体课堂教学模式和个别化辅导策略,教师撰写心智绘图教案,整理自己在教学实践中的案例、教学设计及教学反思,把教育中的实践经验及时上升到理论高度,内化为一种创新教育教学能力。提高了教师运用脑科学转化为教学实践的能力,提高了教师课堂教学的能力,在发展学生的同时也提升了教师自我的专业水准。

(4)通过有针对性地因材施教,增强补弱,充分挖掘智障儿童的潜能。3年间,从学生中挑选出运动员25人,参加全国第五届特奥会,获金牌18枚、银牌6枚、铜牌3枚,成为学校的品牌。选拔出艺术表演、乐器演奏者共29人,先后在省、市、区电视台及两岸特殊儿童文艺交流等不同场合演出,获省残疾人舞蹈比赛二等奖。每年约有70%的学生参加市特殊学生劳动技能展示并获奖,实现了智障儿童的最优发展,形成了学校的特点和闪光点,提升了学校的办学水准,获得了社会各界、各级领导、同行、家长的一致好评。

课题报告最后认为:我们对智障儿童大脑学习机制了解得越多,就越被期望提供最有效率大脑学习教育策略,成为真正意义上的特殊教育教学实践的研究者,智障儿童学习的组织者、辅导者,生活的帮助者、引导者。①

四、学术评价与争议

翟氏指纹智力测量法于1992年10月通过省级科技成果鉴定(豫科院成字9212号),2006年4月通过由中国遗传学会、中国心理学会心理学普及工作委员会和中国医促会妇儿医疗保健委员会共同主持的国家级论证,进入了商用化的阶段,并获得2017年(第二届)中国教育创新大会“教育创新杰出贡献奖”。

翟氏对指纹生物识别多元智力测量自我的评价是:使人类智力的生理和物理性测量成为可能,是在基因分子级层面精确测定人的智力之前的一种较为简便、准确的智力测量方法,很有可能成为继“量表编制法”测试智力之后的新一代智力测量新方法。

翟先生认为,他们的研究验证了智力的本质是生理学意义上的客观存在,是由遗传基因决定的。智力是个体的聪明程度,是学习的潜在能力,是人们认识、适应、改造外部客观环境的潜在能力,是由思维力、记忆力、反应力、悟性创造力等智力诸因素组成的。先天遗传是智力的内因,是决定的因素;后天环境是外因,是开发智力潜能的重要条件。二者交互作用,缺一不可,但先天遗传是基础是前提,是先决条件。

因此:

---

① “智障儿童认知能力与教学策略研究”课题研究报告。

智力 + 知识 = 智慧

智慧 + 努力 + 机遇 = 成功

赖氏指纹智力测量法则风行于台湾地区与广东沿海地区，赖老师由衷地感叹道："这门学问一路走来辛苦，但MME研究的初衷是以助人为出发点，做的是抛砖引玉的工作。MME检测是将指纹学应用在教育、心理、医学的整合研究上，做了大胆的假设，再做小心地求证。在我有生之年，努力将我所研究累积的(包括研究员手上的)案例分类整理写入程序软件，让数据去说话，若尚有不足的地方，就留给后世人去评价吧！"

除翟氏、赖氏指纹智力分析法外，社会上还有一些企业、个人在进行着相类似的智力测试活动，水平参差不齐，可谓鱼龙混杂，有的甚至还有大量的迷信算命的内容。

对于指纹预测智力，可谓仁者见仁，智者见智，也不乏针尖对麦芒的争论。

从来一种新观点、新方法自它诞生之日起，总是处在激烈的争议之中的，更不用说研究的对象是神秘的智力。因此指纹分析智力的方法和阶段性成果，一经公布，在令人惊奇的同时也引来许多质疑。应该说在科学面前，质疑和被质疑都体现了一种科学精神。

马慰国先生在论述指纹的遗传预测价值时论述道："指纹遗传预测方法分为两类：一类是前瞻性预测，又称正向预测；另一类是回顾性预测，又称逆向预测。指纹特征的遗传预测价值，在回顾性预测方面可能反映基因决定指纹性状过程中的情况；在前瞻性预测方面可能提前揭示指纹特征与某些疾病的关系，预见智能潜力、体育选材的方向等。当然，既不能简单化地推断，也不能以未充分证实为由而阻碍深入研究和探索。可喜的是，国内外不少学者已经或正在从不同层次、不同角度，采用不同的方法包括电子计算机技术，对指纹蕴藏的丰富的遗传信息和大脑容量与结构的关系进行研究，力求揭示其奥秘。一旦取得突破性进展，指纹必将成为新的测试手段，造福于人类。"①

《中国刑事科学技术大全·指纹技术》评论道："现代指纹学的发展史上，经历了三个发展阶段：第一阶段主要是观察和描述指纹的形态结构，创造了分类分析的一般方法，并将其初步应用于办案实践。第二阶段是发现和初步证明指纹与遗传相关，指纹性状特征受控于染色体和基因。虽然指纹与染色体、基因之间的内在关系还有待于进一步证明，但并不影响指纹学与人类学、医学和运动科学的结合和应用。目前我们正处在这一发展阶段的上升期。第三阶段是随着人类基因组计划的开展，成果的实现，有望从分子水平上探明指纹发生、发展的遗传原理，彻底揭开指纹的遗传规律，为人类的优生优育、健康长寿、疾病治疗、遗传素质的提高及指纹学在其他领域的应用开拓出新的科学手段和更为广阔的前景。可以这样说，人们对指纹认识的每一个方面的深入，都是人类认识自我、利用自我、改造自我的一种进步，都是人类从必然王国向自由王国迈进的重要一步。"

① 马慰国等：《实用医学皮纹学》，社会科学文献出版社2008年版。

也有学者认为:“指纹预测智力是指纹学中最难也是最吸引人的研究之一。指纹预测智力成功的可能性,理论上只有很小的概率,基本上无任何实用价值,以手纹预测成绩和考大学、考高中的成功与否为时过早或不可能。手纹预测智力具有很大的盲目性,再往前走一小步,可能跌入手相算命的泥潭。在目前没有充分的证据证明指纹可以预测智力时就开展这项活动,被别人当作算命看手相就怨不得人了。”

还有一些批评者面对手相算命借着指纹科学研究的口号而死灰复燃的现象,简单地直接将婴儿与洗澡水一起倒掉,认为利用指纹进行智力分析是伪科学,予以全盘否定。

在指纹文化领域内,科研探索与迷信活动交织在一起,如同一块土地上盛开着鲜花与杂草,这种客观存在的现象需要认真加以区分。至少科研的出发点与算命的出发点是截然不同的两回事,理论与方法的不成熟与故意造假也是两回事。

对此李崇高教授指出:为了科学地研究医学皮纹学,从一开始,我们就与看手相进行的迷信活动划清了界限,那些打着看手相算命运,并声言什么生命线、爱情线,能看出命运等都是不科学的,我们的专业没有进行过类似的活动。但是我们却与公安系统进行科学交流,并向他们学习,因为公安系统把指纹作为刑侦的重要手段之一,他们研究得非常深入,甚至发展应用到个体识别系统。

国内外大多数学者都认为指纹的遗传方式是最大的研究难点,在指纹遗传方式研究没有获得重大突破之前,进入商业化应用风险很大,不仅需要勇气,更需要理论成果的支撑。中间会因很多不确定因素、不明原因的因素而使分析结论有或然性,容易授人以柄。而当事人、社会舆论往往要求的是指纹分析要绝对正确,这无疑是不符合客观实际的。

现在利用指纹进行智力分析的研究状态,与17世纪输血疗法的探索应用情况大致相同,正跋涉在从蒙昧到开明、从粗陋到精确的发展历程中。当年人们仅仅凭着直觉,感到用动物的血或人血输入失血的患者体内,能起到救治的作用。1667年,法国著名御医简—巴普提斯特·丹尼斯首次成功地将动物血输给人类,他将羊血输给一位长期发烧的男孩,奇迹般地治愈了他之前嗜睡和精神错乱的症状。随后他又将小牛的血液输入到了他的“狂暴症”病人安东尼·莫里体内,剧烈的免疫反应使莫里濒临死亡,幸运的是他挺过了那些高烧、休克,而且在数月内暂时恢复了平静,不再疯狂。

丹尼斯这两次奇迹般的治疗,在欧洲引起了极大震动,输血疗法一时成为热门。由于当时人们对血型原理还一无所知,与个别成功案例形成鲜明对比的是,许多病人在再次接受牛血后出现了发热、脉搏加快、肾部疼痛、黑色尿等典型输血反应症状并最终死亡。许多著名医生指责输血疗法是哗众取宠,死者家属状告丹尼斯犯有杀人罪。1668年经法庭判决,今后未经巴黎医学部批准,不得进行输血。后来法国和英国都颁布法律禁止给病人输血。

在禁令之后又经过长达200多年的研究与实践，直到1901年，维也纳青年病理学家兰特斯坦纳（Karl Landsteiner）发现了人类的A、B、O血型后，科学输血疗法才真正诞生，造福了全人类。1930年，兰特斯坦纳因此获得诺贝尔生理学、医学奖。

当年我们也曾狠批“滴血验亲”是封建迷信活动，何曾知道，在一个血红细胞中竟先天隐藏着个体及全人类的遗传密码！

科学总是需要有人去披荆斩棘，也总有人愿意为之赴汤蹈火，路是失败者的身躯铺出来的。

需要指出的是：指纹并不直接反映智力，而仅仅反映了大脑先天的发育状况，两者存在着一荣俱荣、一损俱损的密切关系。利用指纹推断智力，是依据脑科学、认知学、教育学、医学、行为学等学科原理，在大量调查分析人类智力状态规律特点的基础上，建立起来的一种变量相关分析模型。无疑遗传变量和出生后的各种环境变量都共同对人才的成长发生着影响，因此人才的成长必然是动态的，而非一定终身。因此研究活动要提倡辩证思维，重视指纹数据而不囿于其中。扎实工作，于大数据中找规律，只有积累了大量原始数据，方能从中发现点滴线索。不求快但求实，不求全但求深，相信总会有所发现，有所收获。

第十章 指纹与疾病认知

第一节 望手诊病始中医

一、食指三关诊疗法

医学指纹（皮纹）学是医学与指纹学相结合的一门新兴的独立学科，其主要通过研究人类（包括个体与群体）的指纹解剖学结构和变化规律及与人体疾病之间的关系，为疾病的预测、诊断、治疗和预防提供科学依据，为提高人类的健康素质作出贡献。当前，医学指纹学研究工作稳定而小步发展，处于大突破的前夜，有待于大数据技术的支撑。

中国是世界上最早应用指纹研究病理的国家，早在两千多年前的战国时期，中国先民已懂得内外辨证识病之理，《黄帝内经·灵枢》篇指出："视其外应，以知内脏，则知其病矣"。视其外应，说明古人最擅长的是观察经络。在正常生理情况下，气血在经络里运行，起着沟通表里、联络脏腑及感应传导的作用。因此，在病理发生的情况下，经络也就同时成为传递病邪和反应病变的途径，起着内外表里传变的作用。《素问·皮部论》曰："邪客于皮则腠理开，开则邪客于络脉，络脉满则注于经脉，经脉满则入舍于脏腑也。"指出了在疾病过程中，可以通过经络对传变规律进行分析和防治。

望手诊病在我国古代就是重要的医术之一，扁鹊和华佗都是这方面的名家高手。手诊在中医理论中与舌诊、耳诊、面诊、眼诊、鼻诊和足诊同列于望诊范畴。手诊医学重点研究和利用储存在人手上的遗传信息和健康信息，进行疾病的诊断、预测、按摩保健和康复治疗。

望手诊病中最为著名的是"小儿指纹脉络诊断法"。这应是世界上最早发明的指纹疗法，是医学指纹学的源头。此法对三岁以内的幼儿诊断最为有效，现代医学研究亦证明其具有科学性。

诊断时，仔细观察小儿位于食指内侧面的"手太阴肺经"的变化。此经是十二经脉之一，《黄帝内经·灵枢·经脉》曰："肺手太阴之脉，起于中焦，下络大肠，还循胃口，上膈属肺。从肺系，横出腋下，下循臑内行少阴、心主之前，下肘中，循臂内上骨下廉，入寸口，上鱼，循鱼际，出大指之端。其支者：从腕后，直出次指内廉，出其端。"

即手太阴肺经：起始于中焦，向下联络大肠，回过来沿着胃上口，穿过膈肌，属于肺脏。从肺系——气管、喉咙部横出腋下（中府、云门），下循上臂内侧，走手少阴，手厥阴经之前（天府、侠白），下向肘中（尺泽），沿前臂内侧桡骨边缘（孔最），进入寸口——桡动脉搏动处（经渠、太渊），上向大鱼际部，沿边际（鱼际），出大指的末端（少商）。

它的支脉：从腕后（列缺）走向食指内（尺）侧，出其末端，与手阳明大肠经相接。

所谓三关，是指食指的第一节为风关，即掌指关节横纹向远端至第二节横纹之间；第二节为气关，即第二节横纹至第三节横纹之间；第三节为命关，即第三横纹至末端。

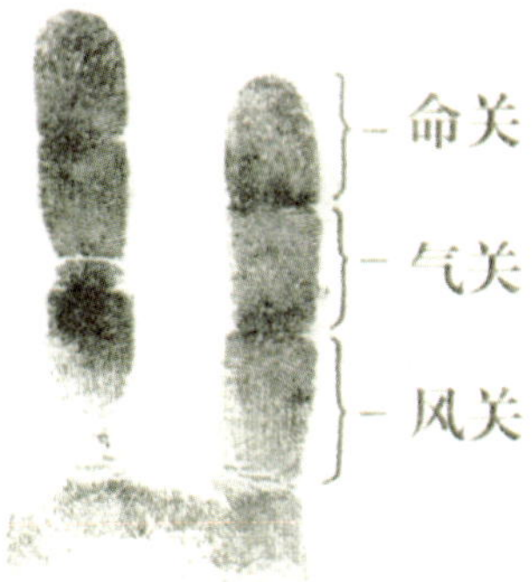

图10-1 小儿指纹络脉三关图

诊断时抱小儿向光，医师一手握小儿食指，以另一手大拇指用力适中从命关向气关、风关直推，推数次，指纹愈推愈明显，然后观察食指纹形之变化。

正常指纹形色：正常的指纹色泽浅红，红黄相兼，隐隐于风关之内；大多不浮露，甚至不明显，多是斜行、单枝、粗细适中。

该经如发生病变，主要表现为胸部满闷，咳嗽，气喘，锁骨上窝痛，心胸烦满，小便频数，肩背、上肢前边外侧发冷，麻木酸痛等症。即若外邪入侵、内伤杀病，症状均是风关轻、气关重、命关更重的规律。如：

（1）指纹显于风关时，是邪气入络，邪浅而病轻。指纹从风关透至气关，其色较深，是邪气入经，主邪深入而病重。若指纹显于命关，是邪气深入脏腑，可能危及生命，因此称为命关。若指纹直达指端，叫作"透关射甲"，病更凶险，预后不佳。

（2）浮沉：指纹浮露者，主病在表，多见于外感表证。指纹沉滞者，主病在里，多见于外感和内伤之里证。

（3）深浅：色深浓的病重，色浅的病轻；色淡为虚，色滞为实。

（4）色泽：色紫红的，主内热；色鲜红的，主外感表证；色青主风，也主各种痛证；色淡的为虚；紫黑色主血络闭郁，为病危之象。

（5）形状：络脉增粗者，多属热证、实证；变细者，多属寒证、虚证。

此法始于战国时代，汉魏时已广为流行，直至明清时代的妇幼医书中，小儿指纹诊断法已成为常规性内容，是中医望诊的一个重要组成部分，可谓源远流长。

现代医学指纹学以民族肤纹学和医学皮纹学的研究成果为基础，结合、继承了古今中外望手诊病的传统经验，引入和运用医学皮纹学的观察指标及统计数据，增加了评价疾病的参数量，加强了理论的科学性。

因此手诊医学与医学皮纹学既有共同点，又有其个性特点。

一是手诊医学理论在承认和利用人类皮纹的遗传性、特异性和稳定性的同时，还充分研究和利用手形(手型、掌型、手指指型、指甲型)等外部形态特征，尤其注意皮纹褶纹的变化和皮纹弹性、色泽的变化等动态性指标，十分强调判断时应将上述3部分信息加以综合分析。

二是认为体内各种脏器均与手的特定部位有内在联系，脏器的变化都会在手的相应部位有所反应，从手的体表特征变化可认识到内脏即将或正在发生的变化。正所谓"视其外应，以知内脏，则知其病矣。"

三是将经络学说、微循环学说和生物全息论引入了手诊医学的理论之中，作为依据的一部分以增强理论和实践的科学性。

(1)经络学说依据：人的双手12条正经经脉的86个经穴和224个奇穴连接着体内的所有器官，手掌连接人体前部，手背连接人体背部的各种器官。体内健康状况的变化、疾病的信号均会通过神经、血管和经络反映到手掌的相关部位上来。

(2)微循环学说依据：人的手指掌上分布有多达150万条末梢神经和血管。末梢小血管和浅表微静脉的浮沉、变色、膨大、扭曲等微循环变化引起的皮纹气色形态改变，反映了体内有关脏腑运行情况，因此是诊断的重要评价指标之一。

(3)生物全息论依据：生物全息论认为，机体的每一个局部都是整体的缩影，贮存着整个机体的全部信息。如果体内某一部位或器官有病，在相对应的穴位上就会有明显的压痛反应或其他异常病理、生理反应，因此可以测病和治病。

但从研究的角度和侧重点看，望手诊病虽然引入了现代皮纹学的理论与方法，但仍是以手部形态和皮纹气色形态为主，皮纹数据为辅，因此出现了诸如手掌纹学派(着重于掌、指纹路、纹型等特征与疾病的相关性研究)、手形手貌学派(侧重于手形手貌、掌区褶纹形态与疾病相关性研究)、气色形态学派(侧重掌上内脏反应点的气色形态与疾病相关性研究)等。

手诊医学强调，在诊断时应综合体表特征、手掌皮纹气色形态特征和异常皮纹特征后才能作出评断。

手诊医学准确地说现在还处于一种医术的阶段，成为一门独立的医学分支学科还有待时日，但它毕竟是研究包括皮纹在内的手与疾病关系的学问，作为医学皮纹学的一个流派是恰如其分的。

二、现代早期开拓者

西方医学理论的发展促进了医学与指纹学的结合。1684年，英国医学博士内赫米亚·格鲁(Dr. Nenemiah)向英国皇家学会提交了一份他对手掌纹理解剖形式的观察报告，详细描述了乳突纹线排列方式、汗孔等，并附有人手形态的插图。该报告刊登在1684年《皇家学会哲学会报》上，是已知最早的一份公开发表的有关指纹解剖学论文。

1685年，荷兰解剖学家基·彼德罗(GBidloo)发表了关于触觉器官结构的论文，详细描绘了拇指嵴纹的摩擦性及汗孔形态，认为指纹是触觉器官。

1686年，意大利伯拉加大学解剖学家马赛罗·马尔比基(Marcello Malpighi)，采用当时先进的仪器——显微镜，对指纹进行了细微的观察，第一次描述了乳突纹线上有序排列着开放的汗孔。

1823年，普鲁士伯莱斯劳大学教授、捷克生理学家帕金杰(John Evangelist Purkinje)，发表《视觉器官和皮肤组织生理学检查注解》一文，最先对指纹形态系统进行分类，将不同的指纹分为拱、帐拱、左环、右环、左袋、右袋、左螺、右螺、重环9大类。从而为以后的指纹分类识别和管理奠定了技术基础。

1926年，美国路易斯安那州新奥尔良市大学医学院终身荣誉解剖学教授、美国肤纹学会终身荣誉主席库明斯(Harold Cummins)首创了皮肤纹理学，这个名称现在已经得到了普遍的接受。1936年，Cummins最先发现了先天愚型患者的手足指纹有异常改变。1943年他出版了医学指纹史上的经典著作《指纹、掌纹和趾纹》一书，对指纹在各个方面的应用作了全面而又清晰的论述，对当时指纹学研究在与解剖学、胚胎学、遗传学、民族学、医学等方面的学术成果都作了精辟的介绍。此后，Cummins在《美国体质人类学杂志》《美国解剖学杂志》上先后发表48篇论文(著)，他出众的研究成果推动了现代医学指纹学的发展。

1955年，法国遗传学家、人类细胞学家杰罗姆·勒琼(JLejeune Lejeune)报道证实了先天愚型患者的第21号染色体为三体，且指纹特征异常，这是人类首次发现因染色体缺陷而造成的疾病。证明此类患者的指纹异常缘于常染色体变异，第一次揭示了染色体与指纹之间的直接关系，从而将指纹遗传学研究引入到了分子层面，即引入到细胞核中的基因、染色体层面进行研究。提示指纹可作为染色体异常诊断的有益指标，由此开创了医学指纹学的新思路。

1983年，日本学者日盐野宽出版《皮肤纹理与临床应用》一书，在专业领域形成了一定的影响。

20世纪后半个世纪以来，各国的医学工作者、人类学家、遗传学者都在研究探索指纹与疾病的关系，我国医学界真正对它发生浓厚兴趣则是近三十年的事了。就整体研究水平而言，美、英等国要领先一些，但我国有较好的指纹学传统，学者较多，后发的优势较大，截至目前，已形成了一大批医学指纹学专著和学术论文，并且在一些医院的医学临床中已将指纹检测作为辅助诊断的方法之一。

在探索和推广医学指纹学方面，我国现代很多学者都作出了先行者的贡献，如李崇高、姚荷生等较早地翻译了国外的专著，起到了引领国内专业研究的作用。

李崇高教授是中国遗传学会皮纹协作组首任组长，中国优生科学协会专家委员会主任委员，《中国优生与遗传》杂志主编，原兰州医学院生物系主任、博士生导师。

李崇高教授对指纹学和遗传学研究了40多年，从20世纪70年代就开始连续大量地发表有关皮纹与学习能力及智力和疾病关系的相关研究论文，出版编审了众多皮纹学专著，筹备成立了中国遗传学会皮纹研究协作组，是我国遗传学界、皮纹学界公认的德高望重的"当代医学皮纹学泰斗"。

李崇高教授对指纹学的研究是从研究染色体开始的，因此他比一般的专业人士更敏锐、更透彻地认识到医学指纹学的应用前景，并投身其中乐此不疲。

从而在医学上得出以下结论：凡先天异常、先天畸形病人，多多少少都有皮纹的改变。反过来，一旦发现皮纹异常的人，应该进一步体检，确认是否存在先天异常。

继李崇高教授之后，著名医学理论工作者、国家有突出贡献专家、南京医学院副院长姚荷生先生，于1984年翻译出版肖曼、阿尔特合著的《皮肤纹理学与疾病》一书，传播很广，在一定程度上推动了我国医学指纹学的研究进程。

目前，医学指纹学正在被越来越多的人所认识与理解，尤其是生命科学的发展促进了医学指纹学的发展。1978年美国出版的《医学卫生百科全书》指出："皮肤纹理学现在已成为医学的一个重要工具，不论是在临床方面还是作为遗传的指示特征方面。科学家发现许多先天性和遗传学缺陷在手上和足上都会留下印记，如先天愚型就伴有横贯手掌中央的特征性屈纹。现在的神经病学者通过检查婴儿的掌纹也能查出其是否有先天性心脏缺陷，从而及时进行外科矫正。许多医生建议，所有新生婴儿都要记录手纹，作为这类缺陷的常规普查试验。"《人类基因组》成果的发表，为医学指纹学奠定了更为坚实的理论基础。

在中国研究医学指纹学的征途上，行进着一批有志者，他们以不同的方式加入到了研究队伍中。

吕学诜教授，男，遗传学专家，原佳木斯大学校长，学科带头人，研究生导师。早年毕业于北京师范大学，曾被国家科委聘为国家自然科学基金高级评审专家。著有《分子诊断学——基础与临床》一书、论文《人类指端箕形纹的遗传学研究》等，任中国遗传学会皮纹学研究协作组副组长。

庄振西，男，于1993年出版《手形手纹手诊》一书，该书全面系统地介绍了手诊医学的研究内容和方法技巧。为基层医务人员、医学生、普通读者及专业研究者提供了一本能够看懂学会，便于应用，又可供进一步深入研究的科普读物。重点介绍了肤纹特征和手掌指内脏反映区的气色形态变化与疾病的诊断、预测的方法技术。

王遇康，男，四川省卫生管理干部学院医学皮纹学应用研究室副主任医师，是一位活跃于医学指纹学界的人士，长于著书立说。已先后出版《医学皮纹学》（学术期刊出版社1988年版）、《皮纹与染色体疾病图谱》（成都科技大学出版社1986年版）、《遗传、优生与疾病浅说》（天津科技翻译出版公司1992年版）、《临床皮纹学概论》（北京世界图书出版公司1994年版）等专著。

花兆合，男，安徽师范大学生物学教授，安徽颍上人。1960年毕业于皖南大学（现安徽师范大学）生物系，1960年9月至1962年9月在四川大学学习人体生理学，从事高校教育工作40余年，主要从事体质人类学和比较解剖学的研究工作。先后在《人类学学报》《遗传学报》《遗传》《解剖学杂志》《生物学杂志》等期刊发表相关论文40多篇，撰有《皮纹探秘》《性健康教育学》等专著。

陈祖芬，苏州大学副教授，是位才女，1959年毕业于西安医学院医学系，先后在西安医科大学和南京医学院学习人体解剖学和医学英语。从事高校教育35年，主要从事人体解剖学、医学美容和指纹学研究，系中国解剖学会人类学专业委员会委员，合著有《皮纹探秘》一书。

自1936年解剖学家Cummins首次报道Down's综合征的特殊皮纹形态以来，各国学者相继证实了通过皮纹形态可以认知某些染色体疾病。目前皮纹学在医学领域中的应用有了较大发展，如发达国家的儿科教科书中，已将皮纹列为遗传病的常规检查内容。

第二节 指纹学临床应用

一、医学指纹学

20世纪60年代以来，指纹检测从医学遗传学的一种技术方法，逐渐发展成为理论与实践紧密结合的一个学科分支，进而又发展成为一门独立的学科——医学指纹学。

（一）医学指纹学的作用

医学指纹学在疾病的预测、论断、治疗和预防等方面发挥着越来越大的作用。其应用主要体现在两项认知：一是诊断性认知，二是预测性认知。

1.用于遗传优生咨询。利用皮纹检查的方法来筛选和发现人类群体内潜在的不利于结婚生育，不利于优生优育、优教以及儿童生长发育的遗传要素和遗传病，从而采取相应的防治、监护措施来提高人口素质。

2.用于观察胎儿在母体内的发育情况。新生儿皮纹检查，一般能够较为准确地反映胎儿发育形态是否正常或紊乱的程度。如皮纹形状在交指畸形中灵敏度较高，由此可作为重新检查胎儿其他系统的依据，为人类的优生学事业作出贡献。

3.用于双生子卵性的鉴别。单卵双生由于遗传密码（DNA）相同，故皮纹特征几乎相同，异卵双生遗传密码不同则皮纹特征略有差异，皮纹学可作为鉴别双生子卵性的重要指标。

4.用于初选不明原因的智力低下。由于大脑与皮肤同源于胚胎的外胚层组织，大脑的发育与皮纹的胚胎发生同期，均形成于胚胎的12周左右。如果致病因子影响中枢神经系统发育，同时会导致皮纹发育不良，产生异常，所以皮纹的改变不同程度地提示着大脑结构和功能的异常。

5.用于诊断和鉴别某些临床疑难疾病。在对各种遗传性疾病的诊断和鉴别缺乏一种简便易行的方法时，医学皮纹学恰好承担了这个任务，如Down's综合征的鉴别诊断、Sasther-chotzen综合征的鉴别诊断等。虽然它仅是一个重要的辅助手段而不具有特异性，但已证明皮纹检验在遗传病的论断方面，是一种不可忽视、大有作为的手段。

6.用于特殊病例的研究。皮纹学可应用于细胞学不能研究或鉴别的病例，如尸检材料或细胞图形正常的隐性先天愚型或流产儿等。

7.用于某些可疑病例的诊断。通过皮纹检查，为某些可疑病例提供重新检查的思路及依据，也可用于某些医学基础理论的研究。如估计母体对胎儿发育的影响和估测某些先天性骨骼系统畸形可能发生的时间或严重程度等。

8.用于早期诊断一些未出现任何症状的遗传疾病。可用于诊断性染色体疾病，如45，

XO综合征和47,xxx综合征等。这类疾病的特点是,患儿发育不到青春期就不会出现明显的临床症状,因而往往延误病情,而利用皮纹学检查,可实现早期诊断、早期治疗。

9.用于广泛的遗传病筛选。用皮纹学的检查、分析方法,进行遗传病学的调查,如怀疑是染色体病的检查。可先用皮纹分析进行筛选,然后对高度怀疑的某种遗传、流行病,再做染色体检查等繁杂细致的工作,以减轻病人的经济负担,提高工作效率和疾病诊断的准确率。

10.用于预测疾病发生、发展规律的研究。将医学皮纹学与其他学科如计算机学、统计学等相结合,找出一种科学的研究分析方法。如找出决定皮纹性状的遗传密码,从而达到提示、预测疾病的发生、发展及转变,是皮纹学研究和应用的发展目标与方向之一。

(二)医学指纹学的特点

1.资源广泛稳定。指纹人人都有,且人各不同、终生不变。为临床诊断,尤其是个性化治疗提供了可靠的遗传学依据。

2.指标直观实用。指纹各种形态特征均可用数量关系的方式来识别和统计,色气形态肉眼可辨别,一目了然。

3.方法易于普及。不需要贵重仪器,只要掌握了医学指纹学的一般知识,即可进行实践性研究,尤其适合在各级医疗单位开展研究。

4.详证既往病史。通过对指纹的直接检验,可从指纹的信息中解读出病人幼儿、青年时期曾患过的诸如呼吸系统、心脑系统等方面的疾病,甚至病人不知但已康复自愈的情况。印证或纠正病人自述的病史,使诊断更为全面准确。

5.可以超前诊断。通过对指纹的直接检验,可能发现一些本人并无任何病征,医学上称之为假阴性的某些病痛,或是提示被检验者属于某类疾病的高危人群,或是提示到一定年龄阶段可能发生某些疾病,从而达到超前诊断的目的。

如某些心脏病的病因是隐性的,隐患可能在出生时已经形成,平时不为人所知,常规的体检也难以提前发现。但当内外条件达到临界状态时,就可能产生猝死现象,让人们无法接受。如一些马拉松赛事过程中发生的个别运动员猝死,美国女排明星海曼、俄罗斯滑冰选手格林科夫的突然去世,都在提醒人们,开展指纹诊断会有一定的警示与防范作用。因为,医学界通过指纹对先天性心脏病开展了很多研究,或许能从中找到病灶的特殊标记。

6.辅助临床诊断。指纹检验以望诊为主,伴以问诊和切诊,可为临床诊断提供有价值的参考,尤其对不少无器质性改变的疾病,在不发作、仪器检验无异常时,往往是独辟蹊径的诊断方法,会收到意料之外的效果。

7.检验无损方便。指纹数据的采集,在告知同意的前提下,对采集人无任何损伤或副作用;方法既经济方便又可反复广泛进行,本人还可无限期保存样本,符合现代诊断学的发展趋势，容易为大众所接受。

8. 方便大数据研究。各种病例的指纹的图像、数据上传到统一的医学指纹学研究平台上，实现信息共享，有助于突破专科观察的局限，更全面地认识病情，更便捷地发现某类疾病的规律特点。

总之，指纹(皮纹)诊断是可低成本开发的科研处女地。

(三)指纹预测之优势

李崇高先生曾指出："自20世纪80年代以来，国际生命科学家越来越多地认识到人类遗传学是最科学的人类预测，以遗传预测为重要内容的预测医学应运崛起，成为当前医学和遗传学领域备受关注的、较活跃的研究内容。预测医学的一切都涉及人类遗传的问题，当前普遍开展的'产前诊断'就是一种预测诊断，可在胎儿出生前通过科学手段来预先早期诊断胎儿疾病，进而可在超早期阶段实施受精卵植入前遗传诊断，甚至在单精子受精前，选择检测健康精卵结合，实现健康预测和'未生先知'，再到胚胎克隆，乃至可以预测未来。"①

疾病预测是通过疾病先兆和先兆证的规律，追求在疾病的临床前期、早期和超早期，对疾病早预见、早诊断、早防范、早治疗的效率。预测医学开拓了医学的一个新领域，开创了具有前瞻性、预见性的医学科学体系，倡导发挥人类的预见性、能动性和积极性，把疾病预测的主动权掌握在自己手中。

疾病预测理论在我国有着非常悠久的历史和成功的案例。《黄帝内经》最早提出"上医治未病，中医治欲病，下医治已病"的理论，历来为中国医学界所崇尚。医术高明的医师能够预测、预防疾病，中医宗师扁鹊就是这样一位有着高深预测本领的上医。

扁鹊，姬姓，秦氏，名缓，字越人，又号卢医，春秋战国时期名医，渤海郡郑(今河北沧州市任丘市)人。由于他的医术高超，被称为神医，所以当时的人们借用了上古神话的神医"扁鹊"的名号来称呼他。扁鹊开了中医学的先河，奠定了中医学的切脉诊断方法，相传著名的中医典籍《难经》为扁鹊所著。

《韩非子·喻老》中的《扁鹊见蔡桓公》篇，记录了扁鹊于疾在腠理之间时对病情的预测性认知与分析，很有说服力。

腠理是皮肤、肌肉的纹理。皮肤和肌肉的交接处，是渗泄液体，流通和合聚元气的场所，有防御外邪侵袭的功能。其变化反映了身体的健康状况，只有观察入微的行家里手才可能敏锐察觉。

《扁鹊见蔡桓公》原文：

"扁鹊见蔡桓公，立有间，扁鹊曰：'君有疾在腠理，不治将恐深。'桓侯曰：'寡人无疾。'扁

① 中国遗传学会皮纹学研究协作组第二届学术会议发言。

鹊出，桓侯曰：'医之好治不病以为功。'居十日，扁鹊复见，曰：'君之病在肌肤，不治将益深。'桓侯不应。扁鹊出，桓侯又不悦。居十日，扁鹊复见，曰：'君之病在肠胃，不治将益深。'桓侯又不应。扁鹊出，桓侯又不悦。居十日，扁鹊望桓侯而还走。桓侯故使人问之。扁鹊曰：'疾在腠理，汤熨之所及也；在肌肤，针石之所及也；在肠胃，火齐之所及也；在骨髓，司命之所属，无奈何也。今在骨髓，臣是以无请也。'居五日，桓侯体痛，使人索扁鹊，已逃秦矣。桓侯遂死。"

对于桓侯这样病故的教训，《素问·四气调神大论》总结道："是故圣人不治已病治未病，不治已乱治未乱，此之谓也。夫病已成而后药之，乱已成而后治之，譬犹渴而穿井，斗而铸锥，不亦晚乎。""治未病"是中医的健康观，是古代医家在长期的预防和诊治病疫的过程中，不断总结和完善的"未病先防、既病防变"的科学思想的体现，它包含两个方面：一是未病先防，二是已病防变，是中医学奉献给人类的健康医学模式，数千年来一直有效地指导着中医学的防治实践。

当代名医陆广莘先生认为："上医治未病之病，谓之养生；中医治欲病之病，谓之保健；下医治已病之病，谓之医疗。"用后现代医学的说法，"上医"属于养生学，"中医"属于保健学，或都叫预防医学，下医才是今天理解的医学。现代医学技术越来越进步，医生队伍越来越庞大，而病人却越来越多，医生整天疲于奔命，都在忙着"治已病"，哪有精力"治未病"？这是医生的悲哀，也是医学的失败，值得认真反思。

正是在这种背景下，基因分析、预测医学逐渐崭露头角。现代医学认为，指纹在人体胚胎发育的早期形成，受基因所控制，反映着复杂的遗传特点，是体表明显的遗传标志。因此，通过指纹特征和指纹分析，发现、印证人的先天遗传状况，体现了预测医学的特点与优势。

首先，指纹的胚胎发育规律显示，病理信息通过指纹这个窗口，反映出人体早期、超早期的遗传变异及环境因素影响等情况，具有较典型的示前回溯性。对此，古人有清醒的认识。在中医基础理论中，母子体内关系的传变，为预测医学提供了历史性观点。

母子体内关系的传变，包括"母病累子"，即疾病从母脏传来，病依据相生方向侵及属子的脏腑和"子盗母气"，即病变从子脏传来，侵及属母的脏腑两个方面。这两种传变关系成为指纹病理分析的依据之一。

其次，医学上对高危人群的筛选有很多种方法，指纹分析不失为一种新的方法。指纹作为外在的遗传标志，出生后保持高度的稳定性，不受外界环境的影响，一定程度上反映出个体优良的和不良的遗传素质，已为医学界和体育界大量的研究报告所证实。尤其是用于早期诊断一些未出现任何症状的遗传问题的研究成果，大大激发了广大指纹工作者进一步探索的积极性，纷纷开展以基因理论为指导，从基础形态到临床实践，多学科、多角度的科学攻关，争取开创出一片新天地。

再次，指纹分析作为遗传性疾病的一种辅助诊断手段，正日益受到重视，在临床医学中推广应用，进一步总结发现更多的指纹遗传特异性的规律特点，无疑将对医学指纹学的创新发展起到有力的推动作用。

毋庸讳言，医学指纹学作为一门新兴的学科，目前的知识成果仍然很有限，真正能作为诊断依据的仅限于某些染色体畸变的疾病，对其他一些遗传性疾病的诊断仅能作为一种参考。目前已认识到的常染色体基因显性遗传病达1827种之多，进行过指纹分析的仅30余种；染色体畸变综合征500余种，已开展指纹研究的约70种。因此，医学指纹学发展的前景是十分广阔的，充满着发展机遇。将生命科学理论、分子医学等理论与指纹科学相结合可大有作为，显示出强大的潜能，对实践理论与方法的突破有着十分可观的成果性前景，将给医疗诊断带来新思想、新策略、新技术、新模式。

二、何为指纹之异常

现代肤纹与疾病的关联性研究始见于美国指纹学家Cummins于1936年发表的关于Down's综合征患者的肤纹特征论文。20世纪60年代，随着对染色体研究的深入，学者发现指纹异常与某些遗传病尤其是染色体变异有相关性，故医学界开始将指纹分析作为遗传病的辅助诊断手段，在遗传病群体普查时，也作为一种参考指标。

在需要对样本数据作出认知性评判时，我们常用的结论性概念语为：正常、异常或正常、非正常等。

正常与异常是一对矛盾，两者只有在相比较后才能区分。简言之，异常是指数据偏离该统计群体正常值一定距离的现象。

就指纹而言，若指纹之异常，必然发生在胚胎期掌垫形成之前。掌垫下的血管——神经对如果异常，指纹必然异常。基因突变、染色体畸变是造成神经对异常、指纹先天性异常的原因。所谓指纹异常，并不意味着一定都有特殊或奇异的花纹形态，而主要表现为某一种纹型或纹线数量异常。即相对于正常人群的指纹正常值而言，某些指纹性状出现于某些患者，其发生的频率与正常人有较大差别。它不包括不同人种、不同民族间的指纹参数上的差异，而是指被测试组（人）的指纹数据明显偏离、区别于该样本所处人群的正常统计指标，其异常的程度有统计学意义上的差异。

例如，通贯掌褶纹，正常人和先天愚型病人都会出现。在正常人群中的出现率为6%左右，而在先天愚型病人中则高达30%～50%，高于正常人群6～8倍，说此项指标异常地高也不为过。即异常是相对于正常而言的，超出正常范围即为异常或超常。

但在实际人口中，先天愚型病人毕竟是极少数，绝大多数具有通贯掌褶纹的人是正常的，所以不能简单地将通贯掌褶纹等同于先天愚型的指标。准确地说，指纹异常是一个阈值性概念，很难给出一个十分量化的标准。

检验指纹是否异常，除个别指标可以通过目测直接发现外（如形态异常），大都需将测试

组(人)的指纹数据与对照组进行比较分析,并作显著性检验,以确定异常的程度。通常是采用相关系数表表示。其计算结果为:

$|r|<r(n)0.05, p>0.05$ (差异不显著)

$|r|\geq r(n)\ 0.05, P\leq 0.05$ (有显著差异)

$|r|\geq r(n)\ 0.05, P\leq 0.01$ (差异极显著)

指纹异常可以通过先天性形态异常和统计的数据异常来认识。

(一)指纹形态性异常

在人的手掌和足底上,往往会看到异常的乳突皮纹,它可以是外伤性原因造成,如创伤、烧伤等,也可能是皮肤病引起,更可能是乳突纹线先天性畸变的结果。

乳突纹线先天性畸变往往是特定的遗传性疾病的典型性状,并且可以遗传。埃布尔(Abel,1936)将乳突纹线先天性畸变缺陷的原因,归于在第2至第4妊娠月之间,胎儿的表面组织内部的张力和压力发生某些不规则的变化。赫希(Hirsch)和施玮歇尔(Schweichel)则提出,花纹异常可能是由于神经生长紊乱而继发的,神经不能长到表皮中,引起了乳突纹线的不发育。表皮下神经分支在量和质的方面偏离了正常,会引起乳突纹线的发育不良。而乳突纹线扭曲的原因是由于神经的空间排列失调。因为引起花样紊乱的因素,只可能影响乳突纹线还没有分化的表面区域,因此可以从皮肤纹理花样破坏的类型上,推测出破坏因素在胚胎形成的哪个时期产生的作用。

异常的乳突纹线形成面积和严重程度可以有很大的不同,从指、掌、趾和脚底上小块的有乳突纹线的皮肤到整个表面,表皮或者成点状和短的片段,或者完全丧失。有时甚至分布得杂乱无章以至于区别不出清楚的皮肤纹理花样。这些紊乱的乳突纹线(嵴线)形式代表了几个不同的类型。为此肖曼(Schaumann)等人提出了4种分类名称:嵴线不发育、嵴线发育不全、嵴线离解、嵴线越出末端。①

1.嵴线不发育

嵴线不发育是很罕见的表皮乳突纹先天性异常,其特征是手和脚的整个掌面都不见有乳突纹线。这种缺陷是常染色体显性遗传的综合征的一部分,虽然皮肤活检显示真皮层有正常的汗腺和汗管,但汗管没有穿过表皮,在皮肤表面找不到汗管开孔。因此手掌(趾)皮肤是干燥的、粗糙的,过度的角质化像绷紧的羊皮纸样,上面因缺乏滋润而布满过多的细屈纹。

2.嵴线发育不全

嵴线发育不全的特征是乳突纹线的高度有所降低,给人一种被"磨薄了"的感觉,并通常覆盖有过多的细的次级屈纹(白线),由此造成纹型花样模糊不清难以识别。对于造成这种

① [美]肖曼、阿尔特:《皮肤纹理学与疾病》,姚荷生译,江苏科学技术出版社1984年版。

缺陷的先天性原因,(Verbor,1970)报道是缺汗性外胚层发育不良的普遍现象。

后天性乳突纹线萎缩也会导致表皮普遍地变薄,在年龄较大的老人中经常发生。患粥样泻疾病的患者中常观察到乳突纹线萎缩;在分布有乳突纹线的区域发生神经中断时,乳突纹线随之萎缩;某些职业如经常接触粗糙的物体或长期浸泡在液体中也会产生乳突纹线萎缩。但这种变化是可逆的,当病情好转时,职业环境条件改变后,萎缩也就随之减轻了。

3.嵴线离解

嵴线离解是乳突纹线发育不良的一类异质性皮肤异常。乳突纹线断裂成很短的,常呈点状的小片段。当离解不严重时,尚可依稀辨别花样,很严重时,它以杂乱无章的形式覆盖花纹区,取代了平滑的、相对平行的、连续的纹线。它也是常染色体显性遗传的一种性状,可以是散发的。

嵴线离解可以发生在任何区域,所涉及的面积大小的差异很大,从仅仅影响一个纹型中很小区域的最小缺损,到整个指、掌、趾及整个足底,呈现出不同的表现度。

埃布尔(Abel,1936)指出,嵴线离解往往发生在有疾病和畸形的人中,如白化病、聋哑、智力低下、尖头畸形、肢体畸形等。拉斐尔(Raphael,1962)曾在18%的精神分裂症患者中观察到嵴线离解。

4.嵴线越出末端

嵴线越出末端是乳突纹线异常地,不是左右横向地走向花纹的另一边,而是纵向上行,并且走出了指尖的末端。这种现象也被认为是常染色体显性遗传性状,但目前尚未发现与某种疾病有联系。

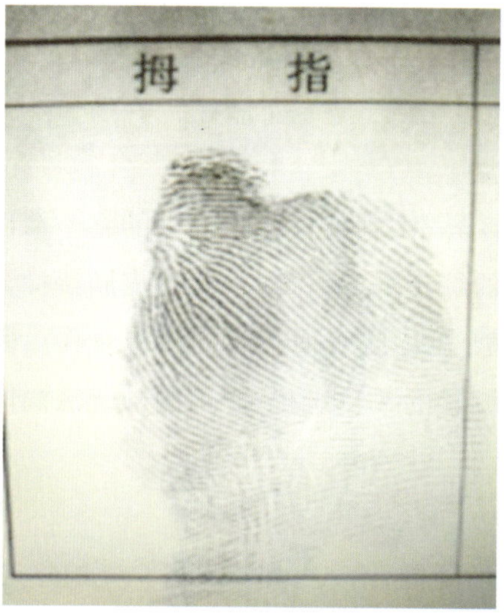

嵴线越出末端

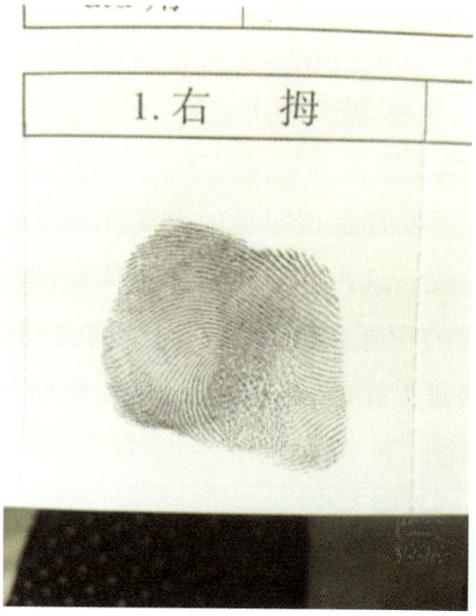

嵴线离解

图10-2 指纹形态异常

（二）指纹统计性异常

以正常人群指纹统计数值为衡量标准，超出常见数值一定幅度即为特殊，通常称之为超常或异常，特别在表示疾病与指纹的关系方面，这类数据将成为敏感数据，引起高度关注。

1.Uchida观点

内田（Uchida）和索尔坦（Soltan，1969）提出5条临床值得重视的指纹异常：

（1）弓形指纹（A）6个以上；

（2）第4、第5指（环、小指）反箕纹（L^r或R）；

（3）第2、第3、第5指基部a、b、c指三叉缺失；

（4）趾球部S形腓侧弓形纹SA^f；

（5）第5指单一指褶纹。

2.马慰国等人观点

马慰国等人认为指纹具有早预见意义，如发现以下10种指纹异常，就应引起高度重视：

（1）弓形纹（A）2个以上即为异常，6个以上更应充分关注；

（2）除食指外的其他指出现反箕纹（L^r）者，尤其是环指与小指；

（3）十指纹线总数（TFRC）显著增多或减少，如十指全为斗形（W）或十指都为弓形（A）和箕形（L）；

（4）a、b、c指三叉缺失和I2、I3区呈现箕形纹或斗形纹；

（5）ATD角大于60°，T点高位（t′、t″、t‴）；

（6）具有典型通贯掌褶纹或中贯掌褶纹者，尤其是双手都有；

（7）小指单一指褶纹，尤其是伴有向桡侧弯曲，或拇指指褶纹异常；

（8）大、小鱼际区呈现真实花纹，尤其是有斗形纹（W）或箕斗复合型；

（9）足底趾球部区呈现胫侧弓（A^t）或S状腓侧弓（SA^f）；

（10）指纹组合格局明显异常和先天性嵴纹发育异常。[①]

3.笔者的观点

综合国内外的研究资料，可将指纹学界高度关注的指纹异常指标归纳为形态异常、位置异常、数量异常、组合异常4大类：

（1）形态异常。

①纹线异常：如嵴线不发育、嵴线发育不全、嵴线离解等；

②纹型异常：如出现无法归类的罕见的杂形斗、嵴线越出末端、并指症中的相向的并指纹型；手掌中少见或罕见的真实花纹形态等；

③指型异常：如指端粗大或某一手指奇短或明显向桡侧弯曲；

---

① 马慰国、杨汉民：《实用医学皮纹学》，科学技术文献出版社2008年版。

(2)位置异常。每一种指纹纹型在各个指位出现的频率不同,这是由指纹基因与指位基因连锁决定的。当某一种纹形出现在绝少出现的指位上时,如弓形纹(A)出现在拇指位、反箕纹(L^r)出现在环指与小指位上,视为异常。

(3)数量异常。

①十指纹线总数异常。据统计,个体十指纹线总数(TFRC)是个常量,北美人男性十指纹线总数为142.9 ± 49.6条;女性为120.4 ± 52.3条。中国男性十指纹线总数为148.80 ± 42.53条;女性为138.46 ± 41.59条,平均为143.63 ± 42.36条。十指纹线总数的畸多与畸少为异常。

需要说明的是,个体十指纹线总数(TFRC)在某种程度上反映了十指的花纹类型,但不等同。如TFRC总数为130条,可以是十个L形纹;也可能是8个W形纹,2个L形纹的组合;或8个W形纹,1个L形纹与1个A形纹的组合。因此马慰国等人关于"TFRC显著增多(如十指W)或减少(如十指都为A和L)"的表述是不精确的,因为十指全为W形纹和全是L形纹,是十分正常的现象,并分别排列在1001种组合的第1位和第10位。十指全为W但TFRC绝大多数不表现为显著增多,十指都为L绝大多数也不表现为TFRC显著减少。十指都为A则是罕见现象,所以TFRC的畸多与畸少才真正反映了异常。

②指三叉a–b纹线数量异常。该部位纹线数也是个常量,男性约为38.05 ± 4.63,女性为38.05 ± 4.54,平均为38.05 ± 4.58,两性间无显著差别($P \leqslant 0.1$)。a–b纹线数量畸多与畸少为异常。

③弓形纹(A)数、反箕纹(L^r)数及双箕斗形纹(W^d)数量异常。此3种纹型在整个中国人群中的出现率很低,均在2.5%左右。男性12.95%、女性22.79%的人有弓形纹(A);男性19.91%、女性22.61%的人有反箕纹(L^r);男性19.28%、女性29.48%的人有双箕斗形纹(W^d)。

同一个个体上在正常情况下,在食指位可出现1 ~ 2个弓形纹(A)或1 ~ 2个反箕纹(L^r);或1个弓形纹(A),1个桡箕纹(L^r)。统计中发现,同一个个体中,全为弓形纹(A)者,男性和女性都突破了期望频率为零的概率,男性为0.047%、女性为0.155%;反箕纹(L^r),男性最多出现为5个、女性十指全为反箕纹(L^r)者,突破了期望频率为零的概率,达0.056%;双箕斗形纹(W^d),男性和女性相同,最多出现为6个。

需要说明的是,在同一个个体上,出现2个以上弓形纹(A)或2个以上反箕纹(L^r)视为敏感现象;数量如再增多,或弓形纹(A)与反箕纹(L^r)更多混合出现,即为明显异常;出现6个以上双箕斗形纹(W^d)者,是罕见异常现象。

④指三叉缺失。在食、中、环、小指根部通常都有一指三叉,编号为a、b、c、d指三叉。如a、b、c指三叉中某一个或数个缺失,视为异常。

⑤指间区出现真实花纹。如I2、I3区呈现少见的箕形纹或斗形纹,视为异常。

⑥掌ATD角增大。正常男性在41°左右,女性约为40°。当ATD角大于60°,或T点高位(t '、t"、t" '),视为异常。

⑦单指节增减。主要表现为拇指指节增加,或小指指节减少。

(4)组合异常。

①十指纹型组合异常。按照公认的5种纹型,在十指上的组合共有31类1001种。经统计,其中,期望频率在1%以上的有27种(如7L3W、5L5W、1A5L4W);期望频率在千分之一至十万分之一之间的有508种(如7L3W、5L5W、1A5L4W)。另有466种组合期望频率在百万分之一水平上为零,若出现此466种期望频率中的一种十指纹型组合,可视为异常。

十指纹型组合异常,实际上是弓形纹(A)数、反箕纹(L^r)数及双箕斗形纹(W^d)数量与位置异常的综合,此3种纹型数量与位置异常,十指纹型组合必然异常。

②双手组合对称率异常。双手同一指位纹型对称率和纹线数对称率低于50%,可视为异常。

③掌褶纹组合异常。从解剖学的角度准确地说,掌褶纹并不属于乳突皮纹,但由于居于掌的重要位置,故习惯上将它纳入指纹的研究范围。掌褶纹组合,是3条主褶纹(大鱼际褶纹、近端褶纹、远端褶纹)之间的组合,是胚胎期胎儿习惯性握拳方式的反映,通常分为普通型、桥贯型、叉贯型、中贯型和通贯型5种。中国汉族掌褶纹组合出现的频率为:普通型约为78%、桥贯型约为12%、叉贯型约为3%、中贯型约为2.5%、通贯型约为5%。

通贯型在猿类中出现率较高,因此早期的国外学者将它称之为猿褶或猿线,也有称之为"水平褶纹"。又因通贯型常常高频率出现于某些遗传疾病患者,故医学诊断上常将通贯型褶纹视为特殊变异现象。

类似通贯型褶纹一类变异还有其他少见的类型,如某条褶纹畸短甚至消失,笔者曾遇有一左手掌的大鱼际褶纹消失的典型案例,虽罕见,但在医学和行为学诊断上的意义与价值,值得进一步研究。

指节纹和足部趾、掌纹由于学界研究不多,数据缺乏,因此难以归纳出相关指标来。但足掌部存在几乎所有脏器的反射区。连接人体的12条经络中,最为重要的脾经、胃经、膀胱经、肾经、肝经和胆经6经起于足底,故有"足底反映身体全息"之说。所以指纹的遗传分析、认知测验,绝对不能丢了宝贵的"双足"。

需要指出的是:指纹异常在进行群体研究时较有说服力,在进行个体研究时,一定程度上提示了样本对象在生理、思维、决策、心理以及行为等方面与众不同(超常或异常),有很好的研究与应用价值。但由于遗传的高度复杂性,同一种现象可能由多种原因造成,因此或然性较大,应用时应注意数据的综合、全面分析。

三、染色体指纹异常

指纹用于医学研究，是从染色体病开始的，也是目前医学指纹学研究成果较多的方面，尤其对于染色体畸变（数目异常或结构异常）而引起的疾病，具有较为显著且公认的诊断价值。

染色体病的临床综合征特点分为两类：

常染色体疾病的共同临床特征为：先天性智力低下，生长发育迟缓，伴有五官、四肢、皮纹、内脏等方面的多发性畸形。

性染色体疾病的共同临床特征为：性征发育不全或多方面发育畸形，或伴有智力较差等。

自1971年巴黎国际染色体命名会议以来，已发现人类染色体数量异常和结构畸变3000余种。数量畸变包括整倍体和非整倍体畸变，染色体数目增多、减少和出现三倍体等。结构畸变包括染色体缺失易位、倒位、插入、重复和环状染色体等。又可分为常染色体畸变及性染色体畸变两大类。目前已确认染色体畸变综合征500余种，智力低下和生长发育迟滞是染色体病的共同特征，已开展指纹研究的疾病约70种。

（一）常染色体之异常

1. 三体综合征的皮纹特点

三体综合征，是指染色体总数为47条，1～22号染色体中的某一号为3条的染色体病。

（1）21三体综合征。最早称为先天愚型或Down's综合征。1866年，英国医生约翰·朗顿·唐（John Langdon Down）在学会首次发表了发现这一病症的医学论文。1959年，法国遗传学家杰罗姆·勒琼（Jerome LeJeune）确认该疾病是由人体的第21对染色体的三体变异造成的，正式定名为“21三体综合征”。这是人类首次发现的由染色体缺陷造成的疾病。

该症属常染色体畸变，患者核型为47，XX（XY），+21，产生原因是卵子在减数分裂时，第21号染色体不分离，形成异常卵子，是小儿染色体疾病中最常见的一种。活婴中发生率约1/（600～800），母亲年龄愈大，本病的发病率愈高（20到24岁之间患病率为1/1490；40岁为1/106；49岁以上为1/11），原因是随着产妇年龄的增加，卵子形成过程中会引起染色体不分离现象的增加。也有报道与父亲年长有关，60%的患儿在胎儿早期即夭折流产。该种疾病一般发生在妊娠14～16周左右，对羊水进行染色体检查可以判明患病与否。英国将这种出生前诊断作为一项国家政策，已经十分普及。

21三体综合征是一种偶发性疾病，所以在每一个怀孕的妇女身上都有可能发生。专家认为7类夫妻属高发人群，应予预防：

①妊娠前后，孕妇有病毒感染史，如流感、风疹等；

②受孕时，夫妻一方染色体异常；

③夫妻一方年龄较大；

④妊娠前后，孕妇服用致畸药物，如四环素等；

⑤夫妻一方长期在放射性荧幕下工作或污染环境下工作；

⑥有习惯性流产史、早产或死胎的孕妇；

⑦夫妻一方长期饲养宠物者。

该综合征按照细胞核型分析，可将21三体综合征患儿分为3型，其中标准型和易位型在临床上不易区别，嵌合型的临床表现差异悬殊。

①标准型。患儿体细胞染色体为47条，有一条额外的21号染色体，核型为47，XX（或XY），+21，此型占全部病例的95%。其发生机制系因亲代（多数为母方）的生殖细胞染色体在减数分裂时不分离所致。父母方通常都携带正常的染色体，婴儿是偶然形成的三体异常。

②易位型。约占2.5%～5%。多为罗伯逊易位，是只发生在近端着丝粒染色体的一种相互易位，亦称着丝粒融合，其额外的21号染色体长臂易位到另一近端着丝粒染色体上。其中，D/G易位最常见，细胞中多出一条染色体，附着在D组（第13、14、15对染色体）或者G组（第21、22对染色体）上，特别容易出现在第14对或第21对染色体上。即核型为46，XX（或XY）-14，+t（14q21q）；少数为15号。

易位型患儿约半数为遗传性病症，即亲代中有一方是14/21平衡易位染色体携带者，核型为45，XX（或XY），-14，-21，+t（14q21q），因此在家族中常能找到相同病症的亲属。

另一种为G/G易位，是由于G组中两个21号染色体发生着丝粒融合，形成等臂染色体t（21q21q），或一个21号易位到一个22号染色体上，t（21q22q），这种情况较为少见。

③嵌合体型。约占本症的2%～4%。患儿体内有两种以上细胞株（以两种为多见），一株正常，另一株为21三体细胞，本型是因受精卵在早期分裂过程中染色体不分离所引起，临床表现随正常细胞所占百分比而定。一般表现出来的临床症状较轻。

21三体综合征患儿的主要特征为智能低下、语言发育障碍、体格发育迟缓和特殊面容。患儿在出生时即已有明显的特殊面容：眼距宽，鼻梁低平，眼裂小，眼外侧上斜，有内眦赘皮，外耳小，硬腭窄小，舌常伸出口外，流涎多；身材矮小，头围小于正常同龄人，骨龄常落后于年龄，出牙延迟且常错位；头发细软而较少；四肢短，由于韧带松弛，关节可过度弯曲，手指粗短，小指向内弯曲。

男性患者没有生育力，而极少数女性患者可生育；预期的寿命短，且患者到中年时大脑呈现淀粉样斑，与Alzheimer病（即老年痴呆症）相符，伴痴呆症状；免疫功能缺陷，先天性心脏病也增加，治疗上一直无法取得重大突破，因此，21三体综合征也被称为“世界难题”。

该征患者同时具有手足纹异常现象。

手型比较宽，手指较短，拇指和食指之间间隔较远，小指缺少一个关节，向内弯曲，只有一条指褶纹；脚趾第一趾与第二趾之间间隔也比较大。

皮纹特征的研究报道较多，其共性的特征为：

①尺箕纹增多，常多达10个，且花纹多倾向垂直态，呈“L”形；

②如出现桡侧箕形纹，则由第2指位转移至第4、5指位；

③总指嵴线数减少，各患者间变动性较小；

④轴三叉远移至t″位。韩国栋报道约72%的患者轴三叉高位、导致ATD角明显偏大至60°以上，这是该病的典型特征之一；

⑤大多数单侧或双侧常为通贯型掌褶纹，悉尼型掌纹出现率亦增高；

⑥约近三分之一的患者第5指为单一指褶纹；

⑦足底皮纹异常亦明显，拇指球部胫侧弓形和小型远侧箕明显增多。70%以上的足拇指球胫侧为弓形纹(A＇)，乳突纹线发育不良呈串珠状。

成都市妇产科医院杨胜清等人统计了8例该病患者皮纹：指纹中尺箕占68.8%，轴三叉t′位占25%、t″占37.9%；ATD角平均为56°；掌褶纹通贯型25%、桥贯型56%；足拇指球区胫侧弓形纹87%。

麦·巴特米里亚姆·卡茨纳尔逊(M.Batmiriam Katznel-son)调查了290例犹太人道恩(Down)综合征患者皮纹，其皮纹异常的特点与我国报道的主要指标相一致，麦(M)氏还与英国该类病患者作了比较，认为皮纹特征基本一致。这表明此类疾病皮纹异常的种族影响不大。

与之相应的检查发现，21三体综合征患儿的脑部神经元数目较少、突触密度减少、乙酰胆碱神经递质受体减少。或许这一点可以理解为什么该征患者一般智商较低。

(2)18三体综合征。亦称爱德华氏综合征，1960年由爱德华等人首先报道得名，是由于染色体畸变所致的多发畸形综合征。文献报道胚胎前5周发育正常，在第6～8周开始出现异常。由于细胞内含有3条18号染色体，破坏了体内遗传物质的平衡，导致骨骼、泌尿生殖系统、心脏、皮肤皱褶、毛发、肺脏和肾脏等多脏器的畸形和异常。该症是仅次于先天愚型的第二种常见染色体三体征。

按核型分，80%为完全性18三体，部分为双三体或嵌合体型。高龄产妇生育患儿得该症的概率增加，死亡率极高，目前未见成年患者。其中若只涉及短臂的部分三体，包括18号染色体短臂着丝粒及长臂的部分三体表现18三体部分病症，且病情较轻，则无特殊临床表现，只有轻度智力障碍。

临床症状：多数患儿初生时仅有一条脐动脉，智力障碍、发育不良，伴有多种先天畸形：后部头颅突出、小型头颅畸形、耳朵下垂、变形、异常的小颚畸形、小型口腔，兔唇、腭裂；鼻尖朝上、眼睑出现皱褶（裂缝）、双眼之间存在较阔的空间、上眼睑下垂；男性生殖系统睾丸部分隐藏于腹腔之内，因此导致不育；还会出现严重先天性心脏病及消化、生殖系统的畸形。

手型异常：手指畸形呈握拳状，不可伸直，手指重叠、扭曲，拇指发育不全（或者完全消失），指甲发育不全；足部向内弯曲，足趾短粗跟骨突出，于第二脚趾与第三脚趾之间出现蹼状物，臀部运动幅度受限制，走路晃荡。指纹特征：弓形纹（A）增多，为7个以上；十指纹线总数（TFRC）减少；多为通贯手，T三叉25%为t"；40%的患者小指为单一指褶；乳突纹线发育不全。

皮纹特征的异常极为明显：

①弓形纹占90%以上，十指均为弓形纹在40%以上，7个以下弓形纹少见；

②桡侧箕形纹虽有减少，但有62%集中在拇指位，余下的则出现在第3、4、5指位，而非通常的食指位；

③约一半以上的掌轴三叉位于t″位，ATD角明显增大；

④约3／4的患者出现通贯手，有1／4的患者为双手通贯手；

⑤第5指单一指间褶纹增多；

⑥足底真实花纹明显减少。[①]

（3）13三体综合征。13三体综合征又称帕陶（Patau）氏综合征，1960年由帕陶首先报告而得名，1965年由尤尼斯（Yunis）证明多一条13号染色体，为常见的常染色体病之一。在新生儿中发病率为1/（4000～10000），女性明显多于男性，发病率随孕妇年龄增高而增加，是一种死亡率极高的染色体病，母亲高龄生育是患儿得病的重要因素。

细胞遗传学特征是第13号染色体呈三体征，其发生主要是由于亲代之一的生殖细胞在减数分裂形成配子时，或受精卵在有丝分裂时，13号染色体发生不分离，使胚胎体细胞内存在一条额外的13号染色体。染色体核型分析：75%为单纯13三体型，20%为易位型，5%为嵌合体。

本病主要特征为严重智能低下、特殊面容、手足及生殖器畸形，并可伴有严重的致死性畸形，90%的患者在一岁内死亡。

①智能落后。绝大部分患儿都有严重的智能低下。

②特殊面容。小头畸形，全前脑畸形，前额小，头颅发育不全，先天性头皮缺损；90%的患儿小眼球/无眼球，偶呈独眼畸形，眼距过窄，虹膜缺失，视网膜发育不良，晶体缺失，白内障，视嗅神经发育不良；耳畸形，低位唇、腭裂。

---

① 冶福云：《皮纹与疾病》，人民卫生出版社1994年版。

③内脏及生殖器畸形。肋骨不全，男性女性化，隐睾，双角子宫，双阴道。

④严重的致死性畸形。

- 神经系统异常，前脑无裂畸形（50%），胼胝体发育不良，前额叶发育不良和脊柱裂；
- 先天性心脏病室间隔缺损和法洛氏四联症等；
- 肾脏畸形（50%）肾积水和多囊肾；
- 消化道畸形（50%）肠扭转，胰腺异常和胆囊发育不良；
- 手足畸形：80%轴后性多指（趾），手指弯曲，指甲窄凸，马蹄内翻足。

皮纹特征变异亦十分明显：

①弓形纹、桡侧箕形纹明显增多。尺箕和斗形纹尤为减少，且桡箕纹仅约28%在第2指位，72%出现在其他指位，总指嵴线数明显减少；

②指三叉a向桡侧位位移，导致a–b嵴线的增多和拉大ATD角；

③轴三叉t 90%以上位移至t′及t″位置，导致ATD角比道恩（Down's）综合征还要大；

④有71%的掌A主线终于桡侧终点部位；

⑤大鱼际真实花纹的出现显著增高，I3指间区双手同时出现真实花纹亦多见，I4指间区则减少；

⑥约60%的掌褶纹为通贯型，第5指单一指褶纹多见；

⑦足拇指球部常见腓侧弓形纹或“S”形腓侧弓形纹。①

（4）8三体综合征。又称为沃卡尼综合征。系多一条8号染色体所致的疾病。嵌合型8三体综合症是该症中最常见的一种类型。

临床症状：不同程度发育迟缓，智力中等障碍；特殊面容，指（趾）卷曲类拳形，伴有先天性心脏病，患儿一般早亡，个别生存至30岁以内。

皮纹特征：韩国栋等报道嵌合型8三体综合征皮纹为：

①指纹弓形纹增高，斗形纹减少；

②总指嵴线数减少；

③大、小鱼际区及I2、I3、I4指间区真实花纹明显增多；

④通贯型掌褶纹增多；

⑤足拇指弓形纹增高，拇指球区斗形纹增多、足底前掌部位出现皱襞状深沟纹。

三体综合征类病较多，还有如9三体综合征、5P三体综合征、12P三体综合征、20P三体综合征、4P三体综合征等，与各自临床病症相关联。皮纹亦多异常，共同的特点是，指纹出现率及掌各部位真实花纹出现率与正常人比较无明显区别，但轴三叉远移，ATD角增大，尤以通贯型、双侧通贯型褶纹多见，伴有部分皮嵴发育不良，纹理不清。提示t位远移和通贯型

① 冶福云：《皮纹与疾病》，人民卫生出版社1994年版。

手是三体综合征的重要指标之一。

(5)21/21易位三体。系两条21号染色体之间发生易位。临床特征除发育不良、智力低下外,面貌以“大猩猩嘴”最为突出,伴有四肢及生殖器发育异常。

皮纹特征:患者先天性皮纹发育不良,手指斗形纹增多、总指嵴线数增高;掌轴三叉远移至t′或t″,ATD角增大。①

(6)14/21罗伯逊易位。14号染色体与21号染色体近端着丝粒相互融合而变成的一个中央(或亚中央)着丝粒染色体类疾病。染色体的数目减少了,但染色体臂数未变。

临床症状为智力偏低,体重减轻,发育迟缓,眼距较宽,眼裂向上外斜,舌外伸,一般在早期死亡。

皮纹特征的变异以双手掌出现通贯手和小指出现单一指褶纹为主,其他皮纹指标无明显异常。②

及早发现染色体易位携带者(患者),对本人、家庭以及提高出生人口素质都有重要意义。

任晨春(女)在遗传病检测工作岗位上是一位有心人,她是天津市中心妇产科医院医师,2004年入选天津市卫生局131第三层次人选,同年获天津市卫生行业“青年岗位能手”称号。

在多年的工作中,任晨春发现,有很多染色体易位的病人表型正常,只有在出现反复流产后进行染色体检查才能被发现,给患者和家庭带来了很大的痛苦。怎样才能早些发现这些患者一直是她苦思冥想的课题。为此,她查阅大量有关的文献,对这些病例进行反复研究,终于发现患者的指纹有许多特异性。在此基础上,她成功地总结出一套快速、简便、安全的筛查染色体易位患者的方法,并很快应用于临床实践,在遗传咨询门诊开展了大量的筛查工作,取得了良好的诊断效果。在2000多名筛查对象中,筛查出10例经临床确诊的染色体易位患者,准确率达82.1%,此项目通过了2002年度天津市科技成果认定。

任晨春该项目报告的35例染色体易位患者的指纹特征为:桡箕纹(L^r)高于尺箕纹(L^u),W出现率高,各指RC和十指纹线总数(TFRC)高,a-bRC多,tPD高;左手掌褶纹通贯型多,右手普通型多。

任晨春认为,通过指纹对人群进行筛选,再对高度可疑者进行染色体核型分析,是一种直观、简捷、可靠、经济的筛查方法。

周兆梅等也认为,婴儿7周健康检查时,关注和应用指纹学分析,婴儿通贯手的指标可作为一种早期筛查手段。

2.部分三体综合征的皮纹特点

① 冶福云:《皮纹与疾病》,人民卫生出版社1994年版。

② 冶福云:《皮纹与疾病》,人民卫生出版社1994年版。

部分三体综合征是第1～22号常染色体中任一号染色体的任一片段出现三部分而引起的染色体病。

(1)3P部分三体重复综合征。

临床特征：发育迟缓，智力低下，小头畸形，两眼靠近，小颌短颈，招风耳，常伴有先天性心脏病。

皮纹特征：患者指纹螺形斗增多，常达8个以上，总指嵴线数显著增高；掌褶纹通贯型、桥贯型比例增高，其他皮纹指标无明显异常。

核型：46;XY,dirdup(3p)。

(2)3P部分三体综合征。

临床症状：智力、发育迟缓；小头方脸，眼距过宽；鼻尖上翘、人中隆凸，口大腭裂，小颌后缩，常伴有内脏畸形。

皮纹特征：患者指纹螺形斗明显增多，总指嵴线数增高；双侧掌褶纹通贯型比例较高，其他皮纹指标较正常。

核型有：46,XX(XY)；3p21→pter；3p21→p26；3p22→ter；3p23→ter之部分三体型。①

在所有部分三体综合征的皮纹异常中，唯3P部分三体综合征患者螺形斗明显增多，似乎3号染色体与螺形斗有关。

(3)9P部分三体综合征。

临床特征：发育迟缓，智力较差，小头畸形，囟门增宽。眼球凹陷，斜视，眼距宽，“鲤鱼样”嘴。耳大、颈短、漏斗状胸，共济失调，常有脊柱裂。

皮纹特征：患者弓形纹增多，螺形斗减少，总指嵴线数明显减少；掌轴三叉点远移至t′，ATD角增大；双侧通贯手多见。

核型：多为9P1 3→ter片段三体。②

在其他部分三体综合征的皮纹异常中，共性的是指纹纹型分布和出现率无明显异常，掌轴三叉远移一般在t′位，t″位少见；单侧或双侧通贯手多见，小指单一指褶纹仅在12q部分三体综合征中出现。相比较而言各项指标变异程度都较三体综合征轻。

3.单体综合征的皮纹特点

单体综合征，是指染色体总数为45，某号常染色体为单体的染色体病。该病在临床上少见，但危害大，常导致胎儿期死亡。常见有18、21、22单体综合征。

18单体综合征临床症状为智力严重障碍，圆脸畸形，短颈，有翼状颈皮，“鱼口样”嘴，有龋齿；伴有白内障和心血管系统畸形等。

---

① 冶福云：《皮纹与疾病》，人民卫生出版社1994年版。

② 冶福云：《皮纹与疾病》，人民卫生出版社1994年版。

皮纹特征：手指斗形纹增多，总指嵴线数明显增高，掌轴三叉向手心位移，ATD角有增大现象，C三叉点缺失率较高。[①]

4.部分单体综合征的皮纹特点

部分单体综合征是因染色体某一部分缺失而引起的染色体病。染色体部分缺失常见有短臂部分缺失(P)、长臂部分缺失(q)和长短臂部分缺失而形成的环状染色体(r)三大类。由此而产生的病种较多、病症较重，对患者危害很大。

(1)r(1)综合征。系1号环状染色体综合征。临床症状：发育迟缓，出生时体重减轻，智力较差；小头及面部畸形、耳大位低；身材明显侏儒等。

皮纹特征：患者皮纹除单侧或双侧通贯手比例较高外，其他皮纹指标均基本属正常范围。

核型：46，XX(XY)，r(1)。[②]

(2)5P部分单体综合征。1963年由Lejeune等首次报道而命名，系5号染色体的短臂缺失所致。因患者哭声似猫叫，又称猫叫综合征。

临床特征：患者发育迟缓，智力障碍。婴儿哭声似猫叫；头面部发育不良，头小圆脸，眼距增宽，眼裂下斜；小颌畸形，耳小位低，肌张力低下。伴有骨骼及内脏畸形；先天性心脏病等。

皮纹特征：患者斗形纹增多，弓形、箕形纹减少，总指嵴线数增高；掌部轴三叉远移至t′，使ATD角和tpD值增大；第一掌褶线止于第I2指间区垂直处，既未进入第I2指间区内，也未滑向桡侧，止于a三叉附近，是掌褶纹畸形中较为少见的一种现象。a–b嵴线数和各区真实花纹出现率未见明显异常。

核型：46，XX(XY)，5p；约有1／6患者为5／C、5／D、5／G易位型。[③]

(3)8q部分单体综合征。1964年首先由德·格劳凯(De Groucky)等报道，后由沃特莱克(Werteleck)等人确诊。系8号染色体的长臂缺失所致。

临床症状：患者面容痴呆，智力发育迟缓，易疲劳，劳力性气促；头发稀疏，颜面扁平，前额及颌部突出，眼距增宽，内眦赘皮，斜视；常伴有先天性心脏病。

皮纹特征：患者指纹斗形纹增多，尤为螺形斗纹为主，使总嵴线数增高；手指形态，其指尖较正常人尖细；a–b嵴线数、ATD角及真实花纹出现率等未有明显异常。[④]

---

① 冶福云：《皮纹与疾病》，人民卫生出版社1994年版。

② 冶福云：《皮纹与疾病》，人民卫生出版社1994年版。

③ 冶福云：《皮纹与疾病》，人民卫生出版社1994年版。

④ 冶福云：《皮纹与疾病》，人民卫生出版社1994年版。

5.常染色体结构畸变

(1)男性生殖系畸形。男性生殖系先天性畸形是全身最常见的畸形。在胚胎时期,男性生殖系器官自体节外侧的中胚层发生,约形成于第5~12周;由于遗传或宫内环境的改变等因素均可引起各种畸形,尿道下裂,隐睾是小孩生殖器畸形中较多的两种。目前认为它们主要通过隐性基因遗传。

为了探求该疾病的肤纹学改变和进一步进行遗传学探讨和研究,苏州大学医学部殷伟平等对91例男性生殖系畸形患儿(尿道下裂35例,隐睾症56例,年龄为1~3岁儿童,畸形组)和对照组(为健康男性儿童64人,年龄为3~6岁,两组均为汉族)进行肤纹分析。主要数据如下:

①指纹出现率比较。

W:畸形组54.8%,对照组49.2%;

L^u:畸形组39.1%,对照组47.5%;

L^r:畸形组3.5%,对照组1.7%(出现率比较,P<0.01);

A:畸形组2.6%,对照组1.6%。

②a-b嵴线纹(a-bRC)。

a-bRC的结果:畸形组为50.45±1.03条,平均每毫米为2.6±0.11条;对照组为40.32±1.79条,平均每毫米为1.9条,两者间有显著性差异P<0.01。

殷伟平等认为:两组在掌褶类型、ATD角、指纹总嵴线数(TFRC)方面虽无差异,但患儿中桡箕出现率、a-b嵴线数明显高于对照组,说明男性生殖系统畸形患者有独特的肤纹特征。①

中国疾病预防控制中心辐射防护与核安全医学所姚素艳等,典型分析了3例常染色体结构畸变核型:平衡易位1例,罗伯逊易位1例,均为无精症;臂间倒位1例,患者为畸精症。他们的睾丸体积8.15mL。男性性征无异常。对罗伯逊易位患者的生精细胞检查发现:精原细胞2/20,初级精母细胞10/20,次级精母3/20,精子细胞5/20,精子为0。可见无精子的原因可能与从精子细胞到精子这一环节受阻(非减数分裂)有关。

在平衡易位中,大多数断裂点均位于DNA的非转录区,故对基因功能影响不大,所以大部分携带者的表形正常。但通过对携带者精子的形态、穿透力、染色体组成等方面的研究证实,常染色体相互易位可导致第一次减数分裂交叉图像减少而致不育。

总之,常染色体结构异常很可能影响精子的发生过程。由于精子发生过程很复杂,究竟阻断在哪些环节上,有待进一步探讨。②

(二)性染色体之异常

性染色体病是指由X或Y性染色体数目或结构异常(缺失、重复、倒位、异位)所导致性

---

① 殷伟平、王晓春:《男性生殖系畸形患儿肤纹的形态分析》,载《四川解剖学杂志》2012年第20卷第2期。

② 姚素艳等:《257例男科门诊病例的染色体核型分析》,载《中国性科学》2003年第12卷第3期。

染色体畸变引起的疾病。性染色体病情轻的可以正常生活，严重的可以做变性手术。性染色体异常还是自发性流产、死胎、早夭，先天性疾病的重要原因。

性染色体异常对指纹形态的影响没有常染色体那么大，但直接影响到每个指纹乃至十指指纹的纹线数量。

1957年，彭罗斯(Penrose)首先观察到先天性卵巢发育不全综合征(杜纳氏综合征，Torn-er Syndrome)病人的a与b指三叉的间距增大，纹线数增多，在1963年，其终于搞清了这一数量关系。

但规律的发现者却是阿尔塔Alter，1965年Alter提出了"性染色体的数目和类型，与十指纹线总数之间存在半数量的反相关关系"的理论。Alter的发现，1967年被Penrose所证实。其观察到，每增加一条X染色体所引起的十指纹线总数的减少数，是每增加一条Y染色体的三倍。可用如下的方程式来表达，即$E=187-30x-12y$。其中x是X染色体的数目，y是Y染色体的数目。

对于性染色体的数目与十指纹线总数之间的反相关关系现象，Penrose作出了如下的假设：性染色体通过控制细胞的液体含量而影响到细胞体积的大小。细胞中存在的性染色体越多，液体的含量就越低。细胞小，指脂肪垫也就小。在细胞核为XO的个体中，细胞比XY的个体大，XY个体的细胞又比XX个体的大。较大的指脂肪垫产生较大的表面积，在胚胎发生期中需要更多的乳突纹线来覆盖整个指脂肪垫区域，因此，最大的十指纹线总数将在XO个体中观察到，而较低的十指纹线数一定出现在多个性染色体的个体身上。

Penrose(1967)列举了细胞核型为XO、XY、XYY、XX、XXY、XXYY、XXX、XXXY、XXXYY、XXXXY者的十指纹线总数(TFRC)，依次为184.4条、145.0条、133.6条、127.2条、114.8条、106.1条、109.8条、93.0条、73.0条和49.9条。

Penrose的这个假说，首先在人类身上得到了间接证实。人们观察到，在特纳氏综合征患者出生时，手和足的水肿是普遍现象。在以后的有关性染色体非整倍体病例的报道中汇集的十指纹线总数的数据，所得出的平均值和从方程式计算出来的期望值显著地一致，特别是在男性患者中。女性患者十指纹线总数稍高于期望值，这一事实提示，多个X染色体协同作用的效应，可能比它们的分别效应之和要稍微小些。

先天性性染色体异常常伴随发育异常，但往往发现较迟，如青春期才出现第二性征发育障碍或异常。某些性染色体异常者伴随精神障碍。除了先天性以外，单基因的缺陷和环境因素也可造成性染色体异常。

性染色体异常导致的疾病有多种，其中不孕不育是性染色体异常常见的疾病之一。不孕不育可由遗传缺陷、解剖异常、内分泌紊乱、免疫因素、感染、全身性疾病及环境因素等各种原因引起，但染色体异常是重要因素之一。染色体核型异常主要包括了缺失、重复、倒转、异位、大(小)Y、随体、次缢痕增粗等。

女性：凡婚后未避孕、有正常性生活、同居2年而未受孕者，称为不孕症；虽能受孕，但由于各种原因导致流产、死胎而不能获得存活婴儿的称为不育症。

男性：不育患者染色体畸变率达2.2% ~ 33.3%，说明染色体核型分析、指纹分析在不孕不育患者的病因诊断中有着重要意义。

1.性染色单体综合征

（1）先天性卵巢发育不全。先天性卵巢发育不全是原发性闭经中因性染色体异常致病的典型病种，1938年由特纳首先报道而得名。系缺少一条X染色体所造成的综合征，染色体核型最典型的是45，XO；占患者的80%左右。此外还有正常男性或女性的X单体、结构异常的X单体和Y染色体及女嵌合体型等致病原因。发生率为新生婴儿的10.7/10万或女婴的22.2/10万，占胚胎死亡的6.5%，是一种最为常见的性发育异常。单一的X染色体多数来自母亲，因此失去的X染色体，可能是由于父亲的精母细胞性染色体不分离所造成。仅0.2%的45，X胎儿能达到足月出生，其余的大多在孕10 ~ 15周内死亡。

临床症状：患者为女性表现型、身材矮小，一般缺少青春期性发育的特点，女性第二性征不全，乳房不发达，乳头间距大，卵巢等生殖器官发育不全，外生殖器婴儿状，伴有原发性停经等其他先天畸形。

皮纹特征：在指纹纹型分布较正常的情况下，指纹嵴线总数增加。增加的直接原因是单个指纹的嵴线数增大，而非花纹强度增高的结果；手掌轴三叉远移，ATD角显著增大，据统计，轴三叉远移高达约56%，ATD角均值为50°。产生上述结果50%以上应与小鱼际区的真实花纹有关；掌褶纹中，完全性或过渡性掌猿线增多，占患者的28%左右；掌A主线呈纵行走向，终止于大鱼际区，指三叉C常缺失，亦是特征之一。

成都市妇产科医院遗传室宁郁玲等对10例闭经患者（原发性、继发性闭经各5例）皮纹的分析结果为：大尺箕、大斗形纹增高，形成总指嵴线数增多，平均为187条；a-b嵴线数亦增多，为79.8条；轴三叉t远移至t′者占45%，t″占10%，ATD角平均为42.4°；异常掌褶纹增多。染色体核型检查，有6例为性染色体异常，认为皮纹改变与染色体畸变有关。

杭州市红会医院曾诊治过一例“特纳氏综合征”患者，报道如下：①

家有姑娘初长成，22岁的小涵“大姨妈”却从没来过。要不是因为单位的一次体检，至今也不会知道，她是一个性染色体只有1条X的人，且子宫和卵巢的大小只有两三岁幼女那般大，以后也不能跟正常女性一样生育。

小涵是一名商场营业员，从安徽来杭打工。单位安排体检，在拍X光片时，医生发现她心脏扩大，有异常。于是建议她加做一个心脏B超，结果显示有大量的心包积液。

---

① 《女子22岁从没来过“大姨妈”竟是少了一条X染色体》，载浙江在线，2016年10月1日。

医生告诉她，心脏一收一缩需要宽松的环境，当外面都是心包积液，会限制心脏舒张，通常应该有气急等表现。小涵想到前几天爬楼、行走后的确很容易气喘吁吁。

于是，她到杭州市红会医院心血管内科就诊。当晚，住院后医生为她做了心包穿刺引流，结果排出了800ml的积液。她整个人都感觉轻松了许多。

然而，小涵的问题没那么简单，血液检查显示她有明显的甲减。仔细询问之下，小涵透露："我长这么大，还从没来过月经，起初妈妈也带自己去看过几个当地的老中医，但也没啥效果，后来也就没再正规检查过。"

医生考虑是原发性甲减引起心包积液，也会引起闭经，就赶紧请来内分泌科医生会诊。当内分泌科副主任医师胡永宾赶到病房，望着病床上面部浮肿、皮肤偏黄、头发枯黄的小涵，他联想到另一个女病人。一年前，他接诊的一名类似病人，因为闭经加上头颅内垂体占位在脑外科就诊，差点在脑外科做手术，后来也发现是甲减，甲减治好后垂体占位就消失了。

鉴于前例，他让小涵做垂体磁共振检查。经查，小涵脑内同样有明显的垂体肿大，呈现垂体占位。人体正常脑垂体高度是8毫米以下，而她的垂体高度已达到16毫米。而且垂体应在垂体窝里，小涵的垂体已突破垂体窝，一半在垂体窝之上，看上去像堆着个雪人一样。

既然找到了甲减这个"病根"，小涵就被转到了内分泌科继续接受治疗。但在不断接触中，胡永宾又发现她身上其他的异常，比如，双手小指偏短、右手无名指也偏短，个头偏矮(153cm)，没有体毛，而且她患有慢性中耳炎已有8年了，这一系列的异常都指向一个问题：她的染色体正常吗？

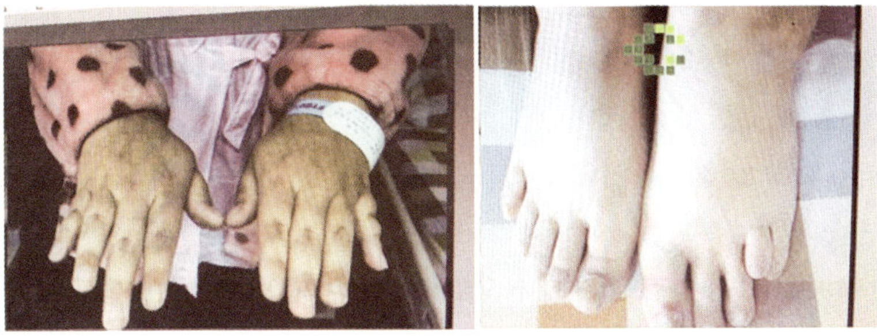

图10-4 特纳氏综合征手足型

于是，小涵又去做了细胞染色体检查。结果让她震惊不已：一般人身上有46条染色体，其中44条是常染色体，剩下2条是性染色体，男孩为X和Y，女儿是X和X。而她查出来只有45条染色体，缺失了一条X染色体。

就是因为这条X染色体的缺失，她的乳房没有发育，身上也没有体毛，B超下显示子宫和卵巢大小如两三岁幼女一般。

这种病并不算罕见，女孩月经不正常、无名指比中指短一截。

胡永宾医生说，患这种病的女性绝大部分不会发育，即使补充了人工雌激素和孕激素，最多只能帮他们子宫和乳房增大和模拟正常女性每个月来“月经”，自身基本上不会排卵。

如今，小涵已经接受了几个月的人工雌激素和甲状腺激素补充治疗，各种症状已经慢慢消失，连脑垂体也已经缩小至9mm，不过这种治疗得伴随她终生。

（2）XO/XY性腺发育不全。此类患者染色体为45，X/46，XY。最初发现此类患者的性腺一侧为发育不全的睾丸，另一侧为条索状性腺，故又称为混合型性腺发育不全。临床特征有特纳氏综合征的表现，部分患者可有阴蒂增大。

蒋建发等回顾性分析2008年1月至2015年5月北京协和医院收治的XO/XY性腺发育不全患者的临床资料。结果为：32例患者社会性别均为女性，年龄6~33岁，主要以无自主月经或身材矮小就诊。平均身高（144.54 ± 13.90）cm，多伴有特纳氏综合征典型体征。患者中27例（84.38%）乳房发育未达Ⅲ级、28例（87.5%）腋毛稀疏或无、26例（81.25%）阴毛稀疏或无、18例（56.25%）外阴发育幼稚、5例（15.63%）阴蒂增大。卵泡刺激素平均为（78.56 ± 35.62）m IU/ml，黄体生成素为（20.23 ± 11.35）m IU/ml，雌二醇为（9.94 ± 8.21）pg/ml，睾酮为（0.24 ± 0.18）ng/ml。所有患者均行性腺切除术，病理提示性腺分化形式多样，其中4例发生肿瘤。结论XO/XY性腺发育不全主要表现为原发闭经或身材矮小，第二性征发育差，促性腺激素水平升高，性腺有恶变风险。①

非常可惜的是此类病例均未采集指纹样本数据。

2.性染色三体综合征

性染色三体综合征是指患者细胞中出现某一号同源染色体数量不是正常的2个而是3个，即染色体总数为47所造成的疾病。常见的有常染色体21三体（特纳氏综合征）、18三体（爱德华氏综合征）、和13三体（帕陶氏综合征）等。

（1）47，XXY综合征。此病于1942年由克兰费尔特（klinefelter）首次报道而得名。因患者多一条X染色体，导致睾丸发育不全，又称为先天性睾丸发育不全征。典型的核型为47，XXY，亦可有嵌合型，发生率为1∶600 ~ 1∶1000，少数为嵌合型和变异型等。

病理病因分析为：先天性睾丸发育不全的形成可能是卵细胞在成熟分裂过程中，性染色体不分离，形成含有两个X的卵子，这种卵子若与Y精子相结合即形成47，XXY受精卵。另一种情况是，如果生精细胞在成熟过程中第1次成熟分裂，XY不分离，则形成XY精子，这种精子与X卵相结合也可形成47，XXY的受精卵。一般认为大多数47，XXY的形成系卵子在成熟分裂过程中性染色体不分离所引起。

此征在临床上，以性腺为曲细精管发育不良的睾丸和男性性征发育不全为主要特征。表现为全身皮肤细腻，毛发稀少，无胡须、腋毛；睾丸小如蚕豆、花生米，阴茎短小、勃起不能

① 蒋建发等：《32例XO/XY性腺发育不全临床特点分析》，载《中国医学科学院学报》2016年第4期。

或不坚;无生育能力,精液检查无活动精子;喉结低平,音调尖细;乳房轻度发育;一般身材较高,走路时身体左右晃动,形同“企鹅样”步态;个别患者会影响到智力的发育。

皮纹特征:徐州市妇幼医院顾茂胜曾对29例男性无精子患者皮纹作分析,其中20例染色体核型为47,XXY患者的指纹纹型中,弓形纹、桡箕纹明显增加;尺箕纹和斗形纹显著减少;4种纹型与正常人比较都呈显著性差异($P<0.01$),分别是弓形纹13.5%、尺箕纹28%、桡箕纹30.5%、斗形纹29%。从指位看,弓形纹在左右手十个指位都增高;桡箕纹在20人中共出现61枚,其中59枚出现在右手的5个指位,这是一种极为突出的现象,反映了X染色体异常与右手有关、与桡箕纹有关。①

总指嵴线数明显减少,为106.79±42.5条,国人正常值为148.8±42.53条;ATD角偏小,为36.28°±4.69°,国人正常值为41.3°,有显著差异($P<0.05$);tpD值和掌褶纹亦正常。但冶福云报道该征患者掌轴三叉远移至t′或t″,使ATD角和tpD值明显增大。

顾氏还发现一患者双手掌褶纹为过渡I型,有8个弓形纹,ATD角皆为27°,甚为异常。

该病症部分患者智力发育低于正常,显示轻度智能障碍。心理个性发育以不成熟性和被动性为著,表现为情绪冷漠、沉静、胆怯、做事优柔寡断、交友较少、缺乏上进的力量。对自身缺乏男子气概经常感到不安,对性功能低下和无生育能力甚为焦虑,形成较大的心理压力,甚至会发生某些精神心理方面的障碍,做出令人惊讶的事情来。

(2)47,XXX综合征。1959年由雅各布斯(jacobs)等首先报道。也称为“X3综合征”或“超雌综合征”。该症患者染色体组成大多为47条,即47,XXX。该症发生率约为1/2000,为女性最常见的X染色体异常疾病。

临床症状:患者躯体外形特征不显著,眼距增宽,内眦赘皮;性征发育如常,部分患者月经和性发育不正常,可受孕生育。 多数可有不同程度的智力发育障碍。心理个性发育易受不良环境影响,从而导致人格偏离,可表现为伦理道德观念淡薄、行为放荡、粗野,甚至出现暴力、凶杀等社会行为或发生某些精神障碍。其表现型应该是由两种染色体共同决定的(在异常情况下)。

母亲年龄大生育时危险性亦大。多X染色体的特点为智力低下,亦有报道有5个X,X染色体越多,智力低下程度越严重,临床常误诊为先天愚型。

皮纹特征:据冶福云报道,患者弓形纹明显增多,斗形纹、箕形纹减少,总指嵴线数显著减少。掌轴三叉远移至t′或t″,ATD角和tpD值明显增大;掌部大鱼际区真实花纹出现率明显增高,其他皮纹指标未见明显改变。

3.性染色多体性综合征

该症是指患者细胞中出现4条或4条以上同源或不同源性染色体所致的疾病。目前发

① 冶福云:《皮纹与疾病》,人民卫生出版社1994年版。

现的有48,XXYY综合征,49,XXXXX综合征等。

(1)48,XXYY综合征。核型:48, XXYY,少数为嵌合体。

临床症状:外表男性,身材高大,性情暴躁,智力低下;皮肤细腻,无喉结及胡须;性器官发育障碍,生育力低下,偶有骨骼发育畸形、下肢静脉曲张等症状。

皮纹特征:肖曼·阿尔特指出该症指纹嵴线总数低,是由于弓形纹频率的增多和部分的由于其他指纹花纹普遍变小造成的;最有意义的是在43.8%的患者掌小鱼际区有真实花纹,在68%的患者掌上发现轴三叉远移,但平均最大的ATD角和正常男子差不多。认为皮纹在48,XXYY综合征之间,虽有统计学差异,但很小,在鉴别诊断中作用有限。

冶福云的报道,除小鱼际区真实花纹明显增多的意见与之相同外,认为该症患者指纹与正常人相反,以斗形纹为主,箕形纹相对减少,弓形纹正常,总指嵴线数因之明显增多;轴三叉远移至t′或t″,使ATD角和tpD值均增大。两者观察数据的差异是否为人种间差异,有待研究。

(2)49,XXXYY综合征。核型:49,XXXYY,是多Y综合征中的一种类型。

临床症状:智力严重障碍,外表男性,女性体型,乳房发育,声音尖高,颧骨突出,斜视,性功能减退。隐睾症,常伴有四肢关节畸形等。

皮纹特征:患者手指弓形纹明显增多,桡形箕增多;箕形纹、斗形纹相对减少。统计数据为弓形纹15%、桡箕纹5%、尺箕纹45%、斗形纹35%。总指嵴线数显著减少,a-b嵴线数明显降低,其他皮纹指标未见明显异常。

(3)49,XXXXX综合征。核型:49,XXXXX。

临床症状:智力严重障碍,女性表型,短头短颈,面容特异,眼距过宽,内眦赘皮;常伴有先天性心脏病和4肢关节畸形等。

皮纹特征:患者皮纹先天性发育不良明显,指纹与正常人差异显著,弓形纹明显增多,箕形纹、斗形纹显著减少,统计数据为弓形纹23.8%、桡箕纹3.8%、尺箕纹45.6%、斗形纹25.6%、杂形纹1.29%;总指嵴线数减少;轴三叉远移高达61.1%,通贯型掌褶纹比例增多。①

4.脆性X染色体综合征

脆性X染色体综合征是一种X连锁遗传病,核型46,X Y(xq27,q28)。 1969年由卢柏斯(Lubs)首次报道,1977年由萨瑟兰(Sutherland)证明在X染色体的q27与q28带上有一脆弱点或裂隙。患者多数为男性,部分女性为携带者,常有家族史。

临床症状:智力障碍,语言迟钝,大头长脸,前额突出,大嘴厚唇,耳大外翻,大睾丸。

皮纹特征:患者指纹以斗形纹为主,弓形纹尤其是箕形纹减少并有显著差异;总指嵴线数和a-b嵴线数明显高于正常人;单侧和双侧悉尼型掌褶纹比例较高;大小鱼际区真实花纹

① 冶福云:《皮纹与疾病》,人民卫生出版社1994年版。

等其他皮纹指标未见明显异常。[①]

四、基因性指纹异常

凡是由于基因突变所引起的疾病都称作基因性疾病。基因突变一旦发生,可呈现出家族性传递。突变基因既可发生在常染色体上,也可发生在性染色体上,既可是单基因突变,也可能是多突变基因共同作用,因此在遗传方式上呈现出显性遗传、隐性遗传及伴性遗传等多种形式。具体分为单基因和多基因疾病两大类。

(一)单基因遗传病

单基因病符合孟德尔式简单遗传规律,是指一对同源染色体上的单个基因或一对等位基因发生突变所致的疾病,是一种相对轻微的遗传病,不存在致愚、致残和致死性。

本病不是由三代近亲直接造成,是三代以外的婚配或重性遗传病在经数代进化后的后代,1种病由1对等位基因缺失或畸变。其遗传性状是由AA、Aa、aa三种不同的基因型所决定的。这类遗传性状称之为质量性状。

现已经发现的单基因遗传病有上千种,如先天弱视、斜视、近视、耳聋、狐臭、嗅盲、色盲症、早衰症、先天哮喘病、静脉曲张、青光眼、平足;并指、六指症;血友病、皮肤病雀斑、多毛症、牙齿过早脱落症;多发性结核、成骨不全症、牛皮癣、高胆固醇血症、多囊肾、神经纤维瘤、视网膜母细胞瘤、腓肌萎缩症、软骨发育不全、上睑下垂、白化病、着色性干皮病、鱼鳞症、眼球震颤、视网膜色素变性、抗维生素D佝偻病等。

单基因病按不同的遗传方式分为3小类,分别是常染色体显性遗传病、常染色体隐性遗传病和伴性遗传病。

1.常染色体显性遗传

致病基因位于1~22号常染色体上,杂合子为患者。家属系特征是:

(1)患者双亲中一方是患者,患者中绝大多数是杂合子(Aa);

(2)父母一方是杂合子,则子女中约有1/2是患者,且男女患病机会相等;若父母一方是纯合子(AA),其子女均可发病;若父母均为杂合子,则子女的患病数为3/4,其中2/4为杂合子,1/4为纯合子;

(3)系谱中连续几代都有患者;

(4)如果双亲中没有患者,则子女一般不是患者。

2.常染色体隐性遗传

致病基因位于1~22号常染色体上,纯合体为患者,杂合体不是患者而是致病基因携带者。家属系的特征是:

(1)患者双亲可以都不是患者,但一定都是携带者;

① 冶福云:《皮纹与疾病》,人民卫生出版社1994年版。

(2)患者同胞中至少有1/4的概率是患者,1/2为携带者,1/4为正常;且男女患病机会均等;

(3)家属中不是连续几代都有患者,患者的出现是散发性的、非规律性的;

(4)近亲婚配的后代中患者增多。通常不会代代连续发病,分为散发性或隔代遗传。

3.X连锁隐性遗传

致病基因位于X性染色体上,且是隐性的。由于男性只有一个X染色体,Y染色体上没有等位基因,所以只有一个隐性致病基因的男性也是患者,而且这一致病基因必然来自母亲,将来一定传给女儿,这样的遗传方式称为伴性交叉遗传。家族系的特征是:

(1)男性患者远多于女性患者;

(2)男性患者的致病基因来自非患者母亲;

(3)患者的兄弟、舅父、外甥、姨表兄弟中可能有患者;

(4)患者的外祖父可能是患者,如外祖父是患者,那么舅父必定不是患者。

4.X连锁显性遗传

致病基因位于X性染色体上,且是显性的,所以女性杂合体是患者。家族系的特征是:

(1)患者双亲中必有一方是患者;

(2)如母亲是患者,子女中各有1/2的概率是患者;

(3)如父亲是患者,则女儿全是患者,儿子都正常;

(4)连续几代中常有患者出现;

(5)女性杂合体患者的症状常比男性患者轻。

5.常染色体显性遗传病的皮纹特点

据报道,已认识到的常染色显性遗传病有1827种之多,但作皮纹分析的仅30余种。有些病种皮纹改变的项目较多、较明显,有些病种皮纹改变的幅度不大,分述如下:

(1)鱼鳞病。一种遗传性皮肤慢性角化性皮肤病。按照遗传方式的不同,本病可分为常染色体显性寻常鱼鳞病和伴性遗传鱼鳞病。多在幼年时发病,有家族遗传史特点。临床症状为四肢或躯干部发生形如鱼鳞或蛇皮样的角化增生,鳞屑呈黑褐色或褐色,皮肤干燥、粗糙,冬重夏轻。病重者可波及全身,持续终生。

皮纹特征:冶福云报道,患者除先天性皮嵴纹发育不良外,指纹出现频率、总指嵴数、ATD角及掌区真实花纹与正常人比较未见明显异常。韩国栋等认为,女性患者双箕斗出现率明显高于正常人,a-b嵴线计数明显低于正常人,手掌ATD角减小。

(2)地中海贫血。因地中海沿岸多见而得名,是血红蛋白中珠蛋白的一种或几种肽链的合成受到障碍而导致血红蛋白异常的疾病。一般纯合子较杂合子症状明显,常有家族史。

临床症状为,患者生长发育较差,患有轻重不同程度贫血,血红蛋白经常在5%以下,面色苍白，脾肿大，疲乏无力，抵抗力较差，易患呼吸道感染等疾病。骨髓腔增宽，颧骨及前额突出，呈特殊面容。

皮纹特征（冶福云报道）：

①纹型以斗形纹为主，总指嵴线数明显增高；

②掌轴三叉位于t′，ATD角增大；

③掌C三叉缺之率高，有家族性特点；

④I3、I4指间区真实花纹出现率明显增高；

⑤其他皮纹观察项目未见明显变化。

（3）颅—锁骨发育不全。又称为骨盆颅—锁骨发育不全或骨—牙形成障碍。为先天性颅骨、锁骨、耻骨和牙齿发育障碍为主的全身性骨骼发育不全性疾病。

临床症状：患者颅骨软化，头颅增大，囟门及颅缝闭合迟缓。身体矮小，面小颌大，眼距增宽，鼻梁塌陷呈鞍状。出牙延迟且发育异常，锁骨短小或缺失，双肩下垂且向前靠拢。脊柱侧弯或驼背，骨盆宽大畸形，髋关节内翻，指（趾）细长等。

皮纹特征：冶福云等认为，患者除掌轴三叉向手心位移，使ATD角、tpD值有增大趋势和通贯型掌褶纹出现率高外，其他皮纹观察指标与正常人比较无明显异常。

（4）神经纤维瘤病。又称Von Reck-Iinghousen病，是全身神经鞘膜细胞和纤维组织增生以及表皮基底细胞层内黑色素沉着而引起的一种神经系统疾病。男女之比为1∶1.5。

临床症状：患者全身皮肤出现咖啡色牛奶斑，其大小、形态、分布、数目不一，以躯干部位为多。在周围神经系统均可发生，病情表现复杂，常侵犯听觉、视觉神经系统及其他神经。一般无疼痛。若侵犯内脏和骨关节，可有内脏的各种症状及骨折、脱位、脊柱弯曲等表现。

皮纹特征：患者斗形纹明显高于正常人，尤以螺形斗、总指嵴数明显增高，通贯型掌褶纹出现率增高。A-b嵴线、ATD角等皮纹项目无明显异常。

（5）瓦阿登伯格氏综合征。又称耳聋—眼病—白额发综合征。

临床症状：患者全身皮肤及头皮出现大小不等的白斑，前额白发，且前额部前突。眼眉浓粗，眉毛、睫毛过早变白。内眦横向移位，虹膜异常。鼻梁高宽，特殊面容，听力障碍，是先天性非进行性感音性耳聋。发育较差，常伴有肢体畸形。皮纹特征明显异常：

①患者指纹弓形纹明显增多，导致箕形纹、斗形纹显著减少；

②总指嵴线数明显下降；

③大鱼际区／I1区以箕形纹和螺形斗为主的真实花纹出现率增高；

④第3、4指间区箕形纹出现率较高，其他掌区、指间区无异常。[1]

---

① 冶福云：《皮纹与疾病》，人民卫生出版社1994年版。

(6)遗传性舞蹈病。又称为亨廷顿氏舞蹈病,是家族性退化性大脑皮层和基底核(尾状核和壳核)病变所引起。在人群中的患病率为4/10万~7/10万。

临床症状:青少年时发育正常,发病多在25~55岁之间。发病初期仅表现为面部和四肢、手势增多,直至出现舞蹈型不随意动作。随着病情加重,出现慢性进行性智力减退,伴有神经、精神方面异常,最后成为痴呆。

皮纹特征(冶福云报道):患者指纹与正常人相反,即斗形纹明显增多,箕形纹显著减少,总指嵴数明显增高,其他皮纹指标无明显异常。韩国栋等则认为,该病皮纹学表现不明显,仅左手第3指斗形纹出现率高为本病最常见的皮纹学改变。但这单一指纹不足以成为评价本病的特殊指标。

(7)霍尔特—奥拉姆综合征。又称为心血管—肢体综合征,是一组骨骼、肌肉和心血管等畸形的综合性疾病。1949年由Oppenheimer报道,1960年由霍尔特(Holt)和奥拉姆(Oram)详细描述本病而得名。

临床症状:患者眼距增宽,拇指发育不全或阙如呈三指节。若前臂尺、桡骨阙如或发育不全时,则呈海豹肢样畸形。常有房、室间隔缺损和动脉导管未闭或肺动脉狭窄等,还伴有如泌尿生殖器的畸形等其他方面的异常。

皮纹特征:患者指纹出现率异常,表现为斗形纹明显增多,箕形纹显著减少;所有患者的双手环指均为斗形纹,出现率100%。总指嵴线数显著增高;双手通贯型掌褶纹比例较高。其他指标未见明显异常。①

(8)先天性耳聋。先天综合性耳病。胎儿在出生时已有听力障碍或体内潜在胚胎期的致聋哑病因,导致出生后在不同年龄阶段发病,其发病率约为0.1%。无论是显性遗传性聋哑,或是隐性遗传性聋哑,均以患儿出生之时,或最迟至成年均出现听力障碍为特征。

临床症状:显性遗传性耳聋的分型较多,患者表现复杂,但通常均具有变形性骨炎、内耳不育性聋和遗传性进行性感音神经性聋和奥尔波特(Alport)综合征(遗传性肾炎伴有耳聋)等症状。

南京医学院郭汉璧等人曾专题对家族性显性遗传性耳聋进行了研究,他们在江苏淮阴县运南地区采集了属于不完全显性遗传性聋群体中的131例(男72,女59)患者皮纹样本和本地区正常人600例(男女各300)皮纹样本,作了对比分析(统计数据表达方式为患者组/对照组,以下同),结果提示显性遗传性聋的皮纹有如下特征:

- 男性皮纹特征

①指纹纹型,桡形箕增多(4.31/2.9),斗形纹增多(53.47/46.5),尺箕减少(40.97/49.2),弓形纹基本正常(1.25/1.4);

②总指嵴数增高(147.04 ± 38.63/134.63 ± 40.07);

① 冶福云:《皮纹与疾病》,人民卫生出版社1994年版。

③ ATD角有增大趋势(44.02 ± 6.28/41.57 ± 4.7)；

④桡尺单基点褶纹出现率高(21.53/10.33)，桡尺三基点褶纹出现率低(1.39/4.67)；

⑤真实花纹在掌几个区出现率增高：大鱼际/I1区(13.88/6.5)、小鱼际区(20.14/14.66)、I3区(18.75/11.83)、I4区(73.61/64.66)；

⑥其他指标未见明显异常。

- 女性皮纹特征

①指纹纹型以尺箕纹(49.66 / 41.9)和斗形纹(45.91 / 43.5)为主，弓形纹明显减少(0.51 / 2.43)，桡箕纹基本正常(3.9 / 2.17)；

②主线构型中Y型增高(46.61 / 36.5)，δ 型减少(31.35 / 43.33)；

③C三叉点发育不良(0 / 4)和缺失者明显减少(1.69 / 7)，C主线走向桡侧增多(33.05 / 18.33)；

④桡尺单基点褶纹出现率增高(25.42 / 7.83)，桡尺双基点、三基点褶纹出现率相应减少(72.04 / 84.67)、(2.54 / 7.5)；

⑤掌部真实花纹，I3指间区(24.57 / 12)，小鱼际区(29.66 / 17)明显增高外，其他部位比例正常；

⑥总指嵴线数、a–b嵴线数、ATD角等未见明显异常。[①]

(9)先天性耳前瘘管。胚胎期因形成耳廓的第一、二鳃弓的小丘样结节融合不良，或第一鳃沟封闭不全所致的先天性畸形。属常染色体显性遗传，有一定的家族史，发病率约为3.53%。

临床症状：患者主要为男性，一般为单侧耳发病，患部相对集中于右耳。瘘管通常为盲管，开口处在耳轮上形成一针刺状的小孔，平时无症状感觉。如瘘管内发生感染，则出现红肿疼痛，严重时发生炎症出现脓液，影响听力。

宁夏中宁县医院刘治国等采集了66例本病患者和668例健康者皮纹，作了对照分析。患者皮纹的特点主要是：

①指纹中弓形纹明显增多，与对照组相比有高度显著差异($P<0.01$)，且多出现在环指、小指位；

②总指嵴线数明显减少(128.28 ± 61.84 / 138.08 ± 47.82)；

③a–b嵴线数增大，与对照组有显著差异(42.96 ± 8.06 / 38.91 ± 6.26)；

④掌型、ATD角等其他项目未有明显差异。[②]

(10)先天性侏儒痴呆综合征。又称为努南综合征，由努南(Noonan)于1936年首先报道，是肺动脉瓣狭窄，心肌肥厚类先天性心脏病患者并发心外表现的一组疾病，常有家族史，临床症状：患者在心血管畸形的前提下，伴有智力低下，发育迟缓，身材侏儒，眼距增宽，眼睑

---

① 郭汉璧、谭振涛等：《显性遗传性聋——大家系研究》，载《中国优生与遗传杂志》1994年第2期。

② 刘治国等：《先天性耳前瘘管患者肤纹学分析》，载《体育科技》1992年第2期。

下垂，头发卷曲，短颈或翼状颈；低耳小颌、牙齿咬合不齐；漏斗胸或鸡胸，性腺发育不良、隐睾、肾脏及骨骼脊柱等方面的畸形。

皮纹特征：患者手指弓形纹出现频率明显增高，总指嵴线数显著减少，掌轴三叉点远移，使ATD角增大。①

珠海市卫校宋永春、江西医学院黎屏周等对200例先天性智能缺陷儿童皮纹的分析中发现，皮纹特征与努南综合征有相似的特点：指纹中弓形纹出现率高，特别是拇指位出现率明显高于正常人群；总指嵴线数较低，指纹白线明显增多，轴三叉远移，大鱼际／I1指间区和小鱼际区真实花纹出现率高。变异型掌褶纹出现率高，悉尼线型显著增多，小指呈单一指褶。足拇指球区胫向弓形纹出现率增高等。但该报道的先天性智能缺陷所涉及的病种和遗传方式覆盖面较宽。②

（11）豹皮综合征。又称心脏雀斑综合征，是皮肤基底层黑色素异常增多，表皮突延长，使皮肤出现多发性斑痣，并发心脏、神经、生殖器、内分泌及骨骼等方面异常为特征的一种疾病，有家族史。本病由泽斯勒（Zeisler）和贝克尔（Becker）于1936年首先报道。

临床症状：

①本症最重要的特征是皮肤多发性斑痣和色斑，色斑和斑痣一般是黑褐色，扁平疹或斑疹，大小不均，数量极多，遍布全身，并随年龄增长而增多、色泽加深；

②眼距过宽，常伴有上睑下垂、头颅畸形，双耳低位，鼻根宽，下颌前突；

③生殖泌尿系统异常，男性多见双侧隐睾，还有性腺发育不全，尿道下裂。女性卵巢阙如或发育不全；

④生长发育迟缓、身材矮小，常有漏斗胸或鸡胸，背柱后突侧突和隐性脊柱裂；

⑤肺动脉瓣狭窄最常见，还有主动脉狭窄、心肌病和冠状动脉瘤等，患者多数无症状，但严重的心肌病可突然致死。

皮纹特征：患者指纹以斗形纹为主，与正常人群有差别，总指嵴线数略增高，轴三叉点位置正常，但ATD角度数却变小，这可能与a、d三叉点的相聚有关（在皮纹与疾病的关系研究中，凡遗传性疾病ATD角大多增高，该病例较为特殊）。a-b嵴线数、主线指数、掌褶纹型等未见明显异常。③

（12）卵巢癌。卵巢组织发生的一组恶性肿瘤，是妇科的一种常见病。

临床症状：可发生于任何年龄，以20～50岁为最常见，肿瘤早期多无症状，随癌肿的增大，下腹逐渐隆起，出现腹部色块、腹水、腹痛、腰痛、下肢疼痛浮肿或性早熟、阴道出血等，并

---

① 冶福云：《皮纹与疾病》，人民卫生出版社1994年版。

② 宋永春等：《先天性智能缺陷儿童的肤纹学研究》，载《体育科技》1992年第2期。

③ 冶福云：《皮纹与疾病 》，人民卫生出版社1994年版。

有局部(腹股沟)淋巴结肿大等转移征象。

皮纹特征:

①患者指纹尺形箕增多但总指嵴线基本正常;

②大鱼际区/I1和各指指间区真实花纹频率明显增高,小鱼际区真实花纹出现率低;

③指纹白线明显增多;

④桥贯型掌褶纹比例较高。

前3种皮纹特征同时出现,可能提示本症的易患率提高,应早作检查。[①]

(13)面口部血管瘤。残余的胚胎成血管细胞形成的一种先天性良性肿瘤。好发于口腔颌面部,占全身血管瘤的60%,其发病率为0.01%~1%。

血管瘤按表现和组织结构可分为毛细血管型、海绵状和蔓状血管瘤三大类,通常可经改变体位、穿刺和造影等方法确诊。

该症皮纹特点突出:首先是,双手拇指以简单大尺形箕为主,其余各指却以大螺形斗为主,导致总指嵴线数明显增高。其次是a-b嵴线数均值明显高于正常人。最后是大鱼际区/I1指间区桡形箕出现频率较高。

(14)先天性白内障。又称为发育性白内障,是怀孕期病毒感染或遗传等因素所造成的晶体混浊性眼病,是儿科常见的致盲原因之一。常染色体显性遗传是其主要发病因素。

临床症状:小儿出生后或生长发育中,晶体变为混浊。多为双侧静止性,少数为单侧或进行性加重。其分型较多,临床上分为囊体性和晶体性两大类。对视力的影响以晶体混浊程度不同而有所差异,严重者可完全失明。

皮纹特征:较正常人群差异较大。

①指纹纹型大箕形纹和大斗形纹比例增多,导致总指嵴线显著增高;

②a-b嵴线数增高;

③大小鱼际区真实花纹中均以箕形多见;

④皱褶掌、桥贯手和悉尼手比例较高;

⑤拇指球部远箕形纹增多,足大小鱼际区及跟区未见异常。[②]

(15)下肢发育不良征。为下肢多发性骨骼发育不良的遗传性疾病。多见于15岁以下的儿童,可有明显的家族史。

临床症状:患儿开始时出现肢体发育停滞,表现为短肢性侏儒,行动迟缓,膝内、外翻,步态不稳,外踝较低,常伴有关节疼痛、僵硬、继发性脱臼等。病情随年龄增长而逐渐加重。

---

① 冶福云:《皮纹与疾病》,人民卫生出版社1994年版。

② 冶福云:《皮纹与疾病》,人民卫生出版社1994年版。

皮纹特征特别明显的是患者先天性皮嵴发育不良；桥贯型、通贯型掌褶纹比例较高，且常出现皱褶掌；掌轴三叉点远移至t′，导致ATD角度数和tpD值增大；但指纹纹型无明显异常。①

(16)关节—脑—腭综合征。本征自胚胎期发病，出生后呈慢行性加重。临床特征表现为关节挛缩，髋关节脱位。脑积水，颅压增高，智力低下，年龄越大症状越明显。眼球运动麻痹，斜视。耳郭畸形，腭裂±唇裂。还伴有如多发性室间隔缺损、房间隔缺损等先天性心脏病。

皮纹特征十分典型，患者先天性皮纹发育不良，指掌纹基本处于消失状态，纹形及纹线走向模糊不清，几乎无法辨认，导致取样统计的困难。②

(17)阿姆斯特丹综合征。阿姆斯特丹综合征是一类罕见的累及多器官系统的遗传异质性疾病，主要特征是特殊面容、胎儿宫内及出生后生长迟滞、多毛症、上肢复位缺陷，常见的器官异常包括上睑下垂、近视、肠旋转不良、隐睾、尿道下裂、幽门狭窄、先天性膈疝、室中隔缺损、癫痫和听力丧失等，患者通常存在严重的智力障碍。

患病率：1～9/100000，遗传方式：常染色体显性，X连锁隐性。该病有65%的患者由NIPBL、SMClA或SMC3这三个基因中的一个突变所导致，其中NIPBL基因突变占50%～60%。中国医科大学医学基因组学教研室曾新发现一例Cornelia de Lange综合征患儿的致病基因，是NIPBL基因第13内含子发生杂合突变的IVSl3-3CG。此突变为国际尚未报道的突变，丰富了NIPBL基因突变数据库，为临床诊断提供依据。

肖曼等人曾报道该征的指纹特征。

阿姆斯特丹综合征许多患者由于心脏缺损，直接影响到四肢的发育，手脚常有畸形，与之相关的是指纹异常。在汇总的资料中，手指部位：桡向箕频率明显增加，有44%的桡向箕出现在除食指外的其他指位上，特别是中指上；76%的患者没有斗形纹，十指指纹总数异常低；小指偶尔出现单个指节褶纹。

掌上部位表现为：

①指间区：41%以上的病人指间b和c三叉至少一侧发生融合；在I4区出现一横或斜的箕形纹，在统计的17个病例中，有4个在I4区双侧对称出现箕形纹(Pfeiffer and Kumbnani, 1967；Smith, 1966；Grosse and Opitz, 1971)；I3区箕形纹的频率也显著增加，在大多数病人的双手上都可观察到；

②大鱼际区：该区的真实花纹频率大为增加；

③ATD角：ATD角显著大，男女平均在54°左右，高出普通人群约13°；

④掌褶纹类型：75%以上的病人有一条真正的或过渡的通贯褶纹，66%的双手为悉尼线。

---

① 冶福云：《皮纹与疾病》，人民卫生出版社1994年版。

② 冶福云：《皮纹与疾病》，人民卫生出版社1994年版。

Cornelia de Lange综合征的数据统计如表10-1所示：

表10-1

性状	数目	数值
指纹花样		
弓　形	56	9.0%
桡向箕形	110	17.8%
尺向箕形	390	62.9%
斗　形	53	8.5%
未　知	11	1.8%
各指上的桡向箕形		
第一指	0	0.0%
第二指	62	56.4%
第三指	37	33.6%
第四指	9	8.2%
第五指	2	1.8%
平均指纹线总数		
男　性	13	97.3
女　性	8	63.1
总平均	21	84.3
总数平均相加的ATD角		
男　性	23	106.0°
女　性	14	111.2°
总平均	37	107.9°
远端轴三叉	56	41.5%
掌部花纹		
大鱼际/I	19	25.3%
小鱼际区	40	33.3%
指间I3区	57	59.4%
指间三叉	18	28.6%
小指单一横褶纹	122	65.2%

6.常染色隐性遗传病的皮纹特点

据报道，常染色体隐性遗传病已发现有1300余种，但进行皮纹分析研究的病种不多，仅数十例。

(1)隐形遗传性聋。先天性聋哑中的一种,常伴随其他综合征同时出现,如Alstrom综合征、Pendred综合征、Usher综合征、耳—腭—指综合征等,除耳聋外,还伴有其他部位的畸形。

大部分患者幼小发病,随年龄的增长病情逐渐加重,并开始出现耳聋以外的其他病症。郭汉璧、林敏等对确定为散发性隐性遗传性聋220例(男118、女102)患者与当地正常人600例(男女各300)进行皮纹分析对比,有关结果如下:

● 男性皮纹特征

①指纹除尺箕、双箕斗形纹略有减少,其他斗形纹略有增多外,总体差异不大。弓形纹(1.36/1.4)、桡箕(3.47/2.9)、尺箕(46.02/49.2)、双箕斗(11.52/14.36)、其他斗(32.14/34.61);

②掌主线构型中,C发育不良少见(0.42/2.5)、C缺失率升高(8.05/5.17);

③掌褶纹中通贯型和桡尺三基点褶纹未见,分别是(0/6.15)、(0/4.67);桡尺单基点褶纹多见(13.98/10.33);

④大鱼际区/I1区和I3区真实花纹出现率明显增高,分别为(12.29/6.5)、(18.22/11.83);

⑤其他皮纹指标未见明显异常。

● 女性皮纹特征

①指纹、总指嵴线数无显著性差异;

②掌主线构型中Y型增多(43.14/36.5)、δ 型明显减少(37.25/43.33),其他构型正常(α 型0/0、β 型19.12/20、ε 型0.49/0.17);

③C主线构型中,C尺侧向有增高趋势(74.02/70.67),C主线发育不良明显减少(0.49/4);

④A主线末端走向大鱼际区增多(14.22/6.16);

⑤掌褶纹中桡尺单基点褶纹和桡尺三基点褶纹有增多趋势,分别为(10.79/7.83和11.76/7.5),但桡尺双基点褶纹减少(77.45/84.67);

⑥I3区和小鱼际区真实花纹分别为增多(18.14/12)和减少(14.22/17)。

(2)脑—肝—肾综合征。又称为泽尔韦格或布朗综合征,1964年由布朗首次报道。病因不明,是一种以严重脑部异常,肝大和肾囊肿为特征的致死性疾病,但纹型正常。

临床症状:

①患者因严重多样性脑发育缺陷导致智力较差,发育迟缓;

②面貌异常,前额外突,内眦赘皮、白内障,眼睑水肿,外耳畸形等;

③肝脏发育不良,常有黄疸等;

④肾脏先天性囊肿,常有蛋白尿、低血糖等;

⑤个别患者并发四肢及心血管畸形等。

皮纹特征(冶福云报道)患者指纹较正常人相反，以斗形纹为主，箕形纹减少，总指嵴线数明显增大，通贯型掌褶纹比例较高。韩国栋等报道患者双手常见完全型或过渡型掌猿线；小指多见单一指间褶纹；部分病人皮嵴纹发育不良。

(3)疣状表皮发育不良。病因为人类乳头瘤病毒引起的广泛性疣状表皮损害为主的皮肤病，特点为全身发生广泛性黑褐色扁平疣样皮损。

临床症状：多在幼儿期发病，部位在面部、颈部和四肢远端，呈对称性分布，严重时也可泛发于全身。具有家族史，如果为人类乳头瘤病毒5型所致，则暴露部位患部易发生癌变。其初期的表现形式是表皮损害深浅不一，组织细胞浆肿胀，核萎缩等。

皮纹特征：自贡市大安区妇幼保健站彭水南从同一家系24人，患者9人中，取患者6人、未发病者6人的皮纹作了比较，结果如下：

①患者弓形纹明显增高，斗形纹减少，尺箕形纹持平，分别为11.7／0、15／26.7、73.3／73.3。但数据显示该家系尺箕形纹频率明显偏高于正常群体；

②总指嵴线数下降(96／121)；

③ATD角变小(36.9／37.8)，该数据亦显示该家系ATD角略小，原因为掌d三叉向掌心的方向位移；

④悉尼型掌褶纹明显增高(16.7／8.3)。

患者与其父亲、女儿三人指、足纹全为箕形纹，彭水南认为手指箕形纹显著增高、弓形纹增多和d点向掌心位移是本病的主要皮纹特征。①

(4)高度近视。系看近清楚，看远模糊的屈光不正眼病。大多为眼球前后向直径过长或角膜和晶体状的屈光力过强所致。

临床症状：在学龄期早发，后遂步进行性加重，外观眼球呈突出状态。

皮纹特征：四川达县地区卫校王德明等对95例近视患者和125例健康者作了皮纹比较，发现在中度以上近视者中，弓形纹出现率增高；十指均为尺箕的比例上升；总指嵴数减少；低于141条的占60%；ATD角增大，平均为45°；指三叉缺失，I3指间区真实花纹增多。冶福云报道，屈光度大于10D者皱褶型掌线明显增高。

(5)白化病。先天性酪氨酸缺失，导致皮肤、毛发、眼睛黑色素缺乏的先天性疾病，一般分为全身性和局部性白化病。发病率为0.4／万。

临床症状：全身性白化病眼虹膜、视网膜及皮肤、毛发均缺少黑色素，全身皮肤呈粉红或乳白色，毛发纤细变白；虹膜晕粉红色，常伴有羞明和眼球震颤等。

皮纹特征：四川省武胜县妇幼保健站王燕调查一汉族全身性白化病家系的皮纹，发现患者指纹以大螺形斗(33.08%)和大尺侧箕(23.08%)为主，桡侧箕和弓形纹阙如；掌褶纹单侧

---

① 彭永南等：《疣状表皮不良的家系肤纹分析》，载《体育科技》1992年第2期。

或双侧桥贯型出现率高(26.92%);手掌皮嵴纹发育不全;足拇指球箕形斗占1/2,近端弓形纹占7.7%。

姆·奥伊赫纳特—佩雷拉,埃塔尔(M·oyhenart-perea,etal)报道,认为白化病可能与钙(Ca)元素或免疫学因素有关,是常染色体显性遗传。其曾对43名高加索白化病人的皮纹进行分析,发现男性患者斗形纹出现率明显降低而弓形纹出现率增高,$P<0.05$;女性患者斗形纹出现率增高而箕形纹和弓形纹均下降,$P<0.05$;总指嵴线数,男性患者下降、女性患者则增高$P<0.0 5$;男性患者手掌真实花纹出现率增高,$P<0.05$。

上述数据的差异应当为黄种人和高加索人指纹分布频率不同所致。

(6)苯丙酮尿症。先天性氨基酸代谢障碍性疾病中的多发病。由于基因突变,导致肝组织内苯丙氨酸羟化酸先天不足或缺失,造成苯丙氨酸转化为酪氨酸的障碍,并积存在脑脊液中,造成不可逆转性的脑损伤,影响脑发育,其智力障碍在后天才缓慢表现出来。

发病率:据韩国栋等报道,北欧及其后裔为最高,犹太人、黑人和黄种人较低,新生儿约为1∶1000～1∶2500之间。

临床症状:患儿出生3～4个月后开始表现出不同程度的智力低下,易激动、抽搐;由于酪氨酸酶产生抑制,黑色素合成障碍,导致虹膜、头发、皮肤色素减退,表皮色白易患湿疹;尿液和汗水等排泄物有霉臭和鼠味等特殊气味。

皮纹特征:冶福云报道,患者指纹以斗形纹为主,箕形纹减少,总指嵴线数明显增高;掌轴三叉远移,ATD角和tpD值增大,尤以左手为甚。陈国栋等则认为此病皮纹学表现有争议,但有两点可作参考:掌小鱼际区和各指间区真实花纹出现率低于正常;掌C三线缺失。

(7)史密斯—莱姆利—奥皮茨综合征。系多系统综合征,1964年由史密斯等首次报道。

临床症状:患者生长障碍,身材矮小;智力严重低下;面容特异,小头畸形,前额突出,眼距增宽,上睑下垂,斜视或白内障;生殖器官异常,尿道下裂,隐睾等;并指(趾)、多指畸形等。

皮纹特征:冶福云报道,患者皮纹先天性发育不良且紊乱,指纹纹型与正常人相反,以螺形斗为主,箕形纹明显减少;总指嵴线数明显增高;轴三叉点远移至t′或t″,使ATD角度数和tpD明显增大;通贯型掌褶纹比例较高。

陈国栋等则认为,该症是多系统综合征,故皮纹表现在患者群体意义上较复杂,如斗形纹增多,虽占患者的一半以上,但仅有1/3病人斗形纹在7个以上,且这部分患者斗形纹增多与父母亲有过多的斗形纹有关。另有35%的患者仅有一个或无斗形纹。总指嵴线数平均值低于正常,部分病人极低,但个别病例又增高。

陈国栋等还发现,绝大多数患者可见完全性掌猿线或过渡性猿线,约有3/4的猿线为双手共有;双侧性指三叉C缺失,掌A主线终于大鱼际区;第五指单一指间褶纹及第三、四指远端指间褶纹发育不全等,即掌纹的异常十分明显。

(8)先天性全血细胞减少征。又称范康尼氏贫血,是骨髓增生不良导致全血细胞减少,伴发多种先天性畸形疾病,由范康尼(FanConi)于1972年首次报道。

临床症状:多数人在学龄前发病,男性发病率高,多有家族史。患者进行性骨髓增生低下,全血细胞减少,身材矮小,眼球小并斜视;性腺及外生殖器发育不良;桡骨和拇指发育不良或缺失等。

皮纹特征:患者双手拇指桡箕形纹明显增高是主要皮纹异常的指标,其他皮纹未见明显异常。

(9)小头畸形。病因不明,推断为因基因突变导致胎儿期头颅发育停滞或颅骨钙化过早,脑发育受限制并伴有智力低下和心血管系统畸形。

临床症状:患者头围较正常人群小2个标准差(SD)。智力障碍,头顶小而尖,前额狭小,枕部平坦;耳脸宽大,鼻大但鼻梁塌陷,下颌后缩;可有聋哑、惊厥发作等并发症。

皮纹特征中仅发现小指单一褶纹出现率较高。①

(10)德·兰格综合征。又称为阿姆斯特丹型侏儒。首先由科妮莉亚·德·兰格(cornelia de Lange)于1933年报道。

临床症状:患者出生时体重较轻,发育迟缓,智力低下;面容特殊,鼻孔上翘,上唇薄,人中长,嘴角上弯,腭裂,小颌;身材矮小,手足畸形,或伴有尿道下裂,先天性心脏病等。

皮纹特征:异常明显,患者先天性小鱼际区皮纹发育不良且紊乱;指纹中桡箕形纹为主,其中中指桡箕形纹出现率最高,斗形纹明显减少,总指嵴线数均值下降;通贯型掌褶纹多见。小指单一褶线比例较高。②

(11)先天性角化不良综合征。以外胚层发育不良为主的先天性疾病。

临床症状:男性青少年多见,病症表现繁杂,常伴有皮肤外症状。常见的皮肤表现有:口腔黏膜白色角化症,关节处局限性皮肤萎缩;手足掌面多汗且形成水泡,但全身其他部位皮肤较干燥,可有慢性萎缩性肢端皮炎样改变;指(趾)甲异常。皮肤外症状有:智力发育迟缓、精神失常;眼部异常;牙齿发育不良或龋齿,脾肿大,垂体性尿崩症等。

皮纹特征:患者先天性皮嵴发育不良,出现指(趾)纹型的"缺失"现象,给皮纹观察带来一定困难。但所能观察到的指标中,均未见明显异常。③

(12)哈钦森—吉尔福特综合征。又称早老症。可能是先天性新陈代谢缺陷所致。最早由哈钦森(Hutchinson)于1886年报道。

临床症状:患者出生后生长发育迟缓,身材矮小,智力正常,头颅较大,系囟门闭合延迟

① 冶福云:《皮纹与疾病》,人民卫生出版社1994年版。

② 冶福云:《皮纹与疾病》,人民卫生出版社1994年版。

③ 冶福云:《皮纹与疾病》,人民卫生出版社1994年版。

而骨骺早愈所致。前额与鼻尖突出，面颌消瘦，眉毛稀疏，皱褶满脸，头发早脱，一副衰老相；手足干燥、指甲枯萎；心脏扩大、动脉粥样硬化，心电图反映心肌缺血改变，X线显示骨质疏松，脱钙，骨骺过早闭合。

皮纹特征：多数患者皮纹发育不良或阙如，手、足掌呈皮革状，皮纹嵴线不易观察。但各项指标未见明显改变。①

(13)葡萄糖6磷酸脱氢酶缺乏征。由于红细胞酶缺乏所引起的溶血性贫血中的一种X连锁遗传病。多见于我国长江流域。

临床症状：本病常以进食蚕豆或蚕豆制品为诱因，极少数人接触蚕豆花粉亦可发病。可发生于任何年龄，但以9岁以下儿童多见。一般在食蚕豆后数小时至数天后发生溶血，患者出现畏寒、发热、头晕、眼花、乏力、恶心呕吐、腹痛腰痛等。严重时出现溶血危象、黄疸、肝脾肿大、血红蛋白尿，意识障碍，甚至休克、急性肾功能衰竭等。

皮纹特征，患者指纹与正常人群不同，以螺形斗纹为主，尺箕纹和弓形纹有增高趋势，总指嵴线数和a-b嵴线数明显增高；掌轴三叉远移，ATD角增大；桥贯型掌褶纹比例增多，I3和I4指间区为甚。②

7.伴性遗传性疾病的皮纹特点

伴性遗传是先天性代谢缺陷性疾病，特指位于X或Y性染色体上的致病基因所造成的并与性别有关的遗传性疾病。由于Y性染色体与X性染色体相比较，基因数量少，缺少许多与X染色体相对应的等位基因，因此，绝大部分致病基因位于X染色体上。目前发现此类疾病200余种。临床上最常见的伴性遗传性疾病是X连锁隐性遗传，X连锁显性遗传较少。

(1)血友病。先天性出血性疾病，多发生于男性但却通过女性遗传，有家族史，属X连锁隐性遗传，临床因血液中缺乏抗血友病的蛋白，产生凝血功能障碍，导致凝血时间延长。全身各处都容易出血，以四肢关节腔、肌肉和皮下黏膜、泌尿系统多见。出血可自发，或轻伤后出血不止，并产生四肢关节僵硬。患者应尽可能避免一切外伤和手术。

皮纹特征：指纹以斗形纹和尺箕形纹为主，总指嵴线数明显增高；大、小鱼际区和I2指间区真实花纹明显增多；通贯型掌褶纹比例增高，手掌部白线增多；C主线发育不全或缺失率较高，D主线构型变异较大，主线指数明显减少。其他皮纹指标正常。③

(2)假性肥大型进行性肌营养不良。原发于肌肉组织内的进行性肌营养不良遗传病中的一个类型。主要特点是进行性加重的肌萎缩和无力，男性发病多于女性，有一定的家族聚集性，为X连锁隐性遗传。临床特征：多在学龄期发病，起病缓慢，开始部分肌肉假性肥

① 冶福云：《皮纹与疾病》，人民卫生出版社1994年版。

② 冶福云：《皮纹与疾病》，人民卫生出版社1994年版。

③ 冶福云：《皮纹与疾病》，人民卫生出版社1994年版。

大，尤以小腿腓肠肌、上肢三角肌和肱三头肌多见，呈对称性。而其他部位的肌肉萎缩和无力，最后肥大的肌群也萎缩。患者从行走困难开始发展到不能独立活动，并伴有心脏损害，严重者多因心力衰竭或肺部感染而死亡。

皮纹最大的特征是先天性皮嵴发育不良且紊乱，各项具体指标未见明显异常。[①]

(3)色素失禁症。少见的有特征性皮肤改变的遗传病，并伴有其他生理系统的异常，故又称为布洛克—苏兹贝格综合征，属X连锁显性遗传，患者女性远多于男性。

临床症状：患者幼小时即可发病，开始时全身皮肤反复出现大小不一的红斑或囊泡，以躯干四肢为主，数日或数周后病变处皮肤变硬、肥厚形成疣状，最后演变为图形奇怪的褐色斑。常伴有如白内障、角膜混浊、斜视、牙齿阙如，指甲发育不全等异常。

皮纹特征：自贡市第三人民医院张长富、陈惠群报道，其所检的一例患者双手均为简单桡侧大箕形纹，极为罕见，总指嵴线数明显减少；掌轴三叉移向掌心为45°；a–b嵴线数较高为84条；拇指为三褶纹，出现一额外指褶纹。[②]

(二)多基因遗传病

多基因疾病是指受多对微效基因控制，与多对基因缺失或畸变有关，具有一定的遗传性，并易受环境因素影响的疾病。各对等位基因没有显性、隐性的区分，每个基因的作用很小，但累加起来可以形成明显的致病效应。

多基因病不是通过家族谱系进行分析，而是通过对一般群体和患者亲属间发病率进行比较才能确认。多基因疾病的第二个特点是，疾病易患性高过一定限度(阈值)的个体即发病，每一种多基因疾病都有各自的一种易患性阈值。遗传效应在疾病易患性中所占的比率称为易患性的遗传力，用百分率表示。通常认为遗传力大于60%者，遗传因素起重要致病作用，或降低对该类疾病免疫功能；低于40%者，遗传因素退至次要地位，环境因素的作用上升，易被环境因素诱发。

在遗传力较高的多基因疾病中，患者一级亲属(包括父母、同胞、子女)的发病率近于一般群体发病率的平方根。在家族中，患者血统越近发病率越高，即一级亲属>二级亲属(祖父母、叔伯、姑、侄、孙子女；外祖父母、舅姨、外甥及同父异母或同母异父的同胞)>三级亲属(曾祖父母、曾孙子女、表兄妹)。因为他们的致病基因呈算术级减少。

由于有环境因素的参与，判断和分析多基因疾病有一定的复杂性，过去认为与遗传无关的许多常见病、多发病如精神病、癫痫病、精神分裂症、抑郁症、恐惧症，先天性心脏病、高血压症、脊柱裂、无脑儿、唇裂、腭裂、多发畸形、癌症等，现在都已列入了多基因病的范畴。

国内外学者在多基因遗传病方面利用指纹进行研究较多的病种主要有精神疾病、先天

---

① 冶福云：《皮纹与疾病》，人民卫生出版社1994年版。

② 张长富等：《色素失禁症的肤纹改变》，载《体育科技》1992年第2期。

性心脏病、癌症等。精神疾病是人类面临的最为严重的疾病之一，在全世界范围内终生患病率接近1%（种族、地域、文化等差异不显著）。在我国，已成为严重的公共卫生和社会问题。中国疾病预防控制中心精神卫生中心2009年年初公布的数据显示，我国各类精神疾病患者人数在1亿人以上，但公众对精神疾病的知晓率不足5成，就诊率更低。另有研究数据显示，我国重性精神病患人数已超过1600万。在我国疾病总负担的排名中居首位，已超过了心脑血管、呼吸系统及恶性肿瘤等疾患。

所以有医学专家毫不夸张地指出，精神疾病（偏执型、间歇型、青春型等）离我们平常人并不遥远，就像感冒一样，普通人都可能会遇到，而精神分裂是最严重的一种精神疾病。

更为麻烦的是，从一般心理障碍到严重精神疾患之间，还有一段距离。他们中的许多人，平常看起来与常人毫无二致，但这并不意味着完全健康。当其中一些人面临就业、婚姻、子女、养老等生存压力时，其无助和挫折都可能成为一触即发的“引信”，瞬间点燃“炸药包”。所以对精神疾病高危群体的早期认知与疾病预防极为重要。

（1）精神分裂症。病因不十分明确的一种常见精神病。多起病于青壮年。由于临床症状复杂，发病率在我国偏高。故其遗传方式说法不一，有显性遗传说、异源性遗传说，但大多倾向于多基因遗传。

临床症状因不同病症、发病的不同阶段而表现出复杂多样性。但以思维、情感、行为的相互不协调以及与环境间的不协调为主要表现，患者可有各种怪异言行或破坏性行为，病程长短不一。

该症患者犯病时是以基本个性改变，思维、情感和行为的分裂，精神活动与环境不协调为主要特征，往往有以下的临床表现：幻听、幻觉、幻视、妄想、语言混乱、行为怪异、对人冷淡、与人疏远、寡言少语、好独自呆坐、生活懒散、不遵守纪律、性格反常、敏感多疑、意志减退、情感淡漠、逻辑倒错、思维破裂等现象，这让很多人对患病人群望而生畏。

神经传导物质分泌异常和脑神经发育障碍被认为是精神分裂症的致病原因。但遗传流行病学研究证实，精神分裂症与遗传因素关系密切，且不是由一对显性或隐性基因所导致，而是多对微效基因所产生的协同作用所致。许多研究报道证实1q21-22、5q31-33、6p21-24，6q25-26、8p21-22、10p11-15、13q14-33及22q11-13等染色体区域，可能含有精神分裂症易感基因。

2010年，日本爱知县身心障碍者精神发育障碍研究所宣布：存在于负责脑神经细胞间信息交换的“突触”中的蛋白质“Dysbindin-1”与精神分裂症发病有关。这种蛋白质含量的减少，在“突触”中接收信息的组织就无法正常发育，从而导致精神分裂症。反之，如果补充这种蛋白质，有关组织的机能就会得到恢复。他们认为，搞清了这种蛋白质的功能，也就弄清了此病的发病机制。

精神分裂症临床分为阴性症状和阳性症状:

①阴性症状表现。临床上,大多数精神分裂症病人起病缓慢而潜隐,诱因也不明显。开始时,病人变得日益孤僻,对周围的一切都不感兴趣,对人冷漠无情,甚至对自己的亲人也缺乏感情。他们精神萎靡,反应迟钝,生活懒散,不修边幅,学习成绩下降,工作能力降低,时常发呆发怔,或蒙头而卧。这些"不打不闹"的称之为"阴性症状"的异常表现,是精神分裂症的基本症状,或者说是核心症状。

②阳性症状表现。主要表现为幻听幻觉妄想等。说话颠三倒四、东拉西扯、杂乱无章,并可出现许多古怪的"逻辑推理",令人无法理解;有的病人疑心重重,想入非非;有的病人感觉到各种各样的幻觉;有的病人无故哭笑,行为离奇或冲动伤人、毁物;也有的病人不吃不喝、不语不动,对外界刺激毫无反应,犹如"木头人"一般。这些都是精神分裂症的附加症状,或者叫"阳性症状"。

学者通常认为精神状态受控于神经系统,神经系统又与指纹密切相关。因此对此类疾病的指纹开展研究者较多(Beckman et al,1963;于彦文等,1981;陈祖芬,1981;盐野宽,1983;宣妙珍等,1991,1992;霍正浩等,1994,1996;Kemali et al,1996;陈基平,2005;党洁等,2007)。

精神分裂症有比较典型的指纹异常,以通贯手、皱褶掌和指掌部嵴线离解现象为最明显的特征。

一是掌部出现不很规律的、众多网状形细线条组合,俗称皱褶掌;男性患者的出现率是正常值的4.5倍,女性患者为正常值的3.3倍(冯志颖等,1986;马慰国等,1986;缪金生等,1999;陶淑玲等,2002);

二是指掌乳突纹线离解或粉碎化(Raphae,1962;JIyKaIIIeba,1975;刘希贤等,1982;刘士协等,1982;冯志颖等,1986;沈建华等,1998);

三是女性患者左手A形指纹增多,男性患者左手W形指纹增多,表现为双手同名手指指纹的不对称性;

四是ATD角增大。

哈尔滨市第一专科医院于彦文等曾对800例精神分裂症患者作过皱纹掌的专项研究。他们提出的皱纹掌评价标准为:掌中除第1~3条屈曲线外,其分支超过10条以上者,或掌面上出现一些纵向、横向、斜向走行的褶线,这些褶线之间互相交叉即列为皱纹掌。检查的对象分为3组:

甲观察组400例,精神分裂症均系在本院治疗的患者,年龄在17~55岁之间,病程1~20年不等,其中男女各200例。

乙观察组400例,为精神病疗养院收容的慢性病人,年龄在17~57岁之间,病程4~30

年不等，其中男女病人各200例。

正常组男女各200例。

检查结果为：

甲观察组：有皱纹掌者分别为：男48名，占24%；女45名，占22.5%，合计23.25%。

乙观察组：有皱纹掌者分别为：男66名，占33%；女68名，占34%，合计33.5%。

正常组：有皱纹掌者分别为：男14名，占7%；女26名，占13%，合计10%。

根据观察结果，于彦文等认为，皱纹掌现象发生于精神病人中的比率远高于正常人的2～3倍，不能不考虑它与精神分裂症有关联，而非偶尔伴发。同时，皱纹掌在精神分裂症病人和正常人对照组之间，都表现出很大的变异性，其掌纹的判定与对其病情严重程度的判定之间，并不存在完全并行的关系，这就增加了诊断的复杂性。但皮纹对比观察中已显示其意义，至少在理论上值得重视。①

江苏盐城市第四人民医院缪金生等，对104例精神分裂症患者(男64例，女40例。均为汉族。年龄17～64岁，平均35.1岁。病程3月～37年，平均10.8年。有阳性精神病家族史者27例，占25.9%。其中一级亲属18例，占17.3%；二级亲属8例，占7.69%；三级亲属1例，占0.96%)开展手部皮纹学分析。

根据检测结果，结合文献报道，缪金生等认为，以下4条可作为精神分裂症皮纹异常的特征：

①双侧皱褶掌。本组男性患者皱褶掌的出现率为36.7%，其中双侧皱褶掌出现率为14.84%，显著高于对照值8.0%和2.3%（$\mu = 8.45$，$P < 0.001$；$\mu = 6.71$，$P < 0.001$）。女性患者皱褶掌的出现率为62.5%，其中双侧皱褶掌出现率为21.25%，与对照值19.0%和4.8%相比差异非常显著（$\mu = 7.02$，$P < 0.001$；$\mu = 4.84$，$P < 0.005$）。

②ATD角增大，特别是双侧均> 45°者。本组患者11例(男6例、女5例) t点缺失。在可观测的93例患者中，ATD角< 45°的仅占64.5%，远低于对照组值91%；而ATD角≥ 45°的占35.5%，显著高于对照组值9%，提示精神分裂症患者ATD角变钝。

③乳突纹线畸形。本组患者乳突纹线畸形计13例，出现率为12.5%。其中乳突纹线发育不良2例，乳突纹线形成不全1例，乳突纹线分化变异10例。

④屈褶纹走向异常。本组患者手掌屈褶纹走向异常达32.3%，尤以双手远侧横褶纹横向走向为多。包括：近侧掌横纹与大鱼际纵褶纹在虎口处不汇合，近侧掌横纹与大鱼际纵褶纹在第二指间区过早汇合。有8个掌横纹不汇合，占3.85%；有9个掌横纹过早汇合，占4.33%；有50个掌远侧横褶纹呈横向走向，占24.04%。

① 于彦文等：《精神分裂症800例掌纹检查报告》，载《黑龙江医药》1981年第6期。

四川南充地区精神卫生中心戈学礼、庞志斌等对180例慢性精神病患者皮纹统计得出：大箕形纹，大斗形纹，使总指嵴线数在弓形纹增多情况下仍增高的认识。同时他们还对20例司法精神病者皮纹进行分析，指纹纹型以大尺箕、大螺斗、大囊斗、大梭斗为主，占73%，半数以上轴三叉点远移，ATD角≥45°和≤35°者占1/2，提示轴三叉点t变化较大。普通型掌褶纹下降，其他型增多。还发现凡犯案者其皮纹异常越大，表明属病态作案的可能性越大，应进行司法精神病学鉴定。①

（2）躁狂抑郁症。一种以情感的异常高涨或低落为特征的精神障碍性疾病。其病因尚不明确，兼有躁狂状态和抑郁状态两种主要表现形式，可在同一病人间歇交替反复发作，也可以一种状态为主反复发作，具有周期性和可缓解性。间歇期间病人精神活动完全正常，一般不表现人格缺损，是另一种引起研究者注意的精神疾病（JIyKaIIIeba，1975；冯志颖等，1987；庞志斌等，1998）。患者有着比精神分裂症更为偏离正常的指纹结构，主要为：

①十指纹线总数（TFRC）和a–bRC减少；

②指间I2区真实花纹增多，I4区真实花纹相对减少，Th/I1和Hy区真实花纹亦减少；

③ATD角增大，T位高；

④掌褶纹通贯型出现率高；

⑤双手皱褶掌和乳突纹线离解现象增加；

⑥足Hy区花纹减少和足趾间fI3区真实花纹减少，fI4区增加。

亦有报道此类精神疾病患者有更为多见的大螺形斗、大囊形斗，少见大环形斗，与对照组相比具有显著差异（P<0.01）；I2区真实花纹降低，远端（第一）屈肌褶纹过短（P<0.01）（庞志斌等，1998）。

数据提示，躁狂抑郁症与精神分裂症有着共同的遗传因素。

（3）抑郁症。抑郁症作为一种心理疾病，全球患者共计3.4亿，已成为世界第4大疾患。抑郁症在我们日常生活中实际非常常见，它并不是名人的“专利”。但由于认知度和关注度的缺乏，让越来越多对之缺乏认知的人措手不及。10%的发病率，发病后高达30%的自杀率，使得抑郁症成为目前人们身边名副其实的隐性杀手。

抑郁症因何所致，目前尚无定论，一些医学专家认可5–羟色胺转云体蛋白基因型（5–HTTLPR）会提高患抑郁症的风险，但结论并不完全一致。实际调查提示，抑郁症和遗传、童年经历、家庭塑造有很大关系，因此家长给予孩子良好的成长环境是防止抑郁症的第一道防线。

天津医学高等专科学校医学遗传教研室陆国芳等，专门作了抑郁症患者皮纹特征研究，有所发现。

---

① 戈学礼等：《20例司法精神病学肤纹学分析》，载《体育科技》1992年第2期。

该项研究随机选取经天津一中心等医院心理科医生诊断，符合“中国精神障碍分类与诊断标准第3版”（CCMD-3）的抑郁症202例病人（女性140例，男性62例）为患者组，年龄19～68岁，汉族，彼此无亲缘关系，无其他躯体及脑器质性病变，病程8～26个月。另选体检健康的大学生及教职工310例（女性231例，男性79例），年龄21～54岁，汉族，无家族遗传病史，彼此无亲缘关系者为正常对照组。

经统计学分析结果显示：抑郁症患者组双手a-b嵴线数、小鱼际及各指间区真实花纹出现率较正常组无显著性差异；指端斗形纹出现率增加（$P<0.01$）；掌部a-b嵴线数波动不对称性（FA值）增加（$P<0.01$）、ATD角偏大（$P<0.01$）、桥贯型及皱褶掌出现率增加（$P<0.01$）等，可能是抑郁症患者的主要皮纹特征。

陆国芳等注意到，抑郁症患者组与正常对照组a-b嵴线数虽无显著性差异，但其波动不对称性非常显著地高于正常对照组。提示抑郁症患者个体的发育稳态性较低，比正常人对环境变化的应对能力低。

波动不对称性（fluctuating asymmetry，FA）是指相对于两侧对称性状的细微的随机偏离，是生物在发育过程中由环境压力、发育稳态及遗传因素共同作用的结果。其遗传力极低，可用作判定环境和遗传压力，对两侧对称体征的生物种群作用的一个指标。某个生物个体的对称性状越精确，则这个个体的发育稳态性越好，越能应对环境变化。研究表明精神分裂症、冠心病、先心病等均有FA值的显著性增高。提示上述疾病在受遗传因素影响的同时，对环境因素变化的应对能力较低。

该项研究显示抑郁症患者双手ATD角均值较正常对照组增大，差异极具显著性。且小于45°的频数，抑郁症患者组非常显著低于正常组；45°～50°及大于50°的频数，抑郁症组显著高于正常组。大鱼际区真实花纹出现率增加也具有显著性差异，与躁郁症和精神分裂症的研究大致相同，提示此类疾病有着大致相同的遗传背景。

抑郁症患者组皱褶掌（掌部白线泛化）显著高于正常组。触摸患者手掌，感觉其掌部肌群弹性较差，不丰满，推断此可能是受遗传或环境影响，导致掌部微小肌群及其周围的血管神经发育不良，引起褶纹发育期滞阻，促使次级褶纹的形成增多的缘故。①

（4）儿童多动综合征。该征是脑功能轻微失调的神经系统遗传性疾病。常见于早产儿，通常病情不重，极少数人成年后留有性格上的缺陷。

临床症状：患儿从小性格兴奋，日常生活随意性大，思维跳跃大，注意力不集中，情绪易激动，学龄期影响学习，但智力正常。

皮纹特征：四川攀枝花市妇幼保健所文麒等人，分析了67例符合美国精神病学会智能

---

① 陆国芳等：《抑郁症患者皮纹特征研究》，载《人类学学报》2012年第31期。

诊断及统计手册Ⅲ标准的儿童多动综合征患者(男58例、女9例,年龄6～14岁)的皮纹特征,结果提示,患者斗形纹和弓形纹比例明显增多,箕形纹减少,五指纹型组合较典型地表现为拇指斗形纹、中指弓形纹、小指斗形纹;总指嵴线数、a–b嵴线数增高;ATD角增大,掌双侧桥贯型和左侧悉尼型褶纹较高。①

(5)唇裂与腭裂。唇裂和腭裂是口腔颌面部常见的先天性畸形,发生率约为1∶1000。正常的胎儿,在第5周以后开始由一些胚胎突起逐渐互相融合形成面部,如未能正常发育,便可发生畸形。其中包括唇裂和腭裂。引起的原因尚未完全明了,可能与营养、遗传、感染、内分泌等因素有关。也有人认为是胚胎初期第一腮弓发育异常所致。患者男性多于女性,在近亲婚配中发病率明显增多。

临床症状:唇裂和腭裂既可单独发生,也可同时出现,直接影响到面部发育和语言功能,还可能并发其他部位如指(趾)或心脏畸形等。

皮纹特征:云南省计生科技所丁明等人对本症27例患者(男18,女9)及患者父母13例和正常人群皮纹作了比较,发现:

①患者的指纹,男性桡箕纹、女性弓形纹均分别明显高于正常男性和女性(P<0.01);

②总指嵴线数略低于正常人(P<0.05),以男性多见;

③a–b嵴线数,明显减少(P<0.01),尤其男性患者较父亲少(P<0.01);

④ATD角,女性患者明显增大(P<0.01);

⑤男性患者I3指间区真实花纹低于父亲,但I4指间区明显高于父亲(P<0.01)。

上述数据表明该症皮纹有明显性别差异。

韩国栋等报道该症皮纹有部分患者皮纹有轻度形态变异,或异位三叉、成对三叉;掌猿线亦稍高于正常。②

(6)克汀病。又称呆小病、甲状腺功能减退症。各种甲状腺本身或下丘脑—垂体病引发的甲状腺激素分泌功能障碍。有明显的地方性,多发生于低碘地区,认为与胚胎期碘缺乏有关。

临床症状:患儿主要表现为发育迟缓,智力低下,动作迟钝,声音粗哑,身材矮小;面容特殊(眼窄小、鼻塌、舌厚大);甲状腺肿大等。

皮纹特征:吉林市卫校董立德等对56例地方性克汀病人皮纹与对照组作了比较,提示该病患者在胚胎发育中伴随着肤纹发育的异常,表现为弓形纹比例明显增多,3.39%/1.00%,差异显著(P<0.01);嵴线总数偏低139.0±31.41/160.5 3±28.63条,差异极显著(P<0.001);a–b嵴线数少于对照组35.09±5.67/37.63±5.02条,(P<0.05);ATD角明显大于对照

① 文麒等:《儿童多动征67例手部肤纹观察》,载《体育科技》1992年第2期。

② 丁明等:《唇腭裂患者肤纹学分析》,载《体育科技》1992年第2期。

组 44.13 ± 5.37 / 40.32 ± 4.03 条，（P<0.001）。①

锦州医学院张荣奎等对123名汉族克汀病人皮纹分析后认为，该病患者的A D主线式、皱褶掌、掌中褶及组合方式都与常人有显著差异。

马瓦尔沃拉·姆（Mavalwala M）对奥尔特尼亚（Oltenia）和苏恰瓦（Suceava）两地26名地方性克汀病患者皮纹分析后发现，共同的皮纹特征是桡箕形纹出现率增高，多集中于第3、4指；大于57°的ATD角出现率增高；男性中猿线和过渡型猿线出现率增多，不少人I3指间区出现箕形纹；足底褶纹出现率增高等。但他认为上述皮纹的变化没有诊断意义，因为在21三体综合征、先天性黏液肿、心脏畸形等病症中也出现了同类变化。

（7）直肠癌。系消化道恶性肿瘤，病因不明，但有家族史。

临床症状：初期出现大便次数明显增多，并有便后不适感。发展到中晚期，出现腹部疼痛，大便带血或发生梗阻等，并能造成直肠周围组织器官发生相应病症。

皮纹特征：天津市劳动卫生研究所杜一涓等对确诊为直肠癌及直肠其他疾病患者308例（男198例，女110例）皮纹进行了观察研究，发现直肠癌患者皮纹特异性十分明显，集中表现在拇指及大鱼际靠近腕部区，而其他皮纹指标差异不明显，具体为：

①患者指纹以斗形纹为主（56.2%），其中同心螺旋斗形纹占斗形纹的68.5%，在拇指位最为突出，总指嵴线数增高；

②拇指一、二指节区长度比为1:（1.2 ~ 1.7）；

③手掌尤其是大鱼际区靠近腕部区出现特异性有色斑或硬斑型、浅表型皮纹外观表现，但直肠癌较直肠其他疾病颜色为深重，且皮下有增生现象，皮温低1.7℃ ~ 2.5℃。

他们采用上述皮纹特异性指标在临床进行肤纹诊断的准确性实验：确诊直肠疾病准确率达9 1.6%，确诊直肠癌准确率为70.1%。②

（8）鼻咽癌。鼻咽部黏膜的恶性肿瘤。一般在中年发生，多见于男性，有家族史现象。

临床症状：早期为鼻咽部有血性分泌物，一侧鼻腔阻塞、耳鸣或听力减退等，并伴有颈上部淋巴结转移，头痛和眼球运动失调等征状。

皮纹特征：四川省人民医院文慧等人对一鼻咽癌家系的皮纹调查，提示此家族系成员指纹以大螺形斗、大尺箕、大囊形斗为主，总指嵴线数增高；桥贯型、悉尼型掌褶纹增加。该家族系中鼻咽癌患者指纹以大尺箕、大斗形纹为主，大囊形斗增多尤为明显，但男性总指嵴线数偏低，女性却增高。认为上述皮纹改变应予以注意。③

（9）青光眼。青光眼是由于眼压增高而引起视盘（曾称视乳头）凹陷、视野缺损，最终可以

---

① 董立德等：《56例地方性克汀病人的肤纹学观察》，载《体育科技》1992年第2期。

② 杜一涓等：《直肠癌及直肠其他疾患的手肤纹特异性研究》，载《体育科技》1992年第2期。

③ 文慧等：《一个鼻咽癌家系的肤纹观察》，载《体育科技》1992年第2期。

导致失明的严重眼病。正常人的眼压为10～21mmHg(Schitz眼压计)，超过24mmHg为病理现象。眼压增高可以导致视功能损害，视盘出现大而深的凹陷，视野可见青光眼性典型改变。眼压增高持续时间愈久，视功能损害愈严重。青光眼眼压增高的原因是房水循环的动态平衡受到了破坏。少数由于房水分泌过多，但多数还是房水流出发生了障碍，如前房角狭窄甚至关闭、小梁硬化等。

青光眼的种类主要有4种：先天性青光眼、原发性青光眼、继发性青光眼、混合型青光眼。各种类型的青光眼的临床表现及特点各不相同，应做到早发现、早治疗。

临床症状：有急性和慢性之分。急性患者主要有眼痛、剧烈偏头痛，甚至恶心、呕吐，视力急剧减退等症状；慢性患者症状不显著，可出现一般性眼胀、头痛等，发作时视力逐渐消退。

皮纹特征：佳木斯医学院王金秀等人分析了108例(男34例，女74例)青光眼患者皮纹，经与正常人比较，发现男性患者斗形纹明显偏低(43.82%／67.5%)，第2指至第5指尤为明显偏少；尺箕纹明显偏高，在第4、5指位更为明显，左手第4指47.06%／17.5%、第5指76.4%／50%；右手第2指50%／12.5%、第4指35.29%／10%、第5指70.59%／47.5%；总指嵴线数左、右手均偏少，有显著性差异、分别为68.18±21.58／83.85±17.47、63.94±23.09／87.40±16.94条；ATD角略高但无明显差异；掌区真实花纹仅左手第I4指间区远侧箕形纹出现显著增多外(76.47%／40%)，其他无异常。

女性患者各项皮纹指标差异不大，总指嵴线数略高、仅ATD角左右手均值高于正常人，分别为41.29±3.87／39.58±4.41、41.35±3.92／39.04±4.42条；左手小鱼际区远侧箕形纹，近侧箕形纹增多，分别为6.11%、5.41%，而尺箕形纹减少，为2.7%／14.58%。①

(10)心肌梗死。冠状动脉粥样硬化或先天畸形等原因导致冠状动脉供血突然减少或中断，导致心肌细胞坏死，是威胁中老年人健康的主要病症之一。

临床症状：由于缺血导致心肌缺氧引发胸痛，心律失常，心电图改变及循环系统障碍，严重时血压下降，恶心呕吐，四肢厥冷，甚至休克。

皮纹特征：丹东市第一医院张开滋等人报道，对44例心肌梗死患者皮纹分析发现：指纹纹型以一般斗形纹为主，双箕斗形纹明显增多，有5例(男3例，女2例)双手十指均为斗形纹，占11.4%；男性小指斗形纹高达43.8%，差异显著；尺箕纹明显减少，但男性左手拇指，左右手中指尺箕纹明显高于正常人，分别为53.1%、65.6%和68.7%；有3名男性患者十指均为尺箕纹，占6.8%。提示个体十指单一纹型组合可能为该病易患率增高的皮纹学异常之一。

掌褶纹的纹型中，普通型略高于正常人，但桥贯型褶纹明显高于正常值；ATD角和掌区

① 王全秀等：《108例青光眼患者手皮肤纹理分析》，载《佳木斯医学院学报》1984年第3期。

真实花纹未见明显异常。①

(11)高血压症。该症半数以上的患者有家族史,发病率有随年龄增长而增高的趋势,40岁以上者发病率高。赵丕文等(2003)通过对202例高血压症患者指纹的分析后认为,指纹指标中,弓形纹(A)增加而斗形纹(W)减少,ATD角减小是显著性差异($P<0.05$),提示可作为早期预测诊断的辅助指标和依据。

(12)癌症。癌症是危害人类健康的主要病种之一。在医学上,癌是指起源于上皮组织的恶性肿瘤,是恶性肿瘤中最常见的一类。相对应的,起源于间叶组织的恶性肿瘤统称为肉瘤。有少数恶性肿瘤不按上述原则命名,如肾母细胞瘤、恶性畸胎瘤等。一般人们所说的"癌症"习惯上泛指所有恶性肿瘤。

肿瘤是机体在各种致瘤因素作用下,局部组织的细胞在基因水平上失去对其生长的正常调控导致异常增生与分化而形成的新生物。新生物一旦形成,不因病因消除而停止生长,他的生长不受正常机体生理调节,而是破坏正常组织与器官,这一点恶性肿瘤尤其明显。与良性肿瘤相比,恶性肿瘤生长速度快,呈浸润性生长,易发生出血、坏死、溃疡等,并常有远处转移,造成人体消瘦、无力、贫血、食欲不振、发热以及严重的脏器功能受损等,最终造成患者死亡。

恶性肿瘤的病因尚未完全了解。多年的流行病学研究及实验和临床观察,发现环境与行为对人类恶性肿瘤的发生有重要影响。据估计80%以上的恶性肿瘤与环境因素有关。各种环境的和遗传的致癌因素,可能以协同或贯序的方式引起细胞非致死性的DNA损害,从而激活原癌基因或(和)灭活肿瘤的抑制基因,加上凋亡调节基因和(或)DNA修复基因的改变,使细胞发生转化。被转化的细胞可先呈多克隆性增生,经过一个漫长的多阶段演进过程,其中某个克隆相对无限制扩增,通过附加突变,选择性形成不同特点的亚克隆,从而获得浸润和转移能力,形成恶性肿瘤。因此,肿瘤从本质上来说是一种基因病。

探索通过指纹信息预测肿瘤的发生及其发展变化,达到早期提示的作用。指纹相关变异可能是易感性表型的一种表现,能否作为辅助诊断肿瘤的早期指示器,值得深入研究。

五、手足畸形之异常

手足畸形通常情况下属于单基因常染色体显性遗传类疾病。因外表性状畸形明确,症状类型较多,故单立一节予以陈述。

1. 短指(趾)症

因指(趾)骨短小或阙如,并伴有掌骨或趾骨短小,导致手指、脚趾运动功能不同程度障碍的先天性畸形。

临床上按畸形的不同进行分类,Bell于1951年将短指症分为A、B、C、D、E五型及若干亚

① 张开滋等:《心肌梗塞44例肤纹学研究》,载《体育科技》1992年第2期。

型,如A型短指又分出多个亚型。各型之间皮纹特征有明显差异。

(1)A型类短指。

A1型:整个中间指节骨发育不全,且有时与末节指骨融合,拇指(趾)的近端指节骨缩短;

A2型:第二手指和第二脚趾变短,其他指(趾)基本正常,第二指末端通常阳桡侧偏斜;

A3型:第五指(趾)的中间指节骨变短;

A4型:第二指和第五指(趾)的中间指节骨变短,如累及第四指(趾),则第四指中间指节骨外形异常,导致指节骨向桡侧偏斜;

A5型:第二指至第五指中间指节骨缺失,并伴有指甲发育不全,拇指末节指骨成双。

韩国栋等认为,短指患者皮纹概括起来有3个特点:

①指纹纹型以弓形纹和桡侧箕形纹为最多见,尺侧箕形纹少见,通常无斗形纹;

②指纹三叉之间距离小,总指嵴线数减少;

③ATD角常常增大变钝。冶福云等报道,A型短指症患者手指弓形纹增多,尺箕形纹减少,斗形纹绝对减少。其中拇指桡箕形纹增多,相应的拇指胫箕形纹也增多,其余各指桡箕形纹减少,总指嵴线明显减少。a-b嵴线数增高,其他皮纹指标未见明显异常。趾斗形纹增多,总趾嵴线数增高。

(2)B型短指。中节指骨短,末节指骨发育不全或缺失;拇指通常畸形。其皮纹特征:据冶福云的报道,患者指纹弓形纹和斗形纹明显增多,尺箕形纹减少,总指嵴数增高。大鱼际/I1区真实花纹或痕迹形纹出现率较高,通贯型掌褶纹多见。趾斗形纹和腓箕形纹增多,总趾嵴数有增高趋势,拇指球部斗形纹增多。其他指标未见明显异常。

(3)C型短指。第二和第三指的中节指骨变短,并与近端指骨一起畸形;某些掌骨亦变短。第四指基本正常,从而形成第四指最长。皮纹特征是尺箕形纹和斗形纹相对减少,桡箕形纹增多。大鱼际区/I1区真实花纹出现率较高。

(4)D型短指。大拇指(趾)的末节指(趾)骨短而扁。皮纹特点最显著的是拇指(趾)因畸形而出现变形花纹,其他指标无明显差异。

(5)E型短指。掌骨和跖骨总长度变短。皮纹特点是弓形纹明显增多,造成总指嵴线数减少;小鱼际区真实花纹出现率明显增高;桥贯型、叉贯型、通贯型及悉尼型掌褶纹比例高。掌轴三叉向手心位移,ATD角变大,tpD值显著增大。

2. 并指(趾)畸形

是一种指(趾)的骨质或皮肤融合的先天性畸形病症,此症男性多于女性。并常作为某些综合征的显性特点,如尖头及指骨并合I型、尖头多指并指畸形、德朗格氏综合征等,本症属显性遗传,男性发病率高于女性。

临床特征主要是:并指(趾)畸形常发生在中指(趾)与环指(趾)之间。轻型的仅仅为两个指

(趾)之间的皮膜相连。严重的则两个指(趾)的一段或全部紧贴,有的甚至指(趾)骨或掌趾骨彼此融合为一体。两手对称性并指的患者大约占总数的一半。出现并指的手往往发育较差。

皮纹特征:一是在靠近手指根部的手掌区域内,皮纹常常呈横向走向。二是在上述部位出现属于并指手指所共有的并指指间三叉,其取代了两个正常的指三叉。并指三叉还常出现不同程度的移位,移位严重者,此三叉常远离并指,检验时应注意防止遗漏。三是指端花纹可出现不同程度的异常,如花纹减少、纹型异常等。靠近并指的手掌区花纹也常出现异常。①

冶福云认为,该种病症患者通贯型掌褶纹出现率高。

3.并指(趾)症家系指纹的研究

刘持平等人曾对一个4代115人的并指(趾)症家族的各项指纹指标进行统计并与正常人群进行对比,以探讨并指(趾)症患者的遗传规律以及并指(趾)症家系指纹的特点。

其并指(趾)症家族共4代115人(男63,女52)中有7人(4男,3女)患有并指,5人(4男,1女)患有并趾,4人(4女)同时患有并指和并趾,患者共16人(8男,8女),发病率为13.9%。

(1)家系分析。该家系亲代正常,之后连续3代16人患有并指(趾)症,几乎遍及所有家系之家庭,子孙家庭中仅一支两代幸免。该家系的患病情况具有以下特点:

①家系中并指(趾)症的发病无性别差异(8男,8女);

②有3代连续出现患者的情况,表现为显性遗传;

③出现父亲是患者儿子也是患者的现象,说明并非X连锁遗传;出现父亲是患者女儿是患者的现象,也不说明表现为Y连锁遗传;

④子一代兄妹5人(4男,1女)组成的5个分支家系中只有一个(男)家系没有发现患者;子二代兄妹7人中有3人为患者;另外有两个(男)家系中均出现患者的双亲之一为患者,同胞发病率为2/5、2/6,符合常染色体显性遗传的遗传规律;

⑤在(女)家系中出现了6例患者,其中2例患者的父母均无患并指(趾)症,但其外祖母为患者,其母亲或父亲的同胞中有患者(2/8)。此处与常染色体显性遗传的遗传规律相违背,可能与并指(趾)症存在不完全外显率及表型变异有关。需进一步进行遗传学研究才能找出其真正的原因。

可见,该家系并指(趾)症主要表现为常染色体显性遗传,但其在遗传中存在的特殊情况(可能存在不完全外显率及表型变异)应当特别注意。对其详细遗传机制及其详尽遗传规律的研究还需进一步加深。

---

① 韩国栋、陈祖瑞等:《手足纹诊病及图解》,天津科技翻译出版公司1989年版。

(2) 患者家族指纹相关指标与正常人群指纹的对比。

①指纹纹型分布频率。

表 10-2 患者家族纹型分布率与正常人群纹型分布率对比

纹型	患者家族纹型分布(男女 n=115)			正常人群纹型分布(男 n=2000)		
	A	L L^u L^r	W W^s W^d W^f	A	L L^u L^r	W W^s W^d W^f
分布频率	1.333	46 43.715 2.285	52.667 42.0955.1435.429	3.14	45.76 43.115 2.645	51.1 41.4 4.145 5.555

②左右手指纹百分频率。

表 10-3 左右手各指指纹百分频率

指位 纹型	左手					右手				
	1	2	3	4	5	1	2	3	4	5
A	3.738	4.762	0	0	0	0	3.883	0	0	0.893
L^u	40.187	38.095	54.808	28.571	73.529	24.038	29.126	52.941	23.585	71.429
L^r	0	6.667	0	0.952	0	1.923	9.709	1.961	1.887	0
W^s	37.383	30.476	37.5	64.762	23.529	56.731	35.922	35.294	72.642	26.786
W^d	17.757	4.762	4.807	3.81	2.941	13.462	3.883	0	0	0
W^r	0.935	15.238	2.885	1.905	0	3.846	17.476	9.804	1.887	0.893

③ 同型指纹各指位百分频率。

表 10-4 同型指纹各指位百分频率

指位 纹型	1			2			3			4			5		
	患者家族	X^2检验	正常人群	患者家族	X^2检验	正常人群	患者家族	X^2检验	正常人群	患者家族	X^2检验	正常人群	患者家族	X^2检验	正常人群
A	1.869	P>0.05	2.175	4.323	P>0.05	7.525	0	P>0.05	3.925	0	P>0.05	1.075	0.447	P>0.05	1
L^u	32.113	P>0.05	35.15	33.611	P>0.05	33.275	53.875	P>0.05	53.175	26.078	P>0.05	28.375	72.479	P>0.05	65.6
L^r	0.962	P>0.05	0.425	8.188	P>0.05	10.475	0.981	P>0.05	1.325	1.42	P>0.05	0.675	0	P>0.05	0.325
W^s	47.057	P>0.05	47.35	33.199	P>0.05	28.525	36.397	P>0.05	34.825	68.702	P>0.05	65.3	25.158	P>0.05	31
W^d	15.61	P>0.05	11.6	4.323	P>0.05	2.775	2.404	P>0.05	2.775	1.905	P>0.05	1.975	1.471	P>0.05	1.6
W^r	2.391	P>0.05	3.3	16.357	P>0.05	17.425	6.345	P>0.05	3.975	1.896	P>0.05	2.6	0.447	P>0.05	0.475

④ 左右对应手指各型指纹组合格局。

表 10-5　左右对应手指各型指纹组合格局

指位	1	2	3	4	5	平均观察频率	X^2检验	正常人群频率
AA	0	1.905	0	0	0	0.381	P>0.05	1.51
AL^u	0	2.857	0	0	0.952	0.762	P<0.001	2.65
AL^r	0.952	0	0	0	0	0.19	P>0.05	0.38
AW^s	0.952	0.952	0	0	0	0.381	P>0.05	0.15
AW^d	0.952	0	0	0	0	0.19	P>0.05	0.08
AW^r	0	1.905	0	0	0	0.381	P>0.05	0.01
L^uL^u	21.905	22.857	47.619	12.381	62.857	33.524	P>0.05	31.47
L^uL^r	0	4.762	0	1.905	0	1.333	P>0.05	2.14
L^rL^r	0	1.905	0	0	0	0.381	P>0.05	0.52
L^uW^s	16.19	10.476	13.333	18.095	15.238	14.666	P>0.05	14.81
L^uW^d	4.762	0.952	0.952	0.952	1.905	1.905	P>0.05	2.18
L^uW^r	0	5.714	1.905	0.952	0	1.714	P>0.05	1.31
L^rW^s	0.952	2.857	1.905	1.905	0	1.524	P>0.05	0.97
L^rW^d	0.952	0	0	0	0	0.19	P>0.05	0.17
L^rW^r	0	2.857	0	0	0	0.571	P>0.05	0.6
W^sW^s	26.667	19.048	22.857	59.048	17.143	28.953	P>0.05	29.25
W^sW^d	15.238	3.81	2.857	1.905	1.905	5.143	P>0.05	3.54
W^sW^r	5.714	7.619	5.714	1.905	0	4.19	P>0.05	5.07
W^dW^d	4.762	0	0	0	0	0.952	P>0.05	0.92
W^dW^r	0	0.952	0.952	0.952	0	0.571	P>0.05	0.35
W^rW^r	0	8.571	1.905	0	0	2.095	P>0.05	1.92
AL	0.952	2.857	0	0	0.952	0.952	P>0.05	3.03
AW	1.904	2.857	0	0	0	0.952	P>0.05	0.24
LL	21.905	29.524	47.619	14.286	62.857	35.238	P>0.05	34.13
LW	22.856	22.856	18.095	21.904	17.143	20.57	P>0.05	20.04
WW	52.381	40	34.285	63.81	19.048	41.904	P>0.05	41.15

由表 10-2 至表 10-5 可知，患者家族指纹在各种纹型的分布比例、同种纹型在不同指位的出现频率、左右对应手指指纹的纹型组合与正常人群均无明显差异（$P>0.05$），只有左右对应手指的 AL^u 型组合的出现频率显著低于正常人群的频率（$P<0.001$）。

（3）讨论。并指（趾）症是较为常见的手部畸形，关于并指（趾）症的报道也比较多，但对类似该家族如此庞大的家系进行调查及研究分析实属罕见。从脊椎动物研究中我们知道与肢体发育有关的基因有：FGF 基因、Fgf 受体基因、WNT 基因、EN 基因、SHH 基因、RAR 基因、BMP 基因、同源框基因及 HOX 基因等。通过对人类典型并指（趾）、多指（趾）症等肢体畸形家系进行连锁分析，已经确定 2q31、7p15-q11（尤其是 7q36）是并指（趾）、多指（趾）等肢体畸形的基因区域。HOXD13 基因是 HOX 基因家族的一员，目前很多学者认为并指（趾）、多指（趾）症的发生与 HOXD13 基因突变有关，该基因定位于 2q312q32，含有 2 个外显子，基因全长1365 bp，编码区长1008 bp。Muragaki等在3个美国并指（趾）症家系中发现了HOXD13基因第一外显子的变异。DAI Li等经检测证实了某一个家系的并指（趾）、多指（趾）畸形可由HOXDI3基因的多聚丙氨酸链扩展突变引起。而王沙燕等对某个并指（趾）、多指（趾）症家系成员的HOXD13基因的外显子进行分析，发现其2号染色体上的HOXD13基因未出现基因变异，指出：HOXD13基因不是该家系的致病基因，该家系的致病基因很可能是一个新基因。本文研究的家系的发病原因很可能与以上区域基因的改变有关，也有可能是新的致病基因发生的改变，需要进一步的研究才可确定。

家族性并指多指（synpolydactyly，SPD）是常染色体显性遗传性疾病，其特征为不完全外显率及表型变异性。在本次研究的家系中就出现了有悖于常染色显性遗传的情况：在（女）家系中出现了6例患者，其中2例患者的父母均未患并指（趾）症，但其外祖母为患者，其母亲或父亲的同胞有患者（2/8）。其与常染色体显性遗传的规律相矛盾，原因就可能与不完全的外显率及表型变异性有关。因此，对于并指（趾）症家系中的后代，即便是父母表现正常，当准备生育时也要做好产前诊断工作，可应用B超、胎儿镜和DNA检查等诊断胎儿是否正常。

通过统计并指（趾）症家族指纹各项指纹指标并与正常人群的指纹进行对比，发现在多数指标的频率分布与正常人群无显著性差异（$P>0.05$），可见导致并指（趾）症发生的相关基因并不导致指纹纹型的改变。指纹基因与并指（趾）症相关基因可能没有相关关系，指纹相关基因的发现与进一步研究可避开并指（趾）症相关基因，而需要在其他候选基因上重点进行。但是，本研究还发现，并指（趾）症家族中左右对应手指的AL^u型组合的出现频率显著低于正常人群的频率（$P<0.001$），提示我们指位基因可能与并指（趾）症相关基因存在着某种轻微连锁关系（因其他组合格局无显著差异），具体原因还需要进行更进一步的研究才能确定。

（4）结论。并指（趾）症患者的并指存在着高度的异常；并指（趾）症的发病存在家族聚集性，无性别差异；并指（趾）症的常染色体显性遗传方式存在不完全外显率及表型变异性，并指（趾）症家族中即便父母表现正常，生育时进行产前诊断也是必要的；并指（趾）症基因与相关指位基因存在连锁并影响该指位基因的表达；并指（趾）症相关基因与其他指位指纹基因的表达无明显联系。

通过对该并指（趾）症家族并指（趾）症患者指纹走向的观察发现：出现并指的相邻两指，其纹型的方向必是相反的。家系中16名患者均出现该规律，此现象是否为并指（趾）症指纹纹型的普遍规律还需要更多的案例资料来进一步证实，同时其发生机理还有待更深层次的研究。

4.多指（趾）症

又称赘生指（趾）或副生指（趾），是手足部位常见的一种染色体的疾病，很多与遗传相关，有明显的家族史。一般有合并其他畸形和(或)智力异常才建议进行染色体检查。

临床症状：在5个正常指(趾)外多生长出一个至二个，甚至多个指(趾)，以在拇指或小指(趾)的旁边赘生最为多见。赘生指有骨组织的，常与相邻指的关节相连，并形成独立的骨骼组织或掌骨分叉；如仅是一团软组织，既无关节又无韧带，则会形成肢粘连现象。

皮纹特征：通常赘生指(趾)的花纹与其相连的指(趾)纹型相同，给人相关延伸的感觉。在赘生指(趾)的根部常出现额外的副三叉，此副三叉可作为判断赘生指(趾)的重要依据，韩国栋等人认为，有时此额外副三叉可作为手术切除赘生指的唯一证据。

5.指屈曲畸形

系由肌发育不全、骨发育不良等症导致的，以一个或数个手指的指关节不能伸直，永久性地呈屈曲状态的畸形。

韩国栋等人报道该症的皮纹特征为：

(1)手指和脚趾端斗形纹明显增多；

(2)指纹三叉间距增宽，总指嵴线数增多。有人统计，总指嵴线数在两组病人中分别是271和356条，大约是其健康亲属的2倍。a-b嵴线数在部分男性患者中增多，在女性患者中轻度减少；

(3)手掌ATD角增大；

(4)手掌纵向屈横纹显著，掌上出现较多额外粗大的水平褶纹。在屈曲畸形的手指或脚趾上，指间褶纹常消失；

(5)手掌D主线发育不良(变得极短)或者缺失。

六、王氏掌褶纹诊断

1993年《现代掌纹诊病》一书出版，博得众家好评。北京科教电影制片厂专门摄制科教片《掌纹诊病》，向世界宣传、推广这一新型诊断技术；1995年《现代掌纹诊病》一书被译成英文、西班牙文出版，在国外发行，引起强烈反响，王晨霞医师的名字开始广为人知。

王晨霞，女，14岁在内蒙古建设兵团有幸与医学结缘，大青山留下了她采药的足迹，1990年至今任掌纹医学研究所所长。收集15万份掌纹图，出版掌纹医学系列丛书27本，广受社会各界的认可。

掌纹从形态上分为乳突纹与屈肌褶纹。屈肌褶纹在起源上与乳突纹不同，是由中胚层发展而来，是胎儿发育早期形成的表皮与深筋膜相连，并与指骨和掌骨活动发育相关联的一些较粗显的纹路，一般包括手指褶纹、掌部褶纹、腕部褶纹、足底褶纹等几大类，出生后依然存在，并受工作、生活及身体状况的影响而发生细微的改变。

褶纹的形成既有遗传因素，又有发育过程中内外环境因素的影响。孕期7周时，胚胎的掌上首先在大鱼际脂垫内缘出现桡侧纵向褶纹；孕期9周时形成近侧横褶纹和远侧横褶纹。指褶纹发育形成的时间比掌褶纹稍微晚一些。在妊娠3个月时掌、指褶纹全部发育完成。

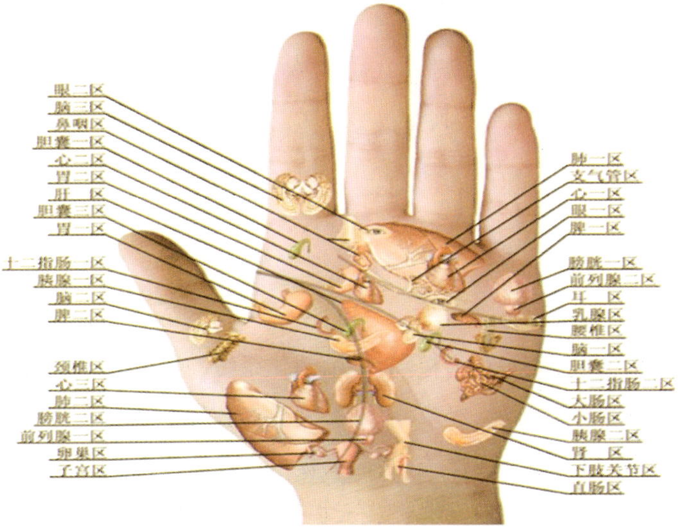

图10-5 王氏掌纹与内脏关系图(王晨霞 提供)

掌主要褶纹的具体形态，与手型特别是手的折合运动功能有关。如掌褶纹的空间组合关系：拇指纵褶纹是拇指和大鱼际肉垫的对立运动的结果；远侧横褶纹是根据其下面的第3～5掌骨、指骨关节的倾斜状态而排列；近侧横褶纹在其桡侧受到第2掌骨、指骨关节屈曲的影响。

褶纹严格地讲不属于指纹组织系统，但是由于它处于乳突纹之间，成为指掌纹形态中的组成部分，又有个体的特定性，因此也是指纹学研究的内容之一。

王晨霞所研究的掌纹特指掌屈肌褶纹，手指褶纹、足底褶纹基本不在其研究范围。为研究方便，王晨霞专门给掌纹作了新的命名，将掌上的3条与生俱来的主要褶纹和出生后可能出现的一些常见的次要褶纹，分别命名为1～14号褶纹线。并总结出了这些褶纹线与健康、疾病的对应规律，因此被称为“掌纹诊疗第一人”。

其方法是：

(1)以手指尖为上，掌根为下确定方向；

(2)不同部位掌褶纹、次生褶纹分别编号1～14号；

(3)不同的纹线形态反映不同的健康状况。

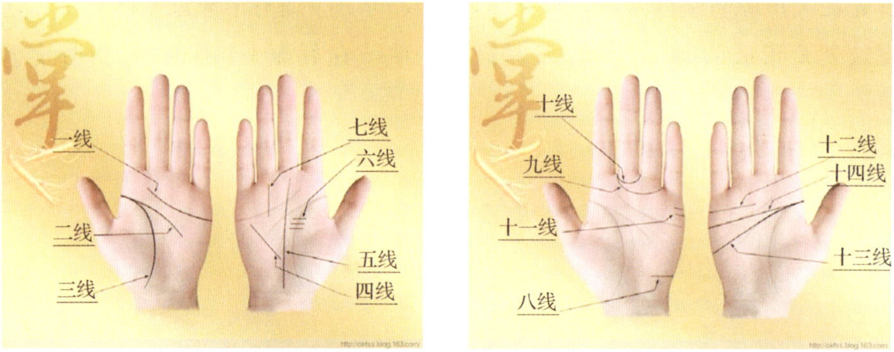

图10-6 王氏掌纹14线命名法(王晨霞 提供)

(一)纹线命名与关联功能

1.纹线命名

(1)一线:从小指根部起,流向食指根部,提示消化系统、呼吸系统功能强弱。

(2)二线:起点从食指根部开始,经掌心流向外侧方向,提示心、脑、神经系统功能强弱。

(3)三线:从虎口中间起,呈外弧形流向腕部,提示生命力强弱。

一、二、三线是屈肌纹线,其主要形态在先天握拳过程中形成,具有个体特殊性。细节随后天生活、健康状况有微小变化,因此是手诊的主线。

(4)四线:在小鱼际一侧,斜向上方,提示免疫功能强弱。

(5)五线:从小鱼际垂直长向中指方向,提示中老年心脑血管疾病。

(6)六线:横切在一、二、三线上,位置不固定,提示近期身体健康状况。

(7)七线:垂直在环指下方,提示血压变化。

(8)八线:在小鱼际下方,横向外侧,提示糖尿病和日常生活不规律。

(9)九线:环绕中指和环指之间,提示过敏体质。

(10)十线:环绕中指下,提示情绪变化。

(11)十一线:在小指下呈水平状,提示生殖、泌尿系统功能强弱。

(12)十二线:从小指下水平至无名指下,提示肝脏免疫功能强弱。

(13)十三线:是二线的变异线,称为悉尼线,提示免疫性疾病与肿瘤遗传倾向。

(14)十四线:是一线与二线相融合的变异线,通贯全掌,提示有极强的遗传倾向。

十三线、十四线是正常屈肌纹线的两种多态现象,亦为先天形成。四线至十一线是次生褶纹,多为后天产生,随年龄增加、健康状况的下降而增加。

2.各线关联功能

(1)一线:主看消化、呼吸系统等。一线又称为情绪线,起端部位为听力、视力功能区;中段为支气管功能区;尾端为咽喉功能区。

一线长到食指下面时：表示胃肠植物神经功能紊乱，结肠是我们情绪的镜子，保持结肠的大便通畅是非常必要的。如果经常腹胀或者便秘，拉肚子，或长期情绪悲哀、暴怒，结肠会在一线上形成一个特殊的反映点。

一线过长，反映了情绪的不稳定性。应该建议要保持良好的心态去看事情、看问题。当心理素质改善了、坚强了，一线就会变短。

父母如喜欢在吃饭的时候教训孩子，通常这个孩子的一线会过长。因为吃饭的时候，胃肠需要蠕动，所有的血液都流到胃肠这里，这时候脑部的血液较少。而在孩子品尝美食的时候，突然问他一些成绩问题或者一些他不爱听的、不愉快的话题等，他可能会非常的压抑。加上小孩子的神经不如成年人的稳定，情绪会随时受到诱导，这样会导致孩子食欲下降，或者暴饮暴食。所以古语说，食不言，还是有相当的根据的。如果经常发生这样的情况，这个孩子要不特别瘦，要不特别胖，而且性格比较怪异。

一线出现分支，通常是由于幼年时脾胃虚寒，或是幼时得过痢疾、肠炎，经常的胃疼，成年以后就会出现一线的丫形分支，从食指下叉向中指。出现这种情况，中医通常建议胃寒需要保暖，建议经常给孩子喝点姜糖水暖胃。

杂乱的一线多出于成年人，它主要是因为支气管炎和慢性咽喉炎所引起。

(2)二线：主看心脑、神经系统等。二线为脑线和智慧线，主要反映人的心理活动、思维活动，同时反映了我们的心脏和消化功能。

二线起端部位为胃功能区；中段为心脑功能区；尾端为精神状况功能区。

中医认为心藏神，心主思维。二线不能太长，不能超过无名指的二分之一处。若过长，对于男性来说，容易神经衰弱，伴有性功能下降，即中医谓之肾虚。女性则往往是内分泌紊乱，更年期的一种反映，会导致精神障碍，唠唠叨叨，烦躁不安，或者严重的失眠。这往往表现为优柔寡断，但不是抑郁症。如果此线非常靠近三线，就有可能是抑郁的反映。

二线如出现三叉分支，幼年时期会语迟，说话很晚，也会有神经性头疼。这样的人非常聪明，但是由于用脑过度，脑部容易发生能量不足的现象。如果正值用脑时期，如考大学等，要及时补充卵磷脂及蛋白质，如：牛奶、鸡蛋、鱼头等。

二线起点有高低，从食指到拇指中间这段距离，二线的起点在这段距离的二分之一处，终点到无名指末到掌横纹距离的二分之一处。如果二线起点高，则认为是一种疾病的反映。如果二线起点低，也说明身体有问题。终点过长、过短都不好。

平直的二线：主要症状表现为头痛，如果二线平直同时断裂，则预示老年会患脑萎缩。需要用药物来调整，不能单靠饮食来调整了。

断裂的二线：与心脑血管疾病、脑肿瘤有关。

(3)三线：主看肾亏、妇科病、便秘等。三线又称生命线，代表了人体的免疫系统功能、造血能力、抵抗力的强弱。

三线起端部位为肝胆、胃功能区；中段为肾、膀胱功能区；尾端为子宫、下肢功能区。

标准的三线，以不可以超过或者远离手掌正中线为度，否则代表疾病的变化。其起点不能高又不能低。起点偏高，容易暴躁与焦虑，易患高血压。起点低的人容易得低血压，情绪怯弱，优柔寡断。

三线的形成与胎儿发育时期关系密切。因为胎儿在发育期都是握拳状的，三线就是握拳形成的折痕。如果孩子在母体内B超检查发现胎儿没有握拳，则说明缺氧，出生后三线浅短，需要对三线部位进行按摩、合理饮食、药物调整等。如人参、冬虫夏草、当归等药物都会使三线长成。如果不去改善它，最后容易导致疾病。

如果三线断裂了，但是有辅线或者白线连接回去就没什么大问题。断裂的三线往往代表身体在胚胎期就没发育好，曾隐藏过重大疾病。后天需要合理的医食调理和锻炼。

(4)四线：主看肝脏功能等。四线在小鱼际的侧斜方，手诊中称四线为健康的指标、健康线，没有为好，有为不良。四线可以向上长也可以向下长，在手诊中要看它向哪个方向长。

一般情况下，四线应该是浅浅的，如果很深了，就表示体内的肝脏解毒功能出了问题。常见于患过肝炎或药物损害了肝脏、中毒等现象。

如果四线向上穿过一线则说明由于肝脏功能的下降引起呼吸系统的变化。如果四线向下穿过三线则常见于癌症晚期、重症肝炎、肾衰、艾滋病等。如出现倒八字的手纹，要立即戒酒，不然很容易患肝硬化、消化道出血、胃癌、肝癌，出现这种手纹叫作潜加线，说明在其大便中已经出现潜血，出现柏油样大便。一定要戒酒。

(5)五线：主看心肺功能减退、心脑血管疾病等。明显的五线应该是从腕横纹起，经掌心走向中指下的一条直线，古代称为玉柱线。

五线起端部位为胃肠功能区；中段为心脑功能区；尾端为心肺功能区。

玉柱线与呼吸系统的肺活量有关，玉柱线越明显，表示缺氧情况越严重。普遍的白领都有很多明显的玉柱线，因为平时都坐着，出入坐车，运动量很少，容易造成缺氧。

如果出现明显的五线，就要经常做运动，去户外锻炼，呼吸新鲜的空气。例如，运动员，五线就很少会出现。

(6)六线：主看亚健康等。六线为疲劳线，它的出现与身体疲劳有关。可出现在一、二、三线的不同位置上，表示相应身体状况的某一处出现疲劳和减退问题。主要原因是因为作息时间不规律、睡眠不足、高度精神压力等。比如，保安、警察、长时间在电脑前工作的人、放射环境下作业的人易出现六线。

(7)七线：主看血压高低。七线垂直长在无名指下方，和四线一样可向上长也可向下长。通常双线才视为血压线。

(8)八线:主看糖尿病等。八线和七线相反,在小鱼际的下半部横着长超过一厘米,可能有一条到三条,没有像六线那样切入其他线,而是单独出现在小鱼际区域,代表着糖尿病和遗传疾病。

(9)九线:主看过敏体质、不孕不育等。通常为反复的细线围绕在中指与环指下方,多出现于过敏体质者。

(10)十线:主看视力与肝血不足。在中指下方,称为孤独线。反映肝气不畅、视觉疲劳。

(11)十一线:主看生殖与泌尿。在小指下方,起源于尺侧边缘,呈水平状短线,称为性线。此处如出现杂纹,通常为泌尿、生殖功能下降。

(12)十二线:主看肝脏中毒等。十二线水平横在环、小指下,它的出现跟肝脏有关,过长的十二线表示肝脏累了,解毒功能下降,或肝脏曾经受过损害等。

(13)十三线:主看肿瘤高危等。十三线的出现与肿瘤、皮肤病等遗传有关,称为悉尼线。如果有十三线,最好首先调查一下有没有家族免疫系统的遗传史。如果出现十三线过长的问题,注意不要吃腌肉等腌制品,以及激素类的药品。

(14)十四线:十四线为一、二线融合而成,又叫通贯掌,具有很强的遗传性。表示其性格、体质、身体状况、兴趣爱好等与他长辈中具有十四线的那一位非常接近。调查结果显示,通贯掌一般不提示什么特殊疾病,只是提示受家族的遗传基因影响很强。

(二)异常病理性纹线

王晨霞认为,在上述14种掌主要褶纹、次生褶纹的基础上,掌上还会因生活与健康原因生成8种病理纹,提示身体健康预警情况。

(1)十字纹:提示疾病早期状态;

(2)井字纹:提示脏器实质性病变;

(3)米字纹:提示脏器有气滞血淤现象;

(4)三角纹:提示疾病由早期状态向实质性转变;

(5)方格纹:提示病情稳定;

(6)岛形纹:提示肿瘤或增生;

(7)环形纹:提示受过软物撞击;

(8)五角星纹:提示脑血管意外。

这8种病理纹出现在不同的部位,反映了该部位功能的健康状况,因此掌纹诊病更为精细的是对8种病理纹的详细分析,结合中医望诊中对掌色辨识等,综合给出判断。

(三)相关病例

(1)宿便:三线内侧多一条平行纹,有青筋浮现。

(2)牙痛:一线尾端有暗斑。

(3)鼻炎:2、3指下方有青红色斑点。

(4)急性肠炎、慢性胃炎:大、小鱼际青筋显露;在小鱼际肠区有较杂乱的“米”字状病理纹或6线(干扰纹),肠区色青暗。

(5)胃溃疡:三线胃区有米字或杂乱的十字相罗列;手指长,各指缝间有间隙。

(6)贫血:环指下有双七线病理纹,交感神经区缩小,并有六线病理杂纹。

(7)心律不齐:一线与二线之间,于中指下部位有“十”字病理纹。

(8)精神惰志:手掌中央有“丰”形纹穿越一、二线。

(9)颈椎骨质增生:拇指横褶纹有青筋及杂乱的锁链状纹。

(10)耳鸣:一线起端部位有较大的岛形病理纹。

(11)屈光不正:一线环指部位有岛形病理纹。

(12)头痛:由血压引起,在二线的尾端出现“米”字状病理纹。

(13)膀胱区:一线小指部位平滑无皱褶为佳。

(14)肾结石:三线肾区部位有大量六线,坤位有大量干扰纹。

(15)失眠(心肾不交):二线延长到乾位,并有“米”字状病理纹,肾区“米”字状病理纹加上斑点出现。

(16)子宫肌瘤:三线尾端出现岛形病理纹。

(17)心包炎:心一区有“米”字状病理纹,二线断裂有暗斑;心二区有“十”字状病理纹,心三区有“米”字状病理纹。

(18)月经不调:三线尾纹较乱,手腕部位有青筋暴露,穿入手掌。

(19)糖尿病:有八线病理纹,十指指尖樱桃红。

(20)头昏目眩:中指根部有斑点,二线中部有岛状病理纹。

(21)胆不好:食指下方(巽位)有“米”字状病理纹,加上二线尾部有“米”字状病理纹。

(22)神经衰弱症:1线长到食指下方的巽位,二线过长有分支到小鱼际的乾位;脑3区有暗斑。

(23)高血压:环指下有2条平行的七线切过一线,大鱼际交感神经区扩大。

(24)肝炎:肝区扩大,在第二线与第三线交会的中间有紊乱的纹理;脂肪分布不均,有暗红色或青暗色斑点。

(25)痔疮:三线尾端于手腕中间上方有细长岛纹。

(26)心绞痛:心一区(在中、环指下方)有“米”字状病理纹,二线上有“米”字状病理纹,三线尾端有“米”字状病理纹;交感神经区扩大,血脂丘隆起。

(27)肺炎、咳喘：一、二线变浅，一线尾端纹深浅重叠、纹乱、色暗。[①]

王晨霞掌纹诊病的方法是独特的，是传统中医与掌纹学的结合，开创了一种新的视角。但其掌纹诊病法又是孤独的，掌纹诊病法丝毫没有运用指掌上乳突花纹的任何遗传信息，与指纹分析法是相割裂的。即后天的病理纹没有与先天的生理纹相结合，因此无论从医学指纹学的角度，还是系统论的角度看，这将严重限制其学科的发展，也将有碍对病情更为全面、准确的诊断。因此与指纹学的有机结合、开放的互通性研究才是上策，才有可能更上一层楼。

指纹分析对许多遗传性疾病具有辅助诊断意义。几十年来，国内外的研究取得了可喜的进展，但由于指纹作为基因的一种外在表现，受内外各种因素的影响呈现出高度的认知复杂性，再与各种疑难疾病相关联，更增加了认知的复杂性与难度，因此距离成熟应用的要求还有很大距离。这既是困难也是可攻坚的目标，有待志同道合者继续努力。

① 王晨霞：《跟着太阳养生》，北方文艺出版社2009年版。

第三节 数据平台的建设

一、中华指纹堪宝贵

我国是有56个民族，人口数量占世界人口近20%的大国。几十万年来世居东亚腹地，传承有序，较少外来基因交流，形成了独特的中国人口基因库。它既是中华民族珍贵资源的重要组成部分，也是人类资源不可多得的资源组成。高度重视保护我国的民族基因资源，更好地为全人类服务，是党中央、国务院的一贯主张。就医学遗传学指纹研究领域而言，保护和利用在现阶段主要体现在以下五个方面：

一是中华各民族的指纹参数。经过二十多年不懈的努力，我国已初步积累了大陆56个民族的群体指纹样本，并产生了一大批学术研究报告。一个民族的群体指纹样本，就是一份珍贵的民族遗传素质的实物资料，既体现着该民族的现状，也反映着该民族微进化的历史，更间接反映着该民族对中华民族大家庭进化的历史性贡献，既有现实的应用价值，更有深远的理论意义。

二是姓氏家族指纹参数。尤其如孔子、孟子、曹操等家谱系列完整、记载明确的家系指纹参数颇为珍贵，堪称不可多得的数字黄金。指纹在家系中的遗传多呈显性遗传，遗传性极强，且简单易识。我国自进入父系社会之后，子女崇尚随父姓，家谱、族谱亦随父姓而严格记载。因此按姓氏家谱建立专门的指纹数据库，意义十分明显，它将为家系的遗传研究提供不可多得的宝贵资源，开发出诸多研究课题，上可追五千年，下可延百世。

三是国外少见而我国常见病种的指纹参数。目前我国医学指纹研究重点集中在遗传高度变异的病种上，今后应大力开展常见病种的指纹学研究。

四是少见、罕见的特殊病例指纹参数。尤以家族性病例为贵。这类病例由于罕见，提示患者是特殊基因变异携带者，是自然界“独特的珍贵品种”。对该类病例的研究，有利于短期获得突破，产生出人意料的结果，并触类旁通于他类病例研究。

五是具有优势和竞争力的研制开发项目和创新技术。遗传具有高度的质的规定性和遗传变异的高度复杂性，决定了我国指纹资源中，必然存在众多具有优势竞争力的研发课题，也必将产生出一大批创新技术成果来，关键在于创新的思维和创新的实践。

二、汇流成河出奇迹

迄今为止的指纹学研究，包括医学指纹学研究，所采集的样本、分析的数据，基本上是散点式的，相关原始数据经抽象后成为论文数据，虽公布于众，但指纹样本各为研究者所保存。这样做的缺陷，一是虽有指纹名称、分类等相应的学术标准，但鉴于指纹图形的千姿百态，各位研究者对指纹原始数据的判读会有很大差异，因此标准不统一将直接影响分析的精度，影响不同研究成果之间对比分析的准确性；二是各研究者所采集的样本量再大，相对于我们所要研究的对象——人类而言，也是个极小数。就研究而言，样本量越大，越有利于进行聚类分析，所得出的结论就越符合实际，也就越接近真理。因此，将所有研究资料通过合适的专业数据平台进行整合，是发展的方向。

通过专业数据平台，可将原始指纹数据、研究成果授权开放。指纹诊断无创、绿色、经济，在互联网条件下可不限人数地共同研究，其样本资料可供世代研究，实现资源的高度共享，发挥资源的最大应用价值；同时专业数据平台还可为网上远程会商、会诊提供服务，为广大公众进行指纹学科普教育，成为破除指纹算命等迷信活动的有效手段。

我国现已建有亿万人以上的指纹数据库，并实现了自动化管理。在大数据的条件下，充分挖掘指纹数据的潜力，必将大有作为。

就医学指纹学而言，在全国范围内，设立专门的指纹学科研网站，并建立若干个单一病种、某一类相关病种的临床诊断与指纹样本数据库，各地、各单位科研人员，有志于此者，都可以将病例样本数据上传至网站进行交流，进行专题性科研攻关。目前充分实现信息共享的技术条件已经十分成熟，缺的仅仅是理念的革新和一个牵头单位。作为指纹协作协会，建设和维护这类的科学网站既是分内之事，更是推动专业研究与群众性科研相结合的一件非常好的实事，我们期待着这一建议早日实现。

现实中，另一个具体情况是，由于对医学指纹学的认知还不十分普及，指纹采集的设备还不十分便捷，从而大量已有明确诊断的遗传性、家族性疾病患者的指纹样本，没有像体温信息那样，列为临床采集的范围，白白地自然流失了。一些特殊病例个案，更错失了留下宝贵信息的机会。例如，我国每年出生的婴儿约有7‰至11‰为先天性心血管异常，都会对患儿及其家人带来很大的伤害。

按照医学指纹学的认知，先心病的致病原因主要是病毒感染和高原缺氧导致基因变异和心脏发育不全等，与指纹的发育高度关联。若能将两者有机结合起来研究，相信能很好地补充、完善对此类疾病的认知与后天避险性预防，降低风险，造福大众。

三、统计软件解难点

医学指纹学的发展充满了机遇。将生命科学理论、分子医学等理论与指纹科学相结合将大有作为，显示出强大的潜能，对实现理论与方法的突破有着十分可观的成果性前景，将给医疗诊断带来新思想、新策略、新技术、新模式。

目前除公安行业外，其他各个领域从事指纹研究的工作者，采集指纹样本的方法，仍遵循传统的将指纹采集于白纸上保存，再扫描成电子数据后应用。所采集的指纹质量难以保证，影响观察与解读，而且纸质样本不能同时建库、同时自动给出研判数据和统计结果，建库工作烦琐，极大地限制了工作效率和研究人员的积极性。希望在指纹自动化采集技术成熟的前提下，能有专业的指纹科研统计软件来代替人工分析，以成倍地提高成效。

南开大学与指纹专家密切合作，于2017年成功研发了“持平指纹遗传分析系统”，从而彻底解决了影响指纹学科研的一大瓶颈问题。

该系统对指纹数据实行自动化采集、识别，自动化存储、分析与统计。利用指纹采集仪和指纹遗传统计分析软件，将录入的指纹直接转换为电子数字图像保存。

其优势：一是自动化地完成指纹数据的采集、录入与建库，当场自动评定指纹质量。对不符合质量的图像自动拒绝入库，便于统一指纹数据的识别与评判标准，统一统计分析的标准，使原人工经验识别的方法上升到规范化、标准化的水平。二是有效地解决了医务等研究工作者并不熟悉复杂的指纹识别和不会分析指纹数据、不擅长统计的烦恼，可以直接使用分析数据结果。三是保证了指纹样本数据的采集、建库、传输与自由交换的一次性完成，采集结束即可自动给出分析报告。即时建库，即时各方共享。

该系统注意到需要补充和完善原来的指纹数据采集与分析中的空白点，如遗传信息量很大的指节纹数据始终没有被利用，该系统设计了补充方案。整个指纹，可供分析的数据项增加至几十项以上，为全面认识与挖掘人体指纹信息提供了新的条件，也为以往数据的重新研读打下了基础。

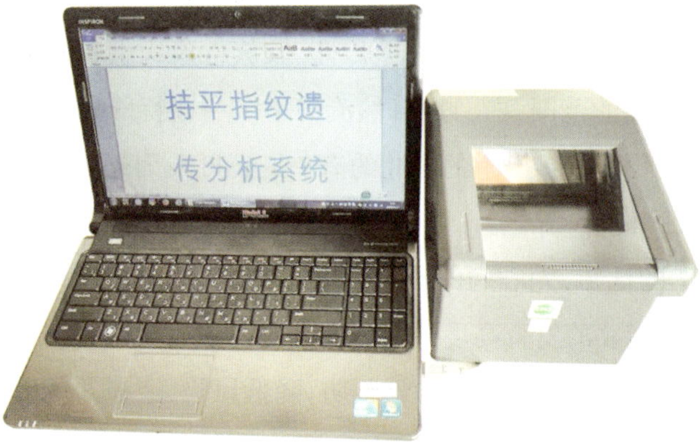

图10-7　指纹采集仪

有关指纹采集的数据要求，中国遗传学会皮纹研究协作组制定的《人类皮纹学研究观察的标准项目》的规定为：

1. 指纹

(1)指纹花样：弓形纹、桡箕纹、尺箕纹、斗形纹(分出双箕斗形纹)的频数分布。

(2)指纹嵴线总数。

2.掌纹

(1)a-b嵴线数(包括b-c、c-d嵴线数)。

(2)ATD角度。

(3)主线横线指数。

(4)指区及大小鱼际区真实花样出现率(按大鱼际区/第一指间区、第二指间区、第三指间区、第四指间区及小鱼际区真实花样出现率分别记录)。

3.褶纹

(1)掌褶纹:按普通型(正常型)、过渡I型(桥贯手)、过渡II型(叉贯手)、通贯型(通贯手、猿线)和悉尼型(中贯手)五型分类登记。其中通贯型不包括变异类型在内。

(2)指褶纹:以小指褶纹数为重点。

(3)趾纹:以拇指球部花样为主。

(4)其他:如指纹二级分类、嵴线宽度、左右手(足)对应手指(趾)真实花样组合格局,指节皮纹型分类,指节褶纹型分类,td嵴线数、t距比、白线、趾纹和跖纹,掌褶纹三型分类、主线其他参数(主线式、主线指数、主要线末端出口、主线构型、线型等)等依情况自行立项选用。

4.资料处理

(1)所有指纹资料依研究目的进行相关定性与定量分析统计,以获得百分比、平均数、标准(误)差、T测验、X检验、正态测量、相关系数、遗传率和遗传距等生物统计的相应数据。

(2)保留指纹样本和有关的原始数据资料存档。

(3)结合医学诊断,与指纹分析数据相结合,开展综合分析,寻找相关病种的规律与特点。

(4)将上述研究成果与正常人群统计数据作对比性研究,寻找正常健康人群与遗传疾病患者间各类数据的异同,得出相应的认识结论。

一枚指纹虽仅方寸大小,但指纹遗传学研究的天地很宽,谁能将生命科学的最新成果应用到指纹遗传学、医学指纹学之中,谁就能最先站上这一领域的高峰。

第十一章 指纹与家族遗传

第一节 家族指纹研究法

指纹与遗传密码一样，是人类自身的又一部天书。人们都知道指纹是一种遗传性状，我们目前对指纹遗传有了一些认识成果，如1892年，人类学家高尔顿(Francis Galton)在《指纹》一书中，专门论述了指纹的遗传依据。他通过同胞兄弟的指纹与非亲缘关系者相比较，发现同胞兄弟中相同指纹的出现频率远高于普通人群。他的这项研究最早提供了指纹遗传的证据。

纽曼(Newman)于1930年，通过对同卵双生子和异卵双生子各50对，进行详细的比较分析和嵴线计算，肯定了指纹的遗传性。20世纪50年代，霍尔特(Holt)及迪塞克雷(De Cenchy)和凯利(Kelley)等人，分别对同胞兄弟姐妹、有亲缘关系的父母和子女，及同卵双生、异卵双生的指纹嵴线数进行大量测量与计算，证明指纹具有很强的家族遗传性。主要表现在：父母与子女之间的相关系数高于同胞兄弟姐妹；父亲与子女和母亲与子女的相关系数基本相同；同卵双生子指纹特征的一致性(相关系数为0.953±0.008)明显高于异卵双生子(相关系数为0.423±0.52)；异卵双生子接近同胞兄弟姐妹之间的相关系数，表明嵴线数是一个具有高度相关性的遗传性状。同时，父母与子女之间，同胞兄妹之间具有独立的遗传效应和加性基因的作用。

但由于指纹本身属于多基因遗传，指纹性状特殊的复杂性和定性方法的局限性，以及数理分析缺乏细化的标准，使得指纹遗传规律特点的研究存在很大的困难。人们发现不同的指纹性状之间不仅遗传方式有区别，而且遗传力(遗传率)各不相同。一般认为，目前还没有一种通用的模式能够解释所有的指纹性状遗传问题。距离真正地、全面地把握指纹遗传的奥秘还十分遥远，已知与未知之比可以1:1000，1:10000计。所以指纹遗传学的研究仍处于起步阶段，万里长征才走了第一步，任重而道远。

家族指纹的研究是探索指纹遗传规律最有效的途径。从家族指纹研究入手，指纹遗传性状规律一旦取得重大进展或被发现，将是基因遗传学的重大突破，将有助于进一步搞清基因是如何调控指纹的发育与遗传的；将有利于利用指纹“再现”胚胎的发育环境，找出胚胎期指纹与神经系统的共生关系；将有助于在无损的条件下，以指纹作为检验尚无临床病症的重大遗传缺陷等根源性问题的辅助手段，对亲代、子代的生活有指导意义；

对特定犯罪原因分析、犯罪预防也有着重大警示效应，进而为建立和谐社会发挥作用。

从研究的目的与步骤看，首先要研究指纹遗传的正常规律，其次是研究指纹遗传中的异常现象与特点。只有知道了什么是正常，才能知道什么是异常或反常。其途径有：

一是完整地采集家庭三代人（兄弟姐妹越多的家庭科研价值越好）的指纹样本进行亲子遗传的研究，得出家系遗传的正常值，用以观察和发现父系、母系基因在不同的环境条件下，各自是如何发挥其显性、隐性遗传作用的。这方面需要大量志愿者家庭参加，按科学研究的规范进行操作。

家系指纹纳入家谱，成为其重要的内容之一，是现代家谱创新的好思路。指纹有着先天形成、终生不变，遗传特征明显、无损无代价获取的特性，非常适合家谱承载家系遗传历史的要求。其遗传信息远比辈分字的排列、个人肖像照片来得直观形象、真实可靠，并可世代反复研究。将家系指纹纳入家谱，应大力倡导，它是家族科学观的重要体现。

二是选取高遗传性、高家族性、先天性疾病病例家系，作小样本量致病基因与指纹的关联性研究，这样有可能在短期内实现像当年发现21三体综合征指纹异常那样的突破。

一、家族指纹分析法

开展家族指纹分析的主要内容、方法与一般步骤如下：

（一）收集家族指纹样本

1. 选择样本对象

选定被收集指纹样本时，要按有关法规和科学研究的规则与当事人签订相关意向书，或明确告知所采集样本用于科研的目的，并承诺不挪作他用。

2. 收集家族指纹

最好选择三代以上父系母系三代俱全的家庭人员的样本。父系：爷爷奶奶、父亲（含兄妹）；母系：外公外婆、母亲（含兄妹）及孩子。如二代中有伯、叔、姑；舅、姨及下一代，宜一并收集。

3. 样本要求

三代以上的家庭人员的样本，必须要求亲一代的父亲、母亲必须都在，都取，以便于分析伴性遗传与隐性遗传的问题。

4. 特殊样本

如有明确的家族性遗传性疾病的样本，或特殊病例的家系样本更好，没有的话单个患者个体样本也争取收集。

5. 指卡填写

捺印样本前按科研指纹卡上的项目逐一填写清楚。

6. 样本编号

每张卡用11位阿拉伯数字代表，数字的前5位为档案编号；中间5位分别代表该人在家族中的排行(第1位代表亲一代,第2位代表子一代、第3位代表二代、第4位代表子三代、第5位代表子四代)。数字均用1~5代表。数字1为老大、2为老二依次排列。编号最后一位数代表性别与身份。分别用1~4数字代表。1代表男性、2代表女性、3代表女儿的配偶、4代表儿子的配偶。

例如,00025010004表示其是该家系中的子一代中的大儿媳。

7. 指纹采集

按左右手的拇、食、中、环、小指依次进行三面捺印采样,要求指纹捺印清晰、完整。捺印指纹完毕后捺取左右手掌纹,然后采集左右足的捺印样本。

8. 开展指纹类型标注

如运用指纹自动识别系统,则指纹类型等各项数据标注由设备自动完成。如人工标注,则:

(1)指纹按6种纹型进行分类,在卡的指纹上方,用铅笔进行纹型代号标注:弓形纹的代号为A;正箕(尺侧箕)代号为L^u;反箕(桡侧箕)代号为L^r;普通斗形纹代号为W^s;双箕斗代号为W^d;反方向斗形纹代号为W^r。如果所采集的指纹中发现奇特箕、杂形斗,则用杂1、杂2代表。杂1代表奇特箕,杂2代表杂形斗。

(2)指纹代号标注结束后,由专人对指纹标注结果进行二次复核分析,复核无错误后进行汇总。

9. 按家族编号进行整理

要求一个家族放一个档案袋进行归档待分析,存档前必须复查,在家系中有无再婚的,其中的父系或母系中如有人为非血缘关系,单独标出,进行建库。

(二)建立家系指纹数据库

1. 建立家系指纹图像库

捺印样本图像分两种,第一种,a代表左手,b代表右手;第二种,c代表五指,d代表手掌。采用扫描仪按JPEG类型扫描存图。

2. 建立家系十指纹数据库

十指指纹数据库的建立。采用指纹自动识别系统建库;将指纹卡用15位数字编号后入库。

3. 建立家系单指纹数据库

1~3位:档案号;

4~8位:家系关系号;

9~10位:姓氏号;

11~12位:指位代码号;

13位:纹型分类代码号。

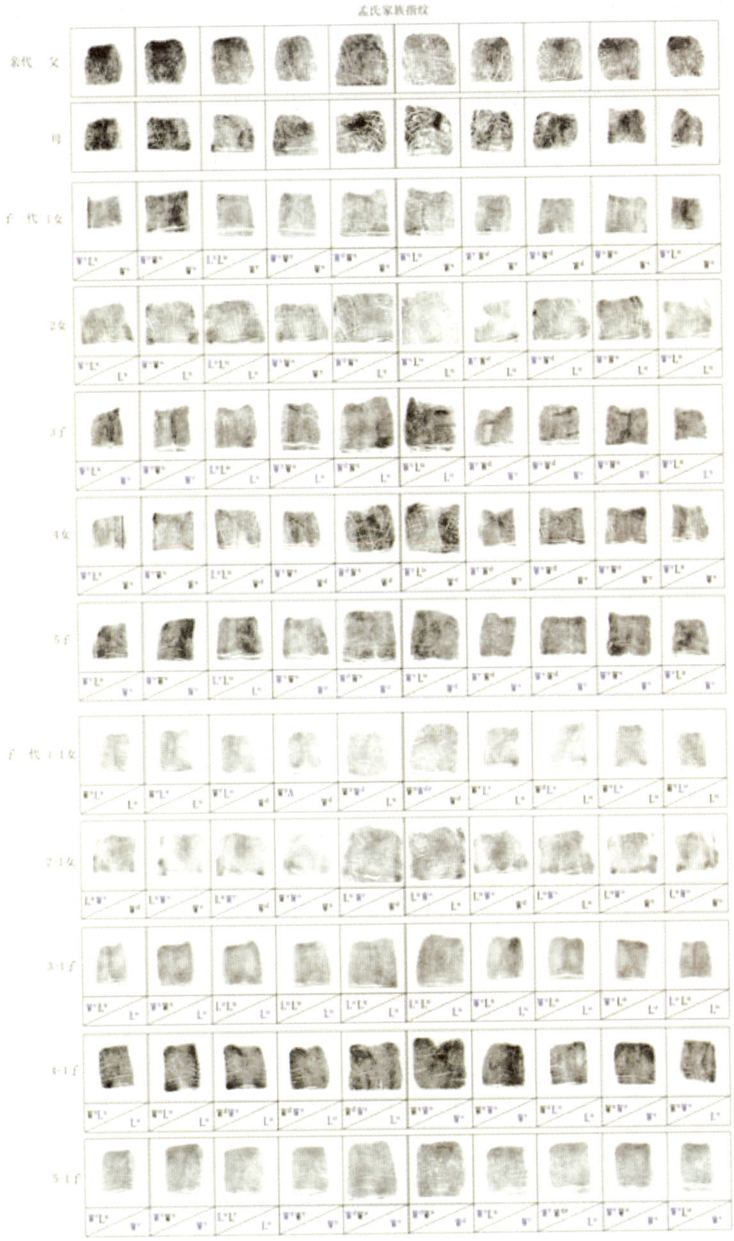

图 11-1　家庭三代人指纹

姓氏号：

1李，2王，3张，4刘，5陈，6杨，7黄，8赵，9周，10吴，11徐，12孙，13朱，14马，15胡，16郭，17林，18何，19高，20梁，21郑，22罗，23宋，24谢，25唐，26韩，27曹，28许，29邓，30萧，31冯，32曾，33程，34蔡，35彭，36潘，37袁，38于，39董，40余，41苏，42叶，43吕，44魏，45蒋，46田，47杜，48丁，49沈，50姜，51范，52江，53傅，54钟，55卢，56汪，57戴，58崔，59任，60陆，61廖，62姚，63方，64金，65邱，66夏，67谭，68韦，69贾，70邹，71石，

72 熊，73 孟，74 秦，75 阎，76 薛，77 侯，78 雷，79 白，80 龙，81 段，82 郝，83 孔，84 邵，85 史，86 毛，87 常，88 万，89 顾，90 赖，91 武，92 康，93 贺，94 严，95 尹，96 钱，97 施，98 牛，99 洪，100 龚，101 阮，102 费，103 尚，104 钦，105 印，106 包，107 左，108 凌，109 尤，110 陶，111 焦，112 仲，113 冷，114 归，115 卫，116 梅，117 刑，118 颜，119 苗，120 浦，121 阙，122 裴，123 章，124 倪，125 缪，126 钮，127 岳，128 荣，129 季，130 葛，131 卞，132 卯，133 华，134 湛，135 符，136 侍，137 冒，138 须，139 郁，140 芦，141 伏，142 滕，143 应。

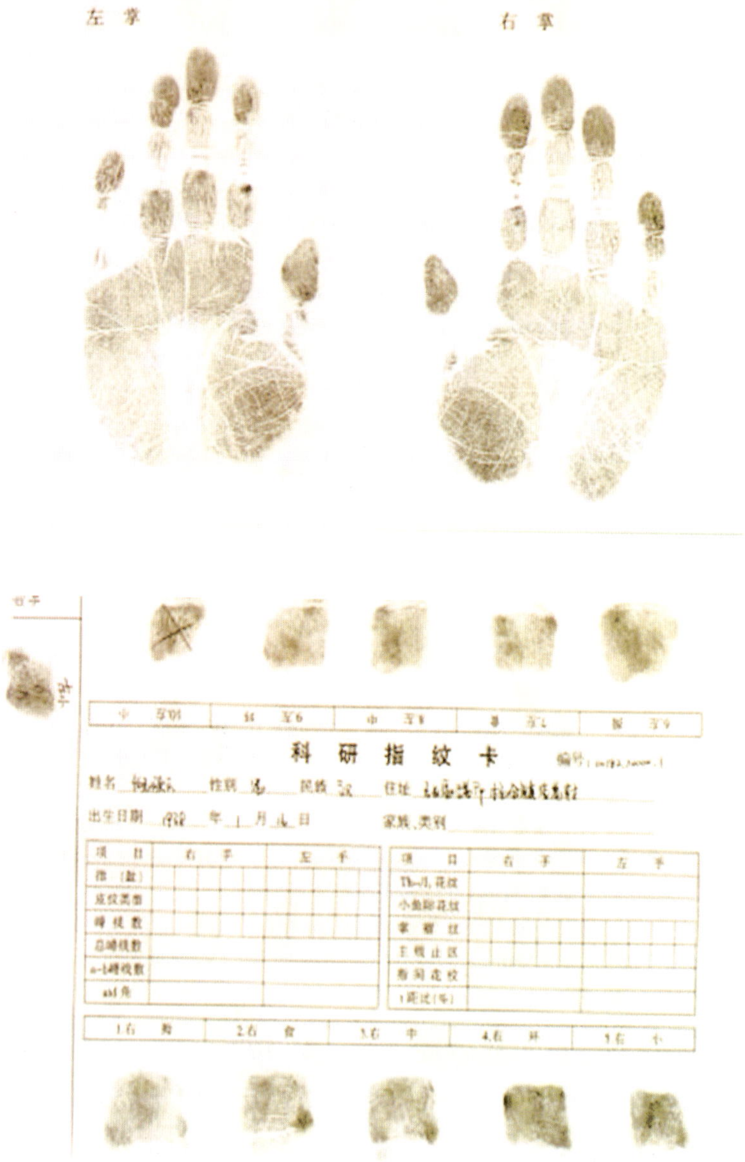

图 11–2 指掌纹合一

表 11-1 指位代码表

代码	指位名称
01	右手拇指
02	右手食指
03	右手中指
04	右手环指
05	右手小指
06	左手拇指
07	左手食指
08	左手中指
09	左手环指
10	左手小指

表 11-2 纹型分类代码表

代　码	类　型
1	弓形纹
2	尺侧箕
3	桡侧箕
4	普通斗
5	双箕斗
6	反方向斗形纹
7	奇特箕
8	杂形斗

(三)观察与测量

为了便于做定性定量的分析,将被认为是基因遗传决定的有关花纹形态和纹线数量,作为指标数据分别进行统计与比对。主要的指标数据有:

(1)指纹类型;(2)指纹嵴线计数,包括单指纹线数、十指纹线总数、指间 a–b 纹线数等;(3)掌花纹类型,包括指间 Ⅰ、Ⅱ、Ⅲ、Ⅳ区,大鱼际区、小鱼际区花纹类型;(4)掌褶纹类型;(5)ATD 角的测量。

将上述全部指掌纹测量数据和分类计数数据制成 Excel 表建库。

(四)分析比对

将建库后的家族指纹进行汇总,然后进行详细分析、研究,寻找指纹遗传的规律特点,标出家系特定的遗传标记。通常从以下三个方面寻找指纹遗传的规律特点:

1. 分析直接遗传:指纹按二代或三代人同指位、同纹型(掌纹为同部位、同花纹、同褶纹组合)为直接遗传,计算直接遗传概率。

2. 分析变异遗传:指纹按二代或三代人同指位、不同纹型(掌纹为同部位、不同花纹、不同褶纹组合)为变异遗传,计算变异遗传概率。

3. 综合分析交换率:相同纹型在不同指位间,不同纹型在同一指位间、不同指位间的出现率,均是指纹基因的交换现象,分别作统计分析。

4. 分析相关性:十指指纹纹线总数是等位基因的特定组合所产生的"基因连锁"效应现象,需作统计分析。

二、生物遗传的规律

开展家族指纹的研究,需要遗传学理论的指导,并根据遗传学原理去寻找、探求与总结家族指纹的遗传规律,有所发现,有所创新。

遗传学是研究亲子间遗传和变异的科学(属于生物学的一个分支)。"它的研究范围包括遗传物质的本质、遗传物质的传递和遗传信息的实现三个方面。遗传物质本质包括化学本质、遗传信息及它的结构、组织和变化等。遗传物质的传递包括遗传物质的复制,染色体行为,遗传规律和基因在群体中的数量变迁等。遗传信息的实现包括基因的原始功能,基因的相互作用以及个体发育中基因的作用机制等。"所谓遗传,通俗地说,就是亲子前后代的相似或相像的现象,种瓜得瓜,种豆得豆。不能把遗传误认为是前后代的绝对相同,事实上,所谓绝对相同的遗传并不存在。遗传学不是研究自身同一,而是研究亲代与子代之间的关系。

遗传是生物保持经历代选择考验所积淀下来的遗传特性,变异只是在遗传过程中产生的新的可能适应新环境的新特性。遗传与变异是辩证统一的,两者都是遗传的形式,变异仅仅是遗传更为活跃的形式。在变异中,基因类型仍是基础,不可能变异出没有遗传基础的东西来,而且变异之后的新种仍然按照遗传规律进行遗传。

(一)基因类型

双亲留给子代的是遗传特性,科学家称之为基因类型(简称基因型)。双亲的生殖细胞形成受精卵(合子)时,双亲的遗传特性就传给了下一代,子一代的基因类型就基本形成了。子代的胚胎发育、成长,乃至生老病死的方向与过程,就开始由该基因类型决定与调控。

基因型虽是一种客观存在,但深藏在细胞核的微观世界中,只有在电子显微镜中才能观察到。人们所看到的都是外在的遗传性状,如黄皮肤、黑眼睛,红花、绿草,斗形纹、箕形纹等,遗传性状称之为表型。表型是由基因型决定的,有什么样的基因类型就有什么样的表型。

(二)基因遗传方式

生物的多数性状并不是由单个基因决定的,各种性状几乎都是基因相互作用的结果。根据基因作用的方式,遗传性状大致可分成单基因遗传和多基因遗传两大类。

1. 单基因遗传性状

“一对基因在异质接合状态上并不相互影响，互相沾染，并在配子形成时完全按原样分离到不同的配子中去。”奥地利遗传学理论学家孟德尔（Gregor Johann Mendel）的基因分离定律指出：每个基因并不因为曾和其他不同质基因结合成对，并处于同一个个体内而改变它的性质。在形成配子时，其基因型仍独立地传递到子代。

基因的分离规律是遗传学中最基本的规律。遗传现象中，一个性状特征只有一个基因所决定并排斥其他基因的作用，这个性状就称为单基因遗传性状。一般认为，属于质量性状的，如某种性状的有或无，某种纹型是否出现，花是红色还是白色等，大都是单基因遗传。

单基因遗传性状常常由于等位基因的相互作用而产生出显隐性来。两个不同的等位基因同时存在时，只有一个基因的表型效应得到显示，这个基因就称为显性基因。按显示程度的不同，可分为完全显性和不完全显性。显性性状是由显性基因产生的，隐性基因则产生隐性性状，如红花基因与白花基因共同组合成一对杂合体基因类型。红花基因是显性的，子一代花全表现为红花性状，而白花基因是隐性的，白花性状在子一代暂不表现出来。

根据等位基因上突变型基因与野生型基因的相互关系，单基因遗传性状可由新效基因、超效基因、亚效基因、无效基因等多种作用方式产生。

（1）新效基因：产生野生型等位基因所没有的新的性状特征的突变型基因。新效基因对于野生型基因来说，彼此都是显性的，这种情况称为共显性。

（2）超效基因：表型效应超过野生型等位基因的突变型基因。超效基因对于野生型基因而言是显性的。

（3）亚效基因：表型效应在性质上相同于野生型基因，但在程度上次于野生型的突变型基因。亚效基因对于野生型等位基因来讲是隐性的。

（4）无效基因：不能产生野生型表型的，完全丧失酶活性的突变型基因。无效基因对于野生型基因而言是隐性的。

（5）复等位基因：一个基因如果存在多种等位基因的形式，这种现象就称为复等位基因，它是由基因突变形成的。一个基因可以向不同的方向突变，于是就形成了一个以上的等位基因。指纹基因是典型的复等位基因，至少有40余种复等位基因，这就给分析带来了极大的困难。但任何一个杂合的二倍体个体，只存在复等位基因中的两个不同的等位基因。

等位基因中存在排斥现象：两个等位基因中只有一个是活跃的，另一个被排斥。前者对于后者来说是排斥基因，是显性的。

2. 多基因遗传性状

多基因遗传性状是指一个遗传性状是有许多基因共同作用的结果，其中每个基因的单独作用较少。对多基因遗传现象，孟德尔第二定律指出："当两对或多对基因处于异质接合状态时，它们的配子中的分离是彼此独立的，不相牵连的。"第二定律实际是第一定律的深化，所以又称之为"多对基因的独立支配或自由组合定律"。常见的多基因遗传性状为两种类型，一类是数量性状，在生物的全部性状中占的比重较大。另一类是伴性性状，随性染色体发生遗传。

（1）数量性状。是指某一性状在一个群体内的各个个体之间，表现为连续的，呈数量化的变异。其个体间差异，在一个群体中一般呈连续的正态分布，难以在个体间作明确的分组统计。例如，人的身高、体重；人的指纹纹线数量也是数量性状。与质量性状相比，数量性状较易受环境因素的影响，环境条件也是性状产生波动的原因之一。而质量性状通常不易受环境影响，在群体中的分布亦不是连续的。

（2）伴性性状。伴性性状是由于某种特定的基因在性染色体上，其性状随性别遗传。虽然单基因遗传也会产生伴性性状，但是有不少亦可能是多基因伴性遗传所产生。

例如，色盲几乎是男性，因为色盲基因在X染色体上，并且是隐性的。男性只有一条X染色体，如带有色盲基因，他就色盲。女性有两条X染色体，必须两条X染色体上的同一位点都带有色盲基因，即与色盲有关的某一特定基因类型是纯合体时才会表现出色盲症状，所以女性患色盲的概率很低。因此带有色盲基因的女性与正常男性结婚，儿子全部色盲，女儿全部不色盲；但女儿实际上却带有隐性的色盲基因，这也是典型的基因分离独立现象。

（3）多基因遗传作用方式。多基因遗传相互间作用的方式比较复杂。主要的有以下几种：

①基因连锁作用。基因连锁是指在同一条染色体上，作用相关的数个基因排列在一起，构成一个基因组。只有在这种连锁的情况下，某种性状特征才得以出现。

连锁对于生命的延续和性状特征的遗传是十分必要的。因为一个细胞中有许多基因，如果各个分散，很难设想在细胞分裂中，每一子细胞都能准确地获得每一个基因，不发生丢失。

②基因交换作用。基因交换是指同源染色体相互之间发生片段交换，而使原在同一染色体上的基因不再有伴同遗传现象。交换与连锁一样，都是生物界的普遍现象。基因交换对生物进化有重要意义，它可以使配子中的基因排列组合变化无穷，带来遗传的多样性，为自然选择提供更大的自由度。

③非等位基因的相互作用。不在同一座位的基因相互之间所发生的作用也会影响到

性状特征的显现。按其作用可分为：

互补基因：若干非等位基因同时存在才出现某种性状，这类基因称为互补基因。

异位显性基因：影响同一性状的两个非等位基因在一起时，性状特征才得以表现的基因，称为异位显性基因。

累加基因：对于同一性状的表现特征，几个非等位基因中的每个基因都只产生部分影响，这样的基因称为累加基因或微效基因。

主效基因：对于同一性状的表型特征，只有在几个非等位基因同时存在才得以表现时，其中有一个基因起主效作用，称该基因为主效基因。

修饰基因：本身具有或没有任何表型效应，但和另一突变基因同时存在时，便会影响另一个基因的表现程度。

抑制基因：一个基因存在使另一个基因的表型效应消失而恢复野生型表型的，称前一个基因是后一个基因的抑制基因。

④基因与环境因素的影响。基因型是个体发育的内因，提供了个体发育一定方向的、多种的可能性。这多种可能性中哪一种成为现实的表型，还取决于内外界环境条件的综合作用。环境可以改变表型的现实表现度，如颜色的深浅、身体的胖瘦，但无法改变基因类型。

内在环境主要指性别、年龄和基因背景等，外在环境主要有温度、营养和化学制剂等。

性别环境：基因只在某一性别中得以表现的现象，称为限性性状环境。

年龄环境：指人类某些基因在显示它的表型时与年龄有关，表型的发生只有到某年龄段才可能出现。如老年性痴呆症，表型一般在40岁之后才出现。

基因背景：从理论角度看，任何一个基因作用时或多或少都要受到同一细胞中其他基因的影响，因为细胞是一个整体，该基因所处的基因集合体就称为基因背景。同一个基因若处在不同的基因背景中（不同的个体中），就可能影响和改变某一遗传性状的外显率和表现度。

外在环境：温度、营养和化学制剂，都能直接或间接影响到蛋白质的活动，从而改变表型的表现力。

第二节 家族指纹研究成果

从19世纪中叶开始，很多学者开展了指纹遗传的研究，虽然发现了其中许多重要的原理，但在指纹遗传方面并无重大突破，尤其在家族指纹遗传方面的成果更是屈指可数。指纹的遗传模型还远远没有建立起来，所以应用指纹分析确定亲缘关系的探索是一场难能可贵的攻坚战，我国有一大批学者和爱好者投入了艰巨的探索工作之中。下面介绍几个典型成果。

一、家系指纹正常值

江苏警官学院公安科技系副教授方萍主持的“基于家族系指纹数据库的指纹遗传性状规律的研究”于2012年完成项目验收。

该项目为江苏省科技支撑计划（社会发展）科研项目，方萍副教授带领学生，历时2年，按照“知情自愿”的原则，共收集建立了267个完整三代家系指纹样本库，完成了二级模式及ATD角参数分析。项目样本真实可靠，数据量大，研究方法科学。专家组认为，该项目建立的研究成果为指纹遗传学研究打下了重要基础，可在侦查工作中为确定血缘关系提供辅助依据。项目主要的研究成果有：

（一）指纹遗传分析

指纹是指纹学中任何一项研究都最为关注的对象，指纹的各种纹型是指纹复等位基因的外在表现形式。而弓形纹、桡箕纹、双箕斗形纹被认为是由野生型箕形纹、斗形纹基因突变而来，在中国人群中的出现率仅为2.5%左右，因此该项目利用系谱分析法重点对出现此3种指纹的家族作了分析。

1. 弓形纹的遗传

在所统计的1866份有效指纹样本中，共采集指纹18649枚，其中弓形纹共有588枚，检出频率为3.1 %，其中38.95 %的弓形纹出现在食指位。

在收集的267个三代指纹家系中，取同一核心家庭中至少有两人手指出现弓形纹的家庭，以及三代人中至少有两代人出现弓形纹的家庭作为研究比对的样本，这样的家系共有39个。经绘制该39个家系遗传图谱，并据其指纹分布的情况进行初步的分类，发现弓形纹家系可分为四大类型，具体为：

（1）第一类，第一代中有一人出现弓形纹，第二代中也出现弓形纹 ，而第三代没有出现，共13个家族，弓形纹分布具有如下特点：

① 家族中不是连续几代都出现弓形纹，都只有第一代、第二代才出现，第三代都没有出

现弓形纹。

② 第一代中男性或女性有弓形纹，在第二代中他们的儿子或女儿都有可能出现弓形纹，甚至可以一起出现弓形纹，说明弓形纹的遗传并没有性别差异。由此可推断弓形纹遗传不符合性染色体上的遗传特点。

③ 常染色体上的隐性遗传表现为只要子女有特征，父母肯定都有特征，并且所有子女也都有此特征，由此可推断弓形纹的遗传不符合常染色体上的隐性遗传。

(2)第二类，家族中连续三代都出现了弓形纹，共8个家族，弓形纹分布具有如下特点：

① 每代都有弓形纹出现，在连续世代中呈垂直分布；

② 弓形纹遗传无性别差异，男女出现特征概率相同；

③ 有弓形纹特征的子女，其双亲中至少有一位有弓形纹。

由此可初步推断弓形纹的遗传有可能是常染色体上的显性遗传。

(3)第三类，家族中有一个核心家系中父母都出现弓形纹，共7个家族，弓形纹分布特点为：

① 父母都有弓形纹特征，但出现了没有弓形纹的子女，由此可推断弓形纹的遗传不属于常染色体的隐性遗传。

② 根据这7个家族的家系遗传图谱，统计出7对都具有弓形纹的父母，共有子女8人，而其中出现弓形纹的子女6人，没有出现弓形纹的2人。弓形纹的出现率为6/8=75%。又根据遗传学的内容，常染色体显性遗传的特点，若双亲均为有特征者，则子代有特征的概率为75%，这与统计结果相同。由此可进一步推断弓形纹的遗传极有可能为常染色体显性遗传。

(4)第四类，家族中的一个核心家系中第一、二代都没有出现弓形纹，而第三代子女中有人出现弓形纹，共有11个家族。

此11个家族都具有同样的特征，即存在这样的核心家庭：父母都没有弓形纹，而子女则出现了弓形纹。按照常染色体显性遗传的原理，父母都没有弓形纹的情况下，子女是绝对不会出现弓形纹的。由此，说明此类家庭的弓形纹的遗传不符合常染色体显性遗传。

综上所述，在出现弓形纹的39个家族中，通过家系遗传图谱比对，首先排除了弓形纹为伴X染色体显性遗传、隐性遗传，其次又排除了伴Y染色体遗传以及常染色体的隐性遗传。家系遗传图谱中的一至三类家系的分析，似乎都能够证明弓形纹的遗传是常染色体显性遗传，但第四类的家系遗传图谱表明，没有弓形纹的父母却生出了有弓形纹的子女，反证弓形纹的遗传也与常染色体显性遗传相矛盾。

由此可以推断，弓形纹的遗传方式为不完全显性遗传，并伴随多基因遗传的特征，决定弓形纹遗传现状的绝非单个基因所决定，而是由多个遗传基因共同作用的结果。此外弓形纹的遗传还会受到胚胎发育时的外界环境、以及基因的突变或者病变等具体内容的影响。

2.食指桡箕的遗传

桡箕纹主要出现在食指位，占桡箕纹总数的68.3%。

在捺印的30个三代家族的指纹中，有11个家族出现食指桡箕，共有21名个体。此11个家系具有如下特点：

(1)家系中不是连续几代都出现食指桡箕；

(2)父亲或母亲出现食指桡箕，在他们的儿子和/或女儿中都有可能出现食指桡箕，没有性别差异；

(3)家族中出现了父母均没有食指桡箕，而其儿子出现食指桡箕的现象；

(4)食指桡箕的遗传呈现隔代遗传的现象。

下面是一食指桡箕家族的典型数据。

表11-3 陈姓家族食指指纹遗传情况分析

人员	左手食指指纹类型	指纹嵴线数	右手食指指纹类型	指纹嵴线数	ATD角左/右
爷/奶	桡箕/尺箕	6/12	简弓/尺箕	0/10	41/45 46/44
大姑	尺箕	9	尺箕	9	43/40
二姑	简弓	0	尺箕	5	51/42
三姑	简斗	13	简斗	13	43/42
父/母	桡箕/尺箕	4/12	桡箕/尺箕	5/12	38/41 43/46
儿子	桡箕	5	帐弓	0	46/43
大女儿	尺箕	9	尺箕	13	40.8/40
二女儿	桡箕	4	尺箕	2	45/43.5
三女儿	简斗	18	尺箕	15	46/46

从这个家族的食指指纹遗传情况看，子代指纹既不是父亲或母亲某个人的指纹翻版，也不是仅仅简单地抽取父母指纹集合中已有的纹型。

爷爷的左手食指的纹型是桡箕，奶奶的左手食指的纹型是尺箕，其三个女儿的左手食指的纹型分别是尺箕、简弓和简斗，儿子是桡箕，子一代同一手指出现了4种纹型。

父亲的左手食指的纹型是桡箕，母亲的左手食指的纹型是尺箕，其儿子的左手食指的纹型是桡箕，三个女儿的左手食指的纹型分别是桡箕、尺箕和简斗，出现了3种纹型。

此现象反映了左手食指桡箕的遗传方式不是X连锁显性遗传，因为如果是X连锁显性遗传，儿子是显性性状，则其母亲必然也是显性性状。

从这个家族右手食指的指纹遗传情况看，由于爷爷的右手食指是简弓纹，而父亲的右手食指的纹型是桡箕，而其儿子的右手食指的纹型是帐弓纹，可以看出右手食指的桡箕基因不是在Y染色体上，因为如果右手食指的桡箕基因在Y染色体上，父亲的右手食指表现出桡箕，则儿子的右手食指亦应是桡箕，所以说明右手食指的桡箕遗传不是伴Y染色体遗传。

研究认为，食指桡箕这一性状可能是单基因作用的结果，其遗传方式为常染色体隐性遗传。因为如果是常染色体显性遗传，子代出现显性性状，则亲代必然携带显性基因，亲代必然表现出显性性状。

控制食指桡箕的基因可作为基因连锁分析的标记基因。如果通过基因克隆等分析，明确了控制食指桡箕的基因在染色体上的位置，假设某些性状（如遗传病）在一个家系中，总是与食指桡箕这一性状联合出现，那么就可推断出这些性状的基因很大可能是与食指桡箕基因互为连锁，并在家系中联合遗传。因此通过连锁分析，就可知道相应性状或疾病基因所在的相对位置，对相应性状或疾病基因的研究具有重要意义。

3. 双箕斗形纹的遗传

在捺印的267份家族系指纹中，有256个家族出现了双箕斗，检出双箕斗1832枚，双箕斗检出率为9.7%，远高于普通人群2.5%的出现率。由此可见双箕斗在一个三代或三代以上家族中有很高的遗传度，因而研究双箕斗的遗传方式具有较好的可行性。

表11-4 双箕斗在各手指中的分布

	左手					右手				
	小	环	中	食	拇	拇	食	中	环	小
数量（枚）	114	154	155	199	366	305	257	124	83	75
频率（%）	6.2	8.4	8.7	10.9	20.0	16.7	14.0	6.8	4.5	4.1

如上表统计显示，双箕斗在不同指位出现的频率相差较大。相对集中在拇、食指。为研究双箕斗在亲代与子代之间是否具有遗传特点以及遗传的方式。

在256份出现双箕斗的家族的样本中随机选取100份家族样本，进行双箕斗指纹分析并绘制家系遗传图谱。在100个家族中，共有核心家庭271个。以3人构成一个核心家庭为例，所有出现双箕斗的核心家庭的遗传图谱可以分为14类，具体分类如下：

从上表统计数据分析，14类双箕斗遗传中，除第9类和第10类遗传图谱在样本中出现率极低外（分别为1.327%和0.885%），其他12类的出现率相对平均，因而初步排除第9类和第10类图谱所对应的遗传方式（染色体显性遗传）为双箕斗的主要遗传方式。出现这种遗传的原因可能是由于基因在遗传过程中的变异，也有可能受到胚胎环境差异的影响。

从表11-5可以看出，在第9类图谱中，父母都出现双箕斗而儿子未出现双箕斗，表现出的遗传方式为常染色体显性遗传或者X染色体显性遗传。

表 11-5

	系谱图类型	出现数量(枚)	所占比例(%)		系谱图类型	出现数量(枚)	所占比例(%)
(1)	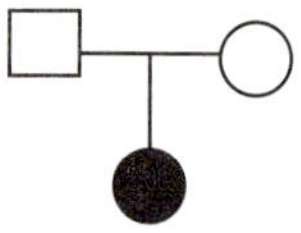	16	7.080	(8)	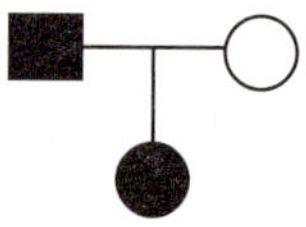	19	8.407
(2)	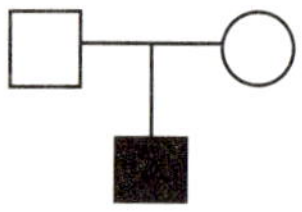	23	10.18	(9)	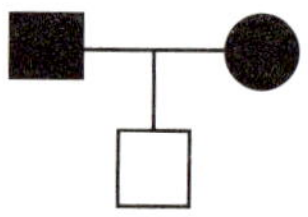	3	1.327
(3)	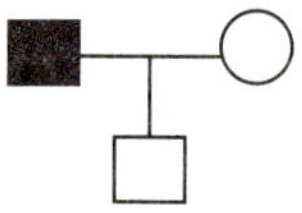	27	7.522	(10)	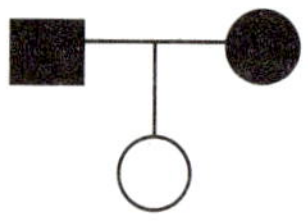	2	0.885
(4)	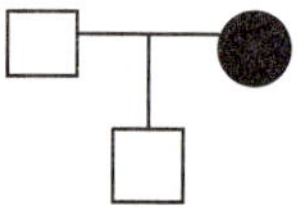	14	6.195	(11)	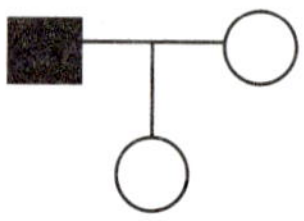	20	8.850
(5)	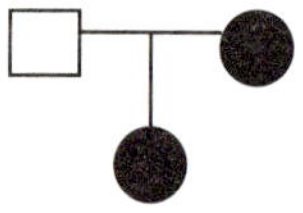	12	5.310	(12)	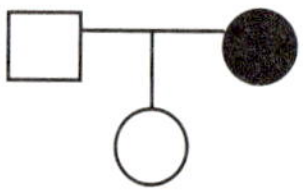	7	3.097
(6)	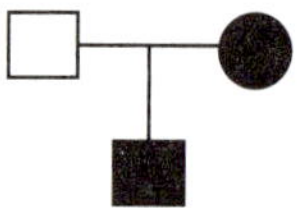	16	7. 080	(13)	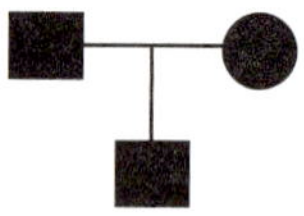	23	10.18
(7)	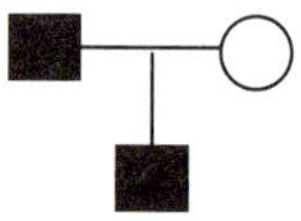	23	10.18	(14)	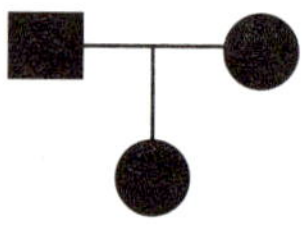	21	9.292

在第10类图谱中，父母均出现双箕斗而女儿未出现双箕斗，所以遗传方式必然不是常染色体显性遗传。

综上所述，在选取的100份样本当中，双箕斗的遗传方式可以排除是常染色体显性遗传和X染色体显性遗传。就以上的推论是否正确，列举以下4个出现双箕斗的家族并进行分析，希望可以论证以上观点并进一步探究双箕斗的遗传规律。

家族双箕斗指纹遗传分析，分为4种遗传现象。

(1)陆姓家族双箕斗指纹遗传情况分析。

陆姓家族的双箕斗遗传图谱：

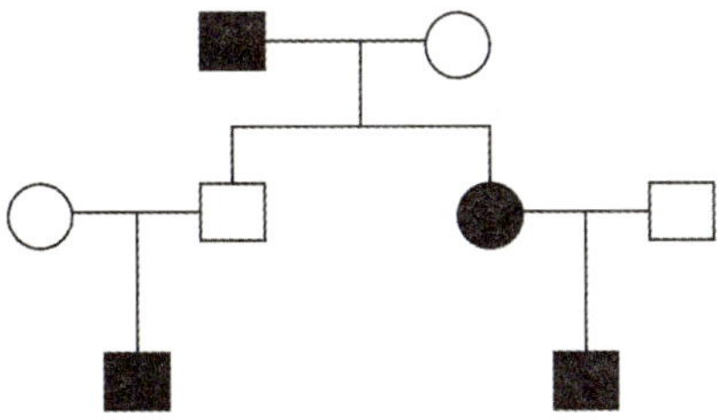

图 11-3

陆姓爷爷左手拇指上出现一例双箕斗，嵴线数为：(9、3、22)；奶奶没有出现双箕斗；父亲和母亲都未出现双箕斗；儿子左手中指和拇指上出现两例双箕斗，嵴线数分别为：(7、4、13)和(10、4、11)；

陆姓姑姑右手拇指上出现一例双箕斗，嵴线数为：(17、2、11)；姑父没有出现双箕斗；其儿子左手食指和中指出现两例双箕斗，嵴线数分别为：(10、2、12)和(14、7、9)。

如图 11-3 所示，如果双箕斗遗传方式是 Y 染色体遗传，那么陆姓爸爸一定会出现双箕斗，而陆姓姑姑应该肯定不会出现双箕斗。所以该家族的双箕斗的遗传方式不会是 Y 染色体遗传。

(2)徐姓家族双箕斗指纹遗传情况分析。

徐姓家族的双箕斗遗传图谱：

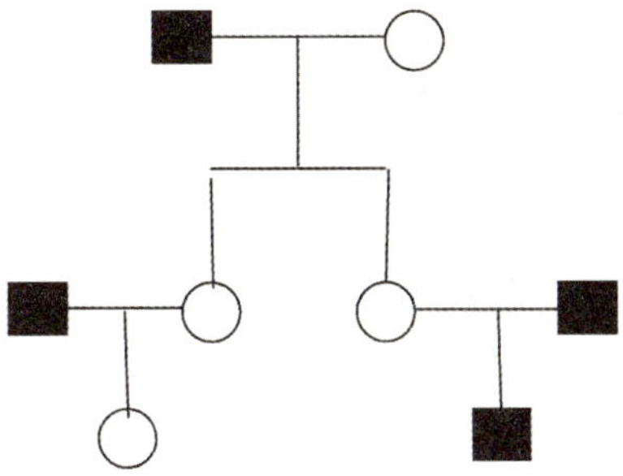

图 11-4

外公左手小指和左手拇指各出现一例双箕斗，嵴线数分别为：(9、2、18)和(11、4、20)；外婆没有出现双箕斗；大姨没有出现双箕斗；姨夫在左手小指、左手拇指和右手小指上出现双箕斗，三组嵴线数为：(12、4、14)、(14、2、18)、(15、1、10)；表姐未出现双箕斗。

母亲没有出现双箕斗；父亲左手环指出现双箕斗，嵴线数为：(6、5、17)；儿子左手拇指出现双箕斗，嵴线数为：(12、2、16)。

父亲与儿子的双箕斗嵴线数差异不大，可能有一定的遗传性。

从这个家族的双箕斗的指纹遗传情况看，外公的左手小指和拇指的纹型是双箕斗，其外婆及两个女儿均未出现双箕斗。因此可推断这个家族的双箕斗纹的遗传方式不是X连锁显性遗传。

(3)刘姓家族双箕斗指纹遗传情况分析。

刘姓家族的双箕斗遗传图谱：

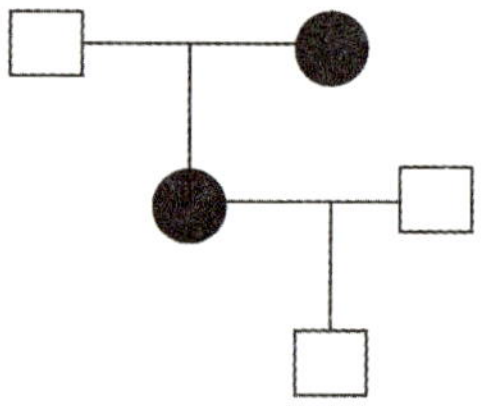

图 11-5

从这个家族的指纹遗传情况看，外婆和母亲的手指上都出现了双箕斗，而外公、父亲以及儿子的手指上均没有出现双箕斗纹形。假如双箕斗表现出X染色体隐性遗传，母亲若出现双箕斗则儿子也必然会出现双箕斗。根据该家族系图谱可以看出，双箕斗的遗传明显不符合这种规律。因此，该家族的双箕斗的遗传方式不会是X染色体隐性遗传。

(4)周姓家族双箕斗指纹遗传情况分析。

周姓家族的双箕斗遗传图谱：

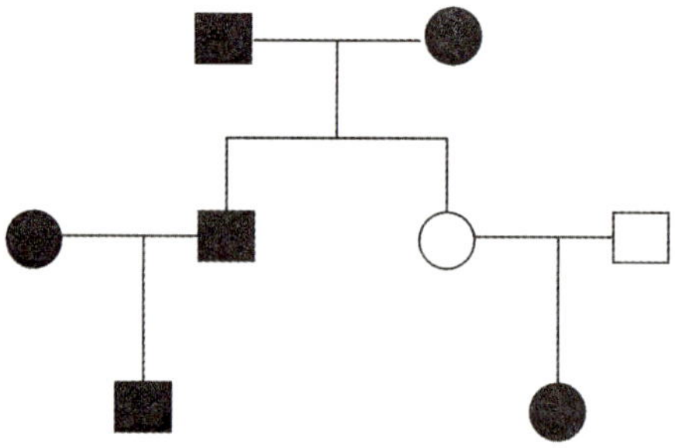

图 11-6

爷爷的左手食指、中指和右手拇指出现双箕斗，指纹嵴线数为：(11、1、18)、(15、4、13)、(22、2、12)；奶奶的右手拇指出现了双箕斗，指纹嵴线数为：(12、3、12)；

父亲的左手小指出现双箕斗，指纹嵴线数为：(7、3、14)；母亲的右手拇指出现了双箕斗，指纹嵴线数为：(24、6、9)；

儿子左手拇指上有双箕斗，指纹嵴线数为：(13、1、15)；

姑姑和姑父手指上均未有双箕斗出现；其女儿的右手拇指出现双箕斗，指纹嵴线数为：(7、6、12)。

爷爷、奶奶和父亲的双箕斗指纹嵴线数差异不大；父亲、母亲与儿子的嵴线数差异也不大，因而指纹嵴线数表现出一定的遗传性。

根据该家族双箕斗遗传图谱分析，爷爷、奶奶、父亲、姑姑组成的核心家庭满足常染色体显性遗传的特点。父母均有双箕斗，而儿子也出现了双箕斗，符合常染色体显性遗传。

但是，姑姑、姑父与其女儿所构成的另一个核心家庭的遗传特点符合常染色体隐性遗传，父母没有出现双箕斗而女儿出现了。

据此可以假设双箕斗的遗传不仅仅受单基因作用，也可能存在多基因遗传的作用。

结论：

根据陆姓家族中双箕斗的遗传特点，可以排除双箕斗的遗传方式是Y染色体遗传；

根据徐姓家族中双箕斗的遗传特点，可以判定双箕斗的遗传方式不会是X染色体显性遗传；

根据刘姓家族中双箕斗表现出的遗传性，可以排除双箕斗的遗传方式为X染色体隐性遗传；

根据周姓家族中双箕斗的遗传特点，可以发现双箕斗主要表现为单基因遗传时还可能受到多基因遗传的作用。

综合以上4个家族的分析情况认为：双箕斗的遗传性状可能主要是单基因作用的结果，其遗传方式为常染色体隐性遗传。但是有可能由于遗传因素与环境因素共同起作用而表现出多基因遗传特点。

将以上论证得到的结论重新带入样本当中进行检验，发现剩余95个家族的双箕斗遗传特点主要表现为以下几点：

(1)双箕斗的遗传与性别无关，男女均可出现，机会同等。

(2)并非代代都有双箕斗，正常的双亲可有一个或数个有双箕斗的子代。

(3)双亲均出现双箕斗时，则子代中约有25%的概率出现双箕斗。

(4)双箕斗在代与代的遗传中，会出现指位间的交换现象，即上代某一指位的双箕斗，可出现在下代的另一指位上，反映了双亲指纹连锁基因重组时，双箕斗基因比较活泼，交换是一种常态。

对比样本家族双箕斗遗传规律和常染色体隐性遗传的特点发现，样本家族的双箕斗遗传规律基本符合常染色体隐性遗传的特点，因此可以进一步确认，双箕斗的遗传方式主要为常染色体隐性遗传(可归纳为常染色体隐性遗传下的主效基因效应)。样本当中出现的非常染色体隐性遗传性状的家族，可以归类为受到多基因遗传作用或者遗传过程中变异。

(二)总嵴线数遗传分析

总嵴线数反映了十指指纹基因连锁的现实表现，用SPSS专业统计处理软件作了重点分析，得出以下结果：

1.亲子代总嵴线数的相关性分析

结果统计如下：

表 11-6

		父亲	母亲	中亲值
子女	相关系数	0.3412936051098	0.5353974402299	0.636668902722
	P值	0.0003918122925693	1.131383920482e-008	6.913409081023e-012
	N	104	99	93
儿子	相关系数	0.2730983189935	0.6157764760313	0.6490658775394
	P值	0.03806181734001	4.389978636256e-007	1.465310458218e-007
	N	58	56	53
女儿	相关系数	0.4183870883445	0.4701654689096	0.644885653097
	P值	0.00380880465213	0.001465975058323	7.065337777033e-006
	N	46	43	40

2.亲子代总嵴线数相关性分析结果

从上表可以得出如下结果：

(1)异性间相关系数较大，相关性较高，即

父亲—女儿的相关性高于父亲—儿子的相关性，也高于父亲—子女的相关性；

母亲—儿子的相关性高于母亲—女儿的相关性，也高于母亲—子女的相关性。

(2)母亲与子女的相关性大于父亲与子女的相关性，即

母亲—儿子的相关性高于父亲—儿子的相关性；

母亲—女儿的相关性高于父亲—女儿的相关性；

母亲—子女的相关性高于父亲—子女的相关性。

(3)中亲值的相关性高于任意单亲与子女的相关性，即

亲值—子女的相关性高于母亲—子女的相关性，也高于父亲—子女的相关性；

中亲值—儿子的相关性高于母亲—儿子的相关性，也高于父亲—儿子的相关性；

中亲值—女儿的相关性高于母亲—女儿的相关性，也高于父亲—女儿的相关性。

3.亲子代各指位嵴线数的相关分析

(1)父母与子女的相关性，左手高于右手。

(2)各指位的相关性中，小指的相关性最高，中指相关性最低。指位的相关性高低排序为：

左手：小指>拇指>环指>食指>中指；

右手：环指>小指>拇指>食指>中指。

(三)大鱼际区真实花纹遗传分析

手掌部位与指纹相比，面积大、基因位点多、归类统计困难，研究显得更为薄弱。人类手

掌上的真实花纹，被认为是人类的前身，树栖时代灵长类动物的原始真实花纹的一种退化现象，是一种历史残留痕迹。

1. 家族大鱼际真实花纹出现分类

经过观察分析，在267个家族中，有126个家族出现了大鱼际区真实花纹。1926个成员中有232人大鱼际区出现真实花纹，出现率为12.05%；在有大鱼际区真实花纹的家族中，平均每个家族仅1.84个人次。在系谱分析研究中，通过对核心家系成员的大鱼际区出现真实花纹的情况进行统计，发现主要有以下几种遗传情况：

（1）亲代出现大鱼际区真实花纹。在42个三代家族的亲代出现了大鱼际区真实花纹的样本中，有9个家族的子一代和子二代均出现了大鱼际区真实花纹，出现率为21.43%。其中男性占60%，女性占40%。例如，在158号家族中：

表 11-7

	左手大鱼际	右手大鱼际
季姓爷爷	近箕	近箕
奶奶	近箕	近箕
女儿	近箕	非
女婿	非	非
外甥	非	非
儿子	近箕	非
媳妇	非	非
孙女	近箕	非

在这个家族中，亲代爷爷、奶奶均出现真实花纹，其子一代和子二代也都出现了真实花纹。

（2）亲代子一代出现大鱼际区真实花纹。共有148个核心家系的亲代出现了大鱼际区真实花纹，其中有51个核心家系的子代也出现了大鱼际区真实花纹，出现率为34.46%。其中男性占63.49%，女性占36.51%。例如，在16号家族中：

表 11-8

	左手大鱼际	右手大鱼际
爷爷	非	非
奶奶	非	非
爸爸	近箕	非
妈妈	非	非
女儿	近箕	非

在这个家族中，王姓爸爸、何姓妈妈、王姓女儿组成一个核心家系，在此核心家系中，亲代中王姓爸爸出现真实花纹，子代也出现了真实花纹。

亲代子一代出现大鱼际区真实花纹，又具体分为以下3种情况：

①亲代中仅男性出现大鱼际真实花纹。在91个亲代中父亲出现大鱼际真实花纹而母亲未出现真实花纹的核心家系中，有13个核心家系的子代男性出现了大鱼际区真实花纹，出现率为14.29%；有15个核心家系的子代女性出现了大鱼际区真实花纹，遗传率为16.48%。例如，在166号家族中：

表11-9

	左手大鱼际	右手大鱼际
崔姓爷爷	近箕	非
奶奶	非	非
儿子	近箕	非
媳妇	非	非
孙女	近箕	非

在这个三代家族中，有着两个核心家系。

亲代和子一代儿子组成一个核心家系，亲代男性和子一代儿子都出现了真实花纹；

子一代和子二代女儿组成另一个核心家系，子一代父亲和子二代女儿也都出现了真实花纹。

②亲代仅女性出现大鱼际真实花纹。在40个亲代中母亲出现大鱼际真实花纹而父亲未出现真实花纹的核心家系中，有11个核心家系的子代男性出现了大鱼际区真实花纹，出现率为27.50%；有5个核心家系的子代女性出现了大鱼际区真实花纹，出现率为12.50%。例如，在188号家族中：

表11-10

	左手大鱼际	右手大鱼际
贾姓外公	非	非
外婆	非	非
女儿	近箕	非
女婿	非	非
外甥	近箕	非

在这个三代家族中，子一代和子二代组成一个核心家系，母亲和儿子出现了大鱼际区真实花纹。

又如在105号家族中：

表11-11

	左手大鱼际	右手大鱼际
周姓外公	非	非
外婆	近箕	非
大女儿	近箕	非
大女婿	非	非
外甥	非	非
小女儿	近箕	非

在这个家族中，亲代与子一代女儿组成一个核心家系，在这个核心家系中，亲代母亲和子代两个女儿也出现了真实花纹。

③亲代父母均出现大鱼际区真实花纹。在13个亲代父母均出现大鱼际区真实花纹的核心家系中，有8个核心家系的子代男女都出现了大鱼际区真实花纹；有2个核心家系的子代中男性出现真实花纹而女性未出现；有3个核心家系的子代男性未出现而女性出现真实花纹。

（3）仅子代出现真实花纹。有63个核心家系的亲代大鱼际区未出现真实花纹而其子代出现了真实花纹。例如，上面提到的16号家族：

表11-12

	左手大鱼际	右手大鱼际
王姓爷爷	非	非
奶奶	非	非
儿子	近箕	非
媳妇	非	非
孙女	近箕	非

在这个家族中，爷爷、奶奶和父亲组成了一个核心家系，在这个核心家系中，亲代都没有出现大鱼际区真实花纹而子一代出现了大鱼际区真实花纹。

2.家系大鱼际真实花纹遗传图谱分析

（1）266号家系：对照该遗传系图谱，未出现隔代遗传现象。所以基本可以排除手掌大鱼际区真实花纹是通过X染色体隐性遗传的。

（2）129号家系：在此家系中，二代中男性的大鱼际区出现了真实花纹，假设大鱼际区真实花纹的遗传属于X染色体显性遗传的话，那么该家系一代和三代中的女性应该也出现真实花纹，据此，基本可以排除手掌大鱼际区真实花纹是通过X染色体显性遗传的。

(3)29号家系、101号家系、258号家系的遗传系谱图均为:一代的男性大鱼际区出现真实花纹,而二代、三代的男性并没有出现大鱼际区真实花纹。据此可以排除手掌大鱼际区真实花纹是通过Y染色体遗传的。

通过以上分析,基本可以推断手掌大鱼际区的真实花纹的遗传方式是属于常染色体遗传,下面再就其遗传的显隐性做进一步研究。

选择10号家系、35号家系、72号家系、188号家系、148号家系等7个家系作了剖析。这7个家系的大鱼际区真实花纹的遗传具有以下特点:

(1)家系中不是连续几代都出现大鱼际区真实花纹;

(2)父亲或母亲出现大鱼际区真实花纹,在他们的儿子和/或女儿中都有可能出现真实花纹,没有性别差异;

(3)7个家族中都存在父母均没有出现大鱼际区真实花纹,而其子女出现大鱼际区真实花纹的现象;

(4)大鱼际区真实花纹的遗传呈现隔代遗传的现象。

综上所述,笔者认为,大鱼际区真实花纹的遗传方式应该为(主效基因)常染色体隐性遗传。对于极少数家族的遗传不符合常染色体隐性遗传的规律,如出现“有中生无”的特例现象,分析可能是由于大鱼际区真实花纹的遗传不仅仅是单基因的作用,还有可能有多基因的作用,另外还可能存在环境、地区等干扰因素的影响。

(四)小鱼际区真实花纹遗传分析

1.6种遗传情形

为了探究手掌小鱼际真实花纹在家族中的遗传规律,从267个家系中寻找出拥有小鱼际区真实花纹的167个家系,进行统计归类,分为6种情形:

(1)亲代和子代都有小鱼际区真实花纹的核心家庭;

(2)亲代有小鱼际区真实花纹的核心家庭;

(3)亲代未出现小鱼际真实花纹,子代却出现真实花纹的核心家庭;

(4)父亲出现小鱼际真实花纹,且母亲没有真实花纹的核心家庭;

(5)母亲出现小鱼际真实花纹,且父亲没有真实花纹的核心家庭;

(6)父母亲都有真实花纹的核心家庭。

2.手掌小鱼际区真实花纹遗传方式分析

通过上述6种分类统计结果分析,可以看到,在这167个家系中有以下几个共同特点:

(1)手掌小鱼际真实花纹不是连续世代遗传的。家系中连续两代出现小鱼际真实花纹,且连续世代中垂直分布的概率极小。在167个家系中,只有5个家系,连续两代出现手掌小鱼际真实花纹且在连续世代中垂直分布，概率仅为2.99%，统计结果明显不符合常染色体完全显性遗传的特点。

表11-13 手掌小鱼际区真实花纹男女比例分布表

	男性所占比例	女性所占比例
267个家系总人数	62.4%	37.6%
出现真实花纹的人数	60.9%	39.1%

(2)手掌小鱼际区真实花纹在男性和女性之间出现的概率大致相同。根据上表所示，在选取的167个家系样本中，男性出现真实花纹的比例和女性出现真实花纹的比例接近1比1，由此，可以排除下列几种遗传方式：

① Y连锁遗传。其定义是：当控制某种性状的基因位于Y染色体上并随Y染色体传递。特点是具有Y连锁者均为男性，亲代男方特定基因仅传递给全部儿子，女儿全部无表现，即只出现男传男现象。由此判断，手掌小鱼际区真实花纹的遗传方式不是Y连锁遗传。

② X连锁显性遗传。其定义是：基因位于X染色体上且为显性，杂合时即发生的遗传方式。特点是系谱中女性多于男性有性状，约为2:1。据此也可以初步否定小鱼际区真实花纹的遗传方式是X连锁显性遗传。

③X连锁隐性遗传。其定义是：基因位于X染色体上并且杂合时不发生的遗传方式。其特点是：家系中男性多于女性有性状特征，且该基因的频率越小，男女表型的差异越大。此特点也明显不符合统计数据，所以也可以排除小鱼际真实花纹的遗传方式是X连锁隐性遗传。

(3)手掌小鱼际区真实花纹没有父系或母系遗传的倾向性(见表11-14)。

表11-14 父亲母亲遗传力对比表

	只有父亲拥有真实花纹的核心家庭81个	只有母亲拥有真实花纹的核心家庭97个
传给子代的数量/概率	25/27.1%	25/25.8%
传给儿子的数量/概率	15/18.5%	16/16.5%
传给女儿的数量/概率	7/8.6%	9/9.3%

根据上表可以看出，将小鱼际真实花纹传到下一代，母亲和父亲的遗传力大致相同，因此，小鱼际真实花纹的遗传没有父系或母系遗传的优势。据此可以排除手掌小鱼际真实花纹的遗传方式是线粒体遗传。

(4)同时出现“无中生有”和“有中生无”的现象。据统计，共有48个核心家庭父亲和母亲都没有出现小鱼际真实花纹，但是子女却出现了小鱼际真实花纹，即“无中生有”，占统计出现了小鱼际真实花纹家庭总数的28.7%。

共有4组核心家庭，父亲母亲都出现小鱼际真实花纹，子女却没出现小鱼际真实花纹，即“有中生无”,占统计出现了小鱼际真实花纹家庭总数的2.4%。

既然“无中生有”和“有中生无”的现象同时存在,小鱼际真实花纹的遗传方式就不是纯粹的常染色体显性遗传或隐性遗传,应为常染色体不完全显性遗传。

首先,从男女出现小鱼际真实花纹的概率来说,符合常染色体遗传的特点,说明该遗传基因很可能位于常染色体上。

其次,不完全显性遗传存在一个外显率和表现度的问题。外显率是指显性基因控制的性状不一定能表现出来。如已知的视网膜母细胞瘤是不完全显性遗传病,它的外显率约为90%。不完全显性遗传能合理地解释“无中生有”“有中生无”的现象。表现度是指同样是带有显性基因的个体,但表现程度可能不同。

通过上述分析,研究者认为,手掌小鱼际真实花纹的遗传方式很可能是常染色体不完全显性遗传。但这一结论解释不了亲代小鱼际出现的是桡箕纹,到了子代小鱼际却是斗形纹的现象;以及左右手小鱼际真实花纹总体比例一致,但是不同家系之间的差异却很大的问题,所以认为很有可能是多基因同时在起作用,环境对小鱼际真实花纹的产生也有一定的影响。

(五)指间区真实花纹遗传分析

1.各指间区域花纹数量分析

在采集到的263个家系指间区域花纹中,较全面地统计出各指间区域真实花纹的出现率。指间区原应包括拇指至小指5个指之间的区域,为Ⅰ、Ⅱ、Ⅲ、Ⅳ区。由于Ⅰ区与大鱼际区合并研究,现指间区域特指Ⅱ、Ⅲ、Ⅳ区,即食中环小4个手指根部a、b、c、d三叉点之间的区域。结果见表11-15。

根据表11-15统计结果可知,双手各指间区域真实花纹的出现率由低到高,分别为Ⅱ、Ⅲ、Ⅳ:

(1)Ⅱ指间区为1.329%;

(2)Ⅲ指间区为11.516%;

(3)Ⅳ指间区为63.088%。

这一数据非常典型,也非常有趣。它告诉了我们,当人类的祖先从树栖时代转向地面开始直立生活后,双手获得了解放,不再行使空中行走功能后,手掌上原来厚厚的掌垫(上面全有真实花纹)逐步退化,五指由此变得越来越灵活。同时与劳动手持工具的动作相关,手掌上较少接触工具、物体部位的掌垫退化快,较多接触工具、物体部位的掌垫退化慢。Ⅱ指间区掌垫退化最快,真实花纹基因消亡的也快,仅留下1.3%的真实花纹痕迹;而Ⅳ指间区为手掌劳动时用力最频繁、最有力的部位,因此掌垫虽已基本退平,但还保留有63.1%真实花纹痕迹,真实花纹基因消失仅三分之一左右。

表 11-15 手掌指间区域花纹数统计表

	整体:	左手	右手
手掌指间区域花纹统计结果	无:7732 箕:2632 斜箕:224 ?:687 桡箕:1 特:8 总计:11284 真实花纹出现率:25.319 %	小环(Ⅳ)	环小(Ⅳ)
		无:462 箕:1145 斜箕:163 ?:106 特:4 总计:1880 真实花纹出现率约 69.574 %	无:645 箕:1022 斜箕:44 ?:172 总计:1883 真实花纹出现率约 56.612%
		环中(Ⅲ)	中环(Ⅲ)
		无:1727 箕:85 斜箕:7 ?:60 总计:1879 真实花纹出现率约 4.896%	无:1396 箕:335 斜箕:6 ?:144 总计:1881 真实花纹出现率约 18.129%
		中食(Ⅱ)	食中(Ⅱ)
		无:1792 箕:18 斜箕:1 桡箕:1 ?:64 特:2 总计:1878 真实花纹出现率约 1.065%	无:1710 箕:27 斜箕:3 ?:141 特:2 总计:1883 真实花纹出现率约 1.593%

注:“无”代表无纹型;“特”代表指根斜箕;“?”代表该指间区域捺印不出纹线。

双手Ⅲ指间区的真实花纹出现率非常不对称,左掌4.90%,右掌18.13%,右掌是左掌的近4倍。这一现象反映了前人类的树栖时代,早期的灵长类动物上肢解放后分工发展的不平衡性。90%以上的灵长类动物右上肢逐渐成为劳动的主力,从而形成右利的倾向和左半脑优势;仅不到10%的早期的灵长类动物习惯用左上肢劳作,右半脑开发得更快一些。双手的动作习惯差异与左右半脑的差异密切相关,这一特性一直遗传到现在,并将继续延续下去。

2.左右手指间区域真实花纹分布关系分析

在指间区域花纹统计中发现,很多人左右手指间区域真实花纹出现对称分布情况,现将1889个人的数据统计如下:

表 11-16　1889个人的指间区域花纹分布关系情况

指间区花纹所在区外显左右手对称分布		指间区花纹所在区外显左右手不对称分布	左右手各指区域均未出现花纹
出现同类型的花纹	出现不同类型的花纹		
767人 在对称分布中出现率：91.856%	68人 在对称分布中的出现率：8.144%	830人	224人
左右手同区域花纹对称分布的情况在整个人群中的出现率:44.203%		不对称分布的出现率：43.922%	均未出现花纹的出现率:11.805%

对称性是生物的重要特性,左右手指间区域真实花纹对称分布属于分立对称性。在由宏观走向微观的过程中,必然会出现事物的差异性,如双手使用的频率与力度的差异,所以对称性破缺不可避免,而人们往往忽略这个问题。在统计中,有44.2%的人指间区域真实花纹呈现左右手对称分布,其中左右手指间同区域同类花纹占91.86%,不同类花纹仅占8.14%。

另有43.99%的人指间区域真实花纹呈现不对称分布,即仅左掌或右掌的相同指间区出现真实花纹,其对称破缺主要发生在左掌Ⅲ指间区。

有11.81%的人群已完全不再携带指间区域真实花纹基因,这是进化的结果,但这是否代表了进化的趋势,一时还难以确定。

3.指间区域真实花纹出现率分析

(1)在核心家庭中。

表 11-17 核心家庭中各指间区真实花纹出现分为14种情况

代码	父亲	母亲	孩子	
			男	女
X1	√	√	√	
Y1	√	√		√
X2	√	×	√	
Y2	√	×		√
X3	×	√	√	
Y3	×	√		√
X4	√	√	×	

（续表）

代码	父亲	母亲	孩子	
			男	女
Y4	√	√		×
X5	×	√	×	
Y5	×	√		×
X6	√	×	×	
Y6	√	×		×
X7	×	×	√	
Y7	×	×		√

注：×代表孩子是男孩；Y代表孩子是女孩（“√”表示出现真实花纹；“×”表示没有出现真实花纹）。

根据以上划分方法对核心家庭进行统计，结果如下：

表 11-18　核心家庭中各指间区真实花纹出现率

代码	左手						右手					
	Ⅳ	出现率（%）	Ⅲ	出现率（%）	Ⅱ	出现率（%）	Ⅱ	出现率（%）	Ⅲ	出现率（%）	Ⅳ	出现率（%）
X1	192	36.571							9	1.714	96	18.286
X2	63	12.000	3	0.571	1	0.190	1	0.190	17	3.238	66	12.571
X3	67	12.762	1	0.190					17	3.238	76	14.476
X4	61	11.619	2	0.381			1	0.190	12	2.286	60	11.429
X5	40	7.619	32	6.095	4	0.762	2	0.381	53	10.095	74	14.095
X6	42	8.000	10	1.905	5	0.952	1	0.190	53	10.095	40	7.619
X7	30	5.714	16	3.048	8	1.524	6	1.143	53	10.095	48	9.143
X 总计	525		525		525		525		525		525	
Y1	148	37.563							5	1.269	85	21.574
Y2	57	14.467	1	0.254					27	6.853	50	12.690
Y3	64	16.244	2	0.381					12	3.046	78	19.797
Y4	41	10.406							7	1.777	21	5.330
Y5	23	5.838	11	2.792	3	0.761	6	1.523	49	12.437	52	13.198
Y6	12	3.046	16	4.061	5	1.269	6	1.523	37	9.391	29	7.360
Y7	28	7.107	20	5.076	1	0.254	8	2.030	35	8.883	38	9.645
Y 总计	394		394		394		394		394		394	
总计组数	共统计919个组核心家庭 （核心家庭中三人指间区域均未出现真实花纹的未作分类统计）											

从表11-8中可发现，指间区域真实花纹主要出现在Ⅳ区，其次是Ⅲ区。统计的所有核心家庭中，在左手Ⅲ、Ⅳ区均表现出以外显现象为主，子代为男性的出现率36.571%，与子代为女性的出现率37.563%持平；而在右手，子代女性比男性多2.843%，相对左手差别略大。

在核心家庭中，当仅母亲Ⅲ、Ⅳ区表现为隐性时，父亲和孩子表现为显性，子代为男性的核心家庭中，左手出现率比子代为女性的小2.150%、右手小3.734%；当仅父亲Ⅲ、Ⅳ区表现为隐性时，母亲和孩子表现为显性，子代为男性的核心家庭中，左手出现率比子代为女性的小3.673%、右手的小5.129%。

在子代为男性的核心家庭中，仅母亲Ⅲ、Ⅳ区有真实花纹的出现率或者仅父亲有真实花纹的出现率，均比仅子代有真实花纹的出现率大。

而在子代为女性的核心家庭中，仅母亲Ⅲ、Ⅳ区有真实花纹的出现率，与仅父亲Ⅲ、Ⅳ区有真实花纹的出现率，在左手上相当，Ⅲ、Ⅳ区均仅相差1.777%；在右手上相差比较大，Ⅲ区相差12.945%、Ⅳ区相差10.913%。

(2)在男三代(爷爷—父亲—儿子)中。

表11-19　男三代中指间区域出现真实花纹分为7类

代码	爷爷	父亲	儿子
B1	√	√	√
B2	√	×	√
B3	×	√	√
B4	√	√	×
B5	×	√	×
B6	√	×	×
B7	×	×	√

注:("√"表示出现真实花纹;"×"表示没有出现真实花纹)。

统计结果见表11-20。

表11-20　男三代各指间区真实花纹出现率

代码	左手						右手					
	Ⅳ	出现率(%)	Ⅲ	出现率(%)	Ⅱ	出现率(%)	Ⅱ	出现率(%)	Ⅲ	出现率(%)	Ⅳ	出现率(%)
B1	50	32.468							3	1.948	33	21.429
B2	13	8.442							6	3.896	15	9.740
B3	25	16.234	1	0.649	1	0.649			5	3.247	21	13.636
B4	15	9.740	1	0.649					6	3.896	15	9.740
B5	17	11.039	4	2.597	1	0.649			21	13.636	12	7.792
B6	12	7.792	2	1.299	1	0.649	1	0.649	11	7.143	11	7.143
B7	13	8.442	7	4.545	4	2.597	4	2.597	12	7.792	22	14.286
总计组数	共统计154组(三代指间区域均未出现真实花纹的未作分类统计)											

在统计的男三代各种情形中，连续三代Ⅳ区出现真实花纹的频率最高，左手为32.468%、右手为21.429%；其次是Ⅳ区后两代连续出现真实花纹的频率，左手为16.234%、右手为13.636%。

(3)在女三代(外婆—母亲—女儿)中。

表11-21　女三代中指间区域出现真实花纹分为7类

代码	外婆	母亲	女儿
G1	√	√	√
G2	√	×	√
G3	×	√	√
G4	√	√	×
G5	×	√	×
G6	√	×	×
G7	×	×	√

注：("√"表示出现真实花纹；"×"表示没有出现真实花纹)。

根据以上划分方法，统计结果如下：

表11-22　女三代各指间区真实花纹出现率

代码	左手						右手					
	Ⅳ	出现率(%)	Ⅲ	出现率(%)	Ⅱ	出现率(%)	Ⅱ	出现率(%)	Ⅲ	出现率(%)	Ⅳ	出现率(%)
G1	38	45.238									20	23.810
G2	7	8.333							4	4.762	8	9.524
G3	15	17.857							2	2.381	18	21.429
G4	11	13.095							3	3.571	9	10.714
G5	4	4.762	4	4.762			1	1.190	8	9.524	7	8.333
G6	1	1.190	2	2.381					10	11.905	6	7.143
G7	7	8.333	4	4.762			3	3.571	14	16.667	8	9.524
总计组数	共统计84组(三代指间区域均未出现真实花纹的未作分类统计)											

在女三代的统计表11-20中，可以直观地发现在所有的模型中，左手Ⅱ区未出现真实花纹，而且右手的也只有为数不多的4例花纹。在女三代中同样存在类似于男三代的现

象，Ⅳ区连续三代均出现真实花纹的频率最高，左手为45.238%、右手为23.810%；其次是Ⅳ区后两代连续出现真实花纹的频率高，左手为17.857%、右手为21.429%；然后是Ⅳ区前两代连续出现真实花纹的频率高，左手为13.095%、右手为10.714%。

4.家族连锁分析

在采集到的267个家系表中较全面地出现了各种表型，现仅以指间区域真实花纹严格的完全外显表型为研究对象，以1号、36号、259号家系或家系中核心家庭为例，说明家系中指间区位的遗传方式。

为易于观察，将家族的花纹区域和数目简化为图11-7至图11-9：

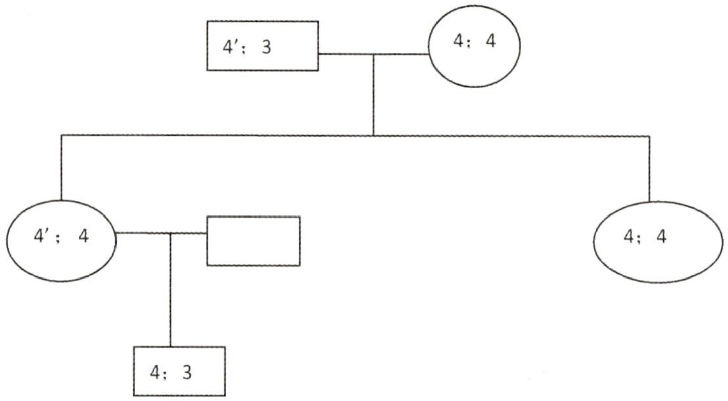

图11-7 家族1号的指间区域真实花纹简化表型

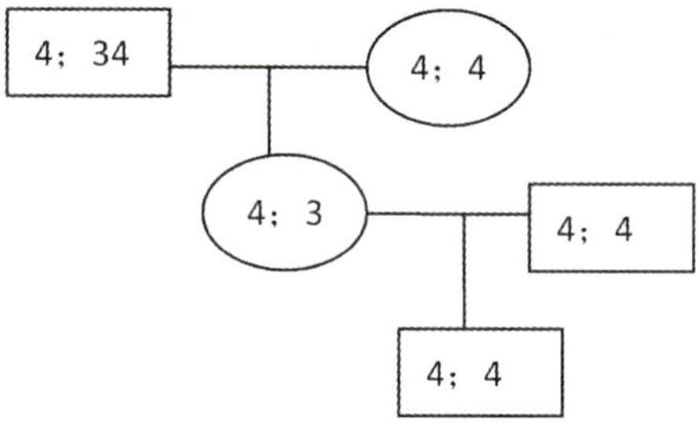

图11-8 家族36号部分核心家庭的指间区域真实花纹简化表型

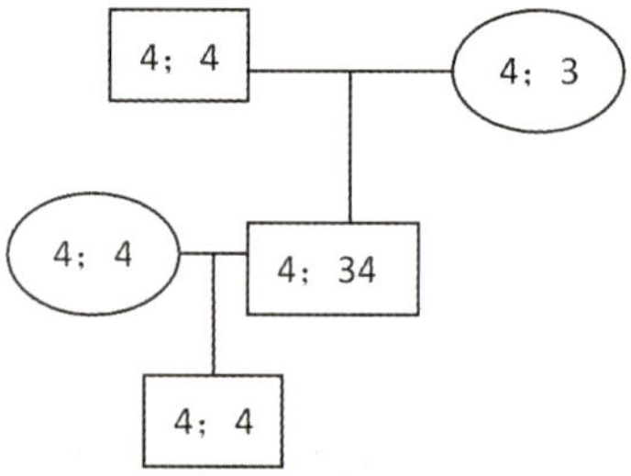

图11-9 家族259号部分核心家庭的指间区域真实花纹简化表型

注：

(1)表中同一树形从上往下，辈分依次降低；

(2)同一辈分从左往右依次为：排行老一、排行老二、排行老三、排行老四；

(3)图表中方框代表男性；椭圆代表女性；

(4)方框和椭圆框内数字代表第几指间区域箕形纹，例：4表示第四指间区域 箕形纹；

数字右上角加“’”的代表是斜箕，例：4’代表第四指间区域斜箕；

数字上加圆的代表特殊花纹，例：②代表第二指间区域特殊花纹；

数字右下角加“,”的代表为桡箕，例：2,代表第二指间区域桡箕；

框内分号“;”用以区分左右手，分号左边代表左手的指间区域，分号右边代表右手的指间区域。

根据前文数据显示，在Ⅱ指间区的真实花纹出现率只有1.329%，而且形态小，位于a三叉点上，在此不作分析。主要研究Ⅲ、Ⅳ区真实花纹家系连锁现象。

假设左右手Ⅲ、Ⅳ区基因都是独立遗传的。以L^c代表左手Ⅲ区花纹显性基因，l^c代表相应无纹隐性基因；L^D、l^D代表左手Ⅳ区显、隐性基因；R^c、r^c、R^D、l^D分别代表右手Ⅲ区、Ⅳ区显、隐性基因，则示例家系的基因型见图11-10至图11-12。

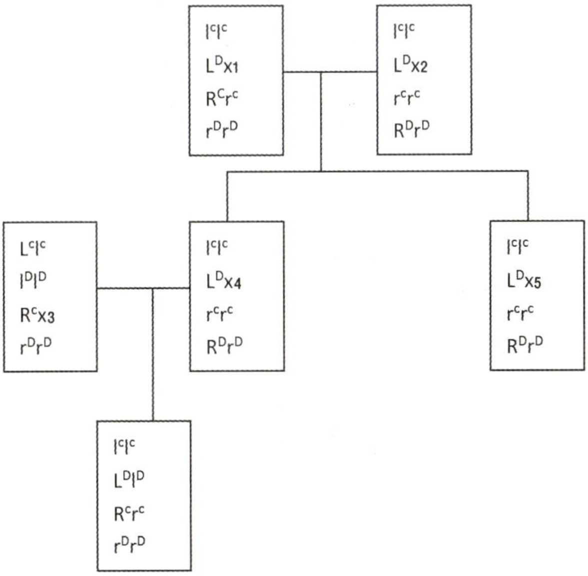

图11-10 家族1号各区花纹独立遗传时基因型(x表示不能确定的基因型)

在采集的922个核心家庭中，有163组核心家庭是完全外显型的，只有19组核心家庭不符合完全外显单基因遗传表型模式(见表11-23)，说明还存在其他基因控制着遗传，但这种遗传方式影响很小。分析符合上述模式的核心家庭发现，左右掌Ⅲ区、Ⅳ区区域的真实花纹遗传全都是连锁的。

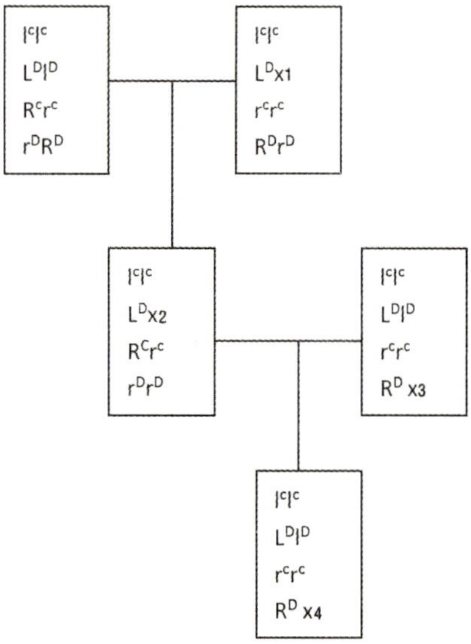

图 11–11　家族 36 号部分核心家庭各区花纹独立遗传时基因型

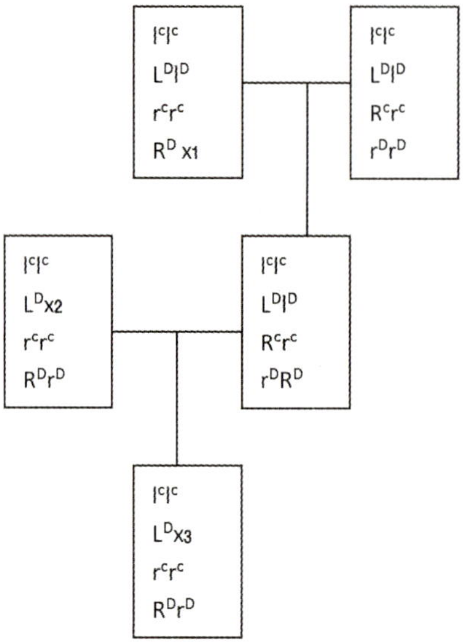

图 11–12　家族 259 号部分核心家庭各区花纹独立遗传时基因型

在分析单手的连锁状况中，发现所有家系左手只存在 L^c 与 l^D、l^c 与 L^D、l^c 与 l^D 三种连锁状态，不存在 L^c 与 L^D 的连锁。右手也是同样。说明就单手而言，只存在 3 种等位基因，即Ⅲ区真实花纹基因，Ⅳ区真实花纹基因，无花纹基因；分别以 L^c、L^D、l 和 R^c、R^D、r 表示，则示例家系基因型可简化为图 11–13 至图 11–15。

表11-23 符合完全外显单基因遗传的核心家庭统计

家族编号	完全外显的核心家庭数(组)	完全外显单基因遗传表型模式的核心家庭(组)	家族编号	完全外显的核心家庭数(组)	完全外显单基因遗传表型模式的核心家庭(组)	家族编号	完全外显的核心家庭数(组)	完全外显单基因遗传表型模式的核心家庭(组)
1	3	3	78	1		152	2	2
2	2	1	79	1	1	153	2	2
3	3	1	82	1		155	2	1
4	1		87	2	2	156	2	2
7	3	3	91	2	2	158	1	1
10	6	6	92	1	1	159	3	3
11	4	4	93	2	2	160	2	2
13	1	1	94	1	1	166	1	1
14	3	3	96	1	1	167	1	1
21	1	1	99	2	1	168	3	3
22	2	1	100	1		176	2	2
23	1	1	103	1	1	181	1	1
25	1	1	110	1	1	182	1	1
27	3	3	111	1	1	189	1	1
34	1	1	117	1	1	191	1	1
35	2	1	118	1		200	1	1
36	2	2	119	1	1	202	1	1
37	1	1	122	1	1	206	1	1
39	1	1	123	1	1	207	1	1
40	2	2	125	1		218	1	1
41	1	1	126	1	1	221	1	1
42	1	1	127	1		230	1	1
43	1	1	129	3	3	232	1	1
44	1	1	131	1	1	237	1	1
46	3	3	132	1	1	238	3	3
48	1		133	1		239	5	5
54	1	1	134	1	1	240	1	1
59	1	1	140	1	1	243	2	2
61	1	1	143	2	2	251	1	1
62	2	2	145	1	1	252	1	1
63	1	1	146	2	2	256	2	2
64	2	2	147	3	2	259	2	2
68	2	2	148	1	1	263	1	
72	1	1	150	1	1	265	1	1
76	1	1	151	2	1	266	1	1
总计	符合完全外显的核心家庭为163组；符合完全外显单基因遗传表型模式的核心家庭为144组，不符合的仅有19组。							

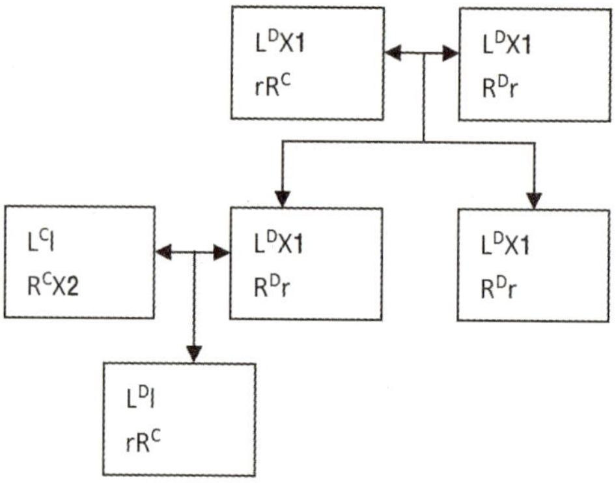

图 11-13　家族 1 号双手独立遗传时的简化基因型

注:X1:Ⅳ区纹或无纹; X2:Ⅲ区纹或无纹

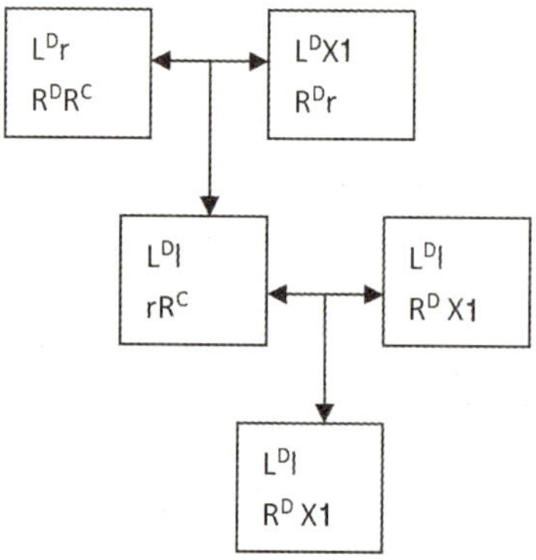

图 11-14　家族 36 号部分核心家庭双手遗传时的简化基因型

注:X1:Ⅳ区纹或无纹; X2:Ⅲ区纹或无纹

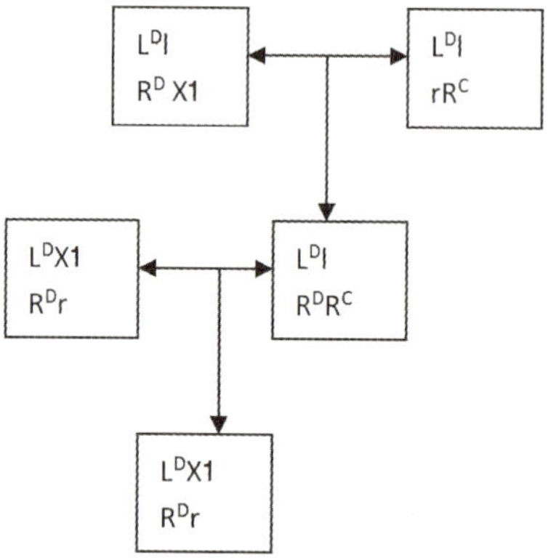

图 11-15　家族 259 号部分核心家庭双手遗传时的简化基因型

注:X1:Ⅳ区纹或无纹; X2:Ⅲ区纹或无纹

再次简化后,发现只有 R^CL^C、R^DL^D、R^cl、rL^D、R^Dl、rL^c 6 种连锁状况。说明只存在同时控制左右手对应区域出现花纹状况的基因,而不存在或未发现同时控制不对应区域花纹的基因，证明左右手基因复等位的可能性比紧密连锁的可能性大。将6种复等位基因以C、D、cr、dl、dr、cl来表示，它们分别控制：双手Ⅲ区都出现花纹、双手Ⅳ区都出现花纹，仅右手Ⅲ区出现花纹、仅左手Ⅲ区出现花纹、仅左手Ⅳ区出现花纹、仅右手Ⅳ区出现花纹6种情况。因此C对cr、cl是显性，D对dr、dl是显性。这样示例家系基因型可以进一步化简为图11-16至图11-18。

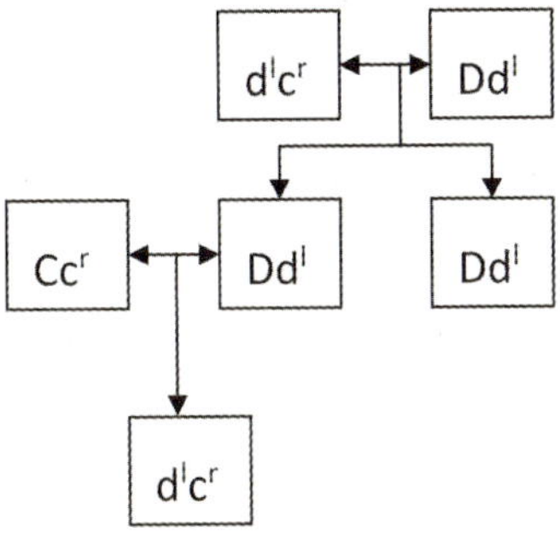

图11-16 家族1号各区花纹基因等位时的模式

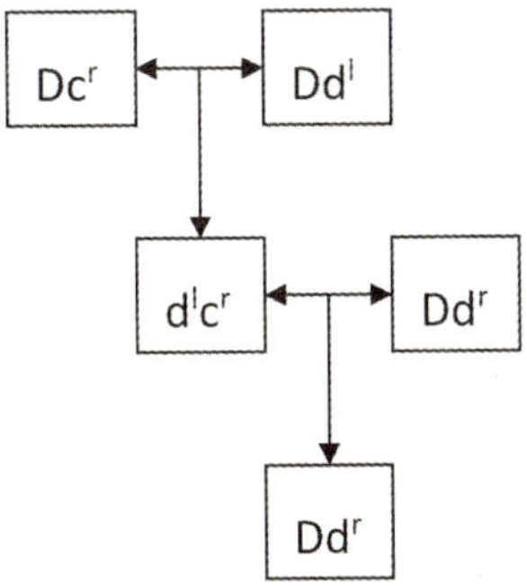

图11-17 家族36号部分核心家庭各区花纹基因等位时的模式

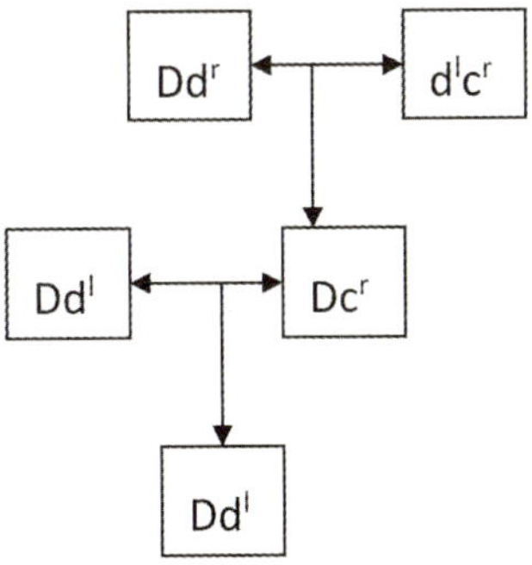

图11-18 家族259号部分核心家庭各区花纹基因等位时的模式

根据上述统计结果分析，不难发现这是一种镶嵌显性的模型。镶嵌显性是指双亲的性状在子一代同一个体的不同部位表现出来，这是由我国遗传学家谈家桢于1946年首先发现的一种特殊的遗传现象。镶嵌显性与共显性并没有实质差异。显性作用于类型之间往往没有严格的界限，只是根据对性状表现的观察和分析进行的一种划分，因而显隐性关系是相对的。从不同观察和分析的水平或者不同的分析角度看，相对性状间可能表现为不同的显隐性关系。

基因型CC、Cc、cc都表现为仅Ⅲ区有真实花纹；DD、Dd、dd型表现为仅Ⅳ区有真实花纹；而CD、Cd、cD、cd型为Ⅲ、Ⅳ区同时有真实花纹。且cD、Cd、cd都是左右不对称表型的基因型，这种镶嵌显性模型对绝大部分核心家庭都是适用的。与复旦大学李辉教师在《指间区纹的遗传学研究Ⅱ.指间区纹的镶嵌显性遗传》一文中的观点是一致的。

(六)ATD角遗传分析

亲子代ATD角的相关性分析见表11-24：

表11-24

		左掌ATD角中亲值	右掌ATD角中亲值
子女左手 左手ATD角	相关系数	0.1666526062891	
	P值	0.406081065482	
	N	27	
子女右手 右手ATD角	相关系数		0.3325328512764
	P值		0.09012347985194
	N		27

由表中数据可知，ATD角中亲值与子女ATD角相关性不显著或没有关系。

(七)掌部a-b嵴线数亲子代的相关分析

经对亲子代掌a-b嵴线数的相关分析，得出以下结果：

表11-25

		左掌a-b嵴线数中亲值	右掌a-b嵴线数中亲值
子女左手 a-b嵴线数	相关系数	0.26912917615	
	P值	0.1660898272643	
	N	28	
子女右手 a-b嵴线数	相关系数		0.05592892672395
	P值		0.7774249566416
	N		28

由表中数据可知，a–b嵴线数中亲值与子女a–b嵴线数相关性不显著或没有关系。

二、异常家系之指纹

异常家系通常是指有特殊体质的人类学特征，如巨人征、奇矮、奇胖、并指(趾)等的家系，或是同病种有高致病率的家系。

医务工作者不懈地为各类怪病的治疗做着多种努力。但非常可惜的是，医生和指纹工作者都没有采集怪病患者及家人的指纹，从中寻找可能存在的遗传标记。染色体与基因的畸变，或多或少地会影响到指纹的正常发育，因此这样的病例样本，对于医学指纹学和指纹遗传学的研究而言，是不可多得的实物样本资料。

如果亲代的某一基因的位点发生了变异，必然开始影响下代。常州市公安局的指纹工作者曾专门研究过"并指(趾)症家系指纹"，其成果很有启发性。

并指(趾)症是常见的手足畸形疾病，在人群中发病率较高。专题调查的一个4代115人的并指(趾)症家系源于江苏某地。对该家系进行家系调查和分析，观察患者症状；采集该家系所有人的指纹资料，统计该家系成员的纹型分布率、左右手指纹百分频率、同型指纹各指位百分频率、左右对应手指各型指纹组合格局等各项数据。目的是探讨并指(趾)症患者独有的遗传规律以及并指(趾)症家系指纹的特点，并将该家系的各项指纹指标与正常人群进行对比分析。

经分析，该家系亲代正常，之后连续三代中有16人患有并指(趾)症，患者几乎出现在家系的所有家庭之中，子孙家庭中仅有一支两代幸免。该家系的患病情况具有以下特点：

(1)家系中并指(趾)症的发病无性别差异(8男，8女)；

(2)出现三代连续出现患者的情况，表现为显性遗传；

(3)出现父亲是患者儿子也是患者的现象，说明并非X连锁遗传；出现父亲是患者女儿是患者的现象，也不说明表现为Y连锁遗传；

(4)子一代兄妹5人(4男，1女)组成的5个分支家系中只有一个(男)家系没有发现患者；子二代兄妹7人中有3人为患者；另外有两个(男)家系中均出现患者的双亲之一为患者，同胞发病率为2/5、2/6，符合常染色体显性遗传的遗传规律；

(5)在(女)家系中出现了6例患者，其中2例患者的父母均无患并指(趾)症，但其外祖母为患者，其母亲或父亲的同胞有患者(2/8)。此处与常染色体显性遗传的遗传规律相违背，可能与并指(趾)症存在不完全外显率及表型变异有关。需进一步进行遗传学研究才能找出其真正的原因。

（一）患者家族指纹相关指标与正常人群指纹的对比

1. 指纹纹型分布频率

表 11-26　患者家族纹型分布率与正常人群纹型分布率对比

	患者家族纹型分布(男女n=115)			正常人群纹型分布(男n=2000)		
纹型	A	L L^u L^r	W W^s W^d W^f	A	L L^u L^r	W W^s W^d W^f
百分率	1.333	46 43.715 2.285	52.667 42.0955.1435.429	3.14	45.76 43.115 2.645	51.1 41.4 4.145 5.555

2. 左右手指纹百分频率

表 11-27　左右手各指指纹百分频率

纹型＼指位	左手					右手				
	1	2	3	4	5	1	2	3	4	5
A	3.738	4.762	0	0	0	0	3.883	0	0	0.893
L^u	40.187	38.095	54.808	28.571	73.529	24.038	29.126	52.941	23.585	71.429
L^r	0	6.667	0	0.952	0	1.923	9.709	1.961	1.887	0
W^s	37.383	30.476	37.5	64.762	23.529	56.731	35.922	35.294	72.642	26.786
W^d	17.757	4.762	4.807	3.81	2.941	13.462	3.883	0	0	0
W^r	0.935	15.238	2.885	1.905	0	3.846	17.476	9.804	1.887	0.893

3. 同型指纹各指位百分频率

表 11-28 同型指纹在各指位百分频率

纹型＼指位	1			2			3			4			5		
	患者家族	X^2检验	正常人群	患者家族	X^2检验	正常人群	患者家族	X^2检验	正常人群	患者家族	X^2检验	正常人群	患者家族	X^2检验	正常人群
A	1.869	$P>0.05$	2.175	4.323	$P>0.05$	7.525	0	$P>0.05$	3.925	0	$P>0.05$	1.075	0.447	$P>0.05$	1
L^u	32.113	$P>0.05$	35.15	33.611	$P>0.05$	33.275	53.875	$P>0.05$	53.175	26.078	$P>0.05$	28.375	72.479	$P>0.05$	65.6
L^r	0.962	$P>0.05$	0.425	8.188	$P>0.05$	10.475	0.981	$P>0.05$	1.325	1.42	$P>0.05$	0.675	0	$P>0.05$	0.325
W^s	47.057	$P>0.05$	47.35	33.199	$P>0.05$	28.525	36.397	$P>0.05$	34.825	68.702	$P>0.05$	65.3	25.158	$P>0.05$	31
W^d	15.61	$P>0.05$	11.6	4.323	$P>0.05$	2.775	2.404	$P>0.05$	2.775	1.905	$P>0.05$	1.975	1.471	$P>0.05$	1.6
W^r	2.391	$P>0.05$	3.3	16.357	$P>0.05$	17.425	6.345	$P>0.05$	3.975	1.896	$P>0.05$	2.6	0.447	$P>0.05$	0.475

4. 左右对应手指各型指纹组合格局

表 11-29　左右对应手指各型指纹组合格局

指位	1	2	3	4	5	平均观察频率	X^2检验	正常人群频率
AA	0	1.905	0	0	0	0.381	P>0.05	1.51
AL^u	0	2.857	0	0	0.952	0.762	P<0.001	2.65
AL^r	0.952	0	0	0	0	0.19	P>0.05	0.38
AW^s	0.952	0.952	0	0	0	0.381	P>0.05	0.15
AW^d	0.952	0	0	0	0	0.19	P>0.05	0.08
AW^r	0	1.905	0	0	0	0.381	P>0.05	0.01
L^uL^u	21.905	22.857	47.619	12.381	62.857	33.524	P>0.05	31.47
L^uL^r	0	4.762	0	1.905	0	1.333	P>0.05	2.14
L^rL^r	0	1.905	0	0	0	0.381	P>0.05	0.52
L^uW^s	16.19	10.476	13.333	18.095	15.238	14.666	P>0.05	14.81
L^uW^d	4.762	0.952	0.952	0.952	1.905	1.905	P>0.05	2.18
L^uW^r	0	5.714	1.905	0.952	0	1.714	P>0.05	1.31
L^rW^s	0.952	2.857	1.905	1.905	0	1.524	P>0.05	0.97
L^rW^d	0.952	0	0	0	0	0.19	P>0.05	0.17
L^rW^r	0	2.857	0	0	0	0.571	P>0.05	0.6
W^sW^s	26.667	19.048	22.857	59.048	17.143	28.953	P>0.05	29.25
W^sW^d	15.238	3.81	2.857	1.905	1.905	5.143	P>0.05	3.54
W^sW^r	5.714	7.619	5.714	1.905	0	4.19	P>0.05	5.07
W^dW^d	4.762	0	0	0	0	0.952	P>0.05	0.92
W^dW^r	0	0.952	0.952	0.952	0	0.571	P>0.05	0.35
W^rW^r	0	8.571	1.905	0	0	2.095	P>0.05	1.92
AL	0.952	2.857	0	0	0.952	0.952	P>0.05	3.03
AW	1.904	2.857	0	0	0	0.952	P>0.05	0.24
LL	21.905	29.524	47.619	14.286	62.857	35.238	P>0.05	34.13
LW	22.856	22.856	18.095	21.904	17.143	20.57	P>0.05	20.04
WW	52.381	40	34.285	63.81	19.048	41.904	P>0.05	41.15

由表11-26到表11-29中可知，患者家族指纹在各种纹型分布比例、同种纹型在不同指位的出现频率、左右对应手指指纹的纹型组合与正常人群均无明显差异(P>0.05)，只有左右对应手指的AL^{u}型组合的出现频率显著低于正常人群的频率(P<0.001)。

（二）分析

家族性并指多指(synpolydactyly，SPD)是常染色体显性遗传性疾病，其特征为不完全外显率及表型变异性。并指(趾)症是较为常见的手部畸形，关于并指(趾)症的报道也比较多，但对如此庞大的家系进行调查及研究分析，实属罕见。

从脊椎动物研究中我们知道，与肢体发育有关的基因有：FGF基因、Fgf受体基因、WNT基因、EN基因、SHH基因、RAR基因、BMP基因、同源框基因及HOX基因等。通过对人类典型并指(趾)、多指(趾)症等肢体畸形家系进行连锁分析，已经确定2q31、7p15-q11(尤其是7q36)是并指(趾)、多指(趾)等肢体畸形的基因区域。HOXD13基因是HOX基因家族的一员，目前很多学者认为并指(趾)、多指(趾)症的发生与HOXD13基因突变有关，该基因定位于2q312q32，含有2个外显子，基因全长1365 bp，编码区长1008 bp。

本专题研究的家系的发病原因很可能与以上区域基因的改变有关，也有可能是新的致病基因发生的改变，需要进一步研究才可确定。

（三）结论

本专题并指(趾)症患者的并指存在着高度的异常；并指(趾)症的发病存在家族聚集性，无性别差异；指(趾)症的常染色体显性遗传方式存在不完全外显率及表型变异性；并指(趾)症基因与相关指位基因存在连锁并影响该指位基因的表达，表现为并指的相邻两指，其纹型的方向必是相反的方向。家系中16名患者均出现该特征，其发生机理还有待更深层次的研究；并指(趾)症相关基因与其他指位指纹基因的表达无明显联系。并指(趾)症家族中父母表现正常，生育时进行产前诊断仍是必要的。①

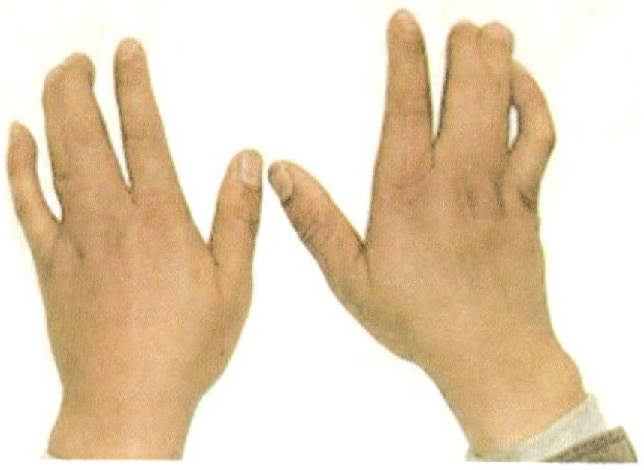

患者手掌照片

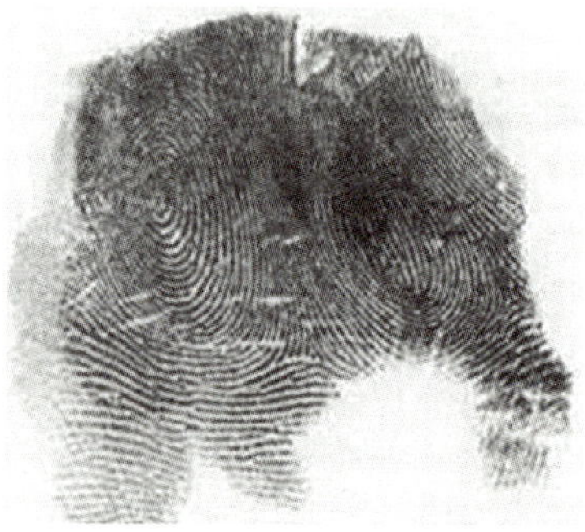

患者指纹照片

图11-19　并指症指纹

① 林明坤、巴华杰等：《并指(趾)症一家系指纹特征的研究》，载《中国优生与遗传杂志》2011年第12期。

三、姓氏指纹分布图

姓氏乃家族的符号，体现着世代生生不息的血脉相连。因此，姓氏除极个别的改姓、赐姓等因素的影响外，基本与家族的发展史、生育史相一致。凡事总有相生相克的现象，在保留家族发展优秀个性的同时，若存在家族性Y染色体遗传疾病，该遗传疾病也会与姓氏同行。

中国科学院遗传与发育生物学研究所曾历时两年，调查完成了中国姓氏统计研究，这项调查涉及全国1110个县和市，得到了2.96亿人口的数据，一共收集到4100个姓氏。研究的结果，发现了中国人姓氏分布的三大特征：一是中国人姓氏的世代相传的形式类似于Y染色体的遗传；二是五千年中国人姓氏父传子的传递从未中断过；三是一千多年来的姓氏分布相对稳定和有规律。

同时，中国人姓氏的区域分布上也证实了中国南北汉族在遗传组成上一直存在差异，其地理分界线在我国南部的武夷山和南岭。

在研究过程中，研究人员还惊人地发现，《姓氏分布图》与《中国人口主要死因地图集》中的疾病分布图有重叠，所有的姓氏和常见疾病之间似乎都存在某种内在的联系。

20世纪90年代，中国姓氏统计研究的主要负责人，中科院遗传与发育生物学研究所副研究员袁义达在对中国人姓氏在历史上的分布所作的调查中发现，近一千多年来，中国人姓氏传承非常稳定，姓氏分布曲线清晰。非常难得的是，《姓氏分布图》与《中国人口主要死因地图集》中的疾病分布图有重叠，并不只是一两张图有相似之处，或者某个姓氏和疾病表现出某种关联性，而是所有的姓氏和常见疾病之间似乎都存在一种说不清的重叠现象，二者之间一定存在某种内在联系，但又不是简单的因果关系。例如，糖尿病在山东地区比较高发，而孔姓在山东出现的频率也是最高的。

对此，袁义达解释说："如果你把每一个姓氏看作一个遗传基因，那么姓氏的遗传和分布，就可以体现一个种群基因的遗传和分布，姓氏的分布和Y染色体遗传基因的分布应该是平行关系。"

也就是说，通过姓氏的分布图，至少有可能发现Y染色体遗传疾病的分布规律，甚至找到某一家族某一种Y染色体遗传病发生的起点。中国人的姓氏是不是具有这样的特性呢？

作为长期从事遗传学研究的袁义达，他也知道姓氏和疾病是没有直接关系的，与疾病有直接关联的是染色体。

这样就可以将问题归纳为，如果把常染色体的突变看作疾病，我国5000年历史，基本是以男性为主进行群体迁移的，Y染色体在迁移，同在一个个体上的常染色体必定也随之迁移。所以研究Y染色体的迁徙路线、分布规律，也就能找出染色体的某些分布规律，可以为研究疾病起源的专家提供一些新的线索和资料。

随着遗传学的迅速发展，现在已经发现3000多种遗传病，其中大约有250种只在男性身上发病，如红绿色盲、假肥大型进行性肌营养不良症、蚕豆病、血友病、先天性无丙种球蛋白症、遗传性耳聋、遗传性视神经萎缩、常染色体显性遗传多囊肾病(ADPKD)等。女性没有或很少患病，这与Y染色体遗传有关。这样在患病前检测出是否携带有致病基因具有重要意义，它将帮助人们有针对性地调整自己的生活方式，以尽力预防或降低疾病发生的概率。同样地，若致病基因在X染色体上，道理是一样的。

袁义达说，现在医药学领域已开始关注姓氏和遗传基因的关系，有可能为新药和个性化药物的研制提供线索，“对姓下药”并非不可能，他的研究工作还在深入进行。

但一个现实的问题是，单凭姓氏是找不到直接的遗传标记的，更无法做定性定量的分析。我们可以按照袁义达先生科研课题的设计思路，采用建立姓氏指纹分布图的方式，来研究姓氏与遗传的内在关系，必能在理论和实践上有重大突破。在计算机指纹自动识别技术的支持下，姓氏指纹分布图海量数据的建立与分析将成为可能。实际上家族指纹库的建立，已经为姓氏指纹分布图的建设打好了基础，我们盼望着有一天可以实现。

有矛就有盾，方法总比困难多。对于疾病，被动地等待不如主动寻求治疗，哪怕是被称为世界绝症的病症，在现代科技条件下，只要有目的地进攻就有一线希望。对家族源头性数据的整体性全面采集，是科学认识和攻克疑难杂症的前提，从中或许还能找到一些意想不到的方法。

第十二章 指纹与体育选材

第一节 苏联挑选金牌选手

一、叛逃官员供情报

指纹技术与体育运动结缘，可以说是来自于在这种激烈竞争大背景下的一个突发奇想，其方式颇具传奇色彩。

20世纪70年代，美国情报部门从一个叛逃到美国的苏联官员那里获取了一份绝密情报：苏联科学家们正在对儿童进行遗传学研究，以发现具有摘取奥林匹克金牌潜质的选手。苏联拥有其全部运动员从最小年龄开始的广泛而又系统的训练记录，收集所有苏联尖子运动员和别的国家世界级运动员身上的数据，研究每一专项运动所需要的理想体型模式。他们试图通过对身体遗传特征的研究，用X射线照射身体各个部位以及对肌肉纤维类型的研究，来挑选最有前途的奥运金牌儿童进行早期训练。

冷战时代，一切思维都是建立在冷战的基础上的。

该情报最具爆炸性的，也是最不可思议的，是研究“具有遗传记号的人才”，它是莫斯科国家体育学院所进行的运动研究计划的核心部分。

莫斯科国家体育学院是全苏联培养专业运动员和教练员的主要学府。当时它已培养出68名奥林匹克金牌得主和68名银、铜牌获得者，这比苏联其他20多座体育大学中的任何一所获得的奖牌都要多。

美苏两国当时不仅是经济、军事上两个对立的超级大国，也是体育上的一对超级霸主。依据莫斯科国家体育学院杰出的成绩，美国情报部门相信此情报具有其真实性，但怀疑“研究具有遗传记号人才”的计划不是体育运动的计划，而极可能是宇宙航天计划的一部分，因为航天人才需要的是超群的特殊的人才，事关21世纪空间战略的竞争与成败。美国情报机构评估后认为，这应是以体育运动研究名义掩盖下的军事性质的研究课题。

该情报指出，遗传记号出人意料的竟然是指纹，指纹并非杂乱无章地出现在手指上，某一种类型的指纹出现在某一手指上是特定的，反映了此人具有先天的某种遗传素质，即具有后天可大力开发的潜能。该学院负责人透露，这种遗传记号已被发现，并证明卓有成效。

无论是为体育的竞争，还是军事的对抗，美国对这份情报十分重视。情报部门对情报的分析总是多疑的、审慎的，同时又是富于想象力的，善于举一反三，发现或推导出原情报所没有的新的利用价值。优秀的情报分析人员从来不会墨守成规，而在于创新出奇。从培养体育人才联想到航天人才，确实是富于想象力的，它是未来阶段值得研究的内容。

二、体院教练的探索

事实的情况是，苏联是最早开始研究指纹与人的体能素质之间关系的国家，这是一种全新角度的研究。他们发现了可以通过指纹这一遗传记号（指标）去选拔优秀体育人才的途径。

苏联莫斯科国家体育学院、尼古拉耶夫国立别林斯基师范学院等院校体育工作者，在20世纪70年代末运用指纹实施了“挑选未来奥运金牌选手”的科研计划，谢尔基因科（Ce ЛII nhk）和阿列克谢耶娃（A Лekceba）最先取得突破，发现了指纹可以测出运动员身体的柔韧性。在《体育理论与实践》1978年第6期上发表的《柔韧性发展的遗传前提》中，他们宣布了指纹可预测身体柔韧性及柔韧性潜能的结论，从而为儿童期发现体育优秀人才提供了新的参数指标。

他们选择了150对年龄在12~17岁之间的同性孪生运动员作为研究对象。其中一卵双生、遗传基因完全相同的72对，占48%；双卵双生、遗传基因有差异的78对，占52%。

柔韧性试验测定三项关节指标（髋关节、肩关节与脊柱），然后按测出的数据将试验对象分成柔韧性好（25%）、中（50%）、差（25%），找出3个组指纹数据的平均值，并给每一个关节的柔韧性及其增长速度的指标编好从1（最好指标）到100（最差指标）的顺序号码。三个关节的等级总数最小说明柔韧性最好，相对来说等级总数最大即柔韧性最差。

综合分析全部数据后，取得了如下的结果：

（1）一卵双生的孪生子三个关节的灵活性指标均比双卵双生的好。

（2）女孩孪生子脊柱和肩关节柔韧性比男孩要好，但髋关节的规律恰恰相反。

以上两点说明人体关节柔韧性的发展主要受遗传因素制约，同时遗传的影响对女性机体较之对男性机体大，高10%左右，显示了柔韧性与X性染色体活动联结并被继承下来的特点。

（3）找到了发展柔韧性及其增长速度的指纹标志，在比对了十个手指柔韧性总和平均值和单手五指平均值后，每一处关节都没有出现规律性的结果，但在统计分析单个手指指纹指标时发现了比较突出的特点，即有优异柔韧性的孪生子的左手的第4指和第5指的指纹纹形，通常是正箕与斗形纹的组合（或斗形与正箕的组合），占到56%；而柔韧性差的组，这种组合仅为12%。上述两指全是正箕的组合，在柔韧性差的组中出现率为72%，而在柔韧性良好组中只出现32%。认定左手第4、5指位均为环形斗，是柔韧性不好的A指标。

对于柔韧性梯度而言，他们提出，个体十指有8~9个正箕纹，1~2个斗形纹且斗形纹在左手第4或第5指上，十指的纹线总数在131条以下，对柔韧性的优异评价的预测成功率达75%；而有13个以上三叉点、132条以上嵴线数、3个以上斗形纹时，对柔韧性增长很差的预测成功率达60%(以上数据对欧罗巴人具有典型性)。

谢尔基因科和阿列克谢耶娃将此结论运用于实际选才多年,证明是成功的。它证实,小孩的指纹皮肤组织和他们运动技能之间有相互联系,从而解决了选才中的盲目性,使孩子有可能选择最适合他们体质的运动项目,避免参加不适宜的没有发展前途的项目的训练。

此项研究成果,虽然仅仅运用了手指上的纹线形态特征与线条数据,比较单一。但今日来看,它也是革命性、原创性的,因为从此在国际上开创了一门体育运动员指纹选才的新兴学科,目前方兴未艾。

随着研究的深入,指纹数量上的指标与人体机能特性之间的关系正逐步地明确,从而为运动员选才提供了一种快速遗传诊断的方法,苏联将皮纹列入初次建立运动员素质档案的必备材料。

多年后武汉体育学院吴丽君等编译了俄国运用指纹进行运动选才的多个运动项目可行性研究报告,对我们很有借鉴作用,以下大部分内容选自编译报道。

1.研究方法

在指纹与肌体之间设立3种关系:

(1)在指纹类型和身材类型之间建立关系。研究认为,身材矮胖的人,斗形纹多,身材矮小是骨过早停止增长和过早加倍增长的结果,这与大量的斗形纹有一定的联系,而与弓形纹无关;相反,身材瘦高的人,弓形纹多。

(2)在指纹嵴线数和速度力量等运动素质之间建立联系。研究认为,指纹嵴数线多,其速度—力量素质差;指嵴线数少,花纹强度低则其静态时平衡能力较强。数据还提示,嵴数线与最大吸氧量之间的联系只在男运动员组适用,间接地反映了指纹与耐力之间的联系。

(3)在花纹强度与运动感知觉之间的关系表明,以视觉为主的运动,运动员大多是箕形纹;以本体感受为主的运动,运动员常常是斗形纹。

以上的研究结果,印证了苏联体育工作者的一个观点:指纹的纹型区别体现了人有关体质的本质区别,嵴线数的区别是指纹纹型在数量上的差别。

2.研究内容

(1)研究某些奥林匹克运动项目高水平运动员的指纹,采集的数据为:三叉点、总指嵴线数,弓、箕、斗三种基本纹形的百分率(见表12-1)。

(2)研究同一训练阶段的104名赛艇运动员(运动健将80%,国际运动健将20%),除体能指标外,取下列皮纹指标:指三叉点、总指嵴线数,3种基本纹型百分率、左右手各指嵴线数。

(3)研究多次参加世界冠军赛和奥运会的37名赛艇运动健将和国际健将的指纹，取三叉点数、3种基本纹型百分率。

表12-1 奥运项目高水平运动员指纹特征

		指三叉点(个)		总指嵴数(条)		指纹百分率(%)		
运动项目	人数	平均数	标准差	平均数	标准差	弓形纹	箕形纹	斗形纹
1.速滑(60~400米)	22	9.9	3.93	95.7	45.6	17.2	66.0	16.8
2.赛马	7	10.3	1.85	98.7	30.0	8.6	80.0	11.4
3.滑雪	17	12.2	3.90	115.5	40.6	6.0	71.0	23.0
4.现代两项	17	12.6	2.51	130.5	36.5	5.3	63.5	31.2
5.公路自行车赛	22	12.6	2.61	139.1	28.3	1.4	70.9	27.7
6.场地自行车赛	17	13.0	2.22	28.3	34.1	1.2	67.6	31.2
7.足球	22	13.4	3.78	142.6	39.5	3.2	62.7	34.1
8.排球	15	13.7	3.35	145	41.3	0	62.7	37.3
9.篮球	18	13.9	3.58	140.4	40.5	0	60.0	40.0
10.花样滑雪	14	13.9	3.22	133.8	39.0	2.9	57.9	39.2
11.摔跤	24	14.1	2.05	165.4	31.4	0	59.2	40.8
12.举重	51	14.3	2.80	144.7	58.7	1.3	49.6	49.1
13.全能速滑	37	14.4	2.35	147.6	31.6	0.2	52.0	47.8
14.拳击	38	14.5	2.52	146.4	39.6	1.3	48.2	50.5

3.研究结果

(1)不同项目运动员的指三叉点和总指嵴线数的差异足以精确地将不同运动项目分开：短跑与耐力运动一组、球类与单独对抗项目一组。速度—力量型运动项目处在指三叉点和嵴线数低的区域；需要复杂感受器的运动项目，处在指三叉点和指嵴线数高的区域；耐力运动项目处于两者之间。

(2)在观测的球类运动中有这样的趋势：在比赛中活动范围大或可以灵活地起多种作用的运动员，其指纹较复杂，总指嵴线数和斗形纹的百分率高，箕形纹的百分率低，弓形纹消失(见表12-2)。

(3)在力量型项目中，各个重量级的优秀举重运动员，发现指纹强度越低，他的体型越有比例，为宽肩短腿型体型，这就确保运动员能以最短的距离举起他能承受的最大重量。在优秀举重运动员身上没有发现个子越高、指纹越简单的这种一般人的特点(见表12-3)。

表 12-2 球类运动各角色高水平运动员指纹特征

运动项目及角色	人数	三叉点(个)		总指嵴数(条)		指纹百分率(%)		
		平均数	标准差	平均数	标准差	弓形纹	箕形纹	斗形纹
足球:	22							
前锋	5	9.8	1.29	106.9	42.1	8.0	86.0	5.0
中锋	9	14.0	3.03	153.8	47.3	3.3	60.0	36.7
后卫	5	14.2	3.00	147.0	41.8	0	58.0	42.0
守门员	3	16.0	1.76	161.3	23.2	0	40.0	60.0
排球:	15							
其他角色	3	11.3	1.18	142.0	24.8	0	86.7	13.3
攻手	12	14.3	2.45	147.0	18.9	0	56.7	13.3
篮球:	18							
中锋	3	11.0	1.13	130.3	13.0	0	90/0	10.00
前锋	3	8.0	3.59	57.5	41.0	20.0	80.0	0
前锋	4	12.0	2.37	105.1	26.3	0	80.0	20.0
后卫	4	13.5	3.31	119.5	76.9	0	65.0	35.0
后卫	4	16.5	2.42	157.0	18.4	0	35.0	65.0

表 12-3 不同重量级举重运动员指纹与身体比例对照表

重量级别(公斤)	三叉点数(个)	指纹百分率(%)			身体比例%				
		弓形纹	箕形纹	斗形纹	窄肩	短腿中等	短腿宽肩	中等腿宽肩	长腿宽肩
52.0	15.0	0	50.0	50.0	25.0	25.0	25.0	25.0	
56.0	17.3	0	26.5	73.4	100.0				
60.0	14.8	0	52.0	48.0	16.7	66.6	16.7		
67.5	12.0	0	78.0	22.0	33.3	16.7	50.0		
75.0	16.1	1.0	36.0	63.0		37.5	62.5		
82.5	11.0	3.0	84.0	13.0			100.0		
90.0	13.1	0	69.0	31.0			71.4	28.6	
100.0	15.3	0	47.5	52.5			40.0	40.0	20.0
110.0	14.4	0	53.4	46.6			40.0	40.0	20.0
+110.0	12.5	22.5	30.0	47.5				25.0	75.0

有复杂指纹的优秀举重运动员很少,同时他们的腿很长。复杂指纹恰恰出现在一般举重运动员身上,他们的形态水平不能令人满意地与理想的生物活动模式相适应,而是靠神经肌肉协调配合的高度发展来弥补身体结构的不适宜。

(4)短距离速滑和全能速滑运动员在一系列项目中随着三叉点数的不断增多,处在两个不同位置上。短时爆发性的短距离速滑运动员的指纹特点是,弓形纹、箕形纹数量高,斗形纹和三叉点数极少；全能速滑运动员则相反，斗形纹显著增多、箕形纹明显减少，缺乏弓形纹。两者间的区别不仅体现在一般肤纹指标上，各手指指纹分布也有差别(见表12–4)。

表12-4 速滑运动员左右手指纹类型分布

专业	指纹类型	手指(左右手平均值)				
		1	2	3	4	5
短距离速滑	A	13.2	26.3	18.5	13.2	13.2
	L	55.3	52.6	71.0	50.0	76.3
	W	31.5	21.1	10.5	36.8	10.5
全能速滑	A	–	10.0	3.3	–	–
	L	43.3	30.0	56.7	46.7	90.0
	W	56.7	60.0	40.0	53.3	10.0

(5)按照个体指纹的组合方式，将100余名赛艇运动员分成多组进行细目分析，发现：

①10个箕形纹组合，运动员的体重最大，身体专项工作能力和无氧域的绝对值最大。在神经肌肉协调控制最低发展的前提下所有力量参数都最大。这种组合的优秀运动员的数量远远高于后备运动员；

②10个斗形纹组合，运动员身高最低，臂的摆幅最小，身体专项工作能力的绝对值最小，PW C170的值最小，无氧域的相对数值最大；

③箕形纹和斗形纹相等组合，神经肌肉协调控制水平最高；

④弓形纹和箕形纹组合，专项身体工作能力和无氧域的相对数值最低。这种组合后备运动员远高于优秀运动员；

⑤混合的箕形纹和斗形纹或3种纹形组合各对照组之间没有明显的区别。详见表12–5。

表12-5 两组赛艇运动员指纹组合对比表①

指纹排列方式						
组别	10L	L+W	W+L	10W	A+L	A+L+W
后备组(%)	5.2	33.8	30.6	12.7	10.4	5.2
优秀组(%)	20.0	30.0	33.6	10.0	3.3	3.3

三、首倡肤纹选材法

谢尔基因科的研究报告在20世纪80年代初正式对外公布，被译成多国文字传向了世界，也传到了进入改革开放初期的中国体育界。许多体育科技工作者同时看准了这一十分新奇又不需要多少科研资金的研究方法，参照谢尔基因科等人的研究思路，采用更为全面科学的数学模型统计方法，以我国优秀运动员为研究对象，开始了新的探索。

在此之前，国内医学领域一批科研人员早于体育界，已经开始将指纹列为医学诊断辅助手

① 吴丽君、郭新明译:《运用指纹进行运动选材的可行性研究》，载《国外体育科学》1996年第3期。

段的研究内容，并出了一批科研成果，它或多或少地从另一个方向推进了包括体育界对指纹与遗传关系的研究进程。

中国体育科技工作者对指纹选材感兴趣是有其深刻道理的。运动员选材是运动训练过程的重要组成部分，只有挑选到具有从事某类运动项目的苗子，教练员才有可能开始对其进行在一定目标下的专业训练，进而完成后续的一系列训练、竞赛任务，实现运动训练目标。因此，运动员选材被视为运动训练的起始点。

但几乎所有的教练都遇到了一个共性问题，即运动员选材难、选到好苗更难。能够选到体校留下来安心训练，并能成材输送到省队国家队的难上加难。

从运动员选材发展历程来看，运动员选材的方式为：自然选材、经验选材、科学选材。

自然选材与经验选材通常运用的是“相马法”和“赛马法”。

“相马法”是教练深入到基层学校、班级，有意识地去挑选身体条件较好的运动员，观察的重点是身体形态指标，主要包括身高、体重、肢体的长度与比例、肢体的围度等。

“赛马法”是直接在运动会上去选拔有天赋，能跑得快、跳得高、投得远的运动员，观察的重点是身体素质中的运动数据指标，包括力量、速度、耐力、柔韧、灵敏性与协调性。

运动员选材是对运动员起始运动能力的第一次全面“诊断”，如果选材结果是肯定的，则选材测试信息是开始实施早期专业运动训练计划的重要依据。

不难看出，不论是“相马法”看身体形态指标也好，还是“赛马法”看运动数据指标也好，其观察的重点基本上都属于被选者与生俱来的资源，尚未经过专业训练的打造。教练员选的是被选人的潜在运动能力，即寻找的是更具运动天赋，能达到更高运动成绩的才能。其重要性有人断言：“选材成功意味着训练成功了一半。”

那么运动员选材难在何处呢？难在运动天赋相当一部分是隐性的，并不能通过简单的相马与赛马过程就能确定。再则运动天赋并不直接等于优秀运动员，后天培训，挖掘潜能是一个漫长的过程。因此选材充满着诸多不确定性，成材率成为大家共同的压力。

解决这一问题的途径是走科学选材之路。

自20世纪70年代，中国体育界借鉴发达国家运动员选材的经验，结合我国运动训练体制，从不同学科角度开展了运动员选材的研究，主要的研究过程与成果有：

1980—1984年，原国家体委科教司设立“优秀青少年运动员选材研究”课题，首次对田径、游泳、体操、排球等运动项目运动员选材标准与选材机制进行了初步系统探讨，其研究成果为《我国优秀青少年运动员科学选材成果汇编》。

1987—1992年，原国家体委科教司组建了“全国运动员科学选材中心组”，参加的有全国运动医学、运动训练学、体育统计学、部分项目教练员等有关学科专家，开展了田径、游泳、体操、举重、篮球、足球、排球、乒乓球、羽毛球9个项目青少年中级选材标准的研究，出版了《运动员科学选材》研究专著。

1993—1994年，原国家体委训练竞赛司再次组织全国10个体育科学研究所、大学的专家学者，历时1年半，完成了赛艇、皮划艇、蹼泳、自行车、帆船、帆板、射击、射箭8个运动项目的《运动员竞技能力模型与选材标准》专著，运动员选材部颁标准达到了17个运动项目。

2001—2004年，国家科委启动了"奥运优秀运动员科学选材的研究"国家科技攻关计划项目。对体操、跳水、羽毛球、乒乓球、举重、柔道、跆拳道、自行车、击剑、射箭、游泳、艺术体操、摔跤、皮划艇、棒垒球15个奥运、亚运优秀项目，进行了生物学选材指标、心理学选材指标(认知特征、操作思维、人格指标、情绪指标和神经类型)、专项素质选材指标等筛选、开发利用和体系的构建。

同时，在各省市体育局科研所建立了选材研究室，进一步完善了我国运动员科学选材研究和选材工作体系，为我国竞技后备人才的培养和竞技运动训练科学化水平的提高，起到了巨大的推动作用。

2001年起生物学选材指标被列入"奥运优秀运动员科学选材的研究"国家级项目中筛选、开发内容之一，但生物学选材指标中并不包括指纹选材法。

1984年，上海体育学院副教授徐本力在其《运动员选材》一文的"遗传选材法"篇中，在我国首次提出"肤纹选材法"，主张利用肤纹对疾病诊断的特殊作用，来进行运动员的健康选材和体力选材。

体育界开展肤纹选材法的研究，很大程度上是受了媒体传播的苏联体育工作者经验的影响，研究工作基本上是自发性的，并经学术会议将研究成果推广交流而相互影响、相互促进。在20世纪80年代中期较短的时间内，我国形成了有关体育院校、体育科研所，乃至省市运动队分别参与，各大运动项目百花齐放、齐头并进探索指纹选材法的态势，反映了当年体育界观念开放和振兴中华体育的急迫心情。

第二节 指纹与运动素质

20世纪80年代初期，我国北京、上海、河南、广东、四川、黑龙江等地的体育院校、体育科研所和一批有兴趣者开始对田径、体操、乒乓球等多个运动项目开展指纹学的综合研究，发现和总结出了符合我国人群体质特征的优秀运动员指纹综合评价体系，并在实际中得到有力的印证。邵紫菀、谢燕群、赖荣兴和李静波4人，分别在1989年第一届世界奥林匹克体育科学大会和1990年第十一届亚洲运动会体育科学大会上作学术交流。

奥林匹克科学大会，是每届奥运会前在举办国正式举行的世界性体育科学研讨大会。英语是其官方语言。1964年起，会议改名为“国际体育科学大会”，会议内容开始具有综合学科的性质。自第16届夏季奥运会起，这种做法逐渐成为惯例。

四年一届的奥林匹克科学大会历来受到各国体育科学工作者的瞩目。1988年9月9日至15日举行的汉城奥林匹克科学大会，是当时世界上学科最全、规模最大、学术水平较高的一次综合性体育科学会议。我国体育科学代表团一行13人在团长、中国奥委会副主席、中国体育科学学会副理事长张彩珍的率领下参加了这次大会。这是我国继1984年首次参加奥林匹克科学大会以来第二次参加这样的大会，标志着中国体育科学正在走向世界。

其后我国学者研究的论著、论文逐年增多，研究的体育项目越来越广泛，研究的重点越来越突出。主要集中在以下三个方面：一是探索皮纹与运动素质（遗传素质）之间的关系；二是研究皮纹与智力之间的关系；三是以优秀运动员为对象，发现和建立具有中国特色的皮纹选材标准和模式。研究的目的是发现科学选材的理论与方法，指导科学选材，为发现和培养高水平的体育后备力量提供新颖的皮纹学方法。可以这样说，我国体育指纹学正在形成之中，今后将发展成为一门新兴的边缘学科。

1991年4月，在安徽省贵池市召开的全国体育选材中心组扩大会议上，皮纹选材被正式确定为选拔体操、羽毛球运动员的必测指标之一，实现了制度与标准上的零突破。1992年，体育科普丛书《伯乐与冠军——运动员选材指南》出版，倡导将皮纹选材的科研成果大量应用于运动员选材上。

一、运动能力的特质

体育运动项目众多，每个具体项目都有自己的特点与对体能的要求，不同的运动项目有不同的侧重面。因此很多研究人员大都是针对自己负责（或熟悉）的运动项目，开展指纹选材法研究的。对于指纹数据，按照国际指纹学会数据采集的标准方法，共采集包括指纹纹形、纹线总数、掌纹类型、ATD角等在内的14项数据，进行了从定性到定量的统计分析，获得了包括百分比、平均数、标准误差、T测验、X检验、正态测量、相关系数、遗传率和遗传距等多项指纹统计数据值。所得之结果，按成绩分为优秀运动员组、普通运动员组进行专项比较，并与普通人群指纹数据进行差异比较，以期发现优良的人体运动遗传标记，以供选材之用。

三十余年来，指纹选材法的研究，经历了20世纪八九十年代萌芽期的勃兴后转入了正常态，一些体育工作者默默地坚持着这项基础性的研究工作。研究项目包括了田径、体操、篮球、排球、足球、乒乓球、羽毛球、冰球、游泳、举重、船艇、摔跤、柔道、射击、棋类等十多个体育竞技运动，共计征集了近万名专业运动员的指、掌纹样本，发表的专业论文有数百篇。

此类研究，工程巨大，耗时费工，样本征集不易，数据采集要求严格，分析计算相当严谨，结论亦十分喜人。大数据量的统计分析表明，我国优秀运动员的指掌纹上存在着明显的遗传优势，这种优势不仅表现在单个体育项目上，如国球乒乓球项目，而且各个运动项目都有，它是整个优秀运动员群体所共有的特征，反映了优秀运动员确实具有先天遗传的成才优势。

研究数据表明，指纹与人的神经类型、柔韧性、爆发力、速度、智力等项遗传机能有密切关系，指纹是“暴露在外的遗传因子”，可被直接认识。相关成果介绍如下：

（一）神经类型的筛选

巴甫洛夫认为人的气质是由人的高级神经活动类型决定的。大脑皮层的基本神经过程有强度、均衡性和灵活性三种基本特性。根据这三种特性可以将个体的神经活动分为不同的神经活动类型。神经过程的强度是指神经系统兴奋与抑制的能力，兴奋与抑制能力强，其神经活动就是强型；兴奋与抑制能力弱，其神经活动就是弱型。均衡性是指兴奋与抑制能力的相对强弱。根据神经活动的均衡性，可以将强型又分为两类：如果兴奋与抑制的能力基本接近，就是平衡型；兴奋能力明显高于抑制能力，就是不平衡型。灵活性是指兴奋与抑制之间相互转换的速度。

重庆市体委棋院龚良廷老师认为，大脑是人体内最发达的中枢部位，大脑皮层是有约140亿个神经细胞的集合体。人在进行体育运动时，神经系统起着主导作用，不同的神经类型对完成运动的质量及潜力的发挥影响不一。为了选好儿童选手的苗子，他对5~6岁的幼儿通过一段时间围棋训练后，在7~8岁开始用808神经类型测试量表进行测试，结合长期观察，正确确定各人的神经类型（稳定型、泛散型、中间型、兴奋型等）。在此基础上，对棋院围棋学生14人进行了皮纹综合评价，并用中国比内测验指导书作智力测验，结果见表12-6。[1]

---

① 龚良廷：《神经类型与围棋运动员选才》，载《体育科学研究》1996年第1期。

表 12-6 围棋学生皮纹综合评价表

姓名	神经类型	手掌皮纹评价得分	比内智商测试得分	文化学习成绩评价	围棋比赛成绩
唐某	稳定型	85	130	三中高才生	全国少年女子第二名、省运会女子冠军
古某	灵活型与稳定型的中间型	73	132	学习总成绩在同年级前五名左右	全国儿童比赛并列第一名、世界儿童比赛冠军
袭某	中间型	78	125	班内前五名	全国少年赛第五名
陈某	中间亚型	72	120	41中高才生	专业二级
吴某	中间型偏向稳定	72	110	29中高才生	学棋4年,棋力一般
钟某	兴奋型	54	100	高中成绩一般	棋力九级
秦某	泛散型	未测	98	初中学习成绩一般	学棋4年,棋力一般

测试分析认为：

(1)神经类型以稳定型、灵活与稳定的中间型儿童学围棋较好;

(2)学围棋的儿童手掌皮纹评价在70分以上,就能取得好成绩;

(3)智商越高、学围棋进步越快,发展潜力越大。

具有以上3点,就是好苗子,加上热爱围棋的社会、家庭环境和高水平的教练,就可出成绩。

与神经类型高度相关的运动能力还有灵敏性。

灵敏性是指在各种突然变换的条件下,不损失身体平衡、力量、速度或身体控制能力,运动员能够迅速、准确、协调地改变身体运动的空间位置和运动方向的能力。

因此灵敏性实际上是一种综合素质,是速度、柔韧、力量等素质的综合反映,它是所有对协调、灵活、准确和应变能力有很高要求的运动项目的最重要素质。

灵敏性的生理学基础是在中枢神经系统指挥下,将身体各种能力,包括力量、速度、协调、柔韧等综合地表现出来。神经系统是人体发育最早和最快的系统,儿童具有较优越发展神经系统的条件,如6~12岁的孩子节奏感较好、7~11岁具有良好的空间定向能力、7~12岁具有良好的反应能力等。这些都为发展灵敏性提供了良好的条件。13~15岁之间灵敏性呈下降趋势,在快速生长期后,灵敏性又逐渐稳定地提高。女子进入青春期,由于体重增加,内分泌系统也发生了变化,就会影响到灵敏性的训练与表现。

由于运动员的灵敏程度在少儿时期很难判别,是教练员在选材中最难解决的问题。上海体育学院李同灵通过对该院篮球运动员的皮纹测试,研究了皮纹与灵敏性的关系,为篮球运动员选材提供了参考依据。

1.研究对象

(1)专项组:上体院篮球专项班及院男、女篮球队员68名(男59名、女9名),年龄19~25岁,训练年限4~11年,运动等级1~3级。

(2)优秀组:引用邵紫菀报道的优秀运动员皮纹资料,该组成员为各个运动项目的运动健将。

(3)普通组:大、中专学生。

2.研究办法

(1)测定ATD角等8项皮纹指标,最后筛选出ATD角和双箕斗两项皮纹指标作对比分析。

(2)灵敏程度由专项老师结合日常训练、比赛以及灵敏项目情况作出优、良、中、差四级评定。

(3)灵敏程度判别标准的内容为:随机应变能力;控制球、支配球能力及运球转身变向动作变化:运、投、传衔接自如,假动作逼真:脚步移动快,起动、急停迅速等。

3.结果与分析

将ATD角与灵敏程序对照发现,ATD角34°以下,在专项组优级的比例最高;ATD角在45°以上,在专项组差级中比例最高,这表明,ATD角大,灵敏程度相对差(见表12-7)。

表12-7 灵敏程序与ATD角对照表

评定等级	总数	34°以下		35°~39°		40°~44°		45°以上	
		n	%	n	%	n	%	n	%
优	13	3	23	2	15-4	6	46-1	2	15-4
良	25	2	8	9	16	13	48	1	4
中	23	1	4.3	6	26	14	60-9	2	8-7
差	7	0	0	0	0	3	43	4	57

将双箕斗与灵敏性对照分析,发现率高达77%,而且指数也多,有一人多达4个以上双箕斗;而专项组差级仅一人出现一个双箕斗,因此认为双箕斗越多,灵敏性越高,说明双箕斗与神经系统的反应灵敏度有密切联系。印证了遗传学的一个观点,即在胚胎期,手指神经分布良好,细胞增殖旺盛,指纹形态就越复杂。双箕斗是结构最复杂的一种纹型,是神经系统良好的表现之一(见表12-8)。

表12-8 双箕斗个数统计

评定等级	总数	出现个数				出现总数	
		0	1	2~3	4个以上	人数	%
优	13	3	2	4	4	10	77
良	25	14	5	4	2	11	44
中	23	14	4	3	2	9	39.1
差	7	6	1	0	0	1	14.3

测试中还发现，灵敏性差的运动员大拇指无双箕斗，良级和中级运动员大拇指双箕斗出现率为22.87%和27.7%；而13名优级运动员中，大拇指双箕斗出现率为60%，其中8名是主力后卫，大拇指双箕斗出现率高达75%。后卫队员是场上灵魂，灵敏度相对较高。由此进一步说明，双箕斗出现在拇指上，运动员的灵敏性好的可能性更大。

皮纹学认为双箕斗和ATD角与神经系统的反应灵敏程度关系密切，表12-9数据反映，灵敏性为优的运动员双箕斗增多，而ATD角没有明显减小和增大趋势；灵敏性差的运动员不仅双箕斗较少，而且无双箕斗者ATD角相对增大。

表12-9 双箕斗、ATD角与灵敏性对比表

评定人数	总人数	双箕斗上个数															
		①ATD角度数				②ATD角度数				③ATD角度数				④ATD角度数			
		34以下	35~39	40~44	45以下	34以下	35~39	40~44	45以下	34以下	35~39	40~44	45以下	34以下	35~39	40~44	45以下
优	13	2	0	1	0	0	1	0	1	0	2	1	1	1	1	2	0
良	25	1	10	3	0	1	1	3	0	0	2	1	1	0	0	2	0
中	23	0	7	5	2	1	1	2	0	0	2	1	0	0	1	1	0
差	7	0	1	2	3	0	1	0	0	0	0	0	0	0	0	0	0

统计中还发现，无双箕斗但灵敏性优的运动员ATD角大多在34°以下；无双箕斗灵敏性为良和中的，ATD角分别在35°~42°和35°~44°之间；无双箕斗灵敏性差的运动员，在40°以上。因此，统计认为在无双箕斗的情况下，ATD角越小，灵敏性越好。

以ATD角为指标，专项组、优秀组、普通人群组作对比，专项组的优、良级与优秀组男女均无差异；专项组的中、差级与优秀组男子有显著性差异（$P<0.05$）；普通人群组、男子无差异，女子有显著性差异（$P<0.05$）。

根据皮纹与灵敏性的相关程度，李同灵认为，可以运用ATD角和双箕斗这两项皮纹指标，来判断篮球运动员的灵敏程度：

（1）双箕斗越多，尤其是大拇指出现双箕斗，ATD角越小，灵敏性越好；

（2）在双箕斗增多时（4个以上），特别是大拇指出现双箕斗，ATD角可适当增大，但应在44°以下；

（3）在双箕斗2个以下，或大拇指出现双箕斗时，ATD角要相对小，一般在42°以下；

（2）、（3）两项说明双箕斗和ATD角在反应灵敏程度上有互补性。

（4）在没有双箕斗的情况下，ATD角则越小越好，一般应在34°以下。①

（二）柔韧性的筛选

柔韧性是运动员的主要体质之一，此种性状主要受遗传因素制约，尤其是女性，遗传度

① 李同灵：《皮纹与篮球运动员灵敏性的相关研究》，载《上海体院学报》1994年第18卷增刊。

可达70%。广州体院赖荣兴等人，以我国6~7岁的女孩为对象，按照《身体形态、机能、素质指标测试细则》，分别测量肩关节、髋关节及背柱的转肩、体前屈、纵劈叉和桥4项指标，筛选出具有良好柔韧性素质的对象122名（A组）和柔韧性素质差的177名（B组），进行皮纹对比分析，结果如下：①

1.指纹

（1）纹型分布频率有差异。表现为A组食指斗形纹出现率增高，有高度显著性差异（P<0.01）；中指桡箕纹出现率略高，环指尺箕纹出现率高，有显著差异（P<0.05）；而食指弓形纹和尺箕纹、环指斗形纹出现率均低，差异显著（P<0.05），详见表12-10。

表12-10 两组人员指纹对比表

		A组（N=22）		B组（N=177）		
		手指数	% ± S.P	手指数	% ± S.P	P值
弓形纹	拇指	20	8.20 ± 1.76	24	6.78 ± 1.64	P>0.05
	食指	22	9.01 ± 1.83	48	13.56 ± 2.23	P<0.05
	中指	18	7.37 ± 1.67	21	5.93 ± 1.54	P>0.05
	环指	8	3.27 ± 1.14	18	5.08 ± 1.43	P>0.05
	小指	10	4.10 ± 1.23	21	5.93 ± 1.54	P>0.05
尺箕纹	拇指	32	13.11 ± 2.16	51	14.41 ± 2.29	P>0.05
	食指	52	21.31 ± 2.62	99	27.97 ± 2.92	P>0.05
	中指	114	46.72 ± 3.19	159	44.92 ± 2.72	P>0.05
	环指	72	29.51 ± 3.19	75	21.19 ± 2.66	P>0.05
	小指	116	47.54 ± 3.19	162	45.76 ± 2.73	P>0.05
桡箕纹	拇指	0	0	0	0	
	食指	12	4.92 ± 1.38	15	4.24 ± 1.31	P>0.05
	中指	2	0.82 ± 0.58	0	0	P<0.05
	环指	0	0	0	0	
	小指	0	0	0	0	
斗形纹	拇指	192	78.62 ± 2.62	279	78.81 ± 2.66	P>0.05
	食指	158	64.75 ± 3.05	192	54.24 ± 3.24	P<0.01
	中指	110	45.08 ± 3.18	174	49.15 ± 3.25	P>0.05
	环指	165	67.21 ± 3.01	261	73.73 ± 2.86	P<0.05
	小指	118	48.36 ± 3.20	171	48.31 ± 3.25	P>0.05

① 赖荣兴等：《手纹形态与柔韧性素质选才的初探》，载《广州体院学报》1988年第1期。

(2)十指指纹组合。A组十指8个以上斗形纹的个体高于B组(P<0.05);而无尺箕纹者低于B组(P<0.05);其他组合无显著差异(见表12-11)。

表12-11 十指指纹组合对比

		A组(N=122)		B组(N=177)		P值
		出现数	% ± S.P	出现数	% ± S.P	
弓形纹	≥7	4	3.28 ± 1.61	6	3.39 ± 1.67	P>0.05
尺箕纹	=0	20	16.39 ± 3.35	45	25.42 ± 4.01	P<0.05
	≥7	22	18.03 ± 3.48	24	13.56 ± 3.15	P>0.05
桡箕纹	在拇指	0	0	0	0	
	在小环指	0	0	0	0	
	在食指	12	9.84 ± 2.84		8.45 ± 2.01	P>0.05
斗形纹	=0	8	6.56 ± 2.24	6	3.39 ± 1.67	P<0.05
	≥8	56	46.69 ± 4.50	66	37.29 ± 4.45	P<0.05

(3)左右手对应手指指纹组合。A组食指L/L组合出现率低而小指出现率高,有高度显著差异(P<0.01);环指出现率高,有显著差异(P<0.05);W/W组合中,A组食指出现率高、环指出现率低,差异显著(P<0.05)。异型组合A/L中,A组拇指、小指出现率低而环指、中指出现率高(P<0.05);A/W组合中,A组拇指出现率高而食指偏低(P<0.05)。

(4)总指嵴线数。A组在0~222条之间,平均为148.25 ± 48.6条;B组在0~207条之间,平均为135.58 ± 42.05条,呈高度显著差异(P<0.01)。

2.掌纹

(1)a-b嵴线数。A组在33~54条之间,平均为40.88 ± 6.59条;B组在28~47条之间,平均为38.83 ± 4.48条,呈高度显著差异(P<0.01)。

(2)ATD角。A组在31°~53°之间,平均42.4° ± 4.26°;B组在35°~56°,平均45.48° ± 4.18°,呈高度显著差异(P<0.01)。

(3)掌区真实花纹。A组双手大鱼际/I1区及左手小鱼际区真实花纹出现率偏高(左手19.67% ± 3.6%;右手6.56% ± 2.24%),呈高度显著差异(P<0.01);左手I2指间区真实花纹出现率低(为0),呈显著差异(P<0.05)。

(4)掌褶纹。A组左右手掌褶纹正常型出现率低,左手过渡I型、左右手过渡Ⅱ型出现率高,均为高度显著性差异;右手通贯型出现率低。

分析认为,中国运动员具有良好的柔韧性,其皮纹的主要特点是:

(1)食指斗形纹、中指桡箕纹、环指尺箕纹出现率高,十指大于8个斗形纹的个体多,无尺箕纹者少;

(2)总指嵴线数在183条以上或100条以下,十指总数有12个以上三叉点者占多数,a-b

峰线数有增多趋势,ATD角则趋向缩小;

(3)左右手大鱼际/I1区及左手小鱼际区真实花纹出现率高;

(4)左右手叉贯型和左手桥贯型掌褶纹出现率高,正常型、通贯型偏低。

赖荣兴的关于指纹与柔韧性的研究报告,与苏联学者的结论差异很大,说明此项指标在人种间有明显差别。

(三)爆发力的筛选

爆发力是指在最短时间内使器械(或人体本身)移动到尽量远的距离。顾名思义。这种力就像火药爆炸一样,能在一瞬间爆发出巨大的能量。爆发力实质是指不同的肌肉间的相互协调能力,力量素质以及速度素质相结合的一项人体体能素质。

大多数的运动皆需要爆发力,爆发力分为下列3种:

(1)高爆发力:30秒内的运动,肌力与速度属于高爆发力;

(2)中爆发力:30秒至5分间的运动,肌耐力属于中爆发力;

(3)低爆发力:5分至15分间的运动,肌耐力属于低爆发力之范围。

广州体育学院赖荣兴等人对参加六届全运会举重决赛的83名运动员的指纹进行了爆发力分析,对比了9项皮纹指标。结果表明:优秀举重运动员尺箕纹出现率低($P<0.05$),斗形纹出现率高($P<0.05$),尤其是中指、环指和小指斗形纹出现率高($P<0.01$)。大于8个斗形纹的个体高于一般人群,未见有多于7个弓形纹的个体,总指嵴线数与取得本届名次同步。

其次手掌I3、I4指间区真实花纹出现率高,而大鱼际/I1区、小鱼际区真实花纹出现率明显低于一般人群($P<0.01$)。分析认为上述特征可作为选材的参考。①

(四)速度素质的筛选

速度素质是指人体快速运动的能力。快速运动反映着机体运动的加速度和最大速度的能力。其中动作速度是指人体或人体某一部分快速完成动作的能力。动作速度是技术动作不可缺少的要素,表现为人体完成某一技术动作时的挥摆速度、击打速度、蹬伸速度、踢踹速度等,此外还包含在单位时间里连续完成单个动作时重复的次数(即动作频率)。

运动员机体任何部位动作速度的快慢,主要取决于中枢神经系统的功能、引起该部位运动的肌肉力量大小,以及技术动作的合理性。

赖荣兴以第六届全运会男子短跑运动员43名、广东省体校优秀短跑运动员17名,共60名(汉族、男性)为对象,专门进行了皮纹与速度关系的探索,对比组为全国普通人群皮纹平均值。情况如下:

数据共采集了指纹分布频率,十指指纹组合、总指嵴线数等8项皮纹指标,统计结果见表12-12至表12-14。

---

① 赖荣兴等:《中国优秀举重运动员爆发力素质的肤纹图形研究》,载《体育科技》1992年第2期。

表 12-12　指纹类型总计出现率

	短跑组（N=60）		一般人	P值
	手指数	% ± S.P	% ± S.P	
弓形纹	17	2.83 ± 0.68	2.75 ± 0.48	P>0.05
尺箕纹	332	55.33 ± 2.03	52.08 ± 1.48	P<0.01
桡箕纹	16	2.67 ± 0.66	2.62 ± 0.47	P>0.05
斗形纹	235	39.17 ± 1.99	42.55 ± 1.46	P<0.01

表 12-13　a-bR^{C}、ATD 角和主线指数比较

类别	短跑组（N=60）		一般人		P值
	范围	平均数（S.D.）	范围	平均数（S.D.）	
TRC	56–215	142.75 ± 40.33	0–222	136.30 ± 39.09	P>0.05
a–bR^{C}	26–48	38.65 ± 4.51	—	39.93 ± 4.83	P<0.05
ATD 角	53°~55°	40.73° ± 5.01	—	41.42° ± 4.86°	P>0.05
主线指数	17–31	24.45 ± 6.06	—	22.05 ± 3.72	P<0.01

表 12-14　掌纹图型出现率比较

类别	短跑组（N=60）		一般人	P值
	手数	% ± S.P	% ± S.P	
Th/I_1	8	6.67 ± 2.28	19.0 ± 1.21	P<0.01
I_2	0	0	5.52 ± 0.70	P<0.05
I_3	7	5.83 ± 2.14	2.10 ± 0.41	P>0.05
I_4	32	26.67 ± 4.04	14.86 ± 1.13	P<0.01
H_y	16	13.33 ± 3.10	55.71 ± 1.47	P<0.01

数据反映出，短跑运动员与普通人群的皮纹差别主要是：

（1）指纹尺箕纹出现率高，斗形纹显著少，均为高度显著性差异（P<0.01），斗形纹在拇指、食指和环指位明显减少；有 8 个以上斗形纹的个体亦少；环指、小指位无桡箕纹。

（2）掌纹中，a–b 嵴线数趋向减少、ATD 角减小、大鱼际 / I1 和小鱼际区真实花纹明显减少（P<0.01）；I3、I4 指间区真实花纹增多，其中 I4 指间区呈显著差异（P<0.01）；主线指数亦呈显著差异（P<0.01）。

赖荣兴等认为，上述数据反映了短跑运动员与众不同的速度素质。今后挑选短跑运动员时，以指纹尺箕纹出现率高，斗形纹出现率低，尤其是拇、食、环 3 指斗形纹少；大、小鱼际区真实花纹少，ATD 角和 a–b 嵴线数偏小、主线指数高的为理想人才。①

（五）运动能力的筛选

指纹嵴线数属于数量遗传，包含了诸多遗传信息，指纹嵴线数与人的运动能力之间存在

① 赖荣兴：《中国优秀短跑运动员速度素质的皮纹图型研究》，载《广州体育学院学报》1990 年第 2 期。

一定关系。苏联的研究报道认为，指纹嵴线数越少，运动才能越高，身体状况越适合从事体育活动，两者间呈负相关关系。成都体育学院谢燕群也进行了这方面探索。以159名（男102名，女57名）汉族体院学生为运动能力较强组，以普通人群为运动能力较弱组作指纹对比检验，数据见表12-15。

表12-15　总指嵴线数比较　　单位：条

组别	指标	左手	右手	总和	男女总和
男	体院学生	65.92 ± 24.38	66.37 ± 25.08	132.29 ± 48.70	130.74 ± 47.90
	普通人群	74.43 ± 21.55	74.37 ± 20.99	143.63 ± 42.36	141.05 ± 41.98
	t检查	t=3.2827 P<0.01 高度显著	t=3.0207 P<0.01 高度显著	t=3.1933 P<0.01 高度显著	t=3.2094 P<0.01 高度显著
女	体院学生	63.23 ± 23.63	64.70 ± 23.73	127.93 ± 46.73	—
	普通人群	68.62 ± 21.39	69.84 ± 20.22	138.64 ± 41.59	—
	t检查	t=1.6496 0.05<P<0.01 不显著	t=1.5739 0.1<P<0.2 不显著	t=1.6319 0.1<P<0.2 不显著	—

数据结果表明，体院男性左右手的总指嵴线数明显少于普通人群（132.29 ± 48.7 / 143.63 ± 42.36条），呈显著差异（P<0.01），女性左右手的总指嵴线数也比普通人群低，但t检验差异不显著。说明中国男子的指纹嵴线数与运动能力之间也呈负相关，手指嵴线数越少，运动能力越强，这与苏联研究的结论相吻合。女子组差异不显著，说明女子的指纹嵴线数与运动能力之间的关系没有男子那么密切，它们之间是否存在相关关系，尚待进一步证明。

研究中发现体院学生与普通人群指纹嵴线数差异的原因主要是两个，一是体院学生的弓形纹略多于普通人群，可能弓形纹适当增多就是运动能力强的一个表现。二是斗形纹和箕形纹的嵴线数较少，指纹中心点与三叉点距离近，之间的纹线数少，这种情况尤其在箕形纹上出现较多，小箕出现率较高。[①]

（六）肌纤维类型筛选

骨骼肌纤维类型是影响运动素质的一项重要内容，曾是运动生理学研究的热点。原先大多采用针刺活检肌组织或组织化学酶染色法技术进行研究，也有采用电刺激法、表面肌电图参数测定法，推测和无损伤测定骨骼肌纤维类型。武汉体育学院郑哲红等人，以高校田径专业31名男性学生为对象，进行手掌ATD角与肌纤维类型关系的探索，试图找到一种通过皮纹检验简便、理想地反映肌纤维类型的方法。主要内容如下：

① 谢燕群：《指嵴纹数与运动能力关系的研究》，载《成都体育学院学报》1991年第4期。

肌纤维类型的测定。采用天津产的HSI—l型肌纤组成测定仪，在对受试者统一度量身高、体重后，进行快肌（Ⅱ型肌纤维）的自动测试（受试者19人为实验样本，12人为回报样本）。

测定各受试者的双手ATD角角度，取均值（P<0.01）。

以手掌ATD角、身高、体重、右大腿长度、围度五项指标为自变量，股外侧肌的快肌纤维百分比为因变量。分别建立五项指标的五元回归方程和ATD角、身高和体重的三元回归方程；ATD角、大腿长和大腿围的三元回归方程；ATD角的一元回归方程及进行单相关分析和显著性检验等统计学分析。

五元回归方程计算的结果，标准回归系数和偏回归平方和均显示，ATD角对快肌纤维百分比的影响大，两者间有显著性意义（P<0.01），其他指标则影响因素较小（P<0.05），无显著性意义。其他3个回归方程的结论基本上和五元回归方程相似（见表12-16）。

表12-16　4种回归模型比较

回归模型	a	b1	b2	b3	b4	b5	Q	SY	P值	显著性	R
一	147.53280	-2.75249	0.11296	-0.60263	0.09223	0.78786	495.57799	6.1425	6.20492	P<0.01	0.83947
二	157.83114	-2.65615	0.20298	-0.46929	–	–	505.31526	5.80411	11.60626	P<0.01	0.83601
三	185.09965	-2.6526	–	–	-0.22952	-0.80782	557.15062	6.09454	10.06127	P<0.01	0.81733
四	166.29548	-2.74285	–	–	–	–	575.69090	5.81920	32.55193	P<0.01	0.81054

回归模型	标准回归系数					偏回归平方和				
	β1	β2	β3	β4	β5	P1	P2	P3	P4	P5
一	-0.81339	0.05291	-0.34847	0.01944	0.12833	1948.4816	1.97135	58.29260	0.23344	6.81290
二	-0.78492	0.11471	-0.27215	–	–	827.34936	8.66415	55.33306	–	–
三	-0.77589	–	–	0.04837	-0.13158	648.48667	–	–	1.69078	14.89766
四	-0.81054	–	–	–	–	752.46633	–	–	–	–

回归模型	F值				
	F1	F2	F3	F4	F5
一	51.11251*	0.05171	1.52913	0.00612	0.17872
二	24.55941*	0.25719	1.64253	–	–
三	17.45910*	–	–	0.04552	0.40109
四	22.22013*	–	–	–	–

讨论认为，人体的运动能力受多基因控制，属数量性状遗传。据报道，各测试指标的遗传度为：手纹（ATD角）为1.00、身高0.79、体重0.50、大腿长0.77、大腿围0.60、肌纤维类型0.80。各指标中仅ATD角遗传度大于肌纤维类型。回归方程的统计结果均显示，身高、体重、大腿长度和围度指标等自变量对快肌纤维百分比（因变量）影响小，无显著性意义（P>0.05）；单相关显著性检验亦反映此四项指标与快肌纤维百分比呈低度相关（P>0.05）。唯有ATD角与之呈高度负相关，相关系数是0.81504（P<0.001 ）。由此提示，遗传度大小决定了手掌ATD角与肌纤维类型的相关程度，ATD角能反映中枢神经系统的机能状态、神经肌肉

控制的性质及肌肉收缩的速度。

依统计结果，建立了手掌ATD角与快肌纤维百分比的一元回归预测模型：Y=166.29548-2.74285X，其相关系数较高F=32.55193。经回报样本检验，平均误差值为2.88±1.87%，误差小于5%者占83%。因此认为该一元回归选才模型作为初步预测下肢肌纤维类型是可采用的。①

二、指纹与运动智力

智力是运动员的重要素质，是运动员选材不可缺少的组成部分，运动天赋中包括了运动智力，即智力应用于运动的能力。如何将智力水平高的儿童挑选出来，通常是采用国际心理学界公认的韦氏（WAIS）成人智力量表测试。但这种办法烦琐，实践中不易推广。体育界的学者根据人类遗传学智力与指纹都是多基因遗传性状的理论，和弱智者指纹有异常的关系中，认识到人类的指纹与先天智力水平、遗传素质之间有一定的关联，遂进行了专项探索。

在寻找运动智力与指纹之间的内在关系中，主要建立了两项变量关系：一是ATD角与智力；二是a-b嵴线与智力。

（一）ATD角与智力

ATD角与智力的关系，在染色体遗传性疾病的研究中已广为证实，大脑发育不全、弱智者都伴有ATD角的显著增大（均值在56°以上）。而事物发展的另一方面是，各个项目的优秀运动员ATD角均值明显小于普通人群41°的平均值，成为判断人的机敏程度，乃至智力的指纹指标之一，从正面说明了ATD角与智力的密切关系，ATD角由此获得“智力角”的美称。

河南省体科所邵紫菀等对831名优秀运动员的皮纹统计后发现，ATD角小是我国优秀运动员人群所共有的人群优势之一。优秀男子运动员均值在37°~39°左右，优秀女子运动员均值在39°~40°左右；而后备组男、女分别在40°、41°左右；一般运动员接近于普通人群，男子在41°左右，女子在42°左右（见表12-17）。

表12-17　ATD角对照表

组别	项目	男		女	
		人数	X±S	人数	X±S
优秀	田径	135	37.94±3.98	259	39.58±4.31
	体操	60	38.80±3.61	80	40.74±4.66
	游泳	43	38.93±3.73	79	40.04±4.30
	排球	102	37.59±3.30	71	39.69±3.93
后备	田径	161	40.00±4.17	250	40.59±4.32
	游泳	126	40.30±4.40	133	41.83±4.41
一般	体操	128	41.56±4.33	72	42.50±5.11
普通人群		231	41.90±4.11	157	42.80±4.49

① 郑哲红等：《手掌ATD角与肌纤维类型选才的回归型模》，载《湖北体育科技》1992年第2期。

表 12-18　径赛类 ATD 角数值表

项目	男		女	
	人数	X ± S	人数	X ± S
100m、200m	11	39.5 ± 3.24	25	40.10 ± 4.39
400m	7	37.21 ± 3.21	9	39.81 ± 3.87
800、1500m	6	36.29 ± 2.82	31	39.50 ± 3.68
3000m、5000m、1 万 m	11	36.95 ± 3.36	25	39.50 ± 4.43
马拉松	9	38.83 ± 2.88	9	38.39 ± 4.11
3000m 障碍	2	37.50 ± 0.58		

在优秀运动员人群中，ATD 角与智力的关系还有以下特点：

（1）技能类对抗项目 ATD 角均值最小。如排球，男、女优秀运动员 ATD 角均值最小，而技能类准确性项目的体操，虽然动作复杂，动作难度很高，但比临场变化多的排球项目，其 ATD 角均值要大。

（2）田径中，技能性要求较高的项目、长距离跑的项目，ATD 角较小。

表 12-19　田径各类 ATD 角数值表

	男		女	
	人数	X ± S	人数	X ± S
跑类	46	37.5 ± 3.20	99	39.58 ± 4.10
跳、跨全能类	35	37.82 ± 3.96	76	38.75 ± 3.85
投掷类	24	39.24 ± 5.72	44	41.20 ± 3.99
竞走	30	37.20 ± 3.21	40	39.99 ± 5.44

表 12-20　ATD 角对照表

	男人数 X ± S		女人数 X ± S	
全能前六名	33	38.35 ± 3.0	51	40.33 ± 3.95
单项前 6 名	27	39.35 ± 4.2	31	41.45 ± 5.64

（3）体操项目中，全能优秀运动员比单项运动员 ATD 角均值小。ATD 角在项目上的差异，可归纳为：临场应变能力要求高的、战术意识强的，比以固定程式比赛的小；协调性要求高的比以力量素质为主的项目小；全面的比单一的小等特点。

（4）顶尖级优秀运动员 ATD 角尤其小。体操名将童非左、右手分别为 30°、34°；楼云为 36°、38°；跳高名将朱建华为 37°、34°；男排主力二传沈富麟为 31°、32°；邸安和为 37°、35°；女排主攻手姜英为 35.5°、34°；竞走世界冠军阎红为 37°、30°；蛙泳奥运银牌得主黄晓敏为 35°、36°……

（5）ATD 角与手掌大小无关。对 14 名 2 米以上高大篮球中锋的 ATD 角测试，结果为，只有一人为48.5°，其他人都在40°以下，均值为37.14°。观察认为，ATD角大小，主要与轴三叉T点位置的高、低和指三叉A、D点的内外位置有关。T点低，A、D点长得靠掌心，ATD角就小，反之则大。①

（二）ATD角与冰球运动

冰球运动具有对抗性、灵活性、技巧性强的特点。它不仅要求运动员掌握高人一筹的复杂技术，应付场上瞬息万变的技战术变化，还要承受超人的心理负荷，所以要求运动员应有一个聪明、机智、善于思考的大脑。哈尔滨体育学院关伟军等通过对我国优秀冰球运动员皮纹的ATD角测试，提出了ATD角可作为冰球运动员早期选材的依据。

研究对象：全国优秀冰球运动员193名（男117名，女76名），其中运动健将54名，一级运动员78名。

皮纹数据单独采集ATD角的指标，数据如下：

表12-21 冰球运动员ATD角对照表

组别	男		t		女		t	
	人数	X ± S			人数	X ± S		
1.优秀冰球运动员	117	38.55 ± 3.57	t^{1-2}	1.115	76	39.9 ± 4.8	t^{1-2}	0.068
2.其他项目优秀运动员	340	38.12 ± 3.68	T^{2-3}		489	39.86 ± 4.31		
3.普通人群	231	41.90 ± 4.11	11.247	***	157	42.80 ± 4.49	T^{2-3}	720***

注：***表示值达到0.01水平。

测试结果为：全国冰球男、女运动员ATD角的均值与全国其他项目的优秀运动员均值相近，而明显地小于普通人群（P<0.01）。说明冰球运动员的智力水平明显高于普通人群，与其他项目的优秀运动员的特点相适应。冰球运动员选材时，同等条件下，ATD角越小的，成才就越有希望。②

（三）ATD角与乒乓球运动

国际乒联主席狄村这样评价乒乓球运动："乒乓球属于一种智力运动"。乒乓球运动员需要有一个聪明、机智、思维敏捷的头脑。西安体育学院董树英等对国家青年男女乒乓球队运动员和北京、上海等体校乒乓球运动员共106名（年龄：国青队男子12.31岁，女子15.43岁，体校男女平均10.5岁）的皮纹作了ATD角和t距比的对比分析，提出了ATD角与反应速度之间具有正线相关高度可靠性的观点。数据如下：

① 邵紫菀、刘建生等：《皮纹与选才》，人民体育出版社1989年版。

② 关伟军、赵霞等：《ATD角与冰球运动员的选才研究》，载《哈尔滨体育学院学报》1992年第10期。

1.各组间的对比分析

(1)国家青年队男子组。

①国青队男子组ATD角无论是最大值(国青队45°、体校组51°、体校一般组54°、普通人群组55°)还是平均值,均小于各对照组。P值分别为>0.05、<0.05、<0.1、<0.02;除与体校组没有显著差别外,与其他组均呈显著性差异。

②国青队男子组t距比的最大值(国青队23.53mm、体校组36.6mm、体校一般组36.6mm)和平均值,均小于各对照组。P值分别为<0.1、<0.01、<0.01、<0.1、<0.05,差异显著和非常显著。

(2)国家青年队女子组。

①ATD角:最大值国青队46°、体校组51°、体校一般组60°、普通人群组62°;ATD角均值国青队亦小于各对比组,P值分别为<0.05、<0.01、<0.01、<0.01,均呈显著和非常显著差异。

②t距比:最大值国青队23.66mm、体校组28.45mm、体校一般组35.8mm;平均值国青队均小于各对比组,P值分别为<0.05、<0.01、<0.05、<0.05,均呈显著和非常显著差异。

2.ATD角与反应速度的相关关系

这两者关系的疑问,可直接简化为,ATD角小者,是否反应速度快?为搞清这两个变量之间的关系,挑选了训练时间2年以内的30名乒乓球运动员,做"视—动反应实验"。

视—动反应实验的方法为:测试者用拇指按住一根米尺在墙上,被测试者用持乒乓球拍的手的拇指对着尺的下端,当看到尺子下落时,迅速按住尺子,共做5次,取其平均值。

用$t=\sqrt{2s/g}$(t=时间,单位为秒;s=下落距离,单位为厘米,g为地心吸引力的加速度,g=980厘米/秒)的公式计算反应时间(见表12–22)。

表12–22 ATD角、t距对比表

组别	国青队		体校		体校一般组		体校后备组		普通人群	
性别	男	女	男	女	男	女	男	女	男	女
ATD角	39.87°	39.75°	40.29°	41.43°	40.89°	42.23°	41.61°	42.83°	41.90°	42.80°
t距比	14.45%	14.55%	15.84%	16.77%	16.70%	17.74%	17.10%	17.78%	15.60%	16.40%

(1)西安市体校的实验结果。挑选14名队员,每人5次,求平均值。全队5次平均反应时间0.153″,ATD角左手均值为41.785°,右手均值为41.86°。测得反应最快的3号队员0.135″,ATD角左手为38°,右手为39°。据介绍该队员的技术和比赛成绩在队内一直处于领先地位。12号队员反应时间为0.136″,ATD角左手为37°,右手为39°。测得反应最慢的8号队员为0.176″,该队员身体条件很不错,力量素质也很好,但技术却逐渐落在队内最后几名。

ATD角分别为46°、47°。6号队员反应倒数第二,反应时间为0.170″,ATD角分别为45°、46°。

从被测的14名队员看,反应时间最短的队员,ATD角均在40°以下,反应时间最长的几个队员,ATD角均在43°以上。

将该实验结果作相关系数及显著性检验得出反应速度与ATD角之间的相关系数r=0.9251,>0.07,属于高度相关。显著性检验得出r=0.9251>r(12)0.661,为P<0.01,说明该相关系数有非常显著的可靠性。

(2)陕西省、陕西运动技术体校的实验结果。两所体校共测16人,反应时总平均值0.157″;ATD角左手均值41.39°,右手均值41°。实验结果一样,凡反应快的队员,皮纹指标好,ATD角小,反之则大。

如测得最快的2号队员0.129″,ATD角分别为36°、37°;10号队员0.142″,ATD角分别为39°、40°。反之12号队员0.184″,ATD角分别为45°、45°;7号队员0.173″,ATD角分别为45°、47°;4号队员反应最慢0.195″。据介绍,4号队员比其他队员进队早,训练年限最长,但成效不大,进步很慢,成绩逐渐下降,测其ATD角,分别为47°、48°。

将该实验数据作统计处理得出相关系数r=0.8676(其中左手r=0.939,右手r=0.814),属高度相关。显著性检验得r=0.8676>r(14)0.623,所以P<0.01。说明反应时与ATD角两变量间具有正线相关的高度可靠性。

3.结论

①国家青年乒乓球队ATD角与t距比均小于各对比组,呈显著性或非常显著性差异,其中女队优于男队。

②ATD角与反应速度具有正相关关系,有高度可靠性,可作为选材的重要标准之一。①

(四)a-b嵴线与智力

赖荣兴等采用龚耀先氏修订的成人韦氏智力量表(WAIS—RC)为测试工具,从广州体院和解放军体院随机抽样测试了108名学生,分别统计了每人的全量表智商、语言智商、操作智商和智力构成中的三个因素群:语言理解因素群、知觉组织因素群、记忆注意集中因素群的量表分。并对其中93份有效皮纹样本,采集了ATD角、a-b嵴线数等8项皮纹数据,作了综合分析(均值t检验、方差分析、相关分析、多元逐步回归分析等),认为智力与皮纹的ATD角尤其是a-b嵴线数关系密切,而与掌区真实花纹、掌褶纹类型关系不大。具体统计结果如下:

表12-23的数据表明,a-b嵴线数与总IQ、语言IQ和操作IQ关系密切,呈显著负相关关系;而ATD角与各IQ关系较小。

---

① 董树英、季淑琴等:《乒乓球运动员的皮纹与选才研究》,载《乒乓世界》1990年第1期。

表 12-23 全量表智商、语言智商、操作系统智商与ATD角和a-bR^{C}关系

因变量	自变量	标准回归系数	R	F	P
全量表智商	ATD(t)	b-(1)=0.0706	0.3937	8.25	P<0.01
(总IQ)	a-bR^{C}(2)	b-(2)=-0.4085			
语言智商	ATD(1)	b-(1)=0.0573	0.3151	4.96	P<0.05
(语言IQ)	a-bR^{C}(2)	b-(2)=-0.3271			
操作智商	ATD(1)	b-(1)=0.1125	0.4115	9.17	P<0.01
(操作IQ)	a-bR^{C}(2)	b-(2)=-0.4301			

将组成智力结构的语言理解、知觉组织、记忆集中三个因素群作为自变量，ATD角(39°~41°)和a-b嵴线数(均值38条左右)分别作为因变量，进行多元线性回归和多元逐步回归分析后，发现三项因素群与a-b嵴线数都呈负相关关系(SP<0.05)，其中以知觉组织因素群(属操作智商范畴)关系最为密切；而ATD角与三项因素群关系较小(见表12-24)。

表 12-24 语言理解、知觉组织、记忆集中因素群与ATD角和a-bR^{C}关系

因变量	自变量	标准回归系数	R	F	P
ATD	语言理解(1)	b-(1)=0.1504	0.2067	1.32	P<0.01
	知觉组织(2)	b-(2)=0.0591			
	记忆集中(3)	b-(3)=-0.2107			
a-b R^{C}	语言理解(1)	b-(1)=-0.1111	0.3080	3.11	P<0.05
	知觉组织(2)	b-(2)=-0.1578			
	记忆集中(3)	b-(3)=-0.1236			

为进一步探讨智力和ATD角和a-b嵴线相关程度，将智商分为三个级别(120分以上、100~119分、99分以下)，分别统计三个级别ATD角和a-b嵴线的均值，并作方差分析。以120分以上级和99分以下级两组比较，结果ATD角无显著差异(P>0 .05)，再次表明智商高低与ATD角关系不明显，而与a-b嵴线密切相关。智商高的，a-b嵴线少，呈显著负相关关系(见表12-25至表12-27)。

表 12-25 不同级别的全量表智商与ATD角和a-b R^{C}关系比较

智商级别	X	ATD	p	X	F	a-b R^{C}	Q值	P
		F				p		
120分以上(a=23)	40.04	1.32	>0.05	73.35	11.32	<0.01	Q(1.2)=5.58	<0.01
100~119分(n=51)	39.41			76.37			Q(1.3)=6.44	<0.01
99分以下(n=19)	40.95			85.53			Q(2.3)=1.97	>0.05

表 12-26 不同级别的语言智商与ATD角和a-b R^c关系比较

智商级别	X	ATD	p	X	F	a-b R^c	Q值	P
		F				p		
120分以上（a=25）	39.88			75.68			Q(1.2)=5.22	<0.01
100~119分（n=58）	39.67	0.5	>0.05	75.84	7.82	<0.01	Q(1.3)=6.04	<0.01
99分以下（n=10）	40.90			88.60			Q(2.3)=0.48	>0.05

表 12-27 不同级别的操作智商与ATD角和a-b R^c关系比较

智商级别	X	ATD	p	X	F	a-b R^c	Q值	P
		F				p		
120分以上（a=17）	40.59			71.53			Q(1.2)=3.77	<0.01
100~119分（n=48）	39.58	0.59	>0.05	76.38	7.82	<0.01	Q(1.3)=5.45	<0.01
99分以下（n=28）	40.21			81.69			Q(2.3)=2.76	>0.05

许多研究者在优秀运动员手上都观察到ATD角偏小的规律，认为是智力好的表现之一。对此差别，赖荣兴等认为，可能是与他们统计的样本量不够和样本智商绝大多数属正常人水平有关，ATD角仍可作为智力选材的一项参数作深入探讨。但a-b嵴线数与智力确实有显著相关关系，而且它与操作智商有最密切的关系。这一点极为重要，因为操作智商是体现一个人的视觉记忆及视觉理解能力、视觉分析及综合能力和视觉与动作协调能力高低的尺度，是优秀运动员必备的专项智力素质。a-b嵴线与智力高度相关关系的发现对运动员智力选材有重要的指导作用。

由a-b嵴线推导各智商回归方程分别为：

全量表智商 $Y=150.7771-0.5303X$

$R=-0.3879$

语言 智商 $Y=141.1806-0.3889X$

$R=-0.3064$

操作智商 $Y=154.4777-0.6276X$

$R=-0.4116$

上述方程的回归结果估测值与实测值回代检验，误差在10%以下的分别为76.32%、76.32%和63.15%，表明估测值与实测值极为一致，表明用a-b嵴线估测智力水平是有意义的。①

① 赖荣兴等：《应用皮纹进行智力选才的初步探讨》，载《中国体育科学学报》1992年第2期。

三、《皮纹与选材》获奖

在各高校、各体育科研所百花齐放式的研究成果中，其中的佼佼者当为河南省体育科学研究所副所长邵紫菀等人承担的国家体委“运动员皮纹选材的研究”科研课题。

该科研课题的研究数据，纵向上包括了50年代直至90年代的2000多名优秀运动员的指掌纹，横向上兼顾了竞技体育的各主要运动项目，具有历史的深度和内容的广度，很有客观性和普遍性。从而首先从数据来源上保证了指纹选材课题的科学性与珍贵性。其成果在1989年在美国科罗拉多斯举行的第一届奥林匹克体育科学大会和1990年北京亚运会科学大会上宣读，得到大会的普遍认同，国际奥委会主席萨马兰奇给邵紫菀颁发了研究成果荣誉证书。该课题1991年获国家体育科技进步三等奖，《皮纹与选材》一书，被列为“国家体委体育科学技术成果专辑”，填补了我国竞技体育与遗传选材的空白，成为全国许多省运动员选材的参考指标之一，受到了体育界较为普遍的关注，已成为选择体育人才的一种辅助手段。

邵紫菀，女，1940年生，1962年毕业于上海体育学院体操系，河南省体育科研所研究员。1984年在河南省肿瘤研究所细胞研究室主任葛铭研究员指导下开展“中国优秀运动员指纹研究”。

图12-1 萨马兰奇颁发给邵紫菀的荣誉证书

当时选定采集皮纹的优秀运动员的标准是：国际锦标赛前六名、国内比赛前三名；一般运动员：经体校、体工队多年培养，多次参加比赛未达到上述成绩者。

优秀运动员样本征集难度极大，时间跨度自新中国成立起至项目研究时，项目跨度要求尽可能囊括各大运动项目门类。邵紫菀等人使出浑身解数，在依靠各级体育组织支持的同时，依靠同事、同学，老乡关系、朋友关系、亲友关系等，终于征集到了包括中国体育史上第一位女子世界冠军、乒乓球女单世界冠军——邱钟慧，世界冠军李富荣、张燮林、葛新爱、邓亚平；体操王子李宁，排球教练袁伟民，围棋冠军聂卫平等2000余名各类优秀运动员的指纹样本数据。

有了这些宝贵的数据，邵紫菀等研究员一头扎进了研究之中。

（一）皮纹选材标准的产生

自1984年开始，邵紫菀等人历时5年，详细分析了我国田径、体操、游泳、排球四个项目的2479名汉族运动员，特别是831名优秀运动员（田径、游泳、排球的运动健将，体操为全国甲组比赛全能或单项前六名）的皮纹后，得出了“优秀运动员人群在指纹指标上有共同的优势，指纹可作为运动员在体质强弱、灵敏程度上进行选材的一项新的遗传指标”的结论。并建立了以ATD角、弓形纹、双箕斗形纹、屈肌纹线、大鱼际花纹、通贯手、小鱼际花纹、指三叉8项指掌纹指标构成的“皮纹选才综合评价评分标准”模式，并公布实施。

该项研究1987年被列为国家体委委管课题，1989年完成，1991年获国家体委科技进步三等奖。现在该项研究已被作为指导运动员选材的皮纹学理论与方法之一，成为一项新的遗传参考指标体系。

通过对大数据量的皮纹分析之后，邵紫菀等人发现，在整个优秀运动员人群中，皮纹上有明显的共性的先天优势。这种皮纹优势不仅仅体现在一个运动项目上，而是在各个运动项目都存在。这一认识，现已被许多学者的研究结果所证实。

优秀运动员人群皮纹优势主要表现：

1.脑子灵活——ATD角明显小

ATD角被认为是智力角，一直是医学皮纹学评价先天愚型患者智力的重要指标之一，先天愚型患者ATD角一般在50°~70°之间，普通人群均值在41°~42°左右。而我国优秀运动员男子均值在37°~39°左右，女子在39°~40°左右。

2.指纹结构复杂——双箕斗较多，弓形纹较少

双箕斗在普通人群中的出现率在4%~5%左右，人数出现率在12%左右。在优秀运动员人群中，各个运动项目，双箕斗指数的出现率均在10%左右，人数出现率高达45%~60%，尤其在体操和田径项目上更突出。

弓形纹在汉族人群中约占指纹总数的2.5%，在一些遗传性疾病患者手上弓形纹往往明显增多，有时多达6个以上，是一种遗传因素差的表现。各个项目的优秀运动员约有10%的人有弓形纹，后备组中，除男子游泳外，接近15%，一般运动员接近20%。比较而言，优秀运动员弓形纹出现较少。

3.掌纹正常——屈褶纹短的较少，通贯手不多

普通人群中，第一屈褶纹短的约占6%，第2屈肌褶纹短的约占3%。优秀运动员第一屈褶纹短的为0，第二屈褶纹短的仅占1%左右。

通贯型掌褶纹，尤其是双侧通贯型，在不少染色体疾病中是典型的皮纹性状。在普通人群中，双侧通贯型约占1.5%~2.2%，单侧通贯型占3%~4%左右。优秀运动员中双侧通贯型3人，占0.4%，单侧通贯型田径、女排在1%以下，除男子游泳外，其他项目在2%以下，明显有减少趋势。

4.肺功能好——大鱼际真实花纹明显少

大鱼际真实花纹是典型的变异皮纹，在呼吸系统遗传病患者手上出现率较高。在普通人

群中，大鱼际真实花纹出现率在7.5%左右。优秀运动员中，男子在3%左右，女子在2%左右。

（二）皮纹选材标准的选择

皮纹主要是受多基因遗传控制，因此个体变异皮纹指标的多少，可有助于评估运动员的体质强弱和某些疾病的易感程度及一定的智力反应。

皮纹的指标很多，哪些与运动员关系最为密切，如何选定并进行权重分配？邵紫菀等根据以下三个方面的因素，经验性地选择了8项评价指标，制定了综合评价评分标准。

(1) 选取优秀运动员人群与普通人群或一般运动员、后备力量相比有较显著优势的皮纹指标，如ATD角、双箕斗、屈褶纹等。

(2) 选取能代表性分析常见遗传性疾病的典型指标，如弓形纹，大、小鱼际花纹，指三叉点，通贯手等。

(3) 观察评估力求简单易行。筛选掉了观察费时，不易准确的总指嵴线数，以弓形纹替代总指嵴线数过低的反映。对于桡箕纹，若出现在第4、5指位，是一种不好的指标，实行追加减分。

综合评价评分标准实行总分100分制，60分为及格标准，80分为优秀标准。详见表12–28。

表12–28　综合评价评分标准（100分）

<table>
<tr><td>序号</td><td>指标</td><td>分值</td><td colspan="12">评分标准</td></tr>
<tr><td></td><td></td><td></td><td>左右各</td><td>10分</td><td>9</td><td>8</td><td>7</td><td>6</td><td>5</td><td>4</td><td>3</td><td>2</td><td>1</td><td>0</td></tr>
<tr><td rowspan="2">1</td><td rowspan="2">ATD</td><td rowspan="2">20分</td><td rowspan="2">男</td><td rowspan="2">33°
以下</td><td rowspan="2">34°
35°</td><td rowspan="2">36°
37°</td><td rowspan="2">38°</td><td rowspan="2">39°</td><td rowspan="2">40°</td><td rowspan="2">41°</td><td rowspan="2">42°</td><td rowspan="2">43°</td><td>44°</td><td>46°</td></tr>
<tr><td>45°</td><td>以上</td></tr>
<tr><td rowspan="2"></td><td rowspan="2"></td><td rowspan="2"></td><td rowspan="2">女</td><td rowspan="2">35°
以下</td><td rowspan="2">36°
37°</td><td rowspan="2">38°</td><td rowspan="2">39°</td><td rowspan="2">40°</td><td rowspan="2">41°</td><td rowspan="2">42°</td><td rowspan="2">43°
44°</td><td rowspan="2">45°
46°</td><td>47°</td><td>49°</td></tr>
<tr><td>48°</td><td>以上</td></tr>
<tr><td rowspan="2">2</td><td rowspan="2">双箕斗</td><td rowspan="2">20分</td><td colspan="3">20分</td><td colspan="3">15分</td><td colspan="3">10分</td><td colspan="3">0分</td></tr>
<tr><td colspan="3">3个以上</td><td colspan="3">2个</td><td colspan="3">1个</td><td colspan="3">无</td></tr>
<tr><td rowspan="2">3</td><td rowspan="2">屈肌线</td><td rowspan="2">20分</td><td colspan="2">20分</td><td colspan="2">12</td><td colspan="4">8</td><td colspan="3">4</td><td>0</td></tr>
<tr><td colspan="2">不短</td><td colspan="2">短1条</td><td colspan="4">短2条</td><td colspan="3">短3条</td><td>短1条</td></tr>
<tr><td rowspan="2">4</td><td rowspan="2">大鱼际</td><td rowspan="2">10分</td><td colspan="2">10分</td><td colspan="2">8</td><td colspan="2">6</td><td colspan="2">4</td><td colspan="3">2</td><td>0</td></tr>
<tr><td colspan="2">无变异</td><td colspan="2">1非真实</td><td colspan="2">双非真实</td><td colspan="2">1真实</td><td colspan="3">1真1非</td><td>双真实</td></tr>
<tr><td rowspan="2">5</td><td rowspan="2">弓形纹</td><td rowspan="2">10分</td><td colspan="2">10分</td><td colspan="2">6</td><td colspan="2">3</td><td colspan="6">0</td></tr>
<tr><td colspan="2">无</td><td colspan="2">1~2个</td><td colspan="2">3~4个</td><td colspan="6">5个以上</td></tr>
<tr><td rowspan="2">6</td><td rowspan="2">通贯</td><td rowspan="2">10分</td><td colspan="4">10分</td><td colspan="4">5</td><td colspan="4">0</td></tr>
<tr><td colspan="4">无</td><td colspan="4">单手</td><td colspan="4">双手</td></tr>
<tr><td rowspan="2">7</td><td rowspan="2">小鱼际</td><td rowspan="2">5分</td><td colspan="2">5分</td><td colspan="2">4</td><td colspan="2">3</td><td colspan="2">2</td><td colspan="3">1</td><td>0</td></tr>
<tr><td colspan="2">无变异</td><td colspan="2">1非真实</td><td colspan="2">双非真实</td><td colspan="2">1真实</td><td colspan="3">1真1非</td><td>双真实</td></tr>
<tr><td rowspan="2">8</td><td rowspan="2">指三叉</td><td rowspan="2">5分</td><td colspan="2">5分</td><td colspan="2">4</td><td colspan="2">3</td><td colspan="2">2</td><td colspan="3">1</td><td>0</td></tr>
<tr><td colspan="2">不缺</td><td colspan="2">缺1C</td><td colspan="2">缺双C</td><td colspan="2">缺1其他</td><td colspan="3">缺1C和1其他</td><td>缺双其他</td></tr>
</table>

备注：凡出现四、五指桡箕，则另减10分。

该评价量表中，ATD角与双箕斗形纹各占有1/5的权重，可见它们在研究者心中的分量。双箕斗形指纹频率为4.145%，汉族男性人群中有双箕斗形纹者为27.65%，同一个体中双箕斗形纹最多者为5个。按照该量表，如果没有双箕斗，你的指纹遗传评价分最高只能达到80分，即良好水平。

（三）皮纹选材标准的科学性

优秀运动员与一般运动员，后备力量和普通人群之间，皮纹上的差异是一种微小的量的变化，他们之间既有共同的人群特征，又有优良遗传指标和不良遗传指标共存的现象，皮纹选材标准采用简洁的直接打分法能否较准确地区分运动员成才的遗传条件的层次，达到超前预测，提高成才率，减少淘汰率的目的？为此，项目研究者一是采用两类判别分析加以验证。他们以男、女体操优秀组（A类）和未成才的一般组（B类）为样本，建立了多元线性判别函数，进行了回代符合率和显著性检验。

显著性检验的结果为：

男子体操组：$F_{0.01}=2.53$ $F=16.5117>2.53$ $P<0.01$

女子体操组：$F_{0.01}=2.55$ $F=4.9505>2.55$ $P<0.01$

这表明，优秀体操组和未成才的一般组，确实是两个不同的群体，差异呈显著性，但重叠面较大。这反映了在未成才的一般组中，也有相当一部分皮纹条件较好，不能简单地认为凡皮纹条件好都自然成才，因为成才因素是多方面的。但数据的另一方面还是说明了成才的优秀运动员绝大部分皮纹条件好，而皮纹综合评价差的，成才的可能性极小。

二是用这一评分标准对848名各个项目的优秀运动员，670名后备力量，200名一般运动员进行反评估，观察运动员成才层次和运动技术水平与皮纹综合评价标准是否相符（见表12-29）：

表12-29 运动员成才层次评价表

类别	项目	男子				女子				合计	
		人数	80分以上（%）	60分以上（%）	最低分数	人数	80分以上（%）	60分以上（%）	最低分数	80分以上（%）	60分以上（%）
优秀	A田径	144	44.5	4.9	45~49	267	44.9	3.0	50~54	44.8	3.6
	B体操	60	45.0	5.0	50~54	82	35.3	8.6	40~44	39.4	7.0
	C游泳	43	39.5	9.3	50~54	79	34.1	7.6	50~54	36.1	8.2
	D排球	102	40.2	3.9	55~59	71	35.2	0	60~64	38.2	2.3
	合计	349	42.7	5.2	45~49	499	40.3	4.2	40~44	41.3	4.6
后备	E田径	161	14.9	24.9	35~39	250	21.6	14.0	40~44	19.0	18.2
	F游泳	126	17.4	13.5	40~44	133	17.3	19.6	45~49	17.4	16.6
	合计	287	16.2	19.2	35~39	383	19.5	16.8	40~44	18.4	17.6
一般	G体操	128	0.8	48.4	25~29	72	2.8	31.9	40~44	1.5	42.5

表11-29中数据表明，随着运动员成才层次的提高，其皮纹综合评价的及格率、优秀率、最低分数会随之提高。

及格率：优秀组为95%左右，后备组略低于80%，一般组仅60%左右。

优秀率：优秀组在39.5%~45%之间，后备组略低于20%，一般组仅2%左右。

最低分数：男子优秀组在45~49分之间，后备组为35~39分，一般组为25~29分，女子组差异不大。

运动技术水平的皮纹综合评价经检验，呈现出可喜的规律性，即优秀运动员中，随着技术水平的提高，皮纹综合评价绝大部分也同步出现优秀率逐级提高，及格率和最低分数亦有所提高的趋势（见表12-30）。

优秀率：世界前三名（女排为主力队员）高达77%，世界水平级为55%左右，国内冠军以上级为45%左右，健将级为40%左右。

及格率：世界前三名为100%，其他级别基本上在95%左右。

最低分数：世界前三名，男子为76分，女子为67分；世界水平级为50~59分，国内冠军以上级为50~54分，健将级为40~49分。

表12-30 高水平运动员皮纹综合评价表

类别	水平	男子				女子				合计	
		人数	80分以上(%)	60分以上(%)	最低分数	人数	80分以上(%)	60分以上(%)	最低分数	80分以上(%)	60分以上(%)
田径	健将	144	44.5	4.9	45~49	267	44.9	3.0	50~54	44.8	3.6
	国内冠军以上	51	49.0	3.9	55~59	77	46.7	1.2	55~59	47.7	2.3
	世界水平	2	100	0	85~89	8	75.0	0	65~69	80.0	0
体操	国内前六名	60	45.0	5.0	50~54	82	35.3	8.6	40~44	39.4	7.0
	国内冠军以上	15	80.0	0	65~69	19	36.8	5.3	55~54	52.8	2.8
	世界水平	7	85.7	0	75~79	6	16.7	16.6	50~54	53.8	7.7
游泳	健将	43	39.5	9.3	50~54	79	34.1	7.6	50~54	36.1	8.2
	国内冠军以上	23	43.6	8.5	50~54	26	34.5	3.8	55~59	38.8	6.1
	世界水平	0	/	/	/	3	66.7	0	70~74	66.7	0
排球	健将	102	40.2	3.9	55~59	71	35.2	0	60~64	38.2	2.3
	国内冠军以上	32	37.5	6.3	55~59	32	40.6	0	60~64	3.1	3.1
	世界水平	6	16.7	16.7	55~59	13	53.9	0	60~64	42.1	5.3
合计	健将	349	42.7	5.2	45~49	499	40.3	4.2	40~44	41.3	4.6
	国内冠军以上	121	48.7	4.9	50~54	154	43.2	2.0	50~54	45.1	3.3
	世界水平	15	60	6.7	55~59	30	53.3	3.3	50~54	55.6	4.4
	世界前三名	9	88.9	0	76	13	69.0	0	67	77.3	0

同时还发现，在世界水平级的运动员中，男女在项目水平上的差异正好与优秀率的高低基本相吻合。如体操男子强于女子、女排强于男排，他们相互之间的皮纹综合评价优秀率之比分别是85.7∶16.7和53.9∶16.7。在国内冠军以上级中，游泳女子强于男子，综合评价分在90分以上的，女子为19.2%，男子为0。

一些世界著名的优秀运动员，其皮纹综合评价分也呈顶尖级，如世界个人全能第2名的体操名将童非99分；曾破世界跳高纪录、获23届奥运会铜牌的朱建华为95分；我国第一个打破女子游泳世界纪录的杨文意为95分；获24届奥运会蛙泳第2名的黄晓敏为99分，24届奥运会女子铅球第3名的李梅素，得分为89分……

《百分制指纹综合评价量表》模式是否对实践有指导意义？可行性如何？邵紫菀等人又收集了67名世界水平级新秀指纹样本，再次作回测验证。结果见表12-31 。

表12-31　世界水平级新秀皮纹一览表

性别	编号	姓名	项目	角		大鱼际		小鱼际		指三叉		屈肌线		通贯		弓形纹	双箕纹	综合统计	最高成绩
				左	右	左	右	左	右	左	右	左	右	左	右				
男子	1	陈燕某	田径	41.5°	38.5°	非真实											6	87分	前六名
	2	李　某	体操	41°	40°			真实									3	86分	全能三，单项一
	3	李春某	体操	34°	38°			真实									2	83分	单项冠军
	4	陈剑某	游泳	38°	36°													75分	单项冠军
女子	5	黄志某	田径	48°	42°					真实							4	82分	单项冠军
	6	隋新某	田径	41°	40°													71分	前一名
	7	李惠某	田径	45°	41.5°												6	86分	世界纪录
	8	张　某	田径	42°	41°													69分	前二名
	9	徐德某	田径	43°	42°												2	82分	前四名
	10	钟焕某	田径	45°	36°												1	81分	前六名
	11	于厚某	田径	42°	42°													68分	前七名
	12	刘华某	田径	42°	41°			真实									2	76分	前八名
	13	陈菊某	田径	35°	35°	真实	非真实										3	92分	前九名
	14	刘淑某	田径	39°	39°			真实	真实									74分	前十名
	15	杨　某	体操	48°	47°	真实												66分	全能三，单项一
	16	樊　某	体操	45°	4.25°												1	75分	单项冠军
	17	李　某	体操	35°	39°												1	74分	单项第二名
	18	林　某	游泳	40°	44°													69分	单项冠军
	19	庄　某	游泳	41°	38°													73分	单项冠军
	20	王晓某	游泳	38°	36°			真实										74分	单行第三名

（续表）

性别	编号	姓名	项目	角		大鱼际		小鱼际		指三叉		屈肌线		通贯		弓形纹	双箕纹	综合统计	最高成绩
				左	右	左	右	左	右	左	右	左	右	左	右				
	21	赖亚某	排球	35°	33°												3	100分	第三名(主力)
	22	李月某	排球	35°	37°					真实							5	98分	第三名(主力)
	23	李国某	排球	43°	45°												3	65分	第三名(主力)
	24	许 某	排球	41°	41°			真实	真实								3	85分	第三名(主力)
	25	周 某	排球	38°	38.5°													75分	第三名(主力)
	26	李云某	排球	42°	36°													73分	第三名
	27	何云某	排球	35°	35°												1	90分	第三名
	28	崔咏某	排球	41°	39°													72分	第三名
	29	孙丽某	排球	37°	40°													75分	第三名

在29名世界水平级新秀中，优秀率为44.8%，及格率为100%，最低分数为65分。

其次还有两点很鲜明，一是有较高协调能力，以灵活的战术取胜、全能型的高水平新秀，皮纹评价优秀率高。如女排新主力赖亚某、李月某、许某分别为100分、98分和85分；体操新秀李某为86分，他在1987年年底仅达健将水平，但几年中在世界大赛中获金、银、铜牌各2枚；田径项目中，属跳、跨、全能类中有8人达优秀率，占61.5%。二是以力量为主的高水平新秀，皮纹评价优秀率低，如7名亚洲水平以上田径投掷新秀，仅黄志某、徐德某两人优秀，占28.57%；不到及格标准的3名亚洲水平级新秀中，2人为投掷运动员。

上述检验结果说明，皮纹作为暴露在外的遗传因子，能在一定程度上反映出优良的遗传素质，同时皮纹综合评价评分标准有较强的合理性和科学性。在应用时应注意早期预测，重视皮纹综合评价，结合运动专项特点和兼顾"特长"素质。

该评分标准虽还需进一步完善，如增加个体十指指纹纹型分布频率指标等，可能更全面。但经各地有关研究者试用，得到了普遍的认可，不失为我国第一个进行皮纹量化分析的综合指标体系。

皮纹选材的合理性和可靠性还在于，与体育选材用作评定运动员机能状态常用的生理、生化指标，如身高、体重、体脂百分比、握力、肺活量、脉搏、血压、血红蛋白等相比，上述生理、生化指标，虽然从不同的角度反映了人体机能状态，但易受受测人当时的健康状况、心理和饮食营养等因素影响。而皮纹终生不变的特点，不仅可以使检验的条件始终一致，而且稳定性强，信息可靠。因此，上海体育学院徐本力副教授在《运动员选才》一文中主张利用肤纹进行运动员的健康选材和体力选材。

邵紫菀强调:皮纹测试主要是对运动员的体质强弱、机敏程度等基本素质作出评价,并非包罗万能,不能代替其他选材指标,更不能单以皮纹评估结果决定去留,而只能作为一种新的遗传检验方法,实践中,应兼顾到皮纹选材方法的科学性和局限性,加以参考运用。①

测验回收的结果更能全面说明该模型的科学性。细心的读者会发现,该统计表中力量型选手较之技巧型、技术型选手指纹综合评价的优秀率为少,此差异正说明了指纹评价的客观性、唯物性。邵紫菀等人提出分析指纹遗传的百分评价模式,在学术界引起了一定的反响,有相当多的学者采用该模式进行项目分析,也提出了不少改进的意见。许多学者认为,通过指纹发现人的先天优良遗传素质值得深入探索,目前的认识仍是相当浅显的。

① 邵紫菀、刘健生等:《皮纹与选材》,人民体育出版社1989年版。

第三节 指纹与单项运动

一、指纹与球类运动

(一)指纹与男篮运动

吕晓威,男,中国前卫体育协会干部。在北京体育大学科研所林珍瑜指导下,专题对中国高水平篮球运动员皮纹进行研究。其研究生的毕业论文是《中国高水平篮球运动员的皮纹特征》。研究样本取自原国家篮球队和1992年全国优秀篮球队,共153名选手。研究对象分三个组:

实验组A为原国家篮球队队员和1992年全国优秀篮球队队员153名(男92、女61);对照组B为北京体育大学篮球专业学生84名(男52、女32);普通人群为C组。检验数据见表12-32。

表12-32 高水平篮球运动员A组指纹分布频率

	指纹类型	拇指		食指		中指		环指		小指	
		左	右	左	右	左	右	左	右	左	右
男子组	弓形(A)	3.26	1.09	3.26	4.35	0	0	0	0	2.71	0
	尺箕(L^u)	28.26	23.91	44.57	43.48	53.26	51.09	40.22	25	65.22	57.51
	桡箕(L^r)	0	1.09	3.26	1.09	0	0	0	1.09	0	1.09
	斗形(W)	63.04	65.97	44.57	46.74	42.33	46.74	57.61	70.6	30.34	40.22
	双箕形(W^d)	5.43	4.35	4.35	4.35	4.35	2.17	2.17	3.26	2.17	1.09
女子组	弓形(A)	3.28	1.64	1.64	0	3.28	0	3.28	0	0	0
	尺箕(L^u)	37.70	32.79	40.98	39.34	50.82	57.38	31.15	31.15	60.66	60.66
	桡箕(L^r)	0	0	1.64	4.92	0	1.64	1.64	0	0	0
	斗形(W)	52.46	59.02	52.46	50.28	39.34	40.94	63.9.3	67.21	39.34	34.7
	双箕形(W^d)	6.56	6.56	3.28	4.92	6.56	0	0	1.64	0	1.64

1.A组指纹分布频率

见表12-32。

2.A组十指、五指指纹组合

十指同一纹型组合男女合计占20.25%,明显高于普通人群的16.54%;五指指纹组合集中为6种形式,其顺序为五斗→一箕四斗→三箕二斗→四箕一斗→二箕三斗→五箕。认为这是A组群体的指纹特征之一。

3.A组掌纹特征

(1)大鱼际和各指间区真实花纹出现率明显低于普通人群及其他运动员;小鱼际真实花纹却有增多趋势。

(2)通贯掌褶纹、屈肌线短的出现率和指三叉缺失率明显低于普通人群和其他项目优秀运动员。

(3)ATD角较小。男运动员平均值为35.4°,分别低于B组和C组;女运动员平均为38.21°,略高于篮球专业学生组,明显小于普通人群组,左右手a–b嵴线数相差3条以内比率明显高(见表12–33)。

表12–33 3组运动员ATD角比较

		人数	最小值	最大值	左手	右手	双手合计
女	A	61	33	51	38.30 ± 3.13	38.12 ± 3.18	32.18 ± 3.16
女	B	32	31	47	38.22 ± 3.51	37.95 ± 3.60	38.09 ± 3.56
女	C	520					39.92 ± 6.60
男	A	92	31	44	35.34 ± 2.33	35.45 ± 2.35	35.40 ± 2.34
男	B	52	32	47	37.42 ± 3.32	37.85 ± 3.68	37.64 ± 3.5
男	C	520					39.11 ± 3.5
*A:B P < 0.01,A:C P < 0.01							

4.A组皮纹综合评价

采用邵紫菀等研制的评价标准对样本综合评价,结果为A组高水平男篮运动员为77.95分,明显高于篮球专业学生组,其中优秀率为30%;高水平女篮运动员平均75.59分,低于篮球专业女学生组,优秀率亦为30%。说明篮球专业学生组的皮纹条件也符合篮球运动特点。高校体专学生不仅要有较高文化水平,同样也要具有好的皮纹条件。

吕晓威等还试图验证不同场上位置者是否具有不同的皮纹条件,作出了后卫对机敏条件要求高,前锋次之,中锋最低的假设。他认为:篮球运动组织后卫的指纹遗传指标应是最好的。这是由他在场上的作用决定的。前锋与中锋相对而言,职能、任务要简单一些。而组织后卫需眼观六路,耳听八方;巧用智慧,排兵布阵,适情调动敌我双方;攻防转换,以长击短。组织后卫需高智商与高运动能力的完美结合,是百里挑一、千里挑一的全面型人才,所以好后卫难觅。

因此选择了最能反映机敏程度的ATD角,双箕斗及综合评分三项指标作分类统计。但未得到与假设相吻合的结果,假设不能成立。他们认为这是由于篮球运动的发展,打破了锋、卫位置的界限,要求所有队员都有良好的素质,全面的技术,灵活机智应变能力所产生出的必然结果。①

（二）女篮运动与皮纹

苏州医学院陈祖芬等人分析了参加1990年全国女篮联赛排名前12的篮球队的115名运动员的皮纹，与国内正常女性皮纹资料作比较，发现优秀女篮运动员皮纹的综合特点为：

1.指纹

（1）斗形纹增多（54.78 ± 1.47%，对照组47.27 ± 0.69%）；尺箕纹减少（43.21 ± 1.46%，对照组49.87 ± 0.69%）；弓形纹在右拇指出现率低，P<0.05。双箕斗以拇指出现最多（左18.26%、右17.3%），食指次之（12.17%），再次为环指（左7.83%、右2.61%）、小指（左4.35%、右5.22%）。

尺箕纹在左环指、左小指、右小指的出现率显著低于对照组（P<0.01）。

（2）总指嵴线数为136.65 ± 38.36条，与对照组的138.46 ± 41.59条，差异不显著。

（3）指纹在对应手指上的组合格局：以W／W最多见，小指W／W组合出现率高于对照组（32.17%／20.77%、P<0.05），小指L／L组合则低于对照组（48.7%／59.04%、P<0.05），拇指未见A／A组合（P<0.05）。

（4）对指纹形态有影响的指端白线出现频率高于对照组（48.43%／13.81%、P<0.01）；各指中，以中指的白线出现率最高，其次为环指、食指、拇指和小指（11.83%、10.61%、9.74%、9.57%、6.70%）。

指纹白线的分布，十指中仅一指有白线者，115名女篮运动员中有111名，占96.52%；十指均有一条以上白线者13名，占11.3%；最多者一个手指有9条白线。可见女篮运动员大都白线较少。

2.ATD角

ATD角均值39.96 ± 3.54°，与对照组无差异；a–b嵴线均值为37.8 ± 5.17条，对照组38.04 ± 4.54条，无差异（P>0.05）。

3.掌区真实花纹

I4区箕形纹多，占73%，I2、I3区低于对照组；大鱼际／I1真实花纹出现率为0.43%，小鱼际区为14.35%，均低于对照组，P<0.01。

4.掌褶纹类型

正常型60.9 ± 3.23%／86 ± 4.09%；通贯型0.43 ± 0.43%／4.2 ± 2.36%；叉贯型（过渡Ⅱ型）5.22 ± 1.51%／2.8 ± 1.94%；悉尼型0.87 ± 0.6%／2.8 ± 1.94%；桥贯型出现率显著高于对照组33.48 ± 3.12%／4.2 ± 2.36%，P<0.01。

① 吕晓威、林珍瑜：《中国高水平篮球运动员的皮纹特征》，载《北京体育大学学报》1995年第18期。

5.手纹异常

女篮运动员仅见C三叉缺失10例，占10.45%，未见4、5指桡箕纹或嵴线离解等异常。

上述资料曾根据邵紫菀的运动员皮纹综合评分标准进行试评，感到该评分标准有几项应改进，但大体可使用。①

（三）指纹与排球运动

上海体育学院针对排球运动的项目特点探析皮纹在排球运动员选材中的应用，撰有《皮纹选材法在排球运动员选材中的应用探析》专文，主要内容摘要如下：

排球作为我国“三大球”中唯一问鼎过世界冠军的项目，在近些年排坛格局的变化中出现了动荡和下滑。造成这种结果的原因是多方面的，其中较为重要的一点就是青少年排球后备人才的选拔。“合理的选材等同于训练成功了一半”已是各国教练员的共识。当代竞技体育运动迅猛发展，体育科学与情报工作也随之发展，使得先进的技战术理念及训练理论、方法和手段的保密性下降，导致多数国家的训练条件和形式的差别逐步减小，运动水平逐步接近，这种形势下个人先天条件对运动成绩的促进就更显弥足珍贵。先天条件主要靠遗传所得，而皮纹被称为“显露在体外的遗传因子”，它能准确地反映出人的身体形态、身体素质、生理、心理、智力五大素质。排球运动员的竞技能力主要以运动员的身体素质、生理机能及心智水平为基础，因此，通过对皮纹选材法中应用较为成熟的指标进行研究，并结合排球运动的特点探析皮纹选材在排球运动员选材中的应用，旨在为拓宽排球运动员科学选材的途径做出贡献。

1.皮纹选材法与科学的应用研究

皮纹选材起源于20世纪70年代，最早是苏联学者通过对指纹与柔韧性的关系进行研究，得出“指纹能显示运动潜力”的结论。我国学者于1984年开始对运动员的皮纹特点进行了一系列研究，认为皮纹可以一定程度上将具有运动天赋的人群从普通人群中区分开来，并得出了一些运动项目优秀运动员的皮纹特征。皮纹选材具有采集简单、零创伤、指标稳定，不受年龄、健康状况及主观认识影响的特点，能提供真实可信的遗传信息，已被国内外专家应用到运动员选材实践当中。

2.排球运动项目特性与选材

排球运动属于技能类隔网对抗性项目，身体素质、技战术和心智水平是其主导制胜因素。排球运动的特点包括制空权的争夺，攻防转换较快，一次攻或防之间击球不能多于3次，技巧性强。选材倾向于身材高、弹跳好、反应快、动作灵、力量大的少年儿童。其次，在对时间和空间的判断力上要求比其他球类运动高，动作反应不仅要求快还要求准。排球属于间歇式运动，短时间爆发式的扣球、拦网、连续多回合的争夺对抗较多，供能方式主要以磷酸

① 陈祖芬等：《优秀女篮运动员手纹形态的计量分析》，载《体育科技》1992年第2期。

原系统和糖酵解系统为主。而且排球比赛每球得分制的实施,各队之间实力的接近,比赛时间的延长,对运动员的有氧代谢能力也提出了更高的要求。

3.皮纹选材指标与排球运动员选材的关系

(1)弓形纹。相关研究表明,弓形纹与运动员耐力水平的极值有密切的关系,弓形纹出现的数量越少,代表耐力水平的极值越高。排球比赛中每场持续的时间大约为90分钟,运动中主要是以磷酸原和糖酵解供能系统为主供能,有氧氧化为辅。比赛中扣球、拦网等技术动作的运用主要以磷酸原供能,其余时间内有氧氧化为主要供能系统,因此,排球运动员应该具有很好的耐力素质。弓形纹出现数量少可以作为耐力极值高的指标。

(2)ATD角。当今排球运动正在向技术全面化、战术多变化、身材高大化、对抗激烈化的方向发展。现代排球比赛中,各支队伍水平的接近使得比赛的胜负往往在关键的几分之间。心智能力高的运动员往往对于技术动作的掌握与理解,对比赛的解读、战术运用以及心理抗压能力和比赛心理调控能力要远远优于一般人。这种表现不光体现在比赛结果上,还体现在比赛的过程和训练过程以及教练员的教与运动员的学的过程中。概括来说,心智水平越高的运动员其成为优秀运动员的可能性越大。此外,排球运动具有战术种类丰富,攻防转换较快、心理起伏与干预较多等特点。因此,要想培养一名优秀的排球运动员,要对运动员心智水平有一定的要求。

(3)双箕斗。皮纹选材法中表明,指纹中双箕斗数量的多少与协调能力水平的高低有直接表象关系,双箕斗个数越多代表协调能力越好。刘宏指出“双箕斗出现率随运动水平的升高而增多,说明优秀运动员必是神经系统发育良好,才能够应付在比赛中出现的复杂多样、变化无常的环境”。可见,双箕斗的多少直接体现着运动员的智力水平和运动能力。现在排球运动竞争日趋激烈,排球运动的技术动作都是要求在短时间内完成的,而且每个技术动作的完成都以全身的协调用力为前提,要求运动员具有较强的灵活性和协调性,所以双箕斗成为选择优秀排球运动员的选材指标之一是非常有必要的。

(4)大鱼际真实花纹。邵紫菀等人的研究认为优秀运动员大鱼际真实花纹明显少是肺功能好的表现。心肺功能是人体心脏泵血及肺部吸入氧气的能力,这两者的能力对全身器官及肌肉活动有直接的影响,心肺功能的优劣可以直接影响到运动员的运动能力。在当代排球比赛来回球增多,对运动员体力耐力要求更高的情况下,挑选心肺功能好的后备人才就显得十分必要,所以依据大小鱼际真实花纹来评价心肺能力在青少年排球运动员选材中也应占据重要地位。

总体来说,排球运动员应选择弓形纹少、ATD角度小、双箕斗数量多、大鱼际纹路粗壮清晰且无真实花纹的青少年运动员。但在实际运用中,还要注重对多项皮纹指标的综合评价。

二、指纹与射击运动

(一)优秀男射击运动员皮纹特点

在体育运动项目中,与一般的体能类项目不同,射击是一种典型的心理负荷类项目。广州市体委程勇民,上海体育管理学院徐本力通过对我国男子手枪速射与慢射运动员皮纹的比较研究,探索皮纹与该项运动竞技能力的关系,为男子手枪运动员选材提供了皮纹依据。

1.研究对象

国家集训队、省市队男子手枪运动员165名,均为汉族。

(1)速射类:速射健将(A组)17名、一级(B组)运动员13名、一级以下(C组)47名;

(2)慢射类:慢射健将(A组)18名、一级(B组)运动员33名、一级以下(C组)37名、普通组为D组。

2.数据比对

速射类健将组尺箕纹出现率显著低于普通组(P<0.05),B、C组亦有明显减少趋势;健将组的简斗纹、双箕斗形纹及指纹系数显著高于普通组(P<0.05)。弓形纹、桡箕纹出现率有随运动等级升高而下降的趋势,但各组间差异不大。健将组的ATD角和a-b嵴线明显减少,尤为突出的是掌中褶纹明显少于其他各组,特点明显(见表12-34、表12-35)。

表12-34　速射类运动员皮纹指标对比

指标＼组别	A	B	C	D	P值 A:B	P值 A:C	P值 A:D
A	0.59	1.54	1.06	1.69	>0.05	>0.05	>0.05
L^r	0.59	1.54	1.70	2.56	>0.05	>0.05	>0.05
L^u	32.40	36.20	39.60	41.82	>0.05	>0.05	<0.05
W^s	56.47	52.31	52.34	48.52	>0.05	>0.05	<0.05
W^d	10.0	8.46	5.32	5.42	<0.05	<0.05	<0.05
指纹系数	0.67	0.62	0.58	0.52	>0.05	>0.05	<0.05
大鱼际花纹	0.00	15.38	2.13	9.23	>0.05	>0.05	>0.05
小鱼际花纹	11.76	7.69	10.64	15.97	<0.05	<0.05	>0.05
掌中褶纹	88.24	61.54	54.26	63.42	<0.05	<0.05	<0.05
a-b嵴线	35.35	37.31	36.29	38.05	<0.05	<0.05	<0.05
ATD角	40.08	40.69	40.09	41.90	>0.05	>0.05	<0.05

表 12-35 慢射类运动员皮纹指标对比

组别 / 指标	A	B	C	D	P值		
					A:B	A:C	A:D
A	0.5	0.00	1.35	1.69	> 0.05	> 0.05	> 0.05
L^r	4.44	1.81	2.43	2.56	> 0.05	> 0.05	> 0.05
L^u	46.1	37.88	44.05	41.81	> 0.05	> 0.05	> 0.05
W^s	43.89	52.42	41.89	48.52	> 0.05	> 0.05	> 0.05
W^d	5.00	7.88	10.27	5.42	> 0.05	> 0.05	< 0.05
指纹系数	0.49	0.60	0.53	0.52	< 0.05	> 0.05	> 0.05
大鱼际花纹	19.44	13.64	13.51	9.23	> 0.05	> 0.05	< 0.05
小鱼际花纹	5.56	12.12	18.90	15.97	> 0.05	> 0.05	> 0.05
掌中褶纹	72.22	62.13	51.35	63.42	> 0.05	< 0.05	< 0.05
a-b嵴线	37.39	38.21	37.20	38.05	> 0.05	> 0.05	< 0.05
ATD角	41.34	41.58	41.10	41.09	< 0.05	> 0.05	< 0.05

慢射类健将组唯有大鱼际花纹和掌中褶纹两项指标明显高于普通组（P<0.05），其他指标无显著差异。

健将组运动员是该专业类运动员的代表，将速射、慢射两类健将组运动员作皮纹比较。结果发现，速射健将组简斗纹、双箕斗的出现率和指纹系数明显高于慢射健将组（P<0.05）；箕形纹和大鱼际区真实花纹出现率却明显低于慢射健将组（P<0.05），其他指标未出现显著性差异（见表 12-36）。

表 12-36 健将组速射和慢射运动员皮纹比较

组别 / 指标	速射	慢射	P值
A	0.59	0.55	P > 0.05
L^r	0.59	4.44	P < 0.05
L^u	32.40	46.11	P < 0.05
W^s	56.47	45.83	P < 0.05
W^d	10.00	5.00	P < 0.05
指纹系数	0.67	0.49	P < 0.01
大鱼际花纹	0.00	19.44	P < 0.05
小鱼际花纹	11.70	5.56	P > 0.05
掌中褶纹	88.24	72.22	P > 0.05
a-b嵴线	35.35	37.39	P > 0.05
ATD角	40.08	41.34	P > 0.05

3. 分析

速射健将组的斗形纹（W）出现率明显高于慢射健将组，而箕形纹（L）的出现率明显低于慢射健将组。两组间的指纹系数呈显著差异（P<0.01）。华西医科大学宋宏伟等认为：指纹

系数 [DI=斗形纹 /(斗形纹+箕形纹)] 能较合理地反映同一个体十指指纹的构成及复杂程度,而决定这种复杂程度及构成的首要因素是指头的神经分布。神经分布好,细胞增殖旺盛,指纹形态就复杂。速射和慢射在竞技能力方面的差异主要表现在,速射项目要求运动员必须有较高的反应灵敏性,而慢射项目这方面的要求不高。说明指纹系数可能与灵敏素质有关。因此可作这样一个推论:速射运动员指纹系数高,指纹形态复杂,神经分布好,所以其灵敏素质高。

4.大、小鱼际真实花纹

大、小鱼际真实花纹是一种典型的变异花纹,与某些呼吸、心血管系统的遗传性疾病有联系。射击项目之间对运动员不同的肺功能的要求差别不大,但慢射项目对稳定性要求更高些。皮纹是由多基因遗传控制的,同一种皮纹特征可能会存在一种正相关关系,可作进一步研究,小鱼际花纹各组间无显著差异,说明参考意义不大。

5.掌中褶

掌中褶出现率在速射与慢射项目中都表现出随运动等级升高而升高的趋势,一致性很强,并且等级差异显著,表明它与优秀射击运动员良好的心理素质有关,是一个全新的发现。

6.a–b嵴线

速射健将组和慢射健将组与普通组分别为差异极显著($P<0.01$)和差异不显著($P>0.05$)。潍坊医学院孙思禄等认为,a–b嵴线数与人的智力成反比,即运动智力越好,a–b嵴线相对越少。虽然优秀运动员都需要较高的智力,但速射优秀运动员有更好的反应灵敏性特点,因此本研究结果支持a–b嵴线数与人的灵敏性素质负相关的观点。

7.ATD角

速射健将组和慢射健将组与普通组比较的结果有差别。前者为差异显著($P<0.05$),后者差异不显著($P>0.05$),这与ATD角与人类机敏程度有关的观点相吻合。

8.结论

(1)优秀速射运动员皮纹特征为:双箕斗形纹出现率高、指纹系数高、大鱼际花纹明显少、掌中褶出现率高、a–b嵴线少、ATD角小。

(2)优秀慢射运动员皮纹特征为:指纹系数低、大鱼际真实花纹明显多、掌中褶纹出现率高、a–b嵴线、ATD角接近普通群体水平。

(3)指纹系数与灵敏素质呈正相关,a–b嵴线,ATD角与之负相关;掌中褶纹出现率高可能与良好心理品质有关。①

(二)射箭运动员皮纹特点

山西射箭队冯泽民、山西体科研所田艾莲将145名射箭运动员(男77人、女68人,训练年限

① 程勇民、徐本力:《男子手枪速射与慢射运动员肤纹特征的比较研究》,载《青海体育科技》1993年第11–14期。

4年以上)分成三组:第一组是优秀组,为全国冠军以上者,第二组为全国比赛2~6名者,第三组为全国比赛第7名以后者。普通人群为对照组,进行各组皮纹对比检验,数据整理见表12-37。

表12-37 优秀射箭运动员与普通人群皮纹比较

组别 \ 指标%		人数n	真实花纹				掌褶 屈肌 线短			指纹类型							指三叉缺失
			大鱼际	小鱼际	指间	通贯	1	2	3	弓形	尺箕	桡箕	环斗	螺斗	双箕	囊斗	
男	运动员	25	0	4.0	6.0	0	0	0	0	4.4	16	1.6	16.4	29.4	34	0	
	普通(1)	49	8.6	13.6	8.9	5.1				0.4	30.2	3.3	9.1	49.3	6.8	0.9	8.2
	普通(2)	250	11.6	11.5	7.7												
女	运动员	20	0	0	5.0	0	0	0	0	2.5	13	2.5	18	16.5	37.5	0	0
	普通(1)	37	6	18	3	4	0	0	0	10	43.6	1.2	6.9	32	6.3	0	6
	普通(2)	520	8.08	18.57	6.7	3.85											

1.优秀组与普通人群组比较有明显的皮纹优势

(1)男子优秀组。优秀射箭男运动员的ATD角,总指嵴线数,指间真实花纹出现率,指纹的弓形纹、环形斗、螺形斗和双箕斗出现率与普通人群相比有非常显著的差异($P<0.01$);a-b嵴线数、指三叉缺失率、大鱼际/I1区真实花纹出现率与普通人群相比为显著差异($P<0.05$)。

(2)女子优秀组。优秀射箭女运动员的ATD角、小鱼际和指间真实花纹出现率,指纹的尺箕、桡箕、环形斗和双箕斗的出现率与普通人群相比有非常显著的差异($P<0.01$);a-b嵴线数、总指嵴线数与普通人群相比亦有显著差异($P<0.05$)(见表12-38)。

表12-38 优秀射箭运动与普通人群皮纹比较

组别 \ 指标%		人数	ATD角 X±S	t位 X±S	a-b嵴线(条) X±S	总指嵴线数(条) X±S
男	运动员	25	37.87±3.75	16.91±3.75	37.2±3.58	150.4±25.6
	普通人(1)	520	39.11±5.57	15.6±6.34		
	普通人(2)	250	41.9±4.11		38.9±4.49	130±42.55
女	运动员	20	37.5±3.13	16.77±3.85	36.28±3.12	138.2±24.7
	普通人(1)	520	39.92±6.66	16.4±6.13		
	普通人(2)	200	42.8±4.49			

2.射箭运动员三个组别比较

结果为优秀组皮纹特征明显优于第三组,第二组也好于第三组(见表12-39)。

表 12-39 射箭运动员各组情况的比较

组别＼指标%		人数n	真实花纹				掌褶			指纹类型							指三叉缺失（个）
			大鱼际	小鱼际	指间	通贯	屈肌线短			弓形	尺箕	桡箕	环斗	螺斗	双箕	囊斗	
							1	2	3								
男	第一组	25	0	4.0	6.0	0	0	0	0	4.4	16	16	16.4	29.4	34	0	0
	第二组	23	4.4	6.5	8.7	2.2	0	2.2	0	6.5	21.7	30.4	16.9	26.5	20.0	0	6.5
	第三组	29	5.2	13.8	8.6	10.3	3.5	1.7	5.2	9.7	16.9	15.5	24.8	15.5	14.4	0	8.6
女	第一组	20	0	0	5.0	0	0	0	0	2.5	13	12.5	18	16.5	37.5	0	0
	第二组	21	0	4.8	9.5	2	0	0	0	5.2	19.1	12.4	8.1	28.1	27.1	0	0
	第三组	27	0	12.9	3.7	11.1	3.7	1.86	7.4	8.5	11.5	16.7	27.8	26.3	16.7	0	12.9

3.综合评价

（1）男优秀射箭运动员皮纹为双箕斗多，总指嵴线数略高、ATD角小、t位略高、a-b嵴线数较低、无指三叉缺失和大鱼际真实花纹及通贯手现象；屈肌线短的明显少。

（2）女优秀射箭运动员皮纹为双箕斗多、弓形纹较少、总指嵴线数略高；ATD角小、t位略高；无指三叉缺失、小鱼际真实花纹、通贯手和短屈肌线现象。

（3）挑选优秀射箭运动员应进行皮纹综合评价，优秀组8项指标中，男8.4%，女仅2.5%，第三组男女分别占64.99%和54.6%，说明射箭运动员在综合评价表中所占的指标越少越好（见表12-40）。

表 12-40 射箭运动员各组综合评价表（%）①

组别＼指标		1	2	3	4	5	6	7	8	占8项指标（%）
男	第一组	0	0	0	4	0	6	4.4	0	8.4
	第二组	2.2	2.2	4.4	6.5	6.5	0	6.5	0	28.3
	第三组	10.3	10.4	5.2	13.8	8.6	6.9	9.7	0	64.9
女	第一组	0	0	0	0	0	0	2.5	0	2.5
	第二组	0	0	0	4.8	0	0	5.2	0	10
	第三组	0	12.9	0	12.9	12.9	7.4	8.5	0	54.6

注：（1）双手通贯；（2）屈肌线短；（3）双侧大鱼际呈真实花纹；（4）双侧小鱼际呈真实花纹；（5）双侧指三叉缺失；（6）ATD角男子>42.7°、女子>42°；（7）弓形纹及第4、5指桡箕或不成纹；（8）无双箕斗。

三、指纹与速滑运动

哈尔滨大学车毅等人对以国家短道集训队为主的我国优秀速滑运动员63人（男31人、

① 冯泽民、田艾莲：《对我国射箭运动员的皮纹探讨》，载《山西体育科技》1991年第3期。

女32人)采用人类遗传学原理，作了皮纹分析，结果发现，通贯型掌褶纹和短屈肌褶纹等项指标的出现率与普通人群相比，都呈显著差异，测试数据见表12-41。

表12-41 优秀速滑运动员皮纹测试表

	优秀速滑运动员		普通人群	
	男	女	男	女
ATD角	X ± S	X ± S	X ± S	X ± S
	37.88 3.26	38.69 3.58	41.9 4.11	42.8 5.11
双箕斗	人数出现率(%)	人数出现率(%)	人数出现率(%)	人数出现率(%)
	48.23	52.61	37.5	29.1
弓形纹	人数出现率(%)	人数出现率(%)	人数出现率(%)	人数出现率(%)
	11.25	10.92	14.36	13.76
大鱼际真实花纹	人数出现率(%)	人数出现率(%)	人数出现率(%)	人数出现率(%)
	3.47	2.67	13.2	7.5
通贯型掌褶纹	人数出现率(%)	人数出现率(%)	人数出现率(%)	人数出现率(%)
	1.11	1.16	4.2	3.7
屈肌线长短	短(%)	短(%)	短(%)	短(%)
	6.33	5.83	9.0	9.0

结论：我国优秀速滑运动员具有ATD角小、双箕斗多、弓形纹少，大鱼际真实花纹、通贯型掌褶纹和短屈肌褶纹均出现率低的明显人群皮纹优势。可作为速滑运动员早期选材重要的遗传学指标。①

四、指纹与体操运动

河南省体育科研所邵紫菀等，采集了国家集训队、北京队、八一队、北京体院及参加全国首届青运会预赛的630名体操运动员(含历代优秀体操运动员)的皮纹，分成六个组，进行了10个主项43个分项皮纹指标的详细分析，发现了优秀体操运动员的皮纹特点，为进行遗传选材提供了科学参考依据。

(一)研究对象

将体操运动员按成绩(新中国成立以来至1995年年底)分为6组：世界水平组(A组)：在历届奥运会、世界锦标赛及世界杯赛上，取得全能或单项前6名者；全能冠军组(B组)：在全国比赛(甲组)中获全能冠军者；优秀组(C组)：在全国比赛(甲组)中，获得全能或单项前6名者(包括A、B组运动员)。健将组(D组)：获得运动健将称号，但未在全国比赛(甲组)中获前6名者(含"文革"中曾获全能第7至36名者)；一般组(E组)：未获运动健将以上成绩者；后备

① 车毅等:《速滑运动员的手纹与选才》，载《哈尔滨体育学院学报》1994年第3期。

组(F组):1969年1月1日后出生,尚未获得运动健将以上成绩者。

(二)优秀男子体操运动员皮纹特征

将我国男子优秀组(C组)与健将组(D组)、一般组(E组)、后备组(F组)作比对,分别在1个主项2个分项、6个主项12个分项和4个主项6个分项呈显著差异,优秀组皮纹条件明显好于一般组和普通人群,其群体特点为:4、5指位没有桡箕(L^r);弓形纹(A)明显少,双箕斗(W^d)明显增多;大鱼际双侧正常率高,无真实花纹;指三叉双侧正常率较高,缺少率较低;通贯手较多,屈肌线短的明显少。详见表12-42。

表12-42 男子优秀组主要皮纹指标统计表

指标 % / 人数 / 组别		大鱼际		小鱼际		指三叉		掌褶					指纹类型(%)					
										屈肌短线			A		W^d		四、五指桡箕纹	
		双侧正常	真实花纹	双侧正常	真实花纹	双侧正常	缺失	双侧正常	通贯	一	二	三	人数	指数	人数	指数		
世界水平(A)	7			%	0	85.7	7.1	71.4	7.1	0	0	0	0	0	85.7	25.7	0	0
全能冠军(B)	18	100	0	100	0	100	0	76.8	7.7	0	0	0	23.1	2.3	94.3	22.3	0	0
优秀组(C)	55	92.7	0	81.8	10.9	90.9	8.2	70.9	11.8	0	3.6	0	5.5	0.5	61.8	12	0	0
健将组(D)	28	75	8.9	75	17.8	89.3	5.4	78.6	10.7	0	8.9	0	7.1	1.1	64.3	12.9	0	0
一般组(E)	209	78.9	3.0	75.6	16.7	77.7	15.5	67.1	16.5	0.25	35	7.2	16.6	3.3	38	0.7	0.1	0.2
普通人群			13.2		15.8		5		2.8	6	3			1.7		5.4	0	0
t检验	C-D	P<0.05	P<0.002															
	C-R	P<0.02	P<0.05			P<0.05	P<0.05				P<0.001	P<0.005	P<0.05	P<0.001	P<0.002	P<0.001		
	C-普通人群		P<0.001						P<0.001	P<0.001				P<0.05		P<0.05		

指标 / 人数 / 组别		ATD角			t位			总指嵴线数		
		n	最小最大值	X ± S	n	最小最大值	X ± S	n	最小最大值	X ± S
世界水平(A)	7	14	30–44	37.93 ± 3.45	14	10.9–26.5	17.06 ± 4.23	7	125–184	155.43 ± 18.58
全能冠军(B)	18	26	30–44	38.54 ± 3.19	26	8.4–23.6	16.13 ± 3.40	13	81–170	139.60 ± 24.89
优秀组(C)	55	110	30–50	38.89 ± 3.64	110	2.1–32.4	15.52 ± 5.08	55	81–200	146.64 ± 27.13
健将组(D)	28	56	31–48	39.17 ± 3.87	55	6.7–23.6	16.20 ± 4.07	28	101–215	156.6 ± 32.24
一般组(E)	209	411	31–54	40.88 ± 4.22	398	4–36.3	16.70 ± 5.45	203	18–220	141.73 ± 42.61
普通人群		462	30–55	41.90 ± 4.11	1040		15.60 ± 6.34	520	5–273	148.80 ± 42.53
t检验	C-D									
	C-R			P < 0.001			P < 0.05			
	C-普通人群			P < 0.001						

（三）优秀女子体操运动员的皮纹特征

将我国女子优秀组（C组）与健将组（D组）、一般组（E组）、后备组（F组）作比较，分别在2个主项4个分项、6个主项12个分项和4个主项4个分项有显著性差异。优秀组皮纹条件明显比一般组（E组）好，略好于健将组和普通人群。其群体特征为：第4、5指位没有桡箕，弓形纹较少、双箕斗明显增多；大鱼际双侧正常率高，真实花纹少；指三叉缺失率低；ATD角均值明显小，T位较低；掌褶纹双侧正常率高，通贯型掌褶较少，第二屈肌线短的较多，第三屈肌线短的较少。详见表12-43。

表12-43 女子优秀组主要皮纹指标统计表

组别	人数	大际鱼 双侧正常	大际鱼 真实花纹	小际鱼 双侧正常	小际鱼 真实花纹	指三叉 双侧正常	指三叉 缺失	掌褶 双侧正常	掌褶 通贯	掌褶 屈肌短线 一	掌褶 屈肌短线 二	掌褶 屈肌短线 三	指纹类型（%） A 人数	A 指数	W^d 人数	W^d 指数	四、五指桡箕纹	
世界水平（A）	4	100	0	100	0	100	0	100	0	0	0	0	0	0	75	17.5	0	0
全能冠军（B）	13	100	0	84.6	11.5	92.3	7.1	84.6	0	0	15.4	0	15.4	3.8	61.5	10.8	0	0
优秀组（C）	69	94.2	0	81.2	10.8	82.6	10.1	82.6	0.7	2.1	8.7	0	9.4	2	65.6	12.2	0	0
健将组（D）	50	90	0	74	15	88	8	74	6	0	7	4	18.4	5.3	46.9	7.9	0	0
一般组（E）	219	80.0	2	75.3	16.7	75.7	18.3	57.7	9.4	0	16.9	7.1	21	4.2	29.5	5	0.1	0.1
普通人群			7.5		15.8		7.1		0.3	6	3			2.4		4.1	0	0
t检验 C-D									P < 0.02			P < 0.02		P < 0.01	P < 0.05			
t检验 C-R		P < 0.01					P < 0.05	P < 0.001	P < 0.001		P < 0.02	P < 0.005	P < 0.05	P < 0.02	P < 0.001	P < 0.001		
t检验 C-普通人群			P < 0.001													P < 0.01		

组别	人数	ATD角 n	ATD角 最小最大值	ATD角 X ± S	t位 n	t位 最小最大值	t位 X ± S	总指嵴线数 n	总指嵴线数 最小最大值	总指嵴线数 X ± S
世界水平（A）	4	8	38–47	42.25 ± 3.46	8	17–30.6	22.71 ± 4.98	4	106–174	135.00 ± 28.34
全能冠军（B）	13	26	35–47	41.04 ± 3.66	26	8.9–30.6	16.41 ± 6.17	13	69–151	129.69 ± 22.57
优秀组（C）	69	134	31.5–57	40.29 ± 4.37	136	7.4–31.7	16.38 ± 5.75	85	33–218	131.85 ± 35.69
健将组（D）	50	99	29–52	40.2 ± 4.13	98	8.2–33	15.84 ± 4.68	49	6–232	138.68 ± 46.10
一般组（E）	219	434	31.5–60	42.23 ± 5.06	430	6.2–35.8	17.74 ± 6.61	199	23–251	129.10 ± 42.98
普通人群		314	31–62	42.80 ± 4.49	1040		16.40 ± 6.13	520	2–241	138.46 ± 41.59
t检验 C-D										
t检验 C-R				P < 0.001			P < 0.02			
t检验 C-普通人群				P < 0.001						

（四）不同年代优秀体操运动员皮纹比较

为了探索不同年代的体操技术对运动员的皮纹条件有无变化，将优秀男女体操运动员以1947年1月1日为界，分为五六十年代组（男、女各38人）和七八十年代组（男27人、女41人），作7个主项19个分项的皮纹指标的对比分析。结果为男子优秀组在7个主项17个分项上，女子优秀组在7个主项16个分项上无显著性差异。体操技术虽飞速发展，但对运动员皮纹的要求总体变化不大（见表12–44）。

表12–44 不同年代优秀运动员皮纹指标对比表

			大鱼际		小鱼际		指三叉		掌褶					指标类型			
			双侧正常	真实花纹	双侧正常	真实花纹	双侧正常	缺失	双侧正常	双侧通贯	屈肌短线			A		W^d	
											一	二	三	人数	人数	人数	指数
男	五六十年代	28	92.9	0	82.1	7.1	96.1	3.6	64.3	0	0	0	0	10.7	1.1	67.9	10.4
	七八十年代	27	92.6	0	81.5	14.8	85.2	12.9	77.8	11.1	0		0	0	0	55.6	13.7
女	五六十年代	28	100	0	78.6	10.7	78.6	12.5	78.6	0	0	0	0	3.7	0.4	74.1	15.1
	七八十年代	41	90.2	0	82.93	11	85.4	8.5	85.4	0	0			13.5	2.8	59.5	9.7

			ATD角	t位	a–b嵴线数	总指嵴线数
男	五六十年代	28	39.95 ± 3.33	15.86 ± 4.72	39.36 ± 4.97	147.46 ± 26.95
	七八十年代	27	37.80 ± 3.65（$P < 0.01$）	15.17 ± 5.46	39.33 ± 4.33	145.78 ± 27.81
女	五六十年代	28	40.84 ± 3.83	15.83 ± 5.47	39.42 ± 5.00	141.07 ± 27.22
	七八十年代	41	39.91 ± 4.70	15.77 ± 5.94	38.78 ± 4.70	124.86 ± 39.90

（五）数据提示

优秀体操运动员皮纹条件明显好于一般组和普通人群；体操后备组（F组）皮纹的单项指标和综合评价均较差，选材不理想与青运会调查结果吻合，涌现了一些新秀，但人数不多，多数实力不强；皮纹可作为遗传选材的科学依据之一，在招生初筛时，应把好皮纹选材关，以减少人力、物力和精力的不必要的浪费，提高成才率。

（六）优秀体操运动员双箕斗特征分析

双箕斗是皮纹选材的重要指标之一，在皮纹综合评价百分量表中，双箕斗占1／5之多。因此，重点对优秀运动员的双箕斗作了更细微的分析，以供选材时有更精确的判断和选择。

630名体操运动员有双箕斗者260人，经再确认，有双箕斗者共219人（男103、女116）。按运动成绩仍分为三组：世界水平组（A组）：奥运会、世锦赛、世界杯赛全能或单项前6名；优秀组（B组）：全国冠军或全国锦标赛上全能、单项前6名（含世界水平者）；一般组（C组）：未获以上成绩者。

1.双箕斗特征细分

(1)正、反向双箕斗。

①左双箕:纹线按顺时针方向旋转,呈"S"状,左侧箕斗朝下;

②右双箕:纹线按逆时针方向旋转,呈"S"状,右侧箕斗朝下;左双箕在左手、右双箕在右手为正双箕;左双箕在右手、右双箕在左手为反双箕。

(2)短、中、长双箕斗。

①短双箕斗:指纹中心点到下箕斗第一条弧形线的距离≤3mm;

②中双箕斗:指纹中心点到下箕斗第一条弧形线的距离在3mm~6mm之间;

③长双箕斗:指纹中心点到下箕斗第一条弧形线的距离≥6mm。

(3)特大、大、小双箕斗。

①特大双箕斗:嵴线数>20条;

②大双箕斗:嵴线数在11~20条之间;

③小双箕斗:嵴线数≤10条。

(4)双箕斗对称性。以双箕斗的两个箕中心,分别到本侧的三叉点。两点间距离比小的对称性较好,距离比大的对称性较差。

2.各组运动员双箕斗在各指位的分布(见表12-45)

表12-45 双箕斗各指位分布

性别	组别	总指数	左手					右手				
			大	食	中	无	小	大	食	中	无	小
男子	世界水平组	25	3	2	4	2	1	3	2	3	2	3
	优秀组	80	15	11	8	3	7	11	11	7	3	4
	一般组	131	29	16	15	4	8	28	10	10	4	7
女子	世界水平组	9	4	1	1	0	0	1	0	1	0	1
	优秀组	75	18	6	9	2	3	15	10	8	2	2
	一般组	131	39	20	9	8	5	29	13	7	0	1

数据显示,双箕斗在各指位分布,各组间无明显差异,较高地集中在拇指和食指上。

3.各组运动员双箕斗的差别

以双箕斗特征细分的标准比较,优秀运动员双箕斗特点为:

(1)反向双箕斗明显多。

(2)长双箕斗明显多,尤其是男子世界水平组、优秀组的左手长双箕斗均比一般组多,有显著差异,分别为 $P<0.01$ 和 $P<0.05$;女子世界水平组右手中双箕斗和优秀组右手长双箕斗有

增多趋势。

（3）特大双箕斗。男子世界水平组、优秀组明显少于一般组，为高度显著差异P<0.01；女子优秀组特大双箕也有减少趋势。

（4）对称性好，男子优秀组、女子世界水平组和优秀组的双箕斗对称距离均比一般组明显小，均呈高度显著差异（P<0.01）。

上述特点在皮纹选材中加以运用还是有意义的。

表12-46 双箕斗特征细分表一

性别	组别	反向双箕				双箕大小（嵴线数量）			
		总指数	左	右	P检验	总指数	特大	大	小
男子	优秀组	80	4	12	P < 0.05	80	17	57	6
	一般组	131	5	8		131	51	76	4
女子	优秀组	75	2	6		75	8	57	10
	一般组	131	2	8	P < 0.05	131	28	93	10

表12-47 双箕斗特征细分表二

性别	组别	双箕长度（3mm计）							双箕距离（mm）		
		指数	左手			右手			指数	X	S
			短	中	长	短	中	长			
男子	世界水平组	25	3	4	7	4	5	2	25	1.65	0.623
	优秀组	80	15	23	15	12	8	7	80	1.63	0.6851
	一般组	131	15	47	12	15	27	15	131	1.92	0.8952
女子	世界水平组	9	3	2	1	0	0	0	9	1.17	0.2782
	优秀组	75	13	14	15	8	11	11	75	1.45	0.4951
	一般组	131	28	26	34	17	16	10	131	1.80	0.7484

五、女运动员的皮纹

湖北省体育科研所沈邦华调查了139名健康女子的皮纹，分成优秀运动员组（41人，国际健将6人，健将13人和全国比赛前六名22人），一般运动员组（56人，省级水平运动员），对照组（42人，非运动员），三组数据对照见表12-48。

优秀女运动员皮纹具有ATD角小（均值为39.81°）、双箕斗多（均值为1.34个）、三叉点少（均值为15.36 ± 3.45个）和变异皮纹少（均值0.45个）的特点。优秀女运动员的ATD角、双箕斗、变异皮纹均值与一般运动员组相比有较显著差异（P<0.05）；一般运动员和非运动员组相比，此三项数据亦呈显著差异（P<0.05）。

表12-48 各组皮纹主要指标统计表

		人数	角(度)		三叉点数(个)		双箕数(个)		变异皮纹(个)	
			最大最小值	X ± S	最大最小值	X ± S	最大最小值	X ± S	最大最小值	X ± S
优秀运动员(A)		41	31–50	39.81 ± 4.76	8–20	15.36 ± 3.45	0–6	1.34 ± 0.62	0–3	0.45 ± 0.45
一般运动员(B)		56	34–56	42.02 ± 5.58	11–20	16.41 ± 3.28	0–4	1.09 ± 0.56	0–3	0.64 ± 0.47
非运动员2		42	34–58	44.12 ± 4.67	10–20	17.26 ± 4.11	0–3	0.80 ± 0.75	0–4	0.88 ± 0.52
检验	A–B	—		P < 0.05 (t=2.10)	—	P < 0.05 (t=1.520)	—	P < 0.05 (t=2.07)	—	P < 0.05 (t=2.02)
	B–C	—		P < 0.05 (t=2.03)	—	P < 0.05 (t=1.10)	—	P < 0.05 (t=2.10)	—	P < 0.05 (t=2.40)

表中数据提示，三个组的皮纹指标的最大值和最小值是交叉重叠的，中间的数值在三个组中都存在。因此不能用一项皮纹指标来判断，而应看综合评价结果。如女单乒乓冠军乔红，ATD角为39°，4个双箕斗形纹、20个三叉点，无变异皮纹；奥运会和世乒赛女子单打、双打冠军邓亚萍ATD角为46.5°(大于各组均值)，3个双箕斗形纹、17个三叉点、无变异皮纹；奥运会乒乓女单冠军陈静ATD角为39.5°，1个双箕斗形纹、13个三叉点、小鱼际有变异花纹。虽然她们的皮纹有差别，但综合分析，都符合优秀运动员皮纹特点。

六、少年运动员指纹

(一)广东省少儿运动员皮纹特点

广东省体育运动学校梁京红、李志雄以本校击剑、举重、田径等十个项目共299名(男162、女137，年龄10～17岁)学生为对象，开展皮纹选材研究。数据统计见表12-49、表12-50。

表12-49 广东省少儿运动员指纹纹型出现率

调查对象	人数	指纹纹型(%)				弓/斗指数
		斗形(W)	尺箕(L^u)	桡箕(L^r)	弓形(A)	
广东少儿	299	47.44	44.32	3.34	4.35	9.16
广东少儿(男)	162	49.38	45.06	3.7	4.94	9.53
广东少儿(女)	137	45.26	44.53	2.92	3.65	8.62
汉族普通人	1040	50.86	44.65	2.47	2.03	3.9
广东少儿与普通人对比		P<0.05	P>0.05	P<0.01	P<0.01	P<0.01

注：表内汉族普通人一栏的数值根据是张海国的《中国人肤论研究》一文。

综合分析，少儿运动员皮纹特征为：

(1) 手指指纹纹型出现率顺序为W(47.44)—L^u(44.82)—A(4.35)—L^r(3.34)。弓形纹(A)的出现率比普通人群高，差异非常显著(P<0.01)。

表 12-50 广东省少儿运动员皮纹主要指标

性别	项目	人数	ATD角	双箕斗		弓形纹		大鱼际真实花纹	小鱼际真实花纹	指三叉缺失	屈肌线短(条)			通贯型掌纹(手)
			X ± S	人数	指数	人数	指数				一	二	三	
男	击剑	14	40.7 ± 3.9	57.1	13.7	0	0	14.3	28.6	0	0	0	0	0
	举重	12	41.9 ± 3	33.3	15	8.33	2	8.3	25	0	0	0	0	2.3
	摔跤	15	42.1 ± 3.4	46.7	15.7	0	0	6.7	6.7	0	0	0	0	0
	柔道	24	42.3 ± 3.4	45.8	14.6	8.33	2.5	8.3	16.7	0	0	0	0	0
	田径	2	38.5 ± 0.7	0	0	0	0	0	0	0	0	0	0	0
	乒乓球	24	41.3 ± 4.9	33.3	8.33	8.33	3	0	16.7	0	0	0	0	0
	游泳	37	42.8 ± 0.4	45.9	2.7	2.7	1	0	16.2	2.7	0	5.4	2.7	2.7
	拳击	3	40.3 ± 2.3	33.3	0	0	0	0	0	0	0	0	0	33.3
	足球	23	38.2 ± 2.3	65.2	8.7	8.7	1.5	4.3	0	0	0	0	0	0
	篮球	8	38.1 ± 1.8	62.5	0	0	0	0	0	0	0	0	0	0
男	总体	162	40.7 ± 4	46.3	4.94	4.94	2.1	4.3	13.6	1	0	1.2	1.2	1.9
	优秀运动员	32	38.2 ± 4.5	68.8	3.1	3.1	0.3	9.4	25	25	0	1.5	1.5	0
	普通人		41.9 ± 4.11	37.5	–	–	1.7	3.2	15.8	15.8	6	–	–	4.2
	总体/优秀 t 检		P < 0.05	P < 0.01	P > 0.05	P < 0.05	P < 0.01							
	总体/普通 t 检		P < 0.05	P < 0.01	P < 0.01	P < 0.05	P < 0.01							
女	举重	6	44.5 ± 3.3	16.7	20	0	0	33.3	16.7	16.7	0	0	0	0
	柔道	10	39.4 ± 3.2	50	22	10	1	0	30	30	0	0	0	0
	田径	12	40.8 ± 1.7	41.7	18	0	0	0	8.3	16.7	0	0	0	0
	乒乓球	23	41.3 ± 3.7	47.8	14.6	4.35	1	4.3	4.3	21.7	0	0	0	0
	游泳	28	41.9 ± 5.1	28.6	21.3	3.57	3	3.6	0	25	0	0	0	0
	足球	42	40.7 ± 2.8	47.6	21.5	2.38	2	4.8	1.8	11.1	0	0	0	0
	篮球	16	40.3 ± 3	56.3	23.3	6.25	2	0	0	25	0	0	0	0
	总体	13 7	41.1 ± 3.6	43.1	20.2	3.65	2	4.4	2.9	19.7	0	0	0	0
	优秀运动员	35	39.89 ± 3.88 42.8 ± 4.49	57.1	15.1	0	0	2.9	2.8	12.8	0	0	0	0
	普通人			29.1	4.7	–	2.4	7.5	7.1	15.8	6	0	0	0
	总体/优秀 t 检		P < 0.01	P < 0.01	P < 0.01	P < 0.001	P < 0.001							
	总体/普通 t 检		P < 0.01	P < 0.01	P < 0.001	P < 0.01	P < 0.01							

注:表内优秀运动员与普通人群的数值根据是邵紫菀等人的《皮纹与选材》一书。

(2) 双箕斗形纹(W^d)在足球和篮球运动员中的出现率较其他项目运动员高,男子分别为65.2%和62.5%,低于我国优秀运动员,但差异不显著(P<0.05),高于普通人群(P<0.01);女子分别为47.6%和56.3%,低于优秀运动员、高于普通人群,均呈显著差异(P<0.01)。反映了成才层次与指标相同步。男子乒乓球、女子游泳运动员的弓形纹(A)出现率较其他项目高。

(3) ATD角方面，田径、足球、篮球项目运动员的ATD角比其他项目运动员的小，全部项目上运动员总体的ATD角小于普通人群。

(4) 具有变异皮纹少的优势，运动员通贯掌出现率、屈肌线短和指三叉缺失均低于普通人群；大、小鱼际真实花纹出现率男子少儿运动员低于女子少儿运动员。

根据邵紫菀等人制定的皮纹评价标准，广东少儿运动员综合评价结果为：80分以上，男子为22.8%，女子为16.8%；低于世界和亚洲优秀运动员，高于专业和业余体操少儿运动员。60分以下男子占4.3%，女子占6.6%；男子最低分为57.2分，女子为45.5分，总合格率达94.6%。①

（二）福建省少年运动员皮纹特点

福建省体科所姜玉屏运用“皮纹综合评价评分标准”，对该省体工队、省体校、福州市体校等445名少年运动员进行皮纹选材分析，将集训组运动员和两校运动员作比较，结果表明选材层次逐渐提高，其综合得分均值和优秀率逐级增加。具体数据统计见表12-51、表12-52。

表12-51　肤纹单项指标统计表

性别	单位	人数	ATD角	双箕斗		弓形纹		大鱼际真实花纹%	屈肌线短			通贯	四、五指桡箕（个）
			X ± S	指数%	人数%	指数%	人数%		1	2	3		
男	集训组	46	33.34 ± 3.91	14.07	68.90	1.30	6.52	4.35	0	0	0	0	0
	省体校	103	39.26 ± 4.07	9.48	52.44	1.91	10.68	7.77		1	1	1	1
	市体校	99	40.25 ± 4.29	6.51	43.43	2.83	10.10	8.08	2	2	0	1	0
	两校组	202	39.69 ± 4.17	8.02	48.02	2.38	10.40	7.92	7	3	1	2	1
	集训组与两校组t检验		P < 0.05	P < 0.01	P < 0.01	P > 0.05	P > 0.05	P > 0.05					
	省体校与市体校t检验		P < 0.05	P < 0.05	P > 0.05	P > 0.05	P > 0.05	P > 0.05					
女	集训组	35	40.19 ± 3.63	19.7	71.20	1.43	0	0	0	0	0	0	0
	省体校	95	40.76 ± 4.12	7.91	45.26	2.95	5.26	5.26	1	1	0	0	0
	市体校	67	40.99 ± 4.28	7.24	40.30	3.43	7.46	7.46	1	2	0	0	0
	两校组	162	40.80 ± 4.18	7.60	43.20	3.15	6.18	6.18	2	3	0	0	0
	集训组与两校组t检验		P > 0.05	P < 0.01	P < 0.01	P > 0.05	P > 0.05	P > 0.05					
	省体校与两校组t检验		P > 0.05	P > 0.05	P > 0.05	P > 0.05	P > 0.05	P > 0.05					

综合分析，福建省少儿运动员皮纹特点为：

1.单项指标

(1) ATD角从省集训队、省体校到市体校逐级缩小，男子组分别是：38.34° ± 3.91°、39.26° ± 4.07°、40.25° ± 4.29°；女子组分别是：40.19° ± 3.63°、40.76° ± 4.12°、40.99° ± 4.28°。

① 梁京红等：《广东省少儿运动员皮纹选才的研究》，载《广州体育学院学报》1996年第16期。

表 12-52　综合评价得分与优秀率统计表

性别	单位	人数	综合评价得分 X ± S	80分以上		59分以下	
				人数	%	人数	%
男	集训组	46	81.07 ± 8.21	25	54.35	0	0
	省体校	103	77.62 ± 9.34	37	35.92	2	1.94
	市体校	99	74.11 ± 8.49	23	23.23	3	3.03
	两校组	202	75.95 ± 9.10	60	29.7	5	2.48
	集训组与两校组t检验		P < 0.01	P < 0.01			
	省体校与市体校t检验	35	P > 0.05	P > 0.05			
女	集训组	95	81.71 ± 8.53	20	54.14	0	0
	省体校	67	77.66 ± 9.86	31	32.63	3	3.16
	市体校	162	74.73 ± 10.13	16	23.88	2	2.99
	两校组		75.85 ± 10.08	47	29.01	5	3.08
	集训组与两校组t检验		P < 0.01	P < 0.01			
	省体校与市体校t检验		P > 0.05	P > 0.05			

(2)双箕斗随选材层次提高。集训组男子组指数出现率14.07%、人数出现率68.9%,女子组指数出现率19.7%、人数出现率74.2%;两校组男子指数出现率8.02%、人数出现率48.2%,女子组指数出现率7.2%、人数出现率40.3%。两项数据在两组中均为非常显著差异(P<0.01)。

2.综合指标

集训组皮纹综合得分男81.07 ± 8.21、女81.71 ± 8.53;优秀率男54.35%、女57.14%。两校组皮纹综合得分男75.95 ± 9.1、女75.86 ± 10.06;优秀率男29.7%、女29.01%,呈非常显著差异(P<0.01)。综合得分随选材层次逐级提高。

集训组弓形纹和大鱼际真实花纹出现率较低,没有出现短屈肌线、通贯掌及四、五指桡箕等现象。

综合结果表明"皮纹综合评价评分标准"基本符合福建省少年运动员的实际情况,可作为测试把关的一个指标。①

(三)广西优秀青少年运动员皮纹特点

广西体育专科学校郭碧珍、黄文欣对全国比赛获前3名和全区比赛第一名的77名(男45、女32)在校学生作皮纹分析,数据如下(见表12-53至表12-55):

① 姜玉屏:《福建省少年运动员肤纹综合评价及肤纹单项指标的特点》,载《福建体育科技》1992年第11期。

表 12-53 单项皮纹指标统计

纹形	A	W^b	W^s	L^u	L^r
本组	3%	12.73%	24.28%	58.83%	1.16%
一般人	4.80%	8.10%	18.10%	63.40%	5.60%

表 12-54 单项皮纹指标统计

皮纹指标	三叉点数	总指嵴线数	ATD 角	t 百分比	变异指纹
X ± S	14.52 ± 4.32	131.08 ± 33.57	39.31 ± 2.85	16.03 ± 4.83	0.26 ± 0.47
范围	2–20	30–194	31°–45°	9.09–36.08	0–2

表 12-55 不同运动对比分析

皮纹指标		三叉点数	总指嵴线数	ATD 角	t 百分比	变异皮纹
本组(A)n=77		14.52 ± 4.31	131.08 ± 32.57	39.31 ± 2.85%	16.03 ± 4.38	0.26 ± 0.47
非运动员(B)n=42		17.26 ± 4.11	177	44.12 ± 4.67%	18.14 ± 5.37	0.88 ± 0.52
优秀运动员(C)n=41		15.36 ± 3.45	/	39.81 ± 4.76%	/	0.45 ± 0.45
t 检验	A–B	t=3.43 P < 0.05	/	t=6.08 P < 0.05	t=2.34 P < 0.05	t=2.29 P < 0.05
	A–C	t=0.90 P < 0.05	/	t=0.62 P < 0.05	/	t=0.07 P < 0.05

注:表内一般人的数据摘自参考资料。①

(四)广东省优秀少年运动员皮纹特点

广州体育学院苏洛生、麦全安对广东省体育运动学校田径、游泳等13个运动项目共289名(男171、女118)学生作皮纹分析,数据如下(见表12-56):

表 12-56 各项目运动员左右手指纹形对称表

	田径	游泳	举重	摔跤	潜水	篮球	足球	排球	乒乓球	现代三项	柔道	击剑	拳击
男运动员	8	5	6	1	4	0	4	1	0	0	2	0	0
%	28.5	31.2	60	10	44		11.4	9	/	/	20	/	/
女运动员	4	1	3	1	1	4	0	0	3	0	/	0	0
%	15.3	7	42.8	14.2	20	28.5	/	/	21.4	/	/	/	/

1. 指纹纹型分布

弓形纹(A)4.89%、尺箕纹(L^u)40.8%、桡箕纹(L^r)3.25%、斗形纹(W)51.39%,弓/斗指数为8.9。A出现率显著偏高($P<0.01$)。

① 郭碧珍等:《不同项群运动员的皮纹调查》,载《广西体育科技》1994年第15期。

2. 十指指纹纹型组合

同一个体5～10个手指是同一种纹型组合的比例分别为十指同一47人，占16.20%；九指同一23人，占7.96%；八指同一38人，占13.15%；七指同一31人，占10.73%；五指同一44人，占15.22%。

十指同一种纹型，全斗形纹(W)41人、占87.23%；全箕形纹(L)5人、占10.63%；全弓形纹(A)1人、占2.13%。全斗形纹在13个运动项目中田径占22.2%、摔跤占23.5%，而拳击为0，反映了不同运动项目运动员不同的皮纹特征。

3. 结论

(1)广东优秀少年运动员指纹总出现率与汉族正常人基本一致，但弓形纹(A)出现率高，弓/斗指数大，可作为选材的参考指标。

(2)指纹纹型在各指的出现顺序与各文献统计(尤其是前二指)基本一致，次序为：

弓形纹(A)：食指—拇指—中指—小指—环指；

尺箕纹(L^u)：小指—中指—拇指—食指—环指；

桡箕纹(L^r)：食指—中指—环指—拇指—小指；

斗形纹(W)：环指—拇指—食指—中指—小指。

(3)在田径、摔跤和拳击项目选材时，应注意十指全斗形纹组合有无的问题。

(4)在力量型和速度型的举重、潜水、游泳项目中注意选双手同一指位纹形对称者。①

七、运动安全之预测

现实中，与相关疾病的样本难寻相矛盾的另一种情况是，由于对医学指纹学的认知局限，指纹的采集还不十分普及，从而导致大量已有明确诊断的遗传性、家族性疾病患者的指纹样本白白地流失了。一些特殊的病例个案，错失了留下宝贵信息的机会。比如2015年11月11日《法制晚报》所报道的《17岁猝死游泳冠军遗体在京火化，死因成永久之谜》。报道称：

青运会游泳两金得主、北京顺义姑娘庆某怡于11月9日凌晨在国家队宿舍猝死，今天上午，庆某怡的遗体在京火化。

9日凌晨三点左右，庆某怡的一声大叫惊醒了在国家队同宿舍的室友，队医很快赶来，检查后发现庆某怡瞳孔出现扩散，立刻安排车辆将她送到就近的天坛医院，但最终抢救无效死亡。失去独生爱女的父母悲痛万分，并表示不接受尸检，让爱女尽快安息。庆某怡的遗体在京火化，告别仪式处理的很低调。

据媒体之前的报道，庆某怡不久前刚和队友一起接受了体检，并无异常。而在上个月的

① 苏洛生等：《广东省优秀少年运动员指纹特征的研究》，载《广州体育学院学报》1990年第2期。

青运会当中，获得两枚金牌的庆某怡在药检当中呈阴性。

17岁的生命毫无征兆地突然消逝，这让很多人难以接受。然而随着遗体火化，庆某怡猝死的真正原因只能是个问号。

有分析认为，夺走庆某怡的凶手可能是急性心肌梗死。

急性心肌梗死是冠状动脉急性、持续性缺血缺氧所引起的心肌坏死。临床上多有剧烈而持久的胸骨后疼痛，伴有血清心肌酶活性增高及进行性心电图变化，可并发心律失常、休克或心力衰竭，常可危及生命。

患者多发生在冠状动脉粥样硬化狭窄基础上，由于某些诱因致使冠状动脉粥样斑块破裂，血中的血小板在破裂的斑块表面聚集，形成血块（血栓），突然阻塞冠状动脉管腔，导致心肌缺血坏死；另外，心肌耗氧量剧烈增加或冠状动脉痉挛也可诱发急性心肌梗死。

本病在欧美最常见，美国每年约有150万人发生心肌梗死。中国近年来呈明显上升趋势，每年新发至少50万人，现患者至少200万人。

医学指纹学的研究发现，指纹与先天性心脏病关系密切，心梗多发生于冠状动脉粥样硬化狭窄。此缺陷很大可能与先天因素有关，并引起指纹的变化，因此利用指纹早期诊断、预测隐患是一条可选择的思路。

其实，留下庆某怡的指纹，十分地简便，它可与庆某怡的病历作综合分析，与心脏病等患者的指纹进行对比研究。

我们十分理解庆某怡亲人当时的心情，他们未必能想到庆某怡身后还能为所热爱的体育事业作最后一次贡献。体育界的同志也未必了解可从指纹信息入手寻找导致庆某怡离世的原因。所以大力进行指纹科学知识的普及十分必要，它是引导公众自觉参与、积极配合的前提。

指纹作为暴露在外的“遗传基因”，可让人们直观地去认识一些与人的遗传素质有直接联系的身体机能和体能，已被大量的科研成果所证实，利用医学指纹学的研究成果，开展体育人才预测研究很有必要，开展运动安全预测研究同样很有必要。

第十三章 指纹破解刑案谜

第一节 指纹与手相测命

指纹作为物证之首，它对刑事、民事事件事实的认知，并不是其先天就具有的功能，而是通过指纹对个体识别这一中介过程，建立起两者间的内在联系，从而达到证明事实、否定错误、揭露真相的目的。

一、命运之说难谓真

世上芸芸众生，有人终生劳累，辛苦不堪，但仍摆脱不了贫穷痛苦的命运；有人四体不勤、五谷不分，却一生享乐；有人健康长寿，有人屡遇病魔。命运为何如此不同？由于受人类认识能力的限制，在相当长的历史时期里，人们相信这是天命决定的。天命来自于前世，虽无影无踪，但又无处不在，天命有无穷的力量，个人无法抗衡而且是不准抗衡的。

命运的神秘性理论极有蛊惑性，因此谁能够"灵活"地应用这一理论，谁就能为自己谋得权力、金钱、声誉、地位等一切想得到的东西。于是，神秘相术应运而生。

(一)神秘相术相皇位

相术自称是代天解释人相与命运之关系的学说，新石器时代就已出现，据称只有有通天入地之法术的巫士才能解说。到了春秋时期，已经有了十分明确的关于手相术的记录。《左传·隐公元年》记载："惠公元妃孟子，孟子卒，继室以声子，生隐公。宋武公生仲子，仲子生而有文在其手，曰'为鲁夫人'，故仲子归于我。"在左氏看来，手相竟是天书，早已确定仲子为鲁夫人了，所以他要郑重地记录下来。

由朱鹰主编，中国社会出版社出版的《中国民俗文化相术》开篇这样介绍说："相术是中国古代一种朴素的人体信息学，它通过分析个体现状，从中发现问题预见未来，达到趋吉避凶之目的。相术并不神秘，却很神奇。相术从它诞生那天起，就披上了神秘的外衣，并不断被神化，它像幽灵一样抓住人们的思绪并带着它度过漫长的一生。其间，有多少帝王将相、民间百姓对它宠爱有加。到底是什么力量让人们如此痴迷相术呢？"

君权神授是原始宗教和封建礼教中的核心理论，也是相术中最基本的观点。借着相术，黄袍加身就有了天经地义的理由。

《隋书·高祖本纪》记载："高祖为人龙颜，额上有五柱入顶，目光外射，有文在手曰'王'。长上短下，沈深严重"。《隋书》的作者在此极力宣扬高祖天生就是帝王相，不仅面为真龙天子貌，且手掌之纹理端端正正是个“王”字。天命在手，天下非他莫属。

不错，高祖后来确实贵为帝王，因有“王纹”在手。但这么多任君主都坐上了皇位，都是君权神授，为何唯独高祖有此“珍贵”的手纹呢？说穿了，高祖有“王纹”在手的说法，不过是后来者为某种需要而牵强附会的理论，贴上了高祖的标签而已，这正应了清赵翼《题百体寿字》：“就中亦有杜撰笔，世无可证聊相期”的诗语。吾不信，但古人信。撰有《春秋左氏经传集解》等书的晋代著名大学者杜预对此注释道：“以手理自然成字，有若天命”。因此历史上相信相术的大有人在。

传统的相术中，《中国民俗文化·相术》概括地列出“以眉推测人之才气、以目推测人之贵贱、以鼻推测人之贫富、以耳推测人之福禄、以口推测人之诚伪、以人中推测人之子嗣、以法令推测人之权威”等各种方法。其中以手相推测人之命运，是宋代以后最为流行的一种相术。

（二）公孙述沐猴而冠

《麻衣神相全编》相传是宋代隐居于华山石室中的著名道人麻衣所写，《改良校正麻衣神相全编》云：“麻衣，古之异人，隐其姓名，以此为号。”麻衣是有相术祖师爷之称的陈抟（字希夷）的老师，也有学者认为该书是陈抟所整理的听课笔记。麻衣被称为一代神相，清人倪岳在《神相全编考》中论述道：“近世口传相人之书，皆宗麻衣道者。”直至民国初年，广为流传的《麻衣相法》仍在不断增释，相士中假托其名者大有人在。

《麻衣相法》的手相术中并没有指纹篇，但专有《掌相篇》，并附有二十四种奇异掌纹图录。分别有“住山纹、千金纹、震卦纹、华盖纹、阴德纹、山光纹、折桂纹、三才纹”等之名，并注有评语。

相学家认为手相蕴含两仪三才之道，囊括太极五行之秘。故其大也，天地都在一掌之中；因其小也，五脏六腑均清晰在手。

其阅掌诀云：“相手之法，先看掌型，次观八卦，掌有厚薄，指有长短，纹有深浅，色有明滞，务得君臣得位，五行得配，八卦有停，宾主相匀，只可主去犟宾，不许宾来犟主。”

即相手时首先看整个手的手型（分为金、木、水、火、土五个大类别，称为五行掌）厚薄、宽窄，次观掌面八个部位（以坎、艮、震、巽、离、坤、兑、乾八卦命名）色泽，再结合掌面的大小纹路及走向，纹路组合所形成的象形符号，分析其人的天赋秉性、官运财运；祖上贫富、婚配子嗣，藉以预测将来的发展趋势。

古籍上有许多关于奇异掌纹的传说性记载，似乎很好地印证了《麻衣相法》的观点。如隋朝李德林的《天命论》中说隋文帝，“帝体貌多奇，其面有日月河海，赤龙自通，天角洪大，双上权骨，弯回抱目，口如四字，声若钏鼓，手内有王文，乃受九锡。昊天成命，于是乎在。顾盼闲雅，望之如神，气调精灵，括囊宇宙，威范也可敬，慈爱也可亲，早任公卿，声望自重。”谓隋文帝先天就具有帝王之相也。按现代网友调侃的说法,如果掌上有王字纹就恭喜了,王字纹位于食指或中指下方的人,代表绝非池中之物,而是属于领袖型的人物,不可多得的人才。

因为痴迷于当皇帝,但又没有天生的迹象,历史上便有人做出不惜自刻其掌、伪造天命、自封为天子的事来。

《汉书·公孙述列传》记载,公孙述字子阳,扶风茂陵人。曾做过汉朝小官吏,王莽天凤年间,为道江卒正(即为原蜀都太守一职)。王莽改制新政失败,汉宗室刘玄等起兵反莽复汉,天下大乱,各地豪杰均举旗响应汉室。公孙述亦趁势而起,初迎号称"虎牙将军""定汉将军"的草头王宋成、王岑于成都,原意共谋大事。不想宋成等人在成都掳掠暴横。公孙述遂召本地豪强将其消灭。后来又率兵大胜前来进犯的柱功侯李宝、益州刺史张忠等部,公孙述名望一时威震益州。

在此形势下,部下功曹李熊趁机献计:"今四海波荡、匹夫为勇。将军割据地域千里,为当年汤武之十倍,以此武力,抓住当前难得之机遇,霸王之业可成也。因此宜迅速改换名号,以镇百姓"。此计正中公孙述下怀,遂自立为蜀王,定都成都。

蜀地自古土地肥沃,物产丰富,兵力精强,又山高路险,战争一时没有危及。未几年,公孙述部队发展不下百万,见利则出兵略地,无利则坚守务农,诸侯王开始坐大矣。

心腹李熊素知公孙述不甘久为山大王,煽动道:"所谓用天因地,成功之资源,今王的声誉早已闻名天下。但名号未定,将士担心,宜即大位登基,迫使周围诸侯豪强归顺于陛下。"公孙述虽有此意,但还是胆虚地说:"帝王有命,我何以敢当之?"

一日夜梦,梦见自己已黄袍加身,并有异人对其言:"八厶子系,十二为期。"梦醒后公孙述不无遗憾地告诉妻子,梦里说他虽能贵为皇帝,但只有十二年之命。没想到其妻当皇后的心情更迫切,鼓噪道:"朝闻道,夕死尚可,何况十二年!"

正是在内人、心腹的鼓动下,公孙述野心勃发,蠢蠢欲动,然没有天的授命,名不正言不顺,难以服天下也。公孙述遂假造天命,用刀在手掌上伪刻"公孙帝"三字。又四处放言,有龙出其官府殿中,夜有灵光,造成天命祥瑞已到的假象。经一番紧锣密鼓之后,沐猴而冠,自立为天子,改建武元年为龙兴元年。命"马屁精"李熊为大司徒,自己的两个弟弟公孙光、公孙恢为大司马和大司空,改益州为司隶校尉,蜀都为成都尹。步王莽后尘,摇身一变,像模像样地做起了皇上。

公孙述好为符命鬼神一时得逞,从此后更加有恃无恐。进而以《录运法》上的"废昌帝,立公孙",《括地象》上的"帝轩辕受命,公孙氏握"的只语片言和手有奇纹,又有龙兴之瑞为据,致书东汉朝廷,妄图取天下而代之,帝皇梦越做越大。

光武帝接信后大怒,立即复书告诫公孙述:"你屡次以掌纹为瑞祥要挟,王莽何足效乎!你日月(命运)已逝,妻子弱小,当早为定计,可以无忧。天下神器,不可力争,宜当三思……"

当时战乱未平，东汉皇朝刚复，实力不强，公孙述对光武帝的劝告充耳不闻。

汉建武十一年，汉朝力量大增，遂命征南大将军岑彭攻述。岑彭一路大捷，长驱至武阳，威逼成都，形成兵临城下之势。光武帝再次致书公孙述，陈言祸福，以明丹青之信。众臣见有倾巢之危皆言降，但公孙述一意孤行，斥道："废兴命也，岂有降天子的。"并令全力刺杀汉军，结果屡战屡败，将帅众叛，纷纷逃散。紧急关头，公孙述还是迷信鬼神，占得一卦，上云："虏死城下"。其以为有天神相助，大喜过望，乃亲率数万大军攻汉。从清晨战至日中，军士不得食，饥饿疲惫，兵阵大乱，乱军中公孙述被刺穿护甲，当夜身亡。汉军遂尽灭公孙氏，尽殊大将延岑等族，并放兵大掠，焚其宫室。公孙述的帝皇梦，十二年后化为灰烬，留下的是伪造天命，九族全灭的历史悲剧。《汉书》为此专门列传，以警策后人，说明古人并非全信这一套理论。早在秦代，陈胜、吴广就对天命神授观提出了质疑，对起义战士说："帝王将相，宁有种乎？"

利用指掌纹编造谎言欺骗世人，以售其奸的不肖之徒从古到今都有，但最终的结果，大都是害人又害己。

（三）指纹俚语戏命运

按现代指纹学的理论，指纹花纹特指人的手、足掌部位（包括灵长类动物指、趾部位）的乳突纹线，这种与生俱来的乳突花纹，具有"人各不同，终生不变"两大规律特点，所以才具备了进行个体识别的价值。

而《麻衣相法·掌相篇》中所谓的二十四种奇异掌纹图，系掌上的褶纹与细小皱纹所构成，大多象形附会。掌褶纹虽也形成于胚胎期，其具体形态的粗细、曲直、大小、长短，是交叉还是平行，与胎儿的握拳方式和松紧程度有关，也与胎腹中羊水的生化成分有关。与指纹最大的不同是，掌褶纹虽也与生俱来，但不具有终生不变性。稍有些生活经验的人都能体会到，后天生活、劳动环境对褶纹的消长有重要影响，随着年龄增长，皮下汗腺新陈代谢功能的减弱，掌褶纹会有明显增多的趋势。这方面云南晨霞掌纹医学研究所王晨霞女士颇有研究，她通过十数万病例得出结论，至少有数十种重大疾病会导致掌褶纹发生病理性改变，尤其是内脏有器质性病变、机械性损伤的，直接影响掌褶纹的消长，甚至掌褶纹线的中断。

掌褶纹这种正常的生理变化现象，按照"人生起落，皆在定分"的相术理论，是不能自圆其说的，因为先天注定的命运，后天怎会不断地改变呢？

对于利用指纹算命而言，A.H.史密斯先生曾在1902年的《中国谚语》杂志中评论道："中国人与吉普赛人一样，对来自指纹的线条进行预言。有一首在中国流行的歌谣是：一螺穷；二螺富；三螺四螺开当铺；五螺当委员（认为非常有利，在中国的职业中，委员是极为重要的职务）；六螺是个贼；七螺不幸福；八螺吃青草；九螺和一个箕：终生不用找工作，有着吃到

死。"(劳佛尔,史密斯报告1912年,645页)

实际上各地的说法不完全一样。也有说"一斗巧、二斗笨、三斗做乞丐"的。而至于九斗、十斗的说法就差异更大了。有"九斗坐官船、十斗骑白马"的说法,更有"九斗十斗讨饭都没路"绝然相反的论调,民间俚语口口相传,本不可能有一个标准版本,谁都可以即兴修改。

中国民间何时开始流行指纹算命的,目前没有确定的结论。指纹工作者一直试图通过找到指纹算命的俚语、谚语最早的记载,以便考证指纹算命确切的起始年代,很可惜,这个问题至今还是"悬案"。但结合元代流行的"一流秀才二流医,三流丹青四流皮,五流弹唱六流金,七僧八道九棋琴"俗语风格,可以推断,大约在宋元时期,指纹算命等俗语先后在民间传播,《麻衣相法》也于同一时期成书,两者间可能存在内在联系。

德国指纹学家罗伯特海因德尔博士在20世纪20年代考察中国的指纹技术后写道:"当我们的巫婆们,用手掌的天生的'金星线'及其孕育着命运的皱纹,来给大家预言着幸福或不幸福的时候,中国的手相家们已不局限于对手掌的研究了,而是已经挖空心思地想出了用手指尖上一定形式的纹型来帮助解释未来了。他们提出了两种对立的结果:斗和螺表示有福气,箕正好相反,表示不幸福。假若我们按照童谣的这种说法,尚无法证明指纹是用于鉴定目的的。但它却给我们指出了,有关各种样式的指纹模型的知识,是如何渗入到中国人民最广泛的阶层中去的。最好的证明是,几乎每个中国女人都学会了使用各种指纹模型的知识,这一点极为重要,因为每一个中国母亲都需要知道她新生孩子的指尖样式,以后若有幸失而复得孩子时,就能以其准确的指纹模型来重新认领孩子。"

指纹俚语词句压韵,吟起来朗朗上口,内容大同而小异,但评判的标准差异较大。今天许多年青人都会背诵,但一般都把它当作笑言,当作古代流传下来的儿歌,引导孩儿学话的游戏而已,极少有人真的将它当作一回事。

二、相人之术古难真

(一)数言解困一心结

2004年6月,在寄给沙舟先生的诸多来信中,有一封上海青浦县某中学数学老师(以下简称X老师)的来信。从信中获知,这位X老师还有半年即将退休,年届花甲的他,被一个问题困扰了大半辈子:从他一出生起,父母就说他命不好。依据是算命先生看过他的手相,X老师的十指全是螺,所以命不好。如果认同指纹俚语"十螺享清福、十螺坐官船"的说法,其命也该不差。可能X老师根本就没听说过这类俚语,或者他自己的经历与俚语中预言的幸福生活不相符,总之他随信寄来了他的十指指纹,希望沙舟先生再给看一看,他的命是否真的不好?

从简短的来信中,沙舟读出了几点关键信息:

一是当年算命的起因与场景虽无从知晓,算命先生下判断的语境与原话是如何说的,

"命不好"具体指的是什么不必详细了解,相人"奥秘"的地方恰在既明确又模糊之处。明确的是"命",模糊的是"命的内容与命的时空范围"。几十年过后,相人之人早已不知去向,被相之人的心理却还停留在相士当初的语境之中。沙舟先生有个亲戚,五十岁过后的一天,在单位开完会下楼梯时,一不小心摔了一跤,伤及多根胸骨。躺在病床上的他,终于想起四十年前即解放初期,曾有一算命大师告诉过他五十岁后将有大难,现果然应验了,可见信命的不是个别人。

人生几十年,本人与家庭哪可能没有一点风雨呢?当你将所有的点滴雨水都装进相士的结论桶里,主动地去对号入座的时候,不由你不信。算命先生的结论,就如此这般地像幽灵一样,深刻地影响了X老师的父母与他本人。

二是X老师这大半生可能有不尽如人意的地方,不然不会主动将人生的一些不如意的经历与命运联系起来,自生无尽的烦恼,以至于到了知天命的年龄还无法摆脱。

沙舟先生感到X老师是个知识分子,理性的思维应该一点就通,科学的指纹学原理可以打开他多年的心结。于是很快给他写了封回信,信中沙舟先生自问自答地提出了两个问题:

一是X老师,你知道中国男性中有多少人十指全是螺?如果你的命不好,他们的命是否也不好?

二是中国人为什么智商相对高?

同时随信寄去他于1986年发表在《人类学学报》上的《汉族男性七项指纹参数正常值》论文,以提供统计数据,供这位数学老师自我验证。

指纹人人都有,天天朝夕相见,大多数人却没有真正认识它。仅模糊地知道指纹分为"簸箕纹""螺或斗"两种纹型。俚语中,对这两种指纹直接与金钱、财富相联系,比照民间生活的方式,形象地附会说,簸箕纹的作用是将财富搬进搬出,螺形纹的作用是将财富保存,没有螺,财富全漏了。"手上没螺,拿东西不牢""无螺十簸箕,讨饭没埽箕"。认为夫妇两人这两种纹型的有无、多少,决定了家庭的财运。

按照现代医学与指纹学的理论,指纹确为先天就有,与生俱来。指纹在胚胎发育满两个月时就已形成,以后终生不变。指纹的纹型受基因控制,有什么样的指纹的基因,就有什么样的指纹外在表型,它传递着一定的遗传信息,但与官运、财运、桃花运无关,因为这些都与先天遗传没有必然的内在联系。

指纹是一种几何图形,现代指纹学按指纹图形将其分类,世界各国学术界较一致的标准是,将指纹分成5大种纹型,计近40种亚型。5种纹型中,民间所称的"簸箕纹"和"螺形纹",学名称为"箕形纹""斗形纹"。因其最常见,分别占指纹总数的45%与47%左右,所以一般人都认识它。

另3种纹型分别是“弓形纹”“反箕形纹”“双箕斗形纹”，在中国人群中，这3种纹型各占2.5%左右的比例。因其少见，故一般人不太了解。

指纹学者认为，根据这3种纹型在群体中的低比例，按照“大数定理”理论可以推断，它们不是原始的指纹基因，而是突变基因产生的，在人类进化的过程中，这3种纹型出现的较晚，故在群体中分布并不广泛。

需要详细加以说明的是，“反箕形纹”与“箕形纹”形状相同，区别在于箕口是朝向小指方向还是拇指方向。不论左手还是右手，约97.5%的箕形纹箕口均朝向小指方向，因此称为“正箕形纹”（简称箕形纹）；2.5%的箕口朝向拇指方向，因此特称为“反箕形纹”。

指纹的方向性与纹型一样，是重要的遗传指标。在遗传疾病的研究中具有重要的临床参考价值，它是地球自转所产生的力在指纹中的具体体现。

这样，5种纹型在十个手指的随机组合共有1001种，没有一种组合的理论期望值超过百分之一的概率。而排在1001种组合期望值第一位的组合居然是十指全为斗形纹，期望值概率为0.0758%。但实际并不这么简单，中国男性人群中，十指全为斗形纹的概率居然高达8.07%，是理论期望值的十倍多！而另有400多种组合的理论期望值为零。

为什么指纹的组合不服从随机组合的要求？它难道不符合遗传规律？非也！我们都知道“物以类聚、人以群分”的道理，它在生物遗传学上的依据是“同性基因相亲、异性基因相斥”的遗传组合规律，正是这条规律，起到了决定性的调控作用，大大提高了相同纹型基因的聚合率。

于是回答X老师的疑问有了这样的数据支撑：按13亿人口计算，中国男性人群中共有近5000万人的十指全是斗形纹，如果一个人命不好，难道5000万人的命都不好？

二是中国男性人群中有50%斗形纹，而欧罗巴人男性人群中斗形纹仅约27%，几万年的地域生存差异，造成了人种间包括指纹在内的外在遗传特征间微小的，但是显而易见的差别。一些学者认为，斗形纹概率高，一定程度上反映了该群体整体智商略高的现实。沙舟认为，这种认识值得进一步探讨。

三天后，X老师就有了回信。字里行间X老师的喜悦心情溢于言表：“收到你的回信非常高兴。你的解答很有科学性，解开了我大半辈子的心结，我的心从此轻松了。随信寄来的论文很专业，我会仔细拜读。沙舟老师，现在我有了新的打算，准备退休后去西部支边当志愿教师，发挥余热，为那里孩子的学习作贡献……”

沙舟同样感受到了喜悦，能为人解开一辈子的心病，虽在情理之中，但效果这样快则多少有些出人意料，也说明进行指纹科普十分必要。沙舟坚信世界是数的理论，用数据说话，能比较容易地将迷信与科学区分开，凡是能用数学统计和重复验证的事件结论，都具有科学性。

多年后，沙舟在重新谈起这件事情时说道："我不知道我的那封信是否真正彻底地解了X老师大半生的心病，这样的事例有好几件，当事人原来陷得很深，我给去信作了必要的解答后，当事人回信时幡然醒悟。但因为迷信的东西有时非常顽固，作祟了几十年，一不小心它又会从心底复发。但至少在当时，是取得了很好的效果。"

(二)相士不知厄运到

尽管现代科学已十分普及，但算命"能前知三百年，后知五百年之事"式的忽悠还是有市场。手相算命是否准确？信还是不信？算命师自身的例子最有说服力。

20世纪90年代初的一天，江苏省武进县奔牛镇来了母女两位算命的高手，凭着一副画着符的纸牌和三寸之舌，走街串巷给人看前世今生，一天下来，也挣了些营生。当晚母女俩入住镇上小店。

第二天清晨，早餐已毕，母女俩各自走村串户寻找生意去了，分别时约好中午一起回旅社吃饭。从中午到夜晚，女儿银杏却迟迟不见踪影，这是外出做生意从没有过的事。慌了神的母亲将符签倒过来算过去，还是判明不了女儿是凶还是吉。此时的鬼神似乎都离她而去，帮不上任何的忙，甚至没有一点心灵的感应，哪怕是提示女儿清晨去的方向也好。

晚10时过后，母亲在四处寻找女儿未果的情况下，不得已报警求助，警方为此连夜开展走访和排查工作。

第三天上午，邻近的九里乡，一位农民下田劳作，不经意间发现自己的自留地里躺着一具女尸，下半身裸露……

正在积极寻找算命女的警方得此消息赶来核查，女尸衣着特征与算命女出走时的穿着相同，系遭人强暴后勒颈致死。遂通知报案的母亲前去辨认。结果可想而知，给人算了大半辈子命的她，怎么也没算到，其女儿银杏会于前日命丧武进九里，暴尸荒野。

三天后，凶手被公安机关擒获，是一名刚从劳改场所释放回来的人员。当年轻的银杏一人上门揽生意时，歹徒顿生恶念，犯下这十恶不赦的罪行。

连自己的命都算不准，不知凶兆将降临，还自投罗网，给人看相测命。由此可见，看相算命之荒谬。

现代科技昌明发达，像手相学、命运学之类自欺欺人的伎俩本当早已为人们所识破。但现实中却还是不断有人迷信，不断地产生出人间悲剧来，这是应予警惕的。难道我们现代人的认识还能落后于古代吗？战国时期的荀子在《非相篇》中就早已提出了"非相"的观点：

"相人，古之人无有也，学者不道也。古者有姑布子卿，今之世，梁有唐举，相人之形状颜色，而知其吉凶妖祥，世俗称之。古之人无有也，学者不道也。相形不如论心，论心不如择术。形不胜心，心不胜术。术正而心顺之，则形相恶而心术善，无害为君子也；形相虽善而心术恶，无害为小人也。君子之谓吉，小人之凶，故长短、小大、善恶形相，非吉凶也。"

荀子指出相人之术，在春秋战国之前的古代没有这种事，有学识的人更不谈论这种事，即视为不齿。荀子还举出许多经典的例子说明，人的贵贱、祸福与人的容貌、体态、手相无关，而决定于其后天选择什么样的道路。

“盖帝尧长，帝舜短；文王长，周公短；仲尼长，子弓短。昔者，卫灵公有臣曰公孙吕，身长七尺，面长三尺，焉广三寸，鼻目耳具，而名动天下。楚之孙叔敖，期思之鄙人也，突秃长左，轩较之下，而以楚霸。叶公子高，微小短瘠，行若将不胜其衣然；白公之乱也，令尹子西、司马子期皆死焉，叶公子高入据楚，诛白公，定楚国，如反手尔，仁义功名善于后世。故事不揣长，不揳大，不权轻重，亦将志乎尔。长短大小，美恶形相，岂论也哉！且徐偃王之状，目可瞻焉；仲尼之状，面如蒙倛；周公之状，身如断菑；皋陶之状，色如削瓜；闳夭之状，面无见肤；傅说之状，身如植鳍；伊尹之状，面无须麋；禹跳汤偏，尧舜参牟子。从者将论志意、比类文学邪？直将差长短、辨美恶而相欺傲邪？”

据说帝尧个子高，帝舜个子矮；周文王个子高，周公旦个子矮；孔子个子高，冉雍个子矮。卫灵公的臣子公孙吕，身高七尺，脸长三尺，额宽三寸，他的名声轰动天下。楚国期思的乡下人孙叔敖，发短而顶秃，左手长，个子还在轩车车厢的横木之下，但他却使楚国称霸诸侯。叶公子高，弱小矮瘦，体型好像还撑不住自己的衣服似的。白公胜作乱的时候，令尹子西、司马子期都死在白公手中，叶公子高却领兵入楚，除掉了白公。安定楚国就像翻掌一般的容易，他的仁义功名被后人所赞美。再说徐偃王的眼睛，向上可以看到前额；孔子的脸，好像蒙上了一个丑恶难看的驱邪鬼面具；周公旦的身体好像一棵折断的枯树；皋陶脸色，就像削去了皮的瓜呈青绿色；闳夭脸上的鬓须多得看不见皮肤；傅说的身体好像竖着的柱子；伊尹脸上没有胡须眉毛；大禹瘸了腿，走路一拐一拐的；商汤半身偏枯；舜的眼睛里有两个并列的瞳仁。

所以对于士人，不是去论其个子高矮、身材大小、身体轻重，而只能看他的志向。高矮、大小、美丑等形体相貌方面，哪能用来评判人呢？

信从相面的人，是考察他们的志向思想、比较他们的学问呢？还是只区别他们的高矮、分辨他们的美丑，用来互相欺骗、互相傲视呢？

荀子这鲜明的观点与正确的论述，值得我们深思，值得我们学习。

第二节 真皮印迹揭身份

1973年，一条重大的考古新闻出现在全国各大报纸上："湖南长沙马王堆一号墓出土汉代巨型墓葬。"墓主人是西汉长沙王国丞相利苍的夫人辛追，令人十分惊奇的是，出土距离下葬已长达2000多年，但辛追仍同熟睡中一般，皮肤润泽有弹性，注射防腐剂时，血管还能鼓起，四肢关节略微可以转动。中国古代的防腐保真技术令世界叹为观止。

大洋的那一边，位于非洲大陆东北部的古埃及，在神奇的金字塔中，深藏有埃及法老的木乃伊。经过特殊处理的木乃伊历经千年不腐，但不同的是，干枯的皮肤紧紧包裹在人体骨骼上，缺少了中间的脂肪层，没了弹性，与辛追相比，少了些许灵气。

但有一点是相同的，历经千年不腐的皮肤保留下了完整的指纹，虽然考古学家可能不重视对它的研究，但警方对尸体的指纹从来都是极端重视的。因为，它是认定尸源乃至认定犯罪嫌疑人的重要途径和方法之一。

现实中，狡猾的罪犯为了逃避打击，总是千方百计藏尸匿迹，或沉尸河中，或掩埋土下。在自然环境条件下，这类尸体在微生物和虫类的共同作用下，其肌体将在几天或几个月内腐烂变质，化为浊水或粉渣状物质。

我们来看看下面这个特殊的案例。

1998年10月，一名孙姓工人向市公安局报案称，其妻巧某于当月11日外出后一直未归，家中还少了5万元存款单，要求公安机关帮助寻找。

巧某是出走还是被害，一时还是个谜。警方从巧某的关系人入手，开展了广泛的调查，终于发现，与她有暧昧关系的市金石贸易公司供销员陆某新已离开住地数月。从银行的监控信息中查明，孙家的5万元存款在1998年10月12日被陆某新提走。正常情况下，巧某如果私奔，存款也应由巧某自己去提取，无须假借他人之手。

综合调查的情况，侦查员认为，下落不明的巧某看来凶多吉少，此事的背后可能隐藏着一起重大的刑事案件。当务之急，是查找到陆某新。

陆某新已好几个月没有踪影了，为此，警方对陆某新所有的社会关系、朋友关系开展了拉网式的调查。最后在安徽合肥市其女儿读书的地方，经过多日的伏击，将其抓获。

经审查，陆无法回避其身带不明来源的4.5万元现金的事实，不得已交代了杀害巧某的经过：1998年10月初，巧某以公开陆与另一妇女的不正当关系为由相要挟，企图敲诈陆5000元。陆给了巧某2000元之后，她仍不满足。陆由此起了杀心，10月11日，伙同其内侄窦某勇将巧某骗至一出租房内，将其捆绑，逼其说出家中存单放置的地点。第二天上午，陆盗出存单并从银行取出现金。然后，两人凶残地将巧某杀害，肢解成6块，于13日将尸块远埋于几百公里外的徐州市某煤矿南侧的乱坟地里。事后窦分得5000元。

警方将陆押往埋尸地点指认，经挖掘果真找到被肢解的6块尸块，均已高度腐败，恶臭无比。所有内脏已溶为液体，头颅毛发自然剥离，五官变形成巨人观，人体特征无法辨别，该尸体是否为巧某不能确定，起诉缺少了死者身份认定这一关键证据。

尸体高度腐烂，鉴定会十分困难，侦技人员一开始就有了思想准备。因此从挖掘动土起，就注意千方百计保存好尸体的双手，双手一出土，就被浸入防腐液中。因此表皮虽腐失，真皮还依稀可辨。经过几十小时的化学处理和拍摄，终于取到了可供鉴定的尸体真皮指纹。

接下来的工作，是寻找巧某的指纹，经详细的勘查和显现，警方终于在巧某家中的一化妆瓶内口塑料片上，发现了一枚较清晰的指纹，经与尸体真皮指纹比对，认定两者同一，死者的身份终于确定。

作案后即潜逃在外的窦某勇，5个月后在千里之外的贵州省毕节市被擒获。最终的结果是，陆、窦双双被判刑。

对于尸体真皮指纹鉴别人身的科学性，笔者认为：生物学家通过扫描电镜对皮肤的组织切片进行微观研究，确定表皮与真皮的指纹为双峰合一线，两者间特征一致。还指出，表皮指纹特征受到损伤后，真皮能自动帮助修复。生物学的规律不可抗拒，有些罪犯企图用砂纸打磨、用化学药液等改变自己的指纹以逃避打击，最终都是徒劳的。

第三节 指纹缉凶有奇效

一、无期罪犯藏余罪

2000年8月13日上午8时，沈阳站附近一家旅馆的女服务员按照惯例，打开房门准备给客人打开水。当她推开门，被眼前的情景吓坏了，只见一名中年男子倒在床上的血泊之中。经理马上报警。沈铁公安刑警随即赶到现场，经现场勘查与尸体检验，被害者姓王，在熟睡中被人用钝器重击头部致死，其身上的财物都不见了。

调查中，旅店大厅服务员反映，早上与王某同室居住的吉林籍黄某没有退房就走了。根据黄某登记时的地址，沈铁公安来到吉林深入调查。结果发现黄某在发案前后根本没有去过沈阳，有多人可以证实，排除了黄某作案的可能。黄某反映，自己的身份证在此前出差去通辽时丢失了，案件一时陷入僵局，但侦查的线索仍然与通辽有关联。

沈铁公安勘查中在作案现场提取了大量指纹，由于旅店客人进出频繁，给甄别工作带来很大困难，最终剩下5枚可疑的指纹，分析可能为罪犯所留，即存入指纹数据库备查。

此案3年没有进展，2003年8月13日，通辽人毕某海因犯盗窃抢劫罪，被该市中级人民法院判处无期徒刑。他的所有信息即被存入犯罪人员库中。

始终关注"8·13抢劫杀人案"的沈铁警方，几乎在第一时间，通过犯罪物证信息中心指纹库，比对发现毕某海的指纹与3年前沈阳旅馆杀人案的指纹相吻合。

沈铁公安通过通辽市公安局了解到，毕某海犯罪手法十分老到，分析其作案不止一起，但是由于不掌握其他罪行，毕也没有主动坦白，只能以发现的这起案件提出起诉。

为了确定毕某海的嫌疑，沈铁公安来到关押毕的呼和浩特监狱，与毕犯在监狱登记的指纹进一步对照，再次确认现场5枚指纹为毕所留。

沈铁警方随即提审了毕某海。讯问他为何事去的沈阳？接触了何人？做了些什么事？一提到沈阳毕十分恐慌，一再表示没有去过沈阳。"你可以否认，但你的指纹告诉我们，你去了沈阳的站前旅馆。"听到这里，毕某海崩溃了，在确凿的证据面前，他不得不低头认罪。

毕某海交代：3年前的8月初，他在通辽市火车站前捡拾垃圾时，在一垃圾箱捡到黄某的身份证，认为可能是小偷偷完东西后扔下的，就自己留下为作案做准备。有了这张身份证他开始预谋实施抢劫。几天后他来到海城，买好了一把铁锤，然后来到沈阳寻找作案目标。

8月12日，他在沈阳站前的一家旅店以黄某的身份证登记住宿。他见同室的王某很有钱，就决定下手。整夜里他一直假睡等待机会。8月13日晨5时，他趁王某熟睡，拿起锤子猛击王某头部致其当场死亡。然后抢了王的手机及600元钱逃走，继续流窜全国各地，一边捡拾垃圾一边寻机作案。

至此，3年前沈阳旅馆杀人抢劫案案情大白，毕某海处心积虑隐瞒的罪行，被自己的指纹无情地揭露了。

二、指纹昭雪大冤案

1995年3月20日，在浙江省萧山农垦一场16队四号桥南的机耕路发生出租车司机徐某华被杀，抛尸路边，财物被劫的案件；同年8月12日，在萧山新街镇九号坝公路铁板桥上，发现陈某江被人杀害在出租车上，财物亦被劫。

此案发生后，关押在杭州三堡收容所的卖淫女朱某娟举报"8·12案"系陈建某等人所为。称陈某阳曾向郑某芳透露自己和阿东、阿平几个人收了人家一万八千块钱，帮人报复杀害了一个司机。

朱某娟的检举内容并非亲眼所见，而是从一个名为郑某芳的女子那里听说。

后经警方侦查认定，前一起系萧山籍男青年陈某阳、田某冬、朱某平、田某平所为，后一起系萧山籍男青年陈某阳、田某冬、王某平、田某平所为。即两起出租车司机劫杀案均有陈某阳、田某冬、田某平参与。

警方侦查还认定，陈某阳、田某冬于1995年9月2日盗窃价值1600余元的财物。田某平于1995年10月5日晚单独实施抢劫货车司机案两起。

1995年3月20日，司机徐某华被杀案，警方在出租车的反光镜上提取到一枚血指纹，经检验，可基本确定系犯罪分子作案时所遗留。同年8月12日，司机陈某江被杀案，警方亦在出租车内提取有疑为罪犯所留的指掌纹。但上述现场痕迹经比对，非5名被告中任何一人所留。但不可思议的是，此排除性证据没有提交庭审。

1997年7月11日，杭州市中级人民法院分别以抢劫罪判处陈某阳、田某冬死刑，以盗窃罪判处其有期徒刑二年，两罪并罚执行死刑；以抢劫罪分别判处王某平死刑，朱某平死刑、缓期二年执行，田某平无期徒刑。

此案在庭审时就显露出尖锐的矛盾，如陈某阳、王某平、田某平所作的供述前后不一致，有罪供述相互之间在一些主要情节上无法印证，且与证人证言及现场勘查笔录等反映的情况亦存在无法排除的矛盾。

作为田某冬、王某平的辩护人，辛某峰、韩某琴律师当时在法庭上就反复指出，此案一没指纹证据，二没血迹鉴定，34个证人，没一个是目击证人，没一个到庭作证，该案不是证据不足而是没有证据，绝对是个错案。这在刑事案件的辩护中，尤其是团伙案件的辩护中，指明是错案的，极为少有。因为多人共同犯罪，相互间的证词因自身利益关系，往往是避重就轻，往他人身上加罪的情况多见；而要在事先没有商量，现在要分别编造出一个相同故事来，其破绽是显而易见的，细节之间无法吻合，自然漏洞百出。很可惜，他们的辩护意见当时未被庭审法官采纳。

被告人陈某阳、田某冬、王某平、朱某平对一审判决不服，提出上诉，田某平未提出上诉。

1997年，死刑案的核准权尚未收回到最高法院，由浙江省高级法院负责对该案件复核。复核结果认为该案的一审判决适用法律正确，但该案证据确实存在诸多疑点，最主要的是移送过来的材料中没有指纹等直接证据。

1997年12月29日，省高院决定按照疑罪从轻原则，改判陈某阳、田某冬、王某平三人死刑、缓期二年执行，核准朱某平死刑、缓期二年执行。

人命关天。这两起案件，共有2名出租车司机被杀死，一审3名被告人被判死刑，按理如果当时证据真的非常确凿，省高院通常是不会改判的。"根据本案的具体情况"，全部将一审死刑改判为死刑缓期执行，这刀下留人的妥协性改判，说明案件本身存在的问题已经影响到省高院的判决。

5名被告的人生就此定格在监狱中。谁也没有想到17年后，因当年3月20日出租车司机徐某华被杀案现场指纹的鉴定，5名被告的冤案得以平反。

经重新鉴定，该案现场指纹系前科人员项某源所留。2011年7月27日，浙江杭州警方在组织命案攻坚战中，发现一盗窃前科人员"项某顶"的指纹与1995年3月20日发生在萧山的抢劫杀人案现场出租车反光镜上提取的指纹认定同一。经侦查，"项某顶"真名为项某源，男，杭州市萧山区人。1991年7月11日，因犯盗窃罪被浙江省绍兴县人民法院判处有期徒刑一年八个月。

2012年12月犯罪嫌疑人项某源被抓获。经公安机关进一步侦查，确认项某源为"1995·3·20"案重大嫌疑人。2012年12月23日，项某源因故意杀人罪被刑事拘留，2013年1月5日被逮捕。归案后项某源对犯罪事实作了供认。

1995年3月20日11时许，项某源在杭州市萧山区衙前镇汽车站附近，坐上衙前镇吟龙村女青年徐某华驾驶的红色夏利出租车回家。途中，两人因车费等问题发生争执。当车行至杭州市萧山区农垦一场16队四号桥南机耕路时，项某源借故下车，从路边捡起一石块随身携带。上车后，两人再次发生争吵。项某源即用石块击打被害人头面部，又掐颈、捂嘴，并将被害人拖出车外弃于路边。

之后，项某源驾驶徐的出租车逃离现场，并将车辆弃置于萧山区城北水泥厂旁。离开时，项取走被害人的传呼机、耳环、现金、驾驶证、行驶证等。

经法医鉴定：被害人徐某华头面部及颈部受钝性暴力作用致使机械性窒息死亡。随着"1995·3·20"案真凶的再现，浙江省公、检、法三机关立即启动了复查机制。2012年12月31日，杭州市中级法院向浙江省高级法院提出复查报告。2013年1月4日，浙江省高级法院决定对该案立案复查，要求务必做到以事实为依据、以法律为准绳，有错必纠。

2013年5月10日，嘉兴市人民检察院指控项某源犯故意杀人罪，向嘉兴市中级人民法院提起公诉。在诉讼过程中原告人提起附带民事诉讼。法院依法组成合议庭，于2013年5月22日公开开庭合并审理了此案。

2013年5月30日下午，嘉兴市中级人民法院依法对被告人项某源故意杀人案作出一审判决：被告人项某源犯故意杀人罪，判处死刑，缓期二年执行，剥夺政治权利终身。被告人项某源赔偿附带民事诉讼原告人直接经济损失20万元人民币。

在依法审判项某源故意杀人案的同时，2013年5月21日浙江省高院决定进行再审。6月25日，公开开庭审理此案。

在庭上，陈某阳等人均表示当年做杀人供述是因遭到刑讯逼供，而当年唯一坚持未作有罪供述的田某东今天也在庭上称自己曾因受不了刑讯逼供咬断舌头，两次被送往医院。他还向法庭出示了当年医院的收费记录，其辩护律师也当庭出示了当时的诊疗病历。

陈某阳等人的辩护律师均在庭上提出，原两审判决认定陈某阳等两案凶手并无除口供外的直接证据，他们当庭申请启动非法证据排除程序。

因“3·20劫杀司机案”真凶已现，出庭检察员建议纠正原判。陈某阳等人的辩护律师重点对“8·12劫杀疑案”做了辩护。

庭审中，五原审被告人均提出未参与抢劫杀人作案，辩护人分别提出原判认定1995年3月20日和8月12日两起抢劫杀人案分属事实有误和事实不清、证据不足。

关于陈某阳、田某冬犯盗窃罪部分，陈某阳提出其主观上没有非法占有的故意，不构成盗窃罪；田某冬及其辩护人提出原判对田某冬盗窃罪部分量刑过重。田某平及其辩护人还提出田某平于1995年10月5日晚实施的两起抢劫分属犯罪中止和犯罪未遂，要求减轻处罚。

出庭检察员提出，原判认定陈某阳、田某冬、朱某平、田某平于1995年3月20日抢劫作案的事实有误，建议予以纠正；原判认定陈某阳、田某冬、王某平、田某平于1995年8月12日抢劫作案事实不清，证据不足，建议予以纠正；原判认定陈某阳、田某冬盗窃的事实清楚，证据确实、充分，建议对二人根据其犯罪情节综合考虑依法从轻改判；原判认定田某平于1995年10月5日晚实施的两起抢劫事实清楚，证据确实、充分，该两起抢劫从犯罪形态上分属既遂、未遂，建议依法判处。

法院再审查明，有新的证据证明1995年3月20日杀害出租车司机徐某华的真凶系项某源（2013年6月27日，省高院已维持并核准对项某源的死缓刑判决），陈某阳、田某冬、朱某平、田某平和各自的辩护人及出庭检察员提出予以纠正的理由成立，原判认定系陈某阳、田某冬、朱某平、田某平作案事实确有错误，应予纠正。

在庭上，田某东、陈某阳等作了最后陈述。

田某东说："将近18年的牢狱生活，我用青春去反驳过、申诉过、幻想过，却始终找不到出路，没有人会给我们出路。今天，是项某源让我们出现了曙光，还是法律给予了我们曙光？"

由于案情复杂，浙江高院择日宣判。

2013年7月3日上午，浙江省高院对陈某阳等人抢劫、盗窃再审案公开宣判。浙江省高级人民法院第三审判庭，审判长宣布，在"3·20""8·12"劫杀案中，陈某阳、田某冬、王某平、朱某平、田某平无罪。

再审还查明，原判认定陈某阳、田某冬盗窃的事实清楚，证据确实、充分。陈某阳再审中提出没有非法占有的故意，与查明的事实不符，不予采信。鉴于陈某阳、田某冬因涉嫌抢劫归案后主动供述盗窃的犯罪事实，对盗窃部分可以自首论，可从轻改判。据此，以盗窃罪分别改判陈某阳、田某冬有期徒刑一年。

此外，再审另查明，田某平于1995年10月5日晚的抢劫犯罪分别属于既遂、未遂的理由成立，予以采纳，可对其从轻处罚。据此，以抢劫罪判处田某平有期徒刑三年。

三、指纹信息织天网

2001年3月24日新华社电讯稿，标题为《布下天网缉恶魔》，详尽报道了河北省石家庄市"3·16特大爆炸案"侦破纪实：

3月16日凌晨，宁静祥和的石家庄爆出了惊天大案，震惊了全国，也震惊了海内外。

凌晨4时16分起至5时1分，石家庄市长安区育才街国棉三厂宿舍的15号楼、16号楼、长安区和平路市建一公司宿舍1号楼3单元、新华区电大街13号市五金公司宿舍楼、桥东区裕华路民进街12号一居民二层小楼相继发生剧烈爆炸。

在这场突如其来的劫难中，108名无辜的市民成了冤魂，38名受伤住院治疗。灾难发生后，在党中央、国务院和当地党委、政府的共同组织下，在紧急抢救伤员，安置善后工作的同时，公安机关迅速开展了侦查工作。横跨三个区五个点的爆炸行为，前后相隔45分钟，是一人行为还是团伙行为？罪犯为何要选择这些地点进行爆炸？是有目标行为还是无目标行为？如何尽快发现制造这一灾难的罪魁祸首并将其缉拿归案，成了压在公安机关肩上重大而紧迫的任务。

经过紧张而又缜密的调查，警方发现，看似互不相关的5个爆炸点都与一个叫靳某超的人有着内在联系。

靳某超，男，41岁，无业，1988年因强奸罪被石家庄市长安区人民法院判处10年有期徒刑。出狱后住在被炸塌的国棉三厂宿舍16号楼2单元201室。与邻居因房屋纠纷长期不和，曾扬言炸楼；靳与前妻尚某兰离婚后，对尚及其父母怀恨在心，与继母积怨甚多；靳的继母与尚的父母分别住的15号楼和市建一公司宿舍1号楼均被炸，爆炸点位于其继母所住的房间，针对性极强；被炸的电大街13号市五金公司宿舍楼是尚某兰与其现任丈夫住的地方；被炸塌的民进街12号二层小楼原为靳的生母所有，但被靳的姐姐靳某香私自卖给了别人，靳仅分到一万元，由此姐弟俩发生矛盾，深知其弟杀心极重的靳某香为防报复，一直不让靳某超知道她的家庭住址。

靳某香还提供，靳某超早在入狱前就在家中试验过炸药，在家常读介绍炸药制作和使用的相关书籍并且喜爱摆弄炸药、硫磺等物。

云南省公安机关确认，靳某超于3月9日在云南省马关县将曾与其同居的云南籍女子韦某花杀害后潜回石家庄。

开了杀戒的靳某超如一头疯了的野兽见人就咬，必须尽快制伏他。3月16日12时30分许，距爆炸案发生不足8小时，警方认定靳某超是直接制造该案的唯一重大嫌疑人。事后证明，这一认定奠定了迅速侦破“3·16特大爆炸案”的基础，功不可没。

特急！当日，公安部发出A级通缉令，在全国公开通缉嫌疑犯靳某超，并实行悬赏制度，对抓获被通缉对象或提供有关关键线索的有功者实行重奖。印有靳某超详细体貌特征的通缉令迅速传递到了所有县市。A级通缉令的公布，无形中形成了全国共同围剿恶魔的态势。

3月20日19时，公安部再次发出紧急命令，从3月21日0时至23日24时，组织为期3天的全国集中统一搜捕靳如超的专项行动。一声令下，全国百万民警全力以赴，通宵达旦投入搜捕行动。这是自1983年追捕“二王”以来，我国警方规模最大的一次集中搜捕行动。

党委领导下的专门工作和群众路线相结合的方针在该案的侦破工作中得到了最为生动的体现。河北警方迅速全面地掌握了靳某超的社会关系和案发前后活动的基本情况，获取了他的指纹、笔迹、照片等一系列刑事犯罪数据资料；并通过全国刑侦信息网络系统传达到了全国所有派出所、刑警、治安、交巡警及监管部门的每一位作战员的手中。通缉令发布的第二天，全国公安机关就收到了500多条举报线索，群众的力量最大程度被激发调动起来了，警民一心结成了天罗地网。

自16日爆炸案起至22日整整一个星期，靳某超潜逃后杳无踪迹。偌大一个中国，十多亿人口，藏一个人容易，找一个人难，真可谓大海捞针。但事件的发展还是应了那句老话：法网恢恢，疏而不漏。逃窜了大半个中国的靳某超躲进接近广西边防的北海市密密的丛林里后，还是被警惕的群众发现了。

22日晚8时30分，饥渴难忍的靳某超钻出密林，拦住北海监狱职工陈某球的摩托车，要求搭乘前往合浦方向。陈某球与其交谈时发现此人听觉有障碍，口音不清，仅用手示意指路，顿觉此人与近日大街小巷张贴的公安部通缉令上的嫌疑人靳某超十分相似。途中陈相机在庙山村委会附近停车，找了个借口不再搭乘此人。等这人离开后，陈立即驱车赶到附近的高德镇边防派出所报案，称有一人极像靳某超……

北海市公安局领导及时获得了这一报告，迅速调集全市各警种从四面八方开始包围现场中心地区，顺着此可疑人逃跑的方向边追击边走访沿途群众。追击中警方在一公路边的小杂货店了解到，一疑似靳某超的人曾在店里买过一瓶饮料和香烟等物。刑侦人员立即收集了此人挑选饮料时可能接触过的4瓶饮料和所支付的人民币。经技术显现，在湖北武汉市生产的“统一乌龙茶”的塑料瓶上发现一枚不完整的左手拇指纹。就是这枚指纹彻底暴露了靳某超的行踪，经与公安部网上下发的12年前所捺印的靳某超的指纹档案中的左手拇指印比对，两者共有17个细节特征完全相符，特征相符数是传统的同一认定数的2倍。由此认定，此人就是靳某超。

靳某超逃跑中翻山越岭，处心积虑地避过许多张贴着通缉令的要道，躲过了许多车站、码头的卡口，没有想到一个不经意的触摸动作却露了马脚。小小的一枚指纹鉴定成了侦破此案的重要转折点，实际上提前宣布了靳某超末日的来临。

3月23日凌晨4时许，广西壮族自治区统一搜捕前线指挥部在北海一线现场成立，自治区公安厅领导直接挂帅，严令广西全境铁壁合围，务必在广西境内将靳某超生擒。万余民警对公路沿线两边的山林、隧道、出租房、闲置空屋等可能藏身之处展开了地毯式搜查。

上午7时30分，被敲山震虎之术逼出洞的靳某超逃往龙头江水库方向时，被一当地青年发现。接报后的两民警立即跨上该青年的摩托车后座全速追击，精疲力竭的靳某超最后在6名公安民警的合围下束手就擒，此时是23日8时20分。

从其身上搜到了靳某超、韦某花的身份证等物品，并从其逃跑途中迫不得已丢弃的编织袋中，搜出365克硝铵炸药、34枚雷管及1000多元现金和交通图。

经提取该人的十指指纹再次进行比对，确认此人就是A级通缉的重大犯罪嫌疑人靳某超，至此通电全国，恶贯满盈终有时，靳如超落网了！参战民警一片欢腾，受害亲属垂泪致敬。

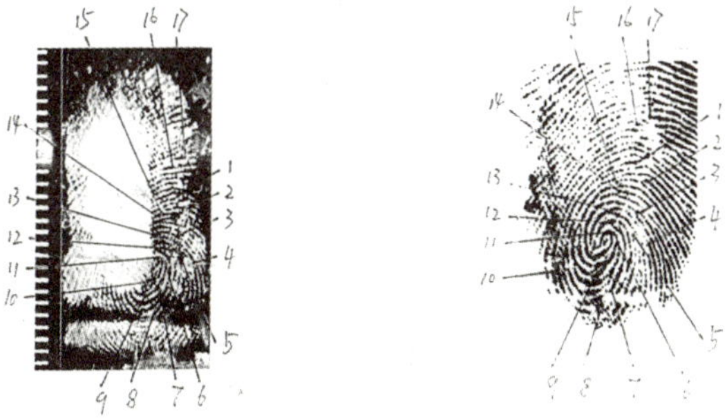

图13-1 靳某超指纹比对图

被擒的靳某超无奈地如实供述了3月13日花900元非法购买大量硝铵炸药，3月16日凌晨2时许利用出租汽车、三轮摩托车将炸药分别塞进国棉三厂宿舍15号、16号楼的5个点，然后一个点一个点地点燃导火索引爆炸药的犯罪事实，其中有三个点他是在听到爆炸声、看到砖块飞出来后才逃跑的。

2001年4月18日，靳某超因故意杀人罪、爆炸罪被判处死刑，剥夺政治权利终身。同年4月29日，经最高人民法院核准，被执行枪决。

这起惊天大案的迅速侦破，从科学技术角度而言，A级通缉令和指纹鉴定起了关键作用。前者发挥了广泛发动群众发现嫌疑犯的作用，后者则专业化地在上千条举报的嫌疑线索中唯一准确地锁定了对象。它雄辩地证明了指纹技术的独特作用不可替代。这一侦破细节的公开报道，是普及指纹科学知识的一件幸事。

四、恐怖王子无处遁

自1890年，发明于我国隋唐时期的指纹技术，与现代科学相结合后，成为人身识别的王牌技术，引起了世界警察技术的一场革命。一个多世纪以来，始终在打击刑事犯罪活动中大显神威。

（一）奥贾兰捕后脱身

奥贾兰在土耳其号称“恐怖王子”，其所领导的库尔德工人党游击队自1984年以来，与土耳其政府军进行了长达14年的战争，使土耳其政府付出了33000人丧生、2000人受伤、840亿美元经费支出的沉重代价。库尔德工人党的反政府活动成为影响土耳其社会、经济与安全的重要问题。

奥贾兰全名阿卜杜拉赫·奥贾兰，1947年出生于土耳其东南部山区一库尔德人农民家中。库尔德民族是中东地区仅次于阿拉伯、突厥和波斯民族的第四大民族，信奉伊斯兰教，人口约2000万人，在土耳其境内约有1200万人，占土耳其人口的1/5。库尔德人世代聚居在土地贫瘠的土耳其与伊朗、伊拉克、叙利亚和亚美尼亚的交界处，过着漂泊不定、极其贫困的游牧生活。从20世纪50年代起便不断要求独立或自治，并进行各种形式的斗争。

家境贫寒的奥贾兰直到20岁时才有机会进入一所职业高中学习，毕业后曾从事过测量工作，但他不甘心被人当“尺子”用，想方设法进入了土耳其培养政治人物的安卡拉大学政治学院，并因参与一抗议政府的活动而被捕。半年多的监狱生活使他萌发了建立反对党的念头，1974年奥伙同一些气味相投者组织“民族解放军”开始了武装斗争。1978年，民族解放军改称库尔德工人党，奥贾兰当选为第一任总书记，并于1984年在外国势力的支持下组建了正规的武装游击队“库尔德解放阵线”，拥有近万人的武装。

奥贾兰鼓吹，通过武装斗争推翻土耳其在库尔德地区的“殖民统治”，建立一个独立的库尔德国家，并制定了“武装行动至上”的斗争方针。据此，库尔德工人党以三五人组成战斗小组，专门从事暗杀、绑架甚至劫机等一系列恐怖活动。1980年，土耳其军人政变后，库尔德工人党遭到军方的严厉镇压，奥贾兰等主要库尔德工人党领导人逃亡国外，但仍操纵着国内的武装斗争。

为解心腹之患，摧毁库尔德工人党的反抗，土耳其警方十多年来一直在追踪奥贾兰，并通过国际刑警组织发布了红色通缉令。1998年，意大利警方获得绝密情报，在飞机舷梯上将刚刚秘密潜入罗马的奥贾兰抓获。1998年11月20日，罗马上诉法院作出裁决，以土耳其没有废除死刑为由，宣布土耳其政府对奥的国际通缉令无效，拒绝了土耳其的引渡要求。1999年1月16日，奥得以离开罗马，在地下组织的帮助下改换身份，再次亡命四海，一时没了踪影。

（二）指纹锁定奥贾兰

1999年2月15日夜，希腊驻肯尼亚大使科斯托拉德官邸中悄悄驶出了一辆轿车，飞速开往肯雅塔国际机场。突然几辆车包围了该轿车，几名身穿黑衣、脸蒙黑头罩的大汉迅速打开了车门，一把揪出了坐在车内的中东男子，说道："你到站了，跟我们走吧！"该男子还没来得及出声，就被人用胶带封住了嘴，用黑布蒙上了眼，双手戴上了手铐，拉进了对方的车里。几分钟后，该车驶进了一私人停机坪，所有人登上了一架私人飞机。此时黑衣人向被绑架者公开了土耳其突击队员的身份，并进行了本次行动最为重要的一个技术细节动作：麻利地捺取了该中年男子的指纹，并随即在飞机上，用高清晰度传真机发往安卡拉总部，以核实该人的真实身份。

指纹鉴定使得任何谎言都无用了，"恐怖王子"奥贾兰在美国中央情报局的参与下终于落网了。你不能不佩服，土耳其警方的这次行动计划是极其完善的，尤其是对行动目标身份的识别，事先策划得非常周密，从而保证了行动的成功。（《扬子晚报》1999年2月18日）

1999年4月，奥贾兰以"恐怖组织"领导人身份，被土耳其判处死刑。但在2001年土耳其废除死刑后，他被改判为无期徒刑。从那时起，奥贾兰就被关押在伊姆拉勒岛上的一座监狱内。

自2012年年底起，在狱中的奥贾兰仍然以库尔德工人党身份与土耳其当局谈判，商讨如何结束自1984年开始的，导致4.5万多人死亡的库尔德人的冲突。

五、指纹断案献妙策

炊烟散尽，华灯初上。四邻八乡的村民纷纷涌向为民大队部，几天前为民大队就贴出了海报，预告在大队篮球场上露天放映电影《冰山上的来客》，获此消息，许多人匆匆吃了晚饭，拿起木凳，带着孩子成群结队地赶来了，为的是占领一个好位置。

这种露天电影从20世纪60年代开始，成为农村群众一种喜闻乐见的文化形式，一直延续到80年代中期，电视机普及后，才退出历史舞台。

露天电影虽让广大老百姓开心，但揪心的事也常有发生。电影场周边的农田菜地被拥挤的人群踩光不说，还经常有青年妇女被流氓暗中侮辱的事发生，间或还有钱物被小偷扒走。因此放露天电影，安全保卫一直是个不容忽视的大事。

却说这边电影刚开映，第四生产队就突然传出了"救命啊"的呼救声。女社员芳某坐在家中祸从天降，黑暗中，从灶间蹿出一人，吹灭油灯，举刀向其狂砍。

闻声赶来的邻居们，踢开前门抢进屋来，只见芳某已倒在血泊之中昏迷不醒，后门敞开，不见凶犯踪影……

芳某立即被送往医院抢救，经法医检验，芳某面、肩部被砍5刀，头、背部被砍19刀，伤及颅、枕骨；左手背抵抗伤3处，伤及左手食、中、环三指，全身共27处刀伤、受害严重。

在现场勘查中，除了在堂屋提取到受害人被砍落的牙齿、头发碎屑和小块枕骨碎片外，在屋后竹园的路左发现了被害人家的柴刀一把，上面沾满了血迹；在远处河边小路上提取到一枚长26.5厘米的右脚鞋印等物。

走访中了解到，听到呼救声后，在家的群众都立即赶来，邻居武某大第一个跑到现场，时间不会超过3分钟，但谁也没有发现作案者，当时的时间是晚上8点25分。

芳某经抢救苏醒后陈述了事发当时的情况：晚饭后安排孩子睡下，约8点，将门虚掩到邻居家小坐了一会儿，约十多分钟。回家后用水擦了擦身子，就开始织毛衣。没料想从灶后蹿出了歹徒，举刀就砍……

第四生产队地处两公社交界处，地理位置偏僻，少有外来人员走动。全队仅20多户人家，居住比较分散，仅芳某等6户房屋盖在一起。

综合上述情况，侦查人员十分有把握地认为，作案者是掌握了芳某长期一人在家，饭后习惯到邻居家串门，家门常虚掩的特点，并精心选择了电影放映，村中人少的有利时机下手，作案后能轻车熟路地逃走。这是一起有预谋的凶杀案，犯罪分子应是本地人，甚至可能就是本大队人。

针对罪犯行凶伤害为主，被害人家中没有发现财物短少的情况，侦查工作首先从行凶报复入手，兼顾盗窃和男女关系引发矛盾两个方面进行排查，但进展不尽如人意。

芳某为人谦和，话语不多，邻里、家庭之间没有明显矛盾，这方面找不到线索。

现场虽不少钱物，但不排除凶手乘隙作案，潜入房中，恰遇事主回来，来不及下手，又不得脱身而行凶的可能。因此有偷盗前科劣迹人员均列入警方视线，一一见底，没有发现可疑的对象。

剩下的最大可能是由流氓或婚姻恋爱矛盾引发此案。

群众反映，芳某婚后性格变化较大，静如处子，一心守夫，抚育孩子。但婚前当宣传队员时相当活跃，追求她的男青年不少，并曾引起过追求人之间的矛盾。此感情纠葛是否延续了下来造成今日的悲剧？案件发生后，围绕当事人的各种想象和流言不断地汇集到了专案组，但经调查，这方面亦无明显可疑之处。

如果是作案者企图实施流氓行为，当时的现场已具备了条件，但为何没有实施却直接举刀就砍呢？此假设与当时情节不符。

看似简单的案件一星期后搁浅,暂时停顿了下来。

破案遇到难题,大都与对案情的认识与判断有关。对案情的认识正确与否,决定了侦查措施是否有的放矢,是否对症下药,否则有可能导致南辕北辙,下的功夫越多,离破案的目标越远。因此,一个阶段工作成效不大时,往往采取“专案会诊”的方法来解决。

“专案会诊”通常是请友邻地区或上级业务部门的领导、刑侦专家、行家里手到现场会诊。先由办案单位详细介绍案情及所采取的工作措施,提出问题与要求。参加会诊的同志则进一步复勘案发现场与痕迹物证,增加感性认识,论证前期工作措施之得失,提出自己的见解供办案单位参考。

这种近似于“专家系统”的集思广益的方法,以第三只眼睛看案情,有助于跳出原有办案人员的思路与方法,找到新的突破口。并且会诊者经验丰富,有一技之长,常能从某一具体问题、具体物证入手,抓住关键,直达要害,立有云开雾散见青山之效。

参与此案会诊的同志,在听取案情介绍、复勘现场、复验受害人损伤及各类物证后,经详细讨论,由沙舟警官代表大家作出综合性的发言。

沙舟的发言,不拘客套,开门见山直达主题。他首先肯定此案是本乡本土人作案的认识,然后急转直下,针对凶器上的一枚血指纹作深入剖析:“这把柴刀原放在灶间,是事主之物,案发后由勘查人员直接在竹园中发现提取,是原始状态,可排除他人接触的可能。结合上面沾满受害人血迹和少量断发,以及受害人损伤形态,不仅可确定此刀是凶器,而且可确定该刀上的一枚血指纹是左手拇指指印,应是罪犯所留,可直接用于对发现的嫌疑人作肯定或否定的结论。在前期的工作中,利用该指纹已否定了所有嫌疑对象。

“但该指纹的利用价值不单是鉴别对象之用,在侦查上,更大的价值在于提示我们,凶手是什么样的人,到哪一类人群中去寻找他。

“经仔细观察与测量,该指纹告诉我们,作案者是一个未成年的少年,年龄约16岁,体态中等偏瘦,身高1.60米左右……”

此凶残的案件会是未成年人作案?此分析令人吃惊。在这之前,谁也没往低年龄层次上想,指纹真能提供如此详细准确的信息?基层的侦查员将信将疑。

针对大家疑虑而又期待的目光,沙舟竹笋剥壳,层层破解般地作了讲解。

“指纹作为人体遗传特征的一种小的组成部分,可以小中见大,分析出人的自然情况。对于年龄分析,通常是从三个方面入手,一是纹线密度,二是乳突纹线边缘形态,三是皱纹引起的横切于乳突纹线之间的白线出现情况。皱纹的出现还与劳动强度、工种有关,较复杂,与本案关系不大,暂且不讲。

“纹线密度在不同年龄段会有相应的、细微的变化,因此可以为判断年龄提供一定的参考依据。测量纹线密度一般计数指纹中心上下左右5或10毫米以内的实际纹线数。女性纹线细,密度大于男性;未成年人手指面积小,密度大于成年人;瘦人大于胖人。两者间的统计数据差异仅在半条与一条纹线之间,单独凭此差异分析年龄很有限,所以要结合乳突纹线的形态作评价。

“20岁前的年轻人,处于发育阶段,皮肤细胞具有旺盛的再生能力,皮肤细嫩;乳突纹线匀称、光滑无毛边;凹下的小犁沟窄于凸起的乳突线。因此形成的指印,整个外形轮廓较小,多呈长圆形;指尖上边缘略呈尖弧形;中部两侧呈圆弧形,年龄越小,弧度越小且纹线密度越大。

“随着年龄增长,皮肤生理机能的逐渐减退,表皮开始粗糙,35岁以后乳突纹线剥脱出现毛边、锯齿现象,纹线变窄,小犁沟变宽,白线增多……

“本案的指纹长一厘米,有纹线25条多一点,比成年人多一条多,且乳突纹线外缘十分光滑,汗孔位于纹线中央,据此推断年龄在16岁上下。”

沙舟停顿了一下,又继续说道:“测量该指纹的长度为2.89厘米,乘以拇指与身高的系数58,得身高167.6厘米,与鞋印计算身高接近;至于体态的判断,依据指印柳叶状的外形作出。”

“这一分析,还与损伤等案件的情节相吻合。我们注意到,柴刀重800多克,挥砍之下,所形成的创伤应很深重。但伤者创口无重创,头骨无开裂现象,此并非凶手手下留情,而是力所不及。

“再者此案的情节中有颇多矛盾或称之为不合常理之处。如果是有预谋的凶杀、伤害,凶手为何不自带作案凶器?不等夜深人静,当事人熟睡后下手?如是盗窃,也应是事主入睡后更有条件;如是耍流氓,却没有乘机动手。这些矛盾,仔细分析,实际上是作案不成熟、不老练的反映,对未成年人作案而言,却很客观,可得到合理的解释。”

侦查员开始信服专家的分析。

“此指纹还有更独特的价值,有关情况请文平同志谈谈。”沙舟补充说道。

“现场指印在物体及工具上的具体位置,不仅能用于判断是否为罪犯所留,特殊情况下,还可判断作案者是左利手还是右利手。这枚左手拇指印留在柴刀把的右侧面,较为特殊。经多次现场实验,可排除是慌乱中摸错刀的部位所形成。结合伤者后脑、背部及左手的损伤集中在左侧,而面、肩部的损伤集中在右侧的特点,说明凶手习惯性地左手持刀,是左撇子。这一特殊性为我们寻找嫌疑人提供了十分有利的条件。”

这些话使大家进一步兴奋了起来。

分析好,大有益。清除了认识上的盲区,就解决了灯下黑的问题。本生产队左撇子少年只有一个,刚过16岁生日的许某,其身高亦符合,平时流里流气,不大学好,但没发现过劣迹。再一查,案发当时他不在电影场,去向不明,嫌疑上升。

依法对其传讯并经鉴定，凶器上的指纹确为其左手拇指所留。会诊的分析意见得到证实。

似懂非懂的许某边哭边作交代，其行凶的动机大出人们的意料。

懵懂中的他一直有个意念，想偷看身材娇好的芳某洗澡。当晚去看电影途中，趁隙潜入芳某的屋内，躲在了灶后。不曾想芳某关了门后没脱衣衫，仅用水擦了擦身子后便织起了毛衣。此时许某进退不得，好不懊恼。待了一会，又尿急起来，情急中猛见边上有把柴刀，不管三七二十一，操起刀乱砍一番后便夺路而逃……

惨案就如此简单地在鲁莽中发生了。

此案告诉我们，小小一枚指纹，在具体的案件中大有学问可究。

沙舟还办过一件难得一遇的案件，令人再一次感知指纹知识的精深之处。

1998年9月2日，魏村乡相隔5华里的三个村庄深夜遭犯罪分子偷袭。作案者越墙翻院入室，乘事主熟睡之机偷窃衣服内的钱财。当其作案至第7户住宅时，被女主人发现，此歹徒丧心病狂地用菜刀将母女二人活活砍死。

勘查中发现，罪犯作案时十分狡猾，始终戴着一副白纱手套。通常此类手套印痕利用价值不大。但当沙舟见到现场一张沾满浮灰，久未有人坐的真皮沙发上的手套印痕时，眼睛突然一亮，不觉喜从心中来。

此手套印痕是罪犯移动沙发时所留，左手拇指及小指外形清晰，食中环三指因手指弯曲仅留下指尖。沙舟用尺仔细测量了指印的长宽度，又用自己的手比照着在印痕上方比画了几次，心中已有了底。

现场分析会上，沙舟十分有把握地对作案者作了具体的刻画："作案者为年约25岁的男性青年，身高177厘米左右，体态偏瘦。此人最典型的特征是，左手小指第3指节(指尖)明显向内弯曲，达18°。此并非受伤所造成，而是先天遗传所形成，但不影响智力。这种现象虽不罕见但比较少见，虽暂不具备个体鉴别的条件，但在侦查上，可极大地缩小排查范围，节约警力与时间，提高工作效率。建议将这一特征公开列为排查条件。"

沙舟停顿了一下，又继续汇报道："由于手头没带资料，来不及提供详细的计算数据，临开会前，找了两位我认为与作案者身高、体形相仿的侦查员，测量核对了手相同部位的数据，证实了判断的可靠性，大家可放心地照此建议去做。"

"为什么说此人偏瘦呢?"一侦查员问。

"这可从两方面看，一是翻高墙所留痕迹不多，说明动作利索，身体灵活；二是指印中的拇指、小指的第二、第三指节，两侧向内收弧明显，像瘦长的淡竹竹节，中间向内凹，而不是肥胖人的指肚，如佛肚竹的竹节，形状像个大鼓。"沙舟简要地回答道。

十多天后，专案组获得线索，贵州来的外流人员李某银有重大作案嫌疑，侦查员千里追踪直扑其老家，得知其正在邻居家打牌。突入室内将其擒住，问是否叫李某银，李抵赖当即否认。侦查员拧住左手腕，见其左小指明显向内弯曲，厉声道："我们是江苏来的，找的就是你，铐上。"

面对千里之外突然而降的警察，李某银再也躲不过去了。未几，李某银就全面交代了杀害母女二人，抢劫财物的犯罪事实。

经测量，嫌疑人李某银23岁，身高178厘米，体重139斤，与分析十分吻合。沙舟得到了一份应用手印分析作案人自然情况的可贵实用案例。

利用手印分析人的自然情况，是指纹学研究的深入认知。我国从20世纪70年代起就开始了此项研究工作，在大数据量的统计分析基础上，得出了手印各个部位长宽度与身高、体态、年龄、性别等各变量之间的全部函数值。这一理论在实践中很有应用价值。

六、双胞兄弟演闹剧

大自然这位造物主崇尚个性，从不喜欢雷同，她赋予每一个生命体以独特的形象、色泽。她的创造从不重复，千人千面、千姿百态、万物万状、万紫千红，因此花才有了争奇斗艳之美，人才有了环肥燕瘦之争。即使同一个自然体，于三维空间之中，其各个侧面也是形态各异，迥然有别的。"横看成岭侧成峰，远近高低各不同"，透彻地点明了事物的各个细节都是有其特殊性的。

个性、特殊性，是我们得以分清各个事物的依据，也是认识具体个人的基础，即使是孪生兄弟，陌生人初次难以辨别，细端详还是有区别的，因为再相像，细节特征总还是有差异。然而2000年年初，一件奇特的案件在美国引起了巨大的轰动，一对孪生兄弟，频繁互换角色20年，众多情人、老师、警察甚至监狱看守无人能识。你不能不承认，造物主也有特例，也会犯高级的克隆错误，你不能不惊叹，这是大自然千年不遇的一绝。只可惜这对孪生兄弟错用了上帝对他俩的特别恩施，犯罪进了监狱。此案的发现颇具戏剧性。①

罗纳德与妻子布伦达共同经营水果生意，年收入达数十万美元。有了钱却导致罗纳德对毒品产生了浓厚的兴趣，一发而不可收，从此家庭、生意、经济每况愈下。面对吸毒成瘾的丈夫，布伦达苦苦相劝8年之后，百般无奈之下提出了离婚。只要一提起离婚，恼怒的罗纳德便拳脚相加，这一次还拔出了水果刀相威胁，布伦达主意已定，毫不让步，罗纳德恶从胆边生，扑上前去，企图将妻子活活掐死。情急之中布伦达按响了预先安装在家中的报警暗铃。没想到，狡猾的罗纳德自有对付警察的一套办法，他及时用电话通知了孪生弟弟唐纳德。当警察赶来时，唐纳德笑容可掬地站在罗纳德的家门口，一边说牙齿与舌头总有碰撞的时候，一边主动让警察上了手铐，心甘情愿地代兄坐牢去了。但恶性不改的罗纳德，之后数月继续

---

① 王自美，《孪生兄弟互换20年无人知》，《健康天地》，2000年第5期。

一再毒打布伦达，当警察再次到来时，糊涂了，原本关在监狱内的罗纳德居然在家里。事情终于败露，原来孪生的唐纳德作了他哥哥的替身。

进一步的审查更令人吃惊，这场荒诞剧不是初次演出，他俩的角色互换已整整20年了，他们的骗术，可谓到了炉火纯青、天衣无缝的地步。在生活中他俩随心所欲地转换成对方，却不曾引起过任何人的怀疑。他俩各有自己喜欢的情人，他们经常互换角色与情人幽会，寻求刺激，就连他们自己对所生的10个孩子，也搞不清是谁的了。

比较而言，唐纳德经常替兄出场。唐纳德小时候常在费城街头游荡，养成了强悍油滑的习性，常常大打出手，猛揍欺负罗纳德的小子。而罗纳德喜欢读书，在学校代唐考试，两人各得其所。中学毕业，罗纳德应征入伍，艰苦的基础训练很快使他对军旅生活失去了兴趣，而唐纳德却感到当兵值得一玩，便大摇大摆地代兄到了部队，结果不仅没有被发现破绽，还博得了上司的好感，并获得了奖章。

退役之后，唐纳德更是其兄逢凶化吉的救星，罗纳德两次被判刑，都是唐纳德义无反顾地代为坐牢，警察和监狱的看守始终无人觉察。本来这出戏不知要演到何时，结果第三次罗纳德在其弟关押在牢房时又惹出报警案来，泄露了天机，他终于也进了监狱，因哄骗罪被判处14年徒刑。

双胞胎酷似一人本不足怪，但20年骗过了所有人，而且是发生在科技发达的美国，不能不说是世所罕见的。向来注意案例研究的美国警察总局十分重视此案，专门邀请了包括生物学、遗传学、人类学、医学、行为科学和犯罪心理学等方面专家学者，共同剖析此案，试图寻找到形成这一奇特案件的各种生理的及社会的因素。

认识这一案件首先要从遗传学入手，从遗传学的角度看，双胞胎的音容笑貌乃至脾气个性十分的相似，这不仅是遗传决定的，而且这种现象只可能产生于单卵双胞胎。我们知道，人类的双胞胎分为两大类：一类是双卵双胞胎（又称异卵双胞胎），它是由两个同时排出的卵分别受精而成的。因此两个受精卵所携带的遗传密码（DNA序列）不同，其成熟个体的性状特征虽可能相像，但大多差异明显，甚至性别不同，所以凡是一男一女的龙凤双胞胎，毫无疑问是双卵双生。另一类是单卵双生，它是一个受精卵在胚胎早期卵裂球发生分离，或是由同一胚泡中的内细胞团发生分离后分别形成的两个胚胎。这种现象，胚胎学上称之为胚胎分离（虽然其时还全无胚胎之形象），单卵双胞胎分离的先后造成了其在母体胎盘中具体生长环境的差异，这是双胞胎后天性状特征是否相似的重要影响因素。

胚胎生活在胎盘之中，依靠胎盘的脐带及胎盘内血液循环吸取母体营养发育成长。人类胎盘由受精卵产生的叶状绒毛膜和羊膜及母体的子宫内膜共同组成。约在妊娠的第5天，绒毛膜形成，约在第9天，形成羊膜。新生儿出现单卵双胞的比例大约为0.25%，其中约三分之一胚胎分离发生在妊娠的第5天前，这样形成的双胞胎一开始就各自有一个“安乐窝”，居住在两个完全分离的绒毛膜和羊膜之中，实行“分灶吃饭”。另外三分之二的单卵双胞胎的胚胎分离发生在绒毛膜形成至羊膜形成之间，即妊娠的第5天至第9天之间，这样的双胞胎则生活在一个公共的绒毛膜和两个各自的羊膜之中。

第3种情况极为少见，胚胎分离发生在妊娠的第9天之后，此时人类的胚胎出现另外一种胚外结构——羊膜。双胞胎只能共用一个绒毛膜和一个羊膜，胚胎分离已是极其困难又危险的了，如分离不完全，或分离后两细胞之间仍靠得很紧，就可能在细胞间产生粘连，诱导两胎儿发生联体生长。

胚胎分离的先后不仅仅是时间上的差别，它导致两胚胎在胎盘中具体生长环境的差异，尤其是营养的差异，直接影响到蛋白质的合成，长远的则影响到后天性状特征的形成。

从发生遗传学的角度来看，人体发育的过程，是受精卵由基因型转化为现实表型的过程，从受精开始，以至胚层产生，器官原基的形成，组织的决定与分化，每一步都受特定的基因所控制。在分子水平上，细胞的分化、蛋白质的合成，乃至性状特征的发育都是在基因调控下按既定的生长规律生长的。因此通常说有什么样的基因类型，就有什么样的性状特征。一母生九子，九子各不同，原因是每一子都有自己特定的遗传密码，特定的基因类型。

对于一卵双生，通常认为其遗传密码是完全相同的，受精卵在一分为二自我复制的过程中遗传密码不会发生改变，因此双胞胎的所有性状特征应完全一致，这是双胞胎极其相像的原因所在。但实际上为何总是有细微的，甚至较大的性状特征差别呢？发生遗传学同样告诉我们，生长环境对基因型转化为现实表型的过程中同样有重要的影响，如前所述，3种胎盘环境的差异会造成后天性状特征的微妙变化。因此我们应该相信，如同没有完全相同的树叶一样，也没有完全相同的人，没有完全相同的人体特征——指纹。

但很多人常有这样的疑虑，难道没有双胞胎的指纹是相同的？

在指纹学上，双胞胎指纹一直是一个研究的重点，科学家想搞清楚的主要是两点：一是基因相同指纹是否相同，以证明指纹是否彻底地具有人各不同的特点；二是血缘相近，指纹是否更相似，它的遗传度是多少。我国公安部指纹专家赵向欣等人曾将143对同卵双生和65对异卵双生者的指纹作对比研究。经大量的数据计算后证明，同卵双胞胎指纹的相似性表现十分明显，甚至不仅是纹型相同，而且其中的花纹，中心至三角间的距离，乃至细节特征的分布位置都极相似。但有一点始终没改变，也就是同卵双胞胎没有一例指纹是相同的。罗纳德与唐纳德虽然是一卵双生中属于胚胎分离第3种情况中幸运的特例，尽管他们的角色可以互换，可以欺骗世人，但他们不可能互换指纹，在指纹学这一科学面前，鱼目不可能混珠。事实上，美国警察正是运用了指纹鉴定技术，很快辨明了真伪，在指纹科学面前没有特例。

没有哪一项人体特征,像指纹那样研究得如此精细、如此透彻。如果要像研究指纹那样研究人体特征,不仅仅是指纹人各不同,任何一项人体特征可能都不相同。

七、先天异常惹祸端

先天形成的指纹信息与后天本人的精神状态、性格爱好、行为习惯之间,尤其是事发当时的心情之间,有无内在联系?它能帮助警方解开难解之谜吗?

2005年中央电视台曾经作过一个长达4集的专题报道,简单摘要如下,以飨读者。

1998年夏天,一个星期天,上午11点刚过,常州市公安局刑侦大队接到110报警台的紧急通知——火车站旁边一家银行发生枪击命案。

侦破人员深入现场,看到两位经济民警(注:李新与王华,化名)满身满脸都是血,躺在值班室,早已身亡。

整个银行所有的门窗均没有异常,因为门锁是从里面关的,案件发生以后,没有第三者从门里面或是窗里面出去,也没有外面的人在事件发生之前或之后,采用非法的方式进入室内。

办案民警发现,现场值班室就在金库的门口,这个值班室直接是和金库的门连在一起的。金库也是正常的,没有被劫。

法医鉴定之后很快得出结论,开枪者就是死者中的一个。初步推断是:民警李新射杀同事之后再开枪自杀。那么,为什么李新要向同伴开枪?李新制造这起枪击案的动机究竟是什么?两人之间有什么不为人知的仇怨呢?

警方对周围了解情况的人,都广泛地进行了调查。遇到了一个非常困惑的问题,就是找不到李新要杀王华的依据,调查中发现李新和王华两人是一对很要好的朋友。双方两个家庭之间也没有什么矛盾。事发的当天上午,王华和李新还一起到饭店去用餐。但就在饭后不到一个小时,李新竟然向王华开了枪。银行的职工、干部及双方的家人谁都提供不出任何可能引起两人发生争执的线索,事前人们也没有发现李新有任何过激的言行,仇杀的可能被排除。那么,是玩枪走火吗?但两个人都是复转军人,他们不会在平时工作期间来摆弄枪支引起走火。

又有人提出,也有可能是擦枪走火?

据证人描述:那天早晨9点多钟王华和李新运完钞回来。王华在擦拭自己枪的时候,为了不让李新的手上再沾上油,他叫李新也把枪从枪套里拿出来,给他代擦,擦完以后再还给李新,李新再把枪放到枪套里面去。因为这个枪已经擦过了,也就没有再要掏枪出来的任何的动作了。

王华帮李新擦枪时,证人就在现场,他亲眼看到了王华把枪擦完之后交给李新,然后他们又都把枪放到了枪套里面。擦枪走火的假设也被否定。

又有人提出：是不是人的肌体中间，有某些干扰因素存在，比如说吸毒，或者是吸食麻醉药品？

公安人员直接从李新的心脏中抽取了血液进行毒性分析化验，但是结果再次令大家失望。法医给出的结果也排除了李新吸食毒品的可能。

排除的面越来越多，最后还是没有结论。

侦查工作是一件实践性很强的工作，不管侦查员经验如何丰富，都不可能准确地再现案发现场的细枝末节。

银行枪击案，如此重大的事件，竟然找不到任何证据显示发生的动机和目的，死者同单位的人众口一词"谁也没想到会发生这种事"，事先也没有任何迹象。主持此案的刘副局长隐约感到在这个事件中，有超出常规、超出常理的因素存在。摆在他面前的仿佛是个谜，不过他坚持一个信条，"答案必定在题目中"。

刘副局长又重新审阅现场获取的所有资料。现场照片、录像中没有新发现；走访材料中没有新疑点；法医检验中没有新线索；枪弹鉴定中没有差错。但当他拿起疑犯指纹记录卡片的一瞬间就惊呆了，这个人指纹异常。

作为指纹研究专家的刘副局长马上意识到，这个事件，极有可能是李新先天遗传中的缺陷造成的。神经系统和皮肤，是由同一个外胚层发育而来的，因此它们的发育是同步的，当神经系统发育受到限制的时候，它就影响到皮肤的发育，两者是一个共存亡的关系。

既然指纹和神经有关系，那么李新的指纹异常，是不是代表他神经系统也存在异常呢？李新已经死亡了，要想找到答案，已经不可能再通过常规的医疗手段进行检查了。可是刘副局长的推论还没有找到足够的依据。他反复研究，指纹是他唯一的线索。很快刘副局长发现了新的秘密：

李新食指指纹的纹线总数异常地少，在这个指纹上面，有中心和三角，斗形纹有两个三角一个中心，箕形纹有一个中心、一个三角，弓形纹没有三角。

刘副局长的发现就与这个三角有关，从指纹的中心到三角位置上的线叫作"线数"，李新十个手指上指纹总线相加数量仅有26条，而正常人的十个手指上指纹纹线总数加起来大约是：男性145条，女性127条。这是一个重要的遗传指标，因为指纹纹线的稀少能够说明人的染色体存在异常。

遗传学中，染色体的数量与指纹的数量是呈半相关关系的。

这类指纹异常者中有极少数人会因为基因和染色体异常导致智力发育低于正常水平，由于神经系统发育较差，往往会产生对事物认识肤浅，理解力差，社会适应力弱，当遇到人际关系不良等问题时，比正常人更容易发生心理类疾病。

通过对李新同事和邻居的走访调查，逐步证实了刘副局长的分析，同时大家还了解到：李新不仅患有不育症，他领养的女儿一直没有上户口的事，也让他忧心忡忡；而且他性格内向，不善言谈，缺少抒发渠道；就在案发的前一年，他的妻子遭遇车祸丧生；随后，他的父亲和岳父也相继去世。生活的重压让李新感到了无法承受的压力。

根据这些材料可以推断，李新由于先天神经系统的生理缺陷，再加上后天环境的压力，导致了他暂时性的神经错乱。因此，他有可能并不是故意的，而是在自己不能控制的无意识的情况下拿出枪来，向王华开了枪，然后再向自己开枪。

这是迄今为止对这一事件最有说服力的科学假说，这一论断使“8·23枪击案”成为刑侦领域又一个经典案例。[①]

① 《常州神探——刘持平》，央视国际，http://www.cctv.com，2005年6月16日至19日。

跋

从宏观而论，现代人类手足掌皮肤组织与大脑之间的关系，体现的是距今5000万年起灵长类动物进化的现时状态；就微观而言，个体手足掌皮肤性状形态，是父母遗传基因重组并在客观环境的作用下所确定的结果，两者都表现的是进化不可违的力量。因此对它们进行任何角度的研究，都离不开进化理论的指导。

在进化理论的指导下，指纹不再是一种静态的、平面的几何图像，而是动态的、活跃的遗传性状，诉说着灵长类和人类的进化史，描述着家族、父母给予的天赋。认知指纹学正是遵循这样的理念，从指纹皮肤组织参与认知活动的角度入手，试图揭示指纹与人的智慧、先天身体素质之间的特定联系，力求有所创新。

指纹皮肤组织参与认知活动的某些适应机制，可能对人类智慧的产生、进化原理的理解有所启发。该项研究尚未获得历史性的突破，研究对象仍然局限于指纹表面性状特征而已。但此类研究的最大潜在价值提示我们：今后研究关注的重点应是指纹的遗传机制，正是此类看似即时价值不大的基础研究，会不断推动我们对于认知科学、遗传科学的认识和利用。

长远来说，诸如个性教育、疾病预防、临床诊断、体质分析、心理咨询等领域的相关研究，也将在此过程中受益。与人类起缘学说相比，这些课题与人类生活的相关程度很密切。

在本书创作的过程中，坚持了以下三条原则：一是独特的研究视角，二是新颖的研究方法，三是严谨的研究态度，坚定地走中国学术原创之路。

1973年，我从部队复员，被分配到常州市公安局从事刑事侦查工作，从此与指纹技术结缘。从感叹其神奇到心生敬畏，再到融入45年生命之中。

在此，我由衷地向神奇的指纹致敬！五千万年天地洪荒，古老的指纹基因并未沉睡，更未苍老，还在推进人类智慧的征途上奔跑。我们所能做的是，在对它敬畏的同时，尽可能拉开其神奇的帷幕！

在此我还要由衷地感谢所有对指纹与先天遗传关系进行探索的学者、专家和爱好者，你们此前的研究成果都对我有所启迪，博采众长、不轻涓流是本书学术理念形成的重要来源之一。感谢我的导师——原公安部第二研究所指纹室主任、中国刑事科学技术协会指纹检验专业委员会第一届主任委员、公安部物证鉴定中心指纹学顾问赵向欣女士为本书作序。

《指纹与人类认知》仓促初成，纯属草创。对本书可能出现的谬误，敬请读者指正。

2018年5月7日